始 于 一 页 ， 抵 达 世 界

欧洲悲剧

欧元如何一步步将欧洲推入深渊

[英] 阿绍卡·莫迪 著

王剑鹰 译

EURO TRAGEDY
A Drama in Nine Acts

Ashoka Mody

辽宁人民出版社　　广西师范大学出版社

版权合同登记号 06–2021 年第 87 号

图书在版编目（CIP）数据

欧洲悲剧：欧元如何一步步将欧洲推入深渊 /（英）阿绍卡·莫迪著；王剑鹰译 . —沈阳：辽宁人民出版社；桂林：广西师范大学出版社，2021.9

　　书名原文：Euro Tragedy:A Drama in Nine Acts

　　ISBN 978–7–205–10225–8

　　Ⅰ. ①欧…　Ⅱ. ①阿…　②王…　Ⅲ. ①欧元—货币政策—研究　Ⅳ. ① F825.00

中国版本图书馆 CIP 数据核字（2021）第 131037 号

出版发行：辽宁人民出版社
　　　　　　地址：沈阳市和平区十一纬路 25 号　邮编：110003
　　　　　　电话：024–23284321（邮　购）　024–23284324（发行部）
　　　　　　传真：024–23284191（发行部）　024–23284304（办公室）
　　　　　　http://www.lnpph.com.cn
印　　刷：北京中科印刷有限公司
幅面尺寸：152mm×228mm
印　　张：42.75
字　　数：570 千字
出版时间：2021 年 9 月第 1 版
印刷时间：2021 年 9 月第 1 次印刷
责任编辑：盖新亮
特约编辑：胡晓镜
封面设计：渡　非
内文制作：陆　靓
责任校对：吴艳杰
书　　号：ISBN 978–7–205–10225–8

定　　价：138.00 元

导 读

梦想的幻灭：欧洲的大一统悲剧

任剑涛

一个政治学者居然冒险对一本谈论欧元／欧洲危机的书品头论足，真是吃了熊心豹子胆了。正如主流经济学家常常被市场向好所激励，从而作出种种注定破产的大胆预言；政治学者也会被真假莫辨的言辞鼓励，而去做一些犯险的事情。这篇导读，就是一番言辞激励下的产物。

阿绍卡·莫迪的《欧洲悲剧：欧元如何一步步将欧洲推入深渊》，是一部专门描述和分析"欧元"起伏跌宕历程的著作。汉译本的书名对原著有所改变（原书名的直译是《欧元悲剧：一部九幕剧》），但译者的书名绝不是误译，反而是体会了作者深意后给出的译名：作者确实是想通过欧元悲剧来揭示欧洲悲剧。在很大程度上，欧元悲剧，其实是欧洲悲剧的一个缩影。正如作者所强调的，在"欧元悲剧"中表现出来的"欧洲悲剧"，只有在"融合经济、政治与历史"的多重维度基础上，才能得到真正的理解。据此，政治学者便有了涉论欧元／欧洲危机的理由。

欧元悲剧，是欧洲大一统梦想幻灭的悲剧。众所周知，欧元，既不是欧洲联盟的起点，也不是欧洲联盟的终点，它仅仅是欧元区促进经济贸易一体化的一种工具。何以"欧元悲剧"会成为"欧洲悲剧"的看点呢？原因很简单，欧元的诞生虽然在欧洲联盟中是比较晚起的事件，但确实是一个撬动欧洲联盟从观念走向现实的重要杠杆：承前，它将欧洲朦胧的联盟机制清晰化了；启后，它把"欧罗巴合众国"的蓝图展现给世人。因此，欧元确实是审视欧洲当代走向的一个标尺，是欧洲提供给现代世界以跨国秩序的一个先行先试范本。

　　自 1648 年《威斯特伐利亚和约》订定以来，民族国家便成为国际社会行动的基本政治单位。这一现代国家形态，以对内保护和对外御敌的双重功能，设定了它的内外边界，从而让人类社会第一次在合法自利的基础上建构起了现代政治国家。随着国内法与国际法体系的确立与完善，民族国家间的关系日益固化，由此形成了国家间的经济政治壁垒。这固然对维护国内范围内的秩序发挥了正面作用，但对国家寻求更为健全、协调和长期的发展是明显不利的。为此，开创民族国家时代的欧洲，以欧元机制的建立，再一次确立起跨国合作或超国家建制的典范——欧元的诞生，正是作为跨国建制的欧盟的一个象征而浮现出来的。

　　曾经，欧盟让人心怀极高的期盼。欧元也被视为以跨国统一货币促进经济贸易合作，实现经济社会大范围、长时期繁荣且有效促进和平的楷模。但在 2008 年的全球金融危机中，欧元区国家的表现，让人们对之的期盼一落千丈。强大欧洲变成了欧洲病人。何以欧盟会跌进金融 / 经济危机的陷阱，丧失全球发展引路人的光彩，且成为人们眼中的悲剧主角呢？这是人们希望得到可靠答案的一大悬疑之问。

　　阿绍卡·莫迪的《欧洲悲剧：欧元如何一步步将欧洲推入深渊》一书具有针对欧元 / 欧洲危机的解惑作用。莫迪不仅掌握了欧元 / 欧洲危机的大量一手资料，而且本人曾经在国际货币基金组织中担任高级职位，这使作者对欧元 / 欧洲危机有切近的观察、精到的思考与专业的分析。书的写作，不仅像庖丁解牛一般，对欧元 / 欧洲危机解剖得丝丝入扣、游刃有余；而且写得颇为艺术，全书依循时间顺序以"九幕剧"形式，将欧元 / 欧洲危机的全景展现在人们面前。

　　欧元 / 欧洲危机的"九幕剧"，值得一幕一幕闪回。前四幕上演的是欧元区建构剧，中间四幕上演的则是危机中欧元区的大悲剧，最后一幕展现的是危机后欧元区的分崩离析状态。从第一幕到第四幕，莫迪描述了欧洲联盟建构的总体进程。首幕剧是欧元落地前上演的欧洲联盟尝试。莫迪称之为"黑暗中的三次跃进"：一是1950年法国外长舒曼倡议的煤钢联盟，德国总统阿登纳为了在战后重回欧洲怀抱，接受了这一倡议。随之成立让·莫内领导，法、德、意、比、卢、荷六国参与的"欧洲煤钢共同体"。二是1957年的《罗马条约》，催生了欧洲经济共同体。这样的贸易联合体的建构，促进了欧洲的自信，迎来了十年的"欧洲春天"。三是1969年，法国倡导欧洲货币联盟，以期制衡德国并与之平起平坐。

"黑暗中的三次跃进"为欧洲战后秩序整合提供了方案，方案的指向是欧洲的大联合。其间蕴藏了彻底杜绝战争、全力维护和平、推动共同发展、实现欧洲繁荣的梦想。梦想引人前行，为战后欧洲带来希望。但主导欧洲大陆的法、德两大国家，却自始就很难同心同德、一致行动去推动梦想实现。喜好统制经济的法国以其战后更高的政治地位，扼制了偏好市场经济的德国诉求，因此成为欧洲货币联盟的政策主导者。加之德国的战争阴影挥之不去，法国很好地利用这一点驾驭德法关系，进而驾驭欧洲联盟建构的进程与取向。在这种既推进欧盟，又谋求国家利益的微妙磨合中，欧洲货币联盟从倡导到实施，终成欧洲联盟机制应声落地的象征。货币联盟的运作宗旨，自斯就妥妥地落在了"稳定"二字上。这是联盟不曾变动的宗旨所在，以至于被莫迪称为欧元区的意识形态、泛欧主义的价值、集体盲思。

从1980年代到21世纪初期的几年，是欧元区成功建立起来并开动机制的时期。1982年至1998年德国"统一总理"科尔主导的第二幕剧，让人们看到了"用共通的欧洲价值约束民族主义"的欧洲联盟的扩展过程。科尔是一个志在"让欧洲统一"的领导人，他不但与法国总统密特朗推动了欧洲单一货币进程，而且对欧洲的政治一体化抱有极高的热情。在科尔为了德国统一展开的内政外交博弈中，他认定，"德国统一和建立欧罗巴合众国就是明天的现实"。

1991年，《马斯特里赫特条约》（即《欧洲联盟条约》）签订，在法国认定自己的财政赤字不会超过 3% 的前提条件下，为签约国确定了财政赤字上限。这个数字后来成为欧元区财政紧缩的紧箍咒。预算赤字规则和欧洲中央银行保持价格稳定的职责，就此以"稳定"二字塑造了"欧洲话语体系中核心的意识形态"。"一小群欧洲国家领导人决定了"欧洲建立"不完整货币联盟"：如果一个国家遭遇到生死攸关的情况，它不会马上得到救助，而必须首先致力于自救与复原。这个条约确实"让往日宿敌之间的战争不再可能"，并有望释放出刺激盟国经济发展的"强大的动能"。不过，它对固定汇率十分固执的坚持，却对欧元区国家发挥了大不相同的作用。

　　欧元区建立起来以后，由于千方百计保证"稳定"的意识形态的作用，它对欧洲联盟所发挥的推进作用并不尽如人意。欧洲央行糟糕的货币政策，使其常常"把活动扳手扔进经济机器中"。不仅没有让欧洲经济如美国那样焕然一新，而且经常误判风险、误用政策，一味寻求稳定的做法导致欧洲经济的明显僵化。在欧洲官员看来，欧洲相比于美国，因为有稳定意识形态的护佑，不易遭受美国那样的非理性繁荣与不稳定。欧洲央行奉行的既不会太热也不会太冷的超然政策，让人们对这样的银行机制怀抱过高的期待。但同时超然于国家利益之上的欧洲央行，很难承担应有的政治责任。因此，欧元区任何国家一旦遭遇金融 / 经济危机，它也只会守持稳定意识形态，而难以对之进行有效救助。至于欧元区各个国家视为公共政策工具的银行，由于政府总是偏好授信于与自己关系良好的企业，很容易将资金引向衰退的产业。欧元区银行太多，常常在国内政治中扮演重要的角色，弱化了银行的经济功能；一些银行太大，出现危机而让政府难以拯救。加之监管者鼓励银行发挥经济作用，银行也"惯于利用监管网络的空隙"，不出纰漏才是怪事。长期以来，欧元区生产率低下，领袖仅对创新虚张声势，即便有了欧元的便利，也没能促进贸易额的增长、生产率的提高。危机未到之时，从政府、企业、欧洲机构到国际机构，会将欧洲取得的成就，归功于欧元机制。如爱尔兰呈现一波景气的时候，人们便误将其不健全的银行机制视为"超级模范"。

　　欧盟主要是由德法两国政治领袖与欧洲机构精英推动的联盟，因为撇开了欧盟各国的民众，催生了"人民和他们的代表之间的割裂"。对《欧洲联盟条约》的票决，在法国将近半数的反对，在德国招致的翻转，在丹麦与英国引起的民众反感，都显示出欧洲联盟的步履维艰。尤其是经济称雄欧洲的德国，此时已经完全没有了"二战"后的那种道德愧疚感，且几乎将德国心愿视为欧洲心愿，将统一德国看成统一欧洲，因此在法国衰落的情况下，其实仅仅是在照顾法国的情面下，独自发挥欧盟领导权。欧盟各国经济社会发展的不平衡性，并未成为团结旗帜下联合各国力量共谋发展所必须面对的事实基础。在此情景中，科尔执意将"最腐败的西方市场经济国家"意大利强拉入伙。施罗德继承科尔遗产，不仅接受了欧元平静落地的事实，而且自觉强调欧洲的政治觉醒，吁求欧洲的政治联盟，不过他的实际行动甚少。因为在一些发展节奏相当不同的国家间建立欧洲联盟，人们必须不断与裂变取向斗争才能维持这个共同体。像企图寻找"外部驻锚"的意大利、希腊，其实指望的就是获得来自外部的稳定机制、增长动力，而对内部日益严重的问题视而不见，任由腐败与停滞共存。面对超国家组织欧盟的扩展，像英国、瑞典、丹麦等国的或强或弱的抗拒，似乎对大局没有影响。

　　2008 年金融 / 经济危机，直接击碎了欧元 / 欧洲联盟的神话。从书的第五幕到第八幕，莫迪对欧元遭遇的全面危机进行了跟踪性描述与分析。这次金融 / 经济危机，一般称为美国次贷危机。莫迪对之做了校正：危机实际上始自德国工业银行在美国股市上的投机。最初，美国监管者不以为意，时任美国财政部长的保尔森就认定，次贷危机不会对整个经济构成威胁。但美国一旦发现次贷危机对经济构成巨大冲击，便迅速地采取了救助措施，不断降低利率，大力刺激经济。相反，欧洲央行却迟迟没有动手，丧失了"以及时的一针来节省九针"的宝贵契机。

在这一波危机中，美联储的悲观与欧洲央行的乐观，形成了鲜明对照。对欧洲央行这一不当反应，不是没有人批评，但正如欧洲央行行长特里谢所说："我听见了，但我没有听进去。"之所以如此，是因为欧洲方面认为，这是美国的危机，而不是欧洲的危机，并且认为美国一向鲁莽。但欧洲央行收紧货币政策的结果，却窒息了经济生机。尤其是逆势提高利率，更是阻遏了经济复苏。"欧洲央行慢了不止一步。"希腊的倒下，不仅显示欧洲央行稳定经济的功能丧失了，也表明了已经成为欧洲大陆引擎的德国的自利取向，对欧洲联盟三心二意所具有的危害。危机中的欧洲不断泛起欧盟内部的排斥性声浪，只愿成熟国家加入欧洲一体化的吁求不绝于耳。

希腊退欧的呼吁，让危机中的欧元区一向高喊的团结口号显出虚伪。接踵而至的是爱尔兰自救，葡萄牙、西班牙的渴望救援，以至于在政治家黔驴技穷的时候，竟请出技术官僚（一些在国际货币基金组织与欧洲央行任过职的人）出任政府首脑，以对国家进行专业救治。这使欧元区的深深裂痕难以弥合。德国内部的民意分裂，一直不愿意为欧盟承担经济付出责任的民众，对政治家造成巨大的民意压力。虽然欧盟一直就是精英主导、忽略民意而运作起来的，但民意对主权时代、民主政体中的民选政治家所具有的压力可想而知。这让国家认同与欧洲认同撞车：欧洲领导人认准必须少做事以求自保，各个国家则八仙过海，受援国的挣扎令人侧目；欧洲央行在利率微降之后急忙退缩，再次陷入"通胀上升有方案，通胀下降无措施"的窘迫。国家人与欧洲人渐行渐远，以至于欧盟事实上已经分裂为相斥性的几块：德国是中心，法国仅为装点，芬荷势成德盟，余皆可有可无。欧盟委员会、欧洲理事会、欧洲央行、欧元集团仍然在为联盟声嘶力竭号召，但各个国家似乎陷入了各自为政的僵局。尤其是像意大利这样的国家，长期经济政治失范、暮气沉沉，失业率高企，经济增长无望，高学历人群纷纷移民，像英国那样脱欧似乎是早晚的事。而西班牙大致也陷入了同样的处境。

　　经此建构、危机两段历史叙述，莫迪在"最后一幕"中呈现了一个"衰落与分裂的欧洲"。今日的欧洲联盟，事实上已经分裂为很难有效整合的南北两个集团：北方国家如德国、芬兰、荷兰、奥地利成为金融安全度高、经济表现良好、给青年人以希望的地区；南方国家如法国、希腊、意大利、葡萄牙、西班牙，则是一些金融安全度较低、经济表现不振、青年人无望的地区。前者抵御危机的能力较强，成为"坚强的国家"；后者抵御危机的能力很弱，堕落为"疲弱的国家"。前者正是人们面对欧盟生发"想入非非的乐观主义"的根据，后者则是人们面对欧盟发出一阵阵浩叹的原因。

　　南方国家不是没有亮点，曾经都有过经济增长的亮丽记录。法国长期是欧洲的北方国家，其衰落尤其令人兴叹：政府的高支出、公司竞争力不够、教育软肋、既得利益集团的阻遏、精英与大众的严重疏离、拒绝善意批评、失去年轻人支持、对统制经济的迷恋、不顾国力与德国的暗地竞争等等，注定了法国国运的低迷。其他南方国家与法国的情况大同小异。而德国人高谈阔论自己对欧洲的责任与义务，但其实"在经济上绝缘，在政治上远离欧洲"。而近期大规模接受中东难民的做法，更是冲击了欧洲本就不稳的社会秩序。默克尔在东德的个人经历让她无法善处情感与政治的关系，加之德国经济依赖成熟但渐显落伍的产业（如汽车制造），因此，德国事实上已经很难发挥欧盟引擎的作用。当新近加入欧元区的东欧国家与"北方国家"一道抵制南方的金融援助需求时，欧盟的经济政治联盟前途堪忧：在一个强有力维系欧洲一体化之梦的社会民主主义思潮退潮的情况下，泛欧主义似乎缺乏新的精神支持。"'在多元中统一'的舆论依然流传，但它有悖于各国政治经济差距逐渐拉大的现实。"欧洲大一统的梦想，事实上已经幻灭了。

　　莫迪的叙述与评断，看上去颇有一些反对欧洲统一的意味。但他明确声明自己的"泛欧主义立场"，绝对无意讽刺欧洲联盟。面对业已陷入长期危机中的欧元区，他在"九幕剧"以外，以预告性的"两幕剧"

来终结自己的欧元／欧洲危机论述：一幕是，继续追求"更多的相似性"基础上的欧洲统一，但一定是"困难重重，充满挫败，给经济和政治带来更多的损害"。另一幕是，承认"'更加欧洲'的趋势无法解决欧洲最紧迫的经济和社会问题"，促成一种去中心的欧洲竞合局面。"他们删除了既没有经济效益，又导致政治腐败的行政上的财政规则，转而依靠金融市场来实施财政规则。民族国家重申了自己的主权，更加碎片化的欧洲却激发了创造的活力。国家领导人把注意力转移到国内，重建以教育为基础的技术实力，这为长期增长提供了动力，有助于减少社会不平等。每个国家都竭尽所能，具有活力的去中心化竞争局面由此形成。"这是一种新的欧洲智识共同体，而不是基于联合共管的官僚机构建制，以杜绝欧洲机构，尤其是欧洲议会议员们尸位素餐的表面统一功夫。让德国退出欧元区，免于对欧盟的帝国化支配；让意大利退出欧元区，以便起死回生。他为此虚拟了默克尔的一个演讲，将一些关乎欧洲前途命运的主张灌注其中，并由此烘托出一个新的欧洲认同："欧洲的身份认同不能继续被财政和货币规则所定义，它们所强调的是精明和稳定，而贯彻这些规则的却是一些没有责任感的官员。相反，一个现代的欧洲智识共同体可以通过自发的互动孕育出共同的审美和智识追求，并在此基础上形成新的身份认同。"欧罗巴合众国的大跃进式一统，可以休矣！而坚持开放社会价值、尝试国家间良性竞争的新型泛欧主义亮丽登场。

一幕幕闪过，可知莫迪的《欧洲悲剧》，当然不仅仅是想循时间线索描述一下欧元区国家的金融经济危机的处置不太得当而已。很明显，作者意图通过这样的描述，深度展示一个个主权独立的国家如何融合，并寻求更好的互动与发展的国际机制的成败枢机。

欧洲真要推进跨国大一统的政经建构，按照已经上演的"九幕剧"来讲，起码需要实现难度极大的几大整合才有可能。在主权国家之间建构超国家的巨型组织，是一个极其考验政治智慧与组织技巧的复杂事务。欧盟的建构，欧元区的金融经济事务协调，是民族国家时代首次依赖实体性组织处置超国家组织运作事务。但是，民族国家的界限岂是那么容易打破？莫迪对欧元悲剧的叙述，一再展现出推动联盟的核心国家（如法国、德国）的深重心机。

此外，以国家为单位的超国家组织，在建构上需要先期整合国内各阶层间的力量，满足与其他国家进一步整合为一个共同体的先决条件。法国本是欧洲联盟的核心推手之一，但由法国第二次世界大战后几任总统大力推动的欧洲联盟，却遭到法国受教育较少、职业不稳定、社会地位不高的底层群体的抗拒。在法国批准加入欧洲联盟条约的投票时，45%的反对票已经显示民众对政府积极推动的政策的反感；而在欧洲宪法投票的时候，他们与精英群体的歧见更是直接以否定法案摆上桌面。至于希腊、意大利在遭遇危机时，诉诸国民投票表决的紧缩政策，也没有得到他们的支持。在欧洲领袖以开明专制手段而孤芳自赏地脱离大众推进一统的时候，法国、丹麦、意大利、希腊给欧盟政策以否决性投票。在欧洲联盟无法为国家带来好处——北方国家认为自己是在为欧盟承担额外义务，南方国家则认为其发展自主性受到严重抑制——的情况下，民众对之的排斥只会愈来愈强，这也就只会增加联盟的难度，延缓联盟的进程。

至于欧洲联盟在政经间相互整合的缺失，就更是莫迪一再抨击的联盟缺憾。欧洲联盟的最终目标本是"欧罗巴合众国"，但起步则是欧洲货币联盟。后者是莫迪笔下的一个不完整联盟。不完整体现在两个方面：在结构上，它仅仅是一个旨在维护货币稳定，尤其汇率稳定的联盟机制，既没有财政联盟给予支撑，更没有政治联盟作为先决条件；在功能上，它仅仅需要稳定汇率，而不用致力提高就业率。按照常识，没有政治联盟，就"不可能建立必要的财政保护措施，货币联盟会非常脆弱，无法维持"。但设计这一联盟形式的维尔纳委员会却认定，不完整的货币联盟给成员带来的不安定会迫使成员国积极寻求政治合作，从而在遭遇危机的情况下获得重生。这简直是一个天大的误会：根性上的缺陷竟然被认作是结构上的优势。事实证明，纯粹的经济，尤其是货币联盟，在遭遇危机的时候，绝不能催生成员国之间的有效合作；而在平常情况下，它又难以发挥提高生产率、促进贸易、推动繁荣的功能。这正是欧洲货币联盟无法像美国财政制度统一下，对需要财政支持的州发挥转移支付功能的缘故。而欧洲不完整的货币联盟之下潜伏的国家私利算计，就更是瓦解这一联盟功能机制的一大因素。

环顾今日世界，何止欧洲有这样的大一统理念与实践。为人们所熟悉的泛非主义、大亚洲主义、泛美同盟之类的设想与尝试，同场而在，悲剧连连。原因无他，正是因为这些地区像欧洲一样，都不约而同地看低了民族国家的生命力，小瞧了税收、财政、政策的主权归属韧性，忽视了民族国家间良性竞争对它们之间的合作发挥的能动作用。因此，这些联盟尝试，也大多陷入了像欧盟一样的困境。莫迪在书的最后对新欧洲认同的建言，对这些致力建构跨国家或超国家机制的地区来说，无疑是一个很好的提醒。就此而言，欧洲仍然是一个今日世界向何处去的先锋探索者。

目录

中文版序
欧洲的关键时刻

　　我写这篇序言的时候是 2020 年 4 月底，此时新冠病毒在多数国家似乎已被遏制，但这个病毒及其防范封闭措施已经对世界经济产生了重大影响。很多国家的国内生产总值（GDP）在开始阶段的下跌已破历史纪录。很多人预测经济会继续下行，复苏会很漫长。本篇序言就是在这一背景下来反思新冠疫情对欧元区中长期的经济和金融影响。基于欧元区基本章程，我判定欧元区的应对政策必然具有局限性，因为它是一个不完整的货币联盟。我也会论及这场危机是否会迫使欧洲领导人直面他们一直回避的艰难抉择。

　　2020 年 4 月 16 日，法国总统马克龙在谈及新冠疫情危机时说，欧洲已经来到了"关键时刻"。他坚称，经济学是一种"伦理科学"，欧元区财政较好的国家有责任照顾较弱的友邦，建立一支以共同担保为基础、能发行共同债券的基金。这是一种让人莫名期待，但又冠冕堂皇的技术官僚做法。它回避了基本的政治问题：欧元区仍然是以民族国家为基础的，富强的"北方"国家（一般地说）对帮助南方国家的要求总是不太情愿；现在又要这些北方国家的领导人以空前的规模去帮助南方成员国。并不让人意外的是，4 月 23 日这些领导人开网络视频会议时，并没有提及马克龙的说法。

　　欧洲确实已经来到了关键时刻，但欧洲的政客们还没有意识到现实是何其惨淡。目前所有的经济预测都太乐观了，就连最强的欧洲国家都不得不全力以赴地应对国内的经济压力。以此看来，所有的国家都要依靠自己。联邦国家内部各州之间的合作已经相当困难，最近德国的情况，还有美国，都证明了这一点。在欧元区这种规模上的合作，就像欧盟内部各民族国家之间的联盟关系一样，需要一次翻天覆地的政治革命。

所有的经济预测都太乐观了

世界所有国家的经济都在下行，但欧洲的经济下滑会尤其严重，因为欧洲国家是在临近衰退的情况下遭遇了新冠疫情。病毒在欧洲造成了巨大的经济损失，这些国家彼此之间紧密的经济关系，以及他们与中国的经济合作，使得他们不得不依赖于贸易伙伴的经济状况。

任何以为经济在猛烈下坠后，会以 V 字形迅速复苏的看法都是幻觉而已。虽然有的国家和地区已经开始放松经济活动的管制，但这个过程会很慢，经济效果也将很有限。唐纳德·特朗普总统可能很想加速美国经济的重启，但最近一项有关 1918—1920 年西班牙流感大流行期间的权威研究提出了警告，称如果不能持续采取非医疗性的干预措施，将会导致更多的死亡和更大的经济损失。因此，唐纳德·麦克尼尔在《纽约时报》的报道中指出，用托马斯·普约（其文章《冠状病毒：为何你必须马上行动》在世界范围内被广泛传阅）的话来说就是，重新开放的时间会有不断的来回调整。麦克尼尔说，"必要的经济活动可以重启，包括一些学校和骨干企业"，但如果病毒再次来袭，政府就不得不重新采取封闭措施，然后被迫等待再次开启。

这个错乱的、间歇性的开启过程带来的只能是一个缓慢的复苏。经济就像一个精密复杂的机械系统，不同部分彼此依赖。如果各家饭馆因为大众对疫情的担忧情绪和消费者削减的购买力而只能以 30% 的能力运转，饭馆的供应商可能也不会有赚头。这一层面的阻滞会传递到供应链的下游，让一些生产者陷入破产的境地，并导致长期的经济损害。部分复苏的负面影响会在国际供应链上被扩大。即使某个国家已经做好了售出货物和服务的准备，它的国际采购商可能仍然处于完全或部分关闭的状态。

疾病传播路径和经济复苏时间的不确定性会让经济进一步恶化。这些不确定性反映在历史上少有的股市震荡上，其显著的指标是市场价格波动 2.5% 所花费的天数。斯坦福大学经济学家尼克·布卢姆和他的同事把这个波动的定量标准应用在历史经济学的模型中，所预测出的经济重挫比任何其他模型预测的都更为深广而持久。

在这些困难之上还有家庭、公司、银行和政府多年累积的规模惊人的债务。据位于华盛顿的国际金融协会（IIF）的数据，全球债务从 2006 年的 120 万亿美元上涨到了 2019 年的 240 万亿，相当于世界 GDP 的 320%。很多国家（以及这些国家内的各种债务人）利用极低的利率，维持着高债务水平，甚或进一步提升。公司和几乎所有国家的政府债务率都升高了。而现在，债务人必须在生产崩盘的情况下偿还这些债务。

欧洲银行，尤其是欧元区南部的银行，非常脆弱，因为它们的债务人还没有还清 2007—2009 年全球金融危机和此后欧元危机期间欠下的债务。更糟的是，无论北欧还是南欧，银行的利润率长期偏低。欧洲银行早在新冠病毒开始流行之前，就按照低于 1 的市价比率交易其股票；这个比率现在降得更低。金融市场向银行传递的信息是，"你们的财产价值远远低于你们的想象"。而这并不难于理解。很多银行都面临着巨额亏损，有的银行亏损得甚至连它们的清偿能力都成了问题，这很有可能导致更广泛的金融危机。在危机重重的局面下，投资者会要求借他们钱的欧洲银行支付更高的利率。

所有欧洲国家今年的经济前景都很黯淡，而新冠疫情对其中经济最差国家的打击尤为猛烈。这里要说的就是意大利。自 1999 年 1 月欧元区创始以来，意大利经济就没有实质的增长；在新冠病毒突然袭击最发达的伦巴第和威尼托等地区时，意大利的衰退仍然看似没有尽头。意大利经济如果发生大崩溃，其产生的金融震荡将传递给欧洲和全世界。所有利益攸关的人实际都知道，意大利本不该加入欧元区。意大利经济依赖于里拉的货币政策具有一定的伸缩性，但这种伸缩性却在意大利加入欧元区时丧失了。当前的危机如此严峻，就更凸显了这一历史性的错误。

欧洲的问题：它是一个国家之间的邦联

欧元区不得不在类似于邦联制的体制下，应对山雨欲来的经济和金融危机，美国在 1776—1789 年间曾实行这种制度。在那一时期，各州拒绝分担美国独立革命导致的债务负担和士兵抚恤金。纽约州毫无顾忌地把关税收入紧紧地攥在手中。同样地，在严重影响各国政府预算的事务上，欧盟各成员国不约而同地把国家利益置于联盟公共利益之上。由于当前的危机给各国预算带来了空前的负担，各国政府就更倾向于这样做了。

美利坚合众国是一个基本的标准。虽然联邦政府在协调应对新冠病毒的过程中造成了不小的混乱和损失，国会内部也有意识形态的分裂，但美国经济将受到由各种项目组成的、多达 GDP10% 的金融刺激。

在欧元区，北方国家也有钱去复苏它们的经济，虽然可能不多；而南方国家则没有这钱。德国和美国类似，它们用来提振经济的各种手段造成的预算赤字，最终也可能超过其 GDP 的 10%，它们也需要额外的资金去振兴银行。意大利和西班牙遭遇的经济震荡则要大得多，因此它们也更需要金融刺激，但它们缺乏这样的资金。意大利和西班牙政府还必须顾及它们今年要偿还的债务（其价值已超过它们的 GDP 的 20%）。投资者会再借给它们资金来滚动债务吗？

无论从何种角度来看数据，意大利至少需要 2000 亿欧元来刺激经济，同时需要另外 2000 亿欧元作为经济担保，以预防市场不愿意购买政府今年到期债务的情况出现。西班牙需要的数目是意大利总数的一半。准确的数字很难说清，而且不断在变化，但这些数字都很巨大，如果没有外界的帮助，意大利和西班牙都无法筹集到这些钱。欧洲对这种困境的反应是通过官方的渠道借钱给意大利和西班牙，但这种做法需要确保这两个处境艰难的国家能从天量的债务负担中重新站立起来。然而，这里的常识性判断是，意大利和西班牙先就需要 1000 亿—1500 亿欧元的资金帮它们在未来几个月克服眼下的困境。

在美国，经济刺激的资金来自《新冠病毒援助、救济和经济安全法案》（以下简称"救济法案"），其中包含着给各州和符合条件的州以下地方政府的 1500 亿美元。需要提示的是，美国上规模的财政转移支付是自动化的。一个州受到的影响越大，它支付给联邦政府的收入税就越少，它得到的财政支持就越多。尽管如此，各州仍然需要更多的资金去弥补它们收入的短缺——主要通过游说联邦政府以得到更多的资助。欧元区的问题就要严重得多。欧元区没有中央财政，成员国也不会像美国各州那样以降税和高额预算支出的方式自动获得支持。因此，意大利和西班牙虽然急需资金，但在一个邦联制的体制内，各国很难达成必要的政治共识去帮助它们获得这些资金。

欧洲不能承受之重

欧洲领导人无法采取有效的行动来应对当前的困局，他们假装着忙忙碌碌。各种点子和计划来了又去，紧接着又来一波，但同样去匆匆。4 月 9 日，欧盟各国财长结束了有关一批莫须有的新资金的马拉松谈判。其中的一个动议是，成员国要承诺支付 250 亿欧元的保证金，而欧盟委员会将用这个钱去借 1000 亿欧元的资金。后者将把这 1000 亿欧元借给一些国家的政府，用来给工人发工资。这个计划将在什么时候、以何种形式实际运作，不得而知。同样不清楚的是，谁将负责发放这些资金，以及他们将依据什么样的政治合法性来决定谁可以优先拿到这些钱。实际上，这些问题还在考量的过程中，芬兰政府就已经决定不参与这个计划；其他的成员国也很有可能作出同样的决定。

另一个点子是欧洲投资银行（EIB）将为私人借贷者提供 250 亿欧元的保证金。潜台词是希望贷方能向欧洲的借方贷出 2000 亿欧元。这个计划和过去的一些计划相似，仅仅是欧洲投资银行某些贷款的改头换面而已，对就业和经济增长并没有实质的帮助。

最后一种可能性是政府从欧洲稳定机制（ESM）借钱，这是欧元区的救援资金。这笔款项是可以动用的，但能借出的数额限于与新冠病毒有关的花费，而且最高不能超过一个国家 GDP 的 2%，只是在程序上没有过去那么多的限制。这个偏小的数目难以提供实质性的帮助，却会衍生出更多令人难堪的债务。

至于更有名的马克龙的"欧元债券"，或者像有些人所称的"新冠债券"，也一样疯魔。单从法律条文上讲，这个计划将允许不同国家的政府共同举债。但实际上，如果意大利人不还债，就会让德国人骑虎难下。因此并不意外的是，德国人依然说"不"。德国的拒绝对马克龙来说是好事，因为他很快又表达了另外一种抓人眼球但依然没有资金垫底的姿态。如果欧元区的国家共同借债，它们也需要共同偿还这些所谓的新冠债务，而法国本来还债就已举步维艰。与此同时，应该由谁来决定谁可以获得这些新冠资金的问题，却没有人解答。

人们都把德国看作最终买单的国家。但德国有自身的长期问题。它以汽油为基础的汽车工业正面临淘汰。德国出口商过去二十年增长最快的市场，在新冠疫情暴发前就已经经济放缓。而德国的大学对于目前的技术革新却缺乏准备。德国仍然是欧洲最强大的国家，但这是一个正在老去的巨人。

面对各方施压要求德国从"欧洲立场"出发，德国总理默克尔在回应时显得有些生气："你不能每次在得不到想要的东西时，就责怪别人不从欧洲的角度考虑问题。"然后，她又用了她在 2017—2018 年间曾用过的一个官僚手法：当时马克龙拼命推动欧元区单一财政预算，她就说欧盟的预算是资金的最终来源，她知道，这个办法能最有效地否决所有新提出的资金方案。欧盟总的支出权限是七年里可以花费一万亿欧元，但下一个预算周期却遭遇了无法回避的瓶颈：一方面，欧盟预算的支出项目有所增长；另一方面，英国——作为这个预算纯粹的贡献方——很快就要退出欧盟，它留下的这个洞没有人愿意来填补。

现在所有的希望都寄托在成员国愿意承诺支出更多的保证金，从而让欧盟委员会能从金融市场借到更多的钱。这个计划即使不会像新冠债券那样失败，但也将在危机对经济造成重大损失之后才姗姗来迟。如果来自欧洲领导人的传言是正确的，欧盟委员会最终将用它借来的资金去贷给成员国，同时也划出一些拨款，成员国会赞同在逻辑上不可避免地让它们赔钱的计划吗？

在未知水域

这种僵局还在延续，而所有人都看着欧洲中央银行。原则上，欧洲央行可以通过印钞票来推迟算总账的日子，但问题是，欧洲央行是各国组成的邦联体制下的中央银行。在美国、英国或日本，中央银行购买政府债券，是因为它们知道，如果这些债券遭受了损失，政府可以通过提高国民的税收来弥补央行的资金。实际上，这种认识也为美联储购买更多美国国债，而不是单纯靠政府借债的做法提供了理据。美联储的体系也为市政债券提供了信用授权，其相应的条件是联邦政府将共同负担由此导致的损失。

欧洲央行已经自我授权可以购买最高达一万亿欧元的债券。这个数目从欧元区的标准看很大，但相比于美联储就新冠疫情采取的各种手段却显得太小。其中主要的区别是欧洲央行没有自身的财政支持。欧洲央行拥有23%的意大利政府债券，如果它今年去填补意大利的金融缺口，它将拥有 40% 以上的意大利政府债务。如果意大利政府无法偿还欧洲央行拥有的这些债务，德国人和其他国家的纳税人将在没有经过他们同意的前提下，被迫为欧洲央行补充资金，也就是为意大利买单。

欧元区如果现在不解决这一摊子麻烦，之后会遇到更大的麻烦。欧洲央行无法解决欧元区自身的根本缺陷。它是一个没有财政联盟的中央银行，而这些国家组成的邦联似乎已经达到了成员国选民能够容忍的制度极限。

两年前在完成《欧洲悲剧》的精装版时，我曾作出了一个最终的预测："新的危机（总会有新的危机）会给欧元区带来严峻的考验，尤其意大利将是这场危机的中心，这非常有可能。当金融问题爆发时，政治分裂会加深，危机也可能撕裂欧元区的金融安全网。"

现在这个时刻或许已经到来。

新冠病毒造成的空前危机使得欧洲领导人不得不面对他们一直在回避的选择：他们是把欧元区（或者范围更大的欧盟）发展成真正的联邦制，让成员国的议会服从具有无可置疑的民主权威的欧洲议会呢，还是等待一个奇迹般的经济复苏？如果他们选择了等待，意大利（还有西班牙）的债务和金融市场压力将不断积累，最终迫使欧元区各国在两种方案中作出决定，或者在政治上高度联合，或者干脆解散欧元区这一战后发展起来的联合体。

当前的欧洲已经蹚入了一片命运叵测的水域。

欧洲终结在他处

　　欧元，这种由十九个欧洲国家共享的单一货币，在人类历史上是独一无二的。由多国共同打造一种互相流通的新货币，也是前所未有的。在理想主义者看来，其独特性在于，它预示着在未来的美好世界，各国可以在经济和政治上进行广泛合作。要不了多久，一个政治联盟就可能出现；各国议会将逐渐向欧洲议会让渡更多的权力，让后者为所有人做决策。正是基于这样的愿景，欧洲国家早在半个世纪前就开始构想单一货币。欧洲的领袖们说，这种货币将缔造更伟大的繁荣与和睦。

　　那个时代的欧洲的确充满了各种可能。二战的伤口正隐入历史。欧洲人想当然地认为，不会再有类似的战争。他们早已习惯于"在会议桌前唇枪舌剑"，而不是去战地兵戎相见。[1] 他们纷纷开放边境，让贸易更为畅通。但这些成就来之不易。他们在黑暗里跌跌撞撞，好不容易将 20 世纪上半叶的两场大战抛在身后，逐渐建立起彼此的互信。这些国家自然应当为这些成就而自豪。

　　这个阶段的基本历史目标已经达成，防止另一场欧洲战争的机制已然耸立。现在的问题是如何善用和平年代所敞开的可能性。紧要的任务是在欧洲人珍视的自由主义价值观的基础上，建设一个开放的社会，让各种理念彼此竞争，推动创造与繁荣。

　　1969 年 12 月，欧洲各国领导人在海牙集会，蹑手蹑脚地开始了一场冒险：创建单一货币。他们的想法是，商人和旅行者可以节约换汇的成本，欧洲内部的贸易将得到促进。同时，在欧洲中央银行的管理下，欧元区将有统一的金融政策，成员国将不能为所欲为。而为了防止国内通胀，推动经济增长，各国政府也都必须采取谨慎的货币政策。这些国家也需要协调彼此的经济政策。随着合作日深，和平将水到渠成。

在过去十年，虽然欧元区遭遇了各种经济和政治危机，但不少人仍然笃信这个前景。

但是，在我将要讲述的历史进程中，那些关键的决策者很快就意识到了这一步带来的风险。他们也明白，简化货币流通带来的益处非常有限。而他们没有想明白的是一个近似于经济学定律的经济假设。作为20世纪最卓越的经济学家之一，米尔顿·弗里德曼在1968年的一篇经典文献中指出，货币政策的主要功能是减少宏观经济的混乱，防止经济泡沫继续膨胀，或让经济尽快从衰退中复苏。[2]弗里德曼坚持认为，货币政策并不能帮助一国实现长期的经济增长。其风险在于，如果货币政策不到位，将会对经济造成长期的损害，反而会降低长期繁荣的可能性。在错误的时间实施不审慎的货币政策，就像把一柄扳手扔进运转中的机器里，会极大干扰经济的正常运行。[3]欧洲的领导人坚持统一货币的道路，就像把一柄扳手扔进了他们的经济体制里。

欧洲的领导人或许并不明了弗里德曼有关货币政策作用和局限的经典理论。但他们应该能想清楚，单一货币并不能带来经济繁荣。而且他们肯定知道，意大利和希腊从来都抵制欧洲大国的经济要求，这样的国家也不可能满足单一货币所需要的管理标准。

欧洲的领袖们也清楚所谓政治上的益处不过是水中花。虽然他们经常唱着政治联盟的高调，但心里明白，他们不会用自己的税收去帮助那些掉入陷阱的国家。他们更知道经济利益的冲突带来的风险也是真实的。而经济冲突又会带来政治矛盾。从1969年单一货币计划启动，到1999年正式实施，所有这些警告都一再应验。但风险始终被低估，不同的观点也被回避。

单一货币在本质上就是有缺陷的。欧元区各国在放弃本币之后，它们的政府失去了重要的政策杠杆。如果有成员国陷入衰退，其政府不仅无法通过货币贬值，让企业以较低的美元计价向外国出售商品，以提振出口和扩大就业，也无法通过中央银行降低利率，以鼓励国内的支出，刺激经济成长。

当成员国间的经济差距拉大，上述缺陷就会造成很多麻烦。如果意大利经济出现困难，而德国经济一枝独秀，那么由欧洲中央银行制定的共同利率，对意大利就会显得太高，但对德国却太低。这样一来，意大利的经济困境会继续，而德国经济则会持续膨胀。所以，这种单一货币的性质决定了，一旦成员国之间出现经济差距，共同利率会进一步拉大这种差距。

熟知这些基本困境的经济学家们在 1960 年代末就得出结论，单一货币要得到有效执行，就必须由经济活跃的国家向经济低迷的国家进行大量的资金转移支付。[4] 在美国这个拥有单一货币的联邦国家内部，各州同时又是关税同盟，从联邦获得的拨款远超它们自己的收入；并且，相比受经济衰退影响较轻的州，受影响较重的州向联邦支付的税收是酌减的。对这种利益格局，没有人会大惊小怪，因为在现存的（美国）政治体制下，这是具有合法性的。实际上，像康涅狄格和特拉华这样的州，一直都在为密西西比和西弗吉尼亚等州的经济输血。所以，经济学家认为，要为欧元开辟道路，必须在统一的财政权下制定共同预算。

如果欧洲想沿着这条路走下去，各国的议会就必须限制自己的权力，把各自的收入转到共同的预算下，然后，由对欧洲议会负责的欧洲财政部长从欧洲共同预算中拨款，刺激衰退国家的经济，缩短衰退期。资金输血无法保证救助成功，但没有这一措施，所谓救助就愈发危险。

从第一天开始就很清楚，欧洲人永远不会达成共同预算。德国人自然要担忧，如果同意分出自己的税收，他们就会变成欧洲其他国家的提款机。所以，以欧元为共同货币，通过制定共同预算的方法而走向欧罗巴合众国（the United States of Europe）的方案，在政治上是行不通的。

欧洲人对这个计划用尽了华丽的词藻，不过他们最初也只是设立了一个"不完整的货币联盟"（incomplete monetary union），其中虽包含了共同的货币政策，但对于通胀和衰退却缺少金融防范措施。在这个不完整的结构下，货币和金融政策上的冲突必然凸显出来。

这种冲突在民族国家内部也是存在的，但国家内部可以用政治程序解决问题。而在欧洲的单一货币计划中，却没有用于解决纠纷的政治协商机制。当金融危机出现时，这些国家并没有一致认可的解决办法。不同的国家之间，要么是赢家，要么是输家；而赢家就会比其他人更"平等"。国家之间的差距会拉大，货币联盟则变得更加难以管理。这个不完整的货币联盟自己种下了崩溃的苦果。

更糟糕的是，不完整的货币联盟的崩溃危害极大。如果有成员国在危机之中退出，它的国内货币将迅速贬值，这个国家的政府、企业和家庭将被迫用贬值的货币去支付欧元债。如果这是一个大国，它一旦违约将会造成普遍恐慌，导致更多国家从欧元机制退出，进一步扩散金融灾害。

在本书中，我有一系列设问。为什么欧洲人要尝试这种没有多少益处却有极大风险的事业？他们是如何解决其明显的矛盾的？这些矛盾在欧元发行后，是如何展现出来的？欧洲又会走向何方？

此处可以先就这些问题简短作答。欧洲领导人根本不知道他们正在滑向危险的境地以及这一切的根源。常言道，如果你不知道你要去哪里，你就只能到达他处。这就是我下面要讲的故事：虽然欧洲人有理想主义的情怀，但实际上他们已经走到了他处。可以预见，这个"他处"并不是什么好地方。欧元不但让很多成员国损失惨重，也在欧洲人中制造了痛苦的分裂。亚里士多德如果在世，他定会看到这些"非常善良、公正"的男男女女如何上演了这出"欧元悲剧"，"这并不是由于他们的缺点和邪恶"，而是因为"过失或软弱"造成的。

序言后面的内容将要讲述这个故事。我尽力不用事后诸葛亮的心态来看待已经发生的事情。我们会逐次看到过去半个世纪中发生的经济和政治戏剧。事件将按照它们发生的顺序展开，并伴随着当时的讨论、争执和决策。

欧元之前：欧洲人制造的"跃进"舆论

单一货币最初是法国人的提议。1969 年 12 月，法国总统乔治·蓬皮杜提议在海牙召开欧洲领导人的峰会。《罗马条约》（1957）启动的边境开放协议正在风风火火地运作当中。可能是基于一种惯性，欧洲人想实现进一步的融合。蓬皮杜提议建立一个欧洲货币联盟，看起来这似乎只是正在扩张中的欧洲共同市场的合理延伸。他强调，货币联盟必须优先建立。

法国因为法郎经常贬值而有些丢面子。这个国家已经失去了 19 世纪中叶之前拥有的经济地位，而它的政治地位在 20 世纪也逐渐丧失。于是，蓬皮杜树立了一种法国式愿景：欧洲货币联盟可以使法国与上升中的德国更加平等。

这种单一货币是在糟糕的时间出现的糟糕想法。这些采用单一货币的国家在放弃本币的同时，也永久性地把汇率与其他国家绑定了。人类社会的生产增长率正在下降，而全球经济也变得更加不稳定；二战后布雷顿森林体系建立的可调整的固定汇率制正处于崩溃的边缘，各国被要求保持固定的汇率，只在不得已的情况下才能调整。但不得已的情况却越来越多，越来越有破坏性。各国都倾向于实行比较灵活的浮动汇率。当各国和全球情况发生变化时，货币的价值也在持续变动。

德国官员则反对货币联盟。德国传统上是比较市场化的，也倾向于浮动汇率。但法国提出的欧洲单一货币却把他们向反方向拉。

德国人一开始就担心他们会被迫为那些由于金融危机而长期衰退的国家买单。然而，德国总理维利·勃兰特在海牙却没能摆脱这个问题的纠缠。这是一个非常关键的历史时刻。勃兰特太想推动东方政策

（Ostpolitik），让东西德重新统一。德国领导人对战争有痛切的记忆，法国人也不失时机地提醒德国人，他们必须做欧洲的好公民。

吊诡的是，法国与德国却都认为，财政转移支付不需要专门建立一个公共金库。1954 年，法国国民议会否决了建立一支预算自足的欧洲军队的议案。法国与德国一样，都把主权看得比税收更重要。法国人想的实际是免费午餐。

1969 年 12 月，海牙峰会决定组建由卢森堡首相皮埃尔·维尔纳领衔的专门委员会，负责制定欧洲单一货币的计划。1970 年 10 月，维尔纳委员会完成了报告。

在这个报告的字里行间，一种欧洲舆论开始形成。报告信誓旦旦地说，单一货币将成长为一个更完整的货币联盟。这个"跃进"的想法成为欧洲单一货币的指导哲学。这还不算完。危机的显现让欧洲人更笃定要往前迈这一步：单一货币的内在矛盾不仅可以得到解决，而且欧洲也将变得更加强大和充满活力。

欧洲领导人非常自信。这种跃进现象是"泛欧主义"（pro-Europeanism）的表现。作为泛欧主义哲学的看护人，他们相信，二战之后的伟大和解，以及随之而来的开放边境通商，已经建立起充足的善意，完全可以踏上新的征途了。

但从战后的这些成就向前推进到创建货币联盟却是一个错误。之前的成功是因为有良好的基础，和平、开放的边境贸易符合所有欧洲国家的利益。重要的是，这些目标都不需要放弃核心的国家主权，开放边境贸易只需要低限度的协调。战后初期的各项倡议也没有赋予任何国家对于欧洲整体事务拥有更大的影响力或权威。然而，货币联盟却违反了所有这些帮助欧洲取得成功的原则。在本质上，单一货币政策会让某些国家获得相比其他国家的优势。更关键的是，货币联盟要求有些国家在核心主权、税收政策以及财政分配等方面，向某些被认为并"不值得"信赖的国家作出退让。不可避免的是，货币联盟将使得一些国家的政治影响力超过其他国家。欧洲各个国家虽然一度被认为属于同一共同体，甚至是兄弟关系，但现在也将变成支配性的权力结构了。

当时就有人警告说，内部矛盾无法解决，单一货币也不会变成一个更健全的货币联盟。欧洲各个国家不会放弃征税和财政支出上的主权，连法国也不会，虽然它是货币联盟的主要推动者。这些国家或许会放弃它们的本币和货币政策，但不会有所谓的泛欧洲金库在危机发生的时候去开闸援助。问题发生了，每艘船也只能自己兜底。

但这群管事的欧洲领导人自我宽慰说，他们仍有蛋糕可以吃，税收方面的国家主权会得到保留，货币联盟最终也是可以运转的。无论如何，为了抹去彼此伤害的历史，他们决心缔造一个泛欧主义的未来。

我用"集体盲思"（groupthink）来描述这种坚定的集体信仰。[5]这些欧洲领导人陷入了一种集体盲思，想当然地以为一切都会好起来的。泛欧主义和欧洲例外论等舆论氛围推着他们一直向前。共同的命运就是让欧洲更伟大，让更多的国家加入，欧洲也将具有更强大的功能。欧洲领导人喋喋不休地这样说。事实上，这个故事也推动着他们去追求不现实的目标。[6]

对单一货币提案最有预见性的批评来自剑桥大学的经济学家尼古拉斯·卡尔多，即使今天读来也振聋发聩。[7]1971年3月，在维尔纳委员会发表单一货币提案仅仅五个月后，卡尔多写道，欧洲领导人们极其荒谬地低估了这个计划的金融后果。如果他们真的想要货币联盟，仅有一个应付危机的金库是不够的，经济繁荣的国家将不得不经常性地向经济困难的国家提供经济援助。卡尔多真的是在2009年希腊危机爆发的四十年前就想到这些了吗？他警告说，单一货币将分裂欧洲。他还引用了亚伯拉罕·林肯的说法，"一栋内部分裂的房子是无法站立的"，单一货币不能把欧洲整合到一起，反而会使其分崩离析。

然而，他们仍然一意孤行。欧洲国家采纳了维尔纳委员会的建议，在建立货币联盟的道路上迈出了第一步，用一种"地洞中的蛇"

（snake-in-the-tunnel）的体制把各国的汇率固定下来。其目的是给各国提供一种培训机制，以习惯固定的汇率。但这没起到效果。通胀率较高国家的出口商失去了竞争力，这些国家的政府不得不让他们的货币贬值以促进出口、提振经济和就业。法国在这个蛇形体制里犹豫不决，举止失措。最后，这条"蛇"死掉了，各国重新开始浮动汇率。

但1979年，苦心孤诣想与德国平起平坐的法国总统吉斯卡尔·德斯坦又重新把欧洲拉回到维尔纳设定的道路上。德国总理赫尔穆特·施密特心怀叵测地同意再次入伙。这两人又重新让这条"蛇"复活了。不同的是，这次他们将之称为"欧洲货币体系"（EMS）。当时，布雷顿森林体系建立的可调整的固定汇率制大势已去，整个世界都朝着更具灵活性的汇率机制奔去。但欧洲人仍然执迷于他们所谓的战后成就和欧洲例外论。欧洲迷思（myth）已然形成。这也让我想起了一句印度的老话："蜜蜂开始吸吮蜂蜜的时候，它的脚也陷入了蜜中。"[8]

但欧洲货币体系并没能超过那条"蛇"。很多国家仍然需要进行货币贬值。没有人愿意深呼吸一口，多想一想，一旦它们形成了欧元区，就没有可贬值的货币了。那种情形又如何控制呢？后来的证据表明，同时代经济学家对固定汇率的货币联盟提出的警告，很快就会变成现实。

到此时，传统与动机都已形成。法国总统弗朗索瓦·密特朗追随蓬皮杜和德斯坦的脚步，继续推动货币联盟。而在德国，赫尔穆特·科尔成了总理。那一年是1982年。他站出来反对单一货币。他公正地指出，固定汇率的单一货币不适用于经济发展道路不同的国家之间。

科尔在接下来的闹剧中扮演了关键角色。虽然科尔二战的时候还很年幼，但他仍然看到了战争的摧毁作用，他个人的家庭也遭受了巨大的损失。科尔说自己是最后一个真正为欧洲着想的总理，而且他坚信，一旦对战争的记忆有所淡忘，德国也会逐步丧失对欧洲的责任感。1989年11月9日柏林墙倒塌以后，科尔成为新德国的第一任总理，统一了东德和西德。他在德国政治中获得了非常高的自主权，就像美国总统一样，仅依靠一小撮幕僚就进行重要的行政决策。

科尔掌握了空前的权力，又不断唱着和平和友谊的高调，他开始相信自己才是那个可以让欧洲单一货币成真的历史角色。他的角色是关键的，因为当时单一货币的理念已被经济和政治现实碰得粉碎。在正常的环境下，如果没有强制性的运动，这个理念只会慢慢消散不见。因为欧洲的"固定"汇率体制是脆弱的，多次使局面走到危机的边缘，迫切需要调整。而现实也一直在向浮动汇率演变。

但 1991 年 12 月，在荷兰的马斯特里赫特，科尔推翻了联邦银行（德国央行）和财政部的提案，坚持让德国留在单一货币项目内。

在这样的早期阶段，有一个国家仍然对这个项目保持高度的审慎。英国首相玛格丽特·撒切尔是单一货币最尖锐的反对者。她的反对建立在正确的考量基础上：缺少明确的获益，重大的风险，以及国家主权的缺失。撒切尔的继任者约翰·梅杰确保了英国拒绝的权利。虽然英国会继续留在欧盟内部，但它没有义务放弃英镑而采用欧元。

而在那些已经向单一货币奔去的国家中，很快也形成了政治反对派。1992 年 6 月，在丹麦举行的全民公投中，多数选民反对加入单一货币体制。同年 9 月，法国有近半数选民不赞同历届法国总统梦寐以求、引以自豪的单一货币提案，如果再有 1% 的选民投反对派，也就不会有欧元的诞生了。

在重重反对声中，刚刚获得一点喘息的欧洲货币联盟又迎头撞上了批判的炮火。它事实上是解散了，欧洲各国货币又开始浮动汇率。虽然有不少人对于欧洲货币联盟的解体感到绝望，但很少有人注意到法国公投潜藏的真正麻烦——那些对单一货币投反对票的法国公民感觉在经济上被甩下了车，对未来充满担忧。他们认为，欧洲的政策进一步限制了社会向上流动的机会。他们期望法国能从欧洲的项目中脱身。

法国的这次公投是欧洲领导人和老百姓之间裂缝的早期征兆。《马斯特里赫特条约》签订后，在欧元区的很多处于观望状态的成员国内部，民众对欧洲机构的支持大幅下挫。但欧洲领导人对此视而不见。他们继续不顾民众意愿，决定着欧洲的走向和政策。这些领导人声称，他们背后有所谓的"宽容的共识"（permissive consensus）[1]，有权在没有民主授权的前提下对欧洲事务采取行动，因为这些问题对大多数民众而言太复杂了。

尽管问题很复杂，但欧洲的政策毕竟牵系欧洲人的日常生活，所以民众希望有更多的话语权。问题是，他们缺少平台去表达他们的担忧。选举中主要讨论的是国内问题，极少有机会关注欧洲的走向。只有机会稀少的公投可以让选民有机会展现他们对欧洲项目的反对。法国公投就是这样一个例子。这是欧洲历史上的关键时刻。欧洲领导人对人民的声音置若罔闻，也懒得理会他们与人民之间逐渐拉大的裂隙，自顾自地绝尘而去。

科尔独占了1990年代的大部分舞台，奠定了欧元区集体决策的根基。科尔非常善于塑造政治舆论，单枪匹马地在欧洲人的心中种下了这样一种理念：单一欧洲货币是实现和平的工具。这种推论虽毫无逻辑，但这并不妨碍人们接受它。而实际上，一国有统一货币，从来不是其发生内战的原因；而国家之间也不会仅因为货币不同而彼此打仗。

为了扭转对他提出的单一货币与和平的古怪关联的批评和辩论，科尔不断重复着他对欧洲"政治联盟"的抱负。当然，科尔从没有明确说过，德国愿意和其他欧洲国家组建实在的政治联盟，以及在这样的政治联盟中，德国愿意把税收花在其他国家的人身上。所以，科尔的天才在于，他可以把这么逻辑不自洽的说法转化成一种让人感觉很高尚的舆论。在这种舆论的笼罩下，每个人都愿意相信他，相信他的追求能够达成。

科尔希望他能以欧盟总理的身份留下单一货币这样的政治遗产，但他也明白，德国民众会激烈反对放弃德国马克。所以，他不遗余力地劝

---

[1]　指公众间接同意精英阶层闭门讨价还价。这是欧共体的主要特征。

说德国人，德国不会用欧元去帮助其他国家脱困。后来，在谈判桌上，德国坚持这个不完整的货币联盟必须遵循一条财政纪律，即成员国要把它们的预算赤字保持在低于 GDP 3% 的水平。

他们用另一个有迷惑性的词汇来定义这条规则，这个词就是趋同标准（convergence criterion）。它给人们造成一种幻觉，以为只要遵循这条规则，一国的经济就能赶上其他国家，这样，单一货币政策就能和所有人相关了。1997 年 6 月，他们把这项规则作为《稳定与增长协定》（SGP）的中心思想。但经济学家们从一开始就指出，很显然，一条预算规则，就像单一货币自身一样，既不能推动经济的趋同，也无法创造稳定；相反，一国政府若在衰退期间依照这一规则强行降低预算赤字，会陷入更深的衰退。不同形态的经济是不会趋同的，它们只会保持彼此的差别，也会更不稳定。

然而，这条预算纪律被固定下来了，虽然每当政府换届，这条纪律会有些许改变，但仍然受到"稳定"原则的保护。这背后的理念是，即使是坏的规则也比没有规则好。

负责执行单一货币政策的欧洲央行为了保证价格上的稳定，强化了稳定的原则。两位诺贝尔经济学奖得主弗朗哥·莫迪利亚尼和罗伯特·索洛警告说，对价格稳定的过度执着会阻碍生产的发展，推高欧元区的失业率；并且就像预算规则一样，当政府不假思索地追求价格稳定时，这些政策就会变成不稳定的因素，这已经在欧元区的金融危机中得到了验证。但相比于预算规则，欧洲央行的稳定哲学对批评更加免疫，因为欧洲央行无须对任何人负责。德国人很坚持这一点，他们认为，否则政府会扭曲欧洲央行的政策为其所用。因此，欧洲央行的错误得不到监督，让形势雪上加霜。

除了通过这样的集体盲思为稳定原则加持外，亲欧洲的科尔还利用自身巨大的权威，把毫无准备的意大利裹挟进欧元区的创始成员国群体。但这对意大利或欧洲而言，都没带来什么好处。意大利的政治已经相当腐朽了，政府也不稳定。在 1980 年代，意大利的企业就靠固定的工业补贴和里拉的不断贬值在国际市场上销售他们的产品。在"所有都会变好"的舆论氛围中，单一货币被看作意大利的外部稳定器。在它排除了里拉贬值的办法后，政客和商人将会改变他们自己。

科尔已经完成了他的历史作用。他护着单一货币项目，蹚过了政治、经济的地雷阵。如果不是他，这个项目早已夭折。科尔送出的欧元大礼包，包含着和平和政治联盟的魅惑愿景，用一种稳定的意识形态遮蔽了欧元区不稳定的性质，还把意大利这样的国家塞进了创始成员国。

在整整三十年中，法国历届总统都在推动欧元，但法国民众却反感这个方向。科尔让欧元成了可能，但德国人却宁愿保持德国马克。法国为此作出了妥协，让德国来制定规则。但世人并不清楚，这些欧洲领导者是否真的知道他们到底在做什么。他们似乎相信自己说的那些话。1999 年 1 月 1 日，单一货币的想法终于变成现实，法国领导人虽然梦想成真，但欧元却是按德国人的意愿达成的。这就是"欧元悲剧"。

欧元之后、危机之前：泡沫之中

德国新任总理格哈德·施罗德未曾经历战争，所以他毫不讳言德国的国家利益。东西德在经济上的统一并不像科尔所承诺的那样，是一场免费的午餐。高通胀、高税收让经济陷入衰退。施罗德自然不待见德国自己推广的所谓"稳定"意识形态。

但作为德国总理，施罗德不得不在表面上维护泛欧主义的立场，他重复着那个口头禅：欧洲人迟早会组成"政治联盟"。但和科尔一样，施罗德对这个词的含义一直含糊其词。为了显示他的泛欧主义立场，施罗德在 2001 年把希腊也捎进了欧元区。和意大利一样，希腊政治也深陷腐败之中，政府管制无能。和意大利一样，欧洲规则从来没有限制过希腊人。但是希腊的经济规模很小。施罗德认为，帮希腊解决危机是小事一桩。

在那些形象美好又容易操作的欧洲项目之外，施罗德对德国的利益孜孜以求。他要求让德国在欧洲政治中享有更多的话语权。2000年12月，在欧洲领导人的尼斯峰会上，施罗德寸步不让，为德国争取在欧盟中的权力和影响力。为了保护德国的大众汽车，他阻止了欧盟公司收购法的适用，让收购过程变得困难重重。欧元尚在初期阶段，那些有关快步进入政治联盟的预测就已然破碎。

以前被忽视的经济障碍成为瞩目的焦点。在过去三十年中，所有发达国家的生产增长率都已放慢，而欧元区尤其艰困。失去生产增长的势头自然不是喜闻乐见的，对欧元区的国家而言，尤显沉重。这些国家在放弃本国的货币政策后，无法通过贬值本币而刺激出口和就业，它们尤其需要强劲的经济增长把自身拽出衰退的泥潭。另一个严峻的问题是，欧洲国家继承了膨胀的银行系统，政府多年来一直希望通过这些国内银行来推动经济。但欧洲银行太多了，这些银行的盈利率很低，它们想找快钱。

缺少独立的货币和货币政策，低生产率和累赘的银行系统等负面因素推动着欧元区进行下一轮改革。

2004年至2007年间，在全球金融狂热中，欧元区也产生了泡沫。支撑这个金融泡沫的是欧洲政客们的空想，他们普遍相信，欧元正证明它是一个伟大的成功。伴随着全球化的浪潮，欧元区的经济增速喜人。但即使在那样狂热的年代，也没有证据表明，忽然而至的经济增长是欧元带来的经济红利。一项著名的计量经济学研究指出，欧元可以促进欧洲的贸易。但这个研究被证明是有缺陷的，它的研究者后来撤回了自己的论断。事实是，欧元区国家之间的贸易份额严重下降。欧洲官员们又指出了另一项成就，即通胀率较低，他们认为这是欧洲中央银行正确的货币政策所致。但欧元区的平均通胀率是与全球同步下降的，没有采用欧元的欧洲国家同样保持了温和而稳定的通胀率。

欧元不但没有带来明显效益，而且它作为单一货币会拉大国家间经济差距的预言也实现了。欧元的"边缘"国家，包括希腊、爱尔兰、意大利、葡萄牙和西班牙等，都遇到了高于平均水平的通胀，它们的产品对外国人而言太贵了，出口到中国和东欧的产品失去了竞争力。与此同时，"核心"国家的银行，尤其是德国和法国的银行，非常热心地把钱借给边缘国。高通胀率让边缘国有更多的欧元来偿还债务。核心国家的银行越是借钱给它们，通胀率就越高，于是核心国家就借出更多的钱。经济差异开始呈现，此处尤指通胀率的差异。

随着经济差距拉大，边缘国家的金融泡沫也开始显现。这些国家的生产率本来就低，加上允许经济过热，自然失去了国际竞争力。它们始终都严重依赖借债。冰岛和西班牙的房地产价格泡沫尤其巨大，不得不冻结所有建筑项目。但在起初担忧了一段时间后，它们却松懈下来。取而代之的是一种志得意满，对低效生产等基本问题视若不见。即使在这样的通胀年份，意大利和葡萄牙的 GDP 也几无增长。而欧洲的管家们相信一切都会好起来。他们口中念叨的是，欧元让国家的经济更加稳定；即使发生了金融危机，他们也完全可以克服。

值得注意的是，虽然政治精英们信心满满，欧洲民众的不满却在发酵。他们抱怨欧洲管理机构和政策对人们的生活干预太多。2005 年，荷兰和法国的公众否决了一部象征意义的欧洲宪法。就像法国人对《马斯特里赫特条约》的公投一样，低收入的、教育水准不高的民众投票反对欧洲的动议。很多人认为，这些自上而下、没有经过民主审核的欧洲决议让本来就已严重的社会不公恶化了。投票记录还显示出，年轻人对欧洲也逐渐幻灭了。

2008 年，正当欧元区银行刚刚陷入全球金融危机时，欧洲领导人却不顾民众的担忧和斥责，庆祝这个单一货币的第一个十周年纪念日。他们还不失时机地讽刺了一下那些预测欧元失败的批评家。但他们高兴得太早了。

欧元区危机此起彼伏：政策制定者穷于应付

2007 年中的时候，美国不断酝酿的金融危机已经让几家欧元区银行深陷泥潭，它们明显是受到了次贷市场的引诱。到 2008 年中，欧元区内部，在房地产价格雪崩、经济衰退之际，各家银行也摇摇欲坠了。

在欧元区经济活动减弱的情况下，欧洲央行为了遵循它的稳定目标和遏制通胀，提高了利率。欧洲官员们口头上否认危机的存在，坚称这次危机主要是美国的问题，因为美国人入不敷出了。所以，当欧元区和美国的 GDP 同步下降的时候，只有美联储松动了货币政策。

俗话说，及时的一针可以省九针。美联储遵循风险管理的及时原则，在 2007 年 9 月降低了利率，目的是让老百姓口袋里的钱多一点，促进消费，提振经济。到 2008 年 12 月，美联储意识到，单是降低利率已不足够，便采取了量化宽松的做法，通过购买国债加速房地产等行业长期利率的下调。美联储的这些措施减轻了对市场崩溃的担忧，使得消费缓慢回升。

欧洲央行却反其道而行之，拒绝离开"稳定"的本位，束手等待。直到 2008 年 9 月中旬雷曼兄弟破产引发全球金融灾难，欧洲央行才首次降低了利率。但这次降低利率太晚，也太有限。不出所料，从 2009 年底到 2010 年初，欧元区的复苏步伐要慢于美国。自信能更快稳定经济的欧洲央行丧失了信誉，没人再相信它能准确评估风险并及时回避危机。米尔顿·弗里德曼的魂魄仍在提醒着世人：失当的货币政策会带来长期损害。

欧元区自身的危机始于 2009 年 10 月，当时希腊政府宣布，它的预算赤字远超预期。欧洲政府再也不能怪责到美国身上。危机就在欧洲后院肆虐，欧洲领导人只有两个选择。一个是让希腊政府对债主违约，很多人认为这样做是正确的。要不然，就采纳欧洲央行行长让 - 克洛德·特里谢和美国财长蒂莫西·盖特纳的主张：希腊违约会使金融恐慌传染，带来不可估量的损失。显然，欧元区的政策制定者更担忧这种传染性恐慌的危害。但这种所谓恐慌的散布并没有什么依据，希腊银行和借贷者跟全球金融体系的联系并不紧密。一旦发生恐慌，储蓄者和债权人倘若从资信良好的银行挤兑，欧洲央行依然可以为这些银行提供简易贷款。

为防止希腊政府债务违约，欧洲各国政府让自己陷入更艰难的境地。它们缺少一个财政转移系统给希腊提供财政支持。所以，欧洲领导人就干等着希腊的问题自己消失。他们指望空手套白狼，指望好言相劝就能吸引投资者用低利率借钱给希腊政府，帮后者蹚过险滩。但希腊政府面临的不只是一片浅滩，它处于严峻的金融困境中，投资者对此望而却步。希腊政府需要的东西，包括迅速重组债务、正式的财政支援以及适度的财政约束。救助如果来迟一步，只能加深希腊的危机。

欧洲不完整的货币联盟具有的缺陷已经一清二楚了。在美国，发生金融危机的州都能收到大量的财政转移支付来帮助它们脱困。美国的这些财政转移是其政治契约内在的规定。内华达州向来是接受联邦政府资助的，但无人会对此表示怀疑，这其中还有一部分资金是来自康涅狄格州的税收。欧元区却没有这样的财政支付体系，这也是科尔反复向德国选民强调的。

最终，在无路可退的情形下，欧洲各国政府和国际货币基金组织向希腊政府提供了大额贷款，以偿付其私人债权人。希腊仍然有相同数量的债务需要偿还，但是现在政府不得不主要偿还其官方债权人和剩余的私人债权人。为了享有维持其无法支付债务负担不变的特权，希腊政府承诺尽力收紧财政开支，但这导致了希腊经济的崩盘。

随着2010年希腊危机的演变，德国总理默克尔成了事实上的欧洲总理。如果没有德国支持，欧洲任何决定都不能作；默克尔因此获得了否决权。但她对欧洲事务有些心不在焉。默克尔生于1954年，和二战没有直接关联。她是一个牧师的女儿，在东德长大。在希腊危机发生之前，默克尔对泛欧主义的调子一直都没什么兴趣。她的基本目标是保护德国的利益，而且她生性谨慎。她推迟了给希腊的贷款，直到她意识到，再拖下去会导致金融灾难，后果无法收拾。默克尔在最后一刻作出了决定，对眼下的危机进行最低程度的救济，而不是彻底解决问题。以后这种模式会不断重现。

在这个不完整的货币联盟内部，不平等的权力关系现在已经很明显了。德国显得"比其他国家更平等"。这是典型的欧洲困境。如果没有默克尔从中协调，欧盟的对应措施会相当混乱，因为不同国家之间的利益很难调和。但当默克尔的影响力逐步提高时，对德国主宰的怨恨和对欧元的怀疑也上升了。

在 2011 年上半年，欧元危机到了至暗时刻，整个欧元区都采取财政紧缩，并强制稳定市场价格。这些德国式的做法变成了欧盟的本质特征。与科尔曾承诺的一个欧洲式的德国相反，这是一个德国式的欧洲。

除了欧元区采取的几项紧缩措施外，更紧要的是欧洲央行分别于 2011 年 4 月和 7 月提升了利率，以应对风雨欲来的通胀压力。7 月份的这次利率高点显然是危机过程中最糟糕的政策失误。欧洲央行多次收到投资者和分析家的警告，7 月份的高利率可能会造成无法估量的损失。但缺少责任心的欧洲央行却一意孤行地对欧元区经济状况作出了错误的评估。因此，它所作出的决策带来了难以承受的金融压力，把欧元区推向了新一轮的经济危机。米尔顿·弗里德曼的幽灵这次是真的显灵了。

意大利的马里奥·德拉吉在当年 11 月成为欧洲央行行长，他撤销了此前错误的高利率，并推动更强有力的货币刺激计划，但欧洲央行实际执行的货币刺激却非常有限，因为央行内部的德国成员阻止大幅度的政策调整。在金融紧缩和严格的货币政策双重夹击下，欧元区似乎陷入了无法避免的经济衰退之中。

投资者对意大利和西班牙政府的偿债能力失去了信心，在 2012 年中期，债务违约似乎已不可避免。2012 年 7 月，德拉吉高调宣布，欧洲央行将不遗余力地拯救欧元区经济。为了取得政治上的支持，德拉吉需要默克尔的默认，才能兑现他的承诺。默克尔不愿意用德国的钱去救意大利和西班牙，但她也不想看到欧元区崩解。欧洲央行承诺的"无上限"金融援助最终缓解了意大利和西班牙债券上的压力。从而，默克尔在政治上掌握了欧洲，但在这一关键时刻，她也需要欧洲央行能大力支持她的目标。此时，欧元区的权力牢牢地被掌握在了几双手中。

在过去这些年里，对默克尔的抱怨也在上升。尤其是边缘国家的政府和民众认为，德国强制采取的政策有百害而无一利。默克尔与 2011 年 11 月希腊和意大利总理的离职也有干系，这被理解为德国帝国主义的表现。当泛欧主义的技术精英们占据了希腊和意大利的总理职务，并誓言要突破政治僵局、实行更严格的财政紧缩时，这种印象进一步加深了。在希腊，反德情绪刺激了激进左翼联盟（Syriza）的崛起。在意大利，公众对反欧元的五星运动的支持也直线上升。而在德国，很多人担心默克尔对那些缺少财政约束的国家太过仁慈。2012 年 9 月，基民盟内部的分裂演变成反欧元运动，到 2013 年 2 月，催生了德国另类选择党（AfD）。因此，欧元区成员国之间的政治分裂加深了。

意大利裂隙

我注意到，从 2014 年至 2017 年，欧洲央行让意大利的形势进一步恶化了。意大利显示出欧元区所有的病灶：低产出率、高额政府负债、混乱的银行、短命的政府任期、社会上升通道的收窄以及对欧元的怀疑心态。并且意大利比希腊要大好几倍。我相信，欧元区的裂隙将从意大利开始。

2014 年初，欧洲央行的货币政策依然收得很紧。自 2011 年以来，意大利就处于长期的衰退中，经济异常疲软，导致出现通货紧缩的趋势。如果说通货膨胀会削弱国际竞争力，通货紧缩则会搬起石头砸自己的脚。企业和消费者在经历了长期通缩后，会选择谨慎支出，因为他们认为通胀率将进一步下降，商品价格还将下调。支出放缓又会把通胀率保持在低位。低通胀率和低经济增长率让现有的债务负担更加难以承受，从而进一步压缩开支、阻碍经济增长。增长乏力，金融系统就愈加脆弱。

要进一步理解意大利的经济问题，可以把它与日本1990年代"失去的十年"进行比较。由于对始于1990年的地产和股票市场崩溃缺少及时有效的应对措施，日本经济陷入了长期的通货紧缩，还不时伴有价格下跌的阶段。日本的教训是，一旦陷于通货紧缩，就很难恢复。有时通胀率会偶然上升，但很快又会下跌。日本经验的实质是，市场对央行把通胀率带回到正常水平的能力失去了信心。

2015年1月，德拉吉领导的欧洲央行才开始慢吞吞地购买欧元区政府债券，以降低长期利率。如果各位还记得，这是美联储在2008年采取类似行动的六年之后。欧元区的核心通胀率（即去除了波动较大的食物和能源价格之后的通胀率）却几乎纹丝不动。各国平均的核心通胀率在1%的低位，而实际上欧元区大部分国家的通胀率还不到这个数字，这使它们的经济千疮百孔。

在这些年中，欧洲国家的政府常常对外兜售一种能使它们脱困的解决方案，即所谓的结构性改革。但这只是一种表面上的说法，实质上是为了更方便地解雇工人。2015年，意大利总理马泰奥·伦齐推出的就业法案就是依照这种逻辑，目的是为了使得解雇员工更加容易。以之前无数次的经验来判断，这部法案对经济增长并没有什么好处。由于这些措施使得就业市场变得动荡不安，它们也降低了可以让生产率提高的投资热情。所以，如果说这部就业法案有什么作用，那就是它伤害了经济长期增长的可能性，让金融系统更加脆弱。而且，这些"劳动力市场改革"也增加了社会不平等，因为有些工人只能找到临时的、不稳定的工作。

但意大利真正的问题还在其他地方。由于研发水平较低，教育发展迟缓，以及很多受过大学教育的青年人不断向外移民，意大利的生产率很可能会一直处于较低的水准。如果没有通胀和经济增长，政府债务将会维持在高位；虽然银行正开始走出最坏的阶段，但它们摆脱麻烦的过程将会是一个很长的时期。意大利或全球的经济/金融上的一个微小的震颤就可能使这个国家出现巨大的裂缝，随之引发地震，并转而崩开其他的裂隙。

乐观氛围下，欧洲分裂的现实

2017 年中期，全球经济普遍洋溢着一种乐观主义。乐观的心态推高了世界贸易总量，也给欧元区的经济和金融带来了繁荣的氛围。但对未来的不确定却让这个轻松期迅速消逝，接踵而至的是长期的压抑。在危机期间，经济增长率从原有的低水平进一步下降，人口也增长乏力，一些国家的人口很可能会从下一代开始下降。

所以，一旦目前的全球经济蜜月期结束，欧元区国家的经济增长率很可能会倒退到原先的低水平。欧元区的经济在研发强度上远远落后于美国；而与亚洲最具活力的国家相比，无论是研发能力，还是大学在国际联盟座次表上的排名，欧元区也都是落后的。欧元区国家在长期增长和竞争力上面临着严峻的挑战。

而且欧元区内部，在危机里进进出出的这十年时间里，成员国之间的经济差距又拉大了，相应地，它们之间的政治分裂也更加明显而深刻。尼古拉斯·卡尔多在 1971 年作出的预言准确得可怕。由德国领导的、成功的欧元区"北方"集团有理由作乐观的长远打算。它们的经济在欧洲算是富有效率的，政府债务也已经回到，甚至低于危机前的水平，年轻人更容易找到工作。这些国家相对而言不受欧元区的影响，因为它们并没有受到欧元区官方政策及其错误的严重损害。

但即使在这些相对成功的国家，民族主义和欧元怀疑论也大幅上升。北方国家的政府甚至比它们的人民更害怕给南方国家开支票兜底。北方的大批民众已经有整整一代人没有获得什么实质性的好处。这些掉队的民众被困在经济阶层的底部。在经济上岌岌可危的他们把恐惧转嫁到难民和移民的身上。所以，当北方人把注意力集中在内部问题时，他们的政府就更难做出泛欧主义的姿态了。

在这条分界线的另一边，南方国家不但经济增长乏力，政府债务高企，青年人前程黯淡，连教育体系也难以帮助孩子们脱离他们原有的经济和社会阶层。所有这些问题都根源于弱政府和衰败的制度架构，后者导致腐败丛生，并且抬高了商业运行的成本，诱使人们从事影子经济，降低了大学和一般学校的教育质量，只是不同国家程度不同而已。而且，欧元区以意识形态为导向的政策给南方国家的经济潜力造成了最为显著的损害。由于南方处于长期的衰退，企业削减了长期投资和研发投入，失业者要不缺乏劳动技能，要不就丧失了劳动能力。我先前已经指出，意大利是长期问题最严重的南方国家，对欧元区的整合构成最大的挑战。但我相信，法国现在也已堕落成欧元区的"南方"国家。

现在这种集体盲思以后很可能还会继续。欧元区的领袖们不顾过去几年的事实，仍然宣称欧元带来了看不见的巨大利益。[9] 过去几代的政府首脑们常常提及"政治联盟"，现在的领袖们也经常说"统一管理""共享主权""共同主权"和"欧洲主权"，以及"欧元区财长"和"欧洲预算"。[10] 和以往一样，不同的角色用着同样的词汇表达不同的利益和倾向。

他们不断重复着"民主责任制"的高调，在他们的认知里，只有当各国议会愿意顺从欧洲议会时，对欧洲真正的责任才能落实。虽然这种影响深远的局面是很多人渴望的——是否真的让人渴望，可以再说，但没人真正相信，欧洲人能跨越到那个阶段。因此，欧元区治理中的职责和问责制很难落实。到底应该由谁来负责财政和就业市场的政策，是各国政府，还是欧盟领导机构？当政策的实施出现问题的时候，谁应承担责难？如果民众不满政策，他们应当投票把谁选下去？经济学家艾伦·米尔沃德在 2005 年评论说，欧洲民主正陷入"民族国家与超国家机构之间的尴尬缝隙之中"。[11] 这只是平添了政治和经济上的隐忧。

欧元区并没有向具有合法性的政治体制过渡，而是蜷缩在凭空发明的管理体制中。欧盟领导人的集体盲思继续忽悠着他们自己：还会有新的措施来拯救欧元区。但历史一再提醒我们，在根本上，任何国家都不愿意与他国分享自己的税收，而这必将严重限制欧元区达成其渴望的目标。

不幸的是，欧盟领导人中极少有人愿意从历史中学习。诺贝尔经济学奖得主托马斯·谢林在 1988 年的一篇文章中写道，人性本身就是善于忘却的。[12] 欧元区抛下失败的记忆后，还是重复过去同样的做法；每次都是同样的说法、同样的主张，每次都幻想再做一次就能找回所有的损失。不是向前进，也没有任何进展，而只是原地打转。[13]

下一次金融危机会始于比上一次更严重的经济和金融问题。与此同时，当成员国之间的经济差距越拉越大的时候，南北各国的民族主义和欧元怀疑论将甚嚣尘上，而下一次危机恐将撕碎欧洲这袭华丽的布幔。

新泛欧主义

至此，笔者已经介绍了欧洲战后七十年的实际情况。这些年里，有一点非常重要，即主权界限依然如故。为什么是这样呢？真正的跃进，是要求欧元项目对欧洲人有实际的贡献，只有这样才能使他们愿意分享主权，并进而分享税收，甚至通过民主选举产生欧盟政府机构。但这些都没有发生，因为欧元没有产生任何显著的效益，而它给欧洲人带来的损失却显而易见。如果无法证明欧元能帮助欧洲各国发展经济（经济规律已经告诉我们，这不可能发生），用行政的手段强制让主权融合将无法获得民众支持，欧元计划也仍将在压力下保持脆弱的格局。

如果读者认同我对历史的阐释以及相关结论，请继续读下去，以了解其中政治经济状况变迁的具体过程。你将会看到那些主要角色如何塑造了欧洲舆论，以及他们怎样应付反对者。

　　我也希望那些持怀疑立场的人继续读下去。我是从泛欧主义的立场来写这本书的,我这么说并不是在讽刺。我只是不认可更多的欧洲融合,或者那些聪明人凭空设计出来的欧洲。欧洲机构已经干涉到各国主权事务,而它们依然缺少政治合法性,这种情况正在削弱这些机构的声誉。我认为,现在要做的是去革新泛欧主义的内涵。只有卸去目前把欧洲各国绑在一起的各种桎梏,真正的泛欧主义才能发扬光大。为了达到这样的目标,我会提供一些政策上的具体建议。

　　但更重要的是,应当让欧洲重申开放社会的原则,强调民主、社会保障、自由迁徙和文化多元。在战后初期,欧洲曾践行这一路径,只是后来才被欧元计划引入歧途。要建成一个开放社会,欧洲必须回到16—18世纪启蒙时代开启的模式中;当是时,各民族国家在观念市场上彼此竞争。这种在思想激荡中产生的崭新的欧罗巴将抚平欧元造成的伤害,并在全球经济竞争中强势崛起。同时,它也会缩小社会差距,强化欧洲的自我认同。

第一章

黑暗中的三次跃进，1950—1982

1950 年 5 月 9 日，傍晚 6 点后的巴黎，法国外交部长罗贝尔·舒曼在临时记者会上宣布，德法已达成协议，两国将共同监管、运营一系列煤钢项目。[1] 舒曼指出，生产上的合作让两国之间的战争"不仅难以想象，而且在实际上成为不可能"。[2] 舒曼还邀请其他欧洲国家加入德法两国的合作。他信誓旦旦地说，这将成为构建欧洲联盟的第一步。

虽然二战已经过去了五年，但战争仍然在欧陆投下了长长的阴影。舒曼当晚强调，现在正是时候共同铸造经济发展的基础，巩固欧洲的团结，以永保和平。

这种虚张声势并没能说服在场的记者。他们一再追问，由此带来的巨额跨国交易将如何完成？但舒曼显然不愿意，或者是无法给出具体的细节。一位失望的记者最后逼问道："如此说来，这是黑暗中的大胆跃进咯？"没想到——也可能是急着想去赶火车——舒曼下意识地答道："是的，就是如此，黑暗中的一次跃进。"

就在前一天晚上，舒曼向联邦德国总理康拉德·阿登纳告知了他的这个提议。联邦德国（西德）刚于一年之前的 1949 年成立。阿登纳迅速回应他全心全意地接受这个提议。[3] 他兴高采烈地对一旁的助手大喊，"这就是我们的突破口"[4]。这对德国而言，是一笔合算的买卖，他们在煤钢产业的管理权上作一点让步，却可因此重回欧洲和国际社会。

"舒曼计划"（欧洲煤钢联营计划）对法国也有好处。德国经济早已超过了法国（图例 1.1），眼看就要凭借在机械、汽车和医药等行业的优势绝尘而去。法国担忧，如果自己的角色只是看管这个政治上被孤立，但经济上强悍的德国，将得不到什么实际的好处，还可能失去在欧洲和世界的影响力。[5] 现在，法国通过"舒曼计划"把德国变成自己的政治伙伴，就有机会去影响欧洲的未来。

作为该计划的核心设置之一，"高级公署"（High Authority）将监管两国间的煤钢生产机制。这个机构体现了 19 世纪以后的一种发展趋势，即国家与国家可以相互合作，甚至是以类似于联盟的形式创造"泛欧主义"的局面。

按这种说法，是以经济的方式来促进国家间的政治和睦，最终形成欧洲联盟。在这一提议中，再次军备的企图很容易被察觉，因为这需要提高煤铁钢的产量。但舒曼也强调，把煤钢生产整合起来，是为"经济发展打造共通的基础"所迈出的第一步。共同提高生活标准，对于战后欧洲的政治联合是必要的黏合剂。

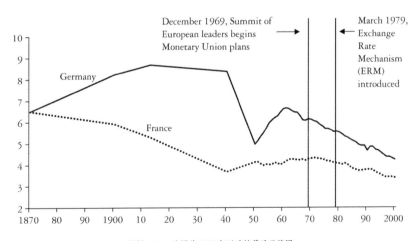

图例 1.1　法国从 1870 年以后就落后于德国
（每个国家占世界 GDP 的比例，百分比）[6]

舒曼在这次具划时代意义的公告中，勾勒了战后欧洲融合的基本轮廓：集权化的管理和经济繁荣的承诺。在欧洲各国都得知这个黑暗中的第一次跃进之后，计划的细节将最终确定。

1951年巴黎：第一次跃进

让·莫内跟着舒曼前后脚去了伦敦。莫内生于 1888 年 11 月，他在十六岁就离开了学校，建了一家罐头食品厂，又帮他的家族公司卖白兰地，后来他成为商业银行家，并投身于公共事务。[7]1950 年 5 月，莫内成为法国计划委员会主席，是舒曼计划的制定者。

莫内非常渴望英国能签署舒曼计划，使这个处于襁褓中的计划真正具有重量。但英国政府对法国的提议心生疑窦，认为这个计划只是制造了一个没有责任能力的欧洲官僚机构，却可以否决英国政府和议会的决定。莫内后来在回忆录中说，一些英国媒体对"联盟"这个词有些反感，并提出警告，称这个计划可能"使英国失去独立性"。[8]

英国官员礼节周到，但态度很坚决。他们说，这个计划还太模糊、不确定。他们尤其认为"高级公署"没有什么必要，担心这个机构会攫取太大的权力，削弱英国的主权。但对舒曼和莫内来说，"高级公署"最为关键，而且不在讨论之列。莫内在伦敦最后会见的人是斯塔福德·克里普斯爵士，他是英国的财政大臣。克里普斯拒绝让步，莫内隐晦地威胁说，英国人会为他们的顽固而后悔的；他日欧洲成功后，英国将最终"屈服于现实"。[9]

意大利、比利时、卢森堡和荷兰等四个国家响应了舒曼的呼吁。这些国家的代表很快会面协商了下一步的工作。那是一段让欧洲人陶醉的日子。莫内的长期助手，英国 - 瑞士混血的公共知识分子弗朗索瓦·迪谢纳后来评价说，参与舒曼计划谈判的官员们"认为自己是在为公共利益而奋斗"。历史和目标上的一致性，"在这些政治家和高官中创造出一种兄弟情谊"。[10]

1951 年 4 月 18 日，各国领导人举行会议，准备正式签订《巴黎条约》，成立欧洲煤钢共同体（ECSC），但当时仍有不少问题有待解决。实际上，条约里并没有实际内容。据欧洲学者、欧共体前官员吕克·范米德拉尔记载，这些官员——包括德国的阿登纳和法国的舒曼在内——"签了一张白纸"。这当中有某种善意，"欧洲开启了不成文的时代"。[11]莫内被任命为欧洲煤钢共同体高级公署第一任主席，这也是当时第一个欧洲机构。

舒曼"黑暗中跃进"策略的主要目标达到了，既有政治上的和睦，又带来了欧洲的安全。煤钢共同体提供了经济和政治协商的论坛，欧洲各国领袖借此互相对话并共同合作。

但欧洲真的会像舒曼向往的那样，发展成一个"联盟"吗？现实并没有那么乐观。《巴黎条约》虽然有某种善意，但和欧洲联盟还相去甚远。相反，德国在谈判过程中选择用"Gemeinschaft"这个词，在英文中就是共同体（community）的意思。范米德拉尔解释说，Gemeinschaft 意指稳定的、持续性的协会，基本原则是，其中的成员国以共同体精神相互合作，在法律上完全平等。[12]所以，当时的共识是，与其匆匆构造联盟里的等级关系，不如形成平等而有力的长久关系。

虽然如此，关于欧洲联盟的想法一直存在。1950 年夏，在舒曼的那次历史性宣告之后不久，《巴黎条约》签订之前，新的紧张形势触发了另一项提议。美国坚持要求西德重新军事化，以共同构筑应对苏联威胁的欧洲防线。莫内后来记载，"人们又开始谈论军备竞赛了，最重要的是，还要把武器还给当初的侵略者，虽然他们自己是愿意放下屠刀的"。[13]法国一想到德国又会有军队了，就无比震骇。法国领导人和民众都在想类似的问题："我们要一切再来一遍吗？"[14]但美国人却很坚持他们的立场。

法国人很为难。尽管他们很痛恨让德国重新武装起来的想法，但美国人很可能批准德国组建自己的军队。如果按这种形势发展，德国人可能退出舒曼提议的煤钢共同体。[15]莫内还担忧，德国的民族主义有可能进一步滋长。[16]为了防止美国和德国走得太远，法国总理勒内·普利文退而求其次，提出组建一支欧洲军队，将其置于欧洲防务共同体之下。[17]这样做的目的是为了把德国军事力量嵌入新组建的欧洲军队中，在欧洲防务部长的控制下来运作，其政策和战略部署都由成员国组成的部长理事会来决定。虽然这是迫于美国压力之举，但后来形成的计划却雄心勃勃，让人惊讶。这个防务共同体有欧洲自己组建的管制结构和自己的预算，所以它至今也是欧洲通往政治联盟最具现实意义的行动。

《欧洲防务共同体条约》于1952年5月27日签订，却命运多舛。德国人对于他们的军队被囊括进欧洲军队感到很愤怒，认为这是看轻了他们。[18]虽然有种种的不满，但西德联邦议院在1953年3月批准了这一条约。阿登纳支持这个防务共同体，因为德国当时依然是"被占领区域"，是"外交斗争中的客体"；他还认为，欧洲防务共同体让德国再次在欧洲和全球事务上有了话语权。[19]然而，法国发起这个项目并不是很情愿的，所以自有腹诽。他们对德国重新军事化不太适应，也不太愿意看到自己的军队陷入一种"无国籍的乱麻"中。[20]而且法国刚刚在越南经历了"可耻的失败"，新总理皮埃尔·孟戴斯·弗朗斯认为，如果他在欧洲防务共同体条约上投赞成票，他那脆弱的联合政府很可能崩溃。[21]所以，都没有做什么特别的努力，法国国民议会于1954年8月30日就轻易地否决了这项条约。

同盟、超国家这样的词汇遭到了污损，"在国家之上的欧洲"这样的理念也变得一钱不值。[22]虽然二战的记忆还鲜活如昨，形成政治联盟也比以往任何时候更有条件，但法国拒绝跨过界线，在财政和政治主权上作出让步。欧洲防务共同体虽然是为了应对美国的刺激，却是走向欧罗巴合众国的一次真正尝试。问题是野心太大了。孟戴斯·弗朗斯坦率地说，"欧洲防务共同体里的一体化措施太多了"。[23]

很快，煤钢共同体也被认为干涉性太强，推行不下去。表面上的问题是，煤钢共同体内部生产的协调有技术性难度。但真正的问题是，莫内踩到了国内政客们的痛处。他试图把高级公署建成一个由技术官僚把持的欧洲管理机构，总部设在布鲁塞尔。他声称要让这个机构有征税权，而且只需征得部长理事会的同意。[24] 高级公署迅速变成纽约市场上最大的外国证券发行商，这样做是为了推动共同体的投资。[25] 莫内以欧洲的代表自居，与外国政府建立起直接的关系。换句话说，莫内所做的本是属于由民主选举产生的国家政府的职权。共同体内的小国家尤其觉得他干涉到了自己。[26]

欧洲的领导人们渴望做更多，但他们也不确定下一步应做什么。在莫内的传记中，迪谢纳略带同情地描述了那个彷徨的时期。当时的人认为，欧洲不能以"安全或政治的手段"来建设。[27] 相反，他们认为，"应该采取不那么义正辞严的手段，也就是经济"。强调欧洲各国的经济利益则又回到了舒曼当初的提法，即和平以及欧洲一体化的前提是必须不断在经济上取得实质成就。舒曼当时主要处理战后的时局，他强调只有提高人民的生活质量，欧洲才能取得成功。欧洲领导人这个时候终于认识到，光想着改变政治结构只能走进死胡同，所以必须改变方向。因此，第一次跃进的结果是形成了制度性的框架，让欧洲人共同来讨论到底什么是欧洲的共同利益。更重要的是，它使人们看清了欧洲人愿意融合的界限，并创造机会开展第二次跃进，这就是《罗马条约》。

1957年罗马：第二次跃进

比利时外交大臣保罗 – 亨利·斯巴克领导了这次跃进，并拉荷兰人来支持他。这两个小国在第一次欧洲跃进中近似于旁观者，但现在它们想推动更大规模的商业融合，以实现自己的利益。作为小国家，它们严重依赖国际贸易，减少贸易壁垒对它们显然有利。斯巴克领导的委员会在 1956 年 4 月发表报告强调，欧洲国家都将从贸易扩张中获利。报告还说，欧洲事实上别无选择。[28] 如果无法通过贸易促进经济繁荣，欧洲将会远远落后于美国。

这个新倡议背后的政治逻辑也是合理的。贸易扩大会增加共同的经济利益，并在贸易过程中培养同理心。[29] 重要的是，这些都不需要牺牲各自国家的主权。促进贸易的措施不需要太多的国际监督，也让各国继续保有在民主基础上的核心主权利益。

德法两国起初因为各自的原因拒绝了这个提议。时任德国经济和劳工部长（1957—1963）以及之后将担任德国总理（1963—1966）的路德维希·艾哈德主张，应该向所有国家开放边境，而不只是欧洲国家；法国则不希望开放边境，哪怕是欧洲国家。[30]

法国提出了交换条件。为了保护本国的农民，法国政府拉其他国家一起为所有欧洲农民提供补贴。于是又诞生了"共同农业政策"（CAP），这让欧洲乃至世界为此付出了长期的巨大代价。可以说，共同农业政策是战后欧洲最可耻的经济政策。它不但造成了食品浪费，并且压低了发展中国家农产品的价格，并给本已捉襟见肘的欧洲预算雪上加霜（见本章附录）。

接下来的事情顺理成章。当时的全球经济普遍看好。国际贸易增长迅猛，欧洲人顺应这个趋势显然比反对它更有好处。[31] 1957 年 3 月 25 日，原先组建煤钢共同体的"初始六国"签署了《罗马条约》。随即，它们又组成了欧洲经济共同体（EEC），1958 年 1 月 1 日开始运作。

《罗马条约》明确回应了成员国的呼声：它们会反击任何对主权的侵蚀。迪谢纳对此总结说，"这些政府会阻挡所有像莫内那样与它们的统治权公开叫板的人"。[32] 因此，继不受欢迎的高级公署之后，欧共体委员会（European Commission）获得的权力被缩减了，目的就是要防止类似于莫内这样地位的人随意在欧洲层面采取行动。新的委员会职责只是起草欧洲法律，负责政策的执行以及分配欧洲预算。[33] 戴高乐虽然在 1958 年成为法国总统之前反对过这个条约，但最终也与之相安无事。[34] 戴高乐在回忆录中写道，《罗马条约》"是一个优秀的商业条约，在政治上并不改变初始六国的主权"。[35]

在制定和执行这个条约的过程中，小国的参与凸显了所谓的"共同体精神"。这个共同体旨在加强成员国的经济纽带，但并不贬低小国的地位，使它们免于为保护主权地位而苦苦挣扎。历史学家艾伦·米尔沃德在 1992 年评论说，欧洲共同体利用其共享的制度架构拯救了民族国家。成员国之间虽然经济实力和政策倾向不同，却可以在这个体系内给它们的国民创造更多的机会，而同时又能以公平的方式对待所有国家。

《罗马条约》作为一个贸易协定来说，比较实在。经典著作《战后欧洲史》的作者、历史学家托尼·朱特认为，这个条约"对未来有比较慎重的考虑"。[36] 它所描画的主要是一个过程，而非具体的目标和办法。但《罗马条约》取得巨大成功的主要原因还是它适应了那个时代。得益于战后的恢复期，各国的 GDP 增长率长期居高不下。国际贸易发展很快，降低贸易壁垒的需要显而易见，虽然不是所有国家都立即意识到这一点。法国是条约国中最后一个上车的。欧洲经济共同体的所有成员国都知道降低关税的好处，因此都比条约所规定的更早降低了关税。[37] 贸易数量限额实际上在 1961 年就消失了。出于自身的需要，欧洲还领导了全球消除贸易壁垒的行动。

随着贸易一体化和经济成长，作为欧洲人的自信也愈加突显，但戴高乐对于欧洲人热衷的共同体和共治等理念却颇有微词。戴高乐认为，共同体的种种机构除非受到有效制约，否则将会僭越国家主权，削弱法国的优先权。对戴高乐而言，欧洲的机构必须要能促进法国的利益才有价值——用他的话来说就是，如果它们能"帮助法国重回滑铁卢之前的地位：世界第一"。[38]

1960 年，戴高乐开始代表法国协调欧洲的防务和外交政策。[39] 戴高乐得到了阿登纳的支持，后者是德国利益的积极维护者，乐意绕过欧洲

经济共同体的机构，采用政府间协商的办法。阿登纳对戴高乐的支持
比较勉强，主要是因为戴高乐从不掩饰自己对这个"波恩来的小人物"
的轻蔑。[40] 但阿登纳仍然与戴高乐共进退，因为他和戴高乐都本能地想
削弱欧洲机构的权力。在这些问题上，阿登纳是一个戴高乐分子。[41]

　　荷兰外交大臣约瑟夫·伦斯率众反对戴高乐控制欧洲的企图。伦斯
说，戴高乐的计划"将为法国国际地位的上升奠定基础，却无法加强欧
洲的统一和一体化"。[42] 荷兰和比利时的激烈反对让戴高乐劫持欧洲的
野心无果而终。

　　戴高乐在 1965 年 3 月至 1966 年 1 月间造成了另一次管制危机。他
当时正在处理欧共体委员会希望获得征税权的提议。欧洲共同市场的高
级官员罗贝尔·马若兰提醒说，如果这个提议生效，"欧共体委员会将
成为共同体预算上的政府机构"。[43] 所有成员国都会对委员会侵犯主权
的做法感到愤怒。但戴高乐更进一步。他试图让《罗马条约》中关于多
数表决制的条款归于无效，而让成员国享有可以否决欧洲议案的权力。
最终欧洲各国在 1966 年达成了"卢森堡妥协"，各国领导人一致同意，
他们在牵涉重要国家利益的事务上享有否决权。马若兰总结说，这样一
来，"共同体就被剥夺了《罗马条约》里规定的少有的几项超国家因
素"。[44] 这是戴高乐煽动的结果，但其他人，尤其是德国人，也乐于看
到这种局面。

　　虽然 1960 年代前半段权力斗争激烈，但《罗马条约》仍然得到了
很好的实施。条约取得巨大成就的主要原因是，它并不依赖于各国之间
烦琐的协商或超国家机构的管制。随着欧洲经济共同体之间的商业活动
日趋扩展，普通民众对欧洲一体化的支持度也在高涨。马若兰在回忆
这些岁月时，不禁对自己扮演的角色有些自豪，他后来把《罗马条约》
签订后的这十年（1958—1967）定义为"欧洲的春天"。普遍的自信让
人们感觉将会有奇迹发生。[45]

　　1960 年代中期，人们满可以带着成就感和自豪回首往昔岁月。黑

暗中的两次跃进，虽然有令人沮丧的时刻，但历史已经证明它们是勇敢而敏锐的举动。政治理想主义者更是欢天喜地。牛津大学的蒂莫西·加顿艾什认为，虽然欧洲大陆"外延不清晰，内部太多元化，并且充满历史的混沌"，但欧洲人已经发展出常规的合作机制。[46]欧洲在通往"自由秩序"的路上取得了长足进步。欧洲人能够追寻不同的目标，这些目标虽然并不必然协调一致，却可以和平共处。[47]而对经济理想主义者而言，欧洲的民族国家已经适应了互相联通的全球经济，并且共同体内的商业关系提升了欧洲的身份认同，使得和平的基础更加牢固。战后欧洲重建的主要目标达成了。

十字路口的欧洲

此后的时代却与此前大相径庭。战后的繁荣从1960年代末期开始衰退。欧洲人逐渐对经济形势感到担忧，欧洲领导人打算进一步推动欧洲一体化，但他们并没有清晰的目标，或者说，他们也不知道为何要推进一体化。迪谢纳写道，"世界早已经变了"。[48]德国不再需要欧洲在政治上的认可，戴高乐也帮欧洲国家获得了拒绝所谓外部干涉的权利。另外，虽然此前二十年，世界经济上升很快，但战后经济奇迹很快就要结束了。或许最为重要的是，各国的经济差异还没有太影响到欧洲整体的发展。但现在欧洲正在进入下一阶段，各国逐渐拉开的通胀率预示着它们的经济发展方式越来越不同。

法国就是麻烦之一。经济史学家查尔斯·金德尔伯格写道，虽然得益于战后的发展趋势和不断扩张的国际贸易，法国经济已倍显颓象。然而，满是疲态的法国人却心生"既得利益"的骄矜之气，下意识地认为自己理应获得更高的生活水平。[49]商业企业在顺风顺水的经济环境中获利颇丰，却没有及时去适应竞争性越来越强的全球经济。法国政府的政策鼓励消费，却贬抑冒险心态。结果就是通货膨胀反复涨落，并且"当国民收入只有 100 元，却想支出 110 元时，政府无力拒绝，10% 的通胀率就不可避免了"。[50]

反复消长的国内通胀让法国处理国际金融问题时非常头疼。国际问题的核心是汇率，即不同货币交换的价格。在战后的布雷顿森林体系中，各国必须保持固定汇率，货币要维持在各国同意的平价上下很窄的范围内。但这个体系不适合法国。法国法郎的汇率固定后，法国的出口就很困难。如果国内成本提高，而国际买家用于交易的美元或德国马克汇率不变，法国出口商的利润就会被挤压；如果这些商人在国际市场上提高卖价以贴补上升的国内成本，他们的国际销售就会下降。并且，当通胀高涨的时候，在固定汇率下，法国消费者和企业会倾向于从国际市场上购买较便宜的产品。所以，法国的进口开始超过出口，这样一来，就必须通过向国外举债来支付经常账户赤字。长期的财政赤字会带来沉重的负担，也不可能一直持续下去，因为法国会对世界形成超额债务。

这种压力每隔十年会变得无法忍受，法国政府不得不让法郎贬值，以抬高进口价格，并为出口产品降价。[51] 原则上，贬值（官方术语是"平价向下调整"）需要取得国际货币基金组织（IMF）的同意，后者是布雷顿森林体系下全球货币体系的看门人。法国政府不太情愿去寻求IMF 的认可，就绕了过去。但无论是否有 IMF 的同意，货币贬值本身就意味着这个国家政府的经济管理的失责。

反复贬值让局面难堪。1948 年法郎贬值后，缓冲效果很快用尽；1957—1958 年间，法郎再次贬值超过 30%。但法国的通胀太高了，贬值压力不断上升。[52] 1968 年，国际货币基金组织在对法国经济进行年度审评时说，法国至少从 1960 年以来就没能赶上国际竞争的步伐。[53] IMF 的法国执行董事拒绝这种定性，但其他国家的代表却同意这种无情的定调。

主要的结构性问题是法国企业没能有效提高其生产率，以适应国际市场的要求，因此法国整体上是在寅吃卯粮。降低汇率无法解决法国的长期问题。贬值只能暂时提振经济活力，但每次贬值也让国家变得更穷，因为这意味着需要出口更多的国内产品才能进口与当下相同数量的产品。与其依赖频繁的贬值，法国经济需要根本性的变革。企业需要更有创新能力，工人也要降低他们的薪酬需求。这两方面都有所进步才能降低国内通胀压力，让法国经济更有竞争力，法国民众也才能更富有。

法国与德国经济对比强烈。德国公司在全球复杂工业品出口方面具有统治性的地位。而且德国民众对两次大战之间的恶性通胀和随之而来的政治灾难有深切的痛楚记忆，所以德国中央银行死死地压着通胀的盖子。高生产率与低通胀率两者相加，让德国出口远远高于进口，其经常账户长期保持顺差。[54] 由于对德国产品需求旺盛，国际买家对德国马克永远处于强烈的需求状态，而德国政府不得不经常考虑抬高德国马克的价格，以降低国际买家对德国产品的购买欲。

强劲的德国马克和弱势的法郎表明，德国在崛起，而法国在走下坡路。法国当然心有不甘。1968 年法国发生的"五月风暴"和 6 月的工人罢工，让情势走到了顶点。政府安抚学生和工人的措施并没有挽回人心。[55] 提高工人工资推高了对国内产品和服务的需求，开启了又一轮通胀。[56] 法国投资者对政府平稳经济的能力感到失望，纷纷把法郎换成更为安全的德国马克，期望后者升值。为了满足对德国马克的恐慌性需求，法国政府降低了黄金和美元储备，根据一个估计，1968 年 4 月的 60 亿美元到当年 11 月 22 日就降到了 30 亿美元；其中有 10 亿美元是在 11 月14 日之后降低的，因为投资者拿到钱后很快就离开了法国。[57]

11 月 22 日，主要工业国家的财政部长在波恩召开会议。当时，大家认为法国会又一次宣布法郎贬值，从而抬高德国马克的价格，以减慢资金流出法国的速度。[58] 在法国人看来，又一次贬值意味着国力的下降，这足以让人神伤。而德国又在伤口上撒盐。最温柔的讽刺来自以尖锐著称的德国小报《图片报》，该报以"德国再次成为第一"作为头条。[59] 而德国财长弗朗茨·约瑟夫·施特劳斯则给了法国的骄傲狠狠一击，他提前宣布法郎将贬值。[60] 让法国人最感羞辱的是，法国《世界报》报道，德国记者在一次新闻发布会上为法国募捐。[61] 德国的这些攻击深深地伤害了法国人的内心。戴高乐的外交部长米歇尔·德勃雷在回忆录中这样记载当时的情况："我就知道，德国人一旦得势，肯定会耀武扬威。"[62]

我们并不太清楚戴高乐到底是如何看待法国在 11 月 22 日遭遇的羞辱。第二天下午 3 点半，他召集了内阁会议。在冗长的会议期间，记者和投资者都在等待他的决定。当天深夜，总统府发表了一份简短声明："维持现有的法郎平价。"[63] 也就是说，法郎不会贬值。戴高乐着手布置紧缩政策，减少进口；另外，法国向外国（包括德国）举债以平衡其经常账户赤字。[64]

戴高乐一时得到了法国人的奉承，他们对戴高乐敢于在金融战中与外国人硬碰硬兴高采烈。[65] 戴高乐挑战外国的戏码或许是让人兴奋的，但法国的经济和社会问题并没有自动缓解。法国出口商需要法郎贬值才能在国际市场上竞争，误把希望寄托在维持法郎平价上只是延缓了痛苦，却让事情变得更糟。戴高乐对德国人的不屑一顾最后一次满足了法国人的虚荣心，但他无法提供符合法国人想法的长期计划。1969 年 4 月 27 日，法国选民投票否决了戴高乐要求修改宪法的提案。戴高乐失去了法国人民的信任，于 4 月 28 日辞职。他在 1970 年 11 月去世，只完成了他的《希望回忆录》第一卷。

历史的大潮在此汇聚。1962 年至 1968 年在戴高乐手下担任法国总理的乔治·蓬皮杜此时即将接任法国总统一职。法国经济正落后于德国，需要通过打破戴高乐硬撑的拒绝贬值来刺激一下。蓬皮杜没有戴高乐那种对欧洲的居高临下。他想的是，如果能进一步和欧洲融合以解决法国的问题，何不一试？欧洲一体化进程确实已经画上了成功的休止符。但人们仍然希望，通过进一步的一体化解决欧洲的问题。心理学家阿莫斯·特韦尔斯基和丹尼尔·卡尼曼提出"可得性启发"（availability heuristic）法则，即人类本能地认为未来世界的运行法则也和刚刚过去的时代一样。[66] 欧洲社会似乎已准备好做另一次跃进。

海牙1969：第三次跃进

乔治·蓬皮杜于 1969 年 6 月当选为法国总统。法郎再一次承压，但新总统直到 8 月 8 日才宣布再一次贬值。[67] 同时，他呼吁欧洲领导人当年年底在海牙召开会议。[68] 这次峰会讨论的题目之一是欧洲货币联盟（EMU）。这就是法国所领导的、欧洲在黑暗中的第三次跃进。

虽然蓬皮杜是一个戴高乐分子，极力维护法国主权的利益，但他认为现在应当放弃对法郎的戴高乐式忠诚。[69] 在他看来，法郎已经变成挥之不去的头疼。蓬皮杜提醒自己说，前进的希望就在货币联盟，到时候法国和德国将用同一种货币。只要法郎消失在单一货币的阴影下，让人尴尬的贬值也就不再有必要了。这样一来，法国就不必为德国经济的优势而倍感羞辱了。

蓬皮杜虽然愿意放弃戴高乐高调的民族主义，但他和戴高乐一样本能地觉得，欧洲应该服务于法国的目标。对他来说，"制衡德国"是最基本的目标。[70] 以后我们会逐渐看到，"制衡德国"其实意味着要在经济上与德国平起平坐。但所谓平起平坐只能在表面上达成。单一货币或许能够消除德国马克和法国法郎表面上的差别，但要获得真正的平等地位，法国领导人必须创造一个更具活力的经济。

蓬皮杜声称，"必须首先达成货币联盟，这样才能去争取更具体的成果"。[71] 于贝尔·韦德里纳曾是法国总统弗朗索瓦·密特朗最亲密的顾问之一，他后来写道，从蓬皮杜开始，货币联盟就成了"法国外交的一个主要目标"。[72]

背历史潮流而动

货币联盟中的单一货币能在法国、德国和其他联盟成员国之间固定汇率。成员国也都归属一个中央银行，后者负责为联盟制定单一货币的政策。法国的企业如果失去了竞争力，它们的政府将不再能够对货币进行贬值，也无法通过降低国内利率，把国家的经济从衰退中拉出来。相反，法国将依靠欧洲中央银行来制定共同的利率，并掌握整个单一货币区的汇率。这一共同的利率和汇率将严重依赖德国经济，因为德国经济表现强劲，同时能保持经常账户顺差。因此，欧洲中央银行不可能去回应法国国内的经济需求。

在这里总结一下蓬皮杜货币联盟提案的弊端，或许有助于廓清问题。这个提案实际上是背着国际货币的历史潮流而动。过去一百年的历史已经对固定汇率、放弃国家货币的风险提供了太多的警告。有一个例外是 1880 年至 1913 年，固定汇率对国际社会作出了贡献。在那段时期，世界主要的经济体按照固定的金子数量来兑换货币，这就是所谓的金本位制。整个世界的经济因此迅速发展，并维持了财政稳定。[73] 因为金本位制与全球经济繁荣同时出现，很多人推论说，繁荣至少部分是因为金本位制的存在，所以，固定汇率是组建国际货币体系唯一正确的方式。

但事实是，固定汇率只有在经济繁荣期才能有所作为。经济史学家巴里·艾肯格林和彼得·特明解释说，在繁荣期，以固定汇率进行国际交易增加了稳定性。但在经济下行期，固定汇率却会让问题变得更糟。[74]1913 年以后，高通胀的国家经常需要对货币进行紧急贬值，以防止经常账户赤字过快增长。当这些国家的政府贬值有困难时，它们就在国内实行严格的紧缩政策，限制进口。这导致失业率高居不下。在 1930 年代大萧条期间，这些问题变得尤其尖锐。根据艾肯格林的研究，金本位制大大加深了大萧条带来的苦难。[75]

所以，一战之后到二战之前的时期，尤其是大萧条期间的经验，削弱了固定汇率的说服力。[76]但1944年7月，当各国领袖在新罕布什尔州布雷顿森林举行会议设计新的国际货币体系时，他们并没有完全吸取之前的教训。他们已经认识到，设定僵硬的固定汇率并不明智。迫于现实的考虑，他们主张让汇率在国际监督下具备可调性。这就是战后"可调整的固定汇率制"的由来。

这个新体系有严重的问题，弗里德曼很快就认识到这一点。他先后在1950年和1953年解释说，汇率固定后，问题的警示信号就变得不再那么明显。政府会拖后它们的应对措施，等待问题自行修复。但经常账户失衡（即经常账户赤字上升）会演变成危机，"这要求国内采取行动，国际提供咨询，其他国家也要提供帮助"。[77]

弗里德曼似乎已经预见法郎经常性贬值的需要，以及法国政府平时喜欢固定汇率，直到下一个金融危机的爆发才有所改变，所以他呼吁抛弃布雷顿森林体系。[78]他坚持认为，应该让货币自由浮动：汇率（即货币价格）不应当由政府或者国际货币基金组织每隔几年来作个决定，而应当由市场的供需关系来决定。他说，在浮动汇率下，货币价格会在危机发生之前对通货膨胀上升和经常账户赤字等情况作出反应。这种汇率，或者说反应灵敏的价格，就像一个减震器。

此后的二十年证明弗里德曼对固定汇率的诊断是正确的。布雷顿森林体系难以应付不同国家之间通胀的差异。所有领导人，不只是法国人，都倾向于延后货币贬值的决定，因为贬值往往意味着公众信心和政府声誉的丧失。国际社会也不鼓励贬值，因为一个国家贬值可能会触发其他国家进行"竞争性贬值"，以重新获得出口优势。贬值的延后又会引诱投机者刺探政府能否一直保持固定汇率。而政府的对策通常是一顿乱拳，包括控制进口和资金运作等。[79]

但越来越多的国际投资者情愿用即将贬值的货币投机，大量卖出他

们认为价格会下跌的货币。为了维持固定汇率，政府不得不用外汇储备
去买回本国货币。当外汇储备过低时，不想贬值货币的政府只能抬高利
率，或者施行财政紧缩，以限制进口，稳住经常账户赤字。但过高的利
率和财政紧缩又会降低国内经济活力，使失业率上升到政治无法承受的
地步。投机者了解政府无法承受因为经济放缓和失业率上升带来的政治
压力，最终会让步，让货币贬值。

法国政府当然懂得，对于正在失去国际竞争力的国家，在一个充满
金融投机者的世界，不可能一方面保持固定汇率，一方面又满足国内经
济增长和就业的目标。法国的问题不是德国。法国的问题，简单地说，
是已经不能维持既有秩序了。

1960 年代后期，很多国家都发现，已经无法继续在固定汇率的界
限里求存了，战后布雷顿森林体系建立的可调整固定汇率慢慢趋于瓦
解。这个体系的关键角色——美国，给了这个庞然大物致命一击。在高
通胀的情况下，布雷顿森林体系无法维持每盎司黄金 35 美元的官价。
于是从 1968 年 3 月 15 日起实施双轨制：各国中央银行互相之间仍以 35
美元的官价进行交易，但它们无权干预市场上的黄金价格。货币史学家
迈克尔·波尔多认为，从这个时候开始，布雷顿森林体系实际已经终结
了，尽管此后一段时间仍有人主张留在固定汇率的体系内。[80]

1969 年 3 月，另一位杰出的经济学家哈里·戈登·约翰逊也加入
了弗里德曼的行列，呼吁实行浮动汇率。约翰逊在经济学上作出了巨大
的贡献，耶鲁大学经济学家詹姆斯·托宾（后来获得诺贝尔奖）评价说，
"在世界经济学领域，20 世纪的第三个二十五年是'约翰逊时代'。他
是我们学界遥遥领先的巨人"。[81] 约翰逊指出了经济学界一个让人难堪
的空白，"固定汇率缺少真正的论证，它只是勉强存在并运作着，还有
一种似是而非的观点，是认为如果改变它就会使情况变糟"。[82] 他认为，
事实相反，浮动汇率的优点无可辩驳。约翰逊说，弗里德曼是正确的。

让汇率在更大范围内浮动，国家更容易避免宏观经济的震荡，政府也能更自主地去施行政策。

所以，虽然《罗马条约》在 1957 年就成为世界自由贸易的先锋，但让人费解的是，蓬皮杜却于 1969 年末提出在欧洲货币联盟实行永久性固定汇率。这不仅对法国是反常的，也违背了正朝向浮动汇率体制转变的世界趋势。为了迅速解困，蓬皮杜逃避为法国长期性竞争问题找到真正的解决方案。他还把其他欧洲国家也拖入赌局，但他其实不懂这个赌局的历史环境和风险，也不懂应该如何处理其中的复杂性。蓬皮杜给所有人帮了倒忙。

按道理，蓬皮杜的方案在海牙会议上很可能被毙掉。因为这也事关德国。与英语世界的许多所谓的盎格鲁－撒克逊人一样，德国人很尊重市场规律。路德维希·艾哈德在 1950 年代为了在欧洲形成真正的竞争性市场，曾试图让欧洲国家对全世界开放边境贸易，而不只是对欧洲国家。同样的道理，德国政府认为，货币价格也应当由市场供需来决定。

实际上，虽然是美国学者弗里德曼最早推动了浮动汇率的概念，但德国学者才是这个概念的狂热爱好者（图例 1.2）。他们比盎格鲁－撒克逊人更快地施行了这个制度。在这方面，德国学者与法国学者截然不同，自成一体。在法国，学者、官员和政客们仍然沉迷于统制经济的思维定式，他们仍然认为政府能够而且应当管理经济的所有方面。不出意外，法国对浮动汇率并没有什么兴趣。在他们看来，由政府之外的人来决定货币价格是不可思议的。

1969 年 9 月 29 日，海牙峰会的两个月前，德国让马克汇率自由浮动，与美元脱钩。不久之后，德国政府让马克与美元再次挂钩。但德国政府已经表明他们愿意向浮动汇率靠拢。里士满联邦储备银行的经济学家罗伯特·赫策尔后来解释说："德国坚持自由市场经济的立场，因而拒绝了固定汇率，转而采用浮动汇率。"[83]

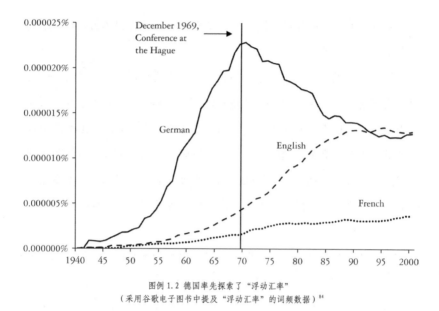

图例 1.2 德国率先探索了"浮动汇率"
（采用谷歌电子图书中提及"浮动汇率"的词频数据）[84]

所以，蓬皮杜提出货币联盟，不仅无视当时世界的固定汇率体系正在崩溃的事实，也没有认识到法国统制经济与德国市场经济的根本冲突。但蓬皮杜毫无顾忌，他认为，在二战结束二十五年之后，法国作为联邦德国合法性地位的保证人，仍有特殊的优势。[85]

在海牙峰会到来之前，蓬皮杜更是快马加鞭。11 月 29 日，周六，峰会开始的两天前，《纽约时报》报道说，蓬皮杜将在峰会上"争取让欧洲经济共同体内部形成更紧密的货币关系"。[86]蓬皮杜的财政大臣吉斯卡尔·德斯坦更强调说，峰会可能为欧洲共同的货币政策制定计划。

德国人本可以拒绝后离开。德国是一个经济强国，它自然倾向于浮动汇率。欧洲货币联盟的提议原本会被束之高阁的。

德国挥之不去的战争阴影

德国政局和领导层也在发生变化。基民盟已经失去其战后的统治地位，社民党的维利·勃兰特当选为德国总理。在 1933 年希特勒上台后没多久，勃兰特就离开了德国。[87]当勃兰特 1947 年回到德国时，一些德国人认为他是叛徒，因为在祖国遭受暴政凌虐时，他却待在海外。但勃兰特回来后，却积极倡导德国的责任。他逐渐成了"德国和平、宽忍和稳重的象征"。[88]勃兰特在 1957 年成为西柏林的市长，1969 年成为西德总理。

勃兰特首要的目标是为德国曾经的残暴和罪行赎罪。1970 年 12 月，勃兰特任总理一年后到访华沙，在犹太英雄纪念碑前放置了一个花环，且在毫无计划和征兆的情况下，鞠躬并跪了下来，以表达赎罪。在一片令人震惊的沉默中，无数的相机记录了这个闻名世界的"华沙之跪"。[89]很多年后，勃兰特写道，"面对德国历史的深渊，出于对数百万被残害者的愧疚，我表达了超乎语言的人性"。[90]1971 年，勃兰特被授予诺贝尔和平奖，因为他"试图埋葬仇恨"的努力，以及推广和平、缓和国际紧张关系的勇气。[91]

虽然勃兰特看重国际和平，但他对欧洲项目秉持怀疑的态度。他在回忆录中写道，对欧洲一体化的热情呼吁很正常，但"国家间的歧视和龃龉"却影响着最终的决策。他说，欧洲的政客们"常常说各国要超越自我中心主义，但这很难为欧洲带来实际的好处"。[92]勃兰特身边的财政专家警告他，法国提出的欧洲货币联盟对德国不利。专家要他"揣上十二万分的小心"。[93]勃兰特自己很清楚，要建立货币联盟，"成员国之间结构性的差异，以及经济目标与运作方式的多样化是大问题"。[94]所以，一个大欧洲的理念，或欧洲货币联盟的想法，都无法吸引勃兰特。

勃兰特最大的兴趣在东边，他想让东西德和解。他说，"我们必须阻止德国进一步的分散"，所以需要双方一起努力。[95]这个历史重任阻碍重重。在西德，勃兰特面对着基民盟的反对。[96]在德国外部，东西两边的和解，乃至重新统一，又会引来对德国民族主义复活的警惕。所以，虽然二战已经结束四分之一个世纪了，但它的阴影仍然笼罩着欧洲。勃兰特的东方政策显得太激进，他需要盟友的支持才能向前跨一步。

为了争取法国对东方政策的支持，勃兰特表示愿意讨论一下蓬皮杜的货币联盟。由于他的顾问不赞同采纳这个方案，勃兰特咨询了莫内。对莫内而言，"更欧洲化"总是没有错的。他从来不太明白欧洲民族国家的力量。[97] 莫内怂恿勃兰特建立所谓的"欧洲储备基金"（ERF），这是由出身于比利时的耶鲁经济学家罗伯特·特里芬首倡，后者是货币联盟的拥趸。[98] 欧洲储备基金收拢成员国缴纳的基金，借给出现经常账户赤字的国家，帮助它们实现经济增长。[99]

德国经济部长卡尔·席勒强烈反对这个基金。[100] 席勒和其他德国专家的看法是，德国只有在其他欧洲国家条件相当的前提下，才能讨论共同基金的问题，换句话说，只有在德国认可这些国家经济状况的条件下；否则，德国将不得不向那些财政困难和存在经常账户赤字的国家输血。但在海牙峰会上，勃兰特显然并不了解这些问题，也没有多加考虑，便同意进一步讨论欧洲储备基金。[101]

峰会后，欧洲民众兴奋地得知，英国有可能成为欧洲经济共同体的一员。英国在 1950 年曾拒绝加入莫内提议的煤钢联盟，1957 年也置身于《罗马条约》建立的欧洲经济共同体之外，此时开始为国家地位的下降感到沮丧。[102] 于是，英国领导人敲响了欧洲的大门，他们认为，加入欧洲经济共同体能解决英国经济上的衰落，提高英国的国际影响力。[103] 但 1963 年和 1967 年，戴高乐先后两次否决了英国加入的申请。戴高乐坚信，英国真正忠于的是美国，这样一个傲慢的、孤悬海外的国家会破坏真正属于"欧洲人的欧洲"。[104] 但戴高乐现在已经离开政坛了，蓬皮杜认为，英国可以帮助法国抵抗德国在欧洲事务上越来越大的影响力。勃兰特当然也知道英国人比较难缠，但他相信，"英国人在二战中的顽强抵抗和牺牲，不应被遗忘。他们在欧洲最黑暗的时刻不已经展示了对欧洲的归属感吗？"[105]

峰会之后，法德领导人公开宣布，两国出于友谊，允许扩大欧洲经济共同体的成员国范围，这对欧洲是一个进步。其他一些可能加入的国家还有丹麦、爱尔兰和挪威，但挪威最后没有加入。

法德友好的表象背后，紧张关系却一直在加剧。勃兰特对欧洲储备基金的初步认同意义并不大，因为他自己就很担忧，在这样一个货币联盟内部，各国差别太大；因为这样的原因，他和他的幕僚都担心德国会被要求对其他国家的财政赤字提供援助。而且，虽然蓬皮杜信心满满，但法国再也不能继续成为德国正当地位的保证人。德国报纸在报道海牙峰会时强调，德国不仅是经济强国，而且"在政治地位上与法国至少是平起平坐的"。[106] 德国的经济理念和国家利益都不认可货币联盟，同时，勃兰特对欧洲一体化也并不怎么看重。法德两国在前途未卜的货币联盟问题上即将展开较量。[107]

1970年：维尔纳委员会的不完整货币联盟方案

在海牙峰会上，欧洲领导人建立了一个委员会，为过渡到货币联盟制订计划。[108] 这个由卢森堡首相皮埃尔·维尔纳领导的委员会很快遭遇了货币联盟的根本困境。当一国政府放弃了根据国内需求调整货币政策的权力时，它也失去了宏观经济管理的基本工具。国内货币政策是给过热经济降温的首选工具，它也能帮助国家经济走出衰退和危机。但在货币联盟内，共同的货币政策对所有成员国适用。如果这种货币政策是为满足中等国家的需求，那么在经济发展较快但通胀较高的国家，通胀率就会上涨得更快；而经济疲软、通胀率较低的国家又会被这种它们认为"太紧"的货币政策所阻碍。因此，把情况各异、发展轨道不同的国家囊括到同一个货币联盟是很糟糕的计划。

诺贝尔经济学奖得主罗伯特·蒙代尔在1961年9月发表的一篇文章中说，如果工人愿意从经济艰困的国家迁徙到经济繁荣的国家，货币联盟或许能够成功。[109] 但欧洲工人愿意在不同经济状况的国家之间成批迁徙的可能性并不高。美国工人跨州迁徙的频率很高，但欧洲工人在国家之间甚至在国内迁徙的频率都要低得多。[110]1969 年，哥伦比亚大学的彼得·凯南教授提出，即使工人可以迁徙，但一个稳定的货币联盟仍然需要集中数量可观的资金，换句话说，正常运作的货币联盟需要一个"财政联盟"。[111] 在美国，这种集中的财政是由联邦政府来承担的。[112]美国政府可以为出现暂时经济困难的州提供临时资助，还可以长期帮助本来就经济不佳的州。但在欧洲，并没有这样的资金存在，看起来也不太可能存在。

美国政府也帮一些个别的州分担风险，这进一步均衡了不同州之间的经济水平。[113]统一的管制、联邦政府为银行提供的储蓄担保，以及由联邦政府转移支付的社保资金等条件，缔造了一体化的国家经济。企业可以在全国范围内运作，而不是只局限于一个州，银行也可以在全国范围内借贷，家庭可以拥有在全国设立办公室和生产设施的公司的股票和债券。所以，金融风险分散在不同的州，而这种分散化，就像移民的流动，帮助吸收了单独某州经济紧缩带来的震动。

维尔纳报告发表于 1970 年 10 月，它承认欧洲创建货币联盟存在明显的障碍。报告说，欧洲工人跨境迁徙的数量"不如所愿"，而建立一个财政联盟所需的集中资金也不可能筹集到位。[114] 报告坦率地提到，欧洲国家必须组成政治联盟——一个统一的、具有民主合法性的政治实体，才能征集足够的税收，以备货币联盟的需要。报告的结论一目了然：没有政治联盟就不可能有货币联盟。[115] 没有政治联盟，就不可能建立必要的财政保护措施，货币联盟会非常脆弱，无法持续。

基于此，维尔纳委员会本来可以得出简单的结论：建立欧洲货币联盟的想法有误，应该到此为止。欧洲在政治上无法达到所需要的统一，以有效地运作一个货币联盟。即使是在二战后，欧洲国家彼此存有善意，又发展出强烈的兄弟情感，也没有国家愿意在核心的主权利益上让步。税收就是一个核心主权利益，但没有哪一个欧洲国家愿意把大部分的征税权交给一个欧洲机构，以帮助货币联盟运转。维尔纳委员会的每一个人都很明白这些。

然而，维尔纳委员会并没有去劝说欧洲领导人放弃这一冒险，而是找理由继续推动它。委员会报告断言，这个不完整的货币联盟内部不可避免的不安和压力会迫使成员国积极地寻求政治合作。所以，货币联盟自身的问题反而是其优点，它会变成酵母，刺激欧洲转变成"政治联盟"。[116] 维尔纳委员会表达出了法国"货币联盟分子"的立场：货币联盟是通往政治联盟的必由之路。让·莫内的提案就包含着这种信心：当欧洲失足跌倒时，它就会爬起来向前迈进。莫内在表达这种想法时，语句随性，但让人印象深刻："我总认为，欧洲会通过危机重生，它总能找到解决的办法。"[117]

维尔纳委员会的人都知道，即使这个动机良好的进程启动之后，它的终点——政治联盟也需要几十年才能抵达。但委员会并没有明确地说出来。实际上，只要联盟预算不够，就会发生严重的金融危机。但这似乎不足以阻止货币联盟的建立。

委员会被催着给一些结论。《欧元：为新的全球货币而战》的作者大卫·马什研究了当时各方面的通信，他指出，法国领导人一直极力推动货币联盟。他们担心的是德国人的影响力太大，因为德国马克很强势。法国人觉得真正的危机是，德国可能成为欧洲长期的主宰者。[118] 德国人担忧的则是法国可能出手限制西德中央银行"阴险"的货币政策，后者一直保持着高利率，让其他国家感觉不快。[119] 德国领导人当然不愿意受制于法国人，所以一直抵制货币联盟。

维尔纳委员会告诉法国，"有办法更进一步"；对德国人则说，"向前走的方式取决于你们"。德国人提出的条件很简单：所有国家都要按照德国的方式来管理他们的经济。

维尔纳委员会把德国的要求写进报告，不过换成了另一种说法：如果所有成员国都能依照谨慎的财政原则协调它们的政策，不完整的货币联盟就能够实施。[120] 这里所说的财政原则主要指公共预算的规模和变化要严格限制。[121] 为了保证遵守这些原则,必须有中央机构来"控制"——即对成员国的预算和经济政策施加决定性的影响。[122] 最终,所有政策的责任将从成员国转移到共同体的机构手中。[123] 维尔纳报告总结说,这些实现单一货币的步骤将"确保共同体的经济增长和稳定",使其成为稳定世界经济的支柱之一。[124]

这样,欧洲的"稳定理念"就诞生了。维尔纳报告甚至没有用任何经济逻辑来论证它的奇特计划,既没有历史依据,也没有具体分析。委员会并没有解释,为什么没有实操性的原则可以帮助协调并确保货币联盟的运作。它也没有解释,为什么各国议会会同意把它们制定预算的权力移转给共同体的机构。

维尔纳委员会把虚幻而遥远的政治联盟作为目标,并声称欧洲可以非正式地开始筹建货币联盟了。在这一联盟内部,成员国不能再用货币政策和汇率来解决经济过热或衰退的问题,也无法再用其他替代性工具去抑制经济自然的涨落。因此,这些国家在萧条期和金融危机时自然容易受到冲击。维尔纳委员会认为,欧洲可以在十年内建成初级的货币联盟。[125] 所以,这个委员会实际是在贯彻蓬皮杜当初设定的政治目标。

不清楚当时维尔纳委员会的成员是否知道这个提案本身在经济上的悖谬性。参与委员会审议过程的一些人在回忆时曾倍显惶恐。汉斯·蒂特迈尔是德国驻维尔纳委员会代表,1993 年至 1999 年间曾担任德意志联邦银行行长,他后来总结说,委员会试图弥合无法弥合的东西。[126] 在同时代人中,荷兰中央银行官员安德烈·萨斯可能是最熟悉欧洲单一货币历程的人之一,他的批评更为尖锐。萨斯说,维尔纳报告并不是传统意义上的妥协。欧洲各国政府解决彼此差异的时候,并不是往中间靠,而是"只要达成的方案能让他们争取自身利益就可以"。[127] 他们都同意在方案中使用"和谐""协调""联合"之类模糊的词语,因为这些词能让他们根据自身理念和利益来对方案作出解释。

这就是欧洲货币联盟具有讽刺意味的开场。

稳定理念占据了舞台中央

在维尔纳报告发表后一个月，英国《金融时报》经济专栏作家塞缪尔·布里坦评论说，欧洲经济共同体正滑向最糟糕的境地。欧洲国家不再能变换它们的利率，但新的机制又不能确保"这样的变换不再必要"。布里坦写道，货币联盟不可能在没有"共同预算、政治联盟和某种形式的欧洲政府形式"的情况下运作。他总结说，这一提案唯一的解释是，各国政府首脑完全不清楚他们正在做什么，却以为他们不必太费力就可以获得公众的认可。[128]

四个月后，1971 年 3 月，剑桥大学经济学家尼古拉斯·卡尔多在文章中对维尔纳报告提出了详尽的批评。卡尔多是这一代人中最杰出的经济学家之一，他的"经济增长的六个卡尔多真相"在提出后的半个世纪里仍然是学术界经常谈及的话题。在政策领域，卡尔多是公共财政专家，他在消费支出税上提出的理论至今影响广泛。

卡尔多对维尔纳报告的批评主要针对通过财政"和谐"来保证货币联盟运转的想法。卡尔多认为，"和谐"实际上会把事情搞糟。在困难时期，坚持僵硬的财政标准会延长困难期。卡尔多指出，即使从长期来看，和谐政策也会让经济较弱的国家落后。他强调，在这种情况下，有必要由中央机构从经济强国调动经济资源输出给弱国。[129] 因为这种资源的调配需要具有民主合法性的政治契约，卡尔多重复道，"货币和经济联盟如果没有政治联盟为前提，就无法实现"。[130]

但卡尔多最有远见也最严厉的批评或许是关于维尔纳委员会的允诺，即欧洲终会成为一个政治联盟。他说，一个不完整的货币联盟"会妨碍政治联盟的产生，而不是推动它"。[131] 货币联盟内部的国家冲突会恶化，并进一步削弱欧洲的一体化。卡尔多冷酷地总结道，一个不完整的货币联盟就像"一栋自我分裂的房子无法站立"。

卡尔多天才的政治分析在很多年后还受到诸多美国政治学家的衷心支持。研究者发现,在公众并不知情的情况下,政府制定的政策有时也能得到民众的支持并引领大势。最著名的一个例子就是美国的社会保险金项目。这个政策是 1935 年在富兰克林·罗斯福总统治下采用的,它长期可靠的社保支票赢得了广泛而持久的政治支持,尤其是那些低收入的老年公民。这些获利者长期以来一直积极保护他们的利益,击退试图撤销这一项目的人。[132]

但如果一种空降到人们生活中的政策只带来很小的或者"不正规的和任意的"(capricious and arbitrary)利益,公众很快就会对这种政策和政府本身产生不信任和质疑。[133] 大众的反对会不断上升并削弱这种政策。斯坦福大学的经济学家阿夫纳·格雷夫和政治学家戴维·莱廷认为,如果政策导致了冲突,问题就更加严峻。那些在政策下不得志的人会搞破坏。当冲突加剧,政策本身会崩溃。[134]

欧洲货币联盟带来的利益,在最好的情况下,也是"不正规的和任意的"。其自身就包含着冲突:这种货币政策对有的国家是宽松的,对其他国家就过于严厉了。各国政府都不想未来某个时候要用本国的钱去救济其他国家。单一货币经济学或者欧洲一体化的政治史,都不足以让人信服,这些局限性和张力会自行消解。

法国自己就阻挡着真正货币联盟的形成。在 1950 年舒曼公开声明的辉煌时刻之后,法国已经拒绝了欧洲防务共同体的提案,在《罗马条约》协商过程中,它也成了拖后腿的。1960 年代,戴高乐给欧洲机构制造了很多混乱,甚至反其道而行之。现在,蓬皮杜又表明,他会反对任何把法国拖入欧洲政治联盟的企图。他命令法国驻维尔纳委员会的代表抹除委员会文件中任何涉及政治联盟的表达方式。[135] 由于委员会报告出现了类似"政治合作的积极发展""促进发展政治联盟"一类的语句,蓬皮杜生气地斥责了维尔纳委员会的法国谈判代表贝尔纳·克拉皮耶对报告的签署。[136] 蓬皮杜想要的不过是"法郎支持措施的升级版"。[137] 他和其他戴高乐分子一样并不想放弃财政主权和国家权威。[138] 像米歇尔·德勃雷这样更激进的戴高乐分子就更加生气了，他们完全反对单一货币的概念，在他们看来，蓬皮杜提出放弃法郎这一法国政府主权的标志，是不可接受的。[139]

这样看起来就没有弥合的方式了。欧洲发展成政治联盟已经没有什么可能性了。而没有这种前景作为支撑，要想建立一个货币联盟就只有蛮干，卡尔多对此已经警告过。勃兰特跟货币联盟短暂的游戏也结束了。峰会之后没几天，勃兰特带头反对法国的货币联盟提案。[140] 就连维尔纳报告中提到的通过中央机构厉行一系列财政原则，也很难得到认同。德国官员要求法国让渡更多的经济主权，并主张对法国经济进行更多的超国家干预，即使法国不愿意。[141] 勃兰特拒绝同意"建立货币联盟的明确时间表"，因此维尔纳报告中反映的蓬皮杜的目标，即十年内建成货币联盟，也就不了了之。

维尔纳报告还有一个可笑的地方是，它包含着一个后来被广泛接受的欧洲政经意识形态的萌芽。社会学家、哲学家马克斯·韦伯认为，意识形态通常在历史的关节处发生转变。[142] 当这种时刻来临，新的曙光乍现，会涌流出新的意识形态去论证道路的选择。在这个欧洲历史上的关键时刻，人们迷迷糊糊地意识到需要加强欧洲的一体化，但强调国家管制的法国与更市场化的德国意识形态却难以融合。

在这样的空白处，"稳定"就成为各方可以接纳的一种理念。它与德国强调的低通胀和财政节制相一致。稳定意味着纪律，小国家对此非常看重，它们需要可预测性。比如，荷兰、奥地利、比利时和卢森堡等国长期把它们的货币汇率与德国捆绑。而对法国来说，单一货币所要求的纪律提供了"外部驻锚"（external anchor）的可能性，可以用来平抑国内政治对预算无休无止的要求。意大利人彼时仍对本国在战后取得的经济奇迹眷恋不已，他们以为自己和德国是差不多的，但他们也认可欧洲"外部驻锚"的价值。通过某种纽带把各国紧紧地绑在一起似乎很有吸引力。

所以，"稳定"理念成了一种泛欧主义的价值。这种观点认为，建立稳定的货币机制将在未来某个时刻把欧洲超前带入政治联盟的阶段。货币联盟项目虽然暂缓了，但仍然具有影响力。目前建立的委员会和机构都还勉强维系着这个项目的生气。欧洲已经把它的触角深入民族国家当中。

这种图景有些勉强，在政治、经济层面上也颇有风险。实际情况是，一小群欧洲的政府领导人和资深官僚不停地絮絮叨叨，要遵循以稳定理念为基础的泛欧主义。心理学家欧文·贾尼斯用"集体盲思"（groupthink）来描绘一个群体对意识形态或决策的那种不假思索的接受。[143] 一旦这个群体接受了这种理念，它的成员就会对其中的谬误和风险视而不见，对其他的方案也会置之不理。[144] 如果有些事实与这种集体盲思相冲突，这个群体的反应不是后退，而是进一步加重对意识形态的强调。经济学家罗伯特·阿克洛夫指出，甚至当这个群体看到其观点和行动的危险时，其成员仍然会压抑住内心的不安，因为他们希望得到其他成员的认可和尊重，害怕受到排斥。[145] 有一些很重要的类似事例。1995 年，斯坦福大学的经济学教授保罗·克鲁格曼解释了墨西哥金融危机发生之前，墨西哥人对警示信号集体忽视的现象：

> 人们会相信某些故事，因为每个对他重要的人都在这么说，而人们会讲这些事情，是因为每个对他重要的人都相信它们。事实上，当一种既定的说法达到无可置疑的地步时，一个人是否赞同这种说法就成了他是否应该受到尊重的测试剂。[146]

因此，集体盲思的老路依然在欧洲延续。固定汇率的历史表明，即使在宏观经济不平衡的迹象日渐明显的情况下，稳定的幻象仍会持续很长时期。但这种幻象最终会在暴烈的社会动荡中破碎。而且，盘根错节的冲突不会立即消散。但维尔纳报告所主张的稳定理念却被欧洲人接受了。问题在于，这种新生的意识形态能否持久并引导欧洲建立安全有效的货币联盟，还是它仅仅遮蔽了法国和德国之间在意识形态和利益上的严重差异？如果这种集体盲思只是隐藏了法德差异，它会助长肤浅而危险的决策吗？

1971：未知的旅途

现在的情形是法德分歧可能让货币联盟项目无法继续。1971年5月，德国浮动了马克的汇率，这次持续的时间比1969年9月那次更长。1971年7月在法德两国的会议上，德国指出这种做法带来了很大的好处。[147]1971年10月，在世界银行和国际货币基金组织的年会上，德国经济部长卡尔·席勒说，"以前的汇率调整机制太僵硬了……重要的是，不现实的汇率平价应该得到及时充分的调整。对于平价的变化，我们不应该看作是政治上的声誉或者胜败，而是要用冷静的经济眼光来看待"。[148] 这是首次由官方基于经济考量而非政治戏码，谨慎地呼吁全球应当向浮动汇率转变。[149]

席勒是社会民主党，而不是像他的前任路德维希·艾哈德那样倾向于自由市场的经济学家，后者来自基民盟。席勒比艾哈德更接受政府在经济困难时期担当提振经济的主动角色。但席勒和艾哈德都认同德国对市场本位的坚持。汇率从来都与政治沾边，但一旦货币价格开始浮动，政治对其市场价格的干涉就变得困难得多。

蓬皮杜或许认为法国是德国"正当性"的保证人，所以法国可以对德国的政策指手画脚。但他误读了历史。马若兰说过，当法国侵犯到"德国的基本利益"时，连阿登纳都不愿意接受法国的指令。[150] 所以，从1971年底到1972年初，蓬皮杜和勃兰特虽然会晤了几次，但双方相持不下的问题并没有发生改变。蓬皮杜催促德国为欧洲提供更多的经济支援；而勃兰特和席勒自然就问，如果经济较弱的国家，包括法国，都需要经济援助，谁会来付钱呢？[151] 德国不想被指定专为那些经济较弱的穷国提供帮助。[152]

法国说，货币联盟会走向政治联盟。而德国官方的态度是，没有政治联盟，就不可能有货币联盟。但德国人在说"政治联盟"的时候，有自己的用意。他们不愿意为了货币联盟而把宝贵的税收交给其他国家，而没有税收共享的"政治联盟"就只是一个矛盾语。在公共场合下，德国真实的立场躲藏在虚空的政治联盟背后，他们知道蓬皮杜绝不会接受这种东西的。法国和德国在意识形态和国家利益上依然相去甚远。

但德国人仍然想被大家看作欧洲良民。他们不想被认为在阻止欧洲一体化。为了松弛这种张力，德国在汇率上的态度逐渐向法国的位置靠拢。虽然德国学者对浮动汇率比法国学者更加看重，但德国学界的出版物中提及浮动汇率的频率大为减少（见图例1.2）。

在稳定意识形态的笼罩下，看似轻松的妥协过程开始了。1972年4月，德国政府又回到了欧洲固定汇率的框架中。维尔纳委员会建议的第一个步骤是所谓"地洞中的蛇"（snake-in-the-tunnel）浮动制。这条"蛇"要求欧洲各国的本币价格维持在他们彼此同意的很窄的平价范围里，而这个"地洞"允许欧洲货币在与美元相对的平价上下自由浮动。[153] 德国加入了这个提议。有关的实验涉及整个欧洲经济共同体，只要英国、丹麦和爱尔兰在1973年1月1日加入，共同体就将升格为九名成员。事实上，英国是在1972年5月加入的，从而获得了欧洲经济共同体的成员资格。

固定汇率在这种情况下会有成效吗？并不令人惊讶的是，包括法国在内的一些"蛇形"成员国，并不能遵守把汇率维持在很窄范围内浮动的承诺。德国作为"安全天堂"，接收了大量从其他国家过来的资金。德国马克永远处在走强的趋势中，而其他货币则一直处在预定的汇率标准之下。法国希望德国能帮助其他较弱的货币，本着团结互助的精神，降低德国马克的名义利率。[154] 德国予以拒绝，并且争辩说，每个国家都应该保持自身的秩序。这种明显的差异使得投机者认为，蛇形参与国无法兑现维持汇率平价的承诺。正如米尔顿·弗里德曼早在二十年前预测的，投机商带来的威胁和汇率危机都明显上升了。1972 年 6 月，英国在加入蛇形队伍仅仅一个月后就退出了。

当年 9 月，德国采取措施阻止资本回流国内，但西德中央银行行长卡尔·卡拉森对此并不乐观。他说，"我们要很努力才能保持住地洞里的蛇"。[155] 卡拉森还认为，十年时间根本不够建立单一货币制度。卡拉森的这个说法在意大利战后经济重建的奇迹赫然崩塌时，尤显其预见性。意大利经济似乎难以从战后重建的阶段过渡到要求更高的生产驱动型模式。1973 年 2 月，意大利里拉也离开了蛇形队伍，意大利政府允许里拉自由浮动。一个重启布雷顿森林体系的行动失败了，到 3 月，德国马克再次开始自由浮动。[156] 不到一年，1974 年 1 月 19 日，法国也让法郎浮动了。

下一轮的关键角色是吉斯卡尔·德斯坦。蓬皮杜于 1974 年 4 月突然去世后，吉斯卡尔·德斯坦在选举中艰难击败了弗朗索瓦·密特朗，于当年 5 月 19 日就任法国总统。吉斯卡尔生于 1926 年 2 月，当时年仅四十八岁，他经常被拿来与美国总统约翰·肯尼迪比较。[157] 吉斯卡尔在十六岁时就加入了法国抵抗组织，二战后，他在北非服完兵役。此后，吉斯卡尔在法国的精英学府就读，并获得最高的学术荣誉。

吉斯卡尔和他的前任蓬皮杜一样，认为德国相对于法国的经济优势的不断增长是不可容忍的，而缩短二者差距的最好办法是建立欧洲货币联盟。但吉斯卡尔并没有不假思索地沿着这条路走下去，而是想另辟蹊径。由于法国通胀居高不下，法郎硬生生地从蛇形要求的狭窄汇率区间脱离了出来。在就任总统几周前，吉斯卡尔恼火地说，这条蛇就是"从欧洲货币史前史里蹦出来的"。[158] 虽然如此，他坚持认为，把法郎维持在蛇形范围内可以帮助法国在国内厉行财政节制，并有助于激活法国的经济活力。

吉斯卡尔上任后的首要工作就是把法郎的汇率重新带回最初蛇形协定所允许的范围内。他在 1975 年 7 月达到了这一目标。但其他什么也没有变，法国经济仍然在汇率限制下步履蹒跚。跟从前一样，法国的通胀依然很高，经常账户赤字也很大，法郎一直承压。高居不下的失业率也在逼迫法郎贬值。1976 年 3 月，法国在重新进入蛇形队伍九个月后，再次退出。接下来的四个月，法郎贬值了 10%。强劲的德国马克依旧提醒着法国人，法国还没有赶上与德国的巨大差距。

内部有人想阻止货币联盟

由于欧洲国家没能坚守在蛇形范围里，欧共体委员会组建了一个"研究小组"，由罗贝尔·马若兰担纲，以检查到底哪里出了问题，以及探讨建立欧洲货币联盟的可能性。

马若兰是彻头彻尾的泛欧主义者，因为在欧洲经济共同体的机构里长期任职，他很了解欧洲事务运转的机制。马若兰在《罗马条约》的谈判和实施过程中担任了关键性的角色。他竭尽所能地劝说法国同人和法国民众，压抑他们的保护主义本能，打开法国边境从事贸易。[159]

但马若兰领导的小组对欧洲货币联盟并不感冒。他们说，从打开边境做贸易过渡到建立货币联盟未免太天真。这个小组在 1975 年 3 月提交的报告中指出，在《罗马条约》建立的关税联盟中，成员国放弃的是有限的国家主权。它们让渡的是"商业领域的政策工具，尤其是关税和数量限制"，但仍然保留了"所有其他经济和货币政策的工具"。相较而言，货币联盟却要求各国政府把国家的关键政治权力移转给"共同体的机构"，让后者可以对成员国发号施令。[160]

小组的结论很直接。既然没有政府愿意让"共同体机构"来主宰本国利益，那货币联盟的计划就是不可信的。马若兰坚决支持这一立场，这不但体现在 1980 年他所做的演讲中（演讲中他反复使用了上面一段提到的一些关键词），也记载在他 1986 年出版的回忆录里。[161]

马若兰在回忆录中否定了"跃进"的想法，后者的中心意旨是货币联盟可以迫使各国同意建立政治联盟。他说，欧洲的领导人显然不准备把他们核心的主权职能让渡出去，货币联盟所要求的变化涉及根本。[162] 他也不相信，多一点时间或者失败的经历会改变各国政府保留本国财政和政治主权的决心。他说，如果认为一国政府会因为某种自说自话的逻辑——事实上是否成立都要打一个问号——而放弃主权，这在根本上就错了。[163]

两年后，由英国资深经济官员唐纳德·麦克杜格尔领导的另一个小组提出，要运营一个货币联盟，必须要有美国那样的联邦财税架构。麦克杜格尔小组认为，欧洲不可能建立与美国相似的联邦财税体系，并总结说，货币联盟需要所有成员国 GDP 的 5%—7% 才能维持。[164] 这需要作出巨大的努力，因为当时欧洲经济共同体的预算只占其成员国 GDP 总和的 0.7%。但共同体只有在拥有相匹配的巨大预算的前提下，才能兑现有价值的帮助，包括向财政困难的成员国提供拨款和社会保险；少于这样的底线就无法维持货币联盟。[165]

欧洲来到了十字路口。那条想限制汇率波动的"蛇"死掉了。由欧共体委员会任命的两个调研小组都说，"不要这样做"，让欧洲继续开启货币联盟之旅是不明智的。布雷顿森林体系已经崩溃，欧洲以外的发达经济体都在开始浮动汇率。[166] 现在正是让欧洲放弃货币联盟冒险的时机。

欧洲的当务之急是抱着乐观的精神上路，再次激活经济。从 1930 年代大萧条和二战所造成的一片狼藉中迅速恢复的璀璨年代已经结束。[167] 生产率的增长正在减缓；欧洲经济"硬化症"似乎正在蔓延。[168] 欧洲各国政府感觉，要满足民意已经越来越难了。[169] 1973年油价飙升引发了更高的通胀；"不同群体之间的矛盾冲突类似于内战，他们都想自己分的蛋糕越大越好"，这更加剧了通胀带来的压力。[170]战后年代的乐观情绪逐渐让位于"深深的悲观"。[171]

欧洲的经济困局，单凭货币和汇率机制的创新很难解决。米尔顿·弗里德曼发表了另一篇标志性的文章，在德国知识分子和决策者圈引起了广泛共鸣。他写道，"我们在冒险给货币政策赋予过大的角色，想通过它来完成它无法胜任的工作"。[172]弗里德曼还特别提到，改变货币政策并不能让就业率长期提升。对欧洲政策制定者而言，这些说法的提示是很清楚的。他们要做的是集中精力提高生产率，从而扩大就业面。然而，他们依然把希望寄托在货币联盟。他们相信，在统一货币政策下的固定汇率体系将帮助实施宏观经济的纪律，解决欧洲迫在眉睫的问题。

1978：吉斯卡尔再战江湖

吉斯卡尔启动了一个新型的欧洲货币体系（EMS）来推动固定汇率。[173]他的目的是"让法国能与德国地位平等"。[174]吉斯卡尔说，德国已经是工业国家中的领头羊了，在欧洲经济中，只让一个国家占据这个地位不太合适。所以，"让法国在欧洲取得与西德同等的影响力"非常重要。[175]吉斯卡尔坚持认为，法德两国地位平等对于所有欧洲国家来讲都是有好处的。[176]

对吉斯卡尔来说，"货币关联"是使得法国与德国看齐最好的办法。[177]他很看重这样一种观点，即让法郎的价格与德国马克同涨跌可以为法国建立外部的保险措施。法国政府将不得不在宏观经济政策上谨守戒律，为经济带来良性效果，尤其是帮助法国获得与德国同样的经济动力。但吉斯卡尔没有搞懂的是，法国在过去三十年中都没能守住汇率浮动的界限，如果法国政府实行高利率，同时严守财政紧缩把法郎维持在汇率界限内，那么，首先失业率肯定会升高，其次也不会有所谓生产率提高的出现。但那些似是而非的说法依然徘徊不去。由于意大利正陷入高通胀和高额的经常账户赤字，意大利政府机构和一些政客也受到欧洲货币联盟提案的吸引，想以此来稳定动荡的政局。[178]

1974 年 5 月，在吉斯卡尔当选为法国总统几周前，勃兰特因为其随从中的东德间谍曝光而被迫辞职，赫尔穆特·施密特意外地成了德国总理。施密特和大多数德国领袖、官员一样，反对固定汇率。他几年前就说过，"如果你允许不同国家的经济朝不同方向发展，你就不能让它们的货币关联太紧密"。[179] 这也是德国财政部和德意志联邦银行的主流看法。但是，看到吉斯卡尔对固定汇率那么热心，施密特"出于对法国伙伴的尊重"缓和了自己的语气。[180]

施密特也有自己支持吉斯卡尔的理由。他自我宽慰地认为，欧洲货币体系可以帮助德国避免因美元弱点带来的麻烦。他如何得出这个结论还不清楚。美联储的国际金融局主席、货币史专家罗伯特·所罗门也不太明白施密特扭曲的逻辑。所罗门略带嘲讽地写道："真正重要的是施密特总理自己的理解，而不是细致的分析。"[181] 施密特对货币联盟采取的可能是一种机会主义立场，这源自他想推动的欧洲共同防御政策。他坚持认为，由于美国总统吉米·卡特"不可预测的国家安全政策"，欧洲有必要建立共同防御。[182] 吉斯卡尔明确地声称："欧洲货币体系是我的想法；而欧洲共同防御政策则是施密特的。"[183] 所以，施密特虽然知道他的这个建议没有多少人感兴趣，但为了达成这个目标，他成了欧洲货币体系的支持者。

历史再一次重演。吉斯卡尔与施密特各自打着小算盘，偶然间同时上台，却共同塑造了欧洲的历史。两者都想积极促成此事，但又对自己的做法深感不安，所以他们都只和自己的贴身顾问秘密地推动计划，这样不必经过民众的核准，而直接把生米煮成熟饭。[184] 他们甚至没有知会其他欧洲政府首脑。

施密特尤其把事情捂得很紧，他知道德意志联邦银行和财政部长都会反对这一计划。他也清楚，他们会反对他对吉斯卡尔作出的承诺，和之前的蛇形方案不同，德国将分担欧洲货币体系调整带来的负担；德国将通过重新估值马克或其他措施，来支持处于贬值压力下的经济弱国。[185] 对吉斯卡尔来说，"对称性"调整方案得到施密特的点头是一个胜利；计划于 1978 年 11 月面世后，吉斯卡尔承认了这一点。[186]

但施密特无法自圆其说。他本该知道这一点。德国官员随后介入，断然拒绝了先前的承诺。但吉斯卡尔满怀期待，要是就此中止，会大失颜面。最后，他同意让蛇形规则复苏。1979 年 3 月 13 日，蛇形体制被重新命名为欧洲货币体系，核心机制是欧洲汇率机制（ERM）。在这一机制下，国家之间的双边汇率要保持在预定的狭小幅度内。但这个机制到底如何运作，和以往一样也没有具体的讨论。安德烈·萨斯用他一贯敏锐的分析写道："成员国在 1979 年加入欧洲货币联盟时，既没有共同的战略，也没有任何战术……甚至没有试着对所有事情的先后次序达成一致。如果它们真的尝试过，它们本会失败的，所谓欧洲货币体系也就不可能开始。"[187]

这样一来，这次的事情也不会和以前有什么区别。当初给布雷顿森林体系和蛇形体制带来困扰的压力和冲突也很快浮现。虽然已经过去了很多年，但弗里德曼给出的警示却言犹在耳。固定汇率无法及时触发正确反应。欧洲货币体系各国之间通胀率的差别也日渐扩大。经济学家巴里·艾肯格林和查尔斯·威普罗斯发现，欧洲货币体系各国的通胀差异要大于没参加该体系的欧洲国家之间的差异。[188]

欧洲货币体系中通胀较高的一些国家竞争力逐渐落后于那些低通胀的国家，并且它们的"固定"汇率不时需要"重组"，所谓"重组"其实是货币贬值的官方说法。意大利战后经济奇迹这时已经完全消隐了，一轮又一轮的高通胀之后，意大利从 1981 年 3 月至 1985 年 7 月先后五次进行了贬值，相对于那些汇率没有波动的国家，意大利货币总计贬值了约 25%。[189] 吉斯卡尔信誓旦旦地说法国已经控制了通胀，却没有任何依据。[190] 法国政府无法应对固定汇率的严苛性，所以法郎从 1981 年 10 月到 1986 年 4 月总计贬值 15%。英国首相玛格丽特·撒切尔在自传中写道，在那些动荡的时期，今天"正确"的汇率，明天可能就"错"了；反之亦然。[191] 因此，所有希望"重组"汇率的国家实际上都这样去做了。这个体系已经失效，没有存在的价值了。

一次过度的跃进

从舒曼 1950 年发表声明到 1980 年代中期，整整三十五年过去了，好的一面是欧洲的头两次跃进都成功了。1950 年第一次跃进充满远见，它让欧洲国家在和解的氛围中重新聚拢，并为战后欧洲机构体系的形成奠定了基础。1957 年由《罗马条约》带来的第二次跃进让欧洲作为一个经济共同体走向繁荣。到 1960 年代中期，欧洲的大致框架已经成形，此时民族国家应发挥其能动性，帮助民众参与到竞争日益激烈的世界经济中去。

然而，1969 年欧洲却开始了第三次跃进，给人的感觉是，似乎让欧洲的触角深入民族国家内部是不言自明、众望所归的目标。外部的批判者和内部持相似观点的人已经说得很清楚，德国的几位总理似乎也明白，成员国之间的经济差异会大大削弱货币联盟这个项目。固定汇率所造成的几次明显可以预见的失败又再次提醒，建立货币联盟不仅将进一步固定汇率，造成更大的风险，而且对改善欧洲经济长期增长的真实问题和降低失业率也没有实质帮助。简单地说，欧洲领导人是想着为症状本身——通胀和货币危机——找到救治的办法，而不是想着去解决造成这些症状的原因，即他们的经济缺乏活力。

泛欧主义的夸夸其谈，包括货币联盟将带来财政稳定，并最终达成政治联盟云云，却保住了这个项目。尽管有促进团结等语言的精心包裹，欧洲经济共同体成员国之间的敌对关系并没有什么改变，国家之间的偏见悄然渗透进了欧洲的话语中。

虽然人们经常听到法德两国联合起来共同缔造一个更完美的欧洲这样的声明，但事实却大相径庭。两国的关系总是偏向一方。战后初期，德国迫切希望摆脱政治上的困境，所以只好依靠法国。但到1960年代中期，德国恢复了在欧洲经济中的领袖地位，在政治上也更加自信，从而法德两国的关系自然而然地又紧张起来。德国领导人和媒体急于提升德国的地位，但他们并不接受德国有义务在经济上帮助其他欧洲国家的建议。德国在政治、经济上影响日增，却不愿意帮助其他国家，这从1970年代初以来就引起越来越多的反感；所以，货币联盟内部的矛盾自然会上升。

欧洲正与其战后的初始目标背道而驰。《罗马条约》之所以成为欧洲最显著的成就，是因为它在保留民族国家主权的同时，又创造了欧洲自身的空间和身份。[192]《罗马条约》大大消除了欧洲内部的贸易壁垒，建立起了欧洲范围的市场——企业可以从中赚钱，而又较少受到欧洲官僚机构的干预；并且，在欧洲内部的商业关系日益巩固的基础上，欧洲各国的民众可以和平共处。

货币联盟很难帮助提升或扩张这样的市场。相反，货币联盟的建立将使德国在欧洲的经济优势固化。正如安德烈·萨斯所强调的，货币体制是建立在一定的权力关系基础上的。单一货币体制不可能对所有国家都一视同仁，其中埋藏的风险是一个国家将不得不为其他国家埋单。这个国家极有可能就是德国，而德国会逐渐享有对关键决策的否决权。

成形的货币联盟将要求欧洲人采取他们曾拒绝的政策。为了仲裁国家利益之间的纠纷，将需要一个具有民主合法性的责任制欧洲政府。换句话说，正像维尔纳报告已经说明的，货币联盟要以政治联盟为前提。[193]虽然欧洲的领导人物喋喋不休地说，政治联盟是他们的目标，但这并不可能实现。从舒曼1950年发表声明开始，欧洲国家已经表明，它们不会向超国家机构让渡关键性的主权权利。既然不可能打破国家主权的藩篱，货币联盟就无法把这些国家联合起来，而只能使得它们之间渐行渐远。而这就是悲剧的根源。

欧洲仍在第三次跃进的梦想中翻飞着，而它跌落的风险却越来越大。目前为止，欧洲的领袖们还没有安全降落，也没有从货币联盟的计划中撤退，可能他们都没有这样想过。

附录：欧洲货币联盟的动机分析

我在本章中描述了欧洲货币联盟的演进，它是法国为了能在货币和经济方面赶上德国而提出的计划。在蓬皮杜的传记和当时的报道中，我还没有找到使得欧洲走上这条路的其他动机。但分析一下其他被提出过的可能性，或许有所助益。

早期有一种推测，到今天还有零星的回响，那就是，法国想保护它曾强制在欧洲推行，但已明显恶化的共同农业政策。有人认为，固定汇率是用来防止货币价格大起大落，以保护各方妥协达成的农业价格。但并没有相关的文件证明，这就是影响深远的货币联盟的根本意图。荷兰中央银行前官员安德烈·萨斯审慎地评价了这种观点，他指出，当时的欧洲存在着根据汇率变化来调整农产品价格的简易方式。[194] 而真正的改进是要求法国放弃其所坚持的对欧洲大农场的补贴政策。多年里，这种补贴吃掉了欧洲拮据预算的 70%，而事实上这只对粗粮和奶制品生产商有利，那些种植橄榄、蔬菜、水果，以及酿酒的农场却所获甚少。[195] 补贴使得欧洲农场产出的粗粮过剩，拉低了世界的谷物价格，伤害了穷国的农业。

当时另一个担心是，由于国际性的固定汇率体系缺位，各国纷纷对本币贬值，以增强其出口商与外国商人的竞争力。在 1998 年的一次采访中，吉斯卡尔说，正是出于对这种竞争性贬值的恐惧，欧洲领导人才决定要建立货币联盟：

我们很快会看到布雷顿森林体系的终结，这个固定汇率制度
曾保护了自二战以来的自由贸易……我们已经认识到，没有贸易
壁垒的共同市场，在浮动汇率的作用下无法持续。这会为竞争性
贬值大开方便之门。各国将依靠本币贬值降低货物价格，凭这种
人为的竞争优势提高出口。这种商业战争将摧毁共同市场，因为
国家为了自保将采取保护主义措施，恢复我们意图取消的贸易壁
垒。[196]

吉斯卡尔的这种回顾并没有明确地反映在官方文件或新闻报道中。
无论是海牙峰会的公报，还是维尔纳报告都没有提到这种考虑。在吉斯卡
尔更早的谈话中，我也没有找到相关的说法。但不管怎么样，关于竞
争性贬值的担忧在 1970 年代中期就消退了，因为当时这样做对任何人
都没有好处。货币贬值固然可以暂时提高出口，但同时也使得进口更加
昂贵。所以，货币反复贬值的国家越来越穷，因为它们不得不出口更多
的货物从外国换取同等数量的产品和服务。并且进口价格涨高的同时，
也让国内通胀上升了。在通胀保持高位的情况下，尤其是 1973 年第一
次石油危机后，货币贬值不再受人待见，即使从国内的角度看也是如此。
所以，美联储官员、货币史专家罗伯特·所罗门认为，竞争性贬值不再
是一个"现存的问题"。[197]欧洲之外的发达经济体逐渐开始在不干扰全
球贸易体系的前提下浮动汇率。[198]

很久之后，欧洲出现了一种新的论证货币联盟的经济主张，并且风
靡了一段时间。既然货币联盟不再需要不同货币之间的兑换，国际交易
的成本降低了，汇率浮动带来的不确定性也被清除了。其具体的主张是，
交易成本和对未来汇率变换的不确定性的双降，能促进成员国之间的贸
易，从而带来经济繁荣。因为这种看法是后来出现的，我们放到下一章
去讨论。

最后一种经济主张出现得很晚，它是建立在曾流行一时的"两极"

观点之上。[199] 此时，浮动汇率已经成为全球的新常态。国际货币基金组织时任首席副总裁斯坦利·费希尔提出，在货币联盟内部实行真正的固定汇率也是一种合理的选择。他说，真正的问题在于"过渡性"的汇率体制，就是那种既不浮动也不固定的汇率。在这种过渡体制中，政府的承诺并不清晰，会在金融市场中经受考验。但罗伯特·蒙代尔和彼得·坎南很久之前就已经指出，固定汇率放弃了货币主权，如果没有恰当的防护措施，它可能造成严重的经济和金融动荡。

　　货币联盟旨在保卫欧洲和平吗？如果法国和其他欧洲领导人有过这种想法，海牙峰会就应该有所体现。但峰会公报在表明保护欧洲和平的决心时，并没有把和平与货币联盟联系起来。只是后来，当德国对这个项目勉为其难的时候，蓬皮杜才失望地说："对法国重要的是，德国应该理解'单一货币'不是一个简单的经济项目，而是关系到共同体的道德。"[200] 但欧洲和平需要货币联盟这种非主流论调在后来才引起了人们的注意，那是因为德国总理赫尔穆特·科尔把它当作了自己的口头禅。

第二章

科尔的欧元，1982—1998

从 1981 年到 1982 年，欧洲汇率机制（建立在欧洲货币体系内部的固定汇率协定）逐渐解体。意大利从其战后经济奇迹的顶峰跌落，政府庞大的财政赤字推高了通胀。意大利政府虽然一再声明里拉贬值不可能，但最终还是在 1981 年 3 月打破了对固定汇率的承诺，把里拉相对于中心参考点贬值了 6%。到 10 月，意大利和法国又同时把它们的货币贬值了 3%；1982 年 6 月，它们再一次同时贬值。[1] 另一方面，德国也把马克相对于同一中心参考点进行了重新估价。因此，在一年多一点的时间里，里拉相对于德国马克贬值了 25% 左右，而法郎也贬值了近 20%。意大利和法国显然与德国不在同一个经济层级上。

虽然德国经济的表现超出其他欧洲国家，但它自己也有失业率升高的问题。事实上，欧洲和美国都在艰难地经济转型中。战后经济繁荣期已经过去很久了，全球的生产率都在降低，而 1979 年和 1981 年的两次油价飙升又推高了名义通胀率。滞胀（低增长率和高通胀率）似乎已经悄然而至。在高通胀和国际资本快速流动的环境中，固定一国汇率在经济上并不明智，在金融上也风险较大。所以，很多国家都在向浮动的汇率机制转移。

1982 年 10 月 1 日，赫尔穆特·科尔就任德国总理。还是反对党领袖时，科尔曾反对过问题丛生的欧洲固定汇率。[2] 但他对德国政治史的记忆改变了他。科尔生于 1930 年，他自己说过，"有幸出生得比较晚"，所以他在二战中没有上前线。但他遭受了战争的创伤。他引用父亲的话说，"当我们明白必须为自己造成的灾难付出代价时，我们的心情就不会轻松了"。[3]科尔的叔叔在战争中死去。他的哥哥沃特在1944年11月的一次空袭中被打死，这深深震撼了科尔。[4]科尔对《法国世界报》的主编说："我对母亲发过誓，我要让欧洲统一。"[5]德国史学家克莱·克莱门斯评价说，"在战争废墟中获得的政治觉悟让科尔建立起一种不可动摇的信仰，即一定要用共通的欧洲价值去约束民族主义"。[6]

1982年10月4日，科尔就任总理三天后到访巴黎，会见了法国总统密特朗。进门的时候，科尔告诉密特朗，他的叔叔和哥哥是在二战期间去世的。科尔对密特朗说："不要心存幻想，我是最后一个泛欧主义的总理了……来年将会有一系列影响深远的决定，包括外交和安全政策。"[7]

科尔也是一个历史学者，他凭借关于西德1945年后政党史的论文获得了历史学博士学位。他最为关注的历史是1870年代，在俾斯麦的领导下刚刚统一的德国，破坏了后拿破仑时代的欧洲政治平衡，引发了长达几十年的冲突和破坏。在与密特朗会谈的最后，科尔强调德国仍将是欧陆中心的巨人，同时也是一个威胁。他告诉密特朗，他将尽全力阻止俾斯麦式的德国重现。[8]

在当年留下的录影中，1984年9月22日，科尔与密特朗在凡尔登战争纪念碑前静静地握手长达几分钟。一战期间，法德两国曾在此处展开了数月之久的关键战役。

科尔曾说过，他的目的是遏制民族主义的倾向，努力创造一个泛欧主义的未来，但这在实践中到底意味着什么并不清楚。1980年代初并不是泛欧主义的时代。战后欧洲的格局，包括欧洲国家对话的机制和开放的贸易边境等，在1960年代中期就已形成。在这种格局中，成员国一般认为，没有任何一个国家可以统治欧洲，每个国家都有同等的成长机会。所以，正如我在第一章讲过的，战后欧洲的基本目标已经达成。

罗贝尔·马若兰在 1955 年推动《罗马条约》谈判过程中，以及后来担任欧共体委员会高级官员期间都说过，已经没有必要刻意追求和平了。

马若兰还说过，固执地强推一体化可能引来反效果，使得对民族国家的强调又重新抬头。很多欧洲领导人都"低估了民族国家的力量和活力"。[9] 用烦冗的欧洲超国家架构去抑制国家主权，恰恰会重新激活它意图遏制的民族主义。

推动货币联盟的行动暂缓了。欧洲货币体系也很少起作用。每一次试图加强货币关联的时候，成员国之间很快就会发生冲突。所以，科尔完全不可能对货币一体化有任何好感。

科尔担任德国总理头四年，唯一泛欧主义的行动是 1986 年的《单一欧洲法案》。[10] 但就是这个法案也被保护主义拦阻。本质上，该法案是 1957 年《罗马条约》的拓展，后者在 1960 年代成功地打开了欧洲的贸易大门。但《单一欧洲法案》对更为容易的服务跨国流动的倡导，却遭到了很多国家的抵抗。低收入国家的劳务力，比如建筑工人，往往会涌入高收入国家。这些低工资的外国劳工常常遭到本国同业劳工的白眼，因为后者的工资要高得多，所以具有竞争劣势。但英国首相撒切尔积极在各国之间调停，并确保该法案的实施。她在自传中写道："我有一个最高目标，就是创建单一的共同市场。"[11] 普林斯顿大学的政治学家安德鲁·莫拉夫奇克说，撒切尔虽然"有些犹疑，但最终起了建设性的作用"。[12] 相比而言，科尔虽然说自己是泛欧主义者，但他对法案并不太上心。[13]

在科尔担任总理之后那些波澜不惊的日子里，货币联盟的前景更加黯淡了。到 1986 年 4 月，里拉和法郎相对于德国马克已经分别贬值近 35%。

密特朗在 1981 年 5 月击败他的宿敌吉斯卡尔，就任法国总统。他继承了一个"经济上的烂摊子"。[14] 密特朗的社会主义者本能让他首先通过提高政府支出来提振经济。被人为抬高的政府支出提高了预算赤字，推高了通胀率。接下来就是熟悉的法国模式了。[15]金融投机商反复唱低法郎，他们知道法国政府最终还是会让法郎贬值。每一次当资本在贬值预期下逃离法国时，法国政府首先做的就是抛售珍贵的外汇储备，为法郎保值，但这样做往往并不成功。而且外储总是有限的。

大约在1983年，法兰西银行收紧了货币政策。密特朗和时任财政部长雅克·德洛尔开始着力控制预算赤字。[16]通胀因此下降。货币和财政紧缩虽然削减了需求，降低了通胀，但也让失业率骤升。现在的问题只不过是从通胀转移到了失业率，这也进一步证明了米尔顿·弗里德曼在1968年提出的理论：宏观经济政策，尤其是货币政策，无法解决国家的基本经济问题。[17]法国领导人需要提高长期的经济增长和生产率；他们要为所有人创造机会，这样才能阻止大量繁殖的利益集团对国家预算索求无度。货币和财政紧缩无法解决法国经济面临的深层次问题，但法国领导人所关注的仍然只是症状，而不是病因。

一些法国官员很清楚，要从其他方面解决问题。他们自1980年代初就主张，应该尽早抛弃固定汇率和欧洲货币统一的举动。他们想尝试从更有希望的途径来实现真正的进展。[18]但替代方案没能被接纳。德洛尔等人相信，固定汇率才是法国政府唯一能够控制宏观经济的工具，这种看法最终占了上风。虽然固定汇率经过反复实验也没能解决法国的问题，但这个事实没有引起重视。

1986年，密特朗在与科尔的一次会晤中，再次重申法国要求欧洲能更进一步，从固定汇率跨越到单一货币，这比他的前任蓬皮杜和吉斯卡尔与德国领导人所做的都要更加激进。和从前一样，法国总统所提供的仍然是一种让人难以理解的经济方案，他想的是彻底消除法郎贬值的现象，给人以法国平视德国的印象。密特朗表示，他的主攻方向是货币政策，而非其他扩大欧洲合作的政策，包括共同防御和外交措施。

在密特朗急于推动单一货币的同时，科尔却提出了反对。他不屑一顾地说，这种方案"有问题"。他解释说，这就像"在周日做一个漂亮的演说"，然后这周的其余时间再来面对现实，感觉有些怪异。[19] 科尔提出反对是完全可以理解的。经济不在同一层面的国家在单一货币体系内部会造成很多问题。科尔也不信任自己的外长汉斯－迪特里希·根舍，后者对组成单一货币联盟过于热诚。曾共同著述了欧洲货币联盟史的欧洲学者肯尼思·戴森和凯文·费瑟斯通指出："此时的结果就取决于科尔是否会在欧洲货币联盟的项目上带头，以及何时，并且能走多远。"[20]

从 1987 年至 1988 年上半年，密特朗对科尔自封的泛欧主义产生了怀疑，主要原因是科尔仍对货币联盟保持质疑的态度。[21] 在 1988 年 6 月汉诺威峰会上，科尔同意另设一个委员会研究货币联盟的可行性。但科尔的首要目标是实现资本的自由流动，这让法国感到紧张，因为法郎会遭到投机商更严重的挑战；法国想要的是在欧洲实行税收协调，并快速进入单一货币体制。[22] 汉诺威峰会任命时任欧共体委员会主席雅克·德洛尔领导一个专门委员会，完成对欧洲货币联盟的设计。

1989年5月：科尔谨慎地撤出了货币联盟

西德中央银行行长卡尔·奥托·珀尔在德洛尔委员会中是最重要的人物。珀尔和历任德意志联邦银行行长一样，表示将致力于欧洲一体化的伟大目标，但珀尔也和他们一样认为，欧洲货币联盟只在非常有限的条件下才能起作用。这方面有两个条件：健全的公共财政和能够确保各成员国价格稳定的独立的欧洲中央银行。珀尔坚定地认为，要达到严格的财政纪律和价格稳定的条件，需要设定非常高的技术标准，一些国家可能被吓阻，并不成熟的货币联盟也会因此失去说服力。他似乎也说服了其他一些怀疑论者，例如英格兰银行行长罗宾·利－彭伯顿：与其把精力花在反对货币联盟上，不如坚持难以达到的技术标准，以削弱这个项目。

德洛尔委员会无法忽略珀尔的提议，接受了他提出的技术要求。珀尔因为这个技术性胜利而得到好评，他的政治分析恰到好处。利－彭伯顿后来告诉欧洲学者阿拉斯代尔·布莱尔："1989 年 5 月签署德洛尔委员会报告时，我们多数人以为从此不再会和它有什么干系了。"[23]

但德洛尔委员会的报告比珀尔或者利－彭伯顿想象的存在了更长的时间。德洛尔报告虽然是维尔纳委员会报告的某种翻版，但它提出了一个新的经济主张。它声称，单一货币将助推欧洲内部的商业活动，因为它"消除了共同体内部汇率的不确定性，降低了交易成本"。[24] 在报告正式发布几天前，德洛尔在斯特拉斯堡对欧洲各国的议会代表讲话说，欧洲经济内部彼此的高度依存和单一市场的发展，使得单一货币必不可少。[25] 一位法国官员评价说，即使不是"必不可少"，单一货币也将使得单一市场更有效率。[26] 有一些声音表示了反对。例如，《金融时报》发表文章指出，由此获得的利益"不会有多显著"。[27] 但迷思（myth）开始生根（见 2.1）。

德国的政坛仍然不喜欢货币联盟的方案。德国企业界急切地想阻止即将完成的德洛尔报告提出的这个方案。1989 年 6 月 3 日，欧洲领导人在马德里开会考虑德洛尔报告提议的三周前，德国顶尖的商业协会公开指出了这个提议的风险。代表德国所有工业协会的德国工业联合会（BDI）总干事齐格弗里德·曼写道：

> 永久放弃把汇率作为应对复杂经济状况和结构性变换的工具，将使欧洲共同市场面临严峻的压力。欧洲内部经济疲软并且存在结构性问题的地区会被剥夺汇率调节这一重要的工具。区位劣势将被保留，甚至是加强。这将迫使各国寻求新的金融调节工具或者结构性资金，以保持必要的财政平衡。对欧洲共同市场国家高工资和价格浮动的期待将会破灭。[28]

这个文件提炼出了反对单一货币的核心观点。这与第一章述及的剑桥大学经济学家尼古拉斯·卡尔多1971年3月在对维尔纳报告的批评中作出的结论是一样的。和那时的卡尔多一样，德国工业联合会总干事警告说，经济弱国将在货币联盟内部进一步落后，它们将要求德国提供长期的经济支援。值得注意的是，德国企业界认为，虽然单一货币会比德国马克弱，因此能够促进德国的出口，但这种出口上的优势并不确定。因为单一货币对一些欧洲国家而言会过于强势，导致它们的经济放缓，而其民众对德国产品的购买力也将下降。

2.1　根本上的经济迷思

这种迷思的基本主张是，在冻结了成员国之间的汇率之后，国际交易的成本降低和不确定性减少将有利于货币联盟的所有国家。货币联盟将有助于商业增长，让成员国更加繁荣。

德意志联邦银行行长奥特马尔·埃明格尔（1977年至1979年间任职）在1982年出版的论著中对这种主张提出了反驳："金融机构、出口商和进口商已经熟知如何应对短期的利率调整，防备相关的风险"（Emminger 1982,15）。他强调，政府不应该为出口商提高保险。

最早的也是最有影响力的认为固定汇率能刺激贸易的经济分析来自两位意大利经济学家弗朗切斯科·贾瓦齐和阿尔贝托·焦万尼尼1989年发表的研究。事实上，两位研究者发现，汇率机制，无论是浮动还是固定，对国际贸易的增减并无太大影响(Giavazzi and Giovannini 1989,4)。贾瓦齐和焦万尼尼在支持固定汇率时的理由是欧洲例外论。

德洛尔报告发表一年后，欧共体委员会一份题为《一个市场、一种货币》的研究为单一货币有利于单一市场作出了

最积极的论证。研究指出，确实没有证据表明，固定汇率会
提升欧洲贸易（European Commission 1990,21）。但它推
测说，庞大的经济动能将被释放。经济上的不确定性将会降
低，企业将会加大投资，而失业率将会下降（9-10）。为证
明这种经济学上说不清楚的经济动能，委员会的报告指出，
他们调查过的企业都认为，货币联盟由此获得的经济前景将
非常可观。如此重要的经济、政治决策却如此漫不经心。

　　1993年，加州大学伯克利分校的经济学教授巴里·艾
肯格林，这位或许是最重要的欧洲货币联盟分析家突然说：
"我不同意那种认为在资本、劳动力和货物形成单一市场后，
必然伴生单一货币的观点。"艾肯格林解释说，通过单一货
币降低的交易成本是很小的，减少汇率的不确定性带来的好
处也不太大（Eichengreen 1993,l322）。和埃明格尔十年
前说的一样，艾肯格林认为，"外汇期货市场可以让贸易商
以较低的代价绕过币值风险"。此后的研究证明，在浮动汇
率下，企业可以通过购买保险，以避免币值变化带来的损失
(Patnaik and Shah 2010; Kamil 2012)。

　　单一货币能带来欧洲繁荣的论调疑窦重重，相比而言，
比较确定的是，如果没有自己的汇率和货币政策，很多欧洲
国家将会因为缺少经济和金融上的减震器而无法正常运转。
这种困境就摆在大家的面前：固定汇率将导致成员国之间的
通胀差异不断拉大，引来投机商的攻击，需要代价高昂、具
有破坏性的政府干预。

　　政治程序仍在继续。1989年6月26日至27日，欧洲领导人在马
德里峰会上采纳了德洛尔报告。但密特朗承认，这种"采纳"并没有什
么意义，各方并没有就实施这一计划的时间表达成一致。而且，"从马

德里峰会结束的第一分钟开始，关键人物就开始为这份有可能具有历史意义的协议而争吵"。[29]英国的反对本来就众所周知，而科尔也拒绝"盲动"。[30]他深知德国企业对这个方案的否定态度。另外，他所在党派的经济自由主义者也反对单一货币的方案。[31]

后来担任法国外交部长的于贝尔·韦德里纳当时是密特朗的近身顾问，他记载了峰会之后法国阵营里的不满。韦德里纳回忆了密特朗和科尔的一段对话：

> 密特朗："你们有必要继续承担货币联盟的责任……"
>
> 科尔："放弃马克对德国人来说，是巨大的牺牲。老百姓还没有准备好接受它。"
>
> 密特朗："我知道，但还是要做！欧洲民众都在等着呢。你们正在重新统一德国。你还必须证明，你们是相信欧洲的。"[32]

这不是第一次，也不是最后一次法国总统向德国总理耳提面命，要他听从欧洲人的意志，基于欧洲的利益采取行动。法国这一时期谈判的策略是提醒德国人，他们需要做欧洲的好公民。科尔的回应是拖延。他的策略是延长整个过程。授权使用单一货币意味着要改变《罗马条约》，后者支配着欧洲共同市场。改变现有条约或者订立一个新条约需要政府间进行谈判，然后起草各都能接受的条款。科尔坚持说，如果没有充足的准备，就无法定下召开会议的时间。[33]所以，让密特朗极为恼火的是，科尔留下了一个开放式的延迟局面。

从那时起到年末，西德中央银行行长珀尔多次对单一货币提出直率的批评。7月1日他在接受《金融时报》采访时说，英国首相撒切尔是单一货币最尖锐的政治批判者，她比德国总理更清楚这个项目的缺陷。撒切尔最主要的顾虑是，无论多巧妙的设计，货币联盟都会侵犯一个国家对自身税收的掌控权。她说，这是无法接受的，因为"税收管理权是国家主权最关键的要素之一"。[34] 珀尔担心，"科尔总理是否真的懂了"这个基本问题。[35] 伦敦的《经济学人》强调，不列颠的撒切尔与德国的珀尔是一对"奇怪的盟友"。[36]

事实上，撒切尔有一位更加重要的德国盟友。1989 年 10 月，密特朗再次斥责了科尔，后者生气地答复说："单一货币带来了一堆麻烦，多数德国人都不情愿，企业家们也不想加入；现在还不是时候。"[37]

柏林墙倒塌；科尔进一步拒绝货币联盟

自 1969 年以来一直隔绝东西德的柏林墙，在 1989 年 11 月 9 日意外地倒塌了。那天东德执政党一名官员提供的错误消息让东德人以为，他们可以立即前往西德。成千上万的人聚集在柏林墙的关卡，守卫没有办法，只好让这些人过境去了西德。重兵把守的边境在一夜之间就打开了。[38] 东西德的统一原先看来遥不可及，但现在这个目标触手可及。

在科尔疲于应付的时候，珀尔却仍然可以抨击货币联盟。珀尔是记者出身，他利用媒体来说道理。11 月 19 日，珀尔接受了英国广播公司（BBC）的电视采访，呼吁放慢货币统一的步伐，引起了广泛的关注。他重申反对"法国支持的"政府间会议。珀尔说，如此急切的唯一原因是，法国和意大利"想颠覆德国马克统治性的地位"。珀尔质疑欧洲领导人是否真的理解他们所处的状况，他还呼吁给两年的缓冲期，以决定"是否大家已就进一步的一体化达成了共识"。[39]

珀尔有很好的理由呼吁延迟，或至少是暂停。他在接受 BBC 采访时说，"成员国之间的经济状况差异太大了"。科尔一直以来也有这种担忧，他在 11 月 27 日给密特朗的信中又重申了这一点："我尤其担心的是，即使我们这些国家达成一致，共同体内部在发展稳定性方面的差距仍将继续。"[40] 科尔严厉地补充道，"这些差异甚至可能变得更加糟糕"。

之后，科尔的行动加速了。11 月 28 日，科尔宣布了统一德国的"十点计划"。他事先没有告知任何人。他的外交部长根舍，以及他在欧洲的其他盟友，都不知道会有这个公告。

美国总统乔治·赫伯特·沃克·布什虽然是第一个知道这一消息的外国领导人，但也是在科尔向德国联邦议院公布了这一计划之后。[41]布什和他的国家安全领导团队很恼怒。科尔出于补偿的心态表示，他将严守北大西洋公约组织的协定。科尔明白，美国人主要是想保持北约组织步调一致。[42]

密特朗很生气，他被排除在圈外。根舍专程去巴黎安慰他时，密特朗咆哮道："你不需要是心理学家就知道，德国正在拖经济和货币联盟的后腿。"[43]他充满恶意地补充说，德国有必要对欧洲货币联盟负责，否则"我们都要回到1913年的世界"。[44]

但密特朗知道，德国统一是箭在弦上了。东德的经济已经到了崩溃的边缘。[45]东德民众早已开始了和平示威，并且通过柏林墙的缺口往外跑。阻拦德国统一的步伐，就意味着要拦截东德人的大逃亡，这将迅速地把和平转型演变成暴力冲突。

正因为东德老百姓让德国统一成为必然，密特朗对这个决定没有什么否决的余地。即使他曾打算这样做，他也已失去了谈判的筹码。密特朗在公共场合声称，他对德国统一没有顾虑。[46]为了拐弯抹角地达成自己的目标，他向科尔扔出了一根胡萝卜，以争取后者对货币联盟的支持。这根胡萝卜就是所谓对"政治联盟"的承诺。

密特朗知道，这个并不成熟也不实在的概念是科尔心头所好。到底什么是政治联盟呢？1957年的《罗马条约》把它称为"更紧密的联盟"。这个冠冕堂皇而内容模糊的说法把欧洲定义为大于所有成员国之总和。与此同时，"政治联盟"的术语出现在欧洲的学术文献中，法语中是"union politique"，德语中是"politische Union"（图例2.1）。和"更紧密的联盟"相似，政治联盟的概念让人感觉良好，但没有实际的意义，所以在欧洲一体化的进程中，它在1970年代就已逐渐失去了吸引力，到 1980 年代中期陷入了低潮。但科尔重新复活了政治联盟这一套话语。
而密特朗掌握了科尔的弱点。

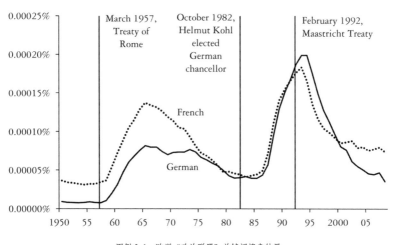

图例 2.1 欧洲"政治联盟"关键词搜索结果
（谷歌法语和德语电子图书中提及"政治联盟"的词频数据）[47]

  科尔虽然经常提及这个词，但很少解释其具体的含义。有一次他说，
"政治联盟"应该包含欧洲共同的外交和安全政策，而且这些政策必须
名副其实。[48]科尔也想提升欧洲议会的权力，让更多的欧洲决议建立在
多数决策的基础上，而不是所谓全体通过。虽然科尔提出了这些大胆
的想法，但他从没有想过要让渡德国的财税主权。科尔并不愿意把德
国的部分税收用于支付欧洲中央预算，以帮助经济困难的国家。所以，
无论科尔的意图多么高尚，他谈到的政治联盟跟货币联盟并没有太大的
关联。

  法国关于政治联盟的概念更加模糊不清。很长一段时期，法国的领
导人拒绝欧洲共同政策或者加强欧洲机构的想法。1954 年，他们拒绝
了旨在建立一支欧洲军队的欧洲防御共同体，因为里面的一体化程度过
头了。[49]欧洲"联盟"的提法在法国尤其招人厌。1995 年 1 月，法国前

总统吉斯卡尔在给《费加罗报》的一篇文章中，轻描淡写地把政治联盟描述为"得到欧洲共同意愿支持的政治想象"。[50]

虽然货币联盟的项目卡住了，密特朗感觉有必要假意地讨价还价一番。1989 年 12 月 1 日，斯特拉斯堡峰会一周前，密特朗在给科尔的一封信里坚持要加快货币联盟的进程。他对科尔模糊的政治一体化表达了模糊的赞许态度，勉强答应举行一个平行的政府间会议讨论政治联盟的问题。他写道，这样的会议"没什么坏处"，但"只能在经济和货币联盟的协议达成一致后再举行"。[51]

密特朗的信件骗不过德国人的眼睛。他们知道，密特朗除了货币联盟之外，对其他事都没什么兴趣。科尔的顾问约阿希姆·比特利希在 12 月 2 日和 3 日给科尔的备忘录中强调，密特朗最主要的目的是经济和货币联盟。比特利希写道，其他一些问题对他来说都是次要的。比特利希还说，密特朗和他的顾问团认为，科尔所要求的影响深远的政治一体化只是想转移人们对货币联盟的注意力。[52]

12 月 3 日，科尔与美国总统乔治·布什在布鲁塞尔郊外的拉肯共进晚餐。历史学家玛丽·爱丽丝·萨洛特指出，这次晚餐本来会是一次紧张对抗的会晤。[53]科尔在布什出其不意的情况下推出了德国统一的十点计划，这次是他们在柏林墙倒塌后首次面对面地会晤。萨洛特写道，"布什即使对科尔表达不满也是应该的"。但这场在拉肯的晚餐，"用国家安全顾问布伦特·斯考克罗夫特的话来说，成了一个重要的'转折点'"。就是在拉肯，"布什决定对德国总理的计划给予最强有力的支持"。布什"对科尔和他的计划印象深刻，所作的评论都是类似于'我支持你，就这样去做吧'的话"。布什后来说，他相信科尔不会让德国朝着一条削减北约重要性的道路滑下去。[54]

东德人想尽快加入西德，而科尔刚刚得到布什对德国统一的支持。在这种背景下，12 月 5 日，就在斯特拉斯堡峰会几天前，科尔写信给密特朗说，现在不存在建立货币联盟的基础。[55]科尔说，首先要由一个新的专家小组来决定是否有必要召开一个政府间会议。[56] 他重申，他的主要目标是建立欧洲政治联盟，货币联盟只是其中的一部分。

12月6日，《法兰克福汇报》报道说，科尔近几周会晤了各个领域的德国人。[57] 在这些谈话中，他提到争议不大的货币联盟第一阶段"资本自由流动"已经迫在眉睫，他把这一举动称为"超前行动"。在《单一欧洲法案》中，欧洲市场共同体的成员国同意让资本自由流动，这也是英国人支持的。但科尔知道密特朗的野心要大得多，他坚决拒绝更进一步。所以，英国的撒切尔有理由相信，德意志联邦银行的珀尔和总理科尔都是她反对货币联盟的同盟。

也是在12月6日，密特朗访问基辅，希望苏联最高领导人戈尔巴乔夫能用他的影响力减缓德国统一的步伐。但密特朗在这次会晤中一无所获。面对"东欧的多事之秋"，戈尔巴乔夫无法阻止历史的车轮，他也缺少这种实力。[58] 会晤之后的记者会上，密特朗的恼怒溢于言表，他"警告西德不要急于和东德统一，因为这可能打破欧洲微妙的平衡，放缓欧洲共同市场的一体化"。[59]

法国的立场很坚定。12月8日上午，斯特拉斯堡峰会第一天，一位法国官员发出了赤裸裸的严厉威胁："我们要看德国人怎么做。如果他们不向前推进，欧洲将会出现强烈的反弹。"[60]

1989年12月：科尔在斯特拉斯堡开了绿灯？

科尔正站在德国统一的历史潮头。他明白，把不同的经济体塞进货币联盟是不可行的。用他的话说，经济差异会"更加严重"。但在斯特拉斯堡会议上，在欧洲各国领导人都在场的情况下，现场的德国官员诧异地看到，科尔放弃了他说过的"完全充分的准备"的立场。他同意在1990年12月意大利轮值欧洲共同市场主席结束之前，启动货币联盟的政府间会议。

在科尔让大家震惊之余，也没有人清楚下一步该怎么走。就像荷兰央行官员安德烈·萨斯说的那样，旁观者都莫名其妙。有太多的工作要做，成员国在很多敏感问题上又各执己见。[61]同时，斯特拉斯堡峰会上还有人支持召开政治联盟的平行会议，这种想法很显然也没有听众。

科尔在斯特拉斯堡对货币联盟谈判所开的绿灯被很多人解读为向欧元的"让步"，因为他担心如果不这样做，法国会阻挡德国统一的进程。这种说法虽然流传很广，但并不正确。单一货币并不是德国统一的代偿物。首先，科尔手里握有所有的牌。统一的进程已经开始，任何阻止它的行动都会带来人间惨剧。12月3日，斯特拉斯堡峰会召开五天前，科尔已经得到了布什的支持。美国人认为德国统一有利于他们的战略利益。萨洛特指出，"欧洲的冷战秩序已经终结了"。[62]为了填补由此留下的真空，美国人想围绕统一的德国建立新的秩序。布什有充分的理由相信科尔。科尔这一代德国人是在民主的环境下成长起来的，他们对保持欧洲和平有执着的信念。布什在和科尔谈话的结尾还说，1990年初，"华盛顿和波恩的合作已经提速"。[63]

德国与苏联领导人戈尔巴乔夫的谈判虽然在斯特拉斯堡峰会前没有完成，但路径已经很清晰。苏联国力衰微，非常需要经济上的帮助。科尔从1990年9月7日开始给戈氏打了好几通电话，很直接地就得到了他对德国统一的认可。通过多次讨价还价，科尔答应为苏联提供庞大的金融支援，包括没有任何附加条件的120亿德国马克，以及30亿德国马克的无息贷款。戈尔巴乔夫签了字，德国于1990年10月3日正式统一。[64]充满喜悦的德国人站在勃兰登堡门前庆祝，高唱着科尔的名字"赫尔穆特，赫尔穆特"，这座位于东德的建筑在东西德隔绝期间一直封堵着。事实上，如果戈尔巴乔夫要价更高的话，科尔甚至愿意支付1000亿德国马克。所以，科尔知道德国一定会统一，他不需要密特朗的首肯。

而且，用经济学术语来说，斯特拉斯堡峰会上的所有承诺都存在"时间不一致性"。对于科尔，他完全可以反悔任何在压力下作出的承诺。

德国前总理阿登纳就曾对法国前总统戴高乐食言。1963 年，西德联邦议院违背《德法友好爱丽舍条约》，擅自加强与美国的关系。阿登纳因此削弱了戴高乐在这个条约中的基本目的——降低美国在欧洲地缘政治中的影响力。但戴高乐也无可奈何，他评论说："你看吧，条约就像女孩与玫瑰。他们想遵守才遵守。"[65] 科尔自己早前就曾拒绝遵守与法国关于税收协调的协定。[66] 因为科尔的财长特奥·魏格尔反对这个计划，科尔就对西德联邦议院宣布撤销了这个协定，连巴黎都没有通知。[67]

在斯特拉斯堡峰会上，科尔只同意召开起草条约的政府间会议；他并没有作进一步的承诺。密特朗也同意召开有关"政治联盟"的会议，暂时安抚一下科尔。密特朗清楚科尔知道他会在第一时间剔除政治联盟的项目。科尔为什么要玩这个类似于歌舞伎的把戏，没有人知道。当然科尔明白，既然密特朗能反悔他的承诺，自己当然也可以。

有一个人真正知道密特朗和科尔之间的猫腻，她就是密特朗的顾问伊丽莎白·吉古女士。吉古在与历史学家蒂洛·沙贝特的对话中，非常确定地说，双方没有真正的谈判："1989 年，我出席了密特朗和科尔在德国和欧洲其他地方举行的所有会晤。他们没有过任何的协商：所谓以认可德国统一，换取欧洲事务的进展。"[68]

吉古推测，科尔对德国统一与单一货币之间的关联或许早有盘算。科尔在斯特拉斯堡是按照自己的计划行事，至于他到底在想什么，恐怕只有他和与他关系最紧密的顾问才清楚。也许，科尔对于战争的个人记忆在那个关键时刻袭上了心头。也或许，科尔在斯特拉斯堡听到且看到其他国家的领导人对在欧洲中心地带突然扩张的德国的惧怕。峰会之后，科尔对美国国务卿詹姆斯·贝克解释说，德意志联邦银行坚决反对单一货币的计划，他自己要是同意了，就背叛了德国的利益。[69] 但他还是选择让这个计划通过，因为这是一个具有政治意义的举动。他说，德国"需要朋友"。

时候尚早。科尔将如何用友谊和国家利益进行交换，还不得而知。

1990—1991：科尔获得了政治自主权

1989 年 11 月 28 日，科尔在公布德国统一的十点计划时，就曾宣布他要从传统政治和官僚的桎梏中解脱出来。历史学家萨洛特强调，从那个时候开始，在涉及统一的事情上，科尔和他的助手们就"和西德政府拉开了距离"。[70] 萨洛特说，十点计划实际"诞生在总理身边一个非正式的小圈子里"。[71] 同样地，在欧洲事务上，科尔开始采取"帝王式总理"的做事风格：在斯特拉斯堡的时候，他对官员们的建议充耳不闻，同意召开延宕很久的货币联盟政府间会议。

科尔不断扩大自己的权力，把党派、议会，甚至内阁，都排除在关键决策之外。[72]1990 年初，他又在东西德货币统一的问题上运用了他"帝王式总理"的权威。其中涉及两个问题，一个是货币统一应该多久完成，一个是东德马克应该按照什么比率兑换成西德马克。西德联邦银行行长珀尔和东德中央银行行长霍斯特·卡明斯基都反对货币过快统一。1990 年 2 月 6 日，在东德中央银行的台阶上，两位行长告诉记者，现在还不是时机来考虑这个影响深远的步骤。同一天，可以说几乎同时，科尔却宣布了在 6 月份统一德国货币的目标。[73] 德意志联邦银行问题专家、记者大卫·马什写道："珀尔有理由认为他受到了怠慢。科尔本可以提前告知，但他并没有这样做。"[74]

虽然货币统一是既成事实了，但德意志联邦银行和金融、财政部门的首脑却都强烈反对东德马克和西德马克按照 1 对 1 的汇率转换。1990 年代初，货币交易者要求 7 东德马克换 1 西德马克。珀尔和财政部长魏格尔提出了对东德相当实惠的兑换率的建议：2 东德马克换 1 西德马克。[75]4 月初，科尔似乎想同意珀尔和魏格尔提出的这个方案。但到 4 月底，科尔不由分说地宣布了 1 对 1 的兑换率，他的意图明显是为了在即将于 5 月份举行的东德选举中赢得支持。[76] 有评论人士后来说："科尔总理克服了所有的反对声音，因为在德国统一的政治现实下，任何事都可以做。"[77]

1989 年 11 月 28 日，在正确判断政治情绪的前提下，科尔宣布了统一的十点计划，这个时候，他的自主权是完全没问题的。但科尔却选择了蔑视经济学。1990 年 6 月 30 日午夜，东德马克全部兑换成了西德马克。但 1991 年初一份考证详尽、严谨的资料对此总结说，"欧洲历史上最糟糕、最严峻的一次萧条已经开始了"。[78]这份报告的作者包括乔治·阿克洛夫（后来获得诺贝尔经济学奖）和珍妮特·耶伦（后来成为美联储主席）。他们解释了正在发生的灾难：由于非理性的、过于慷慨的兑换率，东德的工资远远高出实际劳动生产率的合理比率（大约是西德工人的 30%）。由于过高的生产成本和较低的生产质量，东德企业只能挣扎求存。而且，工会不允许工资降到与低水平的生产率持平，因此失业率骤然上升，工人不得不四处寻找工作。阿克洛夫、耶伦和他们的合著者预计，这次灾难将继续演化。后来证明，这个评估完全正确。[79]

但这些问题要到未来才需要去面对，科尔现在已经在政治上得势了。为了应对统一后的第一次大选，他承诺，让东德在经济上获益不会有损于西德。但这些承诺并不可信。东德人对未来越来越充满担忧，西德人也认识到他们将承担高额的税负，于是科尔的竞选前景开始飘摇了。他因此改变了策略，想利用德国人对统一的未消的余热。他在竞选活动中尽力避开德国面对的"复杂而不确定的问题"，将其变成"纯粹的对统一的庆祝，一种民族主义情绪的表达"。[80]记者托尼·艾伦－米尔斯写道："科尔非常聪明的竞选策略让'他的反对者感到绝望'。"[81]

在个人声望的顶峰，科尔把德国统一与欧洲一体化相提并论。他忠告说："德国统一和建立欧罗巴合众国就是明天的现实。"[82]科尔说，辉煌的未来就在前方，欧洲不能仅仅是"一个充满荣耀的自由贸易区"。[83]当他在争取竞选连任的时候，他听到了历史发出的警报声。科尔说，他的目标是建立"一座可光照千年的硕果宝塔"。[84]在这条道路上，科尔的个人野心和德国、欧洲的进步没有界分。戴森和费瑟斯通评论说，"总理没能免俗，他也想把自己的名字写入历史"，科尔"就是想把德国统一和欧洲联合都变成他个人的功绩"。[85]

虽然科尔支持率很高，正在稳步走向成功，但他并不认为现在是时候去劝说德国民众放弃德国马克，接受欧洲单一货币。他知道，德国人大部分都反对单一货币，他担心如果公众认为是他想要他们放弃引以为傲的德国马克，他的竞选前景就会受到损害。

科尔也很擅长在他的政党基民盟内部培养忠诚度。他在 1990 年 12 月获得连任，基民盟及其盟友在德国联邦议院也获得了 2/3 的席位，他便开始在党内打压民主，对可能的总理竞选对手肆意报复。[86]一位充满仇恨的竞选对手说，科尔以为"他可以通过贬低别人来抬高自己"。[87]在担任德国总理和政党领袖的多年里，科尔用"亲近的、个人化的手法"来确保他人对他个人目标的忠诚。[88]科尔煞有介事地说，"基民盟在联邦议院的每一个代表和党员都欠着他"，大量党员"都完全依靠他得到晋升"，也就"不太可能对他的行为提出质疑"。[89]

科尔在德国政坛长袖善舞，但他真正的政治才能在于他阐述政治的能力。记者延斯·彼得·保罗说，科尔在对抗单一货币的批判者时，把他们描绘成"民族主义者、沙文主义者和反欧洲主义者"。[90]戴森和费瑟斯通也指出，科尔把对货币联盟的反对等同于"败坏的民族主义政治"。[91]戴森和费瑟斯通敏锐地察觉到，这种定义让科尔"转移了辩论的焦点，避开了对他的一些批评"。加州大学伯克利分校认知科学资深教授、语言学家乔治·莱考夫强调，通过政治性阐述和语言的操控可以获得重大的政治优势。政客如果总是攻击性地去抹黑对手，将能赢得辩论；而如果对手以否定抹黑的方式来还击，却恰恰使这些抹黑的话语继续流传，反而强化了最初的攻击对事实造成的怀疑态度。莱考夫举的最新的例子是美国总统唐纳德·特朗普把媒体描述为"敌人"，但反对者如果提出媒体"不是敌人"，反而落入了话语操控的陷阱——重复这个语词反而会让人们觉得：媒体有可能是敌人。[92]类似地，那些被科尔指责为"民族主义或反欧洲主义"的人要自辩也不容易。如果他们回应说，他们不是"沙文主义"或"不是反欧洲主义"，他们会因为重复使用了科尔的语言，反而帮助到对方。科尔还有其他手法迫使对手处于艰难的守势。在马斯特里赫特峰会来临之际，科尔更提高了战争与和平的声调，以杜绝任何对他的货币联盟方案的反对。[93]

一位充满挑衅的批判者威胁要打击科尔的政治优势。1991 年 3 月，德意志联邦银行行长珀尔在布鲁塞尔的一次会议上说，东西德灾难性的货币统一对急于实现欧洲货币联盟的行动是一个警告。[94] 珀尔说，东德马克以 1 比 1 的汇率兑换成西德马克之所以是一场灾难，是因为它的发生"几乎没有准备，没有任何调整的空间，这个汇率本身也是错误的"。他推测，一场相似的灾难也在等着欧洲货币联盟，除非欧洲国家之间"有非常高度的经济融合"。[95] 珀尔的评论是在荷兰城市马斯特里赫特召开政府间会议时发表的，会议上各国正在寻求共同基础，让货币联盟得以运转。珀尔暗示的是，欧洲各国并没有到进入货币联盟的时候，现在的筹备工作也不成熟。

珀尔强调欧洲货币联盟成功的前提是各国经济进一步融合，但这种说法只不过是在重复科尔自己十八个月之前对密特朗的说法。但科尔自那以来已经转变了；他没有耐心，也不愿意等待欧洲各国的经济达到彼此更接近的水平。珀尔的评论不受科尔的待见，因为他干扰了科尔迅速推进的计划。科尔转而斥责珀尔，后者却因为坚持原则而得到大众支持，使局面不利于科尔。[96] 德国前经济部长卡尔·席勒在布雷顿森林体系崩溃的时候曾呼吁实行更灵活的汇率制度，他评论说，"珀尔是对的"。[97] 但珀尔却厌恶这种斗争，当年底就辞职了。

德国央行新任行长赫尔穆特·施莱辛格和副行长汉斯·蒂特迈尔（1993 年 10 月接替施莱辛格担任德国央行行长）也不断提醒，不要过快引入单一货币。[98] 1991 年 9 月，政府间会议期间，在德国联邦议院的财政委员会听证会上，蒂特迈尔列出了建立欧洲货币联盟"必不可少的前提条件"。[99] 他说，货币联盟必须以严格的预算纪律为前提，并以规则和制裁为保证。蒂特迈尔和施莱辛格多次重复这些要求，但他们并没有预见到货币联盟项目有可能成为灾难或崩溃。他们说他们该说的，但保持在科尔能接受的范围内。

科尔后来出于骄傲，告诉记者保罗说："在欧元项目上，我就像是一个独裁者。"[100] 德国联邦议院的议员不敢对科尔的立法动议提出反对，科尔也没有什么不好意思，"我们从来没有就欧元是否应当被采纳有过正式的党派协议。我们就这样宣布了"。[101]

因为科尔的我行我素，没有多少人真正理解，为什么科尔会从最早的批判者转变为对单一货币的拥趸。美国总统在越战期间也享有类似的独立决策权，但他们留下的文件非常稀少，仅有的文件也很少谈到他们的动机。[102] 在科尔身上也是如此。他或许认为，单一货币能保障和平，或许，是他本人想被写进历史，也或者两者兼而有之。但他显然相信，他自己对欧洲的未来是不可缺少的。

在此后的七年里，科尔将会在几个关键时刻，运用他的自主权把单一货币推向终点线。我们现在就来谈谈这个过程。

1991：在马斯特里赫特，德国要求对稳定作出承诺

从 1991 年初到年底，欧共体成员国派出的谈判代表一直在马斯特里赫特讨论、决定单一货币应该遵循的规则。原则上，所有的成员国都要参与，但由法国和德国作关键决定。法国财长让－克洛德·特里谢带领法国代表团，德国财政部副部长霍斯特·克勒领导着德国代表团。英国也派团参加，但是英国的角色比较有限。约翰·梅杰自 1990 年 11 月开始担任英国新首相，虽然他不像撒切尔那样直截了当，但英国显然打算在单一货币的事情上置身事外。[103]

学术界有一种共识，即欧洲货币联盟需要一个财政联盟来支撑。在

后者当中，各成员国需要缴出一部分税收给欧洲统一预算，这个预算将用于解救经济上暂时陷入困难的国家。这并不是有争议的"盎格鲁－撒克逊"式看法。欧洲机构的高级官员都懂，如果没有这样的财政联盟，货币联盟内的国家将陷入长期的经济和政治困境，使得联盟本身不稳定。我在第一章提到，1970 年的维尔纳报告就这样说过，1977 年的《麦克杜格尔报告》更进一步强调，这需要相当规模的中央预算，将占据 GDP 的 5%—7%。[104] 德洛尔报告也在一个不太引人注目的附录里承认，在联邦制国家，货币联盟的"庞大中央预算在 GDP 中有一定占比"。[105] 这个附录是亚历山大·拉姆法鲁西写的，他在 1994 年至 1997 年间担任欧洲货币管理局（EMI）的首任主席，并为欧洲中央银行奠定了基础。几年后，拉姆法鲁西重申，没有大型的中央预算就启动欧元是一个错误。[106]

很明显，财政联盟是不可能的，因为欧洲国家并不愿意把它们税收的一部分交给欧洲机构。每个国家都想保留自己的征税权，并按照本国的计划和侧重点去支出预算。1970 年货币联盟刚开始被认真考虑的时候，各国就是这个立场，到 1991 年马斯特里赫特政府间会议制定货币联盟细则时仍然如此。

在马斯特里赫特会议上，德洛尔和其他人都知道，如果强推中央预算，德国人可能会放弃这个计划。虽然科尔倨傲地责备其他人是"民族主义、沙文主义和反欧洲主义"，大力倡导"政治联盟"，但他一直都很清楚，德国的税收只能花在德国人身上。德国公众和政府担忧，计划中的欧洲财政联盟会让德国不断为其他欧洲国家兜底。防止这种风险非常关键，因为法国人并不掩饰，他们想利用货币联盟"去推动扩张主义的政策"。荷兰在这些问题上是德国的盟友。1946 年至 1967 年间担任荷兰央行行长的马里乌斯·霍尔特罗普把德国比成"精明的蚂蚁"，而法国则是不负责任的蟋蟀。他问道，蚂蚁会"把自己储藏的物资交给蟋蟀处理吗"？[107] 类似地，1965 年，荷兰财政大臣约翰·维特芬（后任国际货币基金组织总裁）对荷兰议会解释说，单一货币会引起很多风险，成员国有可能互相开空头支票。[108]

没有政治联盟去容纳具有民主合法性的财政联盟，就只剩一条道路可行了。从 1840 年代到大萧条时期，在差不多一百年里，美国货币联盟的基本原则是，如果州及其以下的地方政府借债太多而无法偿还，私有债权人就得承担损失。[109] 在这个体系内，债权人贷出款项会很谨慎，债务人也以不超出其能力为限。如果某个州政府陷入了财政危机，它只能对债主违约，而不会从其他州借债。

但欧洲官僚们不相信金融市场的戒律作用。他们认为，金融市场对政府没有太大的制约，或者只能在突然之间对政府起破坏作用。[110] 所以，他们不愿意认真考虑，财政困难的成员国有可能通过向私人债主违约的方式来减少债务负担。

然后就诞生了一个模棱两可的协议。1991 年的《马斯特里赫特条约》（即《欧洲联盟条约》）草案提到，一个成员国不会为另一个成员国的债务买单。这也就意味着，如果一个成员国不能清偿债务，就得由它的私人债主来承担损失。所以，原则上，《马斯特里赫特条约》就有"不救助规则"：欧洲各国政府不必为成员国或它的私人债主提供救助。但这个政策强调了金融市场的变幻莫测，这就使人产生疑问，当危机影响面太广的时候，这个"不救助"规则还能否得到实施。

由于财政联盟的可能性已经被排除，而财政困难的成员国又可以延迟或者减少对私人债主的清偿，似乎欧洲货币联盟也就不大可能达成了。但那些坚持货币联盟的人却完全不在乎这些。这样，货币和财政规则就成了中心议题。

《马斯特里赫特条约》完全依赖于规则，这本身就是瞻前不顾后的做法。货币联盟的规则若要具有合法性，又要有可操作性，就必然需要一个政治联盟。否则，应该由谁来决定一条规则是否公平地得到了实施呢？僵硬地实施规则会造成对国家主权无法容忍的侵扰。而且，卡尔多二十年前就解释了，对不同国家实施统一的规则会拉大各国差距，使得货币联盟的管理更加困难。[111]

条约监控体系奇特的核心规则让局面变得更加混乱。这条规则源自德洛尔报告，它的意思是对成员国的预算赤字和债务设置上限。[112] 德洛尔自己并不是很喜欢这种数字限制。实际上，欧洲各国于 1989 年 6 月通过他的报告后，他还试图弱化这个规则。他对记者含糊其词地说，在实践中，这些规则的"强制性并不如报告所写的那样"。[113] 但在 1991 年，货币联盟谈判开始之后，德洛尔说，没有条约中的这些强制性规则，德国人会拒绝接受货币联盟，但他又希望德国人满足于对这些规则的表面敷衍。

对两条规则中的一条，德洛尔的看法没错，但在另一条上，他就大错特错了。马斯特里赫特会议上的谈判代表最初同意，成员国要把债务率保持在 GDP 的 60% 以下。但这种限制很快就无法适用了。很多国家的债务都远远高出这个比率，并且无法在短时间里把这个比率恢复到 60% 以下。如果强制实施债务率的规则，那就不会有欧元区了。所以，谈判代表们同意，只要债务率正在朝 60% 下降就可以了。这当然也是一条模糊而没有意义的规则。

真正的戏剧性场面围绕预算赤字展开。德国人在 2 月 25 日的提案中，提出了"黄金守则"：政府只有在长期投资如基础建设等方面，才能实施赤字运作。[114] 黄金守则有一定的道理，政府也经常用它来指导预算的制定。但这个规则不易操作，因为"长期投资"的界限比较模糊。对欧洲货币联盟来说，它不现实。成员国很容易就可以把常规支出掩饰为基础建设方面的投资，大规模的赤字都可以这样做。

最后法国提出了黄金守则的替代方案，一个更简单的赤字限制办法，它的源头是 1980 年代初的一个不太实际的政策。密特朗当年面对陡升的财政赤字，要求法国财政部预算部门提交规则建议，以控制公共支出。两名年轻的官员指出，如果预算赤字限制在 GDP 的 2%，比较难以把握，但设定在 4% 又太宽松了，所以他们提议限制在 3%。密特朗政府采用了这个建议，以此作为内政的指导原则。所以法国人现在建议，同样的限制适用于货币联盟的所有成员国。[115]记者埃里克·艾希曼和帕斯卡尔·里什报道说，为了替代复杂的黄金守则，"巴黎提出了稍显简单的一个限制：公共赤字上限为 GDP 的 3%"。[116]为什么是 3%？"密特朗认为，法国的赤字不会达到 3% 的水平。"[117]密特朗相信，这个 3% 符合德国对规则的坚持，同时法国也处在安全区内，很安全。

显然，这个确定的数字在政治上具有吸引力，不仅不需要进行论断或者分析，而且欺骗和讨价还价也可以避免。德国人很快就同意了，并以此作为高级指导准则。虽然这条规则在经济上不具备说服力（见 2.2），但它能有力地缓解欧洲人心里的担忧。

2.2　乌有之乡的3%规则

3% 的规则让所有人感到错愕。但对这条规则没有任何公开的讨论或辩论。实际上，当法国谈判代表让－克洛德·特里谢和德国谈判代表霍斯特·克勒联合宣布通过这条规则时，马斯特里赫特会议上的人没有几个懂得它的真实含义。

1992 年 2 月，《马斯特里赫特条约》签署以后，诸多研究者都对这一规则提出了批评。他们强调了同一个经济准则，即预设的预算赤字上限会延缓一个国家从经济危机中复苏。当一国经济下滑时，它的预算赤字自然就会上升（因为收入下降而用于公共的开支会增加）。从财政纪律上限制预算赤字的上升只会弄巧成拙，财政紧缩（减少开支或提高税收）会引发经济的进一步下滑；政府的预算赤字和债务都会上升，而不是下降。（这个逻辑在 2011 年至 2013 年间被有力地展现出来。当时很多国家厉行财政紧缩，但它们绝望地发现，自己的债务负担反而上升了。见第七章。）基于这样的原因，衰退和危机时期需要在财政上适度地放宽。当然，这里所谓的放宽需要审慎的考虑和智慧；然而，不分轻重、僵硬地实施这种规则却会伤害经济，造成长期的问题。

　　1992 年 9 月，《马斯特里赫特条约》签订六个月后，旧金山联邦储备银行的研究人员在报告中指出，货币联盟通常没有财政规则；联盟成员国可以灵活应对经济下行的状况；即使是按照有一定财政规则的货币联盟的标准，《马斯特里赫特条约》规定的条款"也太过僵硬了"（Glick and Hutchison, 1992）。

　　到 11 月，伦敦政治经济学院教授查尔斯·比恩（后担任英格兰银行副行长）直白地下了结论："如果加入货币联盟的代价是采用不合理的财政政策，那这个代价是不值得付出的。"他说，马斯特里赫特会议上提出的财政规则"不仅关联性不大，而且它们对国家财政政策设置的限制会起到破坏作用"。为了强调他的观点，他还说，"在成立货币联盟之后，各国更有必要实施积极的财政政策，在其上施加不必要的限制是一个重大错误，尤其是现在联盟还没有自己的财务系统"。

　　1993 年，诸多国际知名的经济学家，包括诺贝尔经济学奖获得者罗伯特·索洛，哥伦比亚大学经济学教授、后来也获得诺贝尔奖的埃德蒙·菲尔普斯，麻省理工学院经济学教授、后来担任国际货币基金组织首席经济学家的奥利维尔·布兰查德等人对这条财政规则联合提出了警告。他们写道："让经济窘迫的国家消极应对，或甚至采用可能加深经济衰退的办法，这都明显站不住脚。"他们评介了美国的经验，在这个体系中，各州可以自行决定财政约束的办法；他们指出，与其让所有国家采用同一个规则，欧洲各国政府不如"保持财政政策的独立"(Fitoussi et al. 1993, 14–15)。

所以，在《马斯特里赫特条约》签订后的一年中，这条规则只得到一条肯定性的评价。这就是，马斯特里赫特的预算赤字规则没有规定补救措施。再强调一下，这不仅仅是所谓"盎格鲁－撒克逊"的观点。欧洲学者、政策制定者和领导人都知道他们面临的是什么。德洛尔报告后面的拉姆法鲁西附录已经列明了这个体系的实际含义和问题(Lamfalussy, 1989)。

德国人坚持要求制定能纠正"超额"财政赤字的程序。在他们看来，超过 GDP3% 的赤字就是"超额"了。在层出不穷的各种荒诞想法中，最离奇的就数德国人的要求，即对赤字超额的国家实施包括罚款在内的惩罚。这种惩罚措施比规则本身更显荒诞。惩罚对于身处经济困境的国家来说，只能让它们更显狼狈。[118] 而且用惩罚来进行威胁也不大实际，一旦以后某个国家违反了规则，也需要其他国家宽以待之，所以它们不太情愿现在就强制实施这种规则。[119]

德洛尔试图阻止这些规则的制定。在政府间会议的最后阶段，他和英国财政大臣诺曼·拉蒙特有过一次奇特的合作，因为后者的立场是反对德洛尔心心念念的单一货币。德洛尔否决了制裁措施，他认为这会侵夺国家主权；拉蒙特则提出，制裁措施没有必要，因为"市场会约束挥霍公帑的政府，迫使其抬高利率"。[120]

但他们的行动没产生成效。1991 年 10 月，在各国领导人聚集马斯特里赫特签订条约的两个月前，拉蒙特和德洛尔"承认失败了"。[121] 拉蒙特对结果倒无所谓，因为英国已经决定要退出货币联盟。拉蒙特后来写道，大多数财长都反对财政规则，而不仅是制裁措施，"但德国人意志坚决，所以最后胜出了"。[122]

拉蒙特可以退出去，但德洛尔却对这些事情心思很重。他梦想已久的货币联盟就近在咫尺了。最终，他愿意为此作出妥协。德洛尔在2004年的回忆录中谴责了德国人。他写道，他曾反对德国人坚持的财政"稳定"，但他的反击"不被过于正统的德国人和荷兰人接受"。[123]

德国人还坚持，新的中央银行必须独立，这与德国传统以及当时全球的趋势一致。其目的值得赞赏，就是为了减少对中央银行运作的政治干预。但他们在马斯特里赫特会议上提议的方案与世界的普遍做法严重背离，计划中的欧洲央行被设置成超然的独立地位。在一般情况下，即使是"独立"的中央银行也需要对选举产生的代表负责。在美国，联邦总审计署"对美联储有广泛的审核权"，美国国会对美联储有监督权，以保证货币政策的实施"合理且符合国家利益"。[124]原则上，国会还可以改变美联储的决定。这种对中央银行的监督并没有太大的争议。但是欧洲货币联盟提议的中央银行对成员国却没有正式的责任制，各成员国也无法改变它的决定。

只有一位在远处观望的人物对欧洲中央银行超然的独立地位提出了质疑。美联储前主席保罗·沃尔克虽然是中央银行独立地位的强烈拥护者，但他在1997年强调，中央银行必须承担政治责任。他说，中央银行"必须根据公众的利益和政治领导者的指引来调整其政策"。[125]所以，沃尔克实际同情法国提出的要求，即中央银行与政府机构之间要有常规性的沟通机制；在这样的平台上，各国政府可以把它们的政治经济意向告知欧洲中央银行。

但要让欧洲中央银行在政治上负责是很难办到的。即使是在一国之内，与政府意向的沟通同政治干预之间的界限也很难划分。在国际层面，采用单一货币的各国之间本来就缺少相互信任，所以首要的任务是防止任一成员国绑架中央银行。在这个问题上，德国人不愿意退让，尤其是法国人已经清楚地表明，他们会尽其所能地影响欧洲货币政策。德国的立场最后胜出，因为实际上没有其他合理的可选项。

　　欧洲中央银行的这种独立性必然伴随着一条决定货币政策的简单规则。中央银行的唯一目标是维持价格稳定。这一点和美联储不同，后者有著名的"双重使命"，既要维护价格稳定，又要保证充分就业。欧洲中央银行则不必担负提振就业的责任。欧洲中央银行把重心放在价格稳定上，比简单化的财政纪律较少争议。但一些著名的经济学家提出了反对。麻省理工学院经济学教授、诺贝尔奖获得者弗朗哥·莫迪利亚尼和他的同事、同为诺贝尔奖获得者的罗伯特·索洛警告说，欧洲中央银行的职责使得它把太多的精力用于控制通胀，所以，利率会很高。他们认为这是一个问题，因为欧洲的失业率已经高得让人心颤，过度强调价格稳定的货币政策会让失业问题更加严重。他们建议欧洲中央银行学习美联储，采用"双重使命"，这样货币政策不仅能应对通胀的问题，而且能主动地以对待价格稳定目标同等的力度去提高就业机会。他们很确信，欧洲中央银行完全可以在不"放弃或牺牲对通胀的责任"的同时，帮助解决欧洲的就业问题。[126]

　　莫迪利亚尼也批评了预算赤字规则，他认为，在衰退时期控制赤字，会造成长期的失业问题。[127] 这或许是欧洲经济史上的一个小片段，但这两位来自麻省理工的诺贝尔经济学奖获得者都公开反对欧洲单一货币的两大支柱：预算赤字规则和欧洲中央银行保持价格稳定的职责。

　　德国人已经拿到了他们想要的东西：一条他们深信不疑的财政规则和一个独立的以确保价格稳定为己任的中央银行。重要的是，他们把"稳定"抬高成了欧洲话语体系中核心的经济意识形态。1970 年的维尔纳报告开创了这种意识形态。[128] 二十年后的 1991 年，在《马斯特里赫特条约》中，它被供上了神龛。当它遭遇政治和经济的冲突时，欧洲的集体盲思又为它保驾护航。

　　但科尔孜孜以求的向政治联盟的跨越又该往哪里去呢？这个想法最终在 1991 年 9 月走进了死胡同。由于担忧其政治遗产会不知所终，科尔对谈判代表作出指示，政治联盟的事情可以暂时放一放。[129] 所以，科尔实际放弃了德国人一贯的观点，即货币联盟只能以政治联盟为前提。相反，科尔采取了法国"货币主义者"的立场，认为有必要先行推动货币联盟，因为这样才能为欧洲政治联合创造条件。

1991 年 12 月初，《马斯特里赫特条约》生效了。在那之前，世界已经很久没有把固定汇率当作硬性的规定了（图例 2.2）。而欧洲领导人现在却同意采用单一货币，并固定彼此的汇率，同时大大提高了改变这种制度的成本。无论把单一货币的益处吹得多么天花乱坠，它的代价却是人所共知的。单一货币俱乐部里的国家将不再能降低利率，如果经济下降，它们也不再有什么财政刺激的空间，更不能降低汇率以挽回失去的竞争力。

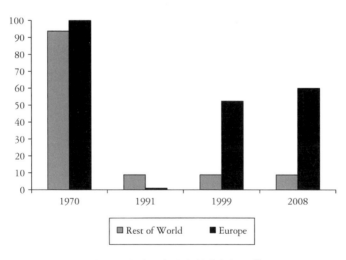

图例 2.2　欧洲货币联盟与全球趋势背道而驰[130]
（实行固定汇率国家的比例）

这并不是真正的货币联盟，虽然欧洲人这么叫它。对货币联盟必不可少的安全网——财政联盟，已经证明在政治上是不可能的。所以，那条财政纪律，即把政府赤字保持在 GDP 的 3% 以下，才被拿出来作为替代品。然而，经济学家都认为，它在国家经济下滑时并不能成为安全网，却会因为在下滑期间强制实施没有根据的财政紧缩，让困境愈加艰难。

实际上是由一小群欧洲国家领导人决定了，欧洲要建立这样的"不完整货币联盟"。他们没有在国内发动辩论为这样巨大的决策赢得共识。单一货币一旦开始实施，无论是欧洲中央银行，还是财政规则的负责单位都无法向欧洲公众承担责任。

本质上，《马斯特里赫特条约》说的是，如果某成员国遇到生死攸关的情况，它不会得到紧急救助；它只能依靠相当于膳食和锻炼为主的养生方法得到恢复。所谓联盟结构的稳定性就建立在这样一种威胁的基础上：如果一国遇到麻烦，将不会得到救助，或者最多是表面上的救助。这种威胁可以规范行为，防止生死危机的出现。但即使抱着最善意的愿望，人还是会犯心脏病，而国家也会陷入困境。《马斯特里赫特条约》过度强调把有道德风险的行为扼杀在萌芽状态，却罔顾了经济、政治和历史自身的规律。

拉蒙特写道，在《马斯特里赫特条约》谈判期间，他对那些愿意听他意见的人警告说，欧洲正在给自己制造麻烦。很多人私下里认同他的担忧，其中就包括法国前总统吉斯卡尔，这位欧洲货币联盟的急先锋回应说："你对这个计划提出的反驳是正确的，但它就要成了。"[131]

1991年12月：科尔保住了货币联盟

吉斯卡尔相信"它就要成了"，但德国人在所有条件都得到满足后，却迟迟不愿意签署。科尔在国内还没有获得对单一货币的同意：德国公众不支持，德国商界也反对。1991年9月8日，欧洲各国元首再聚马斯特里赫特敲定协议的三个月前，科尔政府的前部长、德国工业联合会主席鲁道夫·冯·瓦滕贝格对德国联邦议院的财政委员会这样解释条约可能带来的商业前景：

> 不要相信，就因为在欧洲共同市场里的出口关系，德国工业自然就会看重单一货币。这并不是企业界的现实。单一货币给商业交易带来的便利几乎可以忽略不计。政治联盟必须和商业联盟相配套，准入的门槛必须要高，而中央银行也必须对稳定性负责。在这些必要的原则上，没有妥协的余地。[132]

所以，虽然经过长达一年的谈判，但由于国内意见不统一，德国人仍然拒绝条约生效。于贝尔·韦德里纳报告说，德国人唯一接受的是下次开会的时间——1996 年 12 月 30 日，到时候再来决定下一步的打算。[133] 按照要求，那个时候必须有一定数量的成员国在宏观经济上达标。这样做的风险是，没有确定的生效时间，这个势头就会消散，项目本身有可能打水漂。

在 12 月 8 日的晚宴上，密特朗和意大利总理朱利奥·安德烈奥蒂都焦躁不安，准确的日期还没确定让人难以忍受。[134] 各国财长和他们的助手在生效日期上如此犹豫，慢慢吞吞，密特朗对此很不耐烦。[135] 他和安德烈奥蒂商定，要把日期确定在 1999 年 1 月 1 日，无论有多少国家满足入门的要求。

第二天早餐会，十二国政府首脑和他们的外交部长以及特别助手间展开了讨论。密特朗很快提出，有必要确定单一货币开始的日期，除非大家有更早的时间，"1999 年 1 月 1 日就应该像断头台上的铡刀落下来那样板上钉钉"。[136]

密特朗的顾问吉古写道，密特朗这么咄咄逼人让她很是惊讶。她以为他已经放弃了在条约中加进确定的日期。法国人反复地尝试过，而德国人每次都否定了。[137] 吉古认为，密特朗那么强势的原因，是他估计科尔想要一个有约束力的决议，这样科尔好拿着一个谈妥的协议去说服他的内阁、德意志联邦银行和德国联邦议院。[138]

科尔最后同意了欧元生效的时间，这让密特朗大吃一惊。实际上，科尔又一次瞒过了德国政府的高级官员。当他决定的消息泄露出来时，在马斯特里赫特的三位德国最高级别的官员，包括财长魏格尔、央行行长蒂特迈尔和克勒的反应都是惊恐。[139]

但韦德里纳很高兴。他把科尔继续推动这个过程的决定形容为"法德友谊"的典范。[140]密特朗更是大喜过望，他说，《马斯特里赫特条约》"让往日宿敌之间的战争不再可能"。[141]这些话里面的政治含义再明显不过了。它透露出了沾沾自喜，也揭示出他们是把和平作为货币联盟的目标，更进一步强化了所谓法德友谊的神话。

为了表征对经济繁荣和政治和睦的期待，欧共体改名为"欧盟"（EU）。这个带着诱惑性的词语最早出现在1970年代。法国外交部长米歇尔·若贝尔问内阁同事爱德华·巴拉迪尔（后来担任法国总理）这个词的意思，巴拉迪尔回答说："没什么意思，就是听着好听而已。"[142]

对科尔来说，马斯特里赫特把欧洲送上了一条19世纪后的理想主义之途。他从马斯特里赫特回来后，在德国联邦议院解释说，他只是做了一部分他想做的工作，现在将交由历史的力量来决定了。他强调，主权国家都已经同意厉行财政纪律，也都承诺要把预算赤字保持在GDP的3%以下。[143]科尔说，虽然推动政治联盟的行动暂停了，但货币联盟的建设却无法终止了。单一货币的联盟会释放出强大的动能，将狭隘的民族主义一扫而空，欧洲将以崭新的政治形态展现在世人面前。[144]这个活跃的联盟很快会从"哥本哈根延伸到马德里，从海牙扩展到罗马"。[145]

1992年2月7日，欧洲各国领导人签署了《马斯特里赫特条约》，亦名《欧洲联盟条约》。

1992：欧洲民众反叛，货币联盟险象环生

《马斯特里赫特条约》并没能为欧洲的团结创造良好的政治氛围，相反，欧洲民众的不满骤然而至。民众仿佛突然意识到单一货币的真相，货币收紧和财政紧缩带来的痛苦已经不可避免，而单一货币却无法解决他们面临的现实问题。

马斯特里赫特对当时最紧要的问题无能为力：失业率不断上涨，依赖政府社会保障项目的人数大量增加。欧洲战后的良好形势已经了无踪影。失业率日渐升高（图例 2.3）。1969 年，当货币联盟项目才开始筹备的时候，德国的失业率是 0.6%。是的，只有不到 1%。而在召开马斯特里赫特会议期间，德国的失业率是 5%，而且还在上升。法国的失业率已经达到 8%，意大利则更高，达到 10%。失业问题成了老大难。

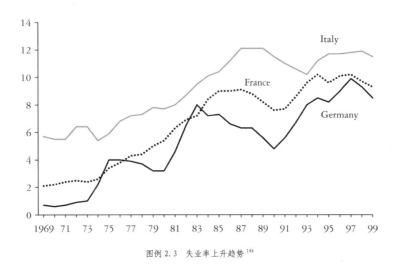

图例 2.3　失业率上升趋势[146]

与此同时，政府的支出也在快速增长（图例2.4）。增长的部分主要用于支付医疗和社会保障项目。[147]公共支出迅速增加，经济增长又乏力，使得政府的债务负担（债务与 GDP 的比率）也加重了，法国和德国受

此影响，意大利问题尤其突出。到 1990 年代中期，意大利债务已经是
GDP 的 120%。

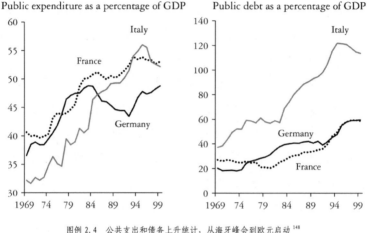

图例 2.4　公共支出和债务上升统计，从海牙峰会到欧元启动 [148]

　　虽然这种以举债来支付公共服务的方式无法持续，但这一代人已经
习惯性地以为，政府提供的保障总会保护他们。很多欧洲国家的支出都
已经超过了自身的能力，的确需要制止。但从波恩和布鲁塞尔下达的决
策，在各国国内没有任何公共辩论和参与。那些眼看自己的养老金和
医疗保险所剩无几的人对这些决策尤其担忧和厌恶。恰恰就是这些人，
从不期待能从单一货币获得任何好处。

　　欧洲公民对欧洲机构的支持率也一路下跌（图例 2.5）。[149] 最戏剧
性的下滑发生在两个领头的国家——法国和德国。德国民意调查显示，
绝大多数人（占被调查者的 80%）都反对单一货币。德国外长克劳斯·金
克尔在电视上抱怨说，"统一的欧洲"的好处很难解释，但人们很快会
在生活中认识到它的价值。[150] 在意大利，对欧洲的支持率稍高，因为
意大利的民众仍然希望欧洲机构能约束他们那些肆无忌惮的政客。但就
是意大利人现在也开始嫌弃欧洲机构。在《马斯特里赫特条约》签订前

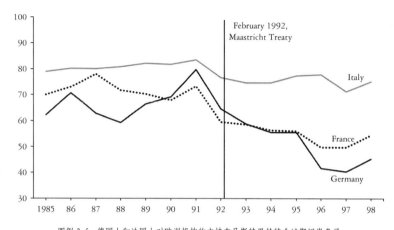

图例 2.5　德国人和法国人对欧洲机构的支持在马斯特里赫特会议期间崩盘了

[具体指标：被调查者认为欧共体（1994 年之前）或欧盟（1994 年及其以后）是"好事情"的比例][151]

夕，民众对欧洲机构的支持曾达到有记录以来的顶峰，但任何一个成员国此后再也没能回到这个峰值。

对欧洲机构乐观的"共识"破裂了。在这一共识的前提下，一小群欧洲领导人没有征得欧洲公众许可，就作出了后果严重的决定。被认为是欧洲一体化启蒙之父的让·莫内为这种对公众意志的忽略做过辩护，他说，欧洲人民对欧洲机构及其政策的复杂性缺乏经验。[152] 密特朗的顾问韦德里纳说得更大胆："我们不要怕说出来：……所有向欧洲一体化迈进的重大决策……都是当代开明专制的产物。"[153] 对"开明专制"的批评被这样一种说法回敬："欧洲对你也是好事。"[154] 马斯特里赫特政府间会议的一次工作午餐上，荷兰财政大臣维姆·科克（后来担任首相）也驳斥了一种说法，即单一货币应该受到民主的严格检验，科克说，如果人们投票反对，"欧洲将永远找不到自己的归宿"。[155]

实际上，的确有对此事投票的机会，也有民众发起运动，声张他们决定自己命运的权利。在 1992 年 6 月 2 日举行的一次公投中，丹麦人否决了《马斯特里赫特条约》。虽然事前的民意调查显示可能是这样的结果，但结果出来后，丹麦政府和全欧洲的建制派还是感到震惊。他们之前以为，欧洲的崇高目的和召唤会赢得民心。但欧洲的精英阶层显然已经与普罗大众脱节了。本来就对欧洲充满警惕的丹麦人拒绝让布鲁塞尔的官僚机构入侵他们的工作和家庭。实际上，把欧洲共同体改名为欧洲联盟就已经让丹麦人很不高兴了，所以在公投前，挺欧立场的丹麦首相就想停止使用"联盟"一词。[156]

丹麦人和英国人一样，坚持认为欧洲内部应该实行自由贸易。在1972年10月的公投中，他们热情地支持加入欧共体，1986年，他们又再次投票赞成《单一欧洲法案》，但他们依然认为还没有到加入联盟的地步。

在法国，密特朗进行了一场政治赌博，宣布在1992年6月3日举行公投。几天之后，他冠冕堂皇地对政治学系的学生说："攸关法国未来的决策不能暗自操作，而让人民缺席。"[157]实际上，密特朗是想在政治上投机取巧。他期待这次公投能分裂反对派，如果公众投票让单一货币轻松过关，还能拯救他不太乐观的政治前景。[158]

但密特朗失算了。一位作家生动地评论说，"泛欧主义的高潮正在退却"。[159]再也没有任何人能保证《马斯特里赫特条约》能驶进安全港。单一货币突然之间像一个遥远的目标。阴影笼罩着欧洲货币体系的核心——欧洲汇率机制。

在过去五年中，欧洲汇率机制内部的汇率平价一直保持不变。很多人认为，这种稳定是对宏观经济进行约束必然带来的痛苦但必要的代价，他们仍然认可这个"新"的欧洲汇率机制。

但这个体系很脆弱。英国首相撒切尔的顾问、经济学家艾伦·沃尔特斯在1986年的一篇文章中指出了固定汇率有悖常理之处。[160]在固定汇率下，也就是在单一货币下，信贷规模日趋扩张，也让破坏更加严重，局面更加混乱。基本的问题在于，在德国债主看来，意大利的高通胀让意大利借贷人的信用更加可靠！之所以产生这种有趣的结果，是由于实行固定汇率，薪资迅速提高的意大利消费者和产品价格高涨的企业可以用已经通胀的里拉去偿付德国马克的贷款。德国投资者，不管是直接投资，还是通过意大利银行投资，都很乐于甚至急切地想把钱借给意大利人。为了自我保护，德国债主只做短期贷款，这样他们可以在里拉即将贬值的时候迅速把钱撤回来。与此同时，当债主们收回短期贷款并借出新的款项时，大批的贷款也助长了意大利的通胀，意大利的出口商也就失去了竞争力。这种反常的出现，是因为即使意大利失去竞争力，进而GDP 增长放缓、失业率上升，意大利人欠的债反而变得更多。沃尔特斯准确地分析了欧洲固定汇率体系在 1970 年代和 1980 年代反复失败的原因。他还预测出欧洲汇率机制在 1990 年代早期遇到的困难。高通胀国家，包括意大利和英国，经历了大规模的资金涌入，满足了国内信贷扩张。后来担任瑞典中央银行副行长的国际宏观经济学家拉尔斯·斯文森补充说，维持固定汇率的机制使得资金不断涌入，直至最后阶段：借钱给疲软经济体的外国债权人想榨干最后一美元，所以他们会在系统崩溃前撤出。[161]

1992 年 9 月初，系统突然显示出崩溃的迹象。在分阶段实施的货币联盟计划中，清除资本控制这一步已经大致完成，而且争议较少。[162]投资者开始把他们的资金从问题较多的意大利和英国转移出来，通过购买德国债券躲避风险。重估德国马克价值的压力陡升，同时对里拉和英镑贬值的呼声也增多了。

9 月 3 日，密特朗在索邦大学的电视辩论中，直面人气高涨的反对派发言人菲利普·塞甘。塞甘提出，单一货币会削弱法国的国家主权和民主。[163]密特朗为了吸引法国公众的关注，辩称法国将和其他政府一道领导欧洲央行的行动。他说："我听到所有人都在说，欧洲央行有自己的决策权。但这不是事实。"[164]他指出，欧洲理事会（欧洲各国首脑组成）将对货币政策作出决定；欧洲央行只是实施这些政策。

对德国人而言，法国对欧洲央行的政策产生任何影响都是让人厌恶的，这也是为什么《马斯特里赫特条约》排除了这种干扰的因素。科尔观看了这场电视辩论的现场转播，他本可以驳斥密特朗的奇谈怪论。但他保持了沉默，主要是担心密特朗会丧失声誉，而与之利益攸关的公投会失利。二十多年后，安德烈·萨斯回顾了密特朗这次对《马斯特里赫特条约》核心原则的违背，以及德国媒体上表达出的愤怒。他写道："德国媒体广泛报道了密特朗的说法，指出这明显不符合货币联盟的规则。德意志联邦银行行长赫尔穆特·施莱辛格告诉我，很多德国记者希望他对密特朗的说法作出评论，但他都以法文不好、不太理解密特朗的说法为借口回绝了。"[165]

对投资者而言，这不是一个好的现象。欧洲民众忧心忡忡，失业率越来越高，政府的财政状况警报连连，而密特朗在这不平静的局面中又激起一阵波澜。关键时刻终于来临了。9 月 11 日，投资者集体抛弃里拉。这时候应当是德国去帮助意大利，彰显"团结"的精神。在这种境况下，德意志联邦银行本来应降低利率，以减缓资金涌入德国的速度。但德意志联邦银行却拒绝展开行动，把利率保持在特别高的位置上，从而加速了资金从重重包围的意大利里拉撤离。[166]

意大利本该知道，德国人的帮助是适可而止的。德国领导人和政策制定者早就表明，他们不相信"对称调整"（symmetrical adjustment）。简单地说，德国人不认为他们有义务去帮助经济困窘的成员国减轻压力。实际上，可能多数人都不知道，德意志联邦银行已经得到授权，可以在他们认为符合德国利益的情况下采取行动。在德意志联邦银行行长埃明格尔 1978 年 11 月的一封信里有记载，这个权力得到了时任德国总理施密特的批准。[167]

埃明格尔的信现在起作用了。德意志联邦银行虽然有来自里拉的压力，依然坚守自己的利率，并告诉投资者说，救助其他欧洲国家与德国的利益相悖。金融市场的恐惧开始蔓延。被称为"黑色星期三"的 9 月 16 日当天，英镑被迫退出了欧洲汇率机制。里拉也在第二天退出。

现在是时候来观照一下欧洲的未来了。在现代全球经济的环境下，固定汇率有价值吗？欧洲各国通胀率不同，经济模式各有差异，货币联盟能起作用吗？

1992：被忽略的法国民众呼声

密特朗在 6 月宣布举行公投的时候，就像美国人常说的，这是个扣篮动作。民调显示支持《马斯特里赫特条约》的人数遥遥领先。密特朗有理由相信他的政治地位会被提升，从而巩固他在法国政坛的影响力。

虽然菲利普·塞甘表示了反对，但密特朗却得到了两位重量级政治反对派的支持。巴黎市长雅克·希拉克代表民族主义阵营戴高乐派的观点，但他是为自己打算，支持单一货币能提高本人在欧洲的声望，有利于他的总统竞选。前总统吉斯卡尔与密特朗是长期的政治对手。吉斯卡尔在 1974 年的总统竞选中击败了密特朗，但又在 1981 年输给了对方。吉斯卡尔的很多追随者同情塞甘的观点。虽然吉斯卡尔让法国加入的"地洞中的蛇"机制和欧洲汇率机制都失败了，但他依然相信单一货币和固定汇率对法国有必要。

法国最高层领导人意见一致，但民调却显示赞成票和反对票之间的差距在缩小。在公投前一天，赞成和反对的统计数据不相伯仲。9 月 20 日，赞成派以 51% 对 49% 险胜反对派。密特朗在工薪阶层中的传统支持者对他的单一货币项目投了反对票，而吉斯卡尔的支持却使密特朗惊险胜出。

公投之后的出口民调（exitpolls）为观察包括法国在内的西方民主，创造了一个稀少但极富预见性的机会。那些投票反对条约的主要是教育程度较低，从事低薪工作或者失业的人（图例 2.6）。大量反对者已经抛弃法国的主要政党，偏向了极右或极左，或者表示不支持任何政党。反对者的主要担心是一致的，他们很可能将一直困在生活的底部，因为这些领导人不能或不愿采取行动改善他们的生活。[168]

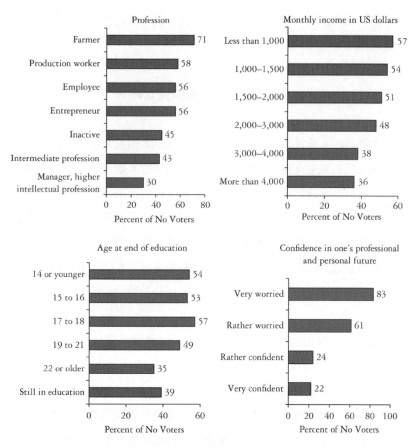

图例 2.6　法国公投中给《马斯特里赫特条约》投反对票的是哪些人？[169]

　　一位作者在法国《世界报》上对公投结果发表评论说，"拒绝《马斯特里赫特条约》的法国人是首当其冲的受害者，因为正是他们在遭受失业、排斥和贫穷，他们感到被抛弃，他们担忧着未来"。[170]《世界报》的其他评论者也有相似的结论。投反对票的人居住的城市，"工厂关门，垃圾遍地"。[171] 他们居住在加来、滨海布洛涅、加来海峡、亚眠、索姆和圣康坦等地，当地人口大多处于贫困和悲惨的境地。投赞成票的人多在都市区，住在巴黎的时髦地区和里昂的郊区。[172] 这些地方的居民受教育程度高，有专业工作，收入也高。《马斯特里赫特条约》的公投揭示出法国的分裂，包括经济和地理等层面，这对今天西方民主政体的政治状况都有预警作用。

一些法国领导人读懂了这种启示。总理皮埃尔·贝雷戈瓦认识到，处境最糟糕的法国人都对《马斯特里赫特条约》投了反对票。贝雷戈瓦说，这次投票说明了"人民同他们的代表之间的割裂"。[173]

法国为了让法郎留在欧洲汇率机制里，实行了严格的货币政策。政府也加税以弥补财政赤字。其中的一些税务项目，比如社会保障金的雇主支付部分，让雇主不敢聘任更多员工。[174]这一"强势法郎"政策在1981年至1983年法郎贬值期间就已开始实施，并且延续至今，把法国的通胀挤压到只有德国的水平，现在甚至更低。但较高的利率和财政紧缩也逼退了消费和投资，使得法国的失业率达到前所未有的10%。[175]

强势法郎政策假定的前提是，它会帮助提高法国的经济竞争力，失业问题会自然而然减少甚至消失。但这些政策主要是有利于那些教育程度比较高，并且在法国和欧洲商界、金融界有人脉的人群。这种经济格局遗漏了一大批法国民众。法国分裂为两大经济群体，每个群体自有其政治诉求。

塞甘在1993年指出，处理经济和政治的分裂是法国的主要挑战。法国需要修改社会契约，使所有民众都能对未来有所期待。塞甘说，这种根本上的转变不可能在因德国人威逼而实行的财政紧缩中发生。法国人需要时间，最好是让法郎自由浮动。法郎处于弱势的情形下，出口和就业就能增长，财政紧缩也不会来得那么陡急，而法国领导人也能让国家更加繁荣和平等。塞甘说，法国应当努力塑造自己的未来，而不是试图去套德国的模子。[176]

有意思的是，也是在1993年上半年，当代最具影响力的国际宏观经济学家、麻省理工学院经济学教授鲁迪格·多恩布什得出了和塞甘同样的结论。1996年他在评论巴里·艾肯格林和查尔斯·威普罗斯的一篇分析欧洲货币体系崩溃的文章时说，"对法国来说，唯一正确的策略是让货币浮动"。多恩布什认为，法国决策者拒绝采取这一明显的步骤，是因为他们念念不忘德国马克的神秘咒语。这种痴迷盘桓不去，因为法国受制于"对自身政策的不自信"。[177]

法国公投对法国乃至欧洲未来的经济、政治格局提出了严峻的挑战。法国选民疏离主流政党，与极端主义共舞，或干脆远离政治，这也使西方民主自身备受质疑。

即使是从最世俗和实际的角度，法国公众也正在试图让他们的领袖从自我陶醉中警醒。这是从蓬皮杜开始的，再到吉斯卡尔，现在是密特朗，他们总以为单一货币能帮助法国在经济上赶上德国。在公投中 2/5 的法国民众投了反对票，他们认为，在单一货币下，德国很可能对欧洲宏观经济政策发挥决定性影响。[178]

但对密特朗来说，他已经不可能停下来反思了。刚刚确诊患有前列腺癌、身体病弱的密特朗，对民众在公投中表达的对时局的不满充耳不闻，反而沾沾自喜地认为，欧洲的事情可以继续下去了。[179]

但投资者没那么容易被蒙骗。他们感觉法国不但政治分裂，而且经济脆弱，所以开始抛售法郎，搜紧更安全的德国马克。法郎遭到了全面的攻击，类似于把意大利里拉和英镑赶出欧洲汇率机制的情况。法国中央银行已经失去了抵抗的能力。如果通过提高利率留住投资者，保住法郎的价格，就必然会使得失业率问题更加严重。然而，法国中央银行采取的办法是，用珍贵的外汇储备去阻止法郎价格的雪崩。

欧洲的未来又一次陷入了迷茫。如果法郎也被迫退出欧洲汇率机制，货币联盟就差不多死掉了。政治裂缝已经显现；虽然在法国公投中，赞成派险胜，但法国民众对他们是否需要一个更加一体化的欧洲并不十分确定。德国人也开始质疑，更一体化的欧洲是否有意义。[180]民意已经掉头反对一体化，甚至开始变得敌对。德国人强烈反对放弃德国马克。[181]

但德意志联邦银行却用自己丰厚的资源稳定了法郎，虽然之前它允许里拉和英镑退出欧洲汇率机制。无论是因为来自科尔的压力，还是因为相信这样做有利于德国，德意志联邦银行连续六天回击那些抛售法郎买进德国马克的货币投机商。[182] 投机商最后知难而退。这天是 9 月 25 日，法国公投过去仅仅五天，但感觉就像一生那样漫长。德意志联邦银行最终稳定了货币市场。

欧洲之后会面临什么呢？欧洲领导人在 1992 年 9 月有一次机会重新考虑他们的未来。欧洲汇率机制下固定汇率体系的崩溃是一个警示，通胀差别会继续存在，金融紊乱在单一货币制度中会再次发生。近期的历史事件已经给出了教训。在半个世纪里，从布雷顿森林体系开始，到欧洲"地洞中的蛇"，到现在的欧洲汇率机制，固定汇率屡次触发危机，而没有带来效益；而且，对浮动汇率带来"竞争性贬值"——相互竞争的国家会争相贬值货币——的担忧已经消弭。现在是否应当放弃对欧洲货币统一的屡败屡战呢？

1992—1993：科尔拒绝说不

1992 年 9 月 25 日，德意志联邦银行击退最后一名货币投机者的时刻，科尔试图再度激发公众对欧洲的信心。他在对德意志联邦银行发言时指出，欧洲统一的进程必须立刻展开，以服务于世界和平。正像 1989 年 11 月柏林墙倒塌、德国统一已近在咫尺那样，"我们现在必须有这个勇气立即启程"。科尔说，如果欧洲不能再进一步，就会落后，被历史的车轮碾过。他总结说："我和我的政府将不遗余力地按照计划实施《马斯特里赫特条约》。"1992 年夏季的混乱并没能改变科尔的心意。他的结语就像一则广告："德国是我们的祖国，欧洲是我们的未来。"[183]

科尔以他的雄辩把货币联盟的经济问题暂时抛在脑后。虽然他承认货币价格剧烈起伏是"经济不平衡的必然结果"，但他并不知道，单一货币一旦启动，该如何防止这种不平衡问题重现。[184]

欧洲经济问题已经到了无法轻视的地步。意大利多年来宏观经济不平衡：高通胀兼高失业率。三个最晚加入欧共体的国家（希腊、西班牙和葡萄牙）和意大利的通胀情势一样。希腊于 1981 年加入欧洲经济共同体，也是常年高通胀，一般认为其并不适合加入欧洲汇率机制。西班牙和葡萄牙是在 1986 年加入欧洲经济共同体的，虽然它们加入了欧洲汇率机制，但反复发作的高通胀让它们很难保持固定汇率，这也是为什么它们被允许对投机资本的流动进行一定程度的控制。[185] 失业这个困扰各国的问题正愈演愈烈。

至于欧洲机构对民众应该承担什么责任这种大问题，科尔什么也没说。他甚至懒得理会那些欧洲人的焦虑，他们对未来充满担忧，认为欧洲机构并没有给自己带来好处。在德国国内，民众也都想把货币联盟的热度降下来。在丹麦和英国，民众早就对这个欧洲项目感到厌烦，把跑步进入货币联盟的举动看成欧洲机构对本国权益不可容忍的僭越。[186] 就像英国财政大臣诺曼·拉蒙特说的，"你不能跑得离民意太远，否则你就会有麻烦"。[187]

1993 年夏，投机商再次出动，威胁要把法郎赶出欧洲汇率机制。法国经济正处于衰退中，又因为全球经济疲软和强势法郎政策引发的国内（货币和财政）紧缩，从而陷入更深的困境。失业人数大幅攀升，法国迫切需要降低利率来提振经济和就业率。但是，利率低了，投资者又会抛售法郎，去购买德国马克弥补损失。所以法国面临着一个选择：要么放弃高利率的强势法郎政策并让法郎贬值，要么面对不断高涨的失业率。

投机商开始行动后，法国政府又一次需要德国降低利率以减缓资金撤出法郎。但和 1992 年 9 月的情况不同，德意志联邦银行拒绝支持法国的要求。德国自己的通胀率也很高，这是政府为了支援东德建设大笔支出的结果。德意志联邦银行行长施莱辛格描述过他当时看到的情形："从国内来看，没有理由再降一次利率。"[188] 就像以往一样，德国人当然认为他们自身的利益比欧洲邻居更重要。这真是太尴尬了，因为欧盟委员会主席德洛尔前不久刚刚赞扬了欧洲汇率机制运作有效。他早早地就宣称，"这个体系没有被任何一个国家或货币辖制"。[189]

1993年8月1日和2日，欧共体的财长们和中央银行行长们召开会议，考虑新的方案。有人提出向货币联盟快速过渡，但德国官员以"开玩笑"为由拒绝了这项提议。[190]相反，德国财政部和央行官员提出，现在或许有必要让欧洲各国货币的汇率浮动起来。这个激进的方案在意识形态上就过不了关。它保留了欧洲货币机制的表象，却规定各国货币可以在平价上下浮动15%，这个幅度太宽了，如此一来，欧洲货币实际上就变成浮动机制了。有些国家此后几年确实只让货币在小范围内浮动，但关键的是，它们不再保证限制在这个范围。因此，当经济压力上升，这些国家就会调低汇率，防止投机商来干扰市场。

如果就此止步，欧洲可能早就调整到位，像世界其他国家一样学会了浮动汇率。民调显示，德国人强烈要求举行公投，势要彻底否决《马斯特里赫特条约》。[191]施莱辛格强调，德国企业界仍然"对单一货币持保留态度"。[192]2014年夏，在柏林，霍斯特·克勒向我回忆说，1993年他从财政部离职时，科尔担心的正是德国企业界对单一货币的反对。科尔对克勒最后的要求是让他去劝说德国银行和制造商，让他们相信单一货币对德国有好处。

1993年10月12日，德国宪法法院在漫长的拖延后判定，德意志联邦银行有核准《马斯特里赫特条约》的权力。法院说，央行首先要确定，欧洲货币联盟符合德国利益。但它也必须保持警觉，核准不意味着德国同意在一个"无法控制、不可预见的过程中义无反顾地奔向货币联盟"。德意志联邦银行作出加入货币联盟的决定前，还需要审核"成员国在预算和财政政策上一直稳定"的证据。法院的结论很简单："这个未来的欧洲货币必须像德国马克那样保持稳定。"[193]

现在科尔面临选择。宪法法院已经给他开了绿灯。法院对稳定的严格要求正合他的心意，这也是《马斯特里赫特条约》的神圣原则。但是，自 1991 年 12 月在马斯特里赫特达成协议后，经济和政治局势的发展已经在警示未来的危险。这种形势要求条约暂停，甚至是长期搁置，因为各国都在忙于处理国内的问题。如果他提出暂停，风险在于，即使只是短暂的延后，都有可能无限期地推迟，所谓欧洲货币联盟就可能永远出不来了。

伦敦《泰晤士报》的罗杰·博伊斯当时写道，对科尔来说，货币联盟"成了一件非常个人的事情"。他逐渐认为，他"是最后一个可能推动《马斯特里赫特条约》的德国总理"。[194] 科尔说的没错，之后历届德国总理再也无法具备他这样的能量和政治号召力，能把欧元变成现实。问题在于，科尔到底是认真考虑了单一货币的政治、经济价值，还是单纯去实现他个人的理想？他是想把毫无保障的未来强加在欧洲人的肩上吗？没有人从这个角度想过这个问题。

密歇根大学教授凯瑟琳·多明格斯写道："在经历了 1992 年、1993 年的货币动荡之后，欧洲领导人以让人吃惊——有人会说鲁莽——的决心，继续推动货币联盟。"[195]

1994—1998：不顾一切反对，科尔驶向了终点

1994 年 9 月 1 日，德国基民盟的两位领导人沃尔夫冈·朔伊布勒和卡尔·拉默斯警告说，欧洲各国正在彼此疏远，它的内部现在有问题。[196] 朔伊布勒是基民盟的主席，也是该党在德国联邦议院的首脑；拉默斯则是该党的外交政策发言人。朔伊布勒和拉默斯说，老大欧洲太笨重了，无法粘到一块儿。他们认为，最好的方案是法国和德国领导一群欧洲的核心国家（德语 Kerneuropa）在经济和政治上实现一体化。他们提出的核心包含了荷兰、比利时和卢森堡；他们特意排除了意大利，虽然它是 1950 年煤钢共同体六个初创成员国之一。[197] 排除意大利可能

显得粗鲁，但并不让人意外，几乎所有人都认为意大利还不适合加入货币联盟。

从起步开始慢慢做起，是尝试货币联盟的周全办法。德国企业更习惯这种分步骤的方式，最强的国家先获得成员资格，其他国家再一步步来。[198] 科尔起初对此很感兴趣。虽然他说朔伊布勒和拉默斯的建议只是讨论的方案之一，并不是政府的政策，但他也认为，落后国家不应该拖累联盟的步伐。[199] 这个分步走的方案在法国引来了回响。法国总理巴拉迪尔也提出了相似的方案。[200] 但这一方案最有力的支持来自前总统吉斯卡尔。[201] 他认为，欧洲的核心国家会首先让它们国内的政策与货币联盟保持一致，其他国家则要在外等到符合相关条件。

这些方案虽然有吸引人的地方，但并不现实。朔伊布勒和拉默斯还提议，欧共体委员会将具备"一个欧洲政府的特征"，它们有权作出有约束力的重要决策。任何国家都不能投票反对"加强合作、深化一体化"的措施。[202] 所以，欧盟委员会将可以推翻各国议会的决定。拉默斯很快承认，这么重大的权力，德国人不可能接受。拉默斯澄清说，各国可以否决欧盟在财政问题上作出的最重要决定。[203] 拉默斯不得不重复科尔的说法，后者已经反复向德意志联邦银行保证，欧洲不会向德国的税收伸手。科尔在接受欧洲几家报纸采访时说，"在某些问题上必须长期保留投反对票的权利"。[204]

科尔需要很小心，因为当年10月份他面临着一场竞争激烈的竞选。他获胜的机会迅速下滑。他曾告诉西德方面，他们不需要为统一付钱；但现在看来，西边必须为东边提供多年的资助。东德仍然在挣扎。到1993年，东德1/6的制造业工作机会已经消失。[205] 国际货币基金组织指出，东德公开的失业率是15%，这种说法偏小了，因为很多东德人已经放弃找工作，从劳动力名册上消失了。[206] 他们的经济压力似乎没有尽期。统一的光环很快褪色了。

对科尔来说，欧洲统一是他的又一个雄心。在一次欧洲报纸的访谈中,他说:"我们,换句话说,就是政府,应该避免给大家一个印象,就是欧洲统一只是技术问题。必须弄清楚,这也是一个心灵的问题。"[207]在几天之后的新闻发布会上,科尔说,他的下一届总理任期有两大挑战,"一个是德国统一。另一个……请不要误会我,它对我来说更为重要。我们必须再迈出一大步,进而建设欧洲的大厦"。他意识到自己的历史角色,接着又说,"如果你去欧盟的任何一个首都问我的同行,他们会告诉你,'我们想要赫尔穆特·科尔过来,因为我们还需要推动的力量,而德国人在这里有特殊的角色'"。[208]

所以,科尔澄清了谣传,外界传说如果他当选,他会把总理职位传给更年轻的沃尔夫冈·朔伊布勒。只有科尔可以把单一货币项目坚持做完。正如他后来所说,他的存在是必要的,因为"其他谁还能保证欧元项目"?科尔实在太了解德国人对放弃德国马克的顾虑重重,所以他担心朔伊布勒无法获得足够的支持完成欧洲单一货币的目标,而如果没有这个重心,"欧洲就会崩溃"。[209]他在1996年重申:"我可以明天就退休。每个人都期待我退休。我还留在这里,就是要确保单一货币项目继续进行。"[210]科尔无论何时谈到建设"欧洲的大厦",他的意思都是指单一货币,他把这看作自己的最高成就。

1994年10月,科尔所在的基民盟领导的政党联盟在竞选中险胜。但由于联盟内有三名议员在秘密投票中反对科尔,他最后仅以一票的优势连任总理。科尔被问及,他在联邦议院内只有略微超出半数的席位,是否会阻止他对欧洲的计划,他坚持说,"德国人不理解,倘若欧洲的统一不同步进行,德国统一带来的益处就会被浪费,那么所有的东西都会失去"。[211]"硬核"欧洲的看法失去了关注。即使是朔伊布勒也认为,"硬核"这个词太复杂了。[212]朔伊布勒说,他的提案的真实目的是打造一个"有吸引力的核心",吸引所有欧洲国家能够走到一起。

单一货币的攻势开始了。朔伊布勒在1995年3月接受《金融时报》的采访时,作了一个大胆的声明。他说,单一货币将为欧洲提供额外的武器，以对付失业率的问题，并提高竞争力。[213] 1996 年 1 月，吉斯卡尔对外宣称，单一货币带来的经济效益是不言自明的。他说，一旦人们习惯于单一货币带来的便利，他们会回头看，并"记起当初在欧洲用十四种不同的货币，那看起来像一个笑话"。吉斯卡尔指出，有些欧洲人缺乏信仰，为了对怀疑论者进行教育，他呼吁欧盟委员会开展一项"客观的"研究，以阐明更稳定汇率的益处。[214]

在吉斯卡尔强调单一货币的经济效益明显的几个月后，麻省理工学院的鲁迪格·多恩布什写了一篇文章，似乎在回应朔伊布勒和吉斯卡尔。它的题目很有挑衅意味：《欧元幻象》。文章认为，从最好的角度说，单一货币和欧洲严峻的经济挑战是没有关系的，"试验一种新的货币是个坏主意"，因为新的货币能创造的效益可以忽略不计。他强调，新的货币对处理欧洲最紧迫的问题不会有帮助，这些问题包括"让上百万的失业人群重回工作的正轨、放松国家社团主义式的经济管制和培育经济的供应能力"。多恩布什警告，虽然欧洲需要财政紧缩，但实施紧缩的速度如果太快，有可能"阻碍经济成长，升高失业率"。他总结说，"实现单一货币的代价很大，但经济效益很小，很可能会让大多数人失望"。为了让他的预测更容易理解，他说意大利可能会是最为失望的国家。[215]

不安的情绪感染着欧洲领导人。比利时首相让－吕克·德阿纳说："大批取消国家货币，没有人会是赢家；竞争性通胀减缓和竞争性贬值一样具有破坏性。"[216] 吉斯卡尔代表了法国人普遍的看法，他呼吁对《马斯特里赫特条约》要求的财政紧缩进行宽泛解释。他说，法国处于衰退当中，税收下降了，赤字在上升。吉斯卡尔强调，这个暂时的"衰退效应"在经济复苏时就会消失。对疲软的经济强制实施紧缩政策会导致不必要的伤害。[217] 吉斯卡尔这一点算是说对了。

一些欧洲领导人建议，最好推迟实行单一货币。西班牙外交大臣卡洛斯·韦斯滕多普就说，最好把单一货币时间表上的时钟拨停。[218] 德国财长特奥·魏格尔对这些想法表示同情：他感到，匆忙实行欧元，不如满足单一货币区的基本标准重要。[219]

现在是时候大声疾呼团结一致了。密特朗刚刚去世，任务已经落到德洛尔和科尔的身上。德洛尔在布鲁塞尔对听众说，"欧洲蓝图的政治目标已经被忘却了……单一货币必须建立在'共同生活的愿望'，以及和平、团结和民主等动机的基础上"。[220]几天后，科尔补充说，"欧洲一体化的政策是涉及21世纪战争与和平的问题"。他说他知道，欧洲货币联盟对很多人来说是心理上的挑战。但他问道："难道欧洲人已经厌倦一体化了吗？"[221]

经济的现实问题不断闯入人们的视野。法国卡车司机11月举行了罢工。虽然罢工造成巨大的破坏，但卡车司机很欣慰得到了大众的同情。法国的失业率已经超过了12%，如果预算进一步削减，经济困难会加剧。政府似乎很无助。[222]德国政府也处于挣扎之中。失业率已经超过10%，财政赤字很难控制。12月，《金融时报》的爱德华·莫蒂默写道："法国和德国，这两个欧洲一体化的火车头，正在通向欧洲货币联盟的最后一个斜坡上发出刺耳的爆响声。"[223]

这个斜坡到1997年变得更加倾斜。6月1日，法国的新总理、社会党领袖利昂内尔·若斯潘承诺要暂停财政紧缩政策，宣布将不会受限于预算赤字不超过GDP3%的规定。他的发言人、未来的法国总统弗朗索瓦·奥朗德说，"我们是和欧洲站在一起的，但我们过渡到单一货币是想满足某些需求"。[224]这些需求包括减少失业率，解决不稳定的汇率，以及对货币联盟实行更有效的政治控制。同时，在德国，魏格尔也难以把预算赤字控制在GDP的3%以内。在科尔精明的支持下，魏格尔试图对德意志联邦银行持有的黄金重新估值，通过多出的价值把年度赤字控制在3%以内。[225]但这个策略行不通，因为德意志联邦银行坚持认为，重新估值不适用于1997年，这一年正是为进入欧元区进行审核的年度。[226]

黄金重新估值的办法遭到了批评，科尔对此的回应非常典型，他又想躲到一套高雅的说辞中。他对德意志联邦银行说："我们需要共同的欧洲货币。这是构筑和平和自由，以及欧洲大厦的基本前提。"[227] 但科尔的言辞已经过时了。托尼·朱特当年 6 月 5 日在《纽约时报》上发表评论文章说：

> 1957 年《罗马条约》起草时如此亲密的联盟，当时看来虽然是必要的，也获得了人们的赞赏，但这或许已不再是保障欧洲和平与稳定最好的方式了。把经济差异如此大的国家，包括奥地利、英国、法国和葡萄牙、瑞典和希腊（更别说波兰或匈牙利）等强拉到一块儿，是不可能和不明智的：社会和经济模式的不同是基于长期的政治和文化差异，即使是神奇的货币魔杖也无法消除。[228]

朱特说，在经济上削足适履会鼓励"在预算上作假"，助长"政治不诚实和信用败坏"的风气。他的结论很简单："意图搭建关系更紧密的货币联盟，反而会使欧洲走向分裂。"朱特常说自己是"美国左派阵营里的公共知识分子"，他的结论却和美国主流经济学家关于单一货币项目的批评一致。[229]

1997 年 6 月 16 日、17 日，欧洲领导人在阿姆斯特丹召开会议。魏格尔担忧，如果允许法国为了降低失业率而增大公共开支，德国就不得不为维持欧洲而支付更多的资金。[230] 所以，在阿姆斯特丹的会议上，德国并没有顺从法国对放松预算赤字限制的要求，而是坚持必须遵守这一规定。法国人本来可以离席表示抗议。如果实行浮动汇率，法国可以有更多的时间控制赤字。但那个时候太迟了，法国人已经走得太远。他们自 1969 年以来，已经花了超过四分之一世纪去推动单一货币。他们不可能现在又对这个想法挥手道别。或许法国人也不相信自己能正确地实施财政政策，他们最后屈服了，德国人取得了胜利，双方握手言和。

德国人愿意帮助法国人"挽回面子"：德国同意不把预算规则及其实施细则称为"稳定协议"，他们认同法国对经济增长的强调，转而把规则文本称为《稳定与增长协定》。[231] 但对这个名称的改变没有任何解释，《金融时报》的菲利普·斯蒂芬斯评论说："我们都已习惯于有关欧元的胡说八道，但它从没有像现在这样软化姿态去综合批评的声音。"[232]

科尔从阿姆斯特丹回国后，在德意志联邦议院发言说，现在从货币联盟后退，将打击德国的出口、投资和就业，也会伤害欧洲的一体化。他宣称，"我们都会为欧元的失败而付出代价"。他在为议员们答疑时，防卫姿态格外强烈，他指出，阿姆斯特丹峰会为欧洲一体化做了很多工作。他连说了四次"欧元马上就要来了"。[233]

但科尔还有很多工作要做。德国民调显示，认为欧元是好东西的人数量大幅下滑。[234] 多数人倾向于延迟实行欧元制。但科尔坚决拒绝对此展开公共讨论，他解释说，人们对德国马克的情感让他们不太可能进行理性讨论。但他却希望，乐观的论调能说服犹疑者。他强调，单一货币将推动欧洲一体化，为欧洲在 21 世纪的和平和自由打下基础。他反复强调这个标准说法：现在，"我们应当充分利用欧元这个历史机会"。[235]

当然，这里还有最后一道障碍。法国人在阿姆斯特丹已经认可了《稳定与增长协定》的效力；现在，他们必须达到财政赤字的标准。德国保守派人士认为，对法国不应该有特殊待遇。德国巴伐利亚州州长埃德蒙·斯托伊贝虽然在基本立场上与科尔一致，但他率先提出要坚守这一原则。[236] 斯托伊贝强调，预算赤字的限制是 GDP 的 3.0%，他尤其突出了小数点后的零，意思是法国即使超出了限制的一点点，也应被否决成员资格。[237]

这条预算赤字的限制虽然生来古怪，缺少经济逻辑，但它变成了"稳定欧元"的象征。科尔拒绝了斯托伊贝要"谨慎延迟"启动欧元的要求，气急败坏地反驳说，"像化学刻度式地精确衡量做得太过了"。[238] 但法国最终达到了 3.0 的标准。法国电信公司向政府支付的一笔钱把当年的赤字控制了下来，但作为回报，法国政府此后多年承担了该公司的退休金责任。[239] 类似地，德国政府为了满足赤字要求，卖出了德意志电信的股份和其他资产。这些资产出售确实对当年的预算有所帮助，但并没有解决长期的预算缺口。

欧洲领导人在单一货币的问题上已经陷入了他们自己制造的话语陷阱，为了加快实现这一目标，他们又不断地在金融问题上胡言乱语，让国际货币基金组织（IMF）频频蹙眉。IMF 原本早就应该坚定地表示反对，指出欧洲是在做不理智的冒险。IMF 是国际汇率体系和全球金融稳定的看门人，但它却失责了，没能劝说欧洲从单一货币项目上撤出（见 2.3 ）。

由于 IMF 盖印批准，一个新的欧洲"经济制度"得以建立：固定汇率、价格稳定和财政紧缩。没有证据表明，这种组合对实现经济繁荣有帮助。但这一组合符合德国，现在是欧洲的稳定哲学。

让问题变得更不可收拾的是，德国对欧元如何运作享有较大的话语权。德国官员设计了这个体系，德国庞大的经济规模也让它具备远超其他国家的政治影响力。这正是罗伯特·基欧汉所指出的中心化的支配性体制，并且效果不佳。[240] 基欧汉说过，国际协议只在"相互信任"的前提下才有效力。但是，由霸权主导的集中化体系只能制造不信任和怨恨。可以说，一个鼓励成员国彼此欺骗的腐败的政治体系成立了。

2.3 IMF对欧元表示欢迎

IMF 见证并监督了布雷顿森林体系在 1971 年的解体过程，它们自然理解固定汇率制度的脆弱。但从 1969 年 12 月海牙峰会到 1999 年 1 月欧元启动的三十年间，IMF 一直作壁上观。

即使是在关键节点，IMF 也没有插手。1992 年 9 月，欧洲汇率机制崩溃的时候，很多欧洲官员到华盛顿参加世界银行和 IMF 的年会。研究 IMF 历史的学者詹姆斯·鲍顿报告说，欧洲人把 IMF 的干事排除在他们的操作过程之外，这反映出他们"一直以来都拒绝从该组织听取建议"（Boughton，2012,121）。鲍顿指出，总之，IMF 在欧洲金融问题上缺少明确具体的立场。

IMF 的工作人员对欧元毁誉参半，但管理层支持欧洲的决定。组织内部的历届欧洲事务主管，曾作为各国高官或公务人员积极推动过单一货币，他们力保 IMF 不参与他们认为是欧洲自身的事务。1996 年 3 月，IMF 理事会（代表该组织的成员国政府）召开会议讨论了日益迫近的货币联盟，会上有一些主管质疑过这个联盟的可行性。埃及的沙库尔·沙阿兰曾问过，单一货币是否"符合欧洲的最大利益"；其他人，例如著名的瑞士行政主管丹尼尔·克泽尔建议延后启动的时间。

甚至欧盟成员国的主管也担心，在欧元启动的 1999 年 1 月 1 日之前，通过高强度的财政紧缩来减少财政赤字会导致失业率过高。但是，美国人并不反对欧洲人的项目；甚至那些不情不愿的欧盟成员也不想在 IMF 说出他们的不同观点。所以，IMF 理事会对单一货币的惊人力量充满信心，他们还说，"无论这个过程有多么困难，它的成功建立对欧洲乃至整个世界都极为重要"（Boughton，2012，122）。

1997 年 3 月，IMF 理事米歇尔·康德苏（曾任法兰西银行行长）说，欧元将会带来巨大的经济繁荣："当然，欧洲将通过使用健全的共同货币而收获诸多经济利益。共同货币会减少交易成本，降低兑换风险，刺激竞争，帮助拓宽并加深欧洲金融市场。"但没有证据能证明这些所谓的欧元带来的利益。IMF 的学者当然也了解像巴里·艾肯格林这些学者的反对观点。康德苏又接着说，"欧洲货币联盟是欧洲经济一体化四十年的最高成就"。他说，这是"欧洲走向政治统一的必要步骤"（IMF 1997a,102）。总是这些用词，"必要的""最高成就"，等等。由于理事会已经开了绿灯，且充满溢美之词，IMF 的管理层就对这个自 1944 年 7 月布雷顿森林体系成立以来对世界影响最大的国际货币决策完全放手了。

有一些欧洲人提出，《马斯特里赫特条约》只是一个过渡步骤，最终还是要走向政治统一。1997 年初，欧盟委员会前专员、世界贸易组织总干事彼得·萨瑟兰在《欧洲货币联盟：超越货币的目标》一文中，代表部分欧洲人说："货币联盟最终的根据在于，它将有助于实现欧洲一体化的政治策略。这是一部深刻的政治法案。"[241] 对欧洲以外的人来说，更是如此，他们认为单一货币在经济上是站不住脚的，只有当它包含着政治目标，才有意义。所以在 1997 年 11 月，单一货币项目接近完成时，哈佛大学的马丁·费尔德斯坦指出，欧元主要的动机是"为了欧洲美好的未来所秉持的政治愿望"。[242]

但外界强硬的批评者拒绝接受单一货币能实现政治统一的逻辑。英国经济学家尼古拉斯·卡尔多早在 1971 年 3 月就警告说，这个金融管理体系将加剧政治分裂。[243] 1997 年 11 月，米尔顿·弗里德曼预测说，欧元有缺陷的经济学"会把原本可以通过改变汇率而吸纳的经济问题转变成具有分裂性的政治问题，从而恶化政治局势"。弗里德曼总结说，如果欧洲人能反过来，"或许能通过政治联合来推动货币联盟。在并不适宜的环境中把货币联盟强压下来，将有碍于政治统一的达成"。[244]

科尔："请不要遗漏意大利"

意大利作为1950年创立欧洲煤钢共同体的六个初始成员国之一，是战后欧洲重建的重量级国家。当时，意大利正在经历一场"经济奇迹"。欧洲通过《罗马条约》建立欧洲经济共同体后，意大利的经济奇迹仍在发挥效力。意大利的汽车和机械工业在全球获得认可，意大利想在经济上赶上德国。意大利似乎避免了长期的通胀和竞争力衰减，这给法国的荣誉和心理都造成了重压。

但就在那段成功的时期，"紊乱的系统机制也开始形成"，圭多·卡利在著作里生动而不留情面地这样记载。卡利在1960年至1975年间担任意大利央行的行长，1989年至1992年间担任财长，在《马斯特里赫特条约》谈判期间，他负责把握意大利的谈判立场。卡利认为，意大利在1950年代和1960年代经济的疯狂增长，其背景是一个腐败的政治体系，"违法也不会被惩罚"。[245]意大利政府从之前法西斯政府手中继承了大批国有财产，而腐败的机会和诱惑也随着政府掌控越来越多的基础设施、工业财产和银行而恣肆蔓延。政客和官僚们通过财政资助、税收优惠和补贴为私人企业建立起具有惰性的"内在保护"机制，使其免于外国竞争，腐败的病毒也进一步传播开来。[246]卡利指出，资本主义体系的保护壳健在，但"市场经济的支柱是中空的"。[247]

意大利的公共腐败在特殊的战后政治体制中肆意繁衍。虽然国际、国内对此有共识，但共产主义者作为反对派却无法进入政府。所以，基督教民主党垄断了权力，而且它还通过与反对派分享统治红利而巩固了权力。[248]托尼·朱特写道："基督教民主党通过委任和施舍培植亲信，是当时意大利政治的主要特点。"[249]国家统治精英圈层已经腐烂透顶，没有人可以负责。在一种奇特的扭曲中，腐败及其相伴相生的"内在保护机制"却以"天主教的团结"和马克思主义的平均主义等借口而得到遵从。[250]

意大利政府无法对 1960 年代后期面临的挑战持续作出有效的反应。意大利的经济前景忽然间黯淡下去，劳工风潮、恐怖主义和巨大的犯罪经济都使社会压力难以承受。政府选择了容易的办法，通过大把地花钱，来安抚忧心忡忡的民众。这段时期扩张的公共支出中，有一部分是用于南方落后地区促进经济发展，加强公共保障；但随后，一系列社会变迁陆续出现，尤其是优厚的退休金体系已嵌入国家的体制中。[251]

没有拘束的公共开支导致高通胀，提高了国内生产的成本，削弱了意大利企业的国际竞争力。由于无法应对国家的基本问题，意大利政府只好对里拉进行贬值。意大利在 1973 年 2 月从"地洞中的蛇"的固定汇率体系中溃败逃离，意大利政府被迫允许里拉的汇率自由浮动。随着意大利通胀节节升高，里拉的价值也逐次下降，反而让企业一点点找回了失去的竞争力。但在 1979 年 3 月，意大利政府选择加入最新的固定汇率体系——欧洲汇率机制。意大利的通胀已经形成长期的惯性，到 1980 年代初，科尔刚刚上任德国总理时，里拉的反复贬值成了常态。1992 年 9 月，当投机商迫使意大利退出欧洲汇率机制的时候，科尔和德意志联邦银行都在作壁上观。

意大利显然无法承受固定汇率带来的后果。从 1970 年代早期到欧元即将启动的 1998 年，在近三十年间，里拉贬值成了意大利必要的拐杖。1970 年，1 德国马克换 170 里拉；到 1998 年，1 德国马克能换差不多 1000 里拉（图例 2.7）。

同时，政治腐败与公司补贴也已如影随形，根深蒂固。意大利企业似乎没有补贴就养不活自己。1990 年，位于巴黎的经济合作与发展组织（OECD）的一项研究显示，意大利政府的补贴占到制造业增加值的 16%，在所有经合组织的国家中是最高的，唯一水平相近的是同样补贴盛行的希腊。[252] 1990 年代意大利的腐败有所下降，主要原因是

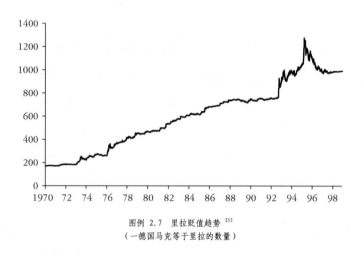

图例 2.7 里拉贬值趋势 [253]
（一德国马克等于里拉的数量）

民众要求政府负起责任，并对腐败官员进行司法制裁，这削弱了基督教民主党的权力。

然而，经济学家安德雷·施莱弗和罗伯特·维什尼指出，一旦腐败扩散，就很难控制。[254] 意大利政治学家塞尔焦·法布里尼说，"半个世纪的同盟政治塑造的制度结构"是具有"黏性的"。[255] 没人愿意让阳光"洒到黑暗的角落"，政府腐败的网络不断自我繁殖、演化。[256] 朱特也写道："在 1950 年代，几近垄断地位的基督教民主党是大规模腐败；后来几十年，掌控北部城市的社会党相当程度上成功地复制了他们。"[257] 整个 1990 年代，国际观察组织"透明国际"（TI）把意大利列为最腐败的西方市场经济国家。[258]

意大利内部对如何发展无法达成一致。利益集团拒绝放弃他们的特权，决策难以形成，经济和政治上的不满情绪也在继续增加。意大利的教育水平落后于竞争对手，研究和发展也严重滞后，生产增长率明显下跌。意大利的经济体系在一个竞争日益激烈的世界难以持续。所以，当凶猛的"亚洲四小龙"在 1980 年代涌入全球市场，东欧的生产基地在 1990 年代向世界开放的时候，意大利的工业完全缺乏准备，很快就节节败退。

在过去四十年，人们在意识中以为，欧共体将作为整体的制度框架，迫使其成员国遵守纪律。但意大利国内政治却让任何外界的影响都归于无效。卡利明白无误地指出，在意大利，欧洲的任何约束和要求都等于零。[259]

虽然欧洲机构的规范作用一再失效，但包括卡利在内，很多人都相信单一货币和《马斯特里赫特条约》的法律框架将最终约束意大利政府的行为，为意大利民众带来长期的经济效益。这种判断的前提是，既然意大利人已经无法再进行里拉贬值，他们将共同努力使经济现代化。

在马斯特里赫特的会议上，各国政府都承诺要把债务和赤字保持在规定的限制内。要想成为欧元区成员国，政府债务必须控制在 GDP 的60% 以内。但这种标准会把很多国家挡在欧元区之外，所以准入的要求又被降低，只要能使债务与 GDP 的比率不断降低，依然可以加入欧元区。[260] 即使如此，意大利似乎仍然无法满足要求。意大利政府的债务与 GDP 的比率高达 120%；而且由于生产率增长过慢，债务率下降的速度也很慢。

但意大利加入欧元区的黯淡前景忽然间就发生了戏剧化转变。1998年 1 月，詹姆斯·布里茨在《金融时报》上发表文章，表达了颇具代表性的质疑："先掐你自己一把。现在看起来似乎已经很确定了，意大利将在明年初成为欧洲经济和货币联盟的创始成员之一。"[261]

意大利人竭尽所能地做了争取。意大利总理罗马诺·普罗迪高调宣称他们取得了巨大进步。政府疯狂地想进入欧元体制，似乎也把预算控制了下来。意大利政府承诺将继续目前削减赤字的做法，争取到 2009年把债务与 GDP 的比率从 120% 降到 60%。这些承诺让投资者再燃希望，意大利正在发生转变，里拉会越来越强。

怀疑论者却不信任政府提供的数字，也不大相信突然的"复兴"是真实的。一位作者语带讥讽地谈到了所谓的进步和政府所承诺的削减赤字的步骤，认为这些在全球金融史上从来没有出现过。[262] 批评家估计，债务率到 2030 年之前都会一直高于《马斯特里赫特条约》规定的限制。[263] 现在回头看，会觉得这些批评家还是太信任意大利了；2017 年，意大利的债务率已经超过了 130%，要迅速降到 60% 以下的可能性很小。

荷兰政府直到最后一刻都在反对意大利加入欧元区。对于荷兰财政大臣赫里特·扎尔姆的尖锐言辞，意大利讽刺他是患了"意大利面恐惧症"。[264] 荷兰首相威廉·科克不得不对外否认自己曾经威胁，如果意大利得到入门券，荷兰将退出欧元区。[265]

最为反对意大利加入欧元区的是科尔的高级官员及其拥护者。从德国驻罗马使馆发来的消息和柏林官员们的评估都得到了相同的结论。似乎除了科尔之外，所有德国人都想把意大利排除在外。德国官员们都不相信意大利政府所宣称的他们正在改善情况。意大利在过去半个世纪都走在错误的道路上，没有人相信仅仅通过几年里对预算的收紧就能重写历史。到 3 月中旬，霍斯特·克勒主动写信给总理科尔，警告说，意大利对欧元构成了"特殊的风险"。

科尔对所有的劝告都充耳不闻，竭力为意大利辩护；他坚持说，意大利将继续进行"结构性改革"，在未来几年会克服自己的困难。最终，科尔的决定并非出于经济上的考虑，而是一个政治决定。科尔的顾问约阿希姆·比特利希记录道，科尔感受到了"历史的重量"。"千万不要缺少了意大利。这是政治箴言。"[266] 科尔的背后站着全欧洲人，但他一意孤行地作出了决定。

科尔还有一个任务没有完成。1998 年 4 月 23 日，德国联邦议院批准德国采用单一货币。科尔在当天的演讲中向议员们保证，欧洲各国领导人一直在努力遵循《马斯特里赫特条约》定下的规则；他们早已承诺遵守这些规则，保证货币联盟的稳定。既然这些旨在实现"稳定"的规则已经到位，他可以发誓，货币联盟不会给德国人带来额外的财政负担。科尔庄严地说："女士们，先生们，根据条约里的规则，共同体对成员国的承诺没有责任，不会有额外的财政转移支付。"为了进一步强调，他又重复了一次，"根据条约里的规则，共同体对成员国的承诺没有责任，不会有额外的财政转移支付"。[267] 科尔再一次提醒大家，他们是在为和平而投票。[268]

5月2日，在布鲁塞尔的会议上，欧洲各国领导人终于放低门槛，让意大利进了门。这样，欧元区就有了首批的十一个国家：奥地利、比利时、芬兰、法国、德国、爱尔兰、意大利、卢森堡、荷兰、葡萄牙和西班牙。

时代终结了，但遗产在延续

那天在布鲁塞尔，在对欧元俱乐部的首批成员迅速作出决定后，真正的好戏才开始上演。接下来的十二个小时，领袖们激烈拼抢欧洲中央银行行长的职位。他们当中，荷兰央行行长威廉·德伊森贝赫是众望所归。但密特朗的继任者，自1995年以来担任法国总统的雅克·希拉克另有想法。1997年11月，希拉克宣布，他希望法国央行行长让－克洛德·特里谢成为欧洲央行的首任行长。[269] 虽然荷兰首相科克异常愤怒，而且希拉克和科尔还有不错的个人关系，但他依然坚持这个提议。

科尔也很生气。布鲁塞尔峰会本来应该是他的加冕大会，但希拉克阻碍了他对欧洲央行行长的提名。在德国公众前丢面子会给他在9月份的大选带来巨大损失。瑞典前首相约兰·佩尔松回忆说，科尔非常失望，他自嘲是在众人眼里露了屁股的猴子。[270] 他在气头上连吃了十二方黄油，新的一盘端上来，他马上又吃了个干净，这才冷静下来。

最后，是由根本没打算进入欧元区的英国首相托尼·布莱尔穿针引线，这才协商好了欧洲央行行长的人选。英国恰好轮值欧盟主席一职，所以布莱尔当时是会议的主席。协商的结果是，德伊森贝赫将担任第一任行长，但要在任期结束前"自动"离职。科尔的历史角色完结了。他只是以旁观的角色呼吁达成一个"明智的妥协"。《金融时报》主编莱昂内尔·巴伯总结说:"希拉克大肆推动着法国的立场,却毫不顾及在连任竞选中处境艰难的科尔,尽管科尔恰是他最好的盟友,一直以来都在以欧洲的名义让德国作出牺牲。"[271]

科尔在欧洲舞台上被边缘化了,随后在 1998 年德国大选中也败北了。他已经做了十六年总理。他的声誉在 1990 年达到顶峰后就转头向下,尤其是近些年一落千丈。当他离开的时候,他几乎是被嘘下台的。[272] 科尔后来在回忆录中写道,对欧元的支持使他失去了总理职位;德国民众因为他放弃德国马克而觉得被辜负了。[273]

1999 年 11 月,有人指控科尔领导的基民盟常年收受来源不明的资金,甚至有声称来自密特朗的非法基金。[274] 科尔承认,从 1993 年至 1998 年,他收到过给他所在政党的两百万德国马克捐款,但他拒绝说明资金的来源。[275] 所以,就在科尔以欧洲和平的崇高名义推动单一货币的那些年,似乎他也在暗地里做一些非法的勾当。

1999 年 12 月 21 日,基民盟一个不太有名的官员安吉拉·默克尔给《法兰克福汇报》发去一篇评论,她之前是科尔内阁里的官员,同时也是科尔的手下。她直截了当地说,科尔"损害了这个政党"。[276] 她用诊断般冷酷的词汇,把科尔时代带向了终结:

> 党现在必须学会自己走路,要敢于和政治对手展开斗争;我们不需要衰老的战马,就像科尔自己说的那样。我们现在要对党负责,而不是对赫尔穆特·科尔负责,我们将要决定如何开启新的时代。[277]

默克尔说,科尔从法律上讲或许没有犯罪,但他在基民盟里已经没有位置了。她在结尾处强调,"党是有灵魂的"。《法兰克福汇报》那天封面文章的题目是《赫尔穆特·科尔的时代已经无法挽回地逝去了》,意指默克尔的背叛。

科尔被赶出了欧洲的舞台，他领导了十六年的政党也驱逐了他。科尔的时代的确已经结束了。

但他的遗产还在延续。科尔把欧洲送上了一条不归路。正如美国诗人罗伯特·弗罗斯特在诗中写到的，"虽然不知路在何方，我很怀疑我还会回转"。默克尔拆解了科尔时代，但也正是她，将在此后的岁月中继承他的遗产。

我们听到过科尔说他是泛欧主义者，也得到了他送来的礼物——欧元。科尔或许真的相信，所有欧洲人使用单一货币会对保障和平有利。在追求这个目标的过程中，他从最初的犹疑到最后变得坚定不移，但他却罔顾政治和经济上的正确判断。他拒绝听取批评意见，无论是来自德国高层官员，还是来自国际知名的经济学家。他也拒斥民意所包含的智慧。科尔生造出稳定的意识形态话语，却掩盖了欧元区政策和制度架构的非稳定性。他还把意大利带进了欧元区。但或许更为重要的是，他合理合法地用话语策略和集体盲思替代了真正的经济和政治分析。欧洲的一代"精英"虽然最初不情不愿或不明就里，但也最终加入了科尔不假思索的理想主义大合唱，而与此同时，各种无比现实的张力却在撕扯着欧洲这袭华丽的袍。

第三章

施罗德宣示德国利益，1999—2003

正当欧洲国家准备启动欧元之际，德国社民党领导人格哈德·施罗德却提议暂停。1998 年 3 月，在筹备与科尔竞选德国总理的过程中，施罗德准确地观察到，一些国家很难达到货币联盟的严格标准。[1]他说，与其在成员国没有达到财政标准的前提下开场，不如暂缓欧元项目。施罗德认为，单一货币会是一个"病弱的早产婴孩"。[2]

欧洲的和平已经不再是插曲。战争已过去半个多世纪，德国人早就想把痛苦的记忆抛诸脑后。施罗德没有经历过战争，他代表了必然的世代更替。他生于 1944 年 4 月，父亲弗里茨·施罗德当时年仅三十二岁，作为德国国防军的一等兵正驻守在巴尔干前线。在闻知儿子出生后，年轻的父亲写信给他的妻子埃里卡，说很快就会来看他们。但弗里茨·施罗德再也没能回家。他死于六个月后的 1944 年 10 月，当时苏联军队在罗马尼亚的特兰西瓦尼亚地区战胜了德国军队。格哈德在桌子上保存着一张父亲的黑白照，他在照片里身穿军服，头戴德国军队的头盔。虽然这张照片每天都在提醒他不要忘记这位从未谋面的父亲，但格哈德·施罗德和之前的历任总理毕竟不同，他对德国的战争史缺少直接的经验和广泛的人物关联。

实际上，德国不仅在发生代际更迭，政治情绪也在发生改变。《纽约时报》的罗杰·科恩在选举最后阶段写道："现在，无论是由施罗德先生，或是科尔先生，又或者是其他人来当这个总理，这个国家已经清晰地感觉到，他们有这个权利和意愿去发出声音，也不需要任何的复杂掩饰。"[3] 就算是科尔，他虽然自称泛欧主义者，但也完全理解德国对欧洲的不屑一顾，在竞选史无前例的第五届总理任期时，降低了嘴上的欧洲高调。他改变了话题的重点："我们不想要一个欧洲超级国家。我们想要的是欧洲的强大德国。"[4]

施罗德在 1998 年 10 月当选为德国总理，但他的手是被绑住的。在当年 4 月份的时候，德国联邦议院就决定让德国从马克向欧元转轨。德国对欧洲各国已经作了承诺，启动欧元的准备也已就绪。德国公众虽然在 1997 年之前大多反对欧元，但此时也已做好了准备。在民意测验中，欧元在人们恐惧的清单上位列第十八位。德国人现在比较担忧的是亚马孙雨林的毁灭和东欧人的失业问题。[5] 即使施罗德真的相信延迟欧元是正确的，他也不再有机会去阻止这件事情的发生。以欧元为标准的投资计划和金融合同都已成形。欧元区准成员国的货币汇率很快就会在 1999 年 1 月 1 日让位给欧元这个单一货币。如果汇率依然存在，很可能发生猛烈的变动，引起无法估计的金融动荡。施罗德的想法只能胎死腹中，他勉为其难地说，"我们必须让欧元成功"。[6]

一个愤愤不平的英国人担心他的政府很快会采用欧元，很忐忑下面会有麻烦发生。他判断，欧洲机构的权力会很深地介入各成员国的事务中，却不能减轻欧洲真实的问题——失业：

> 欧元很快就要开启，
> 一场无法回避的闹剧。
> 这或许是我们的命运：
> 加入一个伟大的联邦
> 和它巨大的失业排行榜。[7]

但大多数欧洲人对不可避免的欧元则是抱着既来之则安之的态度。

政治狂热已经衰退。法国虽然险些在公投中告别单一货币，但对于即将消失的法郎，也没什么感触。[8] 在爱尔兰，人们对"爱尔兰镑也毫无怀旧之情"。[9] 在葡萄牙，消费者协会的一个代表说："我们葡萄牙好说话，我们会习惯欧元的，就像习惯所有其他一切。"[10]

1999 年 1 月 1 日，欧元平静诞生。[11] 技术环节的焦虑只持续了几天。银行余额和证券户头从各国的货币转成了欧元，市场和结算机制也已就位。[12] 欧元首先在澳大利亚的金融平台上交易。1 月 4 日，周一，悉尼时间早上 5 点，1 欧元价格为 1.175 美元。[13] 当天晚些时候，欧洲市场开业后，欧元价格稍微上涨，达 1.1855 美元。[14] 德国股市那天早上敲响开市钟时，屏幕上股票价格是用欧元显示的。[15] 这个开张无可挑剔。

欧元区领导人表示了祝贺，并发誓未来会更好。法国财长多米尼克·斯特劳斯－卡恩声称，欧元区成员国将共同努力，推动经济增长并减少失业；"当每个人都在往一个方向使劲，所有人都走得更快"。[16] 施罗德附和说："我知道这个货币的重要性。我知道，它会让欧洲进步。"[17]

施罗德经常强调欧洲政治觉醒的重要性。1999 年 1 月，施罗德就任总理后，开始呼吁欧洲实现进一步的"政治联盟"。他跟随科尔的步伐，而恰恰是后者赋予了"political union"这个词组一种欧洲的庄严（European gravitas）。[18] 科尔主要把"政治联盟"当作一个口号，对它包含的崇高目的并不认真，他总是说，德国政府的税收不可能分享给其他欧洲国家。施罗德沿用这个已经被滥用的词汇。他也仍然把"政治联盟"当作模糊的标志，用来象征他提出的协调间接税和直接税的方案。[19] 和科尔一样，他也是心里充满冷笑地操控着欧洲的舆论空间，一方面声称他是在推动泛欧主义，一方面又不采取任何实质步骤。

在应付欧洲舆论的同时，施罗德必须面对国内经济的现实，因为它必然与被奉若神明的欧元区规则产生冲突。当时，德国依然在处理 1990 年重新统一后留下的问题。政府在 1991 年、1992 年为东德建设高峰提供的资助，使得预算赤字上升到 GDP 的 3% 左右，也曾使得年度通胀率一度超过 4%。这些数字确实让人担忧，但德国政府有些反应过度。在比较冲动的情况下，政府为了减少赤字而提高了税收。德意志联邦银行也提高了利率。连国际货币基金组织都批评德意志联邦银行的紧缩金融政策维持时间过久。高税收和高利率降低了预算赤字和通胀率，但不难预见的是，德国经济的增长率也放缓了。

欧元区面临经济增长问题

增长放缓是欧元区普遍的问题，这在欧元的价值上尤其明显。如果金融市场认为一个国家的经济将放缓，它们就会认为，这个国家的金融主管部门将降低利率，以刺激国内消费和投资。但低利率会让这个国家失去对外国投资者的吸引力，它的货币价值就会下跌。欧元区并非一个国家，但它有统一的货币政策。欧元区经济增长放缓，外界就会认为金融投资的回报率较低，欧元也就走弱。

在梦幻般的开场后，欧元的交换价值一路走低。到 1999 年 3 月初，1 欧元只能换 1.09 美元，而最初它是 1.18 美元。外汇交易商开始卖掉欧元，因为他们认为欧洲央行将降低利率，以应对欧元区经济放缓的现实。而且欧洲公司也认为，购买美国公司从而加入让人振奋的美国故事，比在老家投资更加划算。[20] 由此，资金就从欧洲流向了美国，使得欧元相对于美元贬值了。

美国经济正在复苏。这场复苏的核心是自 1995 年以来生产率的不断提高。这里的生产率一般是指每个生产者的产出，而更为综合的衡量标准是"全要素生产率"——考虑各种资金和劳动力投入后的产出。高科技板块，包括电脑软硬件、医药和生物科技等正在迅速成长，股票市场扶摇直上。相对而言，欧洲生产率增长缓慢，远远低于美国的步伐。[21]

美欧生产率增长的差异反映了这样一个事实：尽管在 1970 年代和1980 年代的大部分时间里，美欧都处于经济低迷状态，但美国经济再造了自己，而欧洲没有做到。西北大学经济学家罗伯特·戈登写道，这一新的"美国优势"主要得益于"政府研究基金、世界领先的私立大学、充满创新的私人企业和富有活力的资本市场卓有成效的合作"。[22] 欧洲却没有任何东西可以与之比肩。

新成立的欧洲央行在 1999 年 1 月的月度公报上分析了欧元区经济增长的主要障碍，并象征性地呼吁各国政府，采取"必要的结构性改革，以提高市场的灵活性和效率"。[23]

1999 年 3 月，国际货币基金组织按计划完成了对欧元区经济每两年一度的首轮考核。考核文件的开头是官样文章的祝语：欧元的启动"在欧洲现代史上是重大事件"，是"政治经济合作无可比拟的样本"。[24] 然而，国际货币基金组织强调，欧元区缺少内在的经济动力，"可能阻碍发挥货币联盟的作用"。[25] 欧元区的经济表现乏善可陈，原因是公共财政和劳动力市场"根深蒂固的结构性僵化"。因为这种僵化，成员国的经济对货币政策难以作出有效回应。报告用非常谨慎的官话说，欧元区能否早日实现对经济稳定和经济繁荣的双重承诺，还不确定。

欧元成员国经济增长普遍受阻，同时，由于严重依赖国际贸易来提振经济，这些国家还面临着一个紧迫的问题。1998 年，世界贸易突然放缓，从之前四年平均每年 9% 的增长率下降到当年的 4.5%。这次放缓主要是由几个新兴市场的金融危机导致的。危机于 1997 年中从泰国开始，很快横扫韩国、印度尼西亚等国家。与亚洲新兴市场高度相互依赖的日本经济也陷入衰退。这些亚洲国家在此前的一段时期，已经成为世界贸易最具活力的热点地区，它们从世界其他地方大量进口生产原料，进行加工生产，又大量出口机械、生活和工业电子产品，以及服装等。随着这些新兴亚洲市场发生危机、日本陷入衰退，世界主要的经济节点也都失灵了。

但世界经济放缓对美国的影响却很有限，后者依旧按照自己的节奏向前发展，对其他地方的经济衰退几乎免疫。但世界贸易放缓的影响在欧洲非常明显，尤其是德国。德国经济一直对世界市场对它设计一流、高质量产品的需求的反应非常灵敏。但当全球市场对这些产品的需求降低，德国出口在 1998 年末遇到了阻滞，德国 GDP 在 1998 年第四季度明显收缩，"到 1999 年上半年，经济活动依然萧条"。[26]GDP 的增长在欧元区其他国家也下滑了，同样是因为它们的出口遇到了困难。由于德国从欧洲其他地方的进口出现萎缩，德国经济放缓加深了欧洲的经济困境。[27]

施罗德政府因为德国 GDP 的下降对欧洲央行展开了一系列攻势。这次攻势开始于 1998 年末，当时欧洲央行甚至还没有完全接管货币政策。施罗德和他的财长奥斯卡·拉方丹"几乎整天缠着央行打开货币政策的龙头，创造更多就业"。施罗德说，德国经济的增长少得可怜，无法对德国高企的失业率有太大的帮助。他说，欧洲央行不仅"有责任保持货币稳定，并且要能有效推动经济增长"。德国官员对欧洲央行秘密的决策过程感到不满，指责说"不够民主"。[28]这种对央行的全方位攻击不太像德国人的作风。施罗德挑战的是科尔坚持的一个原则：欧洲央行的主要责任是保证价格稳定，而无须政治介入。

德国的挣扎才刚刚开始。3 月 11 日，拉方丹辞职。他采取恫吓的办法要求欧洲央行降低它所规定的利率，媒体因此把他描述为"单一货币的第一大政治牺牲品"。[29]但拉方丹出局的更主要原因是国内政治。他建议提高企业税率，使他与处于困境的德国企业界发生了冲突。他的继任者汉斯·艾歇尔被认为偏于保守，比较实际。

经济状况很快有所改善。全球经济和世界贸易都有增强，新兴市场的危机比预料的更快地得到了缓解，而美国经济也继续一枝独秀。[30]欧元贬值使得欧元区的出口商品比外国竞争者的更加便宜。[31]但国际货币基金组织对这种改善并不满意，它在 1999 年 8 月的审核意见中坚称，欧元区中期成长潜力仍然疲软，"在结构性改革上所做的努力仍然不足以为可持续的经济发展奠定基础"。[32]

欧洲领导人需要在国内创造并保持真正的增长趋势，才能满足其人民的愿望。欧洲央行相信，欧元区巨大的经济规模将为活跃的经济提供空间，而不必被动地随着世界贸易的行情而剧烈起伏。[33] 但至少在当时，欧元区主要还是受益于全球经济的繁荣。

8 月 23 日，德国总理的官邸从波恩迁回了柏林。[34] 这或许是德国统一过程结束的象征，这个过程持续了差不多十年。当年年末的那段时期，经济向好的消息不断传来。但德国和欧元区的前景依然堪忧，悲观的交易者继续压低欧元的价格。到 12 月底，1 欧元差不多能换 1 美元，比 1 月份刚开启时，欧元价格下跌了 15% 左右。

欧元已经从一个刚刚出生的婴儿长成了一岁左右的婴孩。中等规模的风暴已经重击过欧元经济。在这场风暴中，德国人迅速地站了出来，想强势地把欧洲央行的政策转到符合德国利益的方向上。虽然欧洲央行不为所动，但格局已经一目了然。一旦欧元区的规则和政策倾向与德国利益发生冲突，欧洲机构就要面临一场斗争。

新的欧洲舞台搭好了。上面站着政经实力迥异、发展节奏不同的国家。欧元把它们绑在一起，也在它们之间制造了经济冲突和政治张力。这些矛盾和张力早已被批评家预见，在此前几十年欧洲不同货币合作机制的试验中也屡见不鲜，而在欧元启动后也迅速浮现。问题在于，欧洲领导人是否有足够的智慧和姿态来化解这些分裂的趋势。

希腊收到了邀请

虽然整个氛围剑拔弩张，但希腊依然徘徊在欧元区的边缘。希腊要加入欧元区在当时是不大可能的。最早是在 1974 年 7 月，在与土耳其争夺岛国塞浦路斯控制权的激烈战争中失利后，希腊军政府倒台了。新政府总理康斯坦丁·卡拉曼利斯欲重建民主体制，重启了希腊加入欧洲经济共同体的行动。他和周围的人都相信，欧洲规则将成为"外部驻锚"，确保希腊经济稳定，护佑它的民主。[35]

1975 年 6 月 12 日，希腊申请加入欧洲经济共同体。七个月后，1976 年 1 月 29 日，欧共体委员会发给欧洲理事会一份备忘录，表达了几项担忧。其中尤其提到，希腊的工业较弱，如果希腊根据欧洲规则，取消补贴，并打开边境推动贸易，它可能无法与其他国家竞争。[36] 欧共体委员会说，欢迎希腊加入，但它需要"联合进行大量的准备工作"。[37] 委员会不愿意为希腊设置明确的时间表，一些评论者猜测，希腊可能要等到 1984 年之后才能加入。[38] 对此，卡拉曼利斯政府非常生气，并开始加紧游说。

1976 年 2 月 9 日，在欧洲理事会收到欧共体委员会的备忘录不到两周后，欧洲各国领导人驳斥了委员会不让希腊过早加入的建议，呼吁"以积极的姿态尽早展开"谈判。[39] 法国总统吉斯卡尔以个人的名义干预了整个过程，以促其加速进行。[40] 有人认为，吉斯卡尔和其他欧洲领导人是想保护脆弱的希腊民主政体。[41] 但这种想法并没有反映全貌。法国此后还"强烈反对"西班牙和葡萄牙这两个新的民主国家加入。[42] 对于后者，法国政府更倾向于保护本国农民不受西班牙和葡萄牙优质农产品的冲击，而不是帮扶其民主体制。但希腊是一个弱小的穷国，它的农民不会构成威胁。所以希腊的进入，至少部分是因为这对于欧共体的扩张而言是轻而易举的胜利。

1979 年 5 月 29 日，在大理石筑就的扎皮翁宫，希腊与欧洲经济共同体举行仪式，签署了加入条约，旁边矗立着有两千五百年历史的雅典卫城。卡拉曼利斯告诉在场的欧共体官员："她（希腊）在缔造一个新欧洲的过程中加入了你们，这将改变我们大陆乃至世界的命运。"这些话将会被赋予悲剧性的含义，但卡拉曼利斯那个时候还无法预见。吉斯卡尔代表欧洲经济共同体签署了这份条约，但他也并不知晓到底会发生什么变化。反对派领袖安德烈亚斯·帕潘德里欧和他领导的政党泛希腊社会主义运动（PASOK）抵制这次入伙仪式。他们说，希腊将"屈服于欧洲经济共同体其他国家的大亨和卡特尔"。[43]

1981 年 1 月 1 日，希腊被带入了欧洲经济共同体；10 月，反对派领袖帕潘德里欧就成了希腊新总理。公共财政很快恶化，对外金融情况也类似。[44] 正如欧共体委员会所预计的，希腊经济对外来压力手足无措。国际货币基金组织的报告说，放低关税后，进口"明显"增长，[45] 很多企业无法应付汹涌而来的国际竞争，就通过"非正式渠道"经营，以逃避税收。[46]

从 1981 年至 1989 年的八年时间里，帕潘德里欧和宽忍的欧洲眼睁睁地看着希腊政治经济的病态一步步加深。甚至在政府税基下降的情况下，帕潘德里欧政府还继续挥霍无度，建立了庞大的津贴体系，其中包括很慷慨的退休金制度。但那一时期最具腐蚀性的遗产可能是没有节制的公务员队伍和公有企业人员的扩张。所有这些因素加在一起，导致政府支出上升，公共部门雇员素质下降，而专权与腐败则四处蔓延。[47] 从 1980 年至 1990 年，希腊政府的支出从 GDP 的 21% 上升到 40%，它的债务也从 GDP 的 25% 上升到 70%。[48]

欧洲机构并没有成为希腊的驻锚，而是放任其不负责任的行为。1980 年代，欧洲向希腊持续输出的财政援助，常年维持在希腊 GDP 的 3% 至 5% 之间，助长了希腊公共部门无节制的膨胀。1985 年 12 月，对资金贪得无厌的希腊无视贷款所附带的改革要求，从欧洲经济共同体借贷了 17.5 亿欧洲货币单位（ECU），相当于 15 亿美元，是希腊 GDP 的 5%。欧洲机构就这样轻易地让希腊政府肆意挥霍，去喂养腐败的政府机器。

1989 年 6 月，帕潘德里欧领导的政党在议会失去了多数席位。经过反复的选举之后，最终于 1990 年 4 月，由康斯坦丁·米佐塔基斯领导的中偏右的新民主党组建了新政府。这个新政府面临的挑战异常艰巨。国际货币基金组织在对希腊经济的年度调查中冷冰冰地说道："希腊在 1980 年代的经济表现既比不上欧共体的其他成员，比它之前的状况也不如。"经济产出的增长很慢，通胀率很高，经常账户赤字也扩大了。政府的债务总额和它欠外国政府的债务已经"给经济带来重压"。[49]

但要摆脱过去也不大可能。帕潘德里欧式的民粹主义仍然继续着；津贴制度已变得不可动摇，新民主党政府与其撼动它，还不如随波逐流。[50]希腊处在一个高腐败、低产出的陷阱里。经济学家凯文·墨菲、安德雷·施莱弗和罗伯特·维什尼指出，一旦腐败超过一定的限度，反腐败的动力和机制就会减弱。[51]腐败能轻松换来报酬，而长期投资不但充满风险，而且预期回报率很低，因为腐败官员有可能榨干这些辛苦得来的成果。在生产活动受到伤害的同时，腐败的动力却很强，为大众利益而奋斗听起来不仅显得奇怪，而且太理想主义。

到1991年初，米佐塔基斯政府向欧洲经济共同体申请了另一个贷款。欧洲机构对此烦恼不堪。1991年3月，他们批准了22亿欧洲货币单位的贷款（近30亿美元），并威胁说，如果希腊政府不采取有效的行动进行改革，将有严重的后果。但希腊再次将贷款的条件抛诸脑后。尽管米佐塔基斯承诺建立选拔人才的机制并任命贤能的高级官员，但他自己很快就被迫在党内分派职位，肥缺全给了"党内忠诚分子"。[52]希腊中央银行行长德米特里奥斯·查利基亚斯在声明中直截了当地说："我对希腊经济感到悲观……整个国家机器都朽坏了。"[53]欧洲债主们只支出了这笔贷款的头一部分。[54]经济不平衡继续在累积。

泛希腊社运党的科斯塔斯·西米蒂斯在1996上任希腊总理。这届政府让人意外地开始争取加入欧洲单一货币体系的工作。他们努力对宏观经济做了一些改善，但在1998年5月，欧洲领导人理智地把希腊排除在了欧元区的第一批成员之外。

欧洲领导人对希腊的现实主义态度并没有维持多久。1999年初，希腊提出，其预算赤字已经"得到控制"；尽管债务率高达GDP的90%，但希腊辩护说，自己的债务正在下降，而且比意大利和比利时还低。[55]希腊还有最后一个技术障碍。它的通胀率太高，不满足欧元区的准入标准。但荷兰财政大臣扎尔姆向希腊财长保证，准入的通胀标准"在某些情况下可以解释"，虽然他自己曾勇敢地短暂阻挡过意大利加入欧元区。[56] 技术规则总是可以解释，只要政客们愿意这样做。

1999 年 10 月，施罗德访问雅典，讨论土耳其加入欧盟的事情。他利用这个机会表达了对希腊政府所取得成就的"极大的尊敬"，还特别提到他们在满足进入欧元区标准方面的进步。德国《法兰克福汇报》报道，施罗德"保证全力支持希腊进入欧元区"。[57] 11 月，希腊被从"超额赤字"的名单上划去了，扎尔姆评价说："他们在过去几年中取得的进步非常惊人。我很推崇他们。"[58] 12 月，在被问到希腊是否很快会成为欧元区成员时，欧洲央行行长德伊森贝赫说，"可能会。希腊过去三四年为达到加入货币联盟的趋同性标准取得了可观的进步"。[59] 2000 年 1 月中旬，德国财政部一位发言人说，希腊应该"尽快"加入欧元。[60] 希腊甚至还没有正式申请加入欧元区，但所有的重要人物都已经开腔支持了。交易就这样达成了。

正像当初吉斯卡尔把希腊拉入欧洲经济共同体，施罗德现在也给希腊加入欧元区开了绿灯。对施罗德而言，这一决定在经济和金融上似乎都无关紧要。毕竟，希腊在欧元区经济中只占 2% 的比例；它的经济变化对欧元平均值来说没有什么影响；希腊也不用为欧元区的机构和政策担负什么责任。1976 年的吉斯卡尔和 1999 年的施罗德的做法都是为了提高自己在欧洲的地位。欧洲的持续扩张是泛欧主义的必要属性。

2000 年 3 月 9 日，希腊提交了欧元区成员资格的申请。这一次，欧盟委员会没有大动干戈。5 月初，委员会就说希腊已经可以加入了。委员会的经济与金融事务长官佩德罗·索尔韦斯报告说，希腊已经具有了"高度的可持续的趋同性"。[61] 6 月初，欧元区的财长们给希腊开了绿灯。[62] 6 月 19 日至 20 日，欧洲理事会的各国领导人在葡萄牙圣玛丽亚达费拉举行的峰会上完成了希腊加入的正式程序。他们发表的声明这样写道："欧洲理事会祝贺希腊近些年通过良性的经济和金融政策在趋同性方面取得的进步，我们很荣幸地决定，希腊将在 2001 年 1 月 1 日加入欧元区，这是欧盟金融一体化过程中有价值的一步。"[63] 这天即将到来之际，德伊森贝赫对希腊加入欧元区表示了祝贺："这是让人振奋、高兴的历史性一刻。这表明，加入货币联盟能催化健康的公共财政、较低的通胀和恰当的金融政策。"[64]

这个过程中当然有不同的声音。德伊森贝赫的副手、欧洲央行副行长克里斯蒂安·努瓦耶表达过担忧：希腊汇报的低通胀可能具有欺骗性；增值税率的减少可能暂时性地降低了通胀率；随着希腊利率逐渐接近欧元区的利率，通胀又会上升。[65] 德国巴伐利亚州州长埃德蒙·斯托伊贝是颇具影响力的批评者，他后来在 2002 年的选举中领导保守派对阵总理施罗德。[66] 斯托伊贝与努瓦耶感同身受，他指出，希腊加入欧元区可能会发出"错误的信号"。[67] 德国工业联合会主席汉斯－奥拉夫·亨克尔说出了很多人的心声：虽然希腊作出了巨大的努力，但它要继续维持那种纪律将是"十分艰巨的工作"。[68]

希腊能否维持之前的表现，国内也有人充满疑虑。财长帕潘托尼欧承认，"希腊传统上就排斥经济中的新晋力量……特权阶层很善于在外来投资者的路上设置障碍"。他说，任何变化都很缓慢。[69] 在希腊加入欧元区的日子到来前夕，希腊工业协会和一家希腊智库警告说，政府的私有化计划已经停摆，改革的势头正遭受挫折，商业环境也在恶化。[70] 这些情况并不让欧洲及希腊问题学者凯文·费瑟斯通感到惊讶，他把希腊描述为在结构性改革上"脚步拖沓"。[71]

但反对的声音是边缘化的，很轻易就被忽略；相反，催促加入欧元区的集体呼声带来很大的压力。让希腊加入欧元区是欧洲前进过程中的一步；对此提出反对很可能被贴上欧元怀疑论的标签。德国基民盟的两位上层领导没有提出反对。默克尔刚刚被任命为党主席，她在希腊问题上刻意保持了沉默。沃尔夫冈·朔伊布勒虽然在 1994 年就主张只能由核心成员国组成货币联盟，但在希腊问题上却没说一句话。

2004 年 12 月对希腊财政账户的审计发现，希腊在被准许进入欧元区的时刻，它实际的预算赤字远远高于报告的数字，也就是高于准入的限制。欧洲统计局局长京特·汉雷奇在《金融时报》上发表文章指出："即使不考虑会计方法，希腊也严重少报了军事开支，多报了社会保障金的收入，而且对政府债券的资本化利息进行了不恰当处理。"而且，"虽然欧洲统计局一再表示关切，希腊政府提供的数据依然无法让统计局计算出希腊赤字的正确数字"。[72]

换句话说，希腊从来没有达到过准入标准。欧盟经济与金融事务专员华金·阿尔穆尼亚说过，希腊进入欧元区的决定是基于当时能获得的最好的证据。[73] 但他也承认，"希腊的事情使我们感到很悲哀"。[74]

丹麦置身事外，所有国家都声张自己的主权

在 1992 年 6 月的公投中，丹麦民众投票的结果是置身欧元区以外，拒绝批准《马斯特里赫特条约》。[75] 这个结果让欧洲各国政府感到惊讶，而且它的象征意义在金融市场引起了焦虑。这种焦虑导致欧洲汇率机制崩溃——这一机制的本意是让其成员国在彼此之间保持固定汇率。丹麦得到了保证，它没有法律义务加入欧元区。在此基础上，丹麦人投票勉强批准了加入欧盟的议案。[76]

2000 年 3 月，丹麦首相波尔·尼鲁普·拉斯穆森敦促本国公众批准加入欧元区。建制派政治势力、企业界和媒体都积极地响应拉斯穆森的呼吁。[77] 支持者宣称，如果投票通过，将带来源源不断的财富。9 月 28 日，丹麦民众又一次投票否定了这个议案，反对票与赞成票的差距甚至大于 1992 年。拉斯穆森虽然竭尽全力，最后也只好含泪认输。[78]

欧元区各国的财长刚刚组建了欧元集团（Eurogroup），他们在一份特别的午夜公报上表达了遗憾。他们宣称，无论有没有丹麦，货币联盟"于欧洲一体化而言都是一个伟大的项目，将保证经济的健康成长，并

极大地提高就业率"。[79]第二天，欧元集团再次开会。全程参与这几次会议的欧洲中央银行行长德伊森贝赫专门提到了丹麦人，他说，"丹麦人自己剥夺了经济和福利增长的机会，他们本来是可以拥有的，而且现在正在欧元区发生"。德伊森贝赫的说法虽然带着善意，却没有被证实。[80]事实上，这是一个没有根据的声明。德伊森贝赫完全不顾及经济规律和民主程序，在他的世界里，希腊人很聪明，而丹麦人都是愚蠢的。

丹麦人虽然对欧元投了反对票，但他们知道丹麦中央银行会继续把丹麦克朗与欧元绑在一起，就像过去他们把克朗与德国马克绑在一起。[81]从经济角度讲，丹麦最终会加入欧元区。他们的反对票更像是一个政治立场的宣示。丹麦人不愿意接受一个干涉他们生活的欧洲"超级国家"。《华尔街日报》的杰夫·温斯托克和马克·钱皮恩在文章中写道："公投反映出投票者心里并不喜欢把更多的权力从国家的首都转移到欧盟在布鲁塞尔的总部去。"[82]

在欧元区成员资格问题上的对立，经过漫长的发酵后，现在已经更加明显。丹麦的投票使得瑞典或是英国更不可能加入欧元区。瑞典早前的民调就显示，计划中的瑞典公投，很有可能结果是否决。[83]丹麦的投票结果加强了这个效果。[84]在英国，首相托尼·布莱尔坚持说，这个结果没有改变任何事情，但他筹划的公投举行的可能性更小了，对欧元，英国的民意比丹麦或瑞典的都更加负面。一位评论者说，"虽然丹麦的结果对他们表面上并不重要，但心理上还是有影响的"。[85]民族国家的情绪呼之欲出。

在这种背景下，欧洲领导人于2000年12月7日和10日在尼斯举行会晤，对不断扩展的欧洲机构进行评估。这是政治争议的又一波高峰。德国外长约施卡·菲舍尔承认，丹麦公投揭示的主要是欧元区的政治问题，而非经济困难。他提出的解决办法是：欧盟必须"行动起来，对自身进行改革"。[86]菲舍尔前不久提出了建设欧洲"联邦"的计划。法国总统希拉克提出的计划则是,由一些欧洲国家"加强合作",以显示进一步联盟的可能。过去有过很多类似这样的提议。1994 年,德国基民盟的两位领袖沃尔夫冈·朔伊布勒和卡尔·拉默斯提出了"硬核"欧洲的方案(参见第二章)。这些建议不断以新的言辞被重述。

这些自我感觉良好的联邦或合作计划背后,却是硬生生的现实。每个成员国都想在欧盟的运作中有更大的发言权。在尼斯峰会上,各国领袖主要的关注焦点是欧洲权力的分享机制,对这个问题,后来加入欧盟的一些东欧国家尤其关心备至。这届峰会不出所料地变成争夺欧盟影响力的战场。《金融时报》记者莱昂内尔·巴伯写道:"尼斯峰会主要争论的是这个不断扩大的联盟内部权力分配的问题。一些穷国在未来五至十年的时间里会逐渐加入进来,没人想在这种事情发生之前失去自己的地盘。"争论的焦点是,欧洲议会各国代表的人数和每个国家派往欧盟委员会的专员人数。

但争议最大的是欧洲部长理事会里投票权的分配,因为关键决定都是由这里作出。巴伯写道,投票权"是国家主权的核心问题"。[87] 法国回击了德国想要更多投票权的要求,后者认为这样才能反映它较大的人口总量和经济规模。希拉克和施罗德之间的摩擦公开化,已经完全失去了合作伙伴的情谊。[88] 法国坚持认为,法德平等的伙伴关系是战后欧洲必要的驻锚。但从来都不平衡的法德"友谊"早已决定性地滑向了有利于德国的一边,让人感觉德国"比别人更平等"。[89] 德国领导人虽然在很多决定上并没有最后的否决权,但他们依然可以在追求本国利益的同时,主导欧洲的命运。1953 年,小说家托马斯·曼呼吁正在成长的一代人弃绝"德国的欧洲",拥抱"欧洲的德国"。科尔总理经常重复这一呼吁,但他看重的从来都是保护德国利益。在货币联盟里,"德国的欧洲"是不可避免的。只是现在焦点更为清晰了。

欧洲央行跟不上步伐

欧元区成员国忙于内部事务：拉希腊入伙，恼羞成怒地回应丹麦公投的否决结果，以及在尼斯峰会上维护各自的利益。欧元区经济继续上下震荡，而欧元的价值也继续下滑。

2000 年 3 月，美国的互联网经济泡沫破裂了。以技术股为重心的纳斯达克指数从 1990 年 3 月的 400 点上升到 2000 年 3 月 9 日的 5000 点，但又在六个星期内跌去 30%，到 4 月 20 日已经下跌到 3500 点以下。就现在来说，技术狂热已经结束。过去十年美国的消费膨胀开始萎缩，世界范围内的股票市场陷入休克的状态，而世界贸易也停止了上升趋势。虽然欧元走弱，但外国进口的需求降低使得欧元区经济出现了放缓。德国经济也在 2000 年下半年突然减速。全球性力量不断抽打着欧元区的经济。

到 2000 年 9 月 5 日，1 欧元只能买大概 90 美分。此时，货币交易商开始售出欧元，因为他们预计它会继续贬值，进而让经济继续下滑。当"欧元兑美元降到 89 美分的迹象显现的时候"，[90] 另一波抛售潮发生了。虽然德国政府谴责这种金融投机行为，但施罗德对欧元价值的下跌表示了欢迎。他说，弱势的欧元"应该是高兴的理由，而不是让人担忧"。[91] 这个声明理所当然地让欧元继续下跌。

当欧元在 2000 年 9 月中旬下跌到 85 美分的时候，普遍的共识是，投机商已经让欧元远远低于它正常的价值。9 月 19 日，国际货币基金组织首席经济学家迈克尔·穆萨说，欧元已经跌得太多了，需要官方支持。[92] 一天之后，他的新上司、国际货币基金组织总裁霍斯特·克勒（德国在马斯特里赫特的主要谈判代表）又直白地重申了这个呼吁。[93] 9 月 22 日，由欧洲央行与美国、日本、英国和加拿大等国的中央银行协调购入欧元，以稳定它的价格。[94] 欧洲央行报告说，它在 11 月 3 日又进行了干预，但这是它的单方行动。[95] 欧元终于止跌了。

　　但这个重要的任务并没有真正完成。欧洲央行仍然拒绝为提振欧元区经济而降低利率。德伊森贝赫说，欧元区的经济不需要帮助：它自己有力量扛住不利的全球经济形势。2000 年 12 月，欧洲央行的利率决策机构"监管理事会"决定，把利率定在 4.75%，不做任何改变（图例 3.1）。德伊森贝赫说，美国经济的问题会证明是一阵"微风"，欧元区内在的发展动力将克服目前的困难。[96] 2001 年 2 月，德伊森贝赫重申，"欧元区以外的形势对本地区的影响非常有限"。[97] 他预计，欧元区的 GDP 在2001 年和 2002 年都将上升 3%。

　　相比欧洲央行的不为所动，美联储行动迅速。2001 年 1 月 3 日，美联储主席格林斯潘和利率决策机构联邦公开市场委员会（FOMC）的同事开了一次电话会议。虽然现有的数据并没有明显的警示信号，但格林斯潘对经济下行的迹象表示担忧。他说，美国经济"就像一个从 30 层楼跌下的人，在 10 层以上仍然保持着镇静"。[98] 联邦公开市场委员会认为，现在是时候采取行动了，并决定把联邦基金利率——美联储的主要政策利率——下调 50 个基点（100 个基点相当于 1%）。联邦公开市场委员会的成员认为，他们将继续下调利率。格林斯潘希望，金融市场能在下调当天读懂这个大胆举动的含义，也就是美联储将开始一系列利率下调，在经济硬着陆的危险下，预先稳定经济的增长。

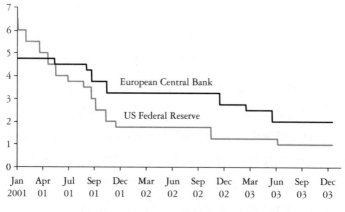

图例 3.1　美联储首先采取行动，欧洲央行跟进（政策利率，按百分比）[99]

美联储作出降低利率的承诺后很快付诸实施，但欧洲央行依然原地不动。4月11日，欧洲央行再次拒绝调低利率。[100] 德伊森贝赫承认，GDP的增长可能低于他2月份的预计，但他坚称，经济一定会增长。德伊森贝赫此前的几次声明有统一的意旨：欧元区成员国必须靠自己整顿国家的经济。关键的是，它们必须稳定预算赤字。他说，成员国庄严地发过誓，要遵守《稳定与增长协定》中规定的，预算赤字要在GDP的3%以下；在理想状态，政府应保持有预算盈余。[101] 他还在其他场合反复强调，各国政府应实行"综合性的结构性改革，促进劳动市场参与率的提高，并刺激投资"。[102] 这些不断重复的论调把欧洲央行变成了欧元区"稳定理念"的核心。欧洲央行不但承诺要维持"价格稳定"，还敦促各成员国财政节制，并进行结构性改革。

德伊森贝赫说，中央银行需要集中精力保障价格稳定，因为它并没有精力"去提高欧元区经济增长的潜力"。[103] 这种声明狭义上是正确的。米尔顿·弗里德曼在1968年的经典论文里非常清楚地写道，货币政策并不能提高长期或潜在的经济增长率。[104] 弗里德曼还警告说，如果中央银行没能迅速有效地减轻衰退的状况，增长潜力将下降，因为长期投资会减少，而失业人口也将闲置。[105] 他曾说过，糟糕的货币政策就像卡住经济齿轮的活动扳手。欧洲央行把活动扳手扔进了欧元区的经济机器中，因为他们没能降低利率以帮助投资和就业率迅速恢复到正常水平。低投资率和高失业率延续的时间越长，对长期增长前景的损害也就越大。

本·伯南克当时是普林斯顿大学经济学教授，他批评日本银行1990年代的"货币政策非常糟糕"，因为它没能通过迅速地提供金融刺激，把日本从1990年代后期因股市和资产价格暴跌而陷入的低谷中拉出来。[106] 伯南克说，这次犹豫延长了日本的衰退，低增长率造成的压力让日本难以在政治上采取措施，进行日本央行倡导的结构性改革。没能及时采取措施是有后果的。

德伊森贝赫和他的同僚们似乎无意从日本的经验中汲取教训，或者效仿美联储大胆的货币政策。德伊森贝赫被记者问到，他是否听到要求降低政策利率的持续呼声，他作出了一个著名的回答："可以这样说，我听见了，但我没听进去。"[107]

4月26日，国际货币基金组织的穆萨找上了德伊森贝赫的麻烦。穆萨不像一般国际组织的工作人员，他非常直白："欧元区是世界第二大经济区，有责任为全球增长放缓提供解决方案，而不是变成问题的一部分。"他在回答记者的问题时说，通胀本身并没有太大的风险，却有证据表明，增长放缓有很大的风险，因此，降低利率是正确的政策。穆萨说，如果不采取行动，欧洲央行伤害的不只是欧元区，还有全球经济。他再次说："在我们正经历的这次经济放缓过程中，每一个微小的举动都会有帮助；世界第二大货币区的中央银行应该去帮助解决问题，而不是成为问题的一部分。"[108]

到了5月，国际货币基金组织说，"全球经济增长的前景已经严重衰减了"。[109]在经济活动放缓的同时，通胀的压力有所减轻。[110]欧元区的GDP以每年不到1%的速度缓慢上升，而不是德伊森贝赫在2月份估计的3%。世界其他地方的通胀也在缓和。

在5月份的会议上，欧洲央行调低了利率，欧洲央行和美联储在同一个时间点上短暂地拥有了同样的政策利率4.5%。但6月份，欧洲央行决定把利率固定在4.5%，保持不变。而美联储那个时候已经把利率降到了3.75%。德伊森贝赫和欧洲央行的分析与格林斯潘或穆萨的分析仍然不同。德伊森贝赫知道，暂时提高能源价格会推高通胀，但他担忧，对较高薪资的要求会把通胀率推高到欧洲央行习惯的水平以上。他在6月份的新闻发布会上，重复了十一次"价格稳定"这个短语。在害怕通胀的同时，德伊森贝赫却又反复强调，经济增长不需要担忧。他再次要求成员国加速"结构性改革"，以使得"经济能灵活运转"。[111]"结构性改革"这个口头禅是欧洲央行维护其价格稳定理念的挡箭牌。

因此，欧洲央行仍然把注意力放在降低通胀上，而极不情愿提供货币刺激提振欧元区经济。

当然会有人不高兴。让人尴尬的是，欧洲央行第一次长期冲突发生在与德国政府之间。德国人虽然先前极力主张以"稳定"理念为基础建立欧元区规则，但他们显然并不很情愿坚持这一理念。施罗德急于将德国经济从衰退中拉回，他准备暂时把价格和金融稳定的规则搁置一旁。他呼吁应该优先刺激经济增长。施罗德在把重心从稳定转移到增长之后，他实际上已经和法国历届总统的立场一致，背弃了德国的传统观点，尤其是他的前任科尔。

施罗德从 1998 年末担任德国总理开始，就催促欧洲央行放松货币政策。而现在欧洲央行深陷保守的立场，施罗德当然很不快。欧洲央行 2001 年 6 月召开会议几天后，施罗德说，全球经济放缓给德国带来巨大的阵痛，但他的政府却缺少重振经济的政策工具。虽然法国公开表示要考虑使用金融刺激的办法，但施罗德说，德国不会违反欧洲金融规范。他转而寻求欧洲央行的帮助，不过他腼腆地说，他不挑战欧洲央行的独立性。[112]

欧洲央行一直不为所动，直到 8 月才宣布降低 25 个政策利率的基点。美国遭受的 9·11 恐怖袭击在全球引起恐慌，欧洲央行、美联储以及其他几家中央银行，在 9 月 17 日同时把利率降低了 50 个基点。但是，欧洲央行的政策利率仍然维持在 3.75% 的高位，施罗德有些坐不住了。欧洲央行整个 10 月毫不动摇。美联储的政策利率已下降到 2.5%，而为了应对恐怖袭击带来的影响，美国政府开始加大金融刺激。[113]

并非只有施罗德失去了耐心，其他欧元区的领导人也忧心忡忡。世界贸易正在迅速缩水，整个欧元区的经济都跌跌撞撞，每次预测的结果都让未来更显黯淡。法国经济自 2001 年初开始就迅速下滑。[114] 10 月 16 日，比利时财政大臣和欧元集团主席迪迪埃·雷恩代尔在卢森堡坦率地对记者说："货币上操作的空间显然比预算上要广阔。"[115] 施罗德决定再进一步。稍后在法兰克福，他不耐烦问欧洲央行的官员，他们是不是缺少常识。[116]

欧洲央行第二天就拒绝了施罗德，答复来自德意志银行前高管奥特马尔·伊辛，他从 1999 年 1 月起担任欧洲央行首席经济学家。伊辛说，在目前金融市场不稳定的情况下，欧洲央行保持价格稳定的职责尤其重要。这一职责的意义在于重建和维持"信任和信心"。[117] 伊辛宣称，高利率能保持价格"稳定"，稳定让人民对未来产生信心，这将有助于长期投资、刺激增长。这种似是而非的说法其实是在回避重点。欧元区面临的并不是高通胀引起的不稳定风险。当时最需要的是重启经济。由于欧洲央行不愿意刺激经济，欧洲的 GDP 继续下滑。GDP 的增长率在2000 年还是 3.8%，但到 2001 年就下降到 2.2%，而不是德伊森贝赫承诺的 3%，到了 2002 年更是下降到 1% 以下。

欧洲央行没能提供所需要的经济刺激方案，也因此失去了信用。最终，欧洲央行实在找不到不作为的借口，还是降低了利率。但这已经太迟了，而且非常被动，所以它所产生的经济刺激效果也大大降低了。欧洲央行之前就拒绝过诺贝尔经济学奖得主弗朗哥·莫迪利亚尼和罗伯特·索洛的提醒，他们在 1998 年警告说，欧洲央行过于强调价格稳定，必定会维持高利率，这会降低 GDP 的增长速度,推高失业率(见第二章)。这正是后来发生的事情。

不顾一切地维护价格稳定也意味着，某些国家的利率会特别高。这是历史的吊诡，德国人当初对价格稳定坚定不移，现在却成了结构性问题的首批受害者。真正的问题在于单一货币区的货币政策对其中一些成员国束缚太多。连国际货币基金组织也对施罗德的困境表示同情。2001 年 9 月，在德国经济陷入衰退的情况下，该组织的一份报告说："单纯从德国的立场看，他们需要较低的利率。"[118] 2002 年 10 月，德国的衰退日益严重，该组织又重申，由德意志联邦银行开始实施的，并被欧洲央行继续执行的长期高利率给德国经济造成了严重损失。[119]

在没有货币刺激政策帮助的前提下，成员国政府能否通过财政措施来重振经济呢，比如降低关税、增大支出等？但欧元区的规则给财政刺激政策设置了严厉的限制。所以，必然会出现成员国和规则之间的冲突。

"愚蠢"的《稳定与增长协定》

《稳定与增长协定》奉为圭臬的种种准则是德国意识形态的另一个产物。它们要求欧元区各国政府尽力保持财政平衡，如果预算赤字超过GDP的3%，这些国家将遭受惩罚。这些要求几乎不允许使用财政刺激的手段把经济从衰退中拉出（见第二章）。2001年6月末，欧洲经济与货币事务专员佩德罗·索尔韦斯将法国、德国、意大利和葡萄牙列入了预算规则违反者的黑名单。这些国家并没有按规定保持预算平衡或者预算盈余，而是让赤字升高到危险的水平。[120] 伊辛又一次出演欧洲央行理论家的角色。2001年10月，正当世界经济处于震荡期，他说，欧元区需要的是财政纪律，"我甚至可以说，它需要一件外套"。然后，他又用央行传统的模糊方式说，"但这不必是一件紧身衣"。[121]

自从1991年在马斯特里赫特达成货币联盟协定后，欧洲官员就忽略了基本的经济准则：财政紧缩会延长经济困难（见第二章）。老练的欧洲学者、评论家查尔斯·威普罗斯提醒欧洲官员们注意这条准则。他说，"如何准确地解释欧元区的规则是一个问题"。[122] 威普罗斯在说到财经规则时，回应了施罗德总理对欧洲央行的批评："欧洲应该作出有实际意义的反应。"国际货币基金组织一般赞成财政节制，却对德国政府建言说，"不要这样做"。在2001年9月的报告中，该组织的分析"质疑"了在2001年、2002年坚持削减赤字的合理性。[123] "压缩开支在当下的环境中没有根据"，它只会加剧衰退。

欧洲机构催促德国政府减少预算赤字的要求有些令人难以理解。

1990 年统一之后，德国政府的预算赤字曾在 1995 年达到 GDP 的 9%，但到 2000 年逐步实现了预算盈余。2001 年又出现赤字顶峰，也才刚刚超过 GDP 的 3%，这主要是因为世界贸易突然停顿，使德国的出口引擎出现了问题。在缺少来自欧洲央行充分的货币刺激的情况下，德国需要财政刺激，而不是紧缩。虽然紧缩不符合逻辑，但德国官员为了尊重《稳定与增长协定》，仍然努力收紧政府预算。[124] 这种做法使得德国 GDP 的增长进一步放缓，税收也因此降低，同时不得不提高政府在社会保障方面的开支，这反而让降低预算赤字的任务变得更加艰难。

到 2002 年初，由于低于预期的税收和不断上涨的失业救济，德国预算赤字上升到了 GDP 的 3.5%。要把赤字保持在 GDP 的 3% 以内，必须一方面提高税收，同时减少开支，这就会进一步拖延德国的经济增长。德国财长汉斯·艾歇尔对欧盟批评德国居高不下的预算赤字厌烦透顶，贸然提出要重新考虑《稳定与增长协定》。[125] 艾歇尔的评论在经济学上是成立的，却非常的政治不正确，尤其是来自德国的高级官员。艾歇尔很快收回了自己的声明，但战场已经开辟了。

《稳定与增长协定》的程序要求欧盟对预算赤字接近 GDP3% 的国家提出警示。委员会本可以作出结论：让德国政府停止继续滑向更深的预算赤字，既不实际，也不适宜。但委员会却撰写了一封警告信。[126] 下一步就是由欧洲财长理事会正式向艾歇尔发出这封警告信。但这帮同僚却对在这个时候谴责他们中的一员犹豫不决，担心在未来某个时候他们自己也会收到这样的谴责。葡萄牙面临和德国一样的制裁。英国也可能引发欧盟委员会发出类似的警告。而法国和以往一样，同赤字限制玩着暧昧，实际上已经宣布了财政刺激的方案（对低薪者给予收入补给，并鼓励公司投资）。[127] 2002 年 2 月，财长们开会时，德国已经争取到足够的政治支持，那封尚未发出的警告信也被撕毁了。[128] 欧洲央行行长德伊森贝赫和德意志联邦银行行长恩斯特·威尔特克之前曾表示坚定支持委员会的立场，但保障实施纪律的机制却无法生效。[129]

　　3月份在巴塞罗那的峰会上，欧洲各国领导人仍然宣称要遵守《稳定与增长协定》，承诺到2004年平衡预算。但这种承诺很空洞，正面临竞选挑战的希拉克很快宣布了减税和增加开支的计划。[130]欧洲其他领导人非常愤怒，希拉克口口声声说要遵守规则，却公开无视他们。艾歇尔生气地说，"我不明白，为什么希拉克在巴塞罗那峰会上同意了预算目标，几周后就对这一切视若无物"。[131]但艾歇尔应该比任何人都懂，经济放缓迫使所有国家都在提高预算赤字。到2002年5月，大多数人都感到，德国到2004年是无法平衡它的预算的。[132]

　　2002年9月，国际货币基金组织发表报告称，全球经济复苏将比4月份的估计更慢。报告说，欧元区的经济尤其疲软，落后于美国和亚洲新兴市场。[133]美联储已经将政策利率从2001年9月的3.5%降至1.75%，政府注了大量的财政刺激。美国的经济复苏正在显现。相比而言，欧洲央行小心翼翼地把利率从3.75%微调到3.25%。欧盟委员会给较弱的经济体施加了很大的压力，逼迫它们降低预算赤字。国际货币基金组织了解到，对于德国来说，要在2004年平衡预算必将"给经济造成极大的压力"；但该组织从一年前宣称财政紧缩有些过度的立场后退了，相反，它和欧盟委员会站在一起，强调德国有必要采取可靠的财政整顿。[134]法国在这个问题上的立场却非常清楚。10月初，法国财长弗朗西斯·梅尔放弃了伪装，他说，平衡预算并不是法国的优先考虑。[135]

　　欧盟委员会主席罗马诺·普罗迪做过经济学教授，1996—1998年间曾担任意大利总理，他对自己即将面临的任务并不高兴。很快就该对法国和德国提出控诉了，因为它们的预算赤字超过了GDP的3%。《马斯特里赫特条约》和《稳定与增长协定》要求，违反预算赤字规定的国家应该被公开谴责，并可处以罚款。[136]

　　惩罚一个处于困境中的国家的想法很荒诞，10月18日，在接受法国《世界报》采访时，普罗迪明确地说："我很清楚稳定协议是很愚蠢的，这和所有僵化的规定一个道理。"[137]普罗迪还说，《稳定与增长协定》需要具有适应性，有伸缩的空间。几天后，在欧洲议会上，普罗迪重申自己的观点，并坚持说，"现在是时候把我们私下里的沟通对外公开说了"。[138]很多人和普罗迪看法相同。很有名望的欧洲经济共同体官员帕斯卡尔·拉米早先就认为《稳定与增长协定》是一个"中世纪"的产物，应该被淘汰。[139]法国财长梅尔形象地把《稳定与增长协定》比拟为"普罗克汝斯忒斯之床"（意为强求一致），认为它"对一些国家来讲太小，对另一些国家太大，对所有国家是一个折磨"。[140]

但建制派力量很快纠集在一起。欧洲央行和国际货币基金组织大力为这些规则辩护。在10月25日的新闻公告中，欧洲央行说，《稳定与增长协定》必不可少：它推动了健康的公共财政，符合成员国的利益。欧洲央行坚持说，"出现的问题并不是因为规则太僵化，而是一些国家不愿意遵守这些规则"。[141]欧洲央行还将对《稳定与增长协定》的一再强调，延伸到对欧元区稳定意识形态的尊崇。虽然眼前的事实要求对规则进行重估，但这些显然都不重要。

国际货币基金组织欧洲事务主管迈克尔·德普勒附和了欧洲央行的声明。虽然该组织指出财政规则给德国经济带来了过重的负担，但德普勒依然固守该组织的传统立场。他说，《稳定与增长协定》基础健全，国际货币基金组织全力支持。虽然他说欧元区的增长率持续下滑，但他强调，"问题的核心是三个最大的国家（德国、法国和意大利）不遵守规则"。德普勒说，这些国家应该"采取负责任的、讲信誉的行动遵守《稳定与增长协定》的规则"。[142]

这种建议有价值吗？德国还需要做多少财政整顿？官方的观点认为，货币和金融刺激并不能给德国带来好处，因为德国并不是短期下滑。相反，德国的经济在根子上有问题，需要德国政府约束预算，并同时进行结构性改革，以刺激增长。这种认为德国需要长期服药的观点在1999 年 6 月通过《经济学人》广而告之，该杂志把德国描述为"欧洲病人"。[143] 这个短语流行一时，甚至有人担心德国是不是"已经病入膏肓"。[144]

德国政府当然有很多工作要做。东德经济就有长期性问题。虽然东德的生产率有所提高，但当初实行东德马克与西德马克 1 比 1 兑换，使得工人起薪太高，削弱了东德公司的竞争力，这跟乔治·阿克洛夫和珍妮特·耶伦当初的预计完全一致（见第二章）。位于慕尼黑的德国经济研究所所长汉斯 - 维尔纳·辛恩在舆论界颇有影响，他写道，东德的失业率和企业倒闭数仍在上升，科尔总理曾轻松许诺的"繁荣的大地"不见影踪。[145] 东德仍然依赖于"成本高昂的补贴"，需要每年从西德把 GDP 的 4%—5% 向东德转移支付。[146] 西德被迫提高整体的税负用来补贴东德。

但西德公司相对而言状况良好。虽然高额税收和紧缩的货币政策造成了不小的障碍，很多公司依然积极投资进行制造业创新，重新厘定雇主和雇员之间的关系和用工方式，并且把部分生产搬到东德成本较低的地方。[147] 它们正在向更具竞争力的经济有效转化。

为了提速这种转化，德国需要一定程度的财政刺激。特别是在世界贸易减速的情况下，更需要基于正确的判断为经济提供必要的货币和财政帮助，以克服当下的困难。这恰是财政和货币政策的本质：缩短经济混乱的周期。

但欧洲央行拒绝让步。务实的财政政策的可能性也降低了。

普罗迪虽然有时非常明智，但他选择支持欧洲所强调的规则和纪律。最终，他所感兴趣的依然是维护欧盟委员会的权力，而不是灵活的经济政策。普罗迪在解释《稳定与增长协定》时颇为灵活，但一到决定灵活性的程度以及对谁而言时，就不是如此了。

虽然欧元区各国领导人说他们也希望有灵活性，但他们却不愿意授权给普罗迪和欧盟委员会，让他们来决定自己国家的预算赤字。如果让委员会来控制这种事情，就像普罗迪所要求的那样，各成员国无论如何也不能接受其主权的丧失。而且，各国都担心自己可能受到不公平的待遇；委员会有可能对某些国家更为严厉，而放纵其他国家。成员国都会觉得委员会的行动有不公平的地方。

成员国可能都觉得它们不需要这些规则；每个国家可以采取自己的财政约束机制，其他货币联盟里就是这样做的。[148] 如果一个国家无法偿还自己的债务，它就要对私人债权人的愤怒负责。如果非要说需要规则，那么就只有僵化的规则才能为所有人接受，而这一规则不能有解释的空间。但任何僵化的规则在经济上都是无法自圆其说的，很多经济学家已经指出了这一点（见第二章）。[149] 欧洲机构已经听到过这些批评，但就像德伊森贝赫说的，他们选择性失聪。虽然他们也体会到这一规则的武断和无效，但他们继续欺骗自己，这个 3% 的规则总比没有规则要好。现在剩下的就是让普罗迪来实施这条"愚蠢"的规则了。

身在柏林的法国总理

施罗德和希拉克一起对普罗迪摆开了战线，实际上也就是对阵欧洲央行。他们的合作信手拈来。在此之前，两人在所有关键问题上都针锋相对，包括尼斯峰会有关欧洲事务的投票权问题。到 2002 年初，两人的关系已经降到了历史低点。一位评论家指出，施罗德"让荒凉的法德关系变得完全没有交集"。[150]

但到 2002 年末，德国和法国的利益突然一致起来。这种一致性表现在施罗德和希拉克的私人关系突然改善了。他们之间"尴尬甚至紧张"的沟通方式消失了，见面开始用"熊抱"彼此问候。[151]

德国 GDP 在 2002 年上半年稍稍抬头之后就一路下滑，到当年年底又陷入紧缩。货币的情况也比较紧张。欧洲央行的政策利率自 2001 年 9 月以来就高于美联储。市场预计欧洲央行的政策利率会一直保持在比美联储高的位置上，所以以欧元计价的财产变得更有吸引力，欧元也慢慢走强。到 5 月份，欧元的价值又接近 1999 年 1 月首发的时候，1 欧元可以购买 1.14 美元。

2002 年 11 月 19 日，德国经济还处于衰退中，普罗迪让人吃惊地向财长理事会提出建议，启动制裁德国的程序。[152] 欧盟委员会提议的财政紧缩规模将使德国经济窒息。2003 年 1 月 21 日，财长理事会作出结论，德国已经违反了"过度赤字"的要求，必须采取有效的紧缩措施（"严格执行预算政策"），在 5 月 1 日前把赤字降低 GDP 的 1%。[153]

德国财长艾歇尔放弃了伪装。2003 年 5 月，他宣布，不仅 2003 年的预算赤字将超过 3% 的标准，而且要想在 2006 年达到预算平衡"也是需要奇迹的"。[154] 施罗德的立场开始变得具有进攻性。他反复抱怨，欧元太强了，阻碍了德国的出口。[155] 7 月 11 日，欧洲央行把政策利率固定在 2%，德伊森贝赫又指责德国政府对公共财政疏于管理，施罗德回应说，欧洲央行的领导人中当然有"很聪明的人"，但他担心他们是否每天都在反躬自省，"他们是否在努力保持欧元对美元恰当的汇率，以维持欧洲出口的竞争力"。[156]

施罗德随后公布了财政刺激计划，实行减税，并增加政府开支。他甚至放弃了尊重《稳定与增长协定》的姿态，坚持认为，这个协定应该灵活解释，强调经济增长，而不是财政约束。[157] 他的政策新走向与法国完美契合，后者在 2003 年 6 月也收到了"过度赤字"的警告。[158]

法国与德国公然走到了《稳定与增长协定》的对立面。这是法德关系史上极难得的时刻。它们的意见出奇一致，所以 2003 年 10 月，法国总统希拉克在布鲁塞尔峰会上也代表了德国的 8000 万民众，当时施罗德正好留在柏林参与关键性的议会投票。[159] 一位德国官员评价说，"格哈德（施罗德的名）很信任雅克（希拉克的名）"。[160] 德国和法国将对欧元区的财政规则发起一波政治攻势。

11 月 17 日，艾歇尔重申了良好的经济判断的重要性。欧洲高级领导人在《稳定与增长协定》存在的根本问题上，还从来没有做过如此清晰、自洽的公开声明。艾歇尔在给《金融时报》的一篇评论文章中解释说，德国政府尽全力在控制预算赤字。虽然如此，赤字还是在继续上升，因为经济陷入了持续的衰退中。艾歇尔强调，在这种情况下，财政紧缩只会适得其反。

他继续说，"仅以短期内实现财政控制为目标，可能削弱增长的潜力，并导致债务升高"。这是艾歇尔这篇评论文章的关键句：紧缩实际上会导致债务负担增加，因为它使得 GDP 下降，相应地，债务与 GDP 的比率也就提高了。艾歇尔总结说，欧洲机构不应该把《稳定与增长协定》当作"制裁的规则"，而应当作一个"可调适的"框架，适当考虑各国具体的情况。[161]

没人出来反驳德国财政长官的说法，因为它在字面上完全遵循了欧盟委员会有关减少赤字的规定。[162] 在"疲软的经济"中强加要求会引起反效果，财政部官员的观点没错。

11 月 25 日，财长理事会开会，艾歇尔经济学并没有引来多少争论。但重要的是，德国和法国争取到了足够的政治支持。理事会的决定事实上是在说，他们尊重《稳定与增长协定》，会尽力去执行，但这次不在德国和法国适用。新闻公告表面上很和谐："理事会重申，在实施《稳定与增长协定》条款的过程中，坚持对所有成员国一视同仁"；这实际是一种威胁的暗示，德国和法国将为它们违反规定而付出代价。但公告的结论非常软弱：针对德国和法国过度赤字的处理程序暂时"搁置"。[163]

施罗德对搁置制裁的决定分外高兴，说这是"一个明智的决定"。[164]意大利财长朱利奥·特雷蒙蒂主持了当时的财长会议，他稍显阴沉地对记者说："最终，这是唯一可能的解决办法，所以也是最好的办法。"[165]

有人却发出了反对的怒吼。欧盟经济与货币事务专员佩德罗·索尔韦斯当初和普罗迪一道启动了针对德法两国的行动，他抱怨说，欧洲财长们一起厚颜无耻地违背了《稳定与增长协定》的条规和精神。[166]荷兰财政大臣扎尔姆也表示反对。[167]但最强烈的抗议仍然出自欧洲央行。欧洲央行迅速发出了一份新闻公报称："欧洲央行监管理事会对事情的发展深表惋惜，眼下的情况非常危险。违背《稳定与增长协定》的规则与程序将会损害整个制度架构的信誉，以及外界对欧元区成员国财政健康的信心。"[168]

普罗迪和欧盟委员会的工作人员对德国违反规则一直焦虑不安。但艾歇尔现在显然占了上风，他劝慰委员会"看开一点，不要生闷气"。[169]但普罗迪在2004年1月作出的回应使斗争升级了。他向欧洲法院（ECJ）提起申诉，要求推翻理事会的决定。但他的理由不太能站住脚：《稳定与增长协定》已经授权，让财长理事会决定是否存在违反协定的情况。7月17日，欧洲法院确认，理事会的行动在其职权范围内。[170]欧洲法院进一步说，委员会可以再次起诉；过度赤字不应一直延续下去。但普罗迪认清了政治形势，自己放弃了。

所以，在欧元初期，货币和财政政策经历了严格检验。欧元区机构拒绝自我调整、与时俱进。相反，它们退回到对价格和财政稳定规则的固执，而缺乏对自身决定所产生的经济效果的审视。与此同时，美国从其灵活的货币和财政刺激政策中获益。到2001年末，美国GDP的增长率超过了欧元区；股票市场稍稍滞后，但到2002年末，美国股市开始赶超（图例3.2）。

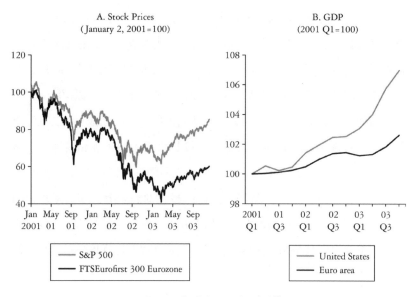

图例 3.2　美国股市和 GDP 较早复苏 [171]

欧元头五年：未来的回响

教训并没有被汲取。经济学家亚当·波森 2005 年写道，只有一些欧洲人认为，德国在 2003 年拒绝采取财政紧缩的决定是不恰当的，是对欧元区存在感的威胁。他指出，德国的行动是对经济现实的"理性反应，即使不算最佳"。[172]

但对多数欧洲官员来说，德国这次反水是且至今仍是公然的任性妄为。2011 年，在狂乱的欧元区主权债务和银行危机期间，施罗德为此做了一件挽救面子的事情。虽然他经常暗示 2002 年、2003 年德国应当被特殊对待，但他对当时不够尊重《稳定与增长协定》表示了歉意。[173]

与此同时，欧洲央行迅速把自己塑造为专注于控制通胀的货币政策践行者。欧洲央行确实在经济疲软期间降低了利率。但和美联储不同，欧洲央行总是行动迟缓，而后者总能提前行动，避免硬着陆。所以，投资者总是搞不清欧洲央行的目的，货币刺激政策对经济复苏的推动效果也因此欠佳。金融市场很快看清楚，欧洲央行无意改变它的主旨，会习惯性地把利率保持在相对高的位置，即使是欧元区比美国经济复苏更加缓慢，增长前景也偏弱。市场对欧元区高利率的预期使欧元走强；到2004年初，1欧元可以购买1.20美元。欧元的强势将继续，但也因此抑制了几个欧元区国家的出口。

所以，改变欧元区基本经济框架的机会曾经显现过。若有人存在推动这种改变的可能，这个人就是施罗德。他当然知道欧洲主流意识形态制造的种种问题。但或许他忙于解决德国的问题，没法抽身，或许他早已预见到，德国有一天也想强制其他国家遵守曾被它自己违背的规则。

政治上的犬儒心态和分裂倾向纷纷涌现。施罗德自负地鼓励欧元区吸纳希腊，他认为这对德国无害，还能为他自己在欧洲赢得嘉奖。所以，又一个明显不能控制自身局势的国家进入欧元区的洼地，因为大家相信单一货币能促使它的执政者采取必要的社会改革措施。希腊现在与法国、意大利、葡萄牙和西班牙有相同的心态，它们都希望欧元区能成为"外部驻锚"。相对而言，那些更为自信的国家的民众，包括丹麦、瑞典和英国，则反对欧洲机构干涉他们的生活，并采取了行动阻止他们的国家加入欧元区。丹麦在2000年9月，以及瑞典在三年后，都投票保留自己的货币。在英国，先后两届首相托尼·布莱尔和戈登·布朗都认识到，如果关于欧元的公投失败，将对他们的政治地位不利，所以他们选择和民众站在一起。

欧洲的政治分裂日趋明显。[174] 较大的国家威胁减少对欧盟预算的缴纳份额。虽然来自东欧的十个国家（在苏联统治下生活了近半个世纪的国家）新加入欧盟是值得庆贺的，但欧盟的扩大已经制造出新的裂隙。一些新的成员国支持美国在伊拉克战争中采取行动，这惹怒了法国总统希拉克。2000年12月尼斯峰会在投票权上不堪的缠斗，一直持续到2003年12月。12月12日、13日，欧洲领导人在布鲁塞尔开会，西班牙和葡萄牙奋力保护自己的投票权，而法国和德国则要求更多的投票权。差异难以克服。普罗迪报告说："今天无法达成一致。任何方案都会低于人们的期望，也没人想要。"[175] 泛欧主义只是漂亮话，无法掩饰大国的利欲熏心。

1970 年的维尔纳报告承诺，单一货币将"成为发展政治联盟的催化剂"，这一条至今也没能兑现。[176] 2003 年 10 月，德意志联邦银行前行长汉斯·蒂特迈尔在卢森堡作"皮埃尔·维尔纳演讲"时，对情况进行了评估。他说，"直到现在，欧元所起的作用都十分有限，虽然人民期望它在欧洲货币联盟中成为政治共同体的催化剂。我确信，皮埃尔·维尔纳对这种情况也会有相似的判断"。[177]

政治上缺少作为造成了管理真空；与此同时，德国也打算抛弃战后的犹疑心态，高调主张其国家利益。1998 年，《纽约时报》的罗杰·科恩写道，施罗德代表了"一个更为自信的德国，卸下了过去的包袱"。他有先见之明地补充道："事实上……德国即将大展拳脚。"[178]

施罗德并不在乎宏大的欧洲设计。2002 年 2 月，当被问到是否相信"欧罗巴合众国"时，他不耐烦地回答，"无论小孩说什么，都不如实际的东西来得重要"。施罗德心不在焉地补上一句，"我们极为需要被称为合作和协调的东西"，但他的实际行动几乎总是在削弱这些合作和协调工作。[179] 他出于良好的动机，与欧洲央行和欧盟委员会斗争，为德国经济赢得了喘息的机会。但施罗德拒绝对这个体系的改革起到领导作用，虽然德国正逐渐在欧洲的经济和政治上取得支配地位。施罗德不承担领导的职责，却苦心孤诣地追求德国的利益，即使是这种利益明显不利于欧洲的一体化。施罗德还做了几件影响力延续至今的事情：保护汽车制造商大众汽车公司，担任下萨克森州州长时他曾进入该公司的监事会；阻止了一部欧盟范围内的公司收购法，这部法律原本有助于敌对性的收购。[180] 通过保护德国最大的公司之一，施罗德实际上为各国政府竭力保护本国最强的实体免受金融市场规则的惩罚提供了合法性的注脚。

2003 年 12 月 18 日，《金融时报》的乔治·帕克写道："去年对大欧洲一体化完全是一场灾难，对国家利益的呼求响彻整个大陆。"他说，欧盟总部布鲁塞尔的气氛为之黯然。当"布鲁塞尔的精英们"爬进宝马车，准备去享受他们的圣诞假期时，他们怀里都揣着这样一个担忧：在这个"糟糕的年份"过去后，他们再次回来时，"事情有可能变得更糟"。[181]

欧元区的头五年是多事之秋。几乎没什么事是顺的。让人遗憾的是，欧洲领导人甚至没有想过要改变他们在经济或政治上的舆论导向。前方还会有更多这样的年头和更严重的危机，必将进一步削弱欧元区的经济，并撕扯他们政治的靓衫。但也有熹微的希望。世界经济开始增长了，如果这种势头继续，或许上涨的潮水会把所有船只都浮起来。

第四章

非理性繁荣，2004—2007

2004 年开年，欧元区的经济仍然很差。失业率已经攀升到了 9%，各种预报都说，这种情况可能会维持几年。与之对照，美国经济在货币和财政政策的刺激下，继续高歌猛进。而且，美国的技术产业迅猛发展，生产率不断提高，为经济长期增长提供了推力。美国的失业率是 6%，而且正迅速下降。

但到年中时，全球经济开始强劲复苏，给黯淡的欧洲经济带来了希望。活跃的美国股市也影响到了欧洲市场。更重要的是，世界贸易以前所未有的速度在增长，给欧洲国家带来了额外的福音，因为这些国家都严重依赖国际贸易来繁荣经济。美国消费者对外国货物无止境的需求给世界贸易增添了燃料。中国的制造机器全面加速，以满足美国庞大的需求，中国自己也因此成为全球经济的发动机。中国的工厂迅速变成世界贸易产品的生产中心，不但出口巨量的产品，而且进口海量的原材料、半成品和制造机器，送进成指数级增长的厂房里。富起来的中国人奔涌到全球各地，狂买奢侈品。国际货币基金组织记载，2003 年中期到 2004 年中期，中国推动世界经济以极快的速度扩张。[1]

国际货币基金组织预测，世界贸易增长的速度将从 2003 年的 5% 提升到 2004 年的 9%（2004 年世界贸易的增长率实际超过 11%）。[2] 这种繁荣的景观被认为会持续好几年。时代终于变得友善。危险都隐藏了起来。

　　贸易机会增多，连麻烦的德国经济都显示了盘活的迹象。虽然德国国内的需求还处于蛰伏期，但出口增长已经上扬，IMF 预计，德国经济虽然在 2003 年有所收缩，但 2004 年将增长 2%。[3] 在爱尔兰，地产价格在继续膨胀；虽然爱尔兰的制造业工作机会开始向东欧低工资国家转移，长期驻扎爱尔兰的美国跨国公司在"凯尔特之虎"（指爱尔兰）仍然做得风生水起。唯有意大利似乎仍然困在经济和心理的陷阱里。

　　突然之间，似乎一扇新的窗户为欧元区打开了，让它终于有机会展现自己的潜力，实现经济繁荣、稳定和政治和谐的诺言。欧元区前五年糟糕的经济表现和遍布的焦虑，刺激了民族主义的抬头。经济恢复稳定的增长将一扫财政上的焦虑，让欧洲人产生共鸣，并团结起来。

　　但也有一些让人担忧的现象。美国经济在稳步增长的同时，也进入了"非理性繁荣"的阶段。[4] 美联储主席艾伦·格林斯潘早在 1996 年 12 月就提出了警告，美国资产的价格，包括股票和房屋等，已经过高了。[5] 然而，在 2000 年互联网泡沫破灭和 2001 年 9·11 恐怖袭击等短暂的干扰后，经济的繁荣几乎没遇到什么阻碍。很快，美国消费者推动的经济增长传输到世界范围的同时，也助推了全球金融的发展。各国的银行和投资者都想分享美国金融发达的成果，要不然就想在本地快速致富。但风险也确实存在，美国和全球资产价格不断上涨，继而有可能暴跌，这和日本 1990 年时的情况是一样的。

　　最严厉的警告来自耶鲁大学经济学家罗伯特·希勒。他强调，阵发式的非理性繁荣在历史上屡次发生。每次发生的时候，都是因为同样的"人类容易犯错"的本性，其结果不仅使金融市场出现震荡，而且在资本主义体系内部造成普遍的不稳定。[6]

　　很多欧洲官员认为，欧洲相比美国较不容易遭遇非理性繁荣及其伴随的不稳定。欧洲人的储蓄率比美国人要高。美国的经常账户赤字数额较大（进口远远大于出口），不得不从海外大笔借贷；欧元区自形成以来，经常账户比较平衡，而且实际上自 2001 年开始盈余。欧元区的金融系统严重依赖银行，因为欧元区各国政府认为银行比变幻莫测的股票和债券市场更为安全，后者在美国起到的作用则要大得多。而且欧元区领袖积极地推广"稳定"的意识形态，强调财政紧缩和价格稳定。所以，虽然有些国家地产价格迅速上涨，比如爱尔兰和西班牙，但总体看来，欧元区可以一方面从上升的全球贸易获利，一方面又能免于非理性繁荣和不稳定。

但欧元区有自己的经济和金融问题。不稳定的源头之一内在于货币统一的体系，这种不稳定在 1990 年代初欧洲汇率机制的危机里已经表露无遗。[7]英国经济学家艾伦·沃尔特斯曾经解释过，在统一货币的政策下，各成员国的利率趋向于一致。因此，对某些国家来说，这种利率会过低，它们将会经历迅速的、可能是繁荣的、由信用刺激产生的增长，同时又伴有高通胀，并因此失去国际竞争力。然后，信用膨胀会迅速失控，造成金融危机（见第二章）。

长期的问题则在于欧元区银行的稳定性。虽然欧元区的政府都相信，银行行动谨慎保证了金融和经济的稳定，但实际上，让人担忧的宏观经济问题也在酝酿。在过去半个世纪，银行以极快的速度扩张，但银行的借贷方的生产效率却没有上去（图例 4.1）。1990 年代欧元区的建设又加重了这个问题；虽然生产率持续下滑，但银行一直在扩张。银行体系越来越大，生产率不断下降，这种相反的关系最终不可持续。经济学家加里·戈顿和吉列尔莫·奥多涅斯发现，当生产率较低或下降时，信用的扩张常会导致违约和崩溃。[8]

这就是 2004 年中期大西洋两岸的情况。美国的增长前景一片光明，生产率在此前十年经历了复兴，不断上涨的股市和地产价格让美国人陶醉于消费的狂欢。民众普遍的情绪是，"现在你告诉我，我为什么要为未来储蓄"。美国消费的增长又刺激了中国经济的成长，随后全球贸易上扬让欧洲国家重拾经济信心。虽然美国金融市场的脆弱性不断积累，一些政府官员也表达过担忧，但欧元区看起来大致上对金融危机是免疫的。而实际上，欧元区的脆弱性日积月累，只是隐藏在利率趋同、银行系统过度膨胀和生产率增长下滑等多种元素作用的局面下，较少有人理解而已。

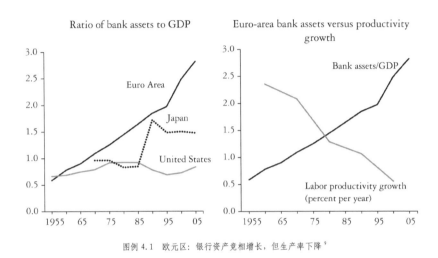

Ratio of bank assets to GDP

Euro-area bank assets versus productivity growth

图例 4.1　欧元区：银行资产竞相增长，但生产率下降 [9]

　　在繁荣期，大西洋两岸的政策制定者和投资者都认为，他们不用太重视金融危机。但 2004 年，对"非理性繁荣"的担忧达致顶点，"大缓和"（great moderation）的说法吸引了不少注意力（见图例 4.2）。所谓大缓和，建立在一些研究的基础上，这些研究表明，在过去二十年，发达经济体的衰退并不频繁、显著。[10] 越来越多的观察家据此认为，这个良好的经济形势将继续。有人进一步说，经济扩张所反映的是生产率上升的乐观趋势，没有理由担心金融过度膨胀和可能带来的危机。事实上，虽然格林斯潘让"非理性繁荣"这个词风行一时，他自己却相信，目前的繁荣主要是对欣欣向荣的生产形势作出的理性反应。[11] 而且他认为，信息和通信科技的发达将避免金融危机只集中在少数隐秘的财富聚集地，随着形势的发展，金融市场将更好地服务于公共利益。仿佛是要证明大缓和的正确性，2004 年，全球"恐慌"指数——美国股市未来震荡指数（VIX）

下跌至 15，远低于历史平均水平 20。

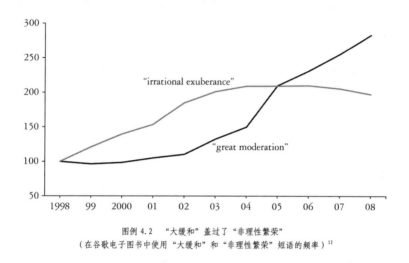

图例 4.2　"大缓和"盖过了"非理性繁荣"
（在谷歌电子图书中使用"大缓和"和"非理性繁荣"短语的频率）[12]

　　形成"大缓和"这种良性定义最为关键的因素是越来越"独立"的中央银行。很多经济学家和政府官员都相信，中央银行现在有能力避免受到短视和自私的政客的影响，它们愿意且有办法抑制有害的经济泡沫，防止或至少是减缓崩坏的局面。中央银行可以把经济保持在"金发姑娘"（Goldilocks，意指有度，不超越极限）的世界，不会太热，也不会太冷。

　　基于这样的原因，欧元区机构特别有信心，自认为有办法控制金融风险。欧洲央行处于超然独立的地位：它并非一个民族国家的中央银行，在它上面没有政治监督。[13]但美联储前主席保罗·沃尔克曾说过，超然独立并不必然是好事。欧洲央行没有政治责任，会导致错误和不稳定。但是，欧洲官员把欧洲央行的独立地位看作纯粹的优势。2004 年 2 月，欧洲央行执委会创始成员、欧洲顶尖的经济学家托马索·帕多阿－斯基奥帕对欧洲央行在欧元区建立的"宏观经济稳定"表示了赞赏。他说，欧洲央行维护了本地区的秩序，"对全球的稳定也做出了重要的贡献"。[14]

在欧元区形成的早期，的确有人担心，银行在意识到风险大大降低之后，会心安理得地无节制扩张。帕多阿－希奥帕曾被问到，欧元区是否有必要设立中央银行监控机构，建立严格的共同安全标准，并监督各国银行系统，他回答说："目前的系统不存在漏洞，没有任何一个区域存在不确定性。"[15]

还有一些人也对欧元区的金融发展表示了赞赏。经济学家贾恩卡洛·科尔塞蒂和保罗·佩森蒂说："在促进金融市场整合方面，欧洲货币联盟的表现远超期望值。"科尔塞蒂和佩森蒂预计，发展日益深入的股票和债券市场将加强"主权发售者之间的竞争，让他们有动力去改革市场，提高效率和透明度"。[16]

所以，之后的三年（2004年中期至2007年中期），所有的事情都围绕着"大缓和"和"非理性繁荣"两种论调之间的竞争展开。在欧元区，因为各成员国得益于不断成长的全球经济，它们深信欧洲央行能保持稳定，也认可大缓和的观点。在欧洲央行的管制下，无风险借贷的思想成风，欧元区银行在区内外放纵式地扩张，也不设置任何能使它们免于金融危机的缓冲措施。

欧元区再次面临测试，这次不再是头五年"稳定"哲学的效果，而是一个更根本的问题：多元性的国家能同时置于单一货币之下吗？而且，当欧洲银行为了增加利润，竭尽所能地利用这种多元性，以至于相关政策失效时，是否存在风险？

欧洲对银行的迷恋

在决定放弃各国货币、采用欧洲单一货币时，银行似乎不在考虑的范围内。但欧洲历史上，银行对经济和政治都颇有影响力。在一个半世纪的时间里，欧元区成员国都曾积极地用银行来推动经济增长。1864年，法兰西拿破仑三世授权建立法国兴业银行"推动法国的贸易和工业"。[17]美国加州大学伯克利分校政治学家约翰·齐斯曼认为，从那时起，银行一步步成为法国政府"政策的基本工具"。[18]命令银行服务于公共政策与法国的政治哲学相当契合，这种观点认为，政府应该积极介入，克服市场的力量，以实现社会目标。

其他国家也相继仿效。德国政府虽然相比于法国政府对市场经济的干涉要小得多，但银行也仍然是德国重要的政策工具。正如哈佛大学经济史学家亚历山大·格申克龙首先强调的，早在19世纪末，德国政府就通过国内银行来弥补工业化方面同英国的差距。[19]在这种背景下，才出现了"信贷"银行（Kreditbanken），在现代术语中是指"全能"银行，它囊括了投资和商业方面的银行业务。这些银行为资金密集型工业，包括钢铁和机械制造等，提供扩张的资金。也是在19世纪后半叶，德国州政府和地方政府鼓动建立了"储蓄"银行（Sparkassen），为中小型企业提供融资。

其他欧洲国家的银行综合了德国和法国银行的不同特点。比如在意大利，大型的德国式"全能"银行成为19世纪工业资本的重要来源。[20]但意大利同时也有小型社区银行。1930年代初期的金融危机之后，意大利政府成为银行业的积极参与者，或是作为所有者，或是作为积极的监管者。

欧洲银行在二战后起到的作用最有价值。欧洲人均经济产量在战后跌到了美国的1/3（图例4.3）。经济学家巴里·艾肯格林认为，当时的任务就是为"广泛的增长"提供资金；资金的需求显而易见，技术上是成熟的而风险较小。银行为新工厂的建设提供融资，这些工厂往往是现存设施的扩建，人们的工作任务也比较"熟悉"。[21]从1950年代至1960年代的"黄金年代"，银行的任务完成得相当漂亮：它们把信用用到最为需要和最有增长潜力的地方。[22]银行"跟着企业走"，伟大的剑桥大学经济学家琼·罗宾逊很有可能这样评价。[23]

到1970年代初，欧元区所在国家的平均收入已经攀升到美国的

70%，相当于大萧条之前的位置。[24]银行资产（贷款和其他投资）几乎达到同GDP等值的水平，这也使得欧洲银行系统的规模比日本和美国的要大。战后重建完成了，但银行和经济增长之间的互利关系也结束了。

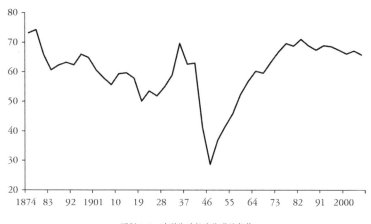

图例4.3　欧洲战后经济的明显复苏
（欧元区人均GDP占美国人均GDP的百分比，以三年移动平均值计算）[25]

　　欧洲的政策制定者现在应该停止银行的扩张，让金融市场更具灵活性，去支持更具创造性的企业家。要赶上美国，多建工厂是无济于事的。经济增长需要更加仰赖"创新"。[26]

　　但这种转变并没有发生。很多政府依旧拥有或者控制着大部分银行。它们催促银行大肆放贷，认为只要多提供信用额度，就能提高生活水准。这种继续把银行作为公共政策工具的趋势在后来成为欧元区的多数地方很普遍，在受法国民法影响的国家——法国、比利时、意大利、葡萄牙和西班牙，尤其显著，这些国家的政府或者是最大的银行拥有者，或者能控制信用的流向。[27]但是，有别于"黄金年代"，这一波信用扩张主要惠及少数地区或利益集团；信用的流向被误导，并助长了公共腐败。[28]

　　例如在法国，吉斯卡尔总统在1974年启动了最近一波银行扩张；

密特朗总统宣誓就职后，又在 1981 年 5 月延续了这一政策，对三十六家银行实施了国有化，把全国银行储蓄的 60% 掌握在了政府手中。[29]哈佛大学政治学家彼得·霍尔指出，这些政策带来的损害超过了利益；政府运用其对金融走向的控制力把资金引向了"衰退的产业"。[30]在意大利，政府所有的银行把相当数量由政府补贴的信用授予了与政府关系良好的企业。[31]虽然意大利政府正着手推动"工业重组和增长"，但和法国一样，意大利银行却主要把资金投向了衰退产业和低生产率的项目。[32]

欧洲企业的借贷即使是在方向正确的情况下，也不是对创新的部门或员工培训进行投资，而是更多地购买机器，以替代人工。这种策略的生产效应非常有限。在机械化程度更高的条件下，工人每个小时的生产率的确提高了，但这种获利会逐渐丧失。"全要素生产"的增长速度很迅速地就下降了，它所看重的是劳工和资金投入等所有因素。[33]

奇怪的是，生产率增长减速却让银行更容易扩张。当增长减缓，家庭一般不会减少收入中储蓄的比例。储蓄增加了家庭财产，所以，财富收入比就升高了。经济增长越慢，财富收入比增长也就越快。经济学家托马斯·皮凯蒂和加布里埃尔·祖克曼发现，从 1970 年代初开始，整个工业世界的财富收入比都增长了，但欧洲增长得尤其快，而欧洲经济增长降低的幅度也最大。[34]家庭把更多的财富储蓄起来，或者投到银行的其他投资当中。资金增多，银行就更愿意借贷出去；在穷尽了传统的企业借贷的获利机会后，它们就扩张到新的但风险也越大的家庭贷款和消费信用的领域。[35]

1970 年代和 1980 年代，银行资产相对于经济总量的规模翻了一倍，在 1990 年达到了 GDP 的 200%。突然之间，生产率的增长极速下滑。在这段时期，银行也成为国内政治的重要角色，[36]它们与影响力相当的借贷者培养了长期的借贷关系。

欧元启动前夕，银行大量合并、扩张

欧洲银行的这种扩张趋势很快就加入与其他历史力量的合奏：推动单一货币。1990 年代初，资本控制被拆解了，这是走向单一货币的第一步。突然之间，各国银行面对着一个新的威胁：巨型德国银行将在原先受到保护的国内市场上与它们竞争。银行家和政府官员纷纷评价：只有巨人才能存活。[37] 所以，在欧元日益靠近的背景下，欧洲银行恐慌式地寻找合并伙伴，希望借此增强实力。绝大多数的合并是国内合并，政府也鼓励银行通过合并，缔造"国家的强者"，这样才能在欧洲或世界市场上竞争。[38] 只有比利时政府对所谓"国家的强者"不太感冒，而在当时的跨境合并中，荷兰国际集团（ING）、富通集团（Fortis）和德克夏银行（Dexia）等三家的合并，都有比利时银行参与。

所以，欧元区是继承了历史。从一开始，欧元区就是"银行过剩"。银行资产相当于 GDP 的 250%，远远高出美国和日本的比例。在欧元区最大的经济体中（德国、法国、意大利和西班牙），银行机构的密集度也大大高于美国或日本。[39] 而在银行过度的欧元区，生产增长率却在下降，传统的借贷业务回报率十分有限。

而且，快速合并的结果让某些银行大到难以处理破产的问题。[40] 早在 2001 年，国际货币基金组织就提醒说，欧元区很多成员国正在酝酿着系统性的金融风险。如果一家大型银行破产并无法偿还债务，在金融系统引起的连锁效应将让政府以及最终整个经济都付出巨大的代价。[41] 国际货币基金组织冷酷地警告说，有的银行太大，拯救手段将耗干政府的财政资源。[42]

更糟的是，因为合并并没有提高银行的效率，这些超大型的银行开始冒险去赚快钱。[43] 它们不愿再仅仅依赖储户作为资金的稳定来源，转而通过变幻无常的"批发"货币市场累积资金。这些市场是由货币管理者来运营的，主要由保险公司和养老基金等大型投资者提供资金。这些货币管理者只借出短期贷款，拒绝银行延期付款。当金融危机乍现，货币管理者可宣布罢市并冻结资金，这样会使得深陷麻烦的银行难以继续运营下去。但在当时货币市场充裕的短期资金的帮助下，银行为欧洲公司的合并和收购等活动提供了大量资助。它们还寻找新的获利机会，包括更加频繁的金融资产交易，以及把贷款打包成新的证券。[44] 国际货币基金组织的报告总结说："总而言之，这些趋势给金融监管的关键部分提出了严峻的挑战。"[45] 这些官式语言讲得再直白些就是，监管者正在车轮下面睡大觉。

监管者允许银行冒更大风险

讽刺的是，因为银行已经膨胀到这种地步，欧元区的政府监管部门决定要帮助银行提高银行支付给投资者的回报率。一个关键性的监管政策是，银行需要保留多少资本，以偿付风险较大的运营活动的可能损失。监管者只要求银行保留少量"高质量"资本，即现金和股份，而不是那些需要偿付债主的债券。[46] 所以，银行可以投资政府债券，但不需要专门保留任何资本；债权人一般认为，政府不会对其发行的债券违约。另外，根据 1988 年的第一版巴塞尔协议（Basel I），这是一份关于最小资本要求的国际协约，监管者允许银行把家庭住房抵押贷款划分到较低风险的资产，其所需准备金比较少。2004 年之后，根据第二版巴塞尔协议（Basel II）的"宽松"管理理念，"复杂"的银行有较大自由度对资产风险作出自己的评估，所以，可以自行决定需要设置多少准备金以应对潜在的损失。银行也就有了更大的余地少报或者隐瞒它们的风险。

欧洲监管者对银行作出了一个特别重要的让步。和美国不同，欧洲监管者不要求银行保留一定数量的权益资本作为吸收风险资产损失的缓冲机制。[47] 在美国，如果银行资产相对于其权益资本的比例奇高（用

管理者和金融市场的术语来说，就是杠杆率高于某个尺度），银行需要
"立即采取矫正行动"减少资产或提高权益资本。权益资本非常关键，
因为它是所有者对银行的投资，是游戏中的保护层。如果银行陷入麻烦，
权益资本首当其冲。[48] 如果银行所有者在游戏中有更多的保护层，银行
就更有能力偿付储户和债主，即使是在不利的情况下；银行在遇到麻烦
的时候，这个权益资本"缓冲垫"可让其较少去寻求政府的财政支援。

　　欧洲监管者允许银行资产以远高于权益资本的速度增长：欧元区银
行的杠杆率因此越来越高（图例 4.4）。银行也越来越依赖货币"批发"
市场取得资金用于借贷，这也提高了它们的杠杆率。因此，欧元区银行
增加借贷所依靠的是不太可靠的资金，而它们用于避免震荡的缓冲功能
却很弱。欧洲银行变得越来越危险，而它们的管理者却浑然不觉。

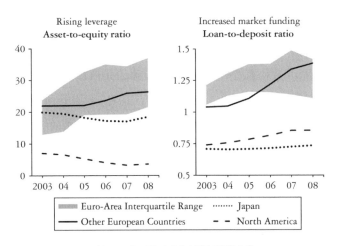

图例 4.4　欧元区银行的资金风险不断增大[49]

　　当然，一些大型美国银行也出现了类似于欧洲银行的问题。毕竟，
美联储主席格林斯潘奉行的哲学是"宽松"管制，并把这一理念植入了
第二版巴塞尔协议。[50] 美国投资银行杠杆率的限制在 2004 年就被它们

的监管者美国证券交易委员会挪去了。这些投资银行立刻抬高了它们的杠杆率，并用借来的资金疯狂地投到抵押贷款支持证券中。[51]美国金融危机调查委员会后来总结说："美国证券交易委员会对五家最大的投资银行有失监管的职责，没能及时限制它们充满风险的行动，也没有要求它们为这些行动准备足够的资本和流动性。"[52]

但第二版巴塞尔协议主要是源自欧洲，那里的监管者在整个大陆的银行体系中不加选择地实施了这个协议。美国联邦存款保险公司主席希拉·贝尔经常参与国际上对银行应该保留的资本数量的讨论，她指出，欧洲监管者"把工业界的自我监管推向了新的极端……他们制定了很高的标准，却留给银行自己去解释和执行"。[53]2006 年 10 月，在巴塞尔委员会的一次会议上，欧洲成员激烈地反对在国家间达成统一的杠杆率限制，"主要是担心这样的限制会迫使一些欧洲银行减少资产或提高资本金"。[54]但这就是杠杆率上限的目的：迫使银行减少资产并提高资本金。美国威廉姆斯学院经济学教授、世界银行前银行监管专家杰拉德·卡普里奥也强调，"放松监管……对欧洲大陆来说是值得担忧的，因为那里的国家最坚持巴塞尔协议"。[55]欧洲银行已经惯于钻监管网络的空隙。[56]

尤其让人担忧的是，欧洲银行在保留较低权益资本的同时，获得的回报率却很低。这与道理相反。原则上，当一家银行所保留的欧元权益资本数量有限时，股权投资者所得的回报率应该更高。例如，一家拥有 100 欧元资产的银行产生了 1 欧元的回报，那么，如果这家银行只有 10 欧元权益资本，它的回报率就是 10%；但如果权益资本只有 5 欧元，那么它的回报率就是 20%。欧元区的银行不仅权益资本相对于资产的比率偏低，而且在 2005 年之前，大多数欧元区银行权益资本的回报率也要低于美国和欧洲其他地方（图例 4.5）。[57]回报率低的原因很简单：欧元区银行资产相匹配的生产率比较低。简单地说，欧元区"银行过度"了，而生产率的增长较低；也就是说，欧元区有太多的银行，但它们借贷的企业却增长乏力。所以，欧元区银行不得不依赖于高风险的业务，通过提高杠杆率来增加权益资本的回报率。但实际上，只有在2006年和2007年很短暂的时期，当欧元区银行的杠杆率达到了非常危险的水平，这些银行的投资者才获得了较高的权益资本回报率。

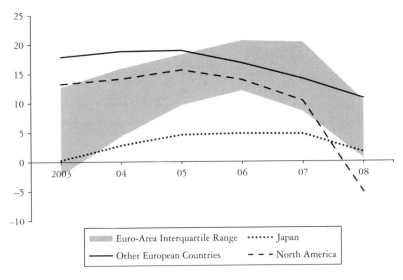

图例4.5　欧元区银行提高杠杆率，赢得较高的权益资本回报率[58]
（权益资本回报率，按百分比计算）

生产率增长受阻，没有耐心的银行铤而走险

　　问题在于，欧元在对欧元区银行产生新的推动力的同时，却无法帮助生产率增长。西北大学的罗伯特·戈登指出，"当美国生产率的火车头启动时，欧洲却留在了原地"。[59] 从1995年至21世纪初，美国公司雇用了更多的工人，并采用技术革新来提高他们的生产率。[60] 但欧洲企业错过了这个窗口期。[61] 甚至连德国和法国的生产率都已经赶不上美国的进步；意大利和西班牙的情况更糟（图例4.6）。

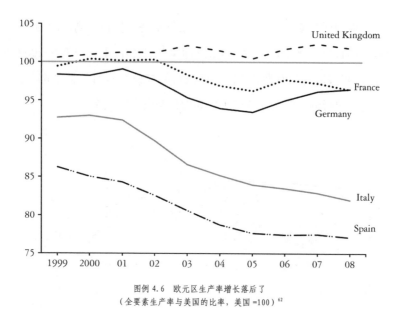

图例 4.6 欧元区生产率增长落后了
（全要素生产率与美国的比率，美国 =100）[62]

　　欧洲机构在欧元启动后不久就认识到，生产率增长缓慢是严峻的问题。2000 年 3 月 23 日至 24 日的里斯本峰会上，欧元区的领袖虚张声势地发誓要加强创新，让教育现代化，使欧洲经济"成为世界上最有竞争力和活力的知识经济"。[63] 他们还列出了 102 项特别目标，要求各国政府在 2010 年前达到，同时要实现 GDP 年均增长 1%。

　　接下来展开了一系列行动。很快就出现了"竞争委员会、企业与信息社会理事会、创新平台、增长计划和高端工作小组"，等等。[64] 但这些有仪式感的委员会和程序最终仅仅剩下了形式。人类学家克利福德·格尔茨可能会评论说，欧洲机构再次"内卷化"（involutionary）。[65] 经济学家圭多·塔贝里尼和查尔斯·威普罗斯批评了里斯本议程中的这种苏联式量化目标。他们深感悲哀地说："政府只是想显示他们做了些事情，但实际上没有任何实质的东西受到影响。它看起来像个玩笑，但它又不是。"[66] 麻省理工学院的奥利维尔·布兰查德把里斯本的措施（要把欧盟变成世界上最具活力和竞争力的经济体）描述为"大部分是空洞而乏味的"。[67]

当时有另外一种可能性。或许就像欧元的推动者承诺的那样，使用单一货币将促使企业积极提高生产率。加州大学伯克利分校经济学家安德鲁·罗斯认为，这种结果是有可能的。他预测，"单一货币"将在欧元区触发更加繁荣的贸易，相应地也将促进竞争，迫使企业提高它们的绩效。他运用现代计量经济学的技术分析了此前货币联盟中各国的经济状况。罗斯依据之前的经验推算，欧元将使成员国之间的贸易量翻一倍，甚至可能增加两倍。[68] 罗斯并不确定，为什么单一货币能让贸易增加这么大的数量。他承认，减少交易成本和降低汇率变动并不能产生这么大的效益。[69] 但又找不出别的什么原因，所以他说，"最好的说法也就是，我们并不知道为什么单一货币对贸易有这么大的助益"。[70] 然而，罗斯在文章开头和结尾都坚持说，欧元"无疑将带来收益"。[71]

罗斯的说法引起了所有人的注意。在给英国和瑞典政府的报告中，他重申了前面的看法，采用单一货币后他们的国家和欧元区国家的贸易将增加一倍，甚至两倍。[72] 罗斯告诉这两个被国内政治拖累的欧洲国家，如果不加入欧元区，它们将失去极大的经济利益。[73]

曾在普林斯顿大学担任经济学教授的本·伯南克在 2002 年被任命为美联储主席，他对罗斯的看法表示了质疑。2004 年 2 月，伯南克指出，好几个国家，包括德国，在减少而不是增加它们与欧元区其他国家的贸易量。他说，欧元区内的贸易量比 1990 年代初顶峰时期显著下降了。[74] 意大利的贸易量下滑最为严重，而德国和法国对欧元区的出口量也减少了（图例 4.7）。贸易增长的机会更多出现在欧洲以外，尤其是生机勃勃的美国和新兴市场经济体。所以，最恰当的结论应该是，欧元对贸易模式没有影响。直到很久之后才有了一个更谨慎的计量经济学研究。这项研究表明，欧元区国家早已在彼此之间形成了很强的贸易关联；如果把这些关系计算进来，欧元的影响趋于零。这之后，罗斯和他的合著者、旧金山联邦储备银行的鲁文·格里克，发表了一份致歉声明，

称他们从其他货币联盟的数据来进行推算是错误的，并指出单一货币的
贸易益处并不适用于欧元区。[75]

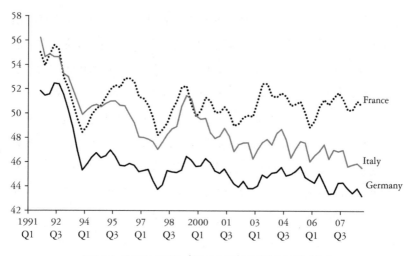

图例 4.7　欧元区主要国家与其他欧元区国家的贸易比重下降或停滞
（百分比，三个季度的移动平均值）[76]

　　欧洲生产率的问题并没有魔法可以解决。戈登提过很多建议，包括
对教育和研发体系进行全面整顿，吸引高技能劳工，发展股市金融和引
入风险投资，等等。[77]一份由欧洲顶尖经济学家撰写的报告得出了同样
的结论：要赶上与美国的差距，应当"优先投入技能培训，更重视市场
金融的力量，并对研发和高等教育追加投资"。[78]这些都是重要且急迫
的任务。研究和技能教育的前沿都在迅速扩张。[79]直到不久前还都处于
低工资阶段的亚洲国家纷纷在教育方面投入了巨大的资金，它们的企业
也拼命地发展技术能力。但在欧洲，欧盟的机构和关联组织却什么都没
做。成员国都是仓促之间自行决定并对长期战略项目进行投资。

　　所以，在看不到欧元区生产率会很快增长的前提下，银行厌倦了该
地区有限的利润增长空间，开始把目光转向国外的新机会。尤其是德国
和法国银行加入了美国非理性繁荣的行列。它们从美国货币市场借来美

元,去投资不可靠的证券,其中还包括"次贷"。[80] 它们通过"影子银行"系统运作,而且对美国金融过度有重要推动作用。[81]

德国和法国银行在本土制造了非理性繁荣。它们迅速提高了对欧元区所谓边缘国家的贷款,包括希腊、爱尔兰、葡萄牙和西班牙。这些边缘国家突然看上去"没有风险"了。在欧元启动前,这些国家能够且事实上贬值了本币。贬值后,这些国家的债务人感觉越来越难以偿还以美元或德国马克计价的国际债务。所以,在贬值预期下,外国债权人提高利率以作为其承担较高风险的补偿。现在因为单一货币,贬值的风险消失了,这些国家看起来比过去更加安全。基于这种较为安全的考虑,外国债权人因此降低了针对边缘国家债务人的利率(图例 4.8)。债权人对由此新显现的业务深感满意,但边缘国家的债务人却陷入更深的债务。

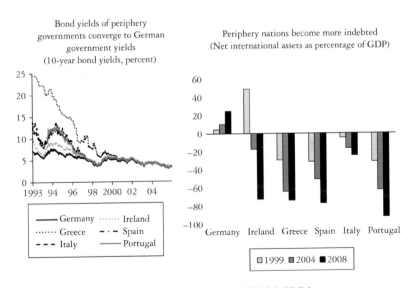

图例 4.8 利率下降时,欧元区边缘国家也深陷债务
边缘国家政府债券效益逐渐向德国政府债券效益靠拢(十年债券效益,百分比)
边缘国家进一步深陷债务(国际净资产占 GDP 的百分比)[82]

值得关注的是，不仅对边缘国家的利率降低了，而且整个欧元区成员国都看齐了。所以，希腊债务人和德国债务人面对的利率都相同。德国和法国债权人相信，希腊和其他边缘国家债务人不会债务违约；即使他们要这样做，欧洲机构也会帮他们纾困。当时在加州大学伯克利分校担任经济学教授的莫里斯·奥布斯特费尔德强调，欧洲机构假定银行持有的政府债券是零风险，也就意味着在政府濒临违约边缘时，它们会想方设法偿还政府的债权人。相似地，欧洲央行向银行贷出款项时，也认为所有成员国的政府债券具有相同的安全价值。所以，奥布斯特费尔德说，欧元区金融框架鼓励债权人轻易把钱借给公共财政并不稳健的政府。[83]

事实上，使信用流向边缘国家的因素远比奥布斯特费尔德所描述的更有影响力。政治算计胜过经济考量，这才产生了欧元，但艾伦·沃尔特斯的幽灵还藏在暗处，经济自身的规律即将反扑。经济的报复总有一天会到来。

沃尔特斯的幽灵驱使银行沉醉在借贷狂欢中

托马索·帕多阿－斯基奥帕非常自豪，欧洲央行成功地控制住了"通胀和通胀预期，实现了它自身所要求的价格稳定"。[84]类似地，在 2003年 11 月 1 日接替维姆·德伊森贝赫担任欧洲央行行长的让－克洛德·特里谢说，欧洲央行以稳健而警觉的姿态，传达出一切静好的讯息，以最小的行动达成了稳定的低利率。[85]

这种沾沾自喜却忽略了要点。瑞典和英国一直小心翼翼地与欧元区保持距离，同样实现了低利率。比欧元区国家穷得多的波兰虽然最有可能遭遇通胀暴涨，但也把通胀率保持在了与欧元区持平的水平。事实上，全世界的通胀率都在迅速下降。时任国际货币基金组织首席经济学家、研究部主任肯尼思·罗戈夫解释说，来自中国和其他亚洲国家出口商的竞争对价格造成"下行的压力"。[86] 所有地方的通胀都在下降，这主要是因为便宜的中国产品抑制了价格的上涨。

事实上，欧元区有严重的通胀问题。平均 2% 左右的通胀率掩盖了通胀率分布不均的大问题。位于慕尼黑的德国经济研究所所长汉斯 – 维尔纳·辛恩在 2003 年就注意到，德国的通胀"低得让人担忧"，而爱尔兰的通胀却一直太高。这一点伯南克在 2004 年初也有所强调。[87] 通胀不均可能导致信用暴涨，这才是问题所在。

艾伦·沃尔特斯在二十年前就曾解释过通胀不均和信用暴涨之间的关联。[88] 欧元区不同地方的利率已基本持平，这是所谓的"名义利率"，也是消费者和企业对借款支付的利率。但商业决策却是建立在"实际利率"的基础上，这是指名义利率与通胀率之间的差值。当名义利率较低，而通胀率较高时，债务相对容易清偿。高通胀吸引人们去借款，因为在高通胀下，企业可以标更高的价格，而消费者也有望获得更高的薪金，这都有利于他们还债。而对于很多边缘国家的借贷者来说，真实利率是低的，甚至是负数；通胀侵蚀债务的速度快于利息增长的速度。而且沃尔特斯还提出，贷款方也会觉得通胀是好事情，最近的研究也证明了这一点。[89] 对于德国和法国的贷款方来说，边缘国家价格和薪金攀升使得他们的借贷方有足够的欧元偿还债务。取消货币贬值的手段会导致一个尴尬的局面，即较高的通胀将削弱边缘国家借贷方的竞争力，但会使得他们更可信。

所以，几乎和沃尔特斯预测的完全一样，外国资本流入了高通胀的国家；资本的流入又使得通胀率进一步升高，反过来又吸引更多的资本流入（图例 4.9）。在单一货币制下，欧洲央行无法制止这种自我强化的过程。同时，德国以及法国的通胀一直保持在低位，因为它们的银行都把钱借给了边缘国家。欧洲央行无权去解决欧元区成员国之间通胀不均的问题。如果它想抑制边缘国家的这种狂热趋势，它就不得不提高利率，但德国和法国就会叫嚣不满，它们在 2001—2003 年间就这样做

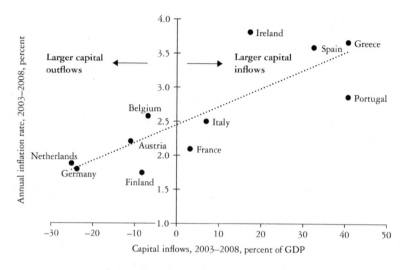

图例 4.9　外国资本的涌入抬高了通胀，2003—2008 年 [90]

过。[91] 都柏林三一学院经济学教授菲利普·莱恩在 2006 年冷静地指出："共同货币政策并不总是适合于所有成员国。"[92] 美国不同，美国各州和不同地区之间通胀的差异很快会被劳工迁徙和财政转移支付抹平。欧元区的通胀不均则一直持续，因为这里劳工迁徙的程度较低，财政转移支付实际上不存在。更重要的是，欧元区的政策制定者似乎对信用膨胀—通胀的恶性循环漠不关心。[93]

更糟糕的是，当资本越来越多地涌入边缘国家，借贷人就越是无法偿还债务。通胀高企使得生产成本升高，国际竞争力下降也就很明显了。边缘国家的出口商在国际市场上被中国和东欧的竞争者所取代。[94] 边缘国家出口增长率下滑了，进口却在迅速增加，所以它们的经常账户赤字不断扩大。因为持续高通胀而导致的国际竞争力下降最终使国内公司的利润被压缩，违约风险也增大了。

这种风险尤其严重，因为欧元区边缘国家生产率的增长几乎停滞了。即使是用低于美国的欧元区标准来衡量，欧元区边缘国家的生产率增长也是很糟糕的。尤其是在 2003 年至 2008 年的经济繁荣期，虽然资本不断涌入边缘国家，这些国家生产率的增长也几乎为零。事实上，在一些短时期里，生产率是在下降，也就是说，这些国家在运用资本和劳工进行生产时，效率在下降。

边缘国家生产率的低增长并不是偶然或短期内的异常。这些国家缺少在日益重视知识经济的国际环境中进行竞争的基础。教育的标准，尤其是研发的标准，即使用欧元区的低标准来衡量也是远远落后的（图例4.10）。没有理由期待它们的生产率会突然上升。欧元区边缘国家正在经历典型的"不良信用繁荣"，一般结局惨淡，对此，经济学家戈顿和奥多涅斯都指出过。信用可以助长国内的需求，但失去竞争力，生产率增长又迟缓，这些都使得偿还债务越来越难。

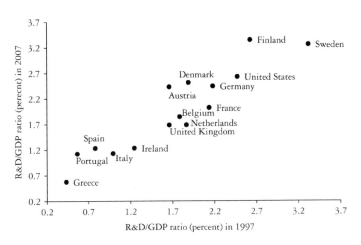

图例 4.10 欧元区边缘国家的研发率 1997 年很低，2007 年仍然很低
（研发占 GDP 的百分比，2007 年比 1997 年）[95]

欧洲之前曾看到过这种景象。欧洲汇率机制要求欧洲国家彼此固定汇率，却在 1992 年至 1993 年间，完全按照沃尔特斯解释的逻辑崩溃了。[96] 高通胀的国家可以在一段时期吸引外国资本，但它们的竞争力也持续下滑；到某个时候，贷款方最终会觉得，是时候拿走利润和撤资了。

现在，又在重演欧洲汇率机制时的情景，但问题要严重得多。欧洲的银行比原先要大很多，那种认为把钱借给边缘国家无风险的认识已经根深蒂固，而接受外国资本的边缘国家生产率的增长，从欧洲汇率机制危机以来一直在下滑。

欧元区边缘国家的金融和认知泡沫

虽然沃尔特斯讲的原理与在欧元区边缘国家运作的机理一致，但每个国家的故事又不相同。意大利虽然没有出现信用膨胀，但它的经济也没有出现增长；在爱尔兰和西班牙，信用流入助长了惊人的地产价格和建筑狂潮；而希腊和葡萄牙的国际竞争力则被严重削弱了。

意大利

意大利得到的国际资本很少，它的通胀也比较低。所以，意大利没有金融泡沫。但几年之后，意大利的长期问题就显露无遗：经济似乎就是无法增长，而银行系统太臃肿了。

爱尔兰

爱尔兰的泡沫最大，历史包袱太多。1970 年代和 1980 年代，爱尔兰就像希腊、葡萄牙和西班牙一样，相对贫穷，经济秩序混乱。因为受制于高失业率和高通胀，爱尔兰政府常常不得不对爱尔兰镑进行贬值，以弥补高通胀造成的损失。1988 年 1 月，《经济学人》对爱尔兰的一篇调查附上了一张照片：一位衣衫褴褛的年轻女子手中抱着一个小女孩站在人行道上，面前摆着一个乞讨碗。其意思很明显："可怜的爱尔兰"已经入不敷出。[97]

但是，从 1980 年代后期到 1990 年代初，几个有利的因素让爱尔兰的经济好转起来。不断扩张中的美国信息科技跨国公司和知名医药公司决定利用爱尔兰税收低的优势。它们在爱尔兰开设工厂，创造了就业，并为爱尔兰供应商带来了溢出效应。都柏林的国际金融中心吸引了全球的金融公司。教育标准有所上升，欧盟也为急需的基础设施建设提供了更多的资助。在不到十年的时间里，爱尔兰人均收入就飙升到世界最高的行列。《经济学人》1997 年 5 月的封面文章盛赞爱尔兰是"欧洲之光"。

批评家不满地说，爱尔兰的进步被夸大了。一位记者写道，爱尔兰变成了"跨国工业的洗钱机器，帮它们逃避了税收"。[98] 外国公司在爱尔兰用不同的会计手法计算它们的全球利润，在统计上给人以幻觉：这些庞大的利润看起来似乎是爱尔兰有限的劳工产出的，以为爱尔兰的生产率短时间暴涨。但爱尔兰比跨国公司玩的统计杂耍有更多实在的东西。经济学家帕特里克·霍诺汉和布伦丹·沃尔什的研究表明，在剔除避税手段造成的假象之后，爱尔兰取得的进步，虽然并没有那么惊艳，却是"实实在在的"。[99]

所以，爱尔兰不同于其他的边缘国家，它的政府和民众并不把欧洲单一货币看作"外部驻锚"，仅用于逐步加强国内政策的管制。而且爱尔兰加入欧元区也没有什么经济利益。对其来说，所谓的交易便利也非常有限，因为该国主要的贸易和投资关系是与英国和美国发生的。1996 年 10 月，都柏林智库经济与社会研究所（ESRI）的报告指出，欧洲共同货币政策并不能满足爱尔兰的需要。[100] 这份报告的主要作者之一霍诺汉承认，加入欧元的经济论证"并不太令人信服"，他后来担任了爱尔兰中央银行行长。[101] 但这份报告总的倾向是爱尔兰加入单一货币区，只是这个结论的原因有些奇怪：利率下降，在建筑领域将创造更多的就业。[102]

因为爱尔兰经济上的主要进展是近期才取得的，所以它过去遗留的欠账对当前仍有影响。1990 年代，爱尔兰还没有完成从农村向城市化的转变。转变农业土地用途，用于修建住宅和商业建筑，创造了巨大的商机。郡立法会利用其改划土地的实权，换取经济上的利益和政治影响力。政府为刺激相关产业的腾飞，提供了诸多政策上的好处，例如为首次购房者提供补助金，抵押贷款利率优惠，以及为城市翻新和资本利得降低税收等。[103] 1996 年，国际货币基金组织已经注意到了爱尔兰地产价格的飙升，对刺激建筑产业发展的政策提出了警告。[104] 但是，政客、地产商和银行之间已经暗中勾结。地产价格上升也为腐败提供了动机和可能性。

从 1997 年 11 月开始的一系列司法调查导致掌权的爱尔兰共和党高级官员利亚姆·劳勒和雷·伯克被判刑。[105] 这些调查使得查尔斯·豪伊、艾伯特·雷诺兹和伯蒂·埃亨等前后几任共和党总理蒙羞。[106] 腐败网络渗透整个党组织。那段时期参与资金运作的一位关键人物说道：“共和党有利于建筑商，而建筑商有利于共和党，这本身并没有什么不好。”[107]

爱尔兰加入欧元区可能有几个原因，其中之一是官员的错觉，他们以为爱尔兰如果不加入欧元区，可能丧失获得欧洲共同体资金的机会，这是“穷困”的过去留下的阴影所致。爱尔兰人也想与英国在政治上保持距离。[108] 但掌权的共和党坚决拥护欧洲单一货币也是因为它重视低利率，这有利于保持由地产价格上涨激发的建筑热潮。

爱尔兰加入欧元区后，利率的确快速下降，而且当通胀率上涨时，“真实利率”就为负了。[109] 爱尔兰建筑开发商和银行高兴坏了。从 2001 年至 2003 年，大量便宜的信用每年推动地产价格上涨 10% 到 15%。

在这种疯狂的景象中，国际货币基金组织的职责是警惕金融危机；事实上，在 2003 年 8 月，该组织的年度报告警告说，爱尔兰的信用和地产价格膨胀可能已经形成泡沫；[110] 房屋价格被“严重高估”，这是“重大风险”。[111] 爱尔兰政府予以了反驳，称爱尔兰的家庭负债率并不高，未来一片光明的年青一代完全有能力还清债务。[112] 国际货币基金组织收回了警告，作出结论说，违约的可能性比较低，金融系统的风险属于“可控范围”。[113]

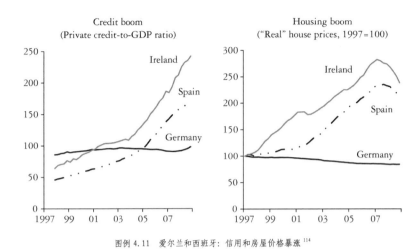

图例 4.11　爱尔兰和西班牙：信用和房屋价格暴涨[114]

　　在 2003 年短暂停顿后，"真实的"地产价格（对消费者价格指数的通胀调整后的房产价格）从 2004 年至 2007 年每年上涨 15% 至 20%（图例 4.11）。这比西班牙的情况更为严重，爱尔兰的地产泡沫已经上升到狂热的地步。金融史专家查尔斯·金德尔伯格和罗伯特·阿利伯在著作中指出，当人们购买财产是想着要把它卖给更大的傻瓜时，泡沫就形成了。[115] 对照而言，狂热就是发狂的结果。

　　爱尔兰的银行在背后驱动这一波热潮。而其中起到引领作用的是盎格鲁-爱尔兰银行，它就像服了类固醇一样疯狂扩张。这家银行的普通股持有者基本没什么话语权，所以它的管理团队肆无忌惮地向爱尔兰地产市场贷出款项。由于一般储户的存款速度较慢，盎格鲁-爱尔兰银行更依赖从货币市场获得短期的大规模基金。这是很赚钱的买卖：以低利率借入短期基金，然后以优惠利率贷给地产行业。

　　盎格鲁-爱尔兰银行设定了行业标杆，所有其他银行，包括两家主要银行——爱尔兰联合银行和爱尔兰银行，也被迫卷入了这场淘金热。[116]尤其是当盎格鲁-爱尔兰银行受到著名国际分析家的热烈追捧，其他银行也倍感要随大流。高盛集团在 2006 年 12 月作出的评估对"盎格鲁－爱尔兰银行的前景不吝赞美"。[117] 位于纽约的奥纬咨询公司（Oliver Wyman）对盎格鲁－爱尔兰银行更是赞赏有加，把它描述为"超级模范"，在 2007 年把这家银行评为世界表现最佳的银行。[118]

那些年是逐渐陷入麻醉的时期。在爱尔兰议会 2011 年委托的一次调查中，前芬兰官员彼得·尼尔伯格报告说，爱尔兰金融管理局"很明显知道爱尔兰的银行正在酝酿诸多问题"。[119] 但当时流行的是"宽松的""基于原则的"管制，银行在管控风险方面被赋予了很大的自主权。而银行毫无顾忌地滥用了这种自主权。[120] 审计机构和监管机构都觉察到，盎格鲁－爱尔兰银行和其他爱尔兰银行已经"实际上脱离了"必要的程序。[121] 但每个人都喜欢成功，没有人愿意破坏欢乐的聚会。

连国际货币基金组织也改变了调门。2006 年，泡沫已显示出了疯狂的局面，但在该组织的年度评审中找不到任何"激增""泡沫"一类的词。[122] 相反，国际货币基金组织对爱尔兰金融系统的评估显示，前途一片光明。他们最后的结论说，是有一些扭曲，但总的来讲是好的。[123] 尼尔伯格写道，国际货币基金组织的认可强化了对银行系统"健康"的信心，也包括对这个系统的监管者——中央银行和金融监管部门的信心。[124]

耶鲁大学的罗伯特·希勒说，所有的非理性繁荣时期，都是担忧刚刚升起，就让位于一种认知——"这次和以往不同"。有些观察到疯狂景象但保持沉默的人最终也被吸入了狂热之中。"那些认为已经有泡沫和价格太高的人，之后却质疑自己之前的判断，并开始疑惑是不是基本的经济力量在推动价格上涨。"他们开始相信，"这些基本要素将持续不断地提升"。[125]

西班牙

西班牙地产信用膨胀发生在 2003 年末，几乎是爱尔兰开始这波行情的十年之后了。在爱尔兰，单一货币进一步促进了这种膨胀；在西班牙，则是单一货币诱发了膨胀。和爱尔兰一样，早就有人担忧，风险正在增加。国际货币基金组织也担心西班牙地产价格上涨的速度，于是在2003年末建议西班牙政府逐步停止为购房者提供的"慷慨优惠"。[126] 正像在爱尔兰那样，西班牙政府回应说，是人口增长带来的需求而不是金融投机，引起了地产价格上涨，国际货币基金组织接受了这种解释。[127]

　　然而，很多西班牙人保持了警惕。其中就有在政府中担任多个要职的米格尔·安赫尔·费尔南德斯·奥多涅斯，他曾是西班牙经济大臣。2003年末，费尔南德斯·奥多涅斯以非官员的身份反复提出警告，西班牙正依赖于借来的钱和时间为生。他担忧，不断涌入的外国资本需要通过提高出口、减少进口来偿还，在西班牙逐步丧失竞争力的情况下，这个任务日益艰难。费尔南德斯·奥多涅斯冷酷地说："未来还要很久才到来，但它终究会到来。"[128]

　　西班牙银行也深感不安。该银行在2005年4月发布的《经济公报》（*Economic Bulletin*）中总结说，地产价格已经"远离它们的基本面"，脱离了现实。西班牙家庭买的房子越来越贵，他们也因此深陷债务。但给经济踩刹车，又会使得债务更难清偿，金融灾难和违约的可能性也就越大。[129]

　　金德尔伯格和阿利伯告诉我们："在经济膨胀期，欺诈行为会上升……每个人都想得到更多增长的财富，骗子就是利用人们的这种贪婪。"[130] 西班牙和几年之前的爱尔兰一样，也受到了腐败的威胁。但在西班牙，一种更黑暗的交易产生了。2005年3月，警察在"白鲸行动"调查中发现，国际罪犯和黑手党正在用他们隐瞒的财产购买西班牙的地产。[131] 2006年3月的一个调查导致海滨城市马贝拉的几位市政官员被捕，其中两位前市长被指控有欺诈行为，并和意大利和俄罗斯的黑手党有关联。[132] 大区政府和马德里的中央政府对西班牙声誉遭受的损害感到惋惜，却没有着手控制市政府的负责人；相反，他们"旁顾左右而言他，手掌或伸或蜷地放在背后"。[133]

和爱尔兰一样，大区政府和市政府负责授权土地开发；但在西班牙，它们同时也控制着大量的储蓄银行。[134] 虽然这些储蓄银行名义上是私人机构，但它们的董事会里有各种政客，"其中很多银行是被当地知名的政治人物，甚至国家名人所操控"。[135] 这些储蓄银行引领趋势，先一步向市场提供了大量的地产信用，它们所起到的作用类似于盎格鲁－爱尔兰银行之于爱尔兰。就像爱尔兰联合银行和爱尔兰银行被迫效仿盎格鲁－爱尔兰银行一样，西班牙各家银行也争相跟上储蓄银行的步伐。在这个过程中，西班牙储蓄银行和其他银行负债陡增，并越来越依赖于市场上的"大型基金"。[136]

2006年中期，舆论导向开始变化。官方口吻仍然十分乐观。国际货币基金组织在年中评审时说，西班牙的金融领域"非常具有活力，竞争力很强"，它的安全性"通过强有力的谨慎监管"得到保障。[137]

但仍然有人表达担忧。2007年4月，一家知名的地产商被发现"夸大利润"，[138] 西班牙的金融和地产股票遭遇了下滑。西班牙的银行巡视员在5月份发出最严重的警告，不惜违背官方降低风险评估的要求。在给副首相佩德罗·索尔韦斯的一封措辞强硬的信中，这些巡视员强调西班牙央行行长海梅·卡鲁亚纳正在误导西班牙公众和投资者。卡鲁亚纳轻视了"西班牙金融系统潜在的风险"，忽略了西班牙和全球经济突然发生反转后"可以预见的结果"。巡视员们写道："基于我们对复杂金融监管任务的经验和知识，这些风险并不像行长所宣称的处于控制之下，其后果也不像他说的是有限的。"[139] 巡视员们进一步指出，卡鲁亚纳刻意低估未来的危险，是因为他允许无节制的借贷广泛流行，而现在他又不愿意承认这个国家经济和金融系统面临的风险。

2006年7月，卡鲁亚纳的行长任期结束了，他升迁到了国际货币基金组织的高级职位。他的接任者正是那个在2003年底警告金融危机即将到来的米格尔·安赫尔·费尔南德斯·奥多涅斯。在这个位置上，他的调门和缓了下来。2007年4月，正当次贷危机在美国升温的时候，西班牙和其他地方的地产价格遭到越来越多的质疑，费尔南德斯·奥多涅斯提出，地产价格和经济将从令人炫目的高位"软着陆"。他说，银行拥有金融缓冲工具来吸收相关的损失。[140]6月份，美国抵押贷款市场灾变的迹象进一步显露，他又说，西班牙对房屋的需求将继续维持，不太可能出现大批的抵押贷款违约。[141]9月份，金融市场已经相当紧张，费尔南德斯·奥多涅斯说："西班牙的贷款人在金融波动期间将不为所动。"[142]他再次重申，银行在经济向好的时期已经建立起强大的缓冲能力，将帮助它们度过艰难的时期。国际货币基金组织又一次强调了乐观的预期：经济只会逐渐放缓，未来依然"风光无限"。[143]

希腊和葡萄牙

在希腊和葡萄牙，地产价格泡沫产生的影响要稍逊于爱尔兰和西班牙。但是，和爱尔兰、西班牙一样，国内价格高通胀让希腊和葡萄牙失去了国际竞争力。因此，在这四个国家，都是进口增长的速度高于出口，这意味着它们的经常账户赤字升高了。国际投资者借钱给这些国家，以贴补赤字，因此这些边缘国家所欠的外债进一步高涨。

麻省理工学院的奥利维尔·布兰查德和博科尼大学的弗朗切斯科·贾瓦齐在2002年末发表了一篇漂亮的研究论文，对希腊和葡萄牙外债升高表示了祝贺，并将其归功于欧元，说是欧元产生了这些让人期待的结果。[144]布兰查德和贾瓦齐论述的逻辑让人信服。他们解释说，希腊和葡萄牙是欧元区"最穷"的国家，因为"穷"，所以还有巨大的投资机会尚未开发；外国资本流入这两个国家将有助于提高生产性投资，这将提升希腊和葡萄牙的增长率。既然外国资金可以助推国内经济增长，希腊人和葡萄牙人不必担心出口少于进口，也不必担忧储蓄少于投资，因为经济繁荣可以很快帮助他们偿还外国债务。[145]而且，外国人投资希腊和葡萄牙也可以比投资本国赢得更高的回报率。每个人都有所得。布兰查德和贾瓦齐总结说，政府只要不介入，让这个过程自动展开就好。他们建议，"善意的遗忘"政策"看起来是个理性的选择"。[146]

在位于华盛顿的布鲁金斯学会举行的一次经济活动研讨会上，布兰查德和贾瓦齐面对众多顶尖的经济学家讲述了他们的研究成果。普林斯顿大学的经济学家皮埃尔－奥利维耶·古兰沙有备而来，在会议上质疑了他们研究的现实性。

古兰沙说，在过去外国资本流入的不同时期，外国投资者对生产企业的投资并不多，而且对推动国内生产投资的作用也很有限。他说，和早期的这些情况相似，希腊和葡萄牙的债务会不断升高，但偿还能力却不会提高。[147]"恐怖的违约率"自然会上升。古兰沙建议，现在已经不早了，希腊和葡萄牙政府的当务之急是收紧金融控制，开始节省各项开支，以备账单到期之日。

接着发言的是另一位普林斯顿大学的经济学家克里斯托弗·A.西姆斯，他的观点和古兰沙是一样的："穷国开放资本市场在一开始都会引来大量资本流入，之后大都会出现金融问题。"[148]西姆斯还对主权债务违约提出了警告。

2003 年 8 月，经济学家卡门·莱茵哈特和肯尼思·罗戈夫注意到，希腊和葡萄牙属于一小群"连续违约者"。[149]在 19 世纪，这两个国家多次对外国债权人违约。罗戈夫当时是国际货币基金组织首席经济学家，莱茵哈特是他的副手之一。他们和同僚米格尔·萨瓦斯塔诺合作撰写的报告指出，连续违约者的"金融结构和系统都比较脆弱"，而且长期持续。这些国家的政治体系终究无法挽救它们的失败。莱茵哈特、罗戈夫和萨瓦斯塔诺预计，有违约历史的国家将继续违约。他们说，以为新的货币和金融安排就能删除连续违约的历史，是愚不可及的。[150]

国际货币基金组织的工作人员也充满担忧。他们对希腊脆弱的金融和财政体系有直接的体验。历任工作人员都对希腊有详细记录，自从希腊在 1981 年加入欧洲经济共同体之后，其经济就一直步履蹒跚，从一场危机到另一场危机。[151]希腊接二连三的失败揭示出深层次的病灶：经济多样化不足；很多经济活动是在"黑市"里展开的，逃避了税收；腐败在政治文化中根深蒂固。

2003 年 6 月，国际货币基金组织在年度评审中强调，希腊各银行的盈利率出现下降，它们的资本缓冲机制在退化；因此，它们在经济下行期面临极大的压力。[152] 国际货币基金组织的报告礼貌地提醒"要提高监管力度"，并且"加强银行的资本"。[153] 他们还有其他的担忧：希腊政府在养老金和医疗方面的支出增长太快，当人口出现老龄化问题时，这些花销会出现爆炸的态势。[154]

希腊公共财政脆弱性的长期问题之一是普遍的逃税。经济学家尼古劳斯·阿塔瓦尼斯、阿代尔·莫尔斯和玛格丽塔·楚楚拉在一项精彩的研究中指出，银行认为习惯于逃税的人的信用往往更好。[155] 违反税收法律的人大多是专业人士，他们称自己是医药、法律、工程、教育和媒体等领域的个体经营者。阿塔瓦尼斯、莫尔斯和楚楚拉估计，在 2000 年代的后半程，这些逃税者使得希腊政府每年少收入了 50 亿至 100 亿欧元，这相当于那些年政府预算赤字的 50% 至 100%。[156]

2004 年至 2008 年间，国际货币基金组织反复提出警告，希腊的经济增长不可持续，变数很多。[157] 但该组织对不可持续的增长和债务上升的威胁发出的警告，就像卡珊德拉（希腊神祇，不为人相信的预言家）的预言，似乎有些过头了。希腊经济以年均 4% 的速度增长，比大多数欧元区成员国的增长率都要高。泡沫本身击败了该组织的预测。或许希腊的经济增长会克服它的债务负担？国际货币基金组织因此有所收敛。2008 年 3 月 20 日，该组织的职员对希腊经济前景作出了乐观的预测，但就在几天前，美国政府刚刚为著名投资银行贝尔斯登公司提供了援助，世界经济也正滑向深渊。这份交给执行董事会的报告附加了常规的说明，但粗体字的标题写着："希腊经济已经连续上涨了好几年，这种强有力的趋势估计还会保持一段时间。希腊银行看起来是健全的，目前大致上还没有受到金融市场灾难的影响。"[158]

　　和希腊一样，葡萄牙也存在预算赤字。葡萄牙更严重的问题是经常账户赤字，乃所有工业国家中最高的。[159] 外国银行为这一对外赤字提供帮助，资金就涌入了葡萄牙的银行，后者则向葡萄牙人放贷。在希腊，外国资金助长了经济泡沫；与之不同，葡萄牙的经济增长率却在放缓。因此，葡萄牙的债务负担迅速增加；到 2002 年初，国际货币基金组织注意到，家庭和企业债务"正以无法持续的速度上升"。[160]

　　2006 年，布兰查德又回到关于葡萄牙经济的研究中。他大感惊愕。他在报告开头着重强调："葡萄牙的经济有严重问题。"问题清单并不长，但让人感到绝望："生产率增长乏力；增长很低；预算赤字却很大，经常账户赤字太大了。"[161]

　　葡萄牙的工资已经上涨了一大截。欧元对美元和其他国际货币的交换价值，在 1999 年初剧烈下跌后，下跌趋势一直持续到 2002 年初，最近上涨则比较明显。由于国内生产成本升高和欧元走强的双重阻碍，葡萄牙出口商很难在国际市场上以具有竞争力的价格出售货物。他们的市场逐渐被中国和其他低工资亚洲国家的生产商蚕食。投资从制造业出口转向了批发和零售贸易，教育和医疗卫生，以及社会工作，这些是外国竞争者无法参与的。[162] 葡萄牙企业缺少能力和动力去提高产品质量或建立复杂的技术密集型生产线。教育水准仍然落后，政府也没有采取措施去鼓励研发。政治上受优待的企业更容易获得资本，没有动力努力向上。[163] 由于无法推动经济增长，葡萄牙逐渐滑向了债务危机。

　　到 2007 年末、2008 年初，欧元区边缘国家的金融泡沫已经持续了至少五年。这些国家即使保留了自己的货币和货币政策，也仍然会遇到经济和金融问题。明显的是，这些国家共同的货币政策处理不了当时较高的通胀率，却诱使欧元区的银行采取了不负责任的金融行为。脆弱的金融状态之所以持续了这么长时间，是因为人们以为欧元本身已经消除了风险，这导致了认识上的空洞；类似的认知问题伴随着历次金融泡沫。《稳定与增长协定》规定的欧元区财政规则，已经被证明无法在实施纪律方面做到公平。而且，当时捏造金融数据的现象比比皆是。[164] 欧元并没能为成员国提供安全港的驻锚，相反，它驱使边缘国家踏入了危险的湍流中，一方面信用急剧膨胀，一方面生产率却得不到提高。

政治承诺也褪色了

欧元的另一个承诺是它能促进欧洲的政治进步。所谓的"货币主义者"预测说，单一货币的存在将刺激这些国家进一步拉近政治关系。[165] 正如我在第三章里讲的，在欧元的头五年，这种政治进步并没有实现；相反，由于欧元区经济承压，各国的国家利益占据了舞台的中心，没有哪个国家愿意妥协。[166] 但自从 2004 年中期以来，因为经济有所增长，边缘国家的金融膨胀反而被看作欧元区成功的一个迹象。当成员国的公众看到欧元潜在的利益，他们是否有可能进一步发展政治关系呢？

这个"跃进"的论点在"欧洲宪法"的倡议活动中得到了测试。法国前总统吉斯卡尔现在是欧洲资深的政治家，他在背后推动这个倡议。他用了两年时间在欧洲各处广泛游说，推广这部"宪法"所包含的自由和民主理念。[167]

2004 年 10 月，欧洲领导人签订了一项协议，以缔造一部属于"欧洲各国和公民"的"宪法"。[168] 它的那些崇高的用语——换一种说法，它的目的——就是为了把过去的各种协议整合成一部单一的欧盟协定，给予大国在欧洲政策制定过程中更大的权重。[169] 这些建议的变革让人向往，但它们综合起来却不足以成为一部新的"宪法"。普林斯顿大学的政治学家安德鲁·莫拉夫奇克对此提出了严厉的批评，他指出，欧洲机构利用已有的权力，已经可以去实现相关的改革。在他看来，这部宪法只是一个公关的手段，"来拯救这个组织下降的声誉"。[170] 即使从更宽容的角度来看，这也仅仅是一种炫耀的姿态，以提高欧洲共同体的自我意识和身份确认。真正的政治进步做不到，就只能用象征性的东西来凑凑数。

法国和荷兰的民众对这种象征性的东西也表示了反对。虽然吉斯卡尔警告说，如果不通过宪法协定，将在欧洲造成混乱，但法国公众在2005年5月29日的公投中以55%对45%拒绝了宪法提案。[171]

法国领导人从来没有倾听过他们的人民。1992年9月，法国公民也几乎拒绝了《马斯特里赫特条约》，也就是那个组建单一货币区的欧洲合约。当时的反对票主要来自经济上最弱势的群体，他们认为自己经济上的困难，主要源自为了满足欧洲货币政策的目标而实行的财政紧缩。[172] 这些在《马斯特里赫特条约》公投中的反对票很重要，因为这揭示出法国社会正被分裂为赢家和输家。经济上的赢家相信并支持进一步的整合；而输家则担忧整合的欧洲会对他们不利。

2005年，社会分裂还没有得到治愈。在有关宪法协定的公投中，难以承受的高失业率（5月初的记录超过了10%），成为"投票的基本动机"。[173] 和《马斯特里赫特条约》公投的结果一样，投票反对宪法的人多数没有大学学位；他们中很多人失业或者是做着不稳定的低薪工作。[174] 这次投票结果传达的信息更加明确，一些在1992年曾相信能最终加入赢家队伍的人现在已经放弃了希望。法国《世界报》主编让-马里·科隆巴尼说，法国作为一个国家"失去了信心"，越来越多的法国人担心未来。[175]

那些在《马斯特里赫特条约》中对欧洲保有信心的年轻人，尤其觉得被法国和欧洲领导人背叛了。自1991年以来，24岁以下的年轻人的失业率一直保持在20%左右。[176] 年轻人居高不下的失业率产生的影响就像"法国社会结构的癌症"。[177] 但是，法国领导人似乎认识不到，也不知如何应对这种具有腐蚀作用的社会病征。希拉克总统无助地说："我不理解这些年轻人的恐惧。"[178] 无论是因为害怕，还是生气，18岁到24岁具有投票资格的选民中，有1/3没有在宪法协定的公投中投票，而在那些投票的人中，有59%拒绝了这部宪法。[179] 比他们稍长的一个年龄组，25 岁到 39 岁之间的选民，以同样的票数表达了他们的愤怒。

曾经在 1992 年《马斯特里赫特条约》公投中显露无遗的地域差异再次显明：都会区之外的地域，所有年龄层次的人都表现出厌恶的情绪。"巴黎西边的贫穷小镇"芒特拉若利的失业率高达 20%，是全国平均水平的两倍。城里的投票者蜂拥而上，就是为了投下"反对政府的一票"。[180] 法国北部的矿业小城库尔塞勒莱朗斯的失业率也有 20%。"就像加莱海峡地区其他许多缺乏生气、荒草埋径的城镇一样"，库尔塞勒莱朗斯是"欲望与绝望激烈冲撞的地方"，酗酒、家庭暴力和频发的自杀事件正在摧毁这座城市。当地 4/5 的投票者否决了"欧洲宪法"。[181]

投票者容易把他们经济上的困境完全归咎于欧洲，这或许不够公平。法国自身有长期的经济和社会问题，生产率增长缓慢；法国公众习惯于认为他们理当得到完善的社会福利，但政府实际上无法支付；法国领导人并不太受欧洲各种规则的束缚，但他们依然缺少办法重振法国的经济和社会。

但否决宪法协定的投票者倾向于认为，法国领导人受到了欧洲意识形态的影响，喜欢"盎格鲁－美国的那套原始资本主义"，试图"压榨工人的薪金"。[182] 投票者本来就担心"极端自由主义的"开放政策，更别说当他们看到不断涌进的东欧成员国的低薪工人，以及国内公司逐渐把生产转移到低薪地区的趋势。[183] 在这个时候，强调欧洲对财政紧缩的要求，构成了对社会保障体系的持续性威胁，这更加重了人们的忧虑。

6 月 1 日，法国公投三天后，荷兰人也在公投中以 62% 对 38% 拒绝了宪法协定。[184] 在公投前的几天，荷兰首相扬·彼得·巴尔克嫩德恳请国民投赞成票，否则他会觉得自己看起来"像个傻瓜"。[185] 可荷兰人似乎就是想让他们的首相看起来像个傻瓜，这种说法反而让大多数人最终投了反对票。

荷兰投票结果体现的经济特征与法国在《马斯特里赫特条约》和宪法协定中的投票几乎相同。实际上，荷兰公投体现的经济焦虑更甚于法国。在几天前的法国公投中，没有大学学位的投票者中还只是略多于 50% 投了反对票；而荷兰同样的群体的 2/3 投了反对票。[186] 在法国，2/3 的体力劳动者对协定投了反对票；而荷兰的体力劳动者中则有超过 3/4 的人投了反对票。而且荷兰年轻人抛弃欧洲的取向比法国更为明显：40 岁以下的年轻人有一半没有参加投票，在投票的群体中，超过 2/3 的人否决了宪法；换句话说，40 岁以下的荷兰选民中只有 1/6 投了赞成票。

在民调中，40% 的荷兰人说，欧洲的步伐"迈得太快了"。[187] 对欧洲预算的人均贡献最大的是荷兰人，他们很不满意预算支出的方式；尤其让他们感到震惊的是，法国坚持要对农场主进行补贴。荷兰人不安的是，欧元消减了国家对政策的自主权；来自东欧的欧元区新成员国提出了政治性的主张，希望荷兰容纳更多的移民。

在降低民族国家角色权重的同时，欧洲领导人不明智地，也不可避免地拥抱了资本和劳工自由流动的原则。欧洲领导人在公共场合都对盎格鲁－撒克逊残酷的自由竞争表示不屑，但他们在创建超国家的政体时，又吸收了所有"极端自由"资本主义的缺点。对欧洲公众来说，欧洲进一步的一体化与"高度全球化"具有天然的联系，同时又有它所有的问题。虽然他们承诺了在欧洲建立理想的"社会模式"，提供更大的社会保障，但现有的机构和政策却没有给那些被激烈的竞争落下的人太多的希望。法国和荷兰的投票者有理由相信，欧洲机构正在背离那些工作不稳定的人。焦虑的投票者大多已经看到，他们的领导人被欧洲政治经济意识形态所裹挟，于是便求诸国家内部的民族主义势力。[188]

虽然这几次公投和欧元没有直接的关系，但投票结果对单一货币及其治理体系却不是好消息。意大利官员暗示要离开欧元区。[189] 比利时经济学家保罗·德格罗韦的担忧正逢其时：欧元正常运转所需要的政治一体化正变得日益艰难。[190]

法国和荷兰公投的汹涌澎湃让欧洲领导人大吃一惊。毕竟当下的问题仅仅是无伤大雅的宪法协定。但是，这些欧洲领导人大都没看懂，投票者并不关心投票所真正关切的问题。公投——国家选举无法给予的机会——让法国和荷兰公民清楚无误地表达了，他们反对欧洲机构工作的方式以及它所指向的道路。在这个机会面前，他们释放了自己的不满；他们并不是反对宪法本身，而根本就是反对"欧洲议程"（European agenda）。

爱尔兰政治学家彼得·梅尔总结说，法国和荷兰拒绝"宪法协定"是因为里面没有设立可以"在欧洲动员政治反对"并"让欧洲机构担责"的政治平台。[191] 国家选举主要处理各种国内问题，而欧洲并不是这些程序优先考虑的问题。公投却让人们能集中考虑欧洲议程的原则和后果。[192] 投票者已经表达了他们的意见：你们不能自说自话地给欧洲建高楼，却不征询我们的意见。

欧洲的政治基础正在发生改变。从一开始，欧洲机构的搭建就是基于让·莫内的一个信条。莫内相信，欧洲领导人是在欧洲公民"宽容的共识"下制定出这一系列政策的，这些政策过于复杂，所以不适合民主辩论，却能带来好处。欧洲问题不能付诸民主责任制。但这种"宽容的共识"从 1992 年法国的《马斯特里赫特条约》公投就开始衰减，现在则已经完全崩塌。

梅尔对公投结果的解释和他对欧洲民主的批评借鉴了耶鲁大学政治理论家罗伯特·达尔的开拓性政治分析。达尔在 1965 年的一篇文章中写道，所有西方民主国家的政府都已变成高度集中化、官僚化的"利维坦"，由"专业和半专业的领导人运转"。达尔指出，这一小群"高度组织化的精英"在有限的政策选项里腾挪，实际上也屏蔽了替代性的方案。[193] 梅尔总结说，欧洲管理机制已经大大强化了这种历史趋势，实质上剥夺了民众的投票权。

欧洲内部很少有人理解梅尔分析的力量。于贝尔·韦德里纳算是少有的几个人之一。他曾经是密特朗最亲密的顾问之一，1997 年至 2002 年间曾担任法国外交部长。在荷兰否决了宪法协定之后，韦德里纳说，欧洲已经陷入危机，因为这些"一体化精英"相信，有必要以强制的方式推动更紧密的联盟，"无论人民持什么样的批评态度"。[194] 韦德里纳虽然曾经是《马斯特里赫特条约》狂热的支持者，但近来有些转变。他说，法国公众当初对《马斯特里赫特条约》激烈的反对实际是"早期的警告"。但"精英们"并没有留意这些信号，而是继续向前，还谴责那些反对的人是民族主义者。但公众的意见不能一直无视。韦德里纳说，他们希望重获国家主权，这是可以理解的且具有合法性。

但欧洲主流的观点并未发生改变。相反，领导者强化了外界把他们讽刺为反民主和不愿倾听民意的夸张形象。卢森堡首相让－克洛德·容克暴躁地坚持说，法国需要再度公投，反复公投，直到得出"正确"的结果。[195]

欧元头十年：一个评估

欧元头十年可以分作两半来看。头五年，在世界经济趋缓的情况下，欧元区的掌权者严格地实施以"稳定"意识形态为导向的政策，导致经济衰退拉长，并推迟了经济的复苏。后五年，背靠世界经济向好的局面，掌权者认为欧元区处于健康的状态，保持了稳定的上升态势。但伴随着增长，欧元区出现了金融膨胀。欧洲央行的单一货币政策难以阻止在欧元区边缘国家出现的地产价格泡沫和高通胀。金融泡沫和高通胀为欧元区有历史渊源的巨大银行体系——长期以来都无法摆脱利润率太低的窘境——创造了诱人的机会，为了赚快钱和具有诱惑力的安全利润，它们把边缘国家不平衡的金融状况推向了险境。

回顾欧元区这头十年，首要的结论很清楚：头五年，欧元区主流的意识形态加重了经济的衰退，情况本来不必如此惨重；在下一个五年，因为它们无法针对不同国家调整货币政策，经济泡沫膨胀到了难以想象的地步。也就是说，欧元区并没有真正补偿各国遭受的损失。最让人担忧的是，生产率仍然很低。

在政治上，头五年，欧洲各国领导人为了追求本国利益，多次发生冲突；下一个五年，在法国和荷兰关于宪法协定的公投中，大多数人的投票揭示出那些担忧未来的社会阶层同更有信心的社会阶层之间的撕裂。不安的法国人和荷兰人（现在又增添了大量年轻人）反对无脸的精英们主导的"更欧洲"的政策；他们所反对的是，他们国家的领导人不经质辩就采纳了"极端自由主义"的政策，导致了经济困难，却没有提供补救方案。欧洲领导人再也不能用空白支票去推动欧洲议程了。

2007 年 7 月，全球金融危机已经在天边不祥地隆隆作响，愚蠢地沉溺于美国次贷的欧元地区银行处于正在形成的风暴的中心；实际上，当时有一家小型德国银行——德国工业信贷银行，正要引爆全球美元基金的关键来源——资产抵押商业票据市场。

国际货币基金组织仍然对欧元区充满乐观情绪。该组织的研究人员在与欧元区机构讨论之后，这样写道："目前的形势是近年来最好的。良好的外部环境、有利的金融状况和大体上健康的政策为可持续的经济扩张创造了舞台。"[196] 报告还写道，劳动力市场改革"已经产生效果，将极大地促进就业增长"。[197] 先前的"里斯本议程"曾计划提高欧洲的生产率，但被当作恶意的笑话而濒临停滞，现在似乎也有复苏的迹象。[198] 国际货币基金组织充满诗意地强调，现在正是《罗马条约》签订五十年。赞赏之情溢于言表："成果是主要的，完全有理由充满乐观。"[199]

欧洲央行的表态最初还没有这样的乐观。欧洲央行 2007 年 7 月的月度公报上满意地写道："经济活动的中期前景仍然向好。欧元区的经济应该仍有合理的上升空间。"[200] 9 月，特里谢强调欧元区稳定的低通胀是欧洲央行具有标志性的成就。[201]

但到了 2008 年 6 月，在即将被卷入可怕的金融危机的悬崖边上，特里谢认为，应该停止呆板地重弹欧元区成就的老调；现在应该表示庆贺。他说，"这么短的时间，却取得了如此多的成就"。他反复说着同样的话，以夸大效果：“欧元取得了显著的成功。”特里谢难以控制自己的洋洋得意，他说，他不想“点名羞辱”那些预测欧元会失败的人。由于过度兴奋，他几乎语无伦次，结结巴巴地又重复了一次，“这确实是一个成功”。[202]

乔治·奥威尔或许会说，特里谢对历史的叙述“不是按照它本来的模样，而是按照它应该的模样”。[203]

在这个认知的空洞外，事实所呈现的却是一个让人沮丧的故事。虽然近几年全球环境相对缓和，但仍然有太多的欧洲民众处于失业的状态，或者工作不稳定。经济史家迈克尔·波尔多和哈罗德·詹姆斯担心，随着世界经济的最近下行，欧洲 GDP 的增长率将跌回原先的低水准，成员国之间在货币政策方面的冲突又将重现。[204] 但一个更为直接的威胁出现了：由于金融系统的脆弱性，欧元区正艰难地在不断逼近的危机边缘保持平衡。

第五章

萧条之后是背弃，2007—2009

美国的金融市场从2007年初开始就剧烈震荡，到6月更是隆隆作响。由贝尔斯登（美国投资银行）经营的两家对冲基金的次贷资产损失惨重，这是由风险较高的住房抵押贷款担保的证券。但这些损失被看作孤立事件，主要给那些敢冒风险的投资商带来隐痛。人们并没有感觉到危机正在到来。7月26日，美国财长亨利·保尔森说，"我不认为次贷危机是对整个经济的威胁"。[1]

一家欧元区银行诱发了对美国金融市场的第一波大范围冲击。7月30日，德国工业信贷银行宣布，它在次贷上的投资可能遭受严重损失。[2]这家位于杜塞尔多夫的银行在美国次贷市场上稍显陌生。它基本上为德国复兴信贷银行（KfW）拥有，其主要业务是贷款给德国中小型企业；但来自德国其他银行的激烈竞争压缩了利润较大的贷款机会，从而美国次贷市场的诱惑力就难以抗拒了。[3]

德国工业银行为了进行次贷投资，从所谓的资产支持商业票据（ABCP）市场借贷。在这个市场，由资产管理者运营的中间机构帮助德国工业信贷银行这样的借贷者与大型的现金投资者搭桥，后者包括保险公司和养老基金等。[4]德国工业信贷银行宣布重大损失的同时，这些现金投资者开始担忧，其他的借贷者也会遇到相似的问题。[5]投资者指令中间机构撤回资金，于是规模达1.2万亿美元的资产支持商业票据市场开始崩溃（图例5.1）。[6]这种结果影响深远。在次贷市场投资的欧洲银行需要不断滚动从资产支持商业票据市场借出的资金。如果这个市场上的资产管理者拒绝滚动到期的贷款，银行就不得不"火线拍卖"他们的资产以抵偿债务。同时，资产支持商业票据市场上的恐慌传递到了所有短期基金市场，"甚至包括那些没有受到风险抵押贷款威胁的主体"。[7]名不见经传的德国工业信贷银行竟成了全球金融系统违约风潮的标志。

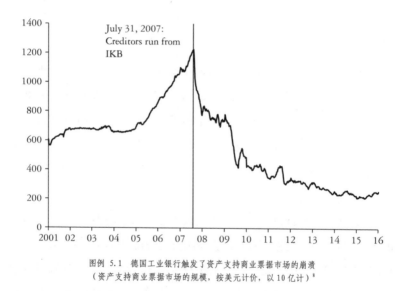

图例 5.1　德国工业银行触发了资产支持商业票据市场的崩溃
（资产支持商业票据市场的规模，按美元计价，以10亿计）[8]

　　其他德国银行，包括德国第二大银行商业银行（Commerzbank），很快也承认在美国次贷市场遭受了损失。[9]德国联邦金融监管局主席约亨·萨尼奥强调，德国正面临"1931年以来最大的银行危机"。[10]

　　8月9日，星期四，法国最大的银行法国巴黎银行（BNP Paribas）告知投资者，他们无法从已经购买了美国次贷产品的三个基金抽取资金。[11]抵押贷款的市场价值正在下滑，法国巴黎银行不想在投资者抽取资金后，只剩下没有价值的资产。法国巴黎银行的通知就像"在干燥的森林里点燃的火柴"。[12]自2006年2月以来就担任美联储董事会主席的本·伯南克后来指出，这次危机是对次贷市场的一次矫正。[13]

　　对国际银行和金融体系风向颇为敏感的银行间市场威胁闭市。在这个市场上，银行通常把多余的资金借贷给短期内缺少资金的其他银行。这些短期的银行间贷款利率通常接近于中央银行设定的政策利率。但在较长的一到三个月的贷款中，不可预见的负面因素可能会变成较大的风险。尤其是在金融危机期间，贷款违约的可能性增加了；因此，这些贷款的利率包含了一个较小的"违约"或"期限"溢价（也被称为"利差"）。8月8日，在法国巴黎银行宣布损失之前，美元市场上三个月贷款的期限溢价是13个基点（0.13%），只是比去年5—10个基点略高（图例5.2）。[14] 所以，违约的风险仍然偏低。然而，在法国巴黎银行8月9日带来的冲击后，违约风险急升，期限溢价跳升到40个基点。这是一个让人震惊的新情况；只有世界上最知名的银行才能参与银行间市场。连这样的银行都不能清偿贷款，其他银行彼此的借贷就更让人担忧了。

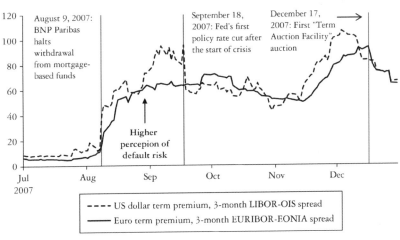

图例 5.2　巴黎银行刺激同业压力陡升
（三个月同业拆借的期限溢价）[15]

　　法国巴黎银行宣布损失仅仅几个小时后，欧洲央行就向各银行承诺将提供无上限的资金。[16] 那天结束时，四十九家银行已经贷出了948亿欧元,平均每家 20 亿欧元。[17]银行需要现金去支付债主,因为后者不愿意继续滚动他们的贷款了。各家银行也开始储备货币,以预防即将到来的动荡期。第二天,8 月 10 日,美联储仿效欧洲央行,向美国的银行授权增加流动性。[18]

在美联储内部,其决策机构联邦公开市场委员会(FOMC)的成员们都非常担心,很多欧洲银行可能已经花光了美元基金。如果没有资产支持商业票据市场和同业拆借的美元支撑,欧洲银行很可能开始以清仓价抛售它们的资产,这会导致全球金融系统的压力大大提升。美联储纽约银行主席、联邦公开市场委员会副主席蒂莫西·盖特纳已经预料到,欧洲的金融灾害会加剧。伯南克提醒说,美联储需要专门向欧元区银行提供美元流动性的协助。[19]

虽然欧洲央行和美联储都增加了流动性,以安抚同业市场的恐慌,但期限溢价仍在持续上升。到 8 月底,溢价已经达到 73 个美元基点或 64 个欧元基点。这种溢价在美元市场稍高,是因为欧洲银行正在竞逐美元,它们急需美元来支持以美元计价的投资。[20]

欧元区银行的压力正从各个方向涌来。它们严重依赖从资产支持商业票据市场取得的美元,但这种资源正在迅速消失。正如第四章所描述的那样,与美国银行相比,欧元区银行用来抵御消极面的资本缓冲更少。[21]让人担忧的是,欧元区银行彼此牵连太深;它们一直以来就比美国银行更频繁地相互借贷。这些相互关联意味着,其中几家银行陷入困境后,就会迅速传递给其他银行,造成整个系统崩溃的极大风险。[22]

2007 年 8 月底,大西洋两岸的决策者面临异常艰困的局面。过去几周看到的情况只是短暂的波动吗?如果他们继续为银行提供更多的流动性,直到人们的恐惧消失、银行又重新信任彼此,就可以了吗?要不然就像普林斯顿大学经济学教授艾伦·布林德所说的,黯然承认巨大的金融崩溃已经开始,经济和金融体系即将崩坏? [23]

欧洲央行采取的立场是，目前的金融动荡很快就会过去。美联储则认为，事实不是这样，并采取了相应的行动。

美联储注入了刺激，欧洲央行在等待：
2007年9月—2008年2月

到目前为止，美联储提供了流动性，去安抚慌不择路的基金公司，并提升金融系统贷款的能力。但贷款能力增加并不能提高对信用的需求。市场需要的是通过降低利率来提高需求。里士满联邦储备银行经济学家罗伯特·赫策尔解释说，降低利率就是"把钱放进人们的口袋"，推动家庭和企业去花钱。[24] 花钱的能力增加，再加上看到周围其他人都在花钱，就会制造一种经济繁荣的氛围。[25]

2007年9月18日，金融市场普遍估计美联储会降低联邦基金利率（政策利率）25个基点。但联邦公开市场委员会很快决定降50个基点，把联邦基金利率从5.25%下调到4.75%（图例5.3）。布林德对美联储等了这么长时间才下这个决定很是失望："法国巴黎银行作出声明之后已经过去了整整四十天。"[26] 虽然有些晚，美联储的这一举动还是开启了一项新的富有成效的政策。联邦公开市场委员会闭门讨论会的记录公开后，我们从中可以看出驱使这些成员作出这些决策的理念。当时的美联储旧金山银行行长珍妮特·耶伦，也是委员会的成员之一，她说，"我确实不了解风险到底是什么"，但她又说，金融破坏将会导致"负面的、非线性的趋势"。[27] 翻译一下就是：事情会很快转坏。联邦公开市场委员会的成员最后取得一致，有必要在变糟之前采取行动。声明降低利率的新闻公报上写着："今天采取的行动旨在防止某些经济层面的负面效果，金融市场的破坏可能导致这些效果。"关键词是"防止"。它强调了联邦公开市场委员会"风险管理"的立场，是为了确保不发生难以控制

的"螺旋式下降"。[28] 用更熟悉的话来讲,这是"用及时的一针来为你节省九针"。而且委员会还承诺会进一步降低利率。新闻公报用鼓舞人心的话语说,委员会将继续评估金融恶化对经济前景可能产生的影响,并"采取必要的行动"。[29]

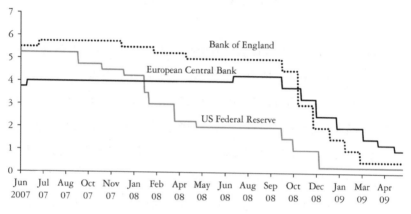

图例 5.3　降低利率:美联储首先行动,英格兰银行紧跟,欧洲央行落后。
（政策利率,按百分比）[30]

　　投资者受到利率下降幅度和进一步下降空间的鼓舞,股票市场反响热烈。[31] 此后两年表明,市场对政策的这种乐观反应是经济上行的良性信号。[32] 同业拆借的期限溢价略微有所下降,显示出银行压力有所减轻。

　　此后几个月,美联储持续降低政策利率,以提振市场信心,保持经济的活力。欧洲央行维持利率在 4% 左右不变,对高通胀保持警惕,并随时准备提高利率。美联储和欧洲央行彼此在往相反的方向奔去。

　　为什么这两家央行对金融危机的应对方式如此不同?它们看到的是同样的数据。大西洋两岸的通胀率几乎完全一样（图例 5.4a）。工业生产的增长以同样的速度在下降;实际上,从 2008 年下半年开始,欧元区生产率下降的速度加快了（图例 5.4b）。

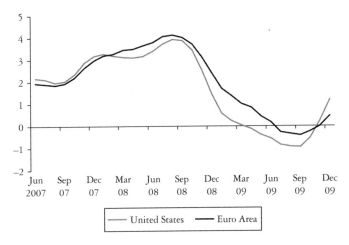

图例 5.4a　美国和欧元区的整体通胀率几乎没有差别
（年度通胀率以百分比显示；三个季度移动平均值）[33]

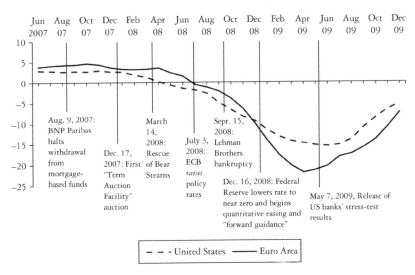

图例 5.4b　欧元区工业生产增长落后
（年度增长率以百分比显示；三个季度移动平均值）[34]

　　它们的差异是因为要求（目标）的不同吗？也就是它们各自要完成的任务不同？美联储有双重任务：提高就业率和维持价格稳定。[35]对照而言，欧洲央行只有一个目标，就是维持价格稳定。但是，任务上的差异并不能解释为什么美联储和欧洲央行朝着相反的方向行动。[36] 欧洲央行的责任是在不长的时期内达到价格稳定，具体是在大约两年的时间内，通过降低经济的活跃程度来降低通胀率。立刻降低利率只会窒息经济的发展，引起不必要的经济困境。所以，实际上，负有价格稳定职责的各家央行往往也像负有双重责任的美联储那样来应对衰退。即使是为了重振经济而使得通胀率在短期内升高，只要经济趋于稳定，仍然可以在两年的时间里使通胀降低。[37]

即使纯粹从价格稳定的角度看，欧洲央行的立场也是让人疑惑的。单单追究通胀率的高低是力气使错了地方。2007 年中期的通胀率的确是高于 2%，而且还有可能上升；但通胀是对全球日用品和农产品价格上涨的反应。新兴市场近期的经济繁荣余温尚在，食品、金属、日用品和原油还借助着惯性快速上涨。但日用品价格会很快回落，当金融危机加深，生产的断崖式下跌和通胀下降是很有可能的。所以，美联储对当前的通胀率视而不见，集中精力阻止危机的发生。

美联储和欧洲央行之间的差异反映了对危机的不同理解，以及它们对危机可能造成损害的不同态度。在美联储冷峻的目光里，金融危机可能导致巨额财富损失，这可能致使经济和金融系统大幅下滑。[38] 这是耶伦"非线性"观点的本质。所以，美联储在两条战线同时展开行动。它和欧洲央行一样，都为银行和金融市场提供流动性，以安抚那些在恐慌中疯狂寻找资金的机构。但美联储还多走了一步。和欧洲央行不同的是，它迅速降低了利率以提升消费能力和经济活动，因为它认为，这些经济活动可以抵抗危机所导致的经济破坏。[39]

欧洲央行的判断是，这次金融困境是基于暂时性的恐慌，这使得银行截留现金，并且限制借钱给其他银行。所以，欧洲央行下结论说，它的主要任务就是为银行提供更多的流动性，直到市场重新恢复正常。欧洲央行倾向于维持利率稳定，或者升高利率，因为它拒不承认价格通胀会随着经济疲软而自动削弱；相反，欧洲央行行长让－克洛德·特里谢制造了一种舆论，说逐渐升高的日用品价格是与薪酬上涨同步发生的，将造成薪酬和物价螺旋式上升。他还用对经济和金融的乐观估计来证明保持或提高利率的正当性。例如，2007 年 11 月，在资产支持商业票据市场处于崩溃，并且银行同业拆借期限溢价（利差）上升之际，特里谢却充满信心地说，欧洲央行"认为货币市场上的紧张局势已得到积极缓解"。[40]

美联储和欧洲央行在理念和应对措施方面的差异，同 2001 年至 2003 年间的如出一辙。2001 年 1 月，美联储主席格林斯潘也发展出一套风险管理策略。他把美国经济描述为"一个从 30 层楼跌下的人在 10 层以上仍然保持着镇静"。[41] 为了在这个人粉身碎骨之前拉起安全网，联邦公开市场委员会启动了一系列降低利率的行动。对照而言，欧洲央行在 2001 年至 2003 年间仍然禁锢在它的"稳定"理念中，拒绝降低利率，并声称这样做会引起通胀上升。由于缺少来自欧洲央行的必要帮助，欧元区的衰退期被拖长了，复苏也更加缓慢。[42]

自那以来，没有发生任何变化。美联储依然在前面领跑。欧洲央行的稳定理念没受到任何冲击，欧元区又处于衰落的边缘。

美联储再次确立了它作为世界央行的地位。通过积极的政策，它设定了全球货币政策的标准和步调。美联储拥有特殊的影响力，因为它负责管理世界上运用最频繁的货币。由于欧元区过度依赖于稀缺的美元，美联储为欧洲央行提供的帮助甚至多于欧洲央行自己。2007 年 12 月 11 日，联邦公开市场委员会授权了两个新的流动性措施，即定期资金招标工具（TAF）和外国央行的美元互换机制。这两项措施都有助于缓解世界范围内美元的短缺。奇怪的是，特里谢延迟了一天才宣布这两项便利措施。伯南克后来解释说，特里谢这样安排，是想让这些措施"被看作用来解决美国的问题，而不是美联储对欧洲的帮助。他的目的是避免曝光欧洲银行面临的美元资金困境"。[43]特里谢这样做的目的虽然是想转移人们对欧元区金融问题的注意力，但他反而增加了人们的恐慌。

定期资金招标工具从 12 月 17 日开始运作后，美元奇缺的欧元区银行立即获得了其中大部分资金。从这一工具最初分配的 200 亿美元中，美国银行只用了 10 亿美元，而欧元区银行则借了 160 亿美元。这是欧元区银行自 8 月 9 日法国巴黎银行触发银行同业市场的危机以来，第一次松了一口气。美联储在 1 月初又增加了一倍的美元供应量，对美元饥渴难耐的欧元区银行也增加了借贷量，达到 300 亿美元。最早的一批借贷者中包括很多陷入麻烦的欧元区银行，例如德国地产抵押债券银行（DEPFA）、比利时德克夏银行、法国富通银行和一些德国地方银行。[44]

美联储也通过美元互换机制为欧洲央行和瑞士国家银行提供了可以直接获取的美元；这两家中央银行把获取的资金分配给了辖区内的银行。到 1 月初，欧元区银行通过美元互换机制又获得了 200 亿美元的资金。此后几个月，美联储不断扩大对国际的美元供应，欧元区银行依然是最大的受惠者。特里谢或许希望给人们留下一个印象，即次贷危机及其后遗症是美国的问题。但欧元区依然在绝望中乱作一团。

同时，虽然经济和金融状况都在继续恶化，欧洲央行在提供流动性方面仍然采取守势，并拒绝通过降低利率去积极地刺激经济，"把钱放进人们的口袋里"。

到 2007 年底，美联储已经把政策利率降低了 100 个基点，达 4.25%。2008 年 1 月 21 日，周一，美国金融市场因为马丁·路德·金日闭市了一天，但亚洲和欧洲市场在继续下沉。联邦公开市场委员会安排成员们召开了一次紧急电话会议，伯南克坚持把政策汇率降低 75 个基点。圣路易斯联邦储备银行行长威廉·普尔提出了反对，指出在正式会议的间隙采取行动会设立一个坏的先例。只要股价骤跌或者经济数据悲观，市场可能就会期待美联储在正式会议的间歇作出反应。[45] 对立的观点则认为，需要在恐慌心理蔓延造成市场广泛的损害之前，打破这种心理。[46] 接下来就发生了引人注目的事态。2008 年 1 月，美国的工业产量仍以 2.5% 的年增长率上升，但伯南克代表联邦公开市场委员会的主流意见警告说："我们正面临一场广泛的危机。我们再也不能拖延。我们必须解决这场危机。我们必须试图控制局面。如果无法做到，那我们将很快失去对整体形势的控制。"[47]

注意这种语气：对"失控"的恐惧，以及在事情发生之前做好预案的需要，而不是用政策去控制未来。伯南克得到了支持。[48] 第二天一大早，在美国金融市场开市前，联邦公开市场委员会宣布降息 75 个基点，这是二十五年以来最大的一次降息。[49] 宣布降息的新闻公报也包含了一贯的承诺，即继续监控通胀率，但同时也强调经济面临着"相当大的风险"，联邦公开市场委员会将"及时采取措施来解决这些风险"。换句话说，更多的降息将接踵而至。果然，在不到十天后，1 月 29 日至 30 日正式会议的尾声，美联储再次降息 50 个基点，降至了 3%。这里传达出的讯息很明确：将会有更多的货币刺激政策。虽然有些市场参与者担忧美联储太过鲁莽，但大多数人认为美联储的行动抢在了"惊涛骇浪之前"。[50] 投资者满意的情绪推高了股市。

我们对欧洲央行监管理事会内部的讨论没有任何小道消息，因为无法获得他们的会议记录，甚至备忘录。[51] 但特里谢在 1 月 10 日召开的新闻发布会上，按照事先准备的讲稿，否认经济存在问题，并且保持了乐观的论调。他强调，各项指标"大多维持在继续增长的水平上"。特里谢重申，欧洲央行更大的顾虑是通胀可能进一步上涨，监管理事会虽然一直在拖延提高利率，但它倾向于严控。[52]

到 2 月 7 日欧洲央行召开利率会议的时候，美联储已经降息 125 个基点，而且是在仅仅两周左右的时间里实现的。欧洲央行会议后的新闻发布会上，一位记者问特里谢，美联储的行动"是否是在阻止一场正在发生的经济萎缩，或者是非常积极的风险管理"。[53]这个问题切中了时弊。虽然国际货币基金组织对美国和欧元区预估的经济增长率非常相近，但只有美联储在降低政策利率。[54]当伯南克和联邦公开市场委员会的同事们判断经济形势正在迅速变糟时，特里谢对记者的回应却是：情况依然不错。他强调，公司的利润率一直比较稳定，失业率已经"降到了二十五年以来的新低"。至于对未来的判断，他承认，经济有可能放缓；但他坚持认为，国内和国际需求将"支撑持续的增长"。[55]特里谢重复了他一贯的口头禅：监管理事会将继续关注通胀是否会上涨。

欧洲央行延续旧法，从技术上看很令人困惑。这个策略在 2001 年至 2003 年间并没有奏效；而且，推迟急需的货币刺激政策将导致长期的高昂代价，这在日本已经很显著。美联储对世界面临的挑战作出了清晰的、广泛认可的判断，并且正在采取积极的行动。欧洲央行对它的政策则从来没有作出过有效的辩护。监管理事会审议过程的备忘录（缩减版的会议记录）从未公布。欧洲央行的第一任行长德伊森贝赫说过，"我听见了，但我没有听进去"。特里谢继续了这种传统。

欧洲央行没有责任感。高层错误的决断一直持续，因为他们不必向任何人说明自己的立场。如果不开启痛苦的条约重新谈判，它的命令就无法被改变。民主过程正是在这里失去了它的效力。授权让一小群没有责任感的欧洲官员独立作出影响深远的决策，其前提是他们得知道自己在干什么，他们的工作要体现欧元区民众的最佳利益。但这些官员一直裹藏在"稳定"的意识形态后，受到集体盲思的护卫——这种思维在欧洲央行官员、欧盟委员会的官员和国家领导人等少数"精英"群体身上表露无遗。他们基于所谓欧洲人的谨慎品格，共同坚持着欧洲央行的稳定原则。

他们说，这并不是欧洲危机。美国之所以发生危机，是因为它不可救药的寅吃卯粮的习惯，以及复杂的金融结构。出于极大的自信或者说蔑视，欧洲精英对鲁莽的美国人嗤之以鼻。欧盟货币和经济事务专员华金·阿尔穆尼亚在 2008 年 1 月说："美国经济在过去几年积累了巨大的不平衡——高额的经常账户赤字，巨大的财政赤字，并且缺少储蓄。"阿尔穆尼亚直白地说，他"不是要提出批评，但美国的这些失衡正是目前经济动荡的根源"。他还说，相对而言，因为欧元区的经常账户盈余、健全的金融状况和充足的储蓄，"我们对目前的形势有万全的准备"。欧元集团（欧元区财长的集体）首脑让 - 克洛德·容克的说法更伤人："我们必须有所顾虑，但比美国人要好很多，他们自身的缺陷正在对他们展开报复，我们此前已反复提出了警告。"[56]

危机正进一步加深，美联储官员对此充满担忧。任何以为这只是流动性危机、短暂的恐慌很快会过去的说法都会失去市场。如果以为这只是美国的危机，欧元区可以置身事外，则只会拖延对欧洲央行政策作出必要改变，以及延迟对欧元区银行采取补救措施。

贝尔斯登触发了"非线性危机"：2008年3月—4月

作为华尔街投资银行头五名中最小的一家，贝尔斯登自 2007 年 6 月 14 日、15 日以来就陷入了麻烦，它下属的两家对冲基金爆雷了。它的股票价格此前曾非常接近每股 150 美元；[57] 之后的六个月，这只股票逐渐失去了价值，到 2008 年 1 月初跌至 70 美元。3 月 14 日，周五，早上 8 点交易前，它的价格是 57 美元。在开市钟敲响前，贝尔斯登管理层突然宣布，他们没有现金了。[58] 债权人拒绝滚动他们的贷款。这只股票开始剧烈震荡，上午 10 点后没多久，股票价格以每秒 1 美元的速度下降。[59] 当晚闭市的时候，价格已经跌至 30 美元。

在那个周末，美联储纽约银行行长盖特纳与摩根大通银行达成协议，由后者以每股 10 美元的价格收购贝尔斯登。但如果摩根大通发现这项收购的损失比预计的大，它可以从美联储获得补偿，资金封顶是290 亿美元。所有贝尔斯登的债权人将获得全额偿付。

贝尔斯登早晚会出事。这家投资银行的 1 美元资本，对应着 35 美元的贷款。[60] 它借贷了大量资金去投资与住房抵押贷款相关的高风险证券。贝尔斯登的债权人清楚这个事实。这些债权人中包括世界上一些最有经验的投资者，他们完全知道他们所承担的风险。但美国政府选择了救市，从而发出了明确的信号，债权人不会受到损失。为了强化这个信息，3 月 16 日，周日，美联储宣布建立一级交易商信贷工具（PDCF），历史上首次允许投资银行直接从美联储贷款。[61] 这条生命线进一步显示出保护投资银行债权人的意向。

金融市场的理解是，股票持有者将承受损失，但债权人将会免单。3 月 17 日，周一，投资银行的股价整体下跌。损失最为惨重的就包括雷曼兄弟的股东，这家投资银行的做法与贝尔斯登非常相似。[62] 但因为贝尔斯登的债权人已经受到保护，债权人的金融状况有所改善。美国银行在银行同业市场（息差）承受的压力有所降低，但欧洲央行却维持着高压。在美国，息差有所下降，这对抵御银行对债权人违约的风险有帮助。[63]

作家兼记者戴维·韦塞尔后来写道："总会有比贝尔斯登早的，也会有比贝尔斯登晚的。"[64] 伯南克在回忆录里，把贝尔斯登事件描述为"开始的终结"。[65] 这场危机显然并不是短期的流动性缺乏。有些银行无法偿还债务；它们赌错了。危机前的泡沫掩盖了一些银行的缺陷，使外界看不清银行体系摇摇欲坠的真相。然而，现在一切隐藏的、模糊的影像都彻底暴露在镜头下。

贝尔斯登事件会永远成为有关"道德风险"的政策辩论焦点。政府用公共资金为债主救市是正确的吗？在那些坚决说"是"的人中包括蒂莫西·盖特纳。盖特纳后来写道，当时别无选择。他提出，如果债权人不能得到完全清偿，他们就会对自己的债权人违约，这将引起"连锁违约"，成倍地"放大"损失。[66]

盖特纳宽慰自己说："我认为我们非常有创造性。"[67]他高兴地回忆说，欧洲央行行长特里谢祝贺他完成了一件"杰作"。[68]在为债权人救市的问题上，美国和欧元区主管机构理念相近。

盖特纳考虑过相反的观点，但并没有深究。他说："我们在贝尔斯登违约风险中，为债权人及其交易方提供保护，的确存在道德风险。"债权人很快就认为，政府这次愿意为他们救市，也可能被迫再次这样做。所以，有了政府展开的这张安全网，债权人就会甘冒无保证的风险，以期获得高额利润。盖特纳写道，但这样的道德风险"是不可避免的"。[69]他说，试图惩罚不走正路的债权人只会让危机更糟。

盖特纳所宣称的顾虑——债权人如果遭受损失，会导致"连锁违约"的说法——并没有明显的事实根据。他说，这种违约在1990年代的新兴市场发生过。但那个时期唯一的大型违约事件只在1998年8月的俄罗斯联邦发生过。对冲基金美国长期资本管理公司（LTCM）在新兴市场进行不明智的赌博，导致自身崩盘，它对此后发生的市场恐慌难辞其咎。重要的是，当时的恐慌很快得到了控制。纽约联邦储备银行劝告一组财团从他们自身的利益考虑，最好不要让美国长期资本管理公司完全溃败，而是应该提供紧急资金帮助它逐渐解困。与此同时，联邦公开市场委员会在宏观经济层面也积极地调整政策。那些鲁莽投资的人为此损失了财富，震荡很快就结束了。[70]债权人承担损失与央行放宽政策两方面并举，这是得到普遍理解的做法，道德风险有限，同时又阻止了连锁违约。

美联储前主席保罗·沃尔克对美联储为贝尔斯登救市提出了公开批

评。他说，美联储的行动走到了"法律赋予它的权力的边界，僭越了长期以来央行秉持的原则和做法"。沃尔克还说，贝尔斯登事件"将被理解为，政府承诺在以后遇到类似的混乱时，会采取相似的行动"。[71] 换句话说，投资者有理由去赌博，他们认为，他们最终将可以保障自己的利益，而纳税人则会为损失买单。另一个激烈的批评来自文森特·莱因哈特，他此前曾担任美联储货币事务部主管和联邦公开市场委员会秘书长。4月29日，在华盛顿智库美国企业研究所召开的研讨会上，莱因哈特指责说，为贝尔斯登救市是美联储"这一时代最糟糕的错误政策"。他说："这种做法永远排除了美联储作为守诚中间人的可能性。"莱因哈特后来对这个主题作了长篇大论。[72]

贝尔斯登只是一系列事件中的第一例，这些事件证明，当前的危机并不是短暂的恐慌，而是有自己的发展逻辑。很多在繁荣时期下的赌注都赌错了。这些糟糕的赌注中有很多是欧元区金融机构下的。3月17日，周一，当贝尔斯登事件的余波蔓延到整个美国乃至全世界的时候，大多数爱尔兰的股票交易人还在休假。这天是圣帕特里克节，但很快被称为"圣帕特里克节大屠杀"，全球投资者抛售了拙劣的盎格鲁-爱尔兰银行的股票。这家银行的问题从年初就开始酝酿了。虽然金融咨询公司奥纬在2007年把盎格鲁-爱尔兰描述为"超级模范"，并把它评为世界最佳银行，但该银行的股票从2008年初开始就一路下滑，恐慌的储户不断从银行清仓离去。记者西蒙·卡斯韦尔写道，在圣帕特里克节这天，都柏林的股票交易人都恐慌地盯着他们的电脑终端，因为盎格鲁的股票曲线图几乎呈直线下坠。[73] 爱尔兰政府解释说，盎格鲁股票下跌是因为谣言误导大家以为银行的健康有问题。[74] 爱尔兰央行行长约翰·赫尔利宣称："爱尔兰的银行体系仍然状况良好。"盎格鲁的股票价格在这之后挽回了一些损失。[75]

欧元核心区的银行，尤其是德国和法国的银行，因为在美国次贷市场的错误投资，也面临着巨大的问题。在贝尔斯登事件后，它们开始防御性地从边缘地区抽身（图例 5.5）。它们拒绝再滚动贷款。边缘地区的银行现在又多了偿还这些撤退银行的债务这一重担。

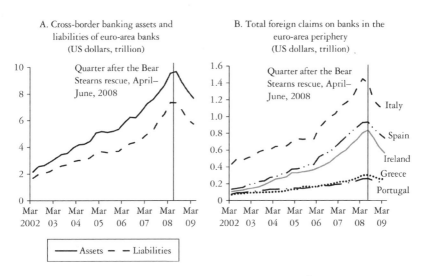

A. Cross-border banking assets and liabilities of euro-area banks (US dollars, trillion)

B. Total foreign claims on banks in the euro-area periphery (US dollars, trillion)

Quarter after the Bear Stearns rescue, April–June, 2008

Quarter after the Bear Stearns rescue, April–June, 2008

Italy
Spain
Ireland
Greece
Portugal

—— Assets　- - Liabilities

图例 5.5　欧洲银行国际资产流动在贝尔斯登后反转[76]

爱尔兰和西班牙的银行都极度缺乏资金。西班牙的银行开始时还好一些。它们曾按要求把额外资金储蓄起来以备不时之需，还通过"广泛的分行网络"吸收了不少存款。[77]但爱尔兰的银行面临巨大的压力，必须偿还那些想把钱抽走的债权人。欧洲央行开始着手替换这些抽逃资金。但这种短期支撑却无法解决一些爱尔兰银行迫在眉睫的清偿需要。所以，越来越大的可能是，爱尔兰政府用纳税人的钱为这些银行提供补救的生命线，并为此而承受比美联储救援贝尔斯登时更大的负担。爱尔兰政府的财政早已捉襟见肘，因为金融板块和建筑行业（近年来增长的驱动力）正在崩溃，税收已渐渐蒸发。银行需要救助的状况使得政府的财政更受质疑。由于要承担更大的风险，政府债券的持有人要求爱尔兰政府的债券提高利率。2008 年 3 月 17 日，爱尔兰十年期政府债券的利率仅略高于 4% ；到 7 月初，就上升到了接近 5%。作为对爱尔兰风险升高的回应，爱尔兰和德国政府利率之间的差价也升高了，只是当下这个差价还不算很大。

到此时为止，从美国开始的次贷"矫正"已经使得全球大部分金融系统陷于瘫痪。经济放缓的触感清晰可辨。3 月 18 日，美国联邦公开市场委员会开会，这天恰好是银行股价雪崩的第二天。耶伦为会议定调说，"每一条数据都很差劲"。[78] 她预测，美国可能会马上进入一个漫长的衰退期。她详细阐述了自己提出的"负面的非线性过程"；此前她在联邦公开市场委员会 2007 年 9 月的会议上谈过，美国经济处于"反向回路"中。[79] 其含义是说，太多糟糕的事情同时发生，所有事情都处于互害的循环中。耶伦建议把利率降 75 个基点，虽然有一些联邦公开市场委员会的委员比较犹疑，但美联储当天晚些时候还是宣布把利率从 3% 降到 2.25%。

全球经济放缓已然开始。4 月 3 日，国际货币基金组织两年一度的《世界经济展望》强调，"全球经济扩张因为金融危机开始了减速"，全球衰退有 25% 的概率；它把全球衰退定义为世界 GDP 增长低于 3%。[80] 用耶伦的话说，全世界（不只是美国）都处于"逆反馈回路"中。国际贸易减速很快，全球贸易体系在前些年曾是繁荣的主要来源，现在则散播着经济萎靡的恶果。每个国家的经济增速都降低了，都减少了从贸易伙伴的进口，相应地也减少了出口，这样的恶性循环不断扩大。德国虽然没有国内住房和信用泡沫的破灭，但也感受到了这种影响，因为国际上对它的车辆和机械的庞大需求开始减少。国际货币基金组织说，欧元区的经济前景越来越不妙，因此通胀率将会逐渐下降到欧洲央行规定的 2%。现在欧洲银行应该放宽它的货币政策。[81]

即使欧洲央行监管理事会听到了国际货币基金组织的呼吁，但它显然没有听进去。在 4 月 10 日的会议上，也就是贝尔斯登崩溃一个月后的首次会议，监管理事会决定保持欧洲央行的利率不变。会后的新闻发布会上，特里谢坚持说，欧元区经济在一个较小然而稳定的步伐上增长，它有"健全的基础"，也不存在"大的失衡"。他说，全球金融灾难开始后，他一直都"不特别担心"。[82] 欧洲央行仍然在按照既定的计划为银行提供充足的流动性。但特里谢担心通胀有可能上升，所以有必要让欧洲央行保持4%的利率不变。美联储则在4月29日—30日的会议上，再次把利率降低了25个基点，降到了2%。

欧洲央行在经济崩溃中收紧货币政策：2008年7月

在4月底降息之后，美联储自危机开始以来首次对通胀感到了担忧。[83] 这次重心的调整原因并不清楚。金融系统仍然比较脆弱，经济衰退的信号仍然很强。消费者信心、失业率、零售和工业产出都表明经济前景很不乐观。事实上，美国的工业产出自4月份开始一直稳步下降。连国际货币基金组织这种一贯挂心通胀的机构都作出了通胀降低的预测，估计在2008年下半年全球经济将"严重"削弱。[84] 很多分析家因此批评美联储暂停降息的决定。[85] 伯南克在回忆录中解释说，联邦公开市场委员会里的鹰派观点不可思议地占据了上风，他被迫后撤。[86]

虽然减缓了降息的步伐，但美联储与欧洲央行的区别还是非常明显。早期是美联储降低利率，而欧洲央行保持利率不变；现在则变成了美联储暂停，而欧洲央行准备提升利率。欧洲央行已经认识到，"金融市场的灾难导致的担忧情绪仍然很重，紧张态势可能要比想象的延续更长时间"。[87] 但这种认识显然丝毫没有影响到央行之前对经济前景和通胀的估计。欧洲央行的管理团队依然担心的是通胀会上升。4月份在布鲁塞尔的一次演讲中，欧洲央行监管理事会成员、首席经济学家尤尔根·施塔克坚持说，欧洲央行必须继续"毫无折扣地执行维持价格稳定的政策"。[88] 央行的人知道，实际上并不存在所谓必须毫无折扣地达到价格稳定的规定。施塔克所说的并不是指欧洲央行对价格稳定的原则，恰当地翻译过来，这个原则是指要求在较长的时期内达到欧洲央行规定的 2% 或更低的通胀率。与此同时，欧洲央行的任务是支持经济活动，避免通胀率太低，造成新的问题。施塔克"毫无折扣"的论调是一种不负责任的意识形态话语，他拒绝去看不断涌来的证据，也拒绝去听外界提出的改变方向的建议。对呼吁货币刺激的"外界观察者"，施塔克重复着那些过时的、具有误导性的喋喋不休，而过去十年他的前任伊辛就不断这样说过，任何从欧洲央行既定立场偏离出去的政策，"如果不能解决造成经济动荡的原因，都将只能加重市场的疑虑，而真正的原因都不在货币政策的范围内"。

5 月，特里谢说，监管理事会一致决定不放宽货币政策；6 月份，他向外界透露，监管理事会在决定保持利率不变之前，已经讨论过提高利率的可能性。虽然全球经济前景在迅速恶化，但生活必需品的价格仍在上涨。布伦特原油的价格已经从 2007 年 1 月每桶 55 美元上涨到当年 12 月的 95 美元，到 2008 年 6 月又上涨到 130 美元。欧洲央行说，现在的风险是通胀将无法缓解。换句话说，在生活必需品价格上涨的同时，人们也期待价格进一步上涨，并由此提出薪金上调的要求；对高通胀的预期会最终变成现实。[89] 但这种担忧并没有依据。

相反，经济已经迅速恶化。6 月底，法国总统萨科齐警告说，欧洲央行设定的高利率有可能窒息经济。[90] 西班牙首相萨帕特罗也作了相似的评论。在欧洲央行为 7 月份利率进行研讨的过程中，国际货币基金组织也表明了自己的观点："本组织的员工认为不存在迫不得已收紧政策的原因。"[91] 在国际官僚机构充满繁文缛节的沟通方式中，这无异于是说"不要做蠢事"。

只有位于巴塞尔的国际清算银行（BIS）支持欧洲央行的做法。这个各国央行交换意见的论坛，坚持认为通胀率"事实上提高了"，而增长率严重放缓"只是一种可能性"。[92] 国际清算银行说，中央银行必须提高利率。

7月3日，欧洲央行把利率调高了25个基点。在新闻发布会上，特里谢说，这一措施将消除价格和工资压力。[93]欧洲央行的工作人员可能并不知道，欧元区从5月到7月的工业产出已经低于去年的同期。在欧元区进入漫长的衰退期时，欧洲央行选择了提高利率，拒绝听批评家的意见，后者警告说，生活必需品价格上涨引起经济放缓的同时实行高利率，会进一步削弱增长的前景。由于市场预计到这个决定会出台，所以欧元区的股票价格已经提前下跌，这反映了市场并不欢迎利率提高。[94]

雷曼事件后，竞相救市：2008年9月

2008年6月，雷曼公司报告了自1994年以来的首次亏损，它的股价整个夏天都在下跌。[95]但雷曼管理层一直在迅疾地作出商业反应，可能是希望找到财源，以解决堆积如山的金融负债。雷曼的债权人似乎并不在意。在3月贝尔斯登的救市事件后，几乎所有人都认为美联储和美国政府会保护债权人。7月，《华盛顿邮报》概括了这种普遍的看法："我们并不认为雷曼会倒下——它不会，因为有美联储，后者已经让世人认为，它会借给雷曼（以及任何它认为有价值的投资银行）大量的钱以避免崩溃。"[96]保罗·沃尔克说过，贝尔斯登的救市"会被理解为政府对未来动荡的默示承诺"。似乎是为了证明沃尔克的正确性，9月7日，政府接管了负责日常抵押贷款的巨型机构房利美（Fannie Mae）和房地美（Freddie Mac），并负责对它们的债务进行清偿。

但出乎大多数人意料的是，美国的政治势力突然失去了"进行另一次救市的胃口"。[97]美国国会对用纳税人的钱去救助金融公司的做法大表愤怒。两位总统候选人——参议员贝拉克·奥巴马和约翰·麦凯恩都反对纵容奢靡的金融大鳄。很多人讽刺财长保尔森为"救市先生"。"救市先生"保尔森也感受到了政治压力，决定这次要坚决反对救助雷曼。[98]

没有贝尔斯登那种对债权人的保护，就没有人愿意购买雷曼。9 月 15 日，雷曼兄弟申请破产。它的股价进一步下跌。银行间市场的压力陡升。

国际货币基金组织前首席经济学家、哈佛大学经济学教授肯尼思·罗戈夫，高中时曾辍学成为国际象棋特级大师。他是公开表示欢迎让雷曼破产的名人之一。罗戈夫 9 月 16 日给《华盛顿邮报》的一篇专栏文章题目为"政府愿意让华尔街的公司倒下。这是好事"。他承认自雷曼公司宣布破产后，金融动荡更令人不安，而且可能继续；但罗戈夫坚称，金融板块已经被宠溺太久了，所以它们"膨胀得厉害"。他说，雷曼的失败是必要的，有助于金融体系瘦身，并提高效率。

罗戈夫的观点是建立在他和卡门·莱因哈特所作研究的基础上，后者是他在国际货币基金组织的同事，目前在马里兰大学担任经济学教授。他们前不久通过审慎的历史研究证实，金融债务危机之后往往跟随着较长的经济衰退期。[99] 所以，关键的政策是从一开始就防止债务的累积。政府允许雷曼破产，其实也是在放出信号，表明政府将不会挽救不顾后果的债主。罗戈夫说，银行家和投资者"在投身竞争时，不得不三思而后行"。用痛苦的失败这一前景，可以规训不走正路的金融机构，"减少政府在危机发生后对金融体系进行过分管制的政治压力"。罗戈夫虽然对这个决定感到满意，但他仍然担心，在经济震荡期这种政策的明晰性将不会延续太久。他总结说："我们只能期待这些政策至少在短期内保持强硬。"[100]

不幸的是，保尔森行事冲动，并不像罗戈夫那样具有远见。美国政府似乎缺少策略。在贝尔斯登救市之后，紧跟着就是雷曼的倒闭。政策的反转加剧了快速变化环境中人们的担忧。股票价格猛降，银行同业间压力骤升。"雷曼事件"成为严重的政策错误的同义词。盖特纳-特里谢理论进一步深入人心。盖特纳的要旨很简单：无论为"华尔街肥猫"（Wall Street fat cats）救市如何不得人心，事实上没有多少选择，不得不这样做。他在回忆录中写道："雷曼之后，我就再也无法容忍在应对危机的过程中加入道德或政治的考量。"盖特纳说，为了保障系统的安全，官员们不得不帮助"那些不值得帮助的个体和机构"。[101]

美国官员对特里谢在雷曼决定上的不满表示了赞同，后者坚持认为私有债权人都应该得到政府的救助。伯南克在回忆录中写道："先不说经济学的规律，特里谢似乎认为违约本身就是不名誉的。"[102] 由于各方面渴求避免另一场违约，政府在危机后半程的行动都受此影响。

救市呼声再起

美国国际集团（AIG）作为世界最大的保险公司，在金融衍生品上的投资毫无节制，在雷曼倒闭后，尤其受到金融动荡的严重冲击。本质的问题依然是缺少管制，而且很明显，早就需要采取行动。[103] 但现在已经太晚了。在 9 月 15 日、16 日的恐慌中，美国政府拯救了 AIG，推翻了刚刚才确立的政策，即不负责任的投资者要为自己的愚蠢行为买单。[104] 对 AIG 采取的行动非常重要，因为通过这些行动，政府实际上也对其他金融机构给予了支持，比如高盛，如果 AIG 被迫宣布破产，高盛将蒙受巨大的损失。

美国联邦存款保险公司总裁希拉·贝尔表示，有办法在防止业绩糟糕的银行崩溃的同时，保护纳税人的权益。华盛顿互惠银行（WAMU）也进行了大量不负责任的贷款，受到加利福尼亚州陷于崩塌的房地产市场的严重威胁。这家银行拥有 3000 亿美元资产，仅比贝尔斯登略小。虽然盖特纳严厉抗议，但在 9 月 25 日，联邦存款保险公司仍然与摩根大通达成协议，由后者收购华盛顿互惠银行。债权人遭受了巨大损失。[105] 投机商购买了这家银行的大量债券，本以为会被政府救市。在联邦存款保险公司加速华盛顿互惠银行的清偿之前，债券是以 73 美分交易的，之后价格降到了 25 美分。联邦存款保险公司选择保护有保险的储户。华盛顿互惠银行是联邦存款保险公司提供保险的最大的一家倒闭的银行，但联邦存款保险公司一直对这一"教科书式的"处理方式感到自豪。[106] 贝尔和联邦存款保险公司显然与盖特纳的路线不同步，所以华盛顿互惠银行这一成功的试验也遭到了遗忘。

与华盛顿互惠银行相似，欧元区的银行也因为习以为常的原因陷入了困境：它们的贷款决策很糟糕。这些有国际业务的银行在雷曼事件引起的冲击波中全线陷落。第一批受害者包括比利时–荷兰富通银行、法国–比利时德克夏银行、德国住房抵押贷款银行及其下属的位于爱尔兰的德国地产抵押债券银行，这几家银行都在 9 月末崩溃。它们都借贷了短期资金用于美国次贷市场投资。有些银行在国内也有问题，尤其是德国地产抵押债券银行，它曾批准了法国地方政府的大量贷款。所有这些银行都因为美联储提供的丰裕资金得以幸存到这个阶段。事实上，它们都属于美联储 2007 年 12 月设置的定期资金招标工具的受益者。

在美国官员用创新的方式应对危机的同时，他们的欧洲同行的意思也很明确，即为恣意妄为的银行救市。例如在救助德克夏银行时，法国财长克里斯蒂娜·拉加德说，让银行破产、违约，"对整个系统的稳定而言太危险了"。[107]

然而，这些深陷困境的银行相对于它们的国家经济而言，体量太大了。如果真要像美国政府为 AIG 救市那样为这些银行提供救助，需要一笔惊人的资金，而这些政府或者没有这些钱，或者没有这种意愿支出这笔钱。因此，政府一般是给予部分的救助，而问题依然盘桓不去。德克夏的窘境持续了很多年，虽然零散的资金逐渐筹集成一定规模的公共资金，但这些资金又无法解决真正的问题。[108] 德国政府为住房抵押贷款银行提供了 350 亿欧元的流动性上限，使其维持运转，[109] 但该银行仍然需要政府持续的帮助和资金。

爱尔兰政府面对的问题最为庞大，采用的政策也最为冲动，想用最小的代价来挽救银行。爱尔兰几家银行的债权人过去几个月一直在逃离。爱尔兰中央银行一直通过印钱来填补那些被私人债主提取的资金。

盎格鲁－爱尔兰银行已经陷于垂死挣扎。其他的爱尔兰银行过去几年因为受到盎格鲁银行"成功"的诱惑，也加入了同样愚蠢的赌博，所以现在也遭遇了同样的问题。

由于爱尔兰各家银行面临资金来源很快断绝的风险，爱尔兰政府在9月29日晚通宵开会商量对策。[110] 据爱尔兰财政部负责金融稳定的资深官员凯文·卡迪夫后来的描述，当晚轮番会议开始的阶段，总理布赖恩·考恩建议为六家最大的爱尔兰银行的所有债务提供"空白担保"。[111] 这个担保的意思是，如果爱尔兰各银行无法偿还它们的债权人，就由政府来负责；爱尔兰各银行的所有债务最终都由爱尔兰纳税人来负责。卡迪夫和他的上级布赖恩·勒尼汉担心，这个担保会给政府带来巨大的财政责任。如果政府被要求偿付爱尔兰各银行的债务，它实际上没有这样的资金来履行这个承诺。但按照卡迪夫的说法，考恩提出建议后，其他人也就顺从了。[112]

9月30日，爱尔兰政府宣布了这个空白担保。勒尼汉说，"我们处在风暴眼中……现在应该立即采取决定性的行动"。[113] 在一段时间里，这个担保似乎是个不错的主意。政府不必立即付钱，如果债权人相信政府的承诺，他们还会继续向爱尔兰的银行贷款。政府不用花一分钱，就能拯救自己的银行，而银行反而必须为这个承诺向政府付费。

欧盟负责竞争政策的专员内莉·克勒斯却颇为失望，她说，"没有限制的担保是不应被允许的"。[114] 她担心，爱尔兰政府的慷慨支持会使该国银行享有其他国家银行无法具备的不公平优势。但现在要把爱尔兰从愚蠢的决定中拖回来已经太晚了，有可能使形势变得更糟。所以这个问题就被遗忘了。至少暂时如此。

几乎与此同时，10月3日，在紧迫的金融形势下，美国国会极不情愿地批准了它本来已经拒绝的、由美国财政部和美联储提出的方案，即不良资产救助计划（TARP），该法案有7000亿美元的资金授权额度。保尔森和伯南克对国会的说法是，这个计划下的资金将用于购买不良资产，阻止其价格雪崩，以此来稳定那些挣扎求存的金融机构，它们目前手里握有的这些证券实际已毫无价值。但这部法案实际上让政府可以自由使用这些资金去保护和重振金融领域以及整个经济。[115]

美国金融系统得到的保护使欧洲深感压力，法国总统萨科齐 10 月 4 日召集欧洲重要领袖和官员在巴黎会晤，商讨对策。这个群体包括德国总理默克尔、意大利总理贝卢斯科尼、英国首相戈登·布朗、欧洲央行行长特里谢和作为欧元集团首脑的让-克洛德·容克。会议前，欧盟委员会主席若泽·曼努埃尔·巴罗佐勉励各位领袖精诚合作。他写信给萨科齐："欧洲的利益需要各位紧密的合作和协调。"[116]

传言说，萨科齐可能提出设立一个与美国不良资产救助计划相似规模和特征的基金。但即使这种想法曾经存在过，默克尔也会迅速将之扑灭。虽然后来法国人坚持说，他们从来没有提出过这样的建议，但德国人毫无顾忌地公开拒绝了这样的想法。德国财长佩尔·施泰因布吕克明确地说，只要德国愿意支持自己的金融机构，类似欧洲基金的说法就只能是一种幻想。他说："总理和我拒绝在欧洲建立这样一个防护盾，因为我们德国人不想为一口大锅付钱，德国对这口锅既无法控制，也不知道钱会用在什么地方。"[117]施泰因布吕克是社会民主党人，属于比较倾向于"泛欧主义派"的领导人，但在涉及钱的问题上，即使是泛欧主义的德国人也是有底线的。欧盟委员会的一位官员明白地说："德国人或爱沙尼亚人都不会接受，让布鲁塞尔用他们的钱去拯救一家破产的希腊银行。"[118]

峰会失败后的新闻发布会上，欧洲领导人仍然喋喋不休地谈论危机的根源在美国。[119]萨科齐还大言不惭地宣扬欧洲领导人的成就："我们作为国家和政府的首脑，在面对危机时，采取了认真的行动，支持银行和其他金融机构。"[120]这就是他们做的事情——发一通认真的誓言。萨科齐煞有介事地补充说，"欧洲应该以统一的方式存在并对问题作出回应"。[121]

这一阶段是对"跃进"理论的首次真正测试，这种理论认为，在危机下，出于协调行动的需要，成员国将不得不集中金融资源。[122] 一旦这一目标达成，政治上的统一就会接踵而至。这种期望其实一直都很牵强。任何了解德国前总理科尔的人都应该知道，这位著名的泛欧主义者从来都拒绝用德国纳税人的钱去为其他国家的错误买单。[123] 但很多人仍然相信，德国人会在困境中伸出援手。只是这种信念没有依据。德国官员总是首先维护国家利益。在这个问题上如果有任何让人意外的地方，那就是连社会民主党人都会对所谓欧洲共同基金背过脸去。德国人虽然首先拒绝了共同基金，但其他成员国也极少对这个想法感兴趣。

美国政府逐渐在清理危机留下的混乱局面，虽然做法可能有些难看。他们已经处理了很多问题银行，还批准了7000亿美金规模的不良资产救助计划来加固银行体系。对照来看，欧元区各成员国的政府却没有全力救助庞大的国家银行体系。即使面临暴风骤雨似的金融危机，这些成员国也无法团结起来共同防御危机的进一步进攻。

但此时仅仅是危机的初期阶段，一个关键性的任务还在前面等着。雷曼倒闭在全世界引起的金融危机还在继续发酵。股票市场仍然处于自由落体的状态。银行同业市场的期限溢价持续上升。这个利差在2007年8月法国巴黎银行引起最初的恐慌和动荡之后，就已经高达70个基点，现在在美元市场上则逼近300个基点。当下的风险是，世界最大的几家银行彼此违约的可能性已经非常高。普遍的悲观气氛会从自作自受的金融市场席卷全球的金融和经济体系吗？政策制定者是否能及时中止这种悲观情绪，开始修复眼前的烂摊子？

全球应对眼前的大萧条：2008年10月

全球的政策制定者已对骤然而至的危机展开了防卫工作。9月底，伯南克劝说其他央行负责人一齐削减利率。他说，这样做将"发出强烈的国际合作的信号"，因为范围如此之大的合作以前从来没有发生过。[124]英格兰银行行长默文·金最初不太情愿，但之后成了热情的支持者。特里谢仍然担忧通胀，需要更多的"劝说"。

特里谢拒绝承认美联储的主动政策有任何价值。自从 2007 年 7 月危机爆发以来，美联储已经把利率降低了 3.25%，欧洲央行却把利率升高了 0.25%。但是，对欧洲央行而言，在全球金融和经济体系向深渊滑去的时候袖手旁观，将是巨大的耻辱。2008 年 10 月 8 日，欧洲央行勉强加入了其他主要央行的行列，把利率降低了 50 个基点。

这是危机发生以来，欧洲央行采取的第一次刺激政策。虽然这一行动是与其他央行协同进行的，但它似乎还不足以安慰恐慌的人们。在愈演愈烈的风暴中，欧洲央行开始筹建自己的避难所。全球股票市场的价格在 10 月 8 日的声明发表后剧烈下滑。对于欧洲央行来说，这显然不是一个吉利的开局。

美国和欧洲经济以让人炫目的速度崩解，这迫使 IMF 在 11 月 6 日发表了一版新的《世界经济展望》，此前一个月它才刚刚发表对经济的预测。这一次，IMF 预计，2009 年世界 GDP 增长仅为 2.2%，而非一个月前预计的 3%，更远低于 3 月所预计的 3.8%。正如美联储自 2007 年 9 月以来一直所担忧的，经济和金融状况已经转暗。以 IMF 的标准，当 GDP 增长低于 3% 时，全球经济就处于衰退的状态。现在全球经济就是处于深度衰退之中。

现在应该从中央银行控制的范围里抽离出来，因为它们总是受到政治斗争的影响。[125]在各国央行宣布联合降息两天前，国际货币基金组织首席经济学家奥利维尔·布兰查德说，"我们认为，当前全球急需金融扩张"。[126]这是该组织在危机当中最值得称道的时刻。国际货币基金组织传统上奉行财政紧缩，现在却号召各国联合起来增大公共开支，降低税收，以防止衰退期被拖长。

约翰·梅纳德·凯恩斯或许是 20 世纪最著名的经济学家，他曾不遗余力地鼓吹通过财政刺激把经济拉出衰退期。[127] 低税率的直接受益人和政府大型转移支付的接收者会提高支出，为其他人创造更多的收入，通过这种消费者与投资者之间的良性循环激活一种"倍增效应"。乔治·阿克洛夫和罗伯特·希勒均是诺贝尔经济学奖获得者，他们发现，人们仅仅是知道其他人正在大把花钱，就能产生对未来更乐观的预期：还有犹豫心态的消费者将会购买他们之前推迟的商品；投资者会启动新的项目。乐观心态会通过"信心倍增器"广泛传播。[128] 生产上去了，经济复苏也就水到渠成。

金融刺激在经济深陷衰退期间尤显其价值。刺激方案让大量失业者回到工作岗位上，并重新启动闲置的生产设备。以 2008—2009 年经济下行的规模来说，倍增效应将会很大：1 欧元的财政刺激将提高GDP1.5—2 欧元，甚至更大。[129] 这种对经济增长的推动力将产生额外的收入，从而有效偿付为刺激经济和减税而支出的资金。

而且，正像 10 月 8 日的货币刺激是各国协同进行的那样，财政刺激的协同方案也很重要。每个国家的刺激政策都会提高它们的进口，加速世界贸易的增长，从而有益于其他所有人。

英国首相戈登·布朗为协调各国的财政刺激做了很多突出的政治贡献。但德国人却不高兴。他们不喜欢财政刺激。德国财长施泰因布吕克口不择言地指责布朗"转向愚蠢的凯恩斯主义，让人很无语"。[130] 施泰因布吕克和大多数德国人都认为，所谓通过增加公共开支和减税就能把经济拉出衰退，或者阻止其陷入衰退，转而偿付为此支出的资金，是异想天开。他们相信，财政刺激只能推高赤字和债务。他们提出，最好的办法是进一步财政紧缩。这样做就等于向老百姓保证，政府不会在未来提高税收以清偿它已经到期的账单。在施泰因布吕克的世界观里，紧缩和谨慎，而不是刺激政策，才能逐渐提高人们的信心，这样消费者才愿意花钱，投资者也才会把钱投到能促进增长的领域。

但德国的这种抵抗很短暂。常识和证据都支持立即进行财政刺激。

欧元区的工业产出每年正以超出 6% 的速度萎缩，这使得德国政府也加入全球财政刺激的行动方案中，就像一个月前欧洲央行无法拒绝参加全球协调一致的降息一样。默克尔否决了她的财长提出的方案，转而支持欧洲提出的"把 GDP 的 1.5% 作为刺激资金"的政策。[131] 当时的很多观察家都认为，这个刺激方案不足以把各国推回增长的道路上。[132] 但来自中国的巨大资金弥补了欧元区和美国政府制定的刺激计划。所以，世界主要经济体共同采取了关键步伐，来应对又一场大萧条。

历史学家回看这几周发生的事情，会为那些团结起来稳固世界经济和金融体系的努力感到欣慰。但依然有必要分清哪些是已经达成和没有达成的结果。普林斯顿大学教授、诺贝尔奖获得者保罗·克鲁格曼写道,这些采取的行动仅仅是把火隔绝在外。[133] 它们阻止了另一次大萧条，但欧洲大部和美国将经受一场大衰退。政策的力度和时机将决定这些国家从大衰退中复苏的能力和速度。

欧洲央行依然滞后、缺少信誉度，欧元区经济很受伤

金融方面的消息依然令人沮丧。10 月底，银行间美元市场的期限溢价虽然已经从巅峰期跌落，但仍然处于危险的 200 基点高位。10 月的大部分时间股票市场都在下跌。虽然政府承诺的财政刺激计划即将开展，但对市场作出快速回应的责任仍在货币政策机构身上。

美联储再一次领跑。10 月 29 日，伯南克提出再降息 50 个基点，同时允许联邦公开市场委员会在此标准上减少 25 个基点的降幅。委员会一些成员建议要有一定节制。他们指出，美联储两周前刚刚降息 50 个基点，如果走得太快，这些行动可能不是帮助，反而会造成市场的不确定心态，减弱他们的信心。[134] 他们建议这一次只降低 25 个基点。

为了表示对 50 个基点降息的支持，耶伦重申了她的防患于未然的哲学，以避免更大的损失。她说："坦率地说，在经济困难时期故步自

封是错误的。我认为，无论是从经济理论还是从实际的经验看，有一点很清楚，只有尽快降息才能避免更深更久的衰退，我们不能无所事事，既然现在有可用的工具，就不要等到太晚才使用它。"[135]

盖特纳也支持伯南克和耶伦采取更为积极的行动。盖特纳引用前总统富兰克林·罗斯福的话，督促进行"大胆的实验"。他承认，过去几个月，联邦公开市场委员会内部确实有争议。但伯南克预防性地升级货币刺激，并提供更高的流动性，已经被证明大致上是正确的。盖特纳说，伯南克对危机的评估很正确。他显得有些激动："我认为，我们都应对他的良好判断和智慧表示尊重。"[136]

市场对50个基点的降息欢欣鼓舞，观察家把与之配套的声明解读为，政府承诺将进一步实行货币量化宽松。[137]

但一个月以后，并没有出现大家都以为的进一步量化宽松。投资者对此十分渴求。一些经济学家也表示支持。2008年12月2日，哈佛大学的肯尼思·罗戈夫更是以世界正处于"百年一遇的金融危机"这一分析为指导，拟定了一份"更激进的宏观经济刺激"计划。他说，中央银行现在必须大量印钱，以购买政府的债务。政府债券的利率将下降。这种非传统的政策是需要的，因为美联储的传统政策只是针对短期借贷（通常不足三个月）降低利率。对长期借贷，包括商业投资和住房购买，利率则下降得很慢。在购买了政府的长期债务之后，美联储可以迅速地把所有长期借贷的利率降低。有些人担心如果美联储印钱来购买政府债券，可能导致通胀升高，罗戈夫指出，这种担心就像"一个人在面临瘟疫时，他却在担心得麻疹"。他解释说，反过来，如果把通胀率一年升高5%—6%，这是有利的，因为高通胀可以帮助家庭和企业解开"漫长的债务困境"。[138]

请注意，罗戈夫实际是在对所有央行说这番话。美联储虽然不愿意把通胀率提高5%—6%，但终究还是采取了大行动，从而为其他央行设定了标杆。

12 月 16 日，美联储把政策利率降低到 0—0.25%，降低了 75 个基点。[139] 由于已经没有了进一步降息的空间，美联储作出了"前瞻性指引"，也就是承诺在一段时间内把政策利率维持在特别低的水平上。[140] 但美联储当天还宣布了目前为止最具雄心的决策，即量化宽松计划。美联储将购买长期债券和其他证券，以在短时间内降低长期利率，诱使家庭和企业更愿意借钱和支出。[141]

《彭博商业周刊》评价说："这是针对金融危机下的一剂重药，所以美联储内没有反对票。就连在通胀问题上持鹰派立场的费城联储银行行长查尔斯·普洛瑟和达拉斯联储银行行长理查德·菲舍尔也对这一政策投了赞成票。"[142] 市场心理得到了安慰，从前瞻性指引和量化宽松的政策看，美联储不缺少刺激经济的工具。[143] 这种"不同寻常的强烈"信号显示出，抵御经济下行优先于克服通胀。[144]

2009 年 3 月 18 日，美联储宣布进一步拓宽量化宽松项目，且将在更长的时间里把政策利率维持在几乎为零的水平，而不只是"一小会儿"，这是它之前已经明确过的。[145] 美联储不仅通过一系列行动建立了信誉，也因为兑现了之前的承诺而获得了认可。它在 2007 年 9 月 18 日承诺过，它将在必要的时候采取行动。它也的确按照这种承诺做到了，有理由相信它的承诺是信得过的。

英格兰银行接收到了信息。和欧洲央行一样，英格兰银行最初对使用货币刺激犹豫不决。但现在，这家银行以闪电般的速度采取了行动。在 10 月 8 日作出决定前，英国的利率是 5%，英格兰银行在五个月时间里，把政策利率降低了 450 个基点，到 2009 年 3 月达到 0.5%。正是在这个时间点上，英格兰银行开始了量化宽松项目，它所购买的长期资产价值相对于本国 GDP 的比率很快就超过了美联储（图例 5.6）。[146]

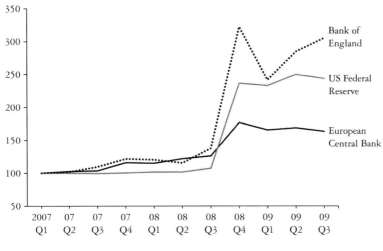

图例 5.6　英格兰银行和美联储迅速提高了自身的负债
（央行整体资产占 GDP 的百分比，2007 第一季 =100）[147]

　　所以，从 2008 年末到 2009 年初，美联储沿着它认为有效的路径卖力推进，而英格兰银行也改变自己的策略并效仿美联储。但欧洲央行的口径却没有发生改变。欧洲央行从来没有明确过，这场危机到底有多严重。它确实降低了利率，因为它已经别无选择。但金融分析专家和投资者仍然对欧洲央行的降息深表怀疑，在他们看来，这些降息太小太晚。更糟糕的是，欧洲央行在降息的同时，又不断表示，担忧通胀可能升高。由于欧洲央行明显不太情愿采取行动，投资者开始担心，欧洲央行的降息举动实际上意味着在预告更糟的情形即将到来，而并不是真正的刺激计划。

　　欧洲央行继续为各家银行提供更多的流动性。10 月 15 日，它打开了另一扇长期融资的窗口。银行可以无限制借钱，借更长的时间，并可用更多种类的资产作为抵押品。[148] 各家银行借此迅速筹集了大量资金，以防在银行同业市场被拖住，那样就会让私人资金更难获得，也更加昂贵。欧洲央行的流动性政策是必要的，却是一种消极的措施。银行现在能更轻易地获得更多的资金来源。但更严重的问题是，它们太脆弱了，急需更多的资金来稳固自己的基础。而且由于欧元区生产在萎缩，也没有实质的政策把钱放进人们的口袋，借钱的人很少。

因此，欧洲央行的长期流动性主要是帮助私人基金从麻烦缠身的边缘国家有序地转移到核心国家。核心国家的银行（主要是德国和荷兰银行）想把它们借给边缘国家的钱拿回来。但边缘区的成员国，包括希腊、爱尔兰、意大利、葡萄牙和西班牙，无法在短时间内偿还数目如此庞大的债务。所以，边缘国家的银行从欧洲央行借钱去偿付核心国家的银行，但正是后者在欧洲央行存入了这些基金。这样一来，核心国家的银行在欧洲央行的信用不断积累（欧洲央行将其称为 Target-2 顺差。Target-2 是指第二代泛欧实时全额自动清算系统，用来为欧元区各国提供大额交易清算服务，其余额反映各国在欧元区内跨境支付的情况），而边缘国家对欧洲央行的欠债则越来越多。欧洲央行实际上起到了非常有价值的"最后出借人"作用。但这种安排只是暂时的保护措施。更严峻的问题并未解决：边缘国家的银行是否有偿债能力，是否能长期存活。

到 11 月初，经济萎缩的迹象日趋明显，欧洲央行的利率仍然保持在 3.75%。它于 11 月 6 日做出了第二次降息，降幅达 50 个基点。金融市场非常失望，因为英格兰银行按新的快速降息策略，已经在当天早些时候宣布再降惊人的 150 个基点。英格兰的做法也让人们更加期望欧洲央行能采取更积极的行动。[149] 特里谢让人失望的不仅仅是这个降息的具体幅度，他竟然继续强调当前的风险：如果工资和价格继续升高，就会限制进一步的刺激计划。[150]

欧洲央行执委会成员洛伦佐·比尼·斯马吉呼应了特里谢的担忧，也站到了反对的一方。比尼·斯马吉说："金融危机是从大西洋对岸开始的，已经迅速蔓延到了我们这边。"从字面上看，这种说法是正确的；但同时，它也拒绝承认，欧元区银行深深地卷入了美国的次贷危机。更严重的是，比尼·斯马吉还说，危机"对美国银行体系的能力影响更大"。[151] 这就是在拒绝让欧元区官员面对眼前的现实。银行间市场的压力在大西洋两岸是一样的，而且欧元区经济比美国经济萎缩得更快。观察家开始担忧，继续否认这些现实将会使得欧元区"糟糕的情况更加不可逆转"。[152]

12月4日，欧元区作出了超出预期的75个基点降息，在金融市场上引起了短暂的欢腾。但评论界依然持怀疑态度。分析家和投资者把这次降息看作对更糟的经济前景的一种应对措施，而不是新的主动措施的前奏。一些观察家认为欧洲央行的降息不值得称道，因为他们看到的是让人恐惧的经济数据和其他央行的大幅度降息，英格兰银行下调100个基点，新西兰储备银行150个基点，瑞典中央银行175个基点。[153]而且特里谢拒绝对进一步放宽政策进行讨论。他宣称："我没说过任何1月份的事情。"[154]

2009年1月15日，欧洲央行作出的50个基点降息是在各界深深的忧虑中决定的。欧洲央行自己作出的增长预测又比上个月下降了。[155]有些人希望再降息75个基点，最好是100个基点。[156]分析家指责欧洲央行"拖着他们的后腿"，"总是要慢一步"。[157]一位投资家评论说："特里谢把主要的精力放在通胀上，但这实际上并非欧元区应该担心的。当下更大的问题是促进增长。"[158]

到现在为止，大致的模式已经形成。在3月5日会议之前，德意志银行首席欧洲经济学家托马斯·迈尔说："你会怀疑欧洲央行只想对现在发生的事情闭上眼睛。这显然不利于经济。"[159]监管理事会会议结束后的新闻发布会上，特里谢最终承认，黯淡的经济前景将使2009年、2010年的通胀率保持在2%以下。[160]正像很多人预测的那样，随着全球经济严重放缓，所有地方的通胀率都在下降。欧洲央行一直拒绝承认这一必然的后果，在幻觉中与通胀搏斗，结果只是伤害了欧元区经济增长的前景。但在认识到通胀近期已经不值得担心的前提下，欧洲央行仍然只是降息了50个基点；高盛的一位分析家不意外地重申了市场的判断："欧洲央行慢了不止一拍。"[161]

2009 年 5 月 7 日，欧洲央行把利率降低到 1%。美联储的政策利率从上一年的 12 月一直保持在接近零的水平，并且从那个时候开始，它又开始了"前瞻性指引"，承诺继续维持低利率，同时还开启了购买债券的量化宽松计划，迅速降低了长期利率。

总的来说，2007 年至 2009 年间，欧洲央行对金融市场的拉动作用微乎其微。美联储却对欧元区银行的美元流动性缺乏提供了帮助。欧洲央行提供了相对容易的欧元流动性，这对脆弱的银行有一定的好处，但欧洲央行和欧元区各国政府却没能帮助这些银行恢复健康的状态。更严重的是，欧洲央行的货币刺激政策是在经济和金融状况陷入危局之后，才姗姗来迟，而当这些行动展开时，主要的作用却是补救。

金融市场未必能提供可靠的指引，但至少在这个问题上，它清楚地表明，欧洲央行误判了危机及相伴风险的性质。美联储早前既已确认，英格兰银行在雷曼事件之后也很快明白，当前急切的任务是防止悲观消极的心态蔓延；然而欧洲央行"太小太晚"的做法没能达到这一要求。欧洲央行过于执着自己的判准：降低通胀能保证稳定。它一直对美国的经济和政策进行形式主义的批评，实际是想暗示危机防范和管理的经济原理在大西洋两岸有所区别。一些观察家认为，德国是想把自己的意识形态特征强加于欧元区。法国总统萨科齐似乎就是持这种观点。[162]但欧元区内部的裂隙尚未公开化。大多数时候，"稳定"的意识形态和"欧洲例外"的观念在欧元区是广泛的共识。

2007 年全年和 2008 年大部分时间，美国和欧元区的股票市场与GDP 的增长大致是同步的。但在雷曼倒闭后，欧元区的经济大大落后于美国，至今也无法追赶（图例 5.7）。这有些讽刺意味：虽然雷曼倒闭被认为是美国的危机，但它对欧元区却有长期的影响，因为欧元区的机构拒绝承认这场危机真实的影响，并采取相应的行动。

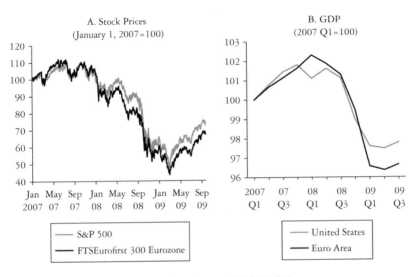

图例 5.7　欧元区在 2009 年初就落后于美国

欧元区银行继续挣扎，美国解决了他们的银行问题

　　稳定金融的任务依然很重，尤其是欧元区，那里的进展非常有限。2009 年 1 月 15 日，爱尔兰政府最终对盎格鲁－爱尔兰银行实行了国有化。爱尔兰最大的两家银行爱尔兰银行和爱尔兰联合银行在 2009 年 2 月实施了资本结构调整，公共财政承受的压力上升到难以承受的地步。如果政府按照承诺清偿债主，又要多一笔重担。[163] 政府债务迅速升高，银行也需要进一步的支持，种种情形让外界担心，爱尔兰政府有可能无法履行它的金融责任。

　　计量经济学的分析显示，银行与政府一齐衰落的现象，不仅存在于爱尔兰，也存在于欧元区其他几个成员国。[164] 银行的困境给公共资金带来很大的压力，投资者因此要求政府支付更高的利率才肯借钱给它们。利率升高进一步削弱了国家的财政状况，投资者更担心政府无法为银行提供支持，深感恐慌并开始抛售银行的股票。在这个"主权—银行共同的命运低谷"，双方都感觉快要同归于尽了。

欧洲为稳定金融采取的措施，效力极为有限。萨科齐想要创建一个欧洲基金的计划在 2008 年 10 月转瞬即逝。欧盟委员会主席巴罗佐要求雅克·德拉罗西埃评估一下目前困境的根源，并提出解决方案；后者在 1978 年至 1987 年间曾担任国际货币基金组织总裁，1987 年至 1993 年间是法兰西银行的行长。德拉罗西埃在 2009 年 2 月向委员会提交的报告显得过分轻松，拒绝面对诸多困难的问题。报告遵循传统的做法，指责美国引发了这场危机，并使它传遍全世界。[165] 这份缺少自我反省的报告让人震惊。它对德国工业银行和富通银行只是略微提及，而完全没有谈到法国巴黎银行、德克夏银行、德国住房抵押贷款银行和德国地方银行存在的问题。欧洲银行提高自己的杠杆并借用短期资金在次贷市场赌博等事实都没人注意。这篇报告豁免了欧洲管理机构的责任。它说，国内管理者不可能完全了解他们的银行在国外所做的事情。相反，"美国的金融管理者本应该查出并阻止抵押贷款标准扭曲的现象，并进行相应的干预"。[166]

德拉罗西埃报告的结论可以想见："欧盟的金融监管模式不是这场危机的基本原因之一。"[167] 它建议在欧洲加强监管，但并没有提出对银行采取关闭、合并和资产重组等紧要的步骤。纽约大学金融学教授维拉尔·阿查里雅说，这份报告"显然"在回避讨论欧元区银行远比美国银行糟糕的资本化情况。阿查里雅暗示性地警告说："如果经济下滑蔓延，欧盟各银行或许能从自己的胸腔里掏出更多的肋骨。"[168]

在货币政策上，美国政府理解稳定银行的紧迫性。美国联邦存款保险公司处理了两百家破产的银行，它们占美国银行储蓄的 6.5%，或者是关闭它们，或者是把它们与更强健的银行合并。[169] 因为美国联邦存款保险公司是中央政府的部门，有自己的预算，并且有财政部背书，所以这些破产银行所在的州政府没有遭受金融损失。

更大的行动在贝拉克·奥巴马当选为美国第 44 任总统之后迅速展

开了。奥巴马 2009 年 1 月 20 日宣誓就任时，经济下滑的形势已经趋缓，但失业率仍然在膨胀，很多工人由于长期失业，正打算干脆把自己算进不能受雇者的行列。1 月 27 日，奥巴马就任一周后，就与总统府的首席经济顾问劳伦斯·萨默斯和财长蒂莫西·盖特纳开会。盖特纳在回忆录里写道，总统的想法很直接，他"就想撕掉创可贴……他想找到办法迅速有效地终止危机"。[170] 奥巴马政府给自己设定了两个目标：督促国会提高金融刺激的规模，并让银行重振信心。

在银行方面，盖特纳计划进行"压力测试"。美国银行能否应对另一场金融危机？特别是，如果经济陷入了严重衰退，它们是否有足够的资本去吸收进一步的损失？如果银行不太可能拥有足够的资本，美国政府将会向它们注入资本。2 月 10 日，盖特纳宣布开始对美国最大的十九家银行集团进行压力测试，正式的名称是监管资本评估项目（SCAP）。[171] 虽然他在电视镜头前的表现遭到讽刺，但他启动了美国应对金融危机的决定性步骤。

5 月 7 日，压力测试的结果公布了。它们取得了良好的效果，转变了美国的市场情绪。联邦政府认为，美国的银行体系现在活过来了。对于需要更多资本的银行，2008 年授权的不良资产救助计划是敞开大门的。[172] 这些公开发表的结果使金融市场和分析家相信，银行能够承受巨大的压力。参加了这次测试的银行股价跳升了。[173] 有银行的测试结果要求它们接收不良资产救助计划的资助，它们也因此获利。压力测试成功的一个关键原因在于，它们强调了一个原则，即投资者需要向他们拥有的银行注入大量权益资本；如果这些银行难以运转，投资者就需要在这场游戏里有更多的保护层，同时担负更大的责任。

压力测试是盖特纳的宝贝，他有理由为此感到骄傲。他后来评论说，虽然在 2007 年、2008 年的恐慌期间有短暂的平静期，"但当时并没有真正的稳定"。压力测试后，"几乎所有的金融指数都转向了正确的方向"。[174] 在实际感受上，美国的金融危机结束了。

遗绪

2009年夏，市场总体的氛围是松了口气。[175]这次并不是1930年代那种大萧条，当时的生产下跌和失业率上升要严重得多，持久得多；相比而言，当前世界面对的是轻松很多的大衰退。在美国货币政策和银行救助行动的引领下，其他国家的政策制定者也相继仿效并出台政策。全球性的金融刺激形势正在形成中。

但在很大程度上，这个世界也比较幸运。全球经济重回轨道也要感谢中国政府启动了规模庞大的金融刺激，支撑了超常规的信用膨胀。2009年，中国的银行贷出了相当于GDP30%的资金。[176]中国买家在全球掀起了一股购买狂潮。中国进口从2009年初每月500亿美元上升到年底每月超1000亿美元。世界范围的出口商都因此获利。所以，中国的金融信用扩张就像是类固醇，为世界经济稳定起到了关键作用（图例5.8）。

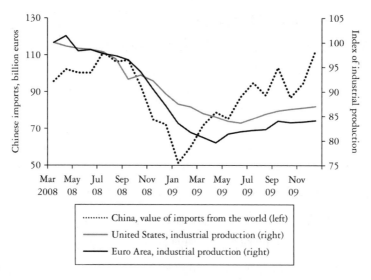

图例5.8　中国在2009年初的刺激计划引领世界从衰退中复苏[177]

　　在工业国家中，德国是中国冲击波的最大受益者。中国消费者似乎对宝马车和奔驰车有无尽的欲望；中国工厂购买了大量先进的机械；中国中央和地方政府推出了野心勃勃的基建项目，德国制造商因此售出了大量先进的系统，包括高速列车等。德国经济的增长也给东欧国家带来了希望，它们负责向德国制造商供应部件。

　　相比而言，中国的刺激对法国、意大利、西班牙、葡萄牙和希腊的影响就小很多，它们主要依靠欧洲的政策行动来复苏。由于欧元区的政策延迟了，而且内容上很局促，这些国家最初的经济复苏显得非常疲弱。所以，从复苏的初期开始，欧元区各经济体的经济表现就出现了差异。

　　而且，因为欧洲央行在 2001 年至 2003 年的衰退期就对刺激经济的计划犹豫不决，所以在当前这场分外严重的危机中，它对经济和金融危机反应迟缓的印象就更加坐实了。[178] 这种声誉还会产生更意外的结果。金融市场认为，欧洲央行将继续保持较高的利率。所以，投资者受到欧元高利率的前景诱惑，让欧元继续保持强势的地位。2009 年 5 月，虽然欧元区的复苏缓慢很多，但 1 欧元竟然可以卖到 1.35 美元的高价；而当美联储维持其购买债券的量化宽松项目，以保持低利率时，欧元却在当年余下的时间继续涨价。欧元的强势让几个欧元区国家的经济复苏更加困难。

　　而且，欧元区的一些政府机构已经表示，当经济收缩时，它们会为银行的债权人救市。其中几个国家不断增长的庞大债务终究要对这个暗示性的承诺进行检验，而爱尔兰的承诺则是摆在桌面上的。美国政府力排众议，为银行的债权人提供了救市手段。美国政府凭借充足的资源迅速对这些银行进行了资产重组。投资者现在广泛认为，美国的银行是安全的。在欧元区，银行则比危机刚开始时更为脆弱。[179] 欧元区银行受欧洲央行流动性的保护，而且政府还承诺要偿付它们的债权人。这些做法的前提是危机较短，并且这些银行必须随着经济一起复苏。但是，政府在处理这些赌输了的银行时犹豫不决，必然会阻碍经济复苏的速度，并最终给政府和社会造成巨大损失。

　　IMF 在 2009 年 10 月的《世界经济展望》中含糊地表达了信心:"全球衰退正在结束。"[180] 它还作了一个正确的区分。它对美国经济的预判更加乐观;[181] 它还指出,欧元区的复苏会比较缓慢,失业率还在上升,金融领域也需要进一步的补救。[182] 但这份报告漏掉了最重要的分析。虽然这份展望发表在 10 月 15 日,但它没有认识到欧元区不断积累的危机正涌入希腊。它也没有预见到,在货币和财政紧缩的意识形态主导下,债务—通缩的恶化机制也将把意大利拖入危机。

第六章

延迟和不彻底的政策——希腊和冰岛，2010

这天是 2009 年 10 月 1 日。乔治·帕潘德里欧正在竞选希腊总理。作为泛希腊社运党的领袖，帕潘德里欧在之前的两次竞选中没能击败他的宿敌科斯塔斯·卡拉曼利斯。为了赢得对他信心不足的希腊选民，帕潘德里欧承诺对腐败发起挑战，并为年轻人创造工作。他在雅典的一次四千人规模的集会上大声呼吁，"让我们赢回自己的尊严"。[1]

在来势汹汹的 2007 年至 2009 年的全球金融危机中，希腊经济似乎还能挺住。国际货币基金组织在 2009 年 7 月 20 日的希腊经济年度评审中说，希腊银行比较稳定，有足够的储备金去应对负面影响。该组织还按照传统的论调希望希腊进一步收紧银根，称赞希腊政府用建设性的受人欢迎的政策去控制预算赤字。[2]

国际货币基金组织似乎比较满意希腊的宏观经济表现，但很多希腊人却比较沮丧。耶鲁大学政治学家斯塔希斯·卡里瓦斯或许会严厉地说，从 1980 年代初期开始，"民粹主义的强毒株"就造成了希腊政客和政治机构的腐化堕落。无论是之前的欧共体，还是后来的欧盟，都没有着力去解决经济疲软和社会衰败的问题，反而"资助"并"教唆"了"希腊政治体系中最糟糕的做法"。[3] 从普遍的腐败中获利的都是掌权者和那些跟政府有关系的人。年轻人对混乱局面的感受最为敏锐，尤其是在这个表现很差的教育体系中：年轻人的高失业率成为长期性的问题；2009 年，在大选的最后阶段，15 岁至 24 岁求职的希腊人中有 25% 无法找到工作。前景愈加地渺茫。

所以，帕潘德里欧所说的找回希腊的尊严，很难获得人们的信心。在他的雅典集会上，一个对选票举棋不定的选民说，"我不知道他能否完成自己的承诺，因为国家的情况很糟糕，但我希望他可以完成能力范围内的大多数事情"。一个30岁的失业会计师神色黯淡地评论说，"我们只给希望投票"。[4]

这位会计师感到沮丧容易理解。无论是帕潘德里欧，还是卡拉曼利斯，都没有提供真正的希望。帕潘德里欧的父亲安德烈亚斯·帕潘德里欧在1974年成立了泛希腊社运党，但他担任总理的这两届任期（1981—1989年，1993—1996年）也开启了希腊政治腐败和财政放任的传统。[5]在希腊政治腐败日渐生根的时期，乔治·帕潘德里欧在他父亲的内阁里担任部长。

作为保守的新民主党领袖，卡拉曼利斯沿袭了希腊政治中裙带关系和特权的传统规则。[6]在2004年的选战中，卡拉曼利斯轻松战胜了帕潘德里欧，但不思进取的他在2007年的选战中仅凭上届胜选的余威勉强再下一城。[7]成功连任后，卡拉曼利斯政府按照熟悉的希腊套路进行减税，并提高公共支出以争取公众支持。他的部长们及其助手被指控主动索贿，并被怀疑有欺诈和洗钱的行为。[8]由于无法继续统治，卡拉曼利斯呼吁在9月2日提前进行选举。

这次，帕潘德里欧赢得了选举。10月4日，他轻松击败了卡拉曼利斯，在议会的300个议席中得到了160个议席。在获得胜利的时刻，帕潘德里欧大胆地说："我们的国家有巨大的潜力。我们愿意在政治上以公正平等的方式进行深刻的变革，让我们的国家重回胜利的道路，以迎接新世界的挑战。"[9]但在帕潘德里欧激动人心的话语背后却充满陷阱，与当下腐败的政治文化完全融合在一起。

谎言瓦解，一个破产的国家大白于天下：2009年10月

几个月前，国际货币基金组织（IMF）在赞许希腊的经济表现时，也不忘强调，希腊最高政府机构要重视经济统计。[10] 了解内情的观察家都知道，希腊的统计数据非常恐怖，而且经常产生误导。希腊政府伪造了金融数据以获得欧元区的入场券，而欧元区机构急于把希腊纳为成员，故意忽略了这些信息。[11] 从那以后，IMF 就经常抱怨，希腊的统计报告让他们无法监督该国的经济状况并进行评估。IMF 董事会在讨论2009年7月24日发布的希腊经济报告时，各国负责人都对此表达了不满。瑞典负责人延斯·亨利克森（Hens Henriksson）说，"我很意外，这种情况竟然能一直持续"。[12] 亨利克森进一步问道，到底是希腊本身能力不足，还是他们有意编造了这些数据？这是一次闭门会，会议中的评论一直保密了五年时间。IMF 希腊代表、经济学家鲍勃·特拉作了礼貌的回应。他说，不存在能力不足的问题。[13] 特拉解释说，希腊领导人之所以故意误导，是因为如果他们揭示出严峻的问题，他们将遭遇仇视和批评。希腊政府希望通过编造数据，以"控制消息"。

IMF 董事会在夏季进行的这些反思很快被忘得一干二净。当然，最终获选希腊总理的帕潘德里欧是不会去想统计上的长期误报的。他的任务是重建希腊的"尊严"。

10月8日，希腊中央银行行长警告帕潘德里欧，当年的政府预算赤字（过度开支超出收入造成的）可能不是之前以为的 GDP 的6%，而可能是10%。行长公开对媒体讲话，但带着乐观的语调："我比较乐观，（赤字）可能不会超过10%。"[14]10月16日，财政部长乔治·帕帕康斯坦丁努在接受路透社采访时承认，赤字还是会超过 GDP 的10%。[15] 帕潘德里欧当天晚些时候在议会演说时，直截了当地说："我们的经济现在已经爆了。我们的财政已经前所未有地失去了控制。赤字必须削减，我们必须开始约束公共债务。"[16]

政府债券的收益率有所上升，虽然幅度不大。十年期债券的收益率从 10 月 8 日的 4.5%，升到 10 月 16 日的 4.7%（见 6.1）。这个收益率并不特别高。投资者当然也不认为希腊的风险比其他国家高。希腊和德国政府债券之间的价差一直保持在较小的 1.3%，也就是 130 个基点。

10 月 19 日，周一，欧元集团在卢森堡开会时，投资者仍然比较平静。帕帕康斯坦丁努又公开了一个更深的财政黑洞。[17] 希腊 2009 年的预算赤字达到 GDP 的 12.5%；而且，2008 年的赤字就已经达到 GDP 的 7.7%，而不是之前报的 5%。[18] 这些新的数字也透露出，希腊的债务已达到 GDP 的 110% 以上，由于巨额赤字，债务正迅速累积。

6.1　利率、收益率和差价

最初的债券交易发生在所谓的"一级市场"（primary market），借方（债券发行人）和贷方（债券持有人）相互协商一个"利率"。债券持有人贷出一个"基本"数目，比如说 100 欧元，借方同意在整个债券存续期间，按期支付一定的利息，比如说每年固定支付 5 欧元（就是基数的 5%）。一旦协议达成，支付的数目就不作变化，除非整个债务关系重建。如果一切顺利，借方按照双方同意的数目支付年利息，到结束的时候，返还整个借出的数额（也就是基数）。

最初的债券持有人，或者说投资者，可以在二级市场卖出他的债券。但如果借方被认为风险增大，新的投资者可以要求对额外的风险支付补偿。如果他们要求 5.1% 的返还率，新投资者只需对最早价值 100 欧元的债券支付 98 欧元。新的投资者每年将从最初的借方收到 5 欧元的利息，但他们的"到期收益率"（简称"收益率"）将是 5.1%，因为他们购买债券时只支付了 98 欧元。如果风险显著增加，投资者要求 6% 的回报率，债券的价格将下降到 83 欧元。

二级市场的交易并没有改变借方对既存债券支付的数额（5 欧元）。但在新的债券上，借方需要支付更高的利率，相当于此时市场要求的收益率。

收益率会随着全球风险氛围的变化而上下起伏。但是，如果某个借方被认为比市场上更为安全的借方风险更大，那么较危险的和较安全的借方之间的收益率差别就会上升。这个差别被称为风险"差价"，或风险"溢价"。

对于欧盟经济和货币事务专员华金·阿尔穆尼亚来说，这种情况是昔日重现。2004 年 12 月，希腊为了进入欧元区对财政数据撒谎的真相被广为人知，阿尔穆尼亚当时就已经无比尴尬了。他是在希腊进入欧元区的决定下达后，才被任命为经济和货币事务专员的，但他的下属之前已经审查过希腊的数据。阿尔穆尼亚绝望地说，"我们在这件事上感到很悲哀，希望以后不要重现"。[19] 但"这件事"依然重现了，前后两次的伤心与愤怒让阿尔穆尼亚疲于应付。他一定早已知道，或应该知道，会是这样。希腊财长帕帕康斯坦丁努说，直到 2009 年夏，阿尔穆尼亚的办公室都完全清楚希腊悲惨的预算情况。他们知道"情况真的脱轨了"，他们也能察觉到，预算赤字接近 GDP 的 10%，而不是官方预计的 6%。[20] 鲍勃·特拉在 7 月份向 IMF 董事会解释过，了解内情的人都知道希腊的政治动机是如何起作用的。但阿尔穆尼亚眼睁睁地看着希腊这趟列车缓慢地脱轨，他只是温和地说，"这些严峻的矛盾要求对已经发生的情况进行公开深入的调查"。欧元集团首脑让－克洛德·容克深知正在酝酿的问题，他也只是说了一句无关痛痒的话，"游戏结束了，我们需要严肃的统计数据"。[21]

世界开始注意到这些情况。10 月 22 日，周四，评级公司惠誉（Fitch）

把希腊的信用等级从 A 降到了 A-；这个结果属于"负面展望"，也就是说，财政状况即使是略微变糟，也会再一次降级。银行和政府的金融困境之间开始出现一种更加危险的关联。在政府债券收益率上升的同时，雅典股票价格指数开始下降，银行股票价格下降得更快。主权—银行的"死亡循环"成了大势所趋。不但政府债券的收益率在升高，经济整体的利率也高企，这导致增长前景变淡，使人担忧银行的借款方可能无力还债。

这些早期的金融市场波动因为欧洲央行慷慨的流动性措施减缓了，这些措施对银行和债券持有人都有安抚作用。银行用政府债券和其他可疑的资产作为抵押品从欧洲央行借款。在这些资金的帮助下，银行购买了更多的政府债券，对主权债券的收益率有一定抑制作用。希腊银行已经熟练地利用规则去向欧洲央行大笔借钱。[22] 实际上，当希腊问题逐渐显现的时候，欧洲央行还购买了希腊政府的债券。所以，希腊十年期债券的收益率直到 11 月中旬都比较稳定，到 12 月初才缓缓地抬升到 5%。

12 月 7 日，评级机构标普公司（S&P）预测，希腊的债务到 2010 年将跳升到 GDP 的 125%，所以它把希腊的主权信用等级排在了"负面观察"单上。[23] 12 月 8 日，惠誉再次把希腊降级，这次是 BBB+；它威胁说，如果希腊继续处在"负面展望"单上，[24] 有可能进一步降级。现在警钟在德国敲响了。

在默克尔的等待中，希腊到达临界点：2009年12月

12 月 10 日，惠誉降级的两天后，德国总理默克尔在波恩接受媒体采访。她说，"在一个成员国发生的事情会影响其他所有国家，尤其是当你拥有共同的货币。这就是为什么我们有共同的责任"。[25] 这个声明被广泛解读为"团结"意志的表达，体现了相互之间的责任和支持。

12 月 16 日，标普把希腊的"负面观察"改为降级的分数。第二天，默克尔就在德国联邦议院预算会议上发表了演说。[26] 突然之间，她显示

团结的温柔话语消失了。她说，德国政府现在已经够头疼了。她仍然需要集中精力来解决全球金融危机的后遗症，危机的强度虽然已经降低了，但仍然让人担心。德国经济也非常脆弱。她的政府急需在本国实现可持续性复苏。

默克尔列出了一些重要事项。"我想以尊重的态度对赤字高的国家说：每个成员国都有责任保持财政健康。"她不耐烦地总结说，"欧洲还有一些问题孩子"。[27]默克尔已经从最初仁慈的"共同责任"立场，转为以国家责任为中心。她就是按照这种思路来引导欧洲走出四伏的危机。

默克尔1954年7月17日出生在西德的汉堡。[28]当她只有几周大的时候，她的父亲，一位新教牧师，把家搬到了东德。默克尔在衰败的东德长大，虽然她在长大的过程中享有某些特权，但她很低调；她在学业上尤以俄语和科学擅长，后来获得了量子化学博士学位。她最初的职业是一个科学家，和其他东德研究者合作研究并撰写研究报告。

1989年12月，柏林墙倒塌一个月之后，她闲逛到隔壁一个叫"民主觉醒"的政治团体办公室去做志愿者。从那一步开始，她在世人惊异的目光中冉冉升起。1990年12月，她作为基民盟的成员在德国联邦议院获得一个席位。然后，她进入了科尔总理的内阁，并在那种专横的氛围中经常表达不同意见。1999年12月，在科尔有非法竞选资金的事情广为人知后，默克尔变身为科尔的政治刺客。2000年4月，她被选为基民盟的主席。2005年11月，她以极微弱的多数击败了争取连任的施罗德，当选为新一任德国总理。在整个过程中，她一直非常低调，总是把赞誉让给他人。

在战后的几十年中，即使德国急需在欧洲获得合法性认可，德国总理也从不避讳把国家利益置于欧洲利益之前。二战的历史主要是让德国高级官员学会了把欧洲统一的言词放在嘴边。科尔一直坚持说，他在推动欧洲的利益。但他所相信的"欧元符合欧洲利益"，并没有实在的根据；他是按照德国模式来塑造欧元的。出生于1944年的施罗德则继续念叨着泛欧主义的大词，为希腊进入欧元区大开绿灯。[29] 相比施罗德，默克尔与二战隔得更远。虽然在东德长大，但她与泛欧主义的意识形态并没有什么关联，也不太感兴趣。

全球金融危机在 2007 年初露端倪时，默克尔的主要心思还是在德国。她对任何欧洲范围的动议都难以忍受，在危机高潮阶段她就已经表明这一点。2008 年 10 月，欧元区领导人承受着各方面的压力，想创建一个欧洲的金融保护机制，以和美国政府对银行的金融保护相媲美。为了应对这种压力，法国总统萨科齐提出了庞大的计划，默克尔却不予理睬，并且公开声明：德国纳税人的钱不会用来资助其他国家。[30]

2009 年 9 月，在希腊财政黑洞显现之前一个月，默克尔第一次获选连任德国总理。虽然她用辉煌的字眼来描述自己的胜利，但实际上她正经受着严峻的政治考验。近年来投票率一直在缓慢下降，在最近几次选举中更是大幅下跌。默克尔的唯一安慰是，社民党承受了来自选民的冷漠和焦虑的双重冲击。社会民主主义融合了物质进步和社会公正的主旨，但它的理念和实践在欧洲全面衰退。当年早些时候，在欧洲议会选举中，社会民主运动显得黯淡无光。德国社民党也被这一波历史低潮波及，无论是物质进步，还是社会公正平等，都无法提供令人信服的方案。自称泛欧主义的社民党遭受的这些挫败对默克尔也是一个警示：德国人唯恐对欧洲负担过多的义务。

但真正的问题比这些都大。所有的主流政党都在失去选民的信任，他们转向了小的政党。在这一大趋势下，默克尔也正在失去阵地。她领导的基民盟及其在巴伐利亚地区的友党基社盟，都遭遇了 2005 年以来最低的投票率。默克尔之所以还能组织一个执政联盟，仅仅是因为她的另一个盟友自由民主党的表现显著超出了 2005 年。同时，联盟内部的关系也比较紧张。基社盟一直对欧元抱着怀疑态度。基社盟的党魁霍斯特·泽霍夫做了一个著名的举动，他送给默克尔一本字典，是巴伐利亚语和标准德语之间的互译，说是要帮助她理解他及其政党对事务的不同看法。而重视商业的自民党也对德国为欧洲提供财政援助持保留态度。默克尔自己倒没有特别的倾向。她制止了政治争议，她的竞选因此被观察家描述为乏味、平庸。观察家推测说，默克尔之所以还能获得微弱的胜利，可能是因为那些将其称为"妈妈"的投票者把她看作古板却精明持家的母亲。

但历史推动着默克尔一直向前。欧元区的成员国出现了危机，她不得不留意。她自己圈子里的人把欧元称为"来自地狱的机器"，她却"要试着去修补"。[31]

要对欧元进行有效的修补，默克尔必须冒着政治风险呼吁德国选民在财政上承受损失。这一呼吁充满风险，不仅是因为泛欧主义的科尔坚持把欧元强加给欧洲，而且他还反复向德国公众保证，他们永远不会为其他成员国的劣行而买单。[32] 所有的德国政客都不会忘记重复这个说法。[33] 现在德国老百姓却必须听一套新的说法，而默克尔就是讲这个故事的人。

作为政治人物，默克尔从来都是等待时机以获取生存和胜出的机会。在希腊危机逐渐显露时，德国《日报》是这样描述默克尔的："从一开始，默克尔就遵循着自己的统治路数。她静观其变，并不采取行动，而且回避行动。"[34] 她习惯等待，但这并不是她的本性所决定的。德国和其他的西方民主国家一样，它的选民要么懒于投票，要么就像近来趋势所显示的，想投靠传统主流政党之外的政党。在如此支离破碎的选举环境中，要保持政治上的地位，行动必须非常小心。

在希腊问题上，等待对默克尔来说是值得的，因为有一种可能性总是存在的，那就是问题本身自行消散了；相反，如果危机升级了，她总可以找到自己的方式把大家团结起来走出去。由于欧洲的每一个重要决定都需要默克尔点头，所以她的"等等看"的态度就造成了一系列的延迟和不彻底的政策。所以，是她设定了欧洲应对快速增长的危机的缓慢步骤。

当然，延迟对德国而言是有代价的。延迟使得危机加剧了，并且提高了解决危机的代价。默克尔肯定是知道这些的。越战期间的历届美国总统也曾担心，采取果决的行动解决冲突会立即导致经济和政治上的损失；他们一方面唱着希望和乐观的高调，一方面在等待中使战争的规模和成本一步步升高。同样的道理，默克尔也犹豫不决地暂停着，直到危机加深，她被迫采取行动。

每次敲击暂停键的时候，默克尔都要求其他国家自己多加努力。2008 年 12 月，在回绝其他国家要求德国加大财政刺激以减轻全球危机时，默克尔谈到了"责任"。在面对斯图加特的听众时，她说，施瓦本地区的家庭主妇最能理解财政支出带来的风险。这些节俭的家庭主妇，将给我们一些简洁的好建议，譬如这一条："你不可能长期入不敷出。"[35] 默克尔的财长沃尔夫冈·朔伊布勒反复强调这个主旨。朔伊布勒引用德国文豪歌德的话说，"每个人只要清扫自家门前，整个世界就变得干净了"。[36]

朔伊布勒认为，像希腊这样的国家，不节制的财政使它们不配待在欧元区里。自 1994 年以来，他一直在推广他坚信的一个观点：欧洲一体化应该首先在那些成熟的核心国家中展开，后进国家可以等待它们慢慢成熟。[37] 在他原初的想法中，连意大利都不属于欧洲的核心国家。不过，当欧洲领导人在 2001 年准许希腊进入欧元区以后，朔伊布勒和默克尔这两位反对党的领导人，选择了沉默。但保持沉默并不意味着中立。德国反对党的领导人经常批评政府的欧洲政策。沉默在最低程度上意味着不表示反对，有可能是一种策略性的同意。现在，当希腊危机在全欧洲隆隆作响时，默克尔有机会表达遗憾了。她说，把希腊纳入欧元区的决定，"可能没有经过严格审查"。[38]

在默克尔观望时，帕潘德里欧宣布了越来越严厉的财政紧缩政策。他希望，希腊政府缩减财政赤字的努力可以让金融市场安心。金融领域的压力减轻后，政府才有时间重新掌控财政。施瓦本的主妇将被证明是正确的。或许欧洲根本不用帮助希腊。这种"希望"和乐观的论调同"等等看"的态度相得益彰。

然而，虽然帕潘德里欧宣布了紧缩政策，希腊银行也用欧洲央行提供的流动性购买了希腊政府的债券，这实际也是间接为政府赤字提供了资助，但金融市场渐渐失去了耐心。到2009年12月中旬，政府十年期债券的收益率上升到了5.5%，而在10月8日，当希腊央行行长首次揭示政府财政空洞的严重问题时，收益率还仅仅是4.5%。

希腊行将进一步陷入"恶性循环"中。这里的风险是新债券的高利率不仅会增加政府的利息负担，而且会削弱经济的增长势头。经济疲软，政府的收入也将下降，希腊银行的借款人也就更难以偿还债务。评级机构会再对希腊政府降级，相应地，利率也会被推高，政府、银行乃至整个经济的压力都将上升。

默克尔和其他欧洲领导人现在应当愈加小心。正如美国政府在2000年高科技泡沫爆裂之际采取先发制人的手段，之后在2007年中期至2009年初期几乎失控的金融危机中手段甚至更为主动一样，欧洲领导人现在也需要为希腊建立一张金融安全网。与此同时，他们需要开始"重组"希腊债务，这要求和希腊的私人债权人协商减少债务清偿的日程表。债务重组对于为财政紧缩设定限度而言是必要的措施，希腊政府需要它来完成财政上的修补。

但时间很关键。国际货币基金组织（IMF）救援项目的历史表明，这些项目运用得越早，效果就越好，尤其是当一个国家的财政发生问题，但还没有演变成全面的危机时。一旦危机深入，问题就会变得难以驾驭。[39] 在IMF设计妥善的项目中，希腊需要的是官方的金融支援，债务重组和适当的财政紧缩等措施。

到2010年1月的下半月，政府债券的收益率达到了6.5%。希腊的经济已经无可挽回地从脆弱滑向了危机。1月21日，IMF在华盛顿宣布，他们的团队正在雅典提供"技术支持"。但该组织的发言人卡罗琳·阿特金森坚持说，"我们估计，希腊还不至于要寻求金融支援"。[40] 欧洲各国政府并不希望 IMF 向希腊提供金融支援，担心外界看轻欧洲。[41] IMF 总裁多米尼克·斯特劳斯-卡恩此前曾是法国财长，还被认为可能在 2012 年竞选法国总统，他用一个有趣的例子来形容欧洲的情况："如果这个情况发生在美国加州，美国人很可能这样告诉我们，'我们不需要 IMF'"。[42] 这个比方很直观，欧元集团首脑让-克洛德·容克用了一个更精简的版本："如果加州发生了财政问题，美国是不会找 IMF 的。"[43]

1 月 26 日、27 日，美国联邦公开市场委员会开始关注希腊，这个组织是美联储中专门制定货币政策的机构。委员会很多成员担心，欧洲政府若不能及时行动，希腊的经济问题会更加棘手，甚至会导致欧洲政治动荡。联邦公开市场委员会副主席威廉·达德利预计："欧盟的情况在缓和之前有可能变得更加糟糕。"[44] 美联储董事会的经济学家迈克尔·帕伦博描绘了一幅更加黯淡的前景："如果债务危机在希腊全面爆发，在如何管控这个危机的问题上，欧洲可能不会有多少共识，欧洲国家之间可能产生更深的撕裂。"[45]

在联邦公开市场委员会表达他们的忧虑的同时，临界点似乎也来临了。1 月 26 日，希腊政府的价差（就是希腊政府债券收益率与德国政府债券之间的差额）已经超出了 300 个基点。之后的几天，当希腊政府债券的收益率达到 7% 的时候，这个价差也达到了 350 个基点。雅典股票市场比 10 月 8 日下降了 25%。希腊需要救援项目，而且是现在就需要。政府财政、银行和经济上的困境相互叠加；希腊正在失控。

欧洲还在耍嘴皮子，希腊已经开始暴雷

到 2 月初，希腊各方面的经济指标一片灰暗。工业生产急剧下降。[46] 失业率迅速升高。帕潘德里欧承诺创造一个充满希望的未来，但他的全面紧缩政策（减薪、提税等）把经济进一步推向了衰退。[47] 政府和私人

企业的工会都在酝酿罢工。

希腊的灾难看起来不会自行消失，欧元区各国政府开始含糊其词地表达支持。2月10日，朔伊布勒大声疾呼，为希腊提供金融救援已经不可避免。[48] 投资者据此认为，希腊救助计划很快就会到来。希腊政府债券上的压力减轻了。

朔伊布勒似乎仅凭几句话就取得了胜利，"耍嘴皮子"的诡计居然也能得逞。欧洲理事会的各国首脑在2月10日—11日开了会。理事会发表了一份很有语言艺术的公报："欧元区各成员国在必要时，应采取果决的联合行动，保护欧元区整体的金融稳定。"[49] 关键词是"必要时"。没有任何具体的承诺，但一条金融生命线就悬挂在金融市场眼前。"必要时"这个短语意在为管控欧元区危机减轻压力。

口头承诺同默克尔倾向于等待的风格非常契合，实际上，当时很多人也是持这种态度。欧洲领导人都不愿意冒着国内政治风险去为希腊提供金融支援。所以在2月初，大家都很乐意看到的局面是：政府的保证安抚了金融市场，债券收益率降低，希腊政府的财政压力也相应下降。不必要为了拯救金融市场而付出政治代价。

这种策略最初似乎达到了预想的成效。欧洲理事会2月10日—11日的会议之后一个月，希腊政府债券的收益率保持在6.5%以下。3月4日，希腊民众还在抗议不断紧缩的财政政策，政府又轻松地按6.4%的利率向私人投资者卖出了价值50亿欧元的债券。[50]《纽约时报》报道说，希腊"采取了关键的一步去清偿它的欠款、牵制欧元危机"。[51]《华尔街日报》的报道更显激动："欧盟依靠舆论而不是直接干预来应对希腊危机的策略正在起作用。"[52]

情况在改观，但私人投资者对希腊或欧盟都还没有恢复信心。希腊银行反而用更多的欧洲央行提供的资金去购买希腊政府的债券。这种对希腊政府债券的额外需求阻止了收益率上涨。其中涉及的资金很庞大。从2009年11月到2010年2月的四个月中，希腊银行从欧洲央行提取了 120 亿欧元。用这些新的资金，它们在 3 月初很轻易地就购买了价值 50 亿欧元的希腊政府债券。

对银行来说，这是有利可图的生意。它们为欧洲央行的资金仅支付 2% 甚至更少的利率，却可以从政府债券获得 6% 甚至更高的利息。而且，欧洲法规认定政府债券是零风险，所以银行无需储蓄准备金，以免在政府违约的情况下遭受损失。毕竟在当时，希腊经济急速下滑，对企业或家庭提供新的贷款是很有风险的。

虽然希腊得以数周维持在等待降落的状态，但这些"创可贴"（欧洲模糊的支持承诺和欧洲央行充分的流动性）显然都无法完成让其着陆的任务。希腊就像一个有创伤的病人。延迟输血这项关键措施只能造成病人继续失血。税收高企，薪金下调，冻结养老金和暂停招聘等做法都在削弱人们的信心，人们也就更不愿意消费。3 月份，希腊银行报告说，希腊经济已经"深陷危机"。[53] 衰退蔓延到所有领域，就业率下降；很多储户都觉得他们的银行已经不安全，开始取出储蓄；预测还说，该年度的 GDP 将下降至少 2%，甚至更多。[54]

欧元的支持者曾经保证，这个货币将把欧洲人团结在一起。然而，欧元却在希腊和德国人民之间制造了惨痛的撕裂。德国的《图片报》有一期头版头条的标题为《把你们的岛屿卖掉，你们这些破产的希腊人，还包括卫城》。在雅典，一个领退休金的人在一家德国零售专卖店外示威，哀叹说："他们说我们全都犯了罪，不只是我们的领袖，而是包括所有希腊人。"[55]

希腊人承受着双重羞辱，一方面是生活质量在下降，一方面是德国媒体的冷嘲热讽。他们大批涌上街头，用越来越激烈的方式抗议政府强加的紧缩政策。3 月 11 日，有大约 5 万人参加了反对进一步削减支出和提税的示威。"为什么总是让人民来付出代价？"希腊银行一位职员评论说。"因为一直是人民在付钱。"另一个示威者回应道。青年人戴着面具与警察发生了冲突。罢工迫使政府关门，飞机停飞，铁路和海上运输也都停摆。[56]

虽然希腊经济和社会危机愈发严重，一些欧洲领导人仍然认为乐观的舆论能起作用。在 2010 年 3 月 12 日接受的一次采访中，法国财长克里斯蒂娜·拉加德对希腊政府表示了赞赏。他们已经"做得超出了预期"。她指的是希腊通过了允许削减政府支出的法律。她说，这些行动"表明，（希腊政府）是可信的，市场也认可"。拉加德总结说，希腊不需要金融救援。[57]

朔伊布勒想惩罚希腊：2010年2月—3月

就在拉加德说希腊政府措施得当的同一天，朔伊布勒对欧元区前景表达了深切的担忧。他在《金融时报》发表评论文章说，一些欧元区国家一直以来都是入不敷出。由于这些国家在欧元区内造成了危险的"失衡"，有必要对它们施加积极的惩罚。朔伊布勒列出的惩罚清单包括丧失获得欧盟发展基金的机会、暂停投票权和大笔罚款。朔伊布勒指出，如果这些惩罚仍不足以使这个国家"重整它的预算"，唯一的选择就是把它从货币联盟驱赶出去。[58] 所以，朔伊布勒公开提出了希腊退出欧元区的可能性——"希腊退欧"（Grexit）。

拉加德和朔伊布勒嘴上都说得很好，但都忽略了现实。虽然拉加德声称希腊不需要援助，但欧洲央行提供的金融方便实际上就是一种援助。朔伊布勒虽然知道危机很严重，但他却想对处于金融困境中的国家实施惩罚，默克尔很快就指出这是"白痴"的做法。默克尔对德国联邦议院发表演说时，直率地说："一个没有钱的国家无法对委员会支付罚款。如果强制这样做，我们将会加快其破产。"[59]

但默克尔对希腊退欧是怎么想的呢？

3 月 17 日，默克尔说，把欧洲看作"和平的共同体"这种说法太模糊，难以给实践提供有效的指引。实际上，把欧洲看作"稳定的共同体"更为妥当，所以用友谊的方式来纵容不稳定的成员国是不明智的。她坚持说，希腊人没有选择，只能自己帮助自己。欧洲不能急于提供金融帮助：这种误导性的慷慨可能是致命的；它会摧毁欧洲作为"规则的共同体"的基础。虽然默克尔对朔伊布勒提出的在金融上惩罚有超额赤字的国家不予理会，但她同意他的另一个观点，即如果有成员国反复破坏规则，它们就应该离开欧元区。这些必须是原则，默克尔很坚定地总结说，"否则，我们就无法合作"。[60]

虽然朔伊布勒几周之前就提出了这样的建议，但默克尔公开指出了希腊退欧的可能性，让其变得更加真实。把希腊赶出去在情感上也能获得共鸣。

加州大学伯克利分校经济学教授巴里·艾肯格林在 2007 年 11 月的一篇文章中警告过，让一个成员国退出欧元区不是个好主意，它可能引发"所有金融危机的根源"。[61] 艾肯格林的分析很直接：如果一个国家因为有弱点离开欧元区，它的本币将迅速贬值，让该国政府和居民对欧元债的偿付变得极端困难。违约将发生连锁效应，国内金融系统将崩溃。

一旦希腊离开欧元区，金融市场将完全有理由做空其他有问题的国家，譬如以倾销这些国家的债务为手段。这些国家的新债务到时将面临利率上升，而这会增加预算的压力，把它们也推向债务违约的边缘，乃至退出欧元区。1992 年 9 月的"黑色星期三"，投资者乔治·索罗斯连续几个月售出英镑，逼着英国退出了欧洲汇率机制；所以，投机商也会去搜索那些自身债务无法承受投机带来的压力的国家。欧元区金融系统内的更多国家将面临巨大压力。所以，希腊退欧可能触发连锁反应，最终导致欧元区乃至更大范围遭受极大的金融和政治灾难。希腊退欧说起来轻松；但其结果可能非常严重。

艾肯格林基于这些观点在 2010 年 2 月发表了详尽的分析文章，而就在一个月后，朔伊布勒和默克尔公开声明要把希腊从欧元区赶出去。[62] 这两位德国领导人肯定知道，或应该知道，让希腊退出对他们并没有好处。很有可能朔伊布勒和默克尔是在演一场政治大戏，安抚德国民众——大批民众并不愿意为希腊买单。在担任国际货币基金组织首席经济学家一年半以后转任麻省理工学院教授的西蒙·约翰逊也是同样的感觉。他提到了默克尔的目的："她对自己的国内听众大肆作秀，就是想让他们觉得德国不会受希腊的影响。"[63]

默克尔为希腊救援准备条件：2010年3月末

默克尔曾希望欧洲的"问题孩子"，具体来说就是希腊，能"长大"。她有很多国内冲突要去解决，包括税务改革、提供医疗待遇和核能源的未来，等等。[64]国内政策选择充满争议，已经让她的政府在民调中显著下降。在执政联盟内部，默克尔领导的基民盟、基社盟和自民党之间的矛盾已经公开化。她和她的执政联盟很有可能在北莱茵-威斯特法伦州5月9日的选举中失利；该州是德国人口最多的州，占全国总人口的1/4。这个执政联盟曾在该州2009年9月的选举中轻松获胜，现在如果失利，将对默克尔的个人声誉造成损害，也可能使她的执政联盟在德国联邦参议院失去多数席位。实际上，她根本没有时间来讨论为希腊提供金融援助的可能性。这是一个糟糕的时间。

媒体虽然把重点放在解读默克尔3月17日演讲中提到的希腊退欧，但也抽出了时间报道她的另一条更加有趣的建议：或许，国际货币基金组织（IMF）应该帮助救援希腊。默克尔在这里邀请IMF，实际上违背了整个欧洲建制派的意愿。几天前，在接受《华尔街日报》采访时，法国财长拉加德反复强调欧洲众所周知的一条界线：让IMF来救援希腊，就像美国政府要求该组织救援加州一样让人尴尬。[65]朔伊布勒在此前表达的公开立场中，也强烈反对IMF的参与；他不想让该组织介入欧洲的问题。[66]

但默克尔的用意是在国内政治。IMF的出现将对德国公众释放一个信号：希腊的危机已经迫在眉睫；德国的稳定因此受到了威胁。对稳定的坚持化解了权力很大的德国宪法法院的反对，后者曾要求，德国只有在保持稳定的前提下，才能继续参与欧元区。[67]

默克尔大权在握，这也是对欧洲民主现状的一个注解。在国内，她勉力支撑一个破碎的联盟，民调一路向下。但在欧洲，她的权力是无可置疑的。只要默克尔说一句话，对 IMF 参与的坚决抵抗就完全蒸发了。默克尔的近身顾问为她当传声筒，荷兰和芬兰政府也加入了支持的行列。朔伊布勒或许愠怒了几天，但他还是改变了自己的立场。船驶离了港口。IMF 就这样加入了进来。

默克尔虽然这样说了，但她自己却没有准备好展开行动。在 3 月 21 日周六的广播访谈中，默克尔反驳了那些无法忍受等待和不确定性的欧洲领导人。默克尔当时正准备参加下周三举行的欧盟委员会会议，她说，"我不认为希腊现在就需要钱。破产还早着呢"。[68]她警告说，在不成熟的时机提出救援的可能性，只会让金融市场更加动荡。默克尔很关注由德国《图片报》领导的长期反对运动，他们抗议用德国的钱去救援希腊。[69]民调显示，德国公众强烈反对为希腊提供金融救援。

"安吉拉·默克尔到底怎么啦？"约施卡·菲舍尔问。[70]菲舍尔曾担任过德国外长，1998 年至 2005 年间是施罗德的副总理。他也是一个欧洲政治哲学家。2000 年 5 月，在柏林洪堡大学的一次庆典演说中，他勾勒出欧洲国家实现更紧密的政治合作的路径，其最高形式是欧洲联邦。[71]对菲舍尔来说，默克尔处理希腊问题，以及与欧洲相处的方式，都让人作呕。他抱怨说，她这位"日耳曼尼亚夫人"（Frau Germania），正把德国"拖进壳里边"。[72]所以，菲舍尔呼吁默克尔为希腊慷慨解囊；他认为，这种利他主义将在未来回报德国。这也是很多欧洲理想主义者的态度，但对默克尔而言，菲舍尔的建议意味着，她应该忽视德国公众对救援希腊的反对意见。

菲舍尔所向往的欧洲联邦是一个神话故事。早在 1950 年 5 月法国外长罗贝尔·舒曼首次提出这个建议时，欧洲领导人就否定了这种可能性。[73] 自那以后，每一次有人斗胆提出欧洲联邦的计划都很快会遭到唾弃。但一些欧洲领导人又很快回到这个念头上来，从不反思为什么这个想法在过去没有吸引关注。诺贝尔经济学奖得主托马斯·谢林在1988年写道，为了否定现实，"我们会去遗忘，并且忘记我们正在遗忘"。谢林接着说，遗憾的是，这就是闹剧的本质。[74]

菲舍尔进一步建议，欧洲领导人应该略过民意，但这在底线上是不恰当的。自从1991年12月达成《马斯特里赫特条约》，领导人们逐渐认识到，他们无法忽略欧洲的民意（见第二章和第四章）。记者兼作家马修·林恩说得很对："默克尔即使想和希腊人打垒球，她也会发现实际上这是不可能的。"林恩指出，不仅是默克尔，所有欧洲领导人都很在意民间对欧洲事务的反对声。他简要地写道："政客们嘴上谈欧洲团结，都是口吐莲花。但在实际中，一涉及选票和政客们的位置时，这些语言都显得苍白无力。选民不会买账的。"[75]

3月25日至26日的峰会之后，欧洲理事会很自然地响应了默克尔的呼声：所有国家都应该对自己的财政负责。理事会表示，希腊政府为重整秩序作出了值得赞赏的努力，希腊经济正在对这些努力作出反应，欧洲各国政府将提供金融协助——只在必要时。[76]2009年11月就任的欧洲理事会第一任全职主席赫尔曼·范龙佩继续玩嘴上功夫。他宣称，欧洲各国政府和IMF不会"抛弃"希腊。[77]他预测，欧洲要团结希腊的承诺将使市场冷静下来，希腊政府债券的收益率将下降。

游戏的尾声到来了：2010年4月

欧洲理事会和范龙佩承诺一切都会好起来，但这无法说服投资者。希腊在5月9日还欠债券持有人接近90亿美元，投资者担心希腊政府已经没有足够现金来清偿这部分债务。希腊债务违约的风险增加了，投资者开始提出更高的收益率作为补偿。此后两周，希腊十年期债券的收益率从 3 月 26 日的 6.2% 断然上升到 7% 以上。投资者已经忘了欧洲央行行长特里谢的安抚，他在 4 月 8 日说，希腊债务违约"不在考虑之列"。[78] 对金融市场而言，违约风险是很实际的"一个问题"。

最终在 4 月 11 日，欧洲各国政府和 IMF 宣布为希腊提供 450 亿欧元的金融救援计划。从 2009 年 10 月 8 日至 2010 年 4 月 11 日的六个月时间中，希腊政府债券的收益率已经从 4.5% 上升到 7% 以上。换句话说，六个月前一股十年期希腊债券卖 100 欧元，现在只卖 60 欧元。美国联邦公开市场委员会 1 月底在华盛顿召开的会议记录显示，希腊危机正以可怕的速度恶化。经济学家迈克尔·帕伦博曾预测，欧洲人内部的分裂会阻碍他们，从而导致危机升级。到 4 月的后半月，美联储董事会国际金融部主任内森·希茨告诉联邦公开市场委员会的成员，"几个月前看起来还可控的系列问题，现在正处于变异的边缘，但欧洲机构仍然无法找出一套可信的回应措施"。[79] 希茨说，这个救援计划"对提振信心没什么作用"。金融市场并不清楚下一步将发生什么状况，尤其是成员国最终是否会批准这些资金。

金融市场对希腊政府施加了更大的压力。4 月 15 日，IMF 的斯特劳斯－卡恩宣布，欧洲官员和该组织的团队将在雅典会晤，商量金融救援的细节。但自然灾害造成了延迟。一座冰岛火山喷发出来的烟尘夹杂着玻璃粉，上升到 36000 英尺的高空。因为担心灰尘会使飞机引擎发生故障，航班大量取消。但让人惊讶的是，来自华盛顿的 IMF 团队却是第一个避开阻隔，最先在 4 月 19 日到达雅典的。[80]

出身于希腊的《华尔街日报》记者玛蒂娜·史蒂维斯写道，"开头一切都好"。她关于希腊危机早期的生动报道很值得一读。希腊十年期债券的收益率正朝着 8% 挺进，而且还没有什么备选方案。一位欧洲官员告诉史蒂维斯，IMF 团队到达雅典，就像"美国海军陆战队到达了战争地带"。这位官员说，它的资金和专业性"都是必不可少的"。[81]

4月21日，欧洲团队终于到达雅典，协商的条件已经具备，此时的金融市场已陷入全面的恐慌。更糟糕的是，4月22日，希腊政府宣布它在2009年的预算赤字是13.6%，而不是之前估计的12.7%。[82] 近期的希腊债务与GDP的比率超出120%，比早前的110%又有所提高。评级机构穆迪对希腊的债务进行了降级。十年期希腊债券的收益率再次跳升，达到8.7%的高峰，比德国债券高出570个基点；国际专家不得不对救援计划的数字做大幅修改。希腊处于自由落体的状态。

希腊政府的私人债权人充满焦虑，他们并不太欢迎官方目前正在运作的金融救援计划。这个计划是让希腊政府跟IMF和欧洲债权人借款，并用这些钱去清偿部分私人债权人。虽然整体而言这些债权人对偿付表示认可，但他们有严重关切的问题。[83] 一旦希腊政府从IMF借钱，该组织就成了"高级贷方"（senior lender）。这意味着对IMF的偿付优先于其他所有的债权人。而欧洲各国政府作为贷方，也会要求具有这种"高级"的资格，也会具有相对于私人债权人的优先性。所以，在偿付了IMF和欧洲各国之后，希腊政府很可能没有足够的钱去清偿所有的私人债权人，很多人会为此承受巨大的损失。

希腊民众开始从银行取出储蓄，这一方面是因为他们需要这些钱去弥补收入降低带来的开支缺口，一方面也是因为他们担心，希腊银行有可能破产，无法还回他们的存款。[84] 如果储蓄挤兑的势头继续，银行事实上也就破产了。但官员们拒绝立即采取行动。朔伊布勒在4月23日星期五解释说，批准希腊救援计划的过程需要时间，至少还要两周的时间。[85]

谁应该为希腊政府的错误买单，债权人还是民众？

4月24日，《华尔街日报》的编委会首先发出强有力的让希腊政府的债主来承受损失的呼吁。[86] 他们的观点很简单。今后五年，希腊政府需要向私人债权人偿付 2400 亿欧元，这相当于希腊一年的 GDP。政府能支付这笔钱的唯一办法就是首先向欧洲政府和国际货币基金组织又借一笔钱。政府的债务义务没有发生变化；区别只是原先是欠私人债主的钱，现在是欠政府债权人的钱。通过提税和减支来紧缩财政无助于减少希腊的债务负担。国际货币基金组织过去的借贷项目表明，过度的紧缩会阻碍经济的增长，而 GDP 一旦下降，清偿债务的负担也将上升，而不是下降。编委会总结说，实际上没有其他选择，"政府贷款可以延迟，但无法阻止希腊债务的重组"。

编委会的这种呼声并不是在表达有"左"倾意味的"烧死债券持有者"。这里只是一个简单的经济计算：如果债务重组已经不可避免，那就趁早把它完成。用公共债权来替换私人债权只能让情况更糟。借款方只能在漫长的紧缩中苦苦挣扎；而如果债务重组尽快完成，让一切重新开始，脆弱的借款方所能支付的债务会更多。

但欧洲领导人激烈地反对任何要求债务重组的呼声。在《华尔街日报》呼吁希腊重组债务近一周之前，德国《明镜周刊》访问了德国财长朔伊布勒，他当时躺在医院病床上，正从疾病复发中复原，1990 年的一次暗杀使他腰部以下瘫痪。《明镜周刊》的记者提醒他，在 1991 年《马斯特里赫特条约》的谈判过程中，德国首席谈判代表霍斯特·克勒曾表明了德国政府的立场，即如果欧元区某国政府无法偿付债务，私人债权人将承受损失。因此，《马斯特里赫特条约》中规定的"不救援"条款的本意是，政府无法支撑的债务应该由私人债权人承担。朔伊布勒承认，在马斯特里赫特谈判的过程中，他也认可"不救援"的规定，但那个原则现在已经不现实了。朔伊布勒想掌握这一争辩的主动权，他说，"我们不能允许希腊这样的欧元区成员国破产，变成第二个雷曼兄弟。希腊对系统的重要性等同于一家主要银行"。[87] 所以，这里传达的实际是，重组希腊政府的债务将使混乱在金融市场蔓延，也将再一次使世界经济滑坡。朔伊布勒是在着重强调金融困境的传染性，即金融上的脆弱性将以不受控制的方式传播，造成巨大损害。

《华尔街日报》编委会很清楚，朔伊布勒的意思是，如果希腊债务被重组，这将会是世界末日。他们对此回应说："希腊不是雷曼。"雷曼兄弟是全球复杂的、彼此连接的金融神经中心的一个关键节点。这个节点意料之外的失能破坏了整个金融网络。专家认为，希腊的金融秩序还是传统的。编委会警告说，如果欧洲机构继续"用新闻发布会和所谓的救援计划来解决希腊真实的金融问题的话"，希腊的金融麻烦将最大程度地破坏全球金融体系。这样一来，问题很有可能失控。[88]

朔伊布勒和《华尔街日报》都说出了自己的观点。但证据是什么呢？美国联邦公开市场委员会在华盛顿召开的一次会议上，内森·希茨告诉焦虑的委员会成员，没有证据表明希腊的问题有那么严重的传染性。希腊的问题并不会使投资者牵连更大范围欧元区政府的债务问题。[89]爱尔兰和葡萄牙的问题都是集中在国内；西班牙和意大利相对孤立。[90]学术研究也很难找到"警钟"传染[1]的证据。[91]有一些人相信传染性可以通过银行实现，例如德国央行前行长卡尔·奥托·珀尔。法国与德国银行将遭受严重的损害，如果希腊政府不向它们偿付债务。[92]继而，它们会将自身的问题转移给债权人。但数据却无法证明这种看法。向希腊贷出大量资金的法国和德国银行都比较大，能够吸收希腊违约造成的重大损失。而如果它们自己缺少资金，它们可以转而求助其政府在2008年建立的协助机制。[93]

但对希腊金融危机可能广泛传播的夸张性恐慌仍在继续。主权债务律师李·布赫海特评论说，欧洲官员，尤其是欧洲央行的官员，坚定地

---

[1] 莫里斯·戈德斯坦提出的关于金融传染的解释，即区域 1 的金融危机是对区域 2 的投资者的警钟，诱使他们重估和调查区域 2 的基本面。这种对风险的重估可能导致危机向区域 2 传染扩散。

相信，"魔鬼"就在转角上。[94] 媒体上的喋喋不休又进一步夸大了传染性的说法。报纸上对希腊危机传染性的连篇累牍的描绘，比 2008 年底至 2009 年初雷曼事件导致的全球性动荡更为可怕（图例 6.1）。

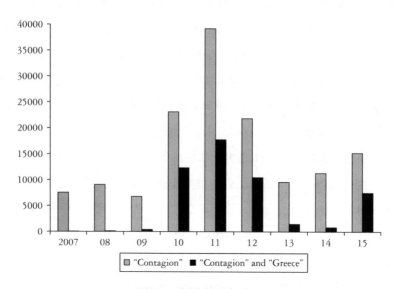

图例 6.1　希腊传染性的发展轨迹
（道琼斯 Factiva 数据库里包含有"传染性"以及同时包含"传染性"与"希腊"
两个词的文章数量）[95]

所以，欧洲领导人从可能发生大灾难的角度，拒绝对希腊债务进行重组。[96] 法国财长拉加德说，她"否定了这个想法"。[97] 欧洲央行行长特里谢是最强烈反对希腊债务重组的，在这个问题上也最具影响力。当美国政府拒绝救援雷曼兄弟，并允许该银行倒闭时，他曾经非常生气。在希腊问题上，特里谢却很坚定："我一直公开说，违约是不可能的。"[98]

默克尔深谙重组希腊政府债务的关键金融逻辑。但她知道，即使是债务重组，希腊政府仍然需要相当大的金融支援。为了让这种支援合理化，德国人需要希腊人证明他们正在勒紧裤腰带。所以，对默克尔来说，希腊政府要与她保持一致，就必须严厉地进行大规模的财政紧缩。4 月

26 日，她说她和德国民众有同理心，都对希腊需要救援感到失望，她呼吁希腊政府郑重承诺实行"严格的赤字缩减计划"。[99] 默克尔用反常的尖锐语调说，"希腊近几年必须接受严苛的政策"。她暗示，她将严控金融支援的计划，直到她看到希腊人认真努力的证据。[100] 用消耗希腊的办法来取悦于国内的听众，这在政治上或许是权宜之计，但在经济上造成了进一步的困境。

4 月 27 日，在那个生死未卜的日子，标普公司以欧洲没有解决希腊危机的决心为由，将希腊的信用评级降到了 BB+，即垃圾级。十年期债券的收益率当天达到了 9.8%，两年期债券的收益率则达到了惊人的 25%。信号是清晰的：金融市场认为，在 2012 年 4 月到期日，有60% 的可能性，希腊政府将只能支付 40% 的债务。[101]

《华尔街日报》此前已经解释过，国际货币基金组织（IMF）和欧洲国家债权人提出的紧缩计划，将使得希腊政府更难以偿付债务。内森·希茨在 4 月 27—28 日美国联邦公开市场委员会的会议室详尽地解释了这样的道理。如果希腊政府能够奇迹般地实行提议中的非常规提税和削减支出，企业和家庭将减少开支，GDP 也将迅速下降。税收将和GDP 一齐下跌，预算赤字也不会如预想的那样减少。[102] 由于 GDP 下跌，而赤字减少又不尽如人意，债务负担（债务与 GDP 的比率）将进一步升高。政府支付的利率会高得让人难以忍受。希茨总结说，虽然欧洲各国认为重组希腊债务"不可思议"，但它们以"紧缩"为核心的金融救援项目将使得重组"不可避免"。[103]

默克尔领导的基民盟的一位高级官员主张立即对希腊进行债务重组。4 月 27 日，基民盟在德国联邦议院里的发言人诺伯特·巴特尔说，手握希腊政府债券的投资人不应得到全部清偿。[104] 巴特尔第二天还公开与 IMF 的斯特劳斯－卡恩、欧洲央行的特里谢讨论了这种可能性。[105] 但这场讨论无果而终。

对斯特劳斯－卡恩来说，首先要让欧洲人尽快作出决定。他说，"每天都有损失，情况越来越糟，不仅是希腊，而且是整个欧盟"。[106] 他宣布，整个金融救援计划的规模需要从早前预估的 450 亿欧元上升到 1200 亿欧元。斯特劳斯－卡恩的急切可以理解，但他要把更多的钱砸给希腊却是一个错误的方向。希腊政府并不需要特别巨大的官方资金；它需要的是通过协商减少到期要支付的私人债权人的债务。

《华尔街日报》的编辑们又一次感觉有必要发表一点评论。他们在流动性危机和破产危机之间作了区分。他们的坚持是正确的：希腊的问题不仅是通过暂时注入欧洲国家和 IMF 的资金能解决的流动性问题。他们说，"让人不快的现实是，希腊已经被破坏了，它的政治经济模式已经走入了一个死胡同"。欧洲国家债权人和 IMF 现在把钱借给马上要破产的希腊，最后就将 "拥有整个雅典"。[107] 另一个记者委婉地写道，这将引发糟糕的政治冲突。[108]

4 月行将结束的时候，在欧洲大佬和 IMF 之外实际上已经形成了一个共识。希腊无法清偿它的债务。过分的紧缩会加剧形势的恶化，而不是让其好转。IMF 和欧洲人得出了一个完全不同的结论：希腊人要勒紧裤腰带，把钱都还给他们的债权人。

危机蔓延阴影下的救援计划：2010年5月

5 月 2 日，欧元区财长们宣布，希腊将收到 1100 亿欧元，其中 800 亿欧元是来自欧元区其他成员国的贷款，300 亿来自 IMF。[109] 这是有史以来最大的国际金融救援款项。IMF 衡量它的贷款数额是依据一个国家的配额，这个数字是基于这个国家经济规模的几项指标。希腊获得的贷款是它配额的 32 倍，具有一定的标志性。救援资金的第一波在 5 月 19 日之前可以到位，以方便希腊清偿当天债务到期的债权人。

这一救援计划宣布后，IMF 的波尔·汤姆森在电话会议上对记者发表讲话。汤姆森是丹麦经济学家，有多次金融救援的经历，在4月21日雅典开启的谈判中，汤姆森领导着IMF的"海军陆战队"。在被问到是否有重组希腊债务的问题时，他回答说："这个方案从来不在考虑中。也从来没有被讨论过。"[110]

金融市场只短暂地歇了一口气。当投资者观望德国的反应时，恐慌气氛再次升级。默克尔在德国联邦议院中拥有的大半席位使她的方案轻易获得批准。但她面对着媒体不怀好意的批评和德国公众的谴责。德国《图片报》继续连篇累牍地发表批判文章，有一个头条用了一个很普通的希腊名字开玩笑：《它会花多少钱？》（What Will It Costas？）[1]。《明镜周刊》的头条是《欧元大陆正在燃烧》。知识分子气更浓的《时代周报》则问道："我们的钱会怎样？"代表德国保守主义阵营批判声音的《法兰克福汇报》说，欧洲不能继续用德国的钱去解决问题。更多的钱并不能解决"整个国家的破产和文化的冲突"。[111]

德国民众显然是受到了媒体攻势的影响，他们大多数反对为希腊提供金融支援。[112]人们对默克尔的领导逐渐失去信心。在一次民调中，只有2/5的回应者表示，默克尔有效掌控着希腊危机。[113]她的支持率从2月份的70%直落到5月初的48%。[114]在北莱茵－威斯特法伦州，默克尔的执政联盟被迫与对手展开了激烈的厮杀。[115]

5月5日，默克尔在德国联邦议院发起为希腊提供金融援助的辩论，并对民众发表演说。她说，她一直在等希腊政府制定出大幅减低预算赤字的可行方案。如果她急着伸出援手，其他国家可能在没有尽到自身责任的情况下，就索求金融上的支援。默克尔说："一个合格的欧洲公民不应迅速提供援助，而应首先考虑欧盟的规则和国家法律。"[116]

但等待的时间已经结束了。默克尔现在要迅速采取行动，但也不得不提到负面的传染性效果。她说，如果不能马上行动，将在"欧洲和

---

[1]　Costas，希腊名字，与英文中的"花费"（cost）音形相近。

国际金融体系内引起连锁性的传染效应"，有必要对希腊立即提供援助，"以保障欧元区的金融稳定"。[117]

为了竭力说服民众，默克尔少见地求诸德国对欧洲的义务。"我们几十年以来的和平与繁荣有赖于各邻国的海涵"，她说到，[118] 现在"欧洲都在看着德国"。默克尔的说法让媒体和公众感到震惊。[119]

德国央行行长阿克塞尔·韦伯当天下午在德国联邦议院的预算委员会发表讲话，再次强调了默克尔的主旨：如果德国不率领欧洲为希腊提供援助，紧接着将出现金融动荡。他说，"在目前脆弱的形势下，希腊违约将对货币联盟和这个金融体系造成重大的风险。这种危险对欧元区的其他国家有强烈的传染性，也将为资本市场引来种种负面的评价"。[120] 刚刚被委任的欧盟经济与货币专员奥利·雷恩补充说："现在绝对有必要遏制希腊灌木丛中的野火，防止它变成森林大火。"[121] 欧洲各国领导人当天也都对可能发生的灾难表示了担忧。[122]

虽然默克尔有些勉强地谈到了德国对欧洲的责任，欧洲各国领导人也呼应了她提出的警告，即如果希腊不能得到及时的金融救助，灾难将接踵而至，但欧洲内部在政治上却渐行渐远，金融市场也充满着崩盘的巨大风险。

希腊全境的民众都在反对财政紧缩和债权人要求的"结构性改革"。在雅典，议会外的示威行动愈趋激烈。示威者高喊着"小偷""叛徒""烧了吧，烧掉这妓院！"[123] 防暴警察和装甲车排列开来，竖起坚不可摧的高墙，防止示威者闯入议会大厦。警察释放了催泪弹，示威者则还之以燃烧弹。有一家银行的员工不顾罢工的号召坚持工作，结果汽油弹扔进来，点燃了银行的大厦。一位男性、两位女性，其中还有一个怀有身孕，死于这场火灾。

仅仅八个月前，希腊人才为"希望"投出了选票。

帕潘德里欧领导的泛希腊社运党的议员们感到被欺骗了。他们绝望地试图缓和紧缩政策，"让降薪的幅度小一些或者找到较少痛苦的替代方案"。但财长帕帕康斯坦丁努告诉他们，现在想改变已经太晚了："现在的方案是要么接受，要么放弃。"[124] 所以，5月6日，在希腊经济和金融崩盘的阴影下，泛希腊社运党的议员们带着抵触情绪投票通过了政府需要的法案。安东尼斯·萨马拉斯刚刚接手领导的新民主党对政府的方案投了反对票。萨马拉斯对帕帕康斯坦丁努说："你在寻找同谋者，而我们不是你的同谋者！"[125]

5月7日，默克尔的基民盟领导的执政联盟凭借绝大多数席位，确保德国联邦议院通过了对德国参与希腊救援的授权。但是，泛欧主义的社民党人却没有出席投票，这或许是为了表明对默克尔的反对，以获得政治上的加分。超过半数的德国民众反对为希腊提供救援。[126] 德国《图片报》讽刺德国为救援计划支出的224亿欧元是"历史上最大额的支票"。[127] 德国对希腊和欧洲的承诺能维持多久，现在出现了大大的问号。

投资者看到救援计划逐步展开，但他们也看到，希腊被置于巨大的财政压力下，而欧洲的政治冲突也在急速上升。5月7日，希腊十年期债券收益率骤升至12%，而5月3日才9%（2009年10月8日仅为4.5%）。在这些天里，全球股市一片低迷，而欧元对其他主要货币的交易价也陡升陡降。欧洲领导人为救援希腊开出的方案，无论是在经济上还是政治上都不合理，这在投资者中造成了恐慌。

5月7日晚，欧洲领导人在布鲁塞尔开会，以完成对希腊金援计划的最终授权。但当晚并没有完成任务。他们承认，他们需要一个规模更大、更有力度的保护方案来应对进一步的危机。欧洲各国财长在那个周末连续工作，终于在周日（5月9日，周一早晨股市开市之前）宣布了价值7500亿欧元（相当于1万亿美元）的金融"防火墙"计划，核心要件是4400亿欧元的欧洲金融稳定基金（EFSF），该基金由欧元区国家建立，用于援助处于财务困境的欧元区国家。同时，所有欧盟国家将为一个规模较小的、价值600亿欧元的欧洲金融稳定机制（EFSM）提供资助。此外，IMF的成员将提供价值2500亿欧元的贷款。

默克尔一方面为救援希腊竭尽所能，但另一方面，她和她的政治联盟在北莱茵－威斯特法伦州的选举中遭到了惨痛的失败。选民显然并不听默克尔那套所谓德国对欧洲负有责任的说辞，也不关心她那煞有其事的警告，即如果希腊违约了，德国也将承受损失。

从 2009 年 10 月开始的七个月里，欧洲千疮百孔的货币联盟经受了一次压力测试。希腊丧失了尊严和活力。德国人很生气。而这些莫衷一是的欧洲领导人也失去了信誉。

歌舞伎表演：IMF的会议室，2010年5月9日

华盛顿，仍然是在 5 月 9 日。IMF 执委会召开会议，要开始一场让人难忘的表演。表演者中包括第一副总裁约翰·利普斯基，他是这次会议的主席。到场的执行董事是为了讨论该组织给希腊的贷款，其中有些人也有表演的任务。[128]

代表美国的执行董事梅格·伦德萨杰对 IMF 救援希腊的计划表示了认可："这场危机扩散到欧洲其他经济和金融领域的危险是很明显的，必须作出迅速而果断的反应。"[129]

美国财长蒂莫西·盖特纳强烈反对债务重组，这在第五章已经表述过。盖特纳已经看到阴影中潜伏着扩散的危险，也认为必须展现出强大的金融实力，以吓阻危机的到来。他后来在回忆录中写道，希腊毁灭性的主权债务危机和随之而来的欧洲动荡"威胁着美国的金融系统"。仅仅是"传染的可能性就足以在美国动摇信心，收紧信用，并抑制增长"。盖特纳说，欧洲需要动用"压倒性的力量"去解决它的问题。[130] 并不意外的是，在 IMF 的董事会上，盖特纳的代表伦德萨杰也说到潜在的危害，强调这需要"迅速而果断的反应"。

在这样的氛围下，IMF 执委会的会议实际上也就没什么实际目的了。欧洲代表全体一致地支持希腊项目。美国、欧洲及其政治盟友都赞同该

项目。推动项目的投票也准备好了。但 IMF 的执委会是一个舞台，因而一个短小的歌舞伎表演也应该是当天程序的一部分。

澳大利亚的执行董事克里斯·莱格同时代表了新西兰、韩国和几个太平洋岛屿国家。他说，"若与阿根廷作一下比较，现在的情况特别让人担心"。[131] 莱格说的是 IMF 在 2001 年 1 月借给阿根廷的大额贷款。当时，阿根廷的经济已经失灵。政府之前承诺 1 比索换 1 美元。但汇率固定后，阿根廷的通胀却比美国高，因此出口大受影响，经济增长停滞。作为换取贷款的条件，IMF 要求阿根廷实施财政紧缩，这进一步致使经济萎缩，也很自然地增加了政府的债务负担。紧缩政策使问题加深，国家的信用评级也接连下降。在别无选择的情况下，IMF 继续向阿根廷提供资金，以帮助它偿付私人债权人。到 2001 年底，阿根廷的经济和政治都陷于动荡不安。[132]

最终，比索汇率在 2002 年开始浮动。开始阶段，外汇交易商要求 1.8 比索换 1 美元，到 3 月底，他们提出要 3 比索换 1 美元。阿根廷经济继续在萎缩。政府债务重组已经不可避免。IMF 因此备受责难。

阿根廷灾难过后，IMF 试图收拾残局。2003 年 10 月，该组织发表了一份总结，梳理自身的责任，回顾了出错的环节。[133] 这份总结的结论都是对的。对阿根廷经济增长的预期过于乐观了；所谓"结构性改革"会对冲财政紧缩带来的负面影响，是一种幻觉。在设计可行的救援方案时，重要的是对增长的估计要实际，因为预期的经济增长即使只有很小的差额，也可能导致债务负担的迅速增加。

这份总结说，IMF 本该及早就让阿根廷脱离固定汇率的制度，而关键之处在于，早期就进行债务重组是必要的，否则问题会进一步溃烂，所有人的情况都会变糟，债权人和借款人都是如此。

澳大利亚的莱格是正确的。希腊的问题比阿根廷远为严重。2001 年，阿根廷政府的预算赤字占 GDP 的 5.5%，它的债务与 GDP 比率为 50%；而在 2009 年，希腊政府的预算赤字是 GDP 的 14%，而且还在上升，它的债务与 GDP 的比率为 130%，也处于上升通道。阿根廷的情况是严重下滑，而希腊则是掉下了悬崖。在阿根廷，比索贬值后刺激了出口，助长了经济的回升。而希腊，虽然风传要"希腊脱欧"，却没有货币贬值这个政策选项。欧元区各国政府认为，如果让希腊重回它自己的货币德拉克马，欧元区的解体也就不远了。

由于在阿根廷问题上的错误使自身声誉蒙垢，IMF 尤其有理由把从这些不快的经历中学到的教训运用出去。对希腊而言，阿根廷灾难的主要启示是当政府债务过高时，应立即着手进行债务重组。

但 IMF 拒绝从教训中得来的经验。为了不让外界继续关注希腊债务重组的必要性，IMF 在给执委会的内部报告中含糊其词。报告说，希腊政府的债务是可持续的，政府仍然有潜力偿付所有债务，虽然"很难断言这是一种较高的可能性"。[134] 组织内部的人员在报告中言不由衷地描述说，政府的债务负担最终将开始下降。执委会自然也不会注意到报告中让人担忧的结论：很有可能，情况会非常糟糕。

在并不现实的"一切都会变好"的图景中，GDP 将在 2001 年下降，但很快又会回升。经济将迅速复苏，虽然希腊债权人要求的增税和削减支出将大大降低需求，而这部分需求相当于 2010 年至 2013 年 GDP 的11%。[135] 这幅美好的图画忽略了紧缩政策导致的灾难性后果。需求的减少将使得希腊经济各个领域的利润和收入全面降低，相应地也降低了同等数目的私人支出。所以，政府的紧缩实际上导致 2013 年希腊 GDP 下降了让人瞠目结舌的 25%。

政治偏好取代了历史经验和经济教训。美国人和欧洲人都不想重组希腊政府债务。阿根廷的悲剧已经被遗忘。而 IMF 首席经济学家奥利维尔·布兰查德显然对希腊项目的设计没有影响。布兰查德在执委会会议前几天的一份内部备忘录中写下了一些显而易见的事实：给希腊建议的严苛紧缩政策没有先例，将导致它的经济长期低迷。[136]

代表瑞士的 IMF 执行董事勒内·韦伯对布兰查德的内部备忘录并

不知情；虽然前面报告中的数字夺人眼目，但他在没有内部研究部门的帮助下，得出了相同的结论。韦伯写道，内部对增长的预期不太现实，而他们提出的无需债务重组的建议也不可信。韦伯继续说，希腊的私人债权人肯定知道，希腊政府长期以来就是寅吃卯粮，他们当然也懂，希腊政府如果不重组债务，债务仍将过重，并且最终也无法偿付债务；重组债务并不会引起恐慌，反而会让投资者相信，希腊经济最基础的脆弱面将得到解决。[137]

韦伯所讲的原则对历史学家和主权债务的分析师而言，并不陌生。当一个国家债务"高悬"，即这个政府无法合理地获得足够的收入以偿付债务时，尽快重组债务以减少债务负担，不仅有利于借款方，也有利于债权人。[138] 重组之后，借款方的经济将变得更健康，新的生意机会也将对贷款方敞开，让他们与政府和本国居民有更多的合作机会。相反，如果一再推迟把债务降低到可控的水平上，将加深借方的困境，进一步削弱借方的还债能力；结果是，当债务重组最终不得不发生时，债权人所遭受的损失将比早期展开债务重组的损失更大。经济学家乌戈·帕尼扎写道："推迟的违约会导致价值的崩溃，因为违约前漫长的危机时期降低了支付的能力和愿望。"[139]

其他执行董事也和韦伯的观点相似。巴西的保罗·诺盖拉·巴蒂斯塔认为之前的增长预期过于乐观了。和美联储的内森·希茨两周前所说的一样，印度的阿尔温德·维尔马尼也认为目前的计划不够自洽。维尔马尼说，"没有先例的"紧缩政策，"可能引发一轮通缩，不但价格下跌，就业率下滑，而且财政收入也将锐减，最终将削弱这个项目本身"。[140]

IMF 希腊团队的负责人波尔·汤姆森受着雅典的远程操控。他没有回应对严重财政紧缩的批评，也没有为不现实的增长预期而辩护。但他拒绝了债务重组。他再次重复了 5 月 2 日的声明：债务重组"不在考虑之列"。[141]

在会议结束之前，瑞士代表韦伯再次发言。他困惑地问，IMF 的团队是否在没有得到执委会授权的前提下就改变了危机管理政策。[142] 在经历了阿根廷的失败后，执委会已经决定，只有在其工作人员证实一个国家的债务与 GDP 的比率很有可能降低的前提下，IMF 才能借出大笔款项（意为给予"特别优惠的通道"以获取该组织的资金）。[143] 只要债务降低的可能性不高，正如其员工确认的希腊的情况，政策都要求由债权人承担损失。所以，不仅数学算法对目前的项目提出了警告，而且 IMF 的现行政策也不允许在没有对希腊进行债务重组的前提下借出"特别"巨大的资金。

IMF 的高级官员及其法律顾问都承认，他们实际上是要求执委会授权对政策进行改变。大多数董事都很不快，因为政策改变在没有正式的咨询前就悄然进行了，而这些董事被迫面临一种威胁，即如果他们不批准这个改变，可能引发"系统性的危机"。韦伯反对说，内部报告没有提供证据来支撑它的诉求：有必要在不重组希腊政府债务的前提下，就向希腊提供大笔款项，以防止在全球市场引起金融动荡。[144]

利普斯基在结束会议的时候，对一些人反复呼吁债务重组很是恼怒，他认为这是不负责任的表现。利普斯基青年时代作为经济学者在 IMF 开始他的职业生涯，此后在投资银行有过几年成功的经验。2006 年，美国以政治任命的方式让他重返 IMF，担任第一副总裁，这是机构内部第二实权人物。利普斯基说，"我被吵扰得不行，那些人总是说资金项目本该保护债务重组或者违约。我认为在这个案例中，这种评论不仅是无用的，而且以后也不会有帮助"。董事会手中的方案是目前的唯一办法。利普斯基肯定地说，"没有后备方案"。[145]

IMF 内部的经济学家认为，早期债务重组外加紧缩适度的政策本可以提升希腊项目的效果。IMF 虽然在本质上要求依据客观标准作出独立判断，但他们现在是向欧洲人和美国人低头了。[146] 希腊案例显示了一种长期趋势的继续。政治学家马克·科普洛维奇研究了 IMF 项目的历史后指出，该组织实际上服务于其主要股东的利益，尤其是当这些股东在一个问题上持有统一立场时。[147]

5月10日，周一，金融市场在明知希腊政府5月19日要向债权人偿还90亿欧元的情况下开市了。欧洲央行又向投资者保证，将推动证券市场计划（SMP），通过购买欧元区政府的债券来提升它们的价格，降低收益率。希腊债券的收益率从5月7日12%的高位骤降至5月12日的7.25%。

但希腊的问题并没有消失，救援效果只是暂时的。收益率又迅速上升，到6月底越过了10%的线；希腊银行身上的压力继续抬升（图例6.2）。希腊在救援计划之前已经是一个破产的国家，现在也仍然是一个破产国家。在所有这些喧哗与骚动之后，基本的问题依然如故。

2010年6月16日，在救援项目安排成形接近六周的时刻，拉加德在接受《华盛顿邮报》的访问时说："如果我们能够在最初，也就是2月份就解决希腊的问题，我相信我们本可以阻止它像滚雪球一样越滚越大。"[148]拉加德在6月份这么好的时间点上回头看，当然容易看出延迟行动导致的损失。但在三个月之前，她是同意这一延迟的。3月12日，她说过，希腊政府国内整顿的效果远超预期；整体情况不错。但这种嘴

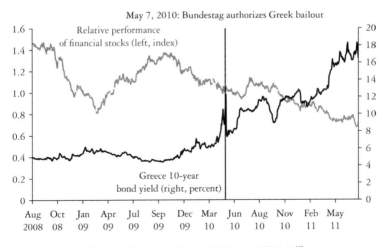

图例 6.2　希腊主权和金融危机在救援计划之后持续上升 [149]

上功夫于事无补。当欧洲领导人终于在 4 月和 5 月采取行动时，他们却只是延迟了问题。

欧洲跃进了吗？

此后几个月，欧洲领导人对把希腊从金融灾难中拯救出来沾沾自喜，并尤其强调了他们设置的金援机制。时间将告诉我们，希腊的经济是否恢复了常态，希腊人是否又重获了自尊。而这个救援体系由于强调要高度紧缩，当然会首先加重经济的困境。政治的紧张局势也会上升。对"跃进政策"的真正考验，并不是欧洲领导人在漫长的谈判后，同意设立一个新的制度和金融架构；而是这种"跃进"能否让欧洲老百姓相信，欧洲领导人及其领导欧洲的规则能增强繁荣和公正。

因此，这个"跃进"问题实际上是欧元区的危机是否会释放出热烈澎湃的泛欧主义情绪和向心力，通过后者催生具有政治合法性的机制，在帮助陷于困境的成员国时获得广泛的同情。在这个方面，欧元在第一次重要测试中无疑是失败了。彼此之间都带着恐惧感的德国人和希腊人的对抗逐步升级。对德国人而言，希腊人懒惰，而且无法胜任工作；在希腊人看来，德国人都是流氓。"欧洲人"的身份认同感以及同呼吸共命运的感知削弱了。

欧元区都期待默克尔能起到领导作用。他们希望默克尔能向德国人解释，作为欧洲具有支配性的力量，德国需要为欧洲作更多的奉献。对默克尔最强烈的批评者，部分是德国人。3 月份，约施卡·菲舍尔表示过不满：默克尔没能破茧而出成为"欧洲夫人"，却继续蜷缩在"日耳曼尼亚夫人"的壳里。4 月末，社会学家、哲学家哈贝马斯警告说，德国精英又沉醉于民族主义的"自恋"情绪中。他批评默克尔对欧洲其他国家的困境"麻木不仁"。哈贝马斯说，一个真正的领袖应该"为了欧洲甘冒国内政治风险"。[150]

5月5日，默克尔在德国联邦议院呼吁通过希腊金援法案几个小时后，就赶往路德维希港，与小圈子里的人去为科尔的八十岁庆生。科尔在简短的发言中斥责默克尔没有尽力帮助希腊并巩固欧洲。默克尔就在一旁。他又说，他不能理解"为什么有的人就当希腊不存在似的"。[151] 记者后来指出，坐在轮椅上的科尔非常虚弱，就像生病的欧元一样。他重复着自己那句熟悉的口头禅："欧元是和平的保障。"[152]

二十年前，科尔以自以为是的"独裁者"身份，不假思索地把欧元硬塞给德国和欧洲。现在他又一次不假思索地试图以羞辱默克尔的方式逼迫她为欧洲作更多的奉献。对默克尔来说，为希腊敞开大门会引起更多的问题。在希腊之后，德国是否也要向其他陷于困境的欧洲国家提供资金？这样下去，是不是意味着德国向欧洲作出了一个没有止境的承诺？1977年，《麦克杜格尔报告》估算过，德国和其他欧元区国家平均要向中央预算贡献国内生产总值的5%到7%，才能达成一个稳定的欧元区。[153] 欧元区机构只有拥有这种规模的预算，才有能力处理一些不可避免的反复出现的危机。

跃进的一个真实例证是1933年，富兰克林·罗斯福总统的新政项目。他建立起一个规模庞大的中央预算，数目相当于国民生产总值的4%，以支持正遭大萧条碾压的各州经济。[154] 这些州把这笔资金当作拨款，而不是贷款，并划拨给那些最需要钱的人，创造出购买力，以扩大经济刺激。将富有州的钱转移给穷困州，这种机制体现了患难与共；它对于最终的经济复苏非常关键。美国政府之所以能建立起这个制度，是因为它拥有合法的政治权威和足够数量国民的同意。

到2008—2010年的经济大衰退时期，美国联邦政府给各州建立的支持系统已经更加广泛。例如，在大衰退之前，内华达州每年要将GDP的4%作为税上交联邦政府；危机发生后的三年中，内华达州每年得到了相当于其州内GDP 6%的救援。[155] 所以，在三年中，以税收的形式转移给内华达州的资金相当于该州GDP的近20%。此外，美国政府在 2009 年启动了《美国复苏与再投资法案》（ARRA），为各州提供了额外的资助。该法案划拨资金的 1/3 替代了联邦政府向各州支出的资金，或直接为各州提供了稳定性资金。[156] 例如，内华达州政府以直接资助、医疗补助计划和自由支配资金等形式收到了 27 亿美金（相当于州内生产总值的 2%）。[157] 这些资金是在联邦转移支付给各州的社会保障金和医疗保健资金之外的。同时，联邦存款保险公司关闭了内华达州破产的或有多种隐患的银行，保护了这些银行的储户。内华达州的失业率从 2009 年的 13.5% 下降到 2017 年的 4.8%。

　　另一个更久远之前的"跃进"政策是美国政府建立起的"不救援"原则。在 1837 年金融危机和随之而来的经济衰退中，负债严重的一些州政府无力偿还它们的债务。[158] 到 1842 年，有八个州和佛罗里达准州已经发生债务违约。[159] 美国国会拒绝代替这些州偿付英国和荷兰债权人，他们拥有这些州的大多数债权。在一片混乱的后续时期，外国债主提出了强烈抗议。他们宣布，美国联邦政府是流氓债务人，没有履行其"隐性"义务，并由此断绝了他们与美国的借贷关系。[160] 那些还没有违约的州不得不支付更高的利率。历史学家罗恩·切尔诺夫用戏剧化的方式写道："华盛顿把财政部官员派到欧洲的时候，詹姆斯·罗斯柴尔德恐吓说，'告诉他们你已经会晤了欧洲金融的最高长官，他告诉你们一分钱也别想借，一分钱也别想'"。[161]

　　虽然这种转变是痛苦的，但第一次站稳了，就形成了信用度很高的"不救援"制度。此后几十年，美国各州和市政府逐步建立了有关投资的各种法律制度和办法，实现了对财政更有效的约束，并能对人民负担更大的责任。[162] 各州和市政府不需要联邦的财政监督和预算规则，而是自己发展了一套量入为出的机制。经济学家兰德尔·亨宁和马丁·凯斯勒说得好：联邦政府通过拒绝救援各州，把财政自主还给了它们。[163]

　　欧洲在危机期间无法实现跃进，是因为对症下药的集体决策无法形成。"不救援"的选项，被一些具有影响力却没有责任感的领导人直接排除在外。在他们主导下广泛实施的财政紧缩制度造成的损失，并不由他们或他们的民众来承担，而是由众多的希腊人。自从单一货币的想法在 1969 年首次提出以来，对国家利益的坚持也阻止了国家之间的财政转移支付。甚至连贷款（值得强调一下，这是要偿还的）都被很多国家的民众所拒绝。除了德国，芬兰人也对借钱给希腊持怀疑态度。[164]

所以，就连通过贷款来救援破产或几近破产的政府这一办法也很难实现，因为这取决于所有成员国的同意。最坚决反对救援项目的国家是斯洛伐克。从 2010 年 7 月开始，由总理伊维塔·拉迪乔娃领导的新一届政府拒绝付钱给 4400 亿欧元规模的救援基金，即欧洲金融稳定基金，也不愿意提供 1100 亿欧元规模的贷款。[165]斯洛伐克的人均收入低于希腊的 60%。斯洛伐克工人最低月薪只有 300 欧元，而希腊是 900 欧元，并且斯洛伐克工人的养老金也比希腊少很多。[166]斯洛伐克 2/3 的民众反对给希腊提供任何形式的救援。[167]只有 20% 的斯洛伐克选民参与了 2009 年 6 月欧洲议会的选举投票。绝大多数斯洛伐克人都不知道存在一个欧洲议会，即使那些知道的人中，大多数人也不知道这个机构是干什么的。

斯洛伐克议院大比数否决为希腊提供资助，会让人惊讶吗？[168]拉迪乔娃总理呼吁有序地对希腊债务进行重组，以减少对救援基金的需求。[169]其他意见相同的领导人很少敢于这么明说，因为担心被指责为"反欧洲"，却在暗地里对拉迪乔娃表示赞赏。[170]

最后，拉迪乔娃非常谨慎地答应可以付钱给欧洲金融稳定基金，但她要求对进一步的借贷施加更严格的规则，否则斯洛伐克就会对新的贷款行使否决权。[171]她花了很长时间才让斯洛伐克同意为希腊提供贷款。欧洲的联合治理架构对各国的民众并无实质责任，这让成员国可以延缓甚至暂停提供金援的决策过程。延迟和不彻底的决策深植于欧元区危机管理制度的基因中。即使成员国并不想明显地推迟决定及实施，但其制度中包含的各国不愿逾越的界限也制约了各种动议的目标、尺度和时效。

希腊事件中的关键因素即将在冰岛被复制。

爱尔兰滑入"主权—银行"厄运循环：2009年1月

爱尔兰的危机从 2008 年 9 月底就开始累积。为了劝说债权人继续为爱尔兰的银行提供资金，政府保证会负责还清债务。[172] 这个匆促的决定惹恼了欧元区其他国家的政府，它们担心爱尔兰的银行会享有不公平的资金优势。但是，债权人怀疑爱尔兰政府承诺的真实性。爱尔兰的银行发现借钱越来越难，经营难以为继，所以转向了欧洲央行。2008年 9 月，爱尔兰的银行欠欧洲央行 190 亿欧元；到 11 月，它们欠的数额达到了 400 亿欧元。

但欧洲央行只能为爱尔兰的资金缺乏短暂地救一下急。爱尔兰的银行作出过很多糟糕的贷款决定，因此导致了巨大的损失。它们如果不是已经破产，那也是已经到了破产的边缘，因为当时地产价格持续下跌，建筑项目接连出问题。12 月中旬，爱尔兰政府宣布将向银行注入资本，以填补损失造成的资金空洞。但仍然有人担心，这项提议对于麻烦缠身的盎格鲁-爱尔兰银行有点太晚了，后者耀眼的声誉和市场价值都在迅速流失。[173] 盎格鲁-爱尔兰银行的股票价格从 2008 年 9 月 30 日（当天政府承诺为银行还清债务）的 3.84 欧元迅速下跌至 35 欧分。

2009 年 1 月 15 日，爱尔兰政府因为担心储户会去银行挤兑，决定对盎格鲁-爱尔兰银行国有化，成为它的所有者。到此，政府已经支出了爱尔兰 GDP 的 5% 为银行资本重组买单，并且保证要为资产价值达GDP 300% 的银行提供贷款。资产价格的自由落体和建筑项目的骤然减少导致爱尔兰政府收入锐减。因此，在 2009 年初，爱尔兰政府慷慨承诺重振银行体系时，这些承诺的可信度看起来都不高。

2009 年初，我负责 IMF 与爱尔兰之间的对接，曾询问爱尔兰政府是否希望讨论使用"预防性"项目。[174] 在这个项目下，一个国家将可以对其经济和金融体制作出大的调整，IMF 会为此单列储备金以为不时之需。由于有了 IMF 为不能预见的支出所准备的信用保证，这个国家的政府可以采取比较主动大胆的改良措施。

我对预防性项目的信心有我自己的理由。我的研究显示，这些项目可以帮助一些资金短缺的国家较早地处理问题，在危机真正到来之前重拾市场的信心。[175] 预防性项目对于那些正滑向金融危机，但危机还没有全面来临的国家的帮助尤其显著。这样的项目正是爱尔兰所需要的。

2009 年 4 月，我和同事对爱尔兰政府陈述了对该国资本脆弱性的评估结果。其中一篇研究论文显示，在地产价格上升的时期，由活跃的地产交易得来的税收和关税使政府收入迅速上升；但政府没有意识到这些与地产有关的收入只是短暂的，就急匆匆地作出了永久性的支出承诺。在 2009 年初试图控制预算赤字之后，预算上的结构性空洞仍然要高于 GDP 的 10%。[176] 换句话说，即使经济从急速萎缩的情况中复苏，并开始按照正常状态运转，预算赤字仍有可能维持在 GDP 的 10% 左右。而且，当政府的财政实力显著削弱时，由爱尔兰的银行导致的损失其实比政府估算的更加严重。IMF 当时估计，银行的损失占 GDP 的 20% 左右；由于有政府的保证，这些损失将成为爱尔兰政府的责任。[177]

在那次访问都柏林期间，我向爱尔兰政府和其他被邀请者解释了我的一个研究，其中提到爱尔兰有可能落入剧烈的"主权—银行"恶性循环中。[178] 当政府抽取有限的资金为银行添加资本或帮助它们清偿债权人时，人们会越来越担心，政府的财政困难将加剧，有可能无法偿还自己的债务。这将导致政府借债的利率上升，给公共财政制造更大的压力。投资者会进一步怀疑，政府是否能遵守承诺，在金融上支持本国银行。这种担忧将导致银行股价下跌，储户将争相从银行提取存款。银行趋弱和高利率并存，会抑制经济的增长，困境的范围会不断扩大。

这种主权—银行之间的关系形成了"凶猛的恶性循环"，因为这种关系一旦开始，金融和经济状况将迅速恶化。经济减速时，银行会遭受更多损失，忐忑不安的投资者将抛售银行股票，并要求政府债券支付更高的收益率。这一过程会越来越难以反转。政策的目标应该是在这种循环造成广泛损失之前，及早打破它的持续。具体的方式或者是对银行资本进行重组，就像美国财长盖特纳对几家美国银行采取的措施一样，或者是关闭几家银行并要求它们的债权人承受损失，美国联邦存款保险公司对华盛顿互惠银行和其他几家银行就是这种做法。[179]

预防性项目将为执行这些复杂的交易提供资金。但爱尔兰政府在2009年却对 IMF 的预防性安排不感兴趣。

到 5 月底，政府又为盎格鲁－爱尔兰银行注入了 40 亿欧元的资本，财长布赖恩·勒尼汉在新闻发布会上说："我们打算根治问题，现在正在处理。"[180] 当时，勒尼汉还说，有买家表达了购买盎格鲁－爱尔兰银行的意向，它的情况早已引起了普遍的担忧。[181] 他相信，用纳税人的 40 亿欧元去为银行重组资本，将为政府挣回大笔的钱。[182]

但爱尔兰靠自身力量克服险境的可能性在迅速消失，经济已陷于瘫痪的局面，GDP 在 2008 年已经下降了 2%，2009 年很可能再降 8%，2010 年可能还要降 3%。如果这些预测是准确的，GDP 将在三年之内下降 13%。失业率已经从 2008 年的 6% 上升到 2009 年的 12%，而且可能继续上升。

爱尔兰的残棋阶段开始了：2010年5月—9月

现在是 2010 年 5 月。欧洲领导人和官员正在完善希腊救援项目。金融市场一片恐慌，希腊经济正螺旋式下降，希腊民众抗议进一步的紧缩政策，欧洲债权人国家的民众普遍不满他们的钱被用来填希腊的无底洞。很少人注意到爱尔兰。但 IMF 一直都在担心。

2010 年 5 月，在启程赶往都柏林进行年度访问之前，我在电话里再次向爱尔兰中央银行的行长帕特里克·霍诺汉提议，讨论一下预防性项目。我和霍诺汉在职业生涯早期就相遇了，我们曾在同一时间里在华盛顿的世界银行短期工作过。霍诺汉在他的位置上应该最能感觉到爱尔兰真实的脆弱性来自它的银行。2008 年 9 月为银行债务提出的担保到 2010 年 9 月就要过期了。外国贷方把他们的贷款期限修改成符合这一担保的持续时间。爱尔兰的银行需要在担保过期之前向债主偿还 700 亿欧元（相当于 GDP 的 44%）。[183] 霍诺汉后来写道，"都柏林知道"一旦这些资金用于还债后，外国债权人就不会再提供贷款了。[184] 爱尔兰的银行已经提高了从欧洲央行和爱尔兰央行的借款额度，而且这些借款的条件是即使在紧急情况下也可以借出。

出于这样的原因，霍诺汉很看重我的电话，并且一直在跟进。但财长勒尼汉对 IMF 的预防性项目仍然不感兴趣。[185]

到 2010 年 9 月底，欧洲央行和爱尔兰央行已经借给爱尔兰的银行 1000 亿欧元，相当于爱尔兰 GDP 的 60%。银行能够还清这些贷款吗？它们因为商业性的地产贷款而频频大出血。由于各种家庭难以支付住房抵押贷款，银行将遭受更大的损失。如果银行无法向欧洲央行还款，政府就得负责。所以，当银行从欧洲央行借出越来越多的大笔资金，政府债务违约的风险就越来越高。政府十年期债券的收益率也随着这些欧洲央行的借款而升高，6 月初是 5%，8 月初短暂地停顿了一下，然后逐步升高至 9 月初的 6%，到 9 月底就达到了近 7%（图例 6.3）。

9 月 21 日，在华盛顿，美联储的内森·希茨对联邦公开市场委员会的成员介绍了全球金融的发展情况。这年年初，希茨曾准确地诊断出希腊的经济问题。他说，现在爱尔兰正成为全球金融的关注热点。[186] 他还说，爱尔兰的银行在上半年已经遭受严重损失，由于不少借款人推迟还款，这种损失每天都在增加。希茨指出，标普公司估计，爱尔兰银行业的损失已经超过了 GDP 的 50%，这高出了 2009 年 4 月 IMF 估计的占 GDP 的 20%。

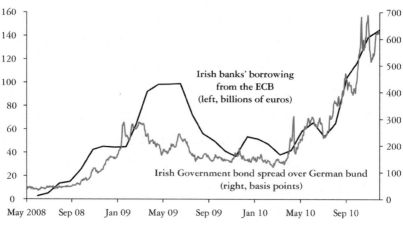

图例 6.3　爱尔兰的银行对欧洲央行负债后，爱尔兰主权压力陡升[187]

9 月 30 日，勒尼汉对爱尔兰议会报告了让人恐惧的金融数据。税收持续下滑，银行吞噬了政府稀缺的大笔收入，预算赤字陡升。过去几年盎格鲁–爱尔兰银行的资本重组耗费了政府 290 亿欧元。2010 年，盎格鲁–爱尔兰银行、爱尔兰银行、爱尔兰联合银行和其他小银行资本重组花去的资金超过了 300 亿欧元，相当于 GDP 的 20%。[188] 而且，正常的预算赤字（税收减去传统支出）也占 GDP 的 12%。所以，在计入银行资本重组的高额成本之后，2010 年的预算赤字总额达到了让人震惊的 GDP 的 32%。为了让信用流向爱尔兰的银行，政府别无选择，只能延长对爱尔兰的银行债权人的清偿担保。

勒尼汉对爱尔兰议会说了大话。他说，政府的财政实力足以解决面临的压力，一切都会变好，"国家对银行系统的支持还处于可控的水平，今后几年仍然能够在政府财政计划里解决问题"。他补充说，"我们必须继续已经着手的金融整顿。如果我们想确保社会未来的福祉，这是我们唯一能采取的道路"。[189]

这些带着希望的字眼并没能提供安慰。相反，爱尔兰民众越来越觉得像是巨大的阴谋。勒尼汉最近对花巨资救援银行的损失采取的解释，与他本人呼吁的大力进行"金融整顿"相映衬，简直就是巨大的讽刺，因为这些做法意味着更高的税收和政府减少对失去工作和房屋的人的支持。在企业纷纷关门、失业率高企的局势中，爱尔兰纳税人却要向银行和它们的债权人支付难以置信的大笔资金。

爱尔兰媒体体会到民众灰暗的心态，把 2010 年 9 月 30 日取名为"黑色星期四"。[190]"烧死那些债券持有人"的呼声在全国四起。如果民众不得不支付奇高的税额，却只能得到低工资低福利，他们想让银行的债权持有人也来受受苦。

勒尼汉掉入了陷阱。政府的担保有点魔力的功效。如果债权人相信这种担保，他们就会继续向银行提供资金，银行很快就会恢复常态。但如果债权人不再相信爱尔兰政府的承诺，他们就会在政府破产前，拿回自己的钱跑路。政府的财政压力迫使利率上扬，主权—银行的恶性循环上演了。

勒尼汉知道以担保为基础的金融策略已经走向了歧路。他面临着政治上的报复。所以，那天他把演说牵引到另一个投资者关注的主题上。勒尼汉说,银行的贷方应该"分担目前的重担"。他尤其具体点名了"次级债务持有者"，在法律上他们是排在股东之后，首先要承担损失的主体。勒尼汉说，"我期待次级债务持有者能为承担益格鲁－爱尔兰银行的损失作出重大贡献"。[191] 在回答问题的环节，他说，他也希望银行管理层能和他们的高级债权人协商减少债务清偿的数额。[192] 所以，银行债权人和其他投资者已经知道，他们可能要承担损失。他们非常愤怒。在一次电话会议上，勒尼汉完全被蜂拥而来的嘲笑所淹没。[193] 电话那头的人疯狂叫嚣着，他们要抛售爱尔兰政府的债券。

金融危机的势头并没有减弱。10 月 5 日，穆迪把爱尔兰政府债券的评级摆在"因可能的降级而加以观察"的位置上。[194] 穆迪说，勒尼汉在 9 月 30 日透露了银行资本重组的高额成本，并且爱尔兰政府债券的收益率还在提高，这些都增加了政府的财政压力。而且，紧缩政策将削弱需求，阻碍经济的复苏。第二天，评级机构惠誉将爱尔兰从 AA-

降级到 A+，传递出的信息是一样的：银行资本重组的成本"过于高昂，远超预期"，前景比较负面，因为"经济复苏的时间和力量以及中短期金融整顿的效果都不确定"。[195]

　　所以，在 2010 年 10 月初，爱尔兰的情况已经从金融脆弱恶化到不可逆转的危机。与希腊不同的是，爱尔兰政府并没有篡改自己的预算数字；但和希腊一样的是，爱尔兰政府和欧洲机构一直在否定现实。实际上，欧洲机构还没有感觉到爱尔兰来势汹汹的危机。为了从脆弱的状态回到安全值，爱尔兰政府本应该在 2009 年的某个时候，就关闭绩效较差的银行，把债务负担推给银行债权人，并用欧洲和 IMF 的资金去度过苦难的转捩期。

多维尔的灵魂：2010年10月18日

　　虽然有些晚，但默克尔最终还是决定，欧元区需要一个真正的"不救援"规则。一个能挽救金融困局的中央财政在欧洲政治中实际上做不到。一个可信的、可操作的"不救援"机制可以起到相似的作用。与其从中央基金转移资金，不如减少对债权人的偿付，为陷于财政困境的政府提供呼吸空间。债务违约过后的一片惨状的确混乱不堪，但经济的长期成就将显著好于政府和银行继续在无法偿付的债务重轭之下苟延残喘。无论是经济逻辑，还是事实本身，都不矛盾。[196]尽早意识到损失的真相，结果对债权人和债务人都会更好。

　　10 月 18 日，对欧元的未来是关键的一天。这一天是在卢森堡开启的。财长们集体开会讨论了对欧元区极为重要的一个问题：对那些不能控制预算赤字的国家自动实施金融和政治的制裁。这是欧洲诸多"土拨鼠日"式 [1] 的讨论之一。或许托马斯·谢林会说，欧洲人总是忘记他们

――――――――――
[1]　土拨鼠日是北美大陆节日，这天土拨鼠在太阳下看不到自己的影子，说明春天就要来了。

在遗忘。对有预算问题的国家实施制裁的想法开始于 1991 年，当时《马斯特里赫特条约》还在起草，自那以后，这种想法就不断重现。不耐烦的默克尔在 2010 年初的时候还把自动制裁视为"白痴"，我也认为这是唯一正确的描述。虽然它在经济上是愚蠢的，并且在政治上无法实施，但对这种想法的热衷却从未消失。

这一次的新颖之处是，成员国将没有机会去投票决定是否引发和实施制裁。制裁将自动生效。欧洲提出这些想法的人，情绪非常激动。其中就有会议的东道主、卢森堡首相兼财政大臣让 – 克洛德·容克，他也是欧元集团的负责人；还有奥利·雷恩，在当年早些时候替代华金·阿尔穆尼亚担任了欧盟货币事务专员，他在讨论中加入了具有芬兰风格的严苛财政评论；以及特里谢，他作为欧洲央行行长参与了会议。据闻他们评论说，"关键的时刻"已经到来，"新的时期"即将展开。[197]

轮到首席债权人讲话了。德国财政部国务秘书约尔格·阿斯姆森代替生病的朔伊布勒出席。阿斯姆森一如预料地说德国一直都"偏好严苛的制裁"；他毫无暂停地接着说，德国不赞同自动制裁。在场的财长们都怀疑他们是不是听错了。《明镜周刊》报道说，"满场都在窃窃私语"。还是容克"首先打破了尴尬的沉默"。他取笑说："约尔格，你看看自己怎么开头的，你的结语应该和现在不同吧。"[198]

对特里谢而言，自动制裁对于实施他提出的财政约束是必要的。阿斯姆森已经夺走了他这个骄傲的资本，本来那是触手可及的。特里谢面色铁灰，"他一反常态，从英语转成法语，对他的同僚，来自法国财政部的拉蒙·费尔南德斯出言不逊"。[199]

特里谢有理由向法国撒火。他推测，是法国首先摧毁了自动制裁这个想法。法国预算赤字一直有超过国内生产总值 3% 的风险，法国人不希望为此受到制裁而颜面尽失。

特里谢猜对了。在此几天前，法国总统萨科齐已经用他的理由说服了默克尔。[200] 默克尔并不需要费工夫去劝说，尤其是在金融制裁的形式上，她懂得制裁只会使事情变糟。默克尔比较倾向的方案是，某个久陷赤字的国家失去在欧洲决策上的投票权。但她和朔伊布勒意识到，德国有一天也可能财政吃紧，因而遭到愚蠢的罚款或失去投票权。[201]

一个更深的问题缠绕着默克尔和朔伊布勒。如果欧盟因为预算违规而惩罚德国，德国联邦议院会失去征税和财政支出的主权自治吗？英国从 1950 年以来就在担心这个问题。[202] 国家议会将在什么时候变成毫无重量的欧洲决定的橡皮图章？这种掏空国家民主内脏的政治契约到底是什么？

默克尔寻求不同的解决方案。4 月中旬，默克尔领导的基民盟预算发言人诺伯特·巴特尔提出对希腊债券持有人"剪头发"。我们知道，这个想法曾经冒了个泡，很快就消失了，朔伊布勒反对任何债务重组。2010 年 8 月，巴特尔又重提这个意见，但表述更为准确，也更具前瞻性。2010 年 5 月 7 日建立的欧洲金融稳定基金，也就是这笔救援基金，将在 2013 年过期。巴特尔建议，接续的计划应该规定，只有为晚于它发行的政府新债券"剪头发"之后，才提供金融资助。[203] 在 2010 年宣布这样的计划无异于告诉债权人，政府可以对 2013 年后发行的债券违约。成员国政府将有三年时间重整它们的金融秩序，投资者也可以在这段时间评估，他们是否愿意以及以什么利率、多少额度向欧元区的不同国家提供贷款。

巴特尔说，与其坚持对"预算违法者"施加"不现实的"罚款，他的"有序破产"计划是能取得进展的唯一现实方案。[204] 他没有说明的一点是，他所列出的计划其实就是 IMF 在欧洲和美国的压力下放弃希腊救援项目之前应当遵循的步骤。

虽然巴特尔是基民盟的资深成员，并即将成为该党未来几年在债务重组方面的首席发言人，但很少有人重视他在 8 月说的这些话；欧元区主权债券的收益率也几乎没什么变化。很快，欣赏这个想法的朔伊布勒就和财政部的官员们一道对提议进行了进一步的提炼。

2010 年 10 月 18 日，欧洲财长们在卢森堡的工作开始几小时之后，第二次会议就要召开了。默克尔和萨科齐已经到了法国的度假胜地多维尔。《华尔街日报》记者用浪漫的笔法描绘了默克尔和萨科齐的会晤："默克尔夫人到达皇家饭店后，萨科齐先生拥抱了这位德国总理，并引导着她到了一个可以俯瞰英吉利海峡的小客厅就座。在他们动身去木板路上散步前，法国总统说，'安吉拉，我会帮助你的'。空气有点冷，萨科齐先生叫助手给默克尔夫人拿来了外套。宫殿似的赌城灯光在远处闪闪烁烁。" [205]

默克尔和萨科齐之后展开了这段著名的"海滩散步"。默克尔再一次解释说，用行政的力量去强行限制预算赤字没有效果；现在只有一个选项：如果一个成员国无法完全偿还债务，私人债权人必须承担损失。对默克尔来说，这么做的优势很明显，她和未来的总理都不需要（或者较少需要）用德国纳税人的钱去支持高负债的国家。默克尔的计划在国内的政治支持来自那些重商的、对投资者友好的联盟伙伴，自由民主党人。[206]

在这种调门下，默克尔对萨科齐勾勒了与基民盟的巴特尔同样的计划，后者早在两个月前就谈过这个计划，而且现在她还有朔伊布勒的支持。从 2013 年开始，成员国如果还想得到欧洲的金融支援，它们的新发债就要以债务重组为前提。萨科齐同意了。他们在联合公报中宣布了这条进路。[207]

财长们还在卢森堡埋头工作，德国财长阿斯姆森打印出了一份他刚刚收到的电子邮件，在下午 5 点后从会议桌上发了出去。财长们还懵懵懂懂，但他们从面前的邮件中读到，默克尔和萨科齐已经同意对欧元区成员国进行有序破产。

对特里谢来说，这天糟糕透了。他第二次在说话时从英文转换成法文，而且又一次对着法国代表团高声喊叫。这一次，他用悲惨的语调说："你们会毁了欧元。" [208]

　　"多维尔"就仿佛一个巨大的经济失误发生的时刻，深深铭刻进集体的心理。在众多的批评声中，有两个声音特别有趣。声誉卓著的学者西米昂·詹科夫——作为保加利亚的财长——对欧洲的金融危机有前缘的视角，他在 2014 年的回忆录中承认，私人债权人需要"为他们自己的错误买单"；不能期待纳税人去承担不负责任的政府及其债权人制造的负担。虽然如此，詹科夫严厉地批评了默克尔的计划，因为它"在没有对金融市场的反应进行评估之前就被提出了"。[209]

　　为了证明"多维尔决定"是误导，詹科夫还以爱尔兰为例证。他坚持说，在"多维尔"之后，"爱尔兰的危机将扩展到银行领域"。[210] 他似乎在说，直到那时，虽然爱尔兰的银行已经处于危机之中，但政府的财政还在控制当中。"多维尔决定"是一个严重的错误，因为它导致政府借贷的成本陡升。[211]

　　这种说法并不是事实。爱尔兰在 9 月 30 日的时候，已经处于银行—财政—增长等问题形成的危机当中，勒尼汉的数据已经表明了这种黯淡的状况。债券投资者对政府十年期债券要求 7% 的收益率。10 月 5 日和 6 日的评级下降反映了广泛的心理，即爱尔兰政府债务违约的概率正在上升。但时任爱尔兰央行行长帕特里克·霍诺汉仍然反对"多维尔决定"。他和詹科夫想法近似，他写道："默克尔和萨科齐 10 月 18 日的'多维尔声明'实际上已经投下了骰子。"霍诺汉坚持认为，"所有边缘国家政府债务的利率，都已经跳升到无法支撑的水平，尤其是爱尔兰，它很可能就是下一个接受救援的国家"。[212]

　　这种反复出现的论调，是以把某些事实神圣化为前提，在逻辑上和对现状的解释上都存在严重的错误。首先看看它的逻辑。霍诺汉说，"多维尔决定"要求债券持有人"对任何救援计划出资"。这并不正确。"多维尔决定"并没有影响到任何一个爱尔兰的债券持有人。无论我们认为债券持有人有多么不负责任，他们当然理解提议本身的含义。"多维尔决定"只是在警告债权人，从 2013 年开始，如果他们继续向入不敷出的政府提供贷款，他们就不要期望得到全部还款。

　　由于眼下的债券持有人并没有损失，"多维尔决定"之后，没有任何证据表明债券市场存在恐慌。"多维尔决定"后的第九天，希腊债券收益率回到了决定发布日九天前的水平（图例6.4），爱尔兰债券收益率在这个窗口期也只是很缓和地波动了一下，葡萄牙的收益率反而下降了。西班牙和意大利的收益率几乎没动。简单地说，"多维尔决定"并没有触发恐慌，也没有造成恶劣的形势蔓延。一个技术上更细致的分析得到了同样的结论。这个分析检验了息差在前几周是否有所下降，以及"多维尔决定"是否阻止了这个温和的趋势，从而造成了损失。两者都没有证据。[213]

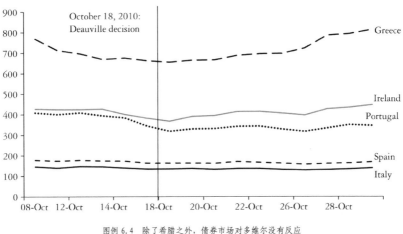

图例 6.4　除了希腊之外，债券市场对多维尔没有反应
（政府债券对德国债券的息差，单位为基点：2010年10月8日至10月29日）[214]

　　虽然有这样的证据，但有些人仍然认为，"多维尔决定"导致欧洲危机骤然加剧。有批评家提到，从2010年11月到2011年的主权债务收益率一直上升。但这种认为债券投资者在"多维尔决定"之后几天才意识到他们已经被推向了风险的说法，没有任何意义。2010年最后两个月到2011年上半年收益率的上升有非常完美的解释：希腊和爱尔

兰对官方债权人的负债越来越多，包括欧洲央行、欧盟和IMF，而这些官方债务把私人债权人置于不利的境地；私人债权人知道政府将优先偿付其官方债权人，因为这样的原因，官方债务水平上升后，陷于金融困境的国家越来越缺乏足够的资金偿付它们的私人债权人。用技术性的术语来讲就是，官方债权人是"高级的"，而私人债权人是"低层的"，或从属性的。[215] 私人债权人为了补偿所面临的较高违约风险，开始对最容易受冲击的国家债券要求更高的收益率。

在爱尔兰，这种"高级"问题主要通过银行从欧洲央行借款来体现。截至2010年10月，爱尔兰的银行欠欧洲央行的债务接近1200亿欧元，达到GDP的70%，可谓惊人。爱尔兰政府虽然不负责全部款项，但在很大程度上受到了牵连。此外，到11月，爱尔兰准备向欧盟和IMF借贷更多。政府优先偿还官方债权人的义务使私人债权人排在追讨债务队列的尾端。因此，爱尔兰债券收益率迅速上升。

坏人并不是"多维尔决定"。坏人其实是投入太多的政府贷款去偿还私人债权人，同时却通过紧缩政策来减轻政府债务的策略。这种策略对那些最终不能得到全部清偿的债权人并不公平。但希腊人和爱尔兰人受到的不公最大，尤其是他们当中境遇最糟糕的人，他们对最终决定没有话语权，却承担了偿还不负责任的债权人的成本。

"多维尔决定"后，在朔伊布勒的支持下，默克尔继续维护他们的计划，以确保债务重组及早展开。10月28日欧盟委员会召开会议时，由于债券收益率没有下降的迹象，特里谢成了"多维尔决定"最尖锐的批评者。他反对任何形式的债务重组。[216] 默克尔作了礼貌的回应，但拒绝更改。萨科齐不顾礼节，生气地对特里谢说："你没有认识到情况已经严重到何等地步。"萨科齐故意戳特里谢的痛处，"或许你谈话的对象是银行。但我们是向民众负责"。[217]

在这次会议后，默克尔公开承认了与特里谢的巨大差异。她对记者说："欧洲央行的行长认为，他应当尽力保证市场对欧元区保持冷静的态度。我们对此也有兴趣，但我们也必须顾及我们的人民，他们的愿望是正当的，不能只要求纳税人来付出代价，私人债权人也要共同承担责任。我和让-克洛德·特里谢担心的问题不太一样。"[218]

德意志联邦银行行长阿克塞尔·韦伯支持他的总理。他重申，默克尔的目的不是要重组任何"现存的债务"。但现在需要一个时间表，以保证在未来，债券投资者成为"解决方案的一分子，而不是成为问题的一部分"。[219]

11月11日在首尔举行的G20峰会上，默克尔再次解释，为什么欧元区需要有债务重组的政策选项。她说："简单地说，我们不能总是对我们的选民和民众解释，为什么需要他们来为某些风险买单，而不是那些通过冒险赚了大钱的人。"[220]甚至连法国财长拉加德这次也表示支持默克尔，虽然她在4月份拒绝过希腊的债务重组，"所有利益相关方都必须有福同享、有难同当。"[221]

但在此后几个月，特里谢一直在纠缠默克尔，朔伊布勒建议默克尔暂时回避这种争斗。[222]所以，默克尔离开了她正确的直觉，放弃了"多维尔决定"。虽然她作出了这个重大的政治决定，但她需要欧洲央行把欧元区金融安全网延伸到超过德国和其他欧洲国家纳税人所愿意支持的范围。默克尔需要特里谢。

IMF更愿意投票给特里谢。2011年7月，就在欧洲和IMF的官员承认处于破产边缘的希腊需要重组债务的几天前，该组织在对希腊项目的评估中无缘无故地说："对'把损失强加给私人债权人'的公共讨论，破坏了对希腊项目的信心。"[223]IMF在2010年9月一篇古怪的文章中已经毁坏了它自己的声誉，那篇文章坚持，发达国家公共债务的重组是"不必要和不受欢迎的"。[224]这篇文章的前提是，欧元区经济在体制上是强壮的，经济增长的迅速复苏将平复债务危机。主权债务律师李·布赫海特准确地指出，IMF的研究"非常不合时宜"。[225]

所以，在11月底对爱尔兰救援计划进行协商时，最后的决定是对银行债券持有人进行全面清偿。这本来不必发生的。勒尼汉现在急切想做的事情就是"烧死债券持有人"。[226] 对他来说，从债券持有人那里拿走的每一欧元都是为爱尔兰人节省的。在救援期间，勒尼汉和我经常待在一起。他正在与胰腺癌搏斗，知道自己将不久于人世。他责备自己对银行债券持有人作出了空头承诺。虽然他并不是唯一谴责这一决定的人，但他在谈到这个"勒尼汉保证"时充满悔恨。对他来说，"烧死债券持有人"是他遗产的一个尝试。和外界的记录一样，我们紧密合作，努力把这个想法变成现实。[227] 对勒尼汉负责的布赫海特和一个爱尔兰人小团队悄悄地制定出了法律策略。所以，当欧洲官方债权人看到"剪头发"的准备工作已经就绪时，他们都深感震惊。

盖特纳／特里谢双人组合再一次阻止了这一行动。斯特劳斯－卡恩虽然此前一直积极表态，但这次也保持了沉默。他后来告诉作家保罗·布鲁斯泰因："最后与盖特纳和特里谢两人正面对抗时，我就太弱小了。这真的很遗憾。"[228] 时任爱尔兰财长凯文·卡迪夫说过，在盖特纳和特里谢坦白他们的观点后，IMF 对前述做法的官方态度就很负面了。[229] 他用"官方态度"这个词是很恰切的，因为在都柏林的团队内，我们显然做了一个"错误"的选择。[230] 勒尼汉生气了好几天，他勇敢地告诉我，他不想理会盖特纳／特里谢的指令，要按照自己的想法做。但我知道事情不会如他所愿。

在欧洲和 IMF 的团队离开后，我和一个同事留下来完成给 IMF 董事局会议的文件。勒尼汉邀请我们共进午餐，然后告诉我们，爱尔兰民众已经原谅了他。他预测，虽然他所在的党派爱尔兰共和党在下一次选举中将会惨败，但他可以凭借都柏林的选民连任。实际上他也做到了。他也是都柏林五十个选区中选出来的唯一一个共和党代表。

一个无人负责的联盟：动弹不得，无路可走

希腊和爱尔兰的救援项目开始生效了，但它们的金融危机还没有停止。葡萄牙和西班牙有可能是接下来要救援的目标，欧元区的危机在继续扩散。12 月 5 日，卢森堡首相容克、意大利经济和财政部长朱利奥·特雷蒙蒂提出了一个具有诱惑力的点子。他们写道："欧元债券将终结这场危机。"[231] 他们说，欧元债券也将让欧洲再次走上经济和政治融合的道路，为经济增长提供新的动力。

就像以往一样，默克尔迅速终结了这种关于欧元债券的讨论。这个想法的聪明之处在于，欧元区的成员国将保证互相帮助清偿负债。[232] 但希腊或意大利为德国债务提供担保这种说法，显然没有价值；所以，在默克尔看来，欧元债券就是要让德国为较弱小的欧元区国家债务负责。《马斯特里赫特条约》已经把欧元区设定为一个"不完整的货币联盟"。条约也特别排除了由一个国家为另一国家提供金融支援的可能性。欧元债券违背了《马斯特里赫特条约》，容克是知道这一点的。但他愤怒地攻击默克尔"反欧洲"。默克尔让他保持平静，并且说，"这个讨论对我们都没有帮助"。[233]

默克尔作为一个先驱性的人物，说出了很多人的心声：他们希望削弱欧洲的集体行动，转而强调"国家责任"。其中就有时任意大利央行行长马里奥·德拉吉。他说，真正的问题是欧元区成员国因为"结构失调"而节节败退，这需要"国家层面的回应"。[234]

默克尔正是在国家责任的指引下，积极而又如履薄冰地逐步推进"不救援"的原则。"不救援"机制和相应的跟踪措施为这个不完整的货币联盟减轻了一定的负担，因为它迫使私人债权人在危机时期承担损失，而不是让国内的纳税人来承担。但在特里谢不遗余力的反对下，默克尔让步了。

虽然有欧洲金融稳定基金这一救援机制，欧元区的基础结构仍然是

不完整的。它所有的仍然是针对不同国家的同一货币政策，在危机时依然没有相应的金融补偿机制。欧洲金融稳定机制的贷款启用的预设性条件，是危机国家面临的仅仅是流动性问题，短期内缺乏现金而已。它们也假定，没有国家会"破产"。欧洲金融稳定基金和 IMF 的贷款将帮助偿付没有耐心的私人债权人；但前提是财政紧缩可以缓解原发性财政赤字，而危机国家将偿还欧洲金融稳定基金的贷款，没有任何人将承担损失。虽然用意是好的，但在这种机制下所作的决定必然会被延迟，拖长经济困难期，尤其是对那些在政治上没有话语权的人而言。

这种情形下的经济和社会衰败是显性的，但暗藏其中的政治朽坏却更为惊心。所谓让欧洲民主发扬光大，让政治更具责任感，都没有实现；德国却成了"勉为其难的盟主"，德国总理默克尔变成了事实上的欧洲总理。她说的话比其他任何人都更有影响力。法国人最初的目的（在四分之一世纪里，三届法国总统所追求的）是用这个货币联盟牵制德国的权力。但结果却是与之相反。默克尔仍然表面上要同萨科齐商量，但在法国日益边缘化的情况下，实际是她在作所有关键性的决定。政治责任的缺乏比以往更让人担忧，因为与默克尔合作的欧洲央行不用对任何人负责。默克尔有的是政治影响力，而欧洲央行有的是印钱的能力。

2010 年末，经济风暴即将横扫整个欧元区。责任的缺位将会导致更大的损害。而经济和政治的裂隙也将扩大到史无前例的危险程度。

第七章

政策伤口留下疤痕，2011—2013

2007 年 7 月爆发的全球金融和经济动荡，到 2009 年 10 月已经大致平息。但这场危机留下了两大隐患：政府债务负担上升和经济增长前景放慢。2009 年 10 月，美国和欧元区的债务负担增长同步（图例 7.1）。增长前景虽然在大西洋两岸都严重受挫，但美国的情况稍好，因为美联储采取了主动刺激经济的举措，而欧洲央行则把货币政策捆得很死。

政府面临一个困局。解决债务问题需要政府采取紧缩政策，包括提高税收和减少支出，但紧缩会导致货物和服务的需求下降，进而引起收入回落，并减缓经济的增长。

因此，包括 IMF 研究部门在内的一些人认为，推动经济增长是当务之急。如果任由经济疲软的局面继续，长期失业的工人会逐渐失去工作技能，长期闲置的股本会贬值，企业也将削减它们的研发支出。徘徊不去的衰退或危机将带来永久性的损害；经济长期增长的潜力也将受损。经济学家用"滞后现象"（hysteresis）来描述这种对经济前景的长期伤害。[1]滞后现象就像瘢痕组织一样，即使在最初的伤口复原之后，也会让身体器官处于衰弱的状态。

而且价格通胀率已经大幅度下降了，有的国家，价格实际上是在下降。IMF 说，"通缩压力可能持续好几年"。[2]经济成长趋缓，通缩形势明显，这都需要进行更大力度的金融和货币刺激措施。刺激政策将帮助提高产出，并抬高产品价格，过去的债务将更易偿还，债务与

GDP 的比率也将下降。

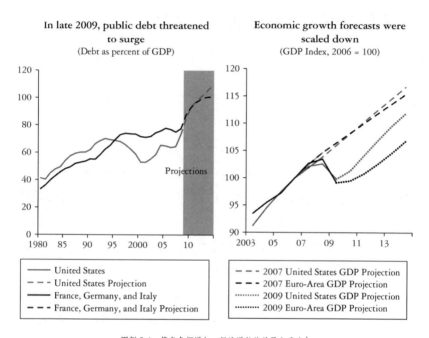

In late 2009, public debt threatened to surge
(Debt as percent of GDP)

Economic growth forecasts were scaled down
(GDP Index, 2006 = 100)

—— United States
- - - United States Projection
—— France, Germany, and Italy
- - - France, Germany, and Italy Projection

- - - 2007 United States GDP Projection
- - - 2007 Euro-Area GDP Projection
········ 2009 United States GDP Projection
········ 2009 Euro-Area GDP Projection

图例 7.1　债务负担增加，经济增长的前景也看淡 [3]

IMF 首席经济学家奥利维尔·布兰查德和金融顾问何塞·比尼亚尔斯在 2009 年 10 月出版的《世界经济展望》中清楚地写道："金融刺激要一直持续到有明确的复苏迹象为止。"因为金融刺激的作用有限，货币政策就更要有"激发的"作用。[4]

"请不要争论，我们是欧洲人"

倾向于财政紧缩的政治舆论在 2010 年 5 月吸引了不少关注，当时希腊救援的项目正在完成过程中。英国新任财政大臣乔治·奥斯本在记者会上说："希腊的例子在提醒我们，若政府缺少意愿采取及时有效的行动，致使问题逐渐严重，将导致什么样的局面。"[5]

　　IMF 欧洲部和欧洲的领导人宣称，紧缩政策在希腊产生了效果。8月，救援项目开始三个月后，IMF 在希腊运营部的负责人波尔·汤姆森对所谓希腊奇迹大肆赞美。在值得关注的成果中，汤姆森尤其提到了养老金改革，他说这个项目"有四两拨千斤的效果"。他就像紧缩政策的代表，"除了靠养老金生活的人和工人之外，富人也必须承担他们的责任"，这种说法为他赢得了声誉。[6]即使是严厉的德国财长沃尔夫冈·朔伊布勒也表达了祝贺。他说他"很尊重希腊政府的决心"。朔伊布勒强调，这种决心产生了效果，他说，"几个月前，很难有人会相信，希腊会着手去实施这么严厉的紧缩项目。它们正在朝正确的方向发展"。[7]

　　德国政府有理由对紧缩政策表示赞赏。中国进口的陡升提振了对德国工业产品的需求，德国经济正以惊人的速度增长。2010 年 10 月，IMF 把对 2010 年德国经济增长率的预期提高到 3.3%，比几个月前的数字高出了 1.2%。[8]受到这种增长的振奋，德国政府宣布了减少支出、增加税收的措施，以加快其还债的速度。[9]德国总理默克尔过去曾多次赞美施瓦本主妇的节俭，现在也准备收紧德国财政的腰带。[10]默克尔和朔伊布勒也对经济潜力远远弱于德国的欧元区国家不断施加压力，要求它们大幅收缩财政。[11]

　　在美国，奥巴马总统仍然倾向于财政刺激。从 2008 年至 2010 年间，美国经济刺激的规模远超欧元区（图例 7.2）。朔伊布勒认为他可以调侃一下这种鲁莽的行动。他说，美国增长的模式"长期依赖于借钱"，现在已"深陷危机"。朔伊布勒建议，美国需要减少赤字，"以降低市场的担忧情绪"。[12]但欧洲领导人在这次经济辩论中站在了错误的一方，正像他们在 2007—2009 年所做的一样，他们为了维护自身立场，对美国宏观经济政策的批评过度丑化了对方。

　　茶党共和党人（Tea Party Republicans）在 2010 年 11 月美国中期选举中获胜后，反对财政紧缩的观点不再引人注目。从那时起，人们的口头禅是财政节制必须优先于其他的经济目标。美国也转向了紧缩的模式。但欧元区国家在那些年里执行的是格外严厉的紧缩，这是相对于它们过去的做法和其他非欧元区的国家而言。[13]

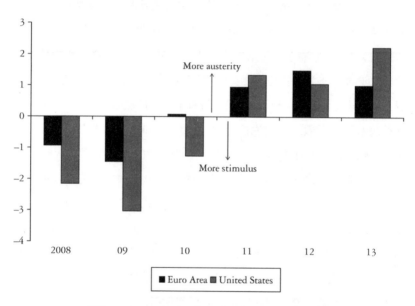

图例 7.2　2008 至 2010 年，美国金融刺激的措施远远多于欧元区
（财政收支平衡的变化在 GDP 中的占比）[14]

　　更糟的是，所有欧元区成员国都加入紧缩的狂热中，甚至包括荷兰这样并不需要减少公共债务比率的国家。[15]实际上，荷兰政府本可以用财政刺激来提高居民收入，为很多家庭减轻沉重的债务负担。但无论是否需要，由于每个欧元区国家都在降低预算赤字，它们的经济增长都出现了趋缓，这就减少了它们的进口，同时也导致其他成员国经济放缓。这种连锁式反应把整个欧元区都推向了经济下行的通道，也减缓了全球经济的增长速度。

　　欧元区的集体紧缩政策是二十年来反复重申坚持财政节制原则导致的结果。这一行动最早源自德国，后者赞同欧洲单一货币的必要条件是所有成员国承诺遵守基本的预算规则，即防止预算赤字超过 GDP 的 3%。[16] 虽然包括德国在内的所有成员国在处于困境时都忽略了这一规则，但对财政节制的坚持已经内化为欧元区的文化。

事实上，紧缩已经成为欧元区的身份特征。诺贝尔经济学奖得主乔治·阿克洛夫和杜克大学经济学教授瑞秋·克兰顿解释说，为了达成内部统一，并在成员内部建立彼此的尊重，一个集体内的成员创造出了"成员们应当如何行为"的准则或规范。[17] 集体的成员会保护界定他们身份的这些规则。欧元区的紧缩规则经历了数不清的挑战。1991 年在马斯特里赫特对单一货币进行谈判期间，欧共体委员会主席雅克·德洛尔曾指责德国对金融节制原则"过于保守"的标准。[18] 但他很快就撤回了这些说法，因为他担心德国会抛弃他的单一货币梦想。在 2002—2003 年间，欧盟委员会主席罗马诺·普罗迪曾指出，僵硬的财政规则是"愚蠢的"，他呼吁在运用这些规则时应具有灵活性。[19] 但他并没有展开进一步的行动。很快，这种规则就成了一种品质。虽然这一规则倾向于实施严厉的紧缩制度，尤其是在衰退期间，但一般欧洲的看法还是认为，即使是坏的规则，也比没有规则强。这种演化的过程是一个不完整的货币联盟不可避免的宿命，因为它缺乏对财政转移体系的保护措施。这个不完整的货币联盟本身就自带一种意识形态：财政紧缩和低通胀的原则将建立起必要的稳定。[20] 这种深深嵌入的意识形态已经转变成欧洲紧缩的身份特征。

所有人都认为，入不敷出的政府必须勒紧裤腰带。所以，辩论的话题并非是否需要实行财政紧缩。相反，他们争论的是要以何种速度来实行这一措施。2012 年 10 月，IMF 的布兰查德和同事丹尼尔·利给出了清晰的答案：在衰退期间不要过快实行紧缩。

对过度和过快的紧缩提出警告是基于所谓的财政乘数（Fiscal Multiplier）。布兰查德和丹尼尔·利预测，如果经济走弱，政府每削减支出 1 欧元（或增加税收），GDP 将下降近 2 欧元；所以，衰退期间的财政乘数接近 2，而不是 IMF 之前假设的 0.5。[21] 简单地说，布兰查德和丹尼尔·利的意思是，在当时的情况下，激进的紧缩政策导致 GDP 和税收飞快下降，所以，矛盾的是，紧缩反而提高了还债的负担，也引起了债务与 GDP 比率的上升。这一发现在媒体引起了热议（图例 7.3）。

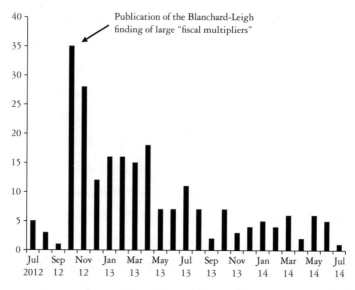

图例 7.3　紧缩的代价（高财政乘数）受到公众关切
（图中标注的数字为：以 Factiva 中带有"财政乘数"关键词的文章书目）[22]

这一发现不仅给布兰查德带来了学术上的声誉，也得到了 IMF 总裁和理事会的支持。布兰查德自危机开始就保持了一致的立场。2008 年 10 月，在世界经济即将被吸入黑洞之际，他呼吁全球联合实施刺激政策。[23] 刺激政策曾被证明有利于世界经济。现在，到了 2012 年底，当欧洲经济滑入无底洞，并可能把世界也拖下水的时候，布兰查德的分析依然如故。他并没有呼吁实行更多的刺激措施，这在当时的政治条件下是无法想象的，但他解释了为什么要减缓紧缩的程度。他说："支出的大幅削减和税收的急速提升有可能造成经济活力下降和债务比率上升的恶性循环，最终降低对调整政策的政治支持。减少公共债务的历史记录显示，以结构变化为支撑的渐进性的、可持续的方法可以在现今的各种限制下带出最好的效果。"[24]

实际上，经济学界都同意布兰查德的分析和建议。在过去两年，其他几个研究也得到了同样的甚至更强的结论。美国加州大学伯克利分校的艾伦·奥尔巴赫和尤里·戈罗德尼琴科在 2010 年 8 月首次公布，并于 2012 年 5 月在顶尖学术期刊上正式发表的研究指出，在经济衰退期，财政刺激很有帮助，同时暗示财政紧缩会带来很大损害。[25] 经济学家贾恩卡洛·科尔塞蒂、安德烈·迈尔和格诺特·穆勒指出，在经济危机时期，财政乘数可以高达 2。[26] 几位 IMF 经济学家的研究论文也得出了相同的结论。[27] 其中一篇文章特别提醒说，当经济衰退时，如果财政紧缩被认为是必要的，那也要逐层递进；欧洲想在极短时间里实现紧缩，有引起经济动荡的风险，贻害无穷。[28]

然而，虽然学者的研究提供了连篇累牍的证据，欧洲的当权者对布兰查德和丹尼尔·利所预计的财政乘数反应异常激烈。他们说，这种预测不可能是对的，因为他们知道并不是紧缩引起了增长放缓。相反，他们声称，政府财政的节制让民众相信未来的税收会下降，这种信心又会鼓励投资，有助于增长。欧洲的政客和技术官僚们含沙射影地说，布兰查德和丹尼尔·利凭借 IMF 的声誉，不恰当地质疑了欧洲坚定的信仰，紧缩从来都是可敬的做法。

2013 年 2 月 2 日，欧盟委员会网站上张贴了一封怒气冲冲的信，最清楚地表达了这种信仰。在这封信中，欧盟委员会副主席奥利·雷恩对欧洲财长们说，布兰查德和丹尼尔·利的研究不仅是错误的，而且没有任何用处。雷恩的用词非常激烈，他争辩说，IMF 公开质疑"紧缩"的性质，实际上是在"打击我们过去几年中夙兴夜寐、辛辛苦苦建立起来的信心"。[29]

但那些不在欧洲政策和学术圈层内的人对这种荒诞的说法倒抽一口

气。雷恩的信很快成为讽刺的对象。位于伦敦的英国智库国家经济社会研究所（NIESR）所长乔纳森·波特斯在一篇尖刻的批评文章中用了一个题目:《请不要争论，我们是欧洲人》。波特斯指出，雷恩自己的经济分析"吹捧欧盟委员会和欧洲央行力推的政策"，完全不到位。[30] 虽然雷恩及其欧盟委员会的同事辩驳这种批评，但他们最后还是从网站上撤下了这篇文章。那些搜索这篇文章的人只能在欧盟委员会网站不易打开的档案里找到它。

雷恩事件值得关注的原因是，它提示出紧缩理念对欧洲的身份意识有多深。不仅是德国，而且所有欧洲关键决策者都相信，财政规则所要求的紧缩政策是必要的，而且最终会使他们获益。

美国经济学会主席乔治·阿克洛夫 2007 年 1 月在就职仪式的演讲中指出，一旦某种身份形成，它的规范所推动的行动会产生深刻的宏观经济影响。[31] 这些年中欧洲为财政紧缩政策付出的代价也是深刻的。布兰查德和丹尼尔·利，以及其他学者，只是揭示出这种做法的短期代价: 紧缩进一步深化了经济衰退。更为痛苦的是，欧洲工商管理学院（INSEAD）的经济学教授安东尼奥·法塔斯和哈佛大学的经济学教授劳伦斯·萨默斯指出，欧元区在 2011—2012 年间执行的紧缩政策"永久地"降低了欧元区的"增长潜力"。[32] 诸多研究再一次得出相同的结论: 在欧元区最灰暗的危机年代，漫长的紧缩导致了长期的损害。[33] 长期失业的劳工失去了技能，企业推迟了在工厂应用最新技术。IMF 的研究部自 2009 年 10 月以来就对这种可能的后果焦虑不已。[34] 现在的结论是，在欧元区大部分地区，几年严格的紧缩政策抑制了 GDP 和税收的增长，也提高了债务与 GDP 的比率。[35]

2009 年底，政府的目标曾经是加速经济增长，减少债务。但是到了 2011 年和 2012 年，欧元区的决策却不幸地导致长期低增长和高额债务负担同时出现。

欧洲央行对这个不幸的结果负有巨大的责任。欧洲央行的货币政策也源自欧元区身份的另一个要素：对低通胀的极致追求。欧洲央行给欧元区伤上加伤。

让我们来看看这个故事。

欧洲央行反向而行：2010年6月—2011年6月

这个货币政策的故事开始于 2010 年中期。中国对工业、能源和农产品的胃口引起这些商品价格上涨，导致全球通胀上升。商品价格通胀是一个全球现象，所以，欧元区和美国的通胀是同一回事。欧洲央行行长特里谢和监管理事会认为通胀上升是严重的威胁：商品价格上涨会让工人要求更高的工资，更高的工资要求又会进一步推高通胀。

一位意大利记者对特里谢指出，在一些经济困难的欧元区边缘国家，包括希腊、爱尔兰、葡萄牙、意大利和西班牙，通胀实际很低，价格正面临下降的风险。[36] 她问，有没有可能这些国家会遭受通胀紧缩？换句话说，它们是否有可能落入一个漫长的低通胀、低工资和低价格的下降时期？这是否会让债务更加难以偿还？特里谢回答说，边缘国家会从紧缩期获利，因为低价格将增强它们的竞争力。他坚持认为，持续的通货紧缩不可能出现，因为欧元区对通胀的期望值"显著地固定在"2%左右。特里谢的意思是，如果通胀明显低于2%的标准，消费者和企业会认为，高通胀马上会来临；他们会加速购入，这样又会把通胀率推回到2%。

特里谢相信，欧洲央行的利率在经济增长和防止高通胀之间维持了平衡。欧洲央行的流动性措施为银行提供了资金，这是它们难以从商业渠道获得的。所以，欧洲央行保持自己的货币政策不变。

法国巴黎银行首席市场经济学家肯·瓦特雷特讲出了特里谢的重点："我们采取了所有必要的措施，它们正在发生效力。"瓦特雷特说，相比而言，美联储主席本·伯南克一直在思考"美联储还能做什么"。[37]

在美联储的货币政策制定机构联邦公开市场委员会内部，伯南克和同事们否认了通胀螺旋的可能性，而是认为存在通胀紧缩的危险。因此，正像在 2001—2003 年和 2007—2008 年一样，针对一样的数据，有基本训练相同的经济学家相助，世界最大两家中央银行却对面临的风险作出了完全不同的结论。

2010 年 11 月 3 日，美国联邦公开市场委员会宣布，美联储将在 2011 年中期以前再购买 6000 亿美元的长期国库券。作为量化宽松的一个动作，这次购买将压低长期利率，鼓励消费和投资。委员会的成员说，额外的支出将"防止进一步的通货紧缩，也降低了美国经济滑入长期紧缩的可能性"。[38]

这是我们的老策略，及时的"一针能节省九针"。在 2001—2003 年和 2007—2008 年，美联储在金融危机期间运用了这个危机管理的准则；在 2010—2011 年，它又用这一原则去防止价格紧缩。第二天，伯南克在《华盛顿邮报》发表评论解释说，高失业率正在压低工资，抑制商品价格。他说，"在最极端的情况下，很低的通胀会转变成通货紧缩（也就是价格和工资下降），这会导致长期的经济停滞"。[39]低通胀一般而言是受人欢迎的。但通胀率过低就会让人以为，通胀会进一步下降，人们会因此推迟消费。GDP 的增长也会下降，这会进一步降低通胀率。经济会长期深陷于低增长和低通胀的泥潭中。经济停滞让债务更难以偿还，提高金融系统的压力。决策者知道，或者应该知道，他们必须预防通胀紧缩灾难的发生。

德国财长朔伊布勒找不到理由对美联储最新的决定作出公开评论。然而，就像每一次他都站在政策辩论的错误一方，他掩藏不了锋芒。他针对美联储大力购买债券的行为说，"我很怀疑，无节制地把钱放到市场上去会有任何作用。美国经济中并不缺乏流动性，所以我不同意这种做法背后的经济学主张"。[40]朔伊布勒树了一个稻草人（即"缺乏流动性"）。美联储实际要做的是给人们发钱去花，这样他们可以让经济继续复苏，防止商品价格落入紧缩的陷阱中。

2011 年初，美联储和欧洲央行的政策立场进一步疏离。美联储继续维持其量化宽松的政策，而欧洲央行却把政策利率保持在很高的位置，拒绝开展购买债券的行动。更奇怪的是，欧洲央行暗示，它可能收紧货币政策。

欧洲央行一位知名的代言人是时任意大利央行行长马里奥·德拉吉，外界广传他将在当年年底接替特里谢担任欧洲央行的行长。德拉吉在 3 月底忽然让人震惊地说，欧洲央行的货币政策"已经扩张很长时期了"。[41]德拉吉的说法是，欧元区目前支出的速度足以支撑经济的稳定增长，实际上还可能导致通胀。他重申了特里谢所提出的工资—价格螺旋：如果人们认为通胀会上升，他们就会对高价商品和高工资提出要求，这将会导致通胀上升。所以，在美联储鼓励人们消费的同时，欧洲央行希望限制人们的支出。

2011 年 4 月 7 日，欧洲央行把政策利率从 1.0% 提高至 1.25%。[42]宣布这一决定之后，特里谢在记者会上三次强调，提高利率对于"稳住"通胀预期是必要的。一些记者担心地说，高利率会伤害边缘国家的经济，尤其是银行系统有问题的西班牙。特里谢回应说，欧洲央行是对 17 个国家的三亿三千万人口负责。他又表达了欧洲央行那套传统套话：成员国应该维护财政秩序，进行更多的"结构性改革"。特里谢宣布政策之后股市应声下跌，反映出投资者的失望情绪：货币政策完全不理会隐患重重的经济现状。[43]

欧洲央行导致重伤：2011年7月7日

进入 2011 年 4 月，欧元区同时爆发多个危机。欧洲央行在 4 月 7 日提高利率，同时还威胁说可能进一步提高利率，让人感觉它似乎急于给大家带来伤害。

虽然 IMF 一个月前还充满溢美之词，但希腊经济很快就要失控了。在财政紧缩的重压之下，希腊民众愤怒而焦虑，希腊政客出现在公众场合时经常遭到肉体攻击。[44]财长乔治·帕帕康斯坦丁努明确表示，十一个月前，也就是 2010 年 5 月授权的 1100 亿欧元救援资金无法满足政府的支出需求。[45]4 月 14 日，IMF 总裁多米尼克·斯特劳斯－卡恩和欧洲各国财长在华盛顿特区法国大使的官邸召开会议。[46]一个月后将因为性骚扰指控而突然离职的斯特劳斯－卡恩在会上确认了希腊财政的评估结果：希腊政府要想继续偿付私人债权人，急需获得更多来自官方的资金。

在葡萄牙，随着总理若泽·苏格拉底领导的少数派政府推动财政紧缩政策，公众的不满情绪和政治反对不断积累。[47]这些在国内不受欢迎的政策也让投资者感到不满，因此也推高了债务负担。由于投资者拒绝再向葡萄牙政府贷款，到 5 月 17 日，葡萄牙也和希腊、爱尔兰一样，成了欧洲政府债权人和 IMF 的帮扶对象。[48]

5 月 20 日，标普公司敲响了警钟：它把意大利政府债券放在了可能降级的"负面观察"清单上。[49]标普说，中心问题是意大利似乎长期停滞在生产率的低增长阶段。让人担忧的是，这种长期性的弱点随着"意大利关键性的出口行业面临日趋激烈的竞争"而显得尤为严重。换句话说，意大利的商家已经无法仅凭"意大利制造"的商标去参与竞争了。既然意大利的政治格局无法迅速把经济拉出泥沼，标普认为，政府就更难以必要的税收去支付它巨大的债务。意大利股市下跌了 3.3%；拥有大量政府债券的银行和保险公司遭受了重创。[50]很快，另一家评级机构穆迪也把意大利政府和银行放在了"可能降级的观察清单"上。[51]

此前一段时间，全球的经济和金融紧张态势不断上升。3 月 11 日，日本北部沿海的大型地震和海啸毁坏了核反应堆，其产生的放射性物质可能造成巨大的危害。由此造成的社会悲剧是，全球供应链中的日本环节崩坏了，损害了世界贸易。德意志银行首席国际经济学家托尔斯滕·斯洛克准确地观察到全球气氛的变化："世界正变得越来越让人恐惧。"[52]4月初，全球股市下跌的速度是自雷曼兄弟倒闭之后未曾见过的。中国和欧洲的经济增长在5月份都减缓下来。[53]美国经济的复苏似乎有所停滞，就业率在5月和6月略有下滑，大量工人停止找工作，商品价格也下跌了。IMF在6月17日发表的《全球金融稳定报告》称，"全球经济复苏或许比以前想象的更为脆弱"。报告警告说，"解决现存问题的时间可能正在流逝"。[54]

在这种可怕的世界经济格局中，最可怕的地方是欧元区，因为这里的问题最为尖锐。6月26日，投资家乔治·索罗斯在维也纳的一次研讨会上不耐烦地说，欧元区的机构没有采取强有力的措施来应对危机，"而是在拖延问题。但时间却不等人"。[55]正当索罗斯表达不满时，意大利银行股票价格遭受了重创。意大利GDP的增长迅速放慢，让市场担忧意大利借款人的银行贷款违约率会越来越高。五家最大的意大利银行从年初到目前为止，失去了超过1/4的市值。《华尔街日报》针对它们的巨大损失，评论说："欧洲伤痕累累的银行界在急诊室又迎来一个新的成员。"[56]

原本集中在意大利的经济和金融危机扩散到整个欧元区，已经是一个真实的风险。但特里谢继续他那套永不改变的要保持对通胀"高度警觉"的说辞，并且在5月和6月举行的记者会上都预告说要进一步提升利率。[57]

特里谢有一群热情的支持者。德拉吉已经不再担心默克尔是否会支持他，他正准备接替特里谢担任欧洲央行的行长。德拉吉明确表示，他将沿袭过去的做法制服通胀。

德拉吉的声誉没有瑕疵。他于1977年从麻省理工学院获得经济学博士学位。同时代的本·伯南克和奥利维尔·布兰查德都很看好他。诺贝尔经济学奖主罗伯特·索洛说他"很有洞见"；另一个诺贝尔奖得主罗伯特·默顿提到他时说，"他理解风险问题，能问出正确的问题"。[58]

就像特里谢当初作为法国的代表，德拉吉也是 1991 年《马斯特里赫特条约》的意大利首席谈判代表。在马斯特里赫特，德拉吉竭尽所能地帮助意大利早日进入单一货币区。对马斯特里赫特谈判有突出研究的历史学家肯尼思·戴森和凯文·费瑟斯通认为："德拉吉在骨子里相信欧洲货币联盟是一个 vincolo esterno［外部约束，驻锚］。"[59] 德拉吉相信，如果单一货币不伴随赤字限制，"就不能依靠政客们去接受长期的预算戒律"。[60]

马斯特里赫特之后，德拉吉作为高级财政官员，策划了意大利财政数据上难以置信的抬升，使得意大利在 1999 年 1 月加入货币联盟。[61] 他自 2006 年开始一直担任意大利中央银行的行长。

德拉吉在 2011 年 6 月 14 日向欧洲议会发表演讲时说，欧元"是一个伟大的胜利，应该为了全体欧洲公民的福祉而保卫这一胜果"。虽然欧洲陷入了遥遥无期的困局当中，但德拉吉面对怀疑他夸大事实的议员们说："让我这样说吧，最近所有的这些事情，包括全球危机，都无法对这个事实形成质疑。"他重复了特里谢的口头禅，欧元已经取得了胜利，因为欧洲央行已经通过把通胀率保持在 2% 以下而建立了声誉。德拉吉说，他要全心全意地维护这一得之不易的声誉。他又重申了 3 月底自己说过的话：现在欧洲央行应当开始计划，"从目前还非常宽松的货币政策中退出"；如果必要，应该采取"预防性的措施"避免"通胀预期恶化"。[62] 因此，正当很多观察家以为，欧元区急需放宽货币政策的时候，德拉吉说，货币政策太过"宽松"，或者太温和，需要收紧。他给欧洲议会的议员们留下的信号就是，他会投票赞成提高利率。

金融危机持续升级。7 月 6 日，穆迪将葡萄牙政府债券降级为"垃圾债"级别。[63] 葡萄牙银行的股票价格骤然下坠。西班牙银行因为和葡萄牙关系甚深，也因此受损。目前为止的任何消息都会使意大利银行的股票价格下跌。欧洲央行新近公布的数据显示，希腊、爱尔兰和意大利银行正在失去储户；企业和家庭对这些银行系统也逐渐失去信心，把钱转到了其他地方。[64] 葡萄牙和西班牙的银行连储蓄都留不住。

　　欧洲央行 7 月 7 日召开监管理事会会议前夜，全球金融市场已经走到了悬崖边上。在欧元区，持有欧元区政府债券的投资者忧心忡忡，几大银行的危机在持续发酵。由于对全球经济缺少信心，商品价格的上涨也暂停了。所有因素都催促着要放宽货币政策。欧洲央行却早已说过要提高利率，德拉吉、特里谢以及监管理事会的其他成员一致投票同意，把利率提高 25 个基点，达到 1.5%。

　　欧洲身份认同和金融紧缩一样，都紧紧围绕着克服通胀这一货币政策的常规目标。在作出决定后的记者会上，特里谢承认经济增长已经放缓，但他强调，防止通胀压力蔓延仍然是最重要的事情。[65] 他坚持自己 4 月份发表的演说，再三重申要"坚定地防止"通胀的可能性。只有防住了，才能保持欧元区的金融稳定，保持欧洲央行的信誉。

　　身份认同在一个群体内创造出团结的氛围，并激励成员与外界决裂。特里谢通常不愿公开评论其他央行的决定，这次却极少见地说："在世界发达经济体的大型中央银行中，只有我们作出的种种决定不被外界认为是止痛药。"[66] "止痛药"是指像鸦片、毒芹和氯仿这样的麻醉剂，在 19 世纪被广泛用于减弱神经系统的反应力。这是欧洲央行的自我辩护。欧洲央行并没有像美联储那样分发能上瘾的止痛药，而是愿意施加更多的痛苦，因为痛苦能使人集中心智找到解决问题的办法。

　　德拉吉第二天说了同样的话。他用更符合央行风格的语言说，"扩张性的政策已经耗尽了其操作手法的边际效应。毫无疑问，有必要结束过去三年通过金融和货币政策为经济提供的过度支持"。[67] 虽然特里谢和德拉吉没有使用几个月前德国财长朔伊布勒批评美国金融和货币政策时的粗糙语言，但他们实际在说："我们在欧洲的做法不同——并且我们的办法更好。"

　　市场分析师和学者反对这种欧洲首脑们大肆宣扬的欧洲例外主义（欧洲是不同的）。一位愤怒的分析家为很多人代言说："我们没有看到欧洲央行看到的通胀风险。"[68] 在经济学家中，普林斯顿的保罗·克鲁格曼一直对欧洲央行持批评态度。他不耐烦地说："让欧元区问题更加严重的是，欧洲央行总想维护它那毫无瑕疵的价格稳定记录：现在欧洲急需强劲的复苏，温和的通胀实际上是有利的；银行却收紧了货币，想消除想象中的通胀风险。"[69] 里士满联储银行的高级经济学家、研究顾问罗伯特·赫策尔在后来的一个分析中呼应了克鲁格曼的结论，他刻意点明，欧洲央行提高利率的时间正逢欧元区经济放缓，商品价格通胀很快就会下降。[70]

不可避免的是，有一种观点很快被大家接受：欧洲央行是在回应德国的担心。爱尔兰版《星期日泰晤士报》的一篇文章指出，德国经济正经历一次小高潮，而德国的通胀已经上涨超过了 2%。其意思是，欧洲央行的行动是想把德国的通胀降下来，所以无情地忽略了爱尔兰"悲惨的"情况，那里的家庭正为勉力支付抵押贷款而挣扎，无法承受利率的抬升。[71]

欧洲央行在 2011 年 7 月 7 日决定把政策利率提升 25 个基点，这并不让人惊讶。但当特里谢暗示说，可能会进一步提高利率时，金融市场陷入了一片慌乱。[72] 尤其遭到重创的是银行股票，意大利和西班牙损失最大。[73] 米尔顿·弗里德曼或许会说，欧洲央行又扔出了一个活动扳手，会进一步损害欧元区的金融和经济体系。就以我刚说过的医学比拟，欧洲央行在一个已经受到致命伤害的身体上又划了一道深深的伤口。

特里谢最后的岁月，伤痕开始形成：2011年7月—12月

意大利政府十年期债券的收益率刚刚超过 5% 的标准线，在欧洲央行 7 月 7 日的决定后又开始稳步上升（图例 7.4）。收益率上升的同时，银行股票价格也在下降，延续了年初以来的颓势。

银行和政府财务状况的同时恶化并非出于偶然。分析家基于财政和

货币的紧缩状况，预计意大利 GDP 的增长会进一步放缓，这个国家的
银行会承受更大的压力。所以，政府为困难的银行提供支持和救援的成
本也将上升。意大利政府已经债台高筑，现在又有救援的高额成本，其
财政状况将更加危险。为了弥补他们所承受的更大风险，投资者要求意
大利政府债券有更高的收益率。而收益率提高之后，政府救援银行的能
力也就削弱了。这一凶猛的主权—银行恶性循环横扫意大利和西班牙，
其实也是熟悉的爱尔兰和希腊模式。[74]

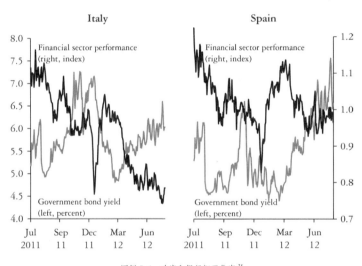

图例 7.4　政府和银行相互伤害 [75]

由于担心欧洲机构不愿解决或巩固脆弱的银行体系，市场的恐慌加
剧了。多数观察家预测，7 月 15 日的银行压力测试结果将表明，实力
雄厚的银行不会有太大的差别。[76] 这种疑虑得到了证实。
在最终的测试结果中，欧元区的机构很显然再次低估了风险的严重性。
官方结论是，只有九家银行急需更多的资本来应对不利的形势，而且这
些银行只需要数额不大的 25 亿欧元就足够了。但 IMF 却估计，欧元区
银行需要大约 2000 亿欧元来建立防范风险的缓冲措施。[77] 一些学者建议，

这些缓冲措施应该更大，因为在危机期间，风险和相应的损失可能以无法想象的方式加剧。[78]

一件事情又引发了另一件事。在意大利和西班牙，当主权—银行恶性循环全面爆发时，似乎没有人能掌控局面，银行间市场的压力也上升了。各家银行都提防着彼此，所以对银行间的贷款收取越来越高的溢价（图例 7.5）。[79]这一次完全是欧元区范围内的危机。不像在 2008 年，那一次的金融危机波及了大西洋两岸的银行，而现在美国的银行间贷款溢价极少动弹。[80]

银行间压力产生的政治影响最鲜明地体现在欧洲央行的账户上。德国银行不愿意再对深陷困境的意大利和西班牙银行滚动借出贷款，而是倾向于把钱从它们手中拿出来放在欧洲央行这个更安全的地方。因此，意大利和西班牙银行从欧洲央行借出大笔实际是偿还给德国银行的资金，法国银行也曾短暂地如此操作。正像之前欧洲央行努力保持希腊、爱尔兰和葡萄牙银行的周转一样，现在它又向西班牙和意大利银行注入了大量资金。

欧洲央行已经不再是一个永远保持着一定距离的中央银行了。它是意大利和西班牙银行的主要债权人之一。处在这个位置上就包含着金融和政治风险。如果这些银行无法偿还欧洲央行的贷款呢？如果是这样，欧洲央行将承受损失，不得不要求所有成员国补充它的资金。在这种情况下，德国作为欧洲央行最大的资本贡献者，将承担巨大的成本。

由于存在这种明显的利益冲突，金融危机转换成了政治危机。要体察下一步的发展情况，读者应当知道一个事实：虽然欧洲央行负责货币政策，但它对其他经济政策没有权力。欧洲央行已经成了意大利和西班牙的一个主要债主，但欧洲央行的官员都是非经选举产生的技术官僚，他们不能指令民选官员去作决策。8 月 5 日，当十年期政府债券的收益率超过 6% 的心理线时，特里谢给意大利总理贝卢斯科尼和西班牙首相萨帕特罗各发去了一封让人惊异的信。[81] 特里谢说，民选官员已经失败了，现在应该由他来指导这两位首脑，政府和议会应该做什么。意大利和西班牙政府当然有很多问题要解决，但特里谢和欧洲央行在追求价格稳定的错误道路上诱发了金融危机，让局势更加糟糕。欧洲央行有什么更强劲的理由来让这些国家的政府按照它的意愿做呢？

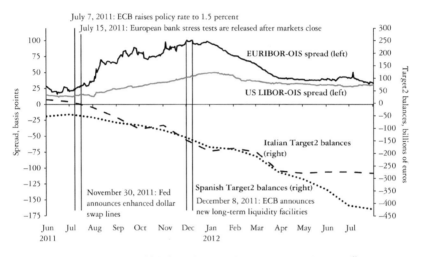

图例 7.5　7 月 7 日利率提升和滑稽的银行压力测试之后，市场形势更加紧张[82]

给贝卢斯科尼的信也有德拉吉的签名，上面列出了意大利应该遵循的详细计划。除了常规地呼吁放宽工人录用和解聘的政策外，这封信的核心是实施更严厉的财政紧缩。特里谢和德拉吉说，几周之前刚刚采用的紧缩计划还不足够；预算赤字需要进一步降低，如果目标不能达成，额外的支出削减应该自动生效。这封信甚至具体指明了议会应该采取的行动，以及保证这些政策实施的宪法修正案。"我们相信政府会采取所有合适的行动。"信件语气坚决地作了结论。[83] 给萨帕特罗的信有特里谢和西班牙央行行长费尔南德斯·奥多涅斯的签名，里面的内容相似，再次呼吁进行深度改革，并要求更迅速地降低预算赤字。[84]

　　这场危机袭击了欧元区银行的另一个弱点，即对美元资金的严重依赖。欧洲央行 7 月 7 日的决定在制造了其他问题之外，还引起了所有美元贷方的恐慌，他们担心压力递增的银行可能无法清偿债务。[85] 9 月 22 日，欧元区银行对三个月的短期美元资金所支付的溢价超过了 100 个基点，这是自 2008 年雷曼倒闭引起的恐慌之后从未有过的水平（图例 7.6)。[86]

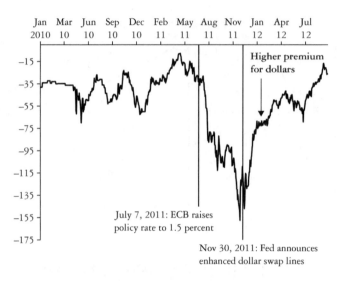

图例 7.6　欧洲央行 7 月 7 日的决定促使各方疯狂地寻求美元
（欧元—美元兑换溢价，基点）[87]

2011 年 9 月 24 日，位于华盛顿的 IMF 欧洲部，虽然一直是欧元区机构的同情者，一般也支持欧洲央行的各种政策决定，这一次也无法沉住气了。部门主任安东尼奥·博格斯说：“连欧洲最好的经济体都严重放缓了，这是很让人忧虑的。”博格斯还说，“通胀恐慌实际并不存在”，应该可以实行“更具扩张性的货币政策”。[88]

特里谢会对此作出反应吗？他于 10 月 6 日在柏林举行了最后一次记者会，宣布欧洲央行监管理事会的货币政策。德意志联邦银行行长延斯·魏德曼主持了这次会议，他对特里谢“为 3.3 亿人民保持了价格稳定”表示赞许。

官方口径和现实朝着完全不同的方向发展。魏德曼在赞许特里谢的同时，也希望在欧元区以价格稳定为导向的政策框架下找到保护措施。但问题却发生在其他地方。欧元区迅速卷入眼下的危机中。意大利和西班牙政府债券承受的压力依然非常高，欧元区的银行体系失灵了。到 10 月，欧洲银行业管理局（EBA）评估认为，这些银行还需要超过1000 亿欧元的资金，这个数目已经比 7 月份估计的 25 亿欧元高出一大截，但仍然比 IMF 的估计低很多。整个欧元区经济都在挣扎中，失业率在抬升，价格稳定的错误导向提高了陷入通货紧缩的风险。

特里谢即将卸任欧洲央行行长一职，此时欧洲央行的主要政策利率刚刚达到 1.5%，而且没有采用美联储那样的量化宽松债券购买项目，后者用这一项目提振了经济复苏，并克服了紧缩风险。自 2008 年 12 月以来，美联储把利率保持在 0 到 0.5% 之间，且承诺在可见的未来都将把利率保持在这一区间；2011 年底，美联储的第二轮量化宽松项目出台了。美国经济正在复苏，就业率增长迅速，银行很快就恢复到健康状态。虽然特里谢、德拉吉和朔伊布勒表达过不同的看法，但美国的政策正在起作用，而欧元区的政策并没见效。

在 10 月 6 日的记者会上，魏德曼结束演讲后，特里谢在发言中承认金融市场紧张形势加剧，风险也在增加。但预料之中，他仍然遵循着老说法，强调有必要让货币政策来维持价格稳定。他指出，监管理事会"取得共识"，要把政策利率保持在 7 月份的 1.5%。[89] 他用的词是"取得共识"，而不是"一致同意"，意思是监管理事会内部有一场争斗，但倾向于价格稳定的鹰派仍然掌握了主动权。

在担任欧洲央行行长八年之后，特里谢已经准备告别了。他曾用非常专制的方式来掌控这个他即将告别的舞台。在 10 月 19 日的告别演说中，特里谢再一次声称他的贡献包括把通胀率维持在 2% 以下，并且稳住了市场的通胀预期。他自豪地说，他在金融危机期间为欧元区找到了正确的方向。特里谢引用让·莫内的叠句作为演讲绚丽的结尾："继续，再继续。欧洲的人民如果没有联盟，就没有未来。"[90]

所以，这一官方叙事包含着巨大的志向。作为这种叙事的看护人，特里谢说，"价格稳定"是把欧洲人团结在联盟里的基础。但同时又有另一种叙事说，在应对像九头蛇那样的金融危机时产生的无力感，造成了政治张力，并加深了政治分裂。

法国总统萨科齐是最焦虑的人之一。法国 GDP 的增长率仅仅是缓慢爬行。萨科齐缺席了特里谢的演讲，因为他的妻子即将生产，但在最后一分钟，"飞快的萨科"决定临时赶到法兰克福，在给特里谢献礼的音乐会即将开始时进入旧歌剧院（Alte Oper）。萨科齐急着想说真心话，就把特里谢拉到旁边的屋子里，两人用法语彼此大呼小叫，而默克尔就在一旁调停。萨科齐对特里谢没有积极促进经济增长非常愤怒。特里谢忙着自我辩护，默克尔就从旁帮他声辩。她宽慰特里谢说："你是德国人的朋友。"[91] 这是对特里谢的奖赏：作为官方叙事的看护人，他成了德国人的朋友。

欧洲央行新行长遇到老问题：2011年11月—2012年7月

德拉吉于 2011 年 11 月 1 日接替特里谢，担任欧洲央行行长。11 月 3 日，德拉吉在主持了第一次利率会议后，宣布欧洲央行将把利率降低到 1.25%。外界最初的反应是欢欣鼓舞。《华尔街日报》评论说："这显示出，欧洲央行终于醒觉到了现实，欧洲的金融状况太紧张了，这是好消息。"[92] 但德拉吉的话音慢慢消散后，股票价格迅速下跌。[93] 德拉吉拒绝采取更积极的货币刺激，坚称目前没有通货紧缩的风险。[94] 批评声很快四起：最近采取的行动，"虽然受到欢迎，但相对于欧洲经济面临的问题，还是太拘谨了"。[95] 欧洲央行的政策已经远远落后了，所以它在金融市场没有足够的信誉。德拉吉要想重获投资者的信心，需要重新出发，宣布大胆的新政策，与过去断然决裂。

在意大利和情况稍好一些的西班牙，政府与银行仍然互相撕扯，要把对方往下拽。欧元区银行在美元资金上遇到的困境更加严峻：它们需要对美元债务支付的溢价是 115 个基点，比 2008 年底雷曼事件后的水平还要高。在既存事实下，欧元区银行对美元的饥渴又在美国金融市场造成了紧张态势。11 月 11 日，在芝加哥的一次会议上，美联储副主席耶伦表达了担忧，"欧洲金融动荡加剧可能导致美国金融局势的恶化"。[96] 因为欧洲央行无法控制住金融混乱，美联储再次伸出了援助之手。11 月 30 日，在美元溢价达到 130 个基点之际，美联储宣布"提高"美元互换额度，将向欧洲各家央行提供便宜的美元，央行则可将这些美元借给本国银行。[97] 投资者嗅到了一股压力减轻的气息，表示欢迎这一"具有决定性的行动"。[98] 虽然金融状况还在艰难地维持着平衡，但恐慌不再升级。美元资金的溢价稳定住了，欧元区银行间市场短期借贷的息差也平稳了，意大利和西班牙债券的收益率停止了上升。

欧洲央行监管理事会 2011 年 12 月 8 日再次召开会议。欧元区的金融状况仍处于危险之中，[99] 经济很可能在 2012 年滑入衰退。但欧洲央行依然不急不慌，就像 11 月的做法，再次把利率降低了 25 个基点，到了 1%。更糟糕的是，德拉吉承认，监管理事会至少有一名成员对这次温和的利率下降表示了抗议，这似乎在暗示近期不会有再次下调。德拉吉的欧洲央行虽然挽回了 4 月和 7 月两次灾难性的利率上升，但似乎现在想停止了。股市很失望，所有主要的指数都出现了震荡。[100]

德拉吉还没有突破过去。《金融时报》在一篇社论中说："在就任欧洲央行最高职位的两个月中，马里奥·德拉吉对这个机构的责任与局限都中规中矩地依从。"[101] 欧洲央行的正统难以放弃，因为价格稳定和财政紧缩占据着欧元区身份认同的中心位置。

在 12 月的那次会议中，欧洲央行宣布了两项"长期再融资计划"，允许银行在三年里无上限地借出资金，而不是像以前那样每年有一个上限。欧洲央行对到底是什么致使欧元区经济患病的诊断仍然是错误的。

它仍然认为，危机的基本原因是流动性短缺，所以它的主要职责是担当为银行提供廉价贷款的被动角色。即使到了这个阶段，欧洲央行仍然没有认识到，基本的问题是消费者和企业的信心崩溃了，它的任务应该是积极地帮助经济复苏。较低的利率将给人们更多的钱去消费，这将提振信心，经济活动也将由此复兴，并帮助缓解金融压力。

　　欧洲央行把精力集中在它以为的流动性短缺上，实际是治标不治本，所以又造成之后的一系列问题。从全球金融危机的早期开始，银行就用欧洲央行便宜的资金投资高收益率的政府债券。这是银行提高利润的捷径。[102] 所以，当"长期再融资计划"的资金捧到眼前时，西班牙和意大利银行再一次从欧洲央行新的资金窗口提取了大笔贷款，购买了它们政府的债券（图例 7.7）。表面上，"长期再融资计划"的资金达到了它本来的目的：暂时缓解了形势；政府债券的收益率下降；很多银行的资金变得更加安全，银行的形势稳定了，金融市场的压力减轻了。但包括关闭或合并破产银行的基本任务，尤其是振兴经济的大事，依然没有解决。"长期再融资计划"带来的暂时缓解，却使得问题的根本更

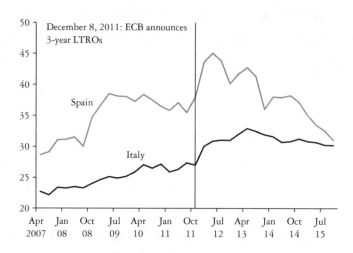

图例 7.7　欧洲央行提供的更多流动性促使西班牙和意大利银行买入了
更多的政府债券
（国内银行持有的政府债券的比例，按百分比）[103]

无法跟踪，因为政府和银行更进一步地绑在了一起。一旦政府或银行出现动荡，它们将一起下坠。

　　由于"长期再融资计划"导致的风险是潜在的，欧洲央行误读了市场暂时缓和的迹象，于是又停滞不前。2012年上半年，欧洲央行纹丝未动，利率保持在1%没有变化。2012年4月4日的记者会上，德拉吉对形势作了乐观的评估。他说，"长期再融资计划"是有利的综合措施，凭借多种方法带来了缓和趋势，例如，阻止"信贷紧缩"等。[104] 实际上，德拉吉是说，欧元区的借方急需更多的信用额度，欧洲央行的流动性措施让银行得以贷出更多的钱给家庭和企业。这个分析当然是不正确的。失业率又攀上了新的高峰，家庭收入不仅蒙受了巨大的损失，而且人们还有债务要偿还。借更多的钱并不是人们内心的愿望；他们需要的是更多的收入——通过降低利率，或者增大财政开支和减少税收。欧洲央行的做法可以确保银行能借到充足的钱，但银行却缺少有庞大消费或投资计划的借方。提振信心和需求的真实问题并没有得到解决。

　　到4月初，连德国的经济也开始放缓了。IMF预测，意大利和西班牙的GDP当年将下降2%。欧洲央行4月份的公报承认，欧元区经济整体上在衰退，但又概括性地说，复苏很快就会到来；公报还宣称，通胀有可能突然上升。[105]

　　通胀并没有上升，但衰退却在欧元区大部分区域继续肆虐。经济收缩的时候，正像在意大利和西班牙的情况，银行与政府财政同时面临巨大的压力。在这个新的、更为险恶的时期，意大利和西班牙政府债券的收益率再次开始上升，而银行的股票则再次遭受重创。银行趋紧，让政府感觉压力更大，因为救援银行的潜在成本更高了。银行面对的风险则是，欧元区各国政府在财政上吃紧，有可能使其无法完全清偿债券，而这些债券是由银行用欧洲央行误导性的"长期再融资计划"资金购买的。德拉吉说过，虽然这些资金能暂时缓解危机，但"长期再融资计划"也强化了主权—银行的循环关系，现在这种关系就处于恶化的状态。[106]

尤其西班牙，现在就在危机中苦苦挣扎。西班牙银行在 2004—2007 年的繁荣期推高了地产泡沫。[107] 西班牙政府对银行的问题避重就轻，让情况更加恶化。2010 年 12 月，西班牙政府把七家处于地产泡沫中心位置的区域性储蓄银行撮合在一起，成立了西班牙第三大银行班基亚银行。[108] 换句话说，政府不是采取实际有效的措施去拆分有问题的银行，而是把这些银行结合成一个新的问题丛生的银行。而且政府官员在实施这些不彻底的行动时，只满足于嘴上功夫。西班牙财政大臣埃雷纳·萨尔加多宣称，西班牙的银行体系"已经准备好在未来经受任何考验"。[109] 所以在 2012 年 4 月底，当 IMF 呼吁西班牙政府采取"及时、有效的措施"加强银行体系——尤其班基亚银行——时，西班牙银行的主要监管人何塞·玛丽亚·罗尔丹正在世界各大金融中心访问，他随身携带的幻灯片上说，西班牙银行体系的麻烦终止了。[110]

政府债券收益率上升和银行股票价格下跌最终同步了。6 月 9 日，西班牙政府向欧洲机构申请 1000 亿欧元用于支援陷入困境的银行。

西班牙和意大利一样，政府债券收益率一直在上升，银行股票价格缩水严重。美国经济突然停滞了，并反映在了金融市场的动荡上。欧元区本来就处于衰退期，现在进一步放缓了。欧洲央行在 2012 年 7 月 5 日的货币政策正是在如此紧绷的金融和经济态势下出台的。

在等待了大半年之后，欧洲央行终于把利率降低到了 0.75%，还把存款利率（指银行交给中央银行的隔夜存款利率）从 0.25% 降到了 0：其目的和以往一样，就是鼓励银行把钱借给客户，而不是把多余的资金交给欧洲央行。市场对此的反应却是反其道而行之。英格兰银行与欧洲央行的绵软无力判然有别，它几乎同一时间启动了第三轮量化宽松项目。不意外的是，有分析家认为，欧洲央行的行动只是"在边缘修修补补"。[111] 由于欧洲央行古板的名声，有些人怀疑可能还有更坏的消息，只是金融市场还不知道。[112] 德拉吉自己也怀疑，欧洲央行是否还能做更多。他说，欧元区很松散，宽松货币政策的好处未必能到达所有的成员国，尤其是那些高风险的国家。[113]

欧洲央行在 2012 年 7 月 5 日作出的决定是它历史上最糟的决定之一。早在一年前，让人难以理解的利率抬升就已经造成了重大的伤口。自那以来，温和的利率下降对治愈这些伤口的作用十分有限。而现在，金融体系和整体经济都处在巨大的压力下，有限下调的政策利率和不明的政策走向，加重了市场的担忧情绪。意大利和西班牙政府债券的收益率跳升了；两国的银行股票价格直线下坠。[114]IMF 在 7 月 16 日报告说，"欧元区边缘国家的金融市场和政府的压力已经上升到接近 2011 年底的水平"。[115]

伴随着金融压力，政治形势也变得更为紧张。除了芬兰，其他成员国都批准了欧洲对西班牙银行的救援计划。西班牙政府不得不等芬兰作出决定；在此期间，公共财政的压力不断上升。巴伦西亚地区政府急需金融支援。巴伦西亚有几起地产交易非常腐败，当地的储蓄银行完全是迫于政府压力在 2007 年发生全球金融危机之前，为这几起交易提供了贷款。[116]巴伦西亚的地产价格从 2007 年 9 月份开始下跌，建筑项目泡沫纷纷爆裂，地区政府的收入急剧萎缩。其他地区政府很有可能也需要帮助。[117]西班牙中央政府却没有钱了。预算大臣克里斯托瓦尔·蒙托罗对议会说："公共金库没有钱。没有钱支付公共服务。"[118]

芬兰反对党依然反对为西班牙救援项目提供资金。他们反对"打开防洪闸，让芬兰纳税人支持银行救援的项目"。[119]芬兰议会最后在 7 月 20 日投票授权芬兰政府为这份 1000 亿欧元的贷款贡献 20 亿欧元，但附加了一个前提：西班牙政府应拿出 8 亿欧元左右作为保证金，以确保他们能还钱给芬兰。

政治裂缝逐渐扩大的同时，欧洲领导人似乎不清楚他们下一步到底要做什么。他们的本能是尽量少做事。《华尔街日报》的理查德·巴利在文章中准确地捕捉了这个心态："欧洲采取的政策是为政府争取时间缓步前行，很不幸这是完全不够的。政治家们或许可以试着再踢一下罐子，但前方已经没有多少路可供他们走了。"[120]

金融市场对如此麻烦的西班牙救援方案没有什么反应。西班牙的金融内爆仍在以惊人的速度继续。西班牙政府债券的收益率迅速上升至7%以上，西班牙政府的偿债压力迅速上升，但需要用以偿还债务的税收却随着 GDP 一起收缩。意大利的情况几乎一致：政府债券的收益率接近 6.5%；当债务责任逐渐升高的同时，税收却和 GDP 一起下降。

与此同时，西班牙和意大利银行已经失去所有私人资金的来源。穆迪把很多银行的信用等级降到投资者内部要求的最低信用水平。[121]另外，投资者担心，随着西班牙和意大利政府债券的收益率陡升至"无法持续的水平"，这两个政府将无法救援它们的银行。事实上，连欧元区各国政府都将发现，如果西班牙和意大利陷入全面的主权—银行危机，它们也很难找到足够的资源来救援这两个国家。西班牙政府的债务远远超过希腊、爱尔兰和葡萄牙债务的总和。意大利政府的债务规模甚至更大。危机不断攀升，源自西班牙和意大利的金融动荡也波及了整个欧洲和世界。

7月23日，穆迪对德国、荷兰和卢森堡的政府债务标上了"负面观察"的标记，并威胁说可能取消它们三 A 的评级。穆迪解释说："西班牙和意大利的宏观经济和资金环境不断恶化，它们寻求外界支援的风险也随之增大。"而"如果欧元区仍然保持现状"，西班牙和意大利所需的"集体支援"将给"欧元区评级更高的成员国"带来莫大的负担。[122]这种可能性现在已愈发明显，它们的三 A 评级往好了说也是不确定的。法国和奥地利在 2 月已经因为不良的财政状况而失去三 A 评级。由于欧元区救援基金——"欧洲金融稳定基金"的主要来源国都处于财政压力之下，穆迪也把欧洲金融稳定基金置于"负面观察"的清单中。[123]

当天晚些时候，美国财长蒂莫西·盖特纳在美国公共电视网发表演说，对欧洲机构的犹豫不决提出了批评。欧元区发生大型金融事故的风险已经高到无法忽视，他说，问题主要在于德国总理默克尔，她总是拖延金融救援，以迫使处于危机中的国家进行改革。盖特纳仿佛在跟默克尔对话，他说，"你以为把欧洲推到悬崖边上就能达到目的，但你的策略是不可能起作用的，因为这样将使危机造成更大的损失"。[124]

盖特纳说，欧洲机构应该迅速建立一个规模庞大的金融保卫基金，以防止金融动乱的升级。然而，盖特纳却没有提到，对西班牙和意大利的救援将使德国财政承压，这一点穆迪已经看到了。更何况，默克尔可能采取的行动还有政治上的限制。很多德国人，包括默克尔的基民盟在巴伐利亚的姐妹党基社盟，再次表现出对德国承诺在财政上帮助其他欧元区成员国的担忧。[125] 对金融援助的反对声在荷兰也上升了，同时芬兰也已明确表示，不要再找他们借钱。[126]

到 7 月 25 日，西班牙政府债券的收益率已经到了 7.5%；意大利的政府债券收益率也超过了 6.5%。欧元区广泛的财政紧缩政策、收紧的货币政策和解决措施的延迟等都已经到了无法回转的地步。如果高收益率的情况延续，西班牙和意大利政府很快将无法偿还它们的债务。投资者在看到这种情况后，将要求更高的收益率，这必然会导致政府债务违约。结果就是，西班牙和意大利政府将不仅仅是一般的受伤。它们，还包括西班牙和意大利的经济，将遭遇真正的创伤。在急救室里会有医治精神创伤的专家吗？

要求欧洲央行介入的呼声越来越高。比利时外交大臣迪迪埃·雷恩代尔更加直接，他说，欧洲央行必须开始印钱去资助成员国。[127] 雷恩代尔的建议是欧元区的规范所排斥的。让货币政策与对成员国的金融支援脱钩，是欧元区最神圣的基本原则。但危机感让人们说出了以前无法说出的话。甚至连德拉吉在接受法国《世界报》采访时都说，欧洲央行没有禁忌，但他又把这种大胆的想法归为传统的"在我们看到风险的情况下"。[128] 问题是，他是否真正地看到了他和他的前任特里谢造成的风险，包括他们在 2011 年灾难性的利率提升和之后谨小慎微的利率削减。

7 月 26 日，德拉吉到伦敦访问，去安抚焦虑的投资者。

欧洲央行急切中想阻止创伤的发生，默克尔提供了帮助：
2012年7月—9月

德拉吉说："大黄蜂是自然的神秘之物，因为它本不可能飞起来，但它确实在飞。"所以，他一开始给投资者的遁词是，"欧元就像一只大黄蜂。欧元和欧元区都比人们所知道的要强大得多"。[129]

但德拉吉很快意识到，这种新奇的比喻并不能唬住充满质疑和不安的听众。不寻常的是，德拉吉作为中央银行的行长，却没有照着稿子讲话。[130]他说，"我想告诉你们另外一条信息。欧洲央行将在权力范围内，尽最大努力来保护欧元。相信我，这完全可以做到"。当时，盖特纳已经卸任美国财长一职，他后来在回忆录中写道："德拉吉本来没打算这么说的，但他被对冲基金和银行家们在会议上表现出的灰心丧气触动了，所以他即兴发挥，明确表态要保卫欧洲。"[131]

投资者一片欢腾。他们把德拉吉所说的"尽全力"解读为一种保证，如果政府不能偿还债务，欧洲央行将替这个政府偿还。德拉吉讲话之后的第二天，意大利政府债券的收益率就从之前的6.5%降到了6%；西班牙债券的收益率也从7.5%降到了6.5%。银行的股票价格开始上扬。

德拉吉作出了承诺，但盖特纳后来注意到，欧洲央行和欧洲机构并不知道，它们"到底能做什么"。[132]大家的假设是，欧洲央行会购买，或承诺购买欧元区政府的债券，以阻止利率上升得太快。但欧洲央行要怎样才能做到呢？德拉吉有足够的政治支持来兑现这种承诺吗？

7月27日，德拉吉发表演讲后的第二天，德意志联邦银行声称反对欧洲央行购买政府债券的承诺。德意志联邦银行担心，这种承诺使深陷债务的政府难以保持财政纪律，并因此使得欧洲央行直面金融风险。[133]

但也是在7月27日，默克尔迅速向德拉吉表达了关键性的支持。她并没有具体提到购买债券的事情，但她呼应了德拉吉的演讲。她说，德国"将尽力保护欧元区"。[134]朔伊布勒对德拉吉"采取必要的措施在欧洲央行的权力范围内保护欧元"的意图表示欢迎。[135]

魏德曼没有被吓住，他再次表示强烈反对。8 月 2 日，欧洲央行常规性的利率会议之后，德拉吉在记者会上承认，债券购买项目的决定没有得到一致同意。他打破欧洲央行的传统，直接点出了反对者的名字："很明显，大家都知道，魏德曼先生和德意志联邦银行……对于设想中的购买债券计划有所保留。"[136] 魏德曼是一个重要的对手，不仅仅是因为他是德意志联邦银行的行长，也是因为他说出了德国人普遍的保留态度，其中包括德国联邦议院中几位来自默克尔领导的基民盟及其执政联盟的成员。德国的一些议员甚至要求德国在欧洲央行的监管理事会享有更多的投票权。他们说，如果欧元区的一些政府无法清偿欧洲央行购买的债券，德国将承担超过正常比例的财政负担。[137]

德拉吉继续推动他的计划。9 月 6 日利率会议之后，他宣布，欧洲央行监管理事会已经同意建立债券购买计划，称为"直接货币交易"（OMTs）。[138] 在记者会上，各路记者很想知道，这个计划中的债券购买是否有上限。德拉吉回答说："直接货币交易计划不会有预设的交易限制。"但这个声明显然不是真的。计划最初就很明显，监管理事会成员约尔格·阿斯姆森后来也明确表示过，"直接货币交易计划的设计本身就很清楚，项目实际上是有限制的"。[139] 欧洲央行只会购买那些在一年到三年的区间内到期的债券。在这个范围内，法律上并没有明确规定欧洲央行到底能买多少而不至于违反《马斯特里赫特条约》的规定。[140] 但德拉吉的任务是把这个直接货币交易计划描述得"像火箭筒一样厉害的东西"，所以他在 2012 年 9 月 6 日的记者会上说，购买的规模足以"达到我们的目标"。这正是投资者想听到的话。

在被问到这一行动是否全票通过时，德拉吉有些不好意思地回答说："有一个不同意见。我们一般不公布工作细节。你们猜猜吧。"魏德曼毫不隐讳地公开表示激烈批评，他在同一天的声明中指出，"直接货币交易计划"相当于直接印钞票去购买政府债券。他重申，这种慷慨大度将减轻政府必须遵守财政纪律的压力。[141] 如果欧洲央行买了债券，而政府又没有偿还欧洲央行，德国和其他国家的纳税人将被迫弥补欧洲央行的损失。

但投资者对"直接货币交易"表示欢迎。批评的火力减小了。魏德曼无休止的批评似乎没太大必要，反而像不负责任的挑刺。

欧洲央行确实需要"直接货币交易"这样的工具。央行通常扮演最后的贷方这样的角色。当金融市场失调时，市场期待央行能提供流动性。欧洲央行能够，也确实扮演着欧元区银行最后的贷方。但和美国不同，虽然在美国，美联储也算是美国政府最后的贷方，但欧洲央行却不能对欧元区政府扮演这样的角色。主要的差别在于环境不同。在美国，如果美联储在其购买的政府债券上遭受了损失，美国财政部有责任用纳税人的钱补足美联储的资本。但欧元区却是一个"不完整的货币联盟"。这里不存在财政联盟，就是说，这里没有"欧元区财政部"去弥补欧洲央行可能遭受的损失。所以，如果欧洲央行因为几近破产政府的毫无价值的债券而损失了资金，其他欧元区政府就必须调出资金来弥补欧洲央行的资本。

这种情形的政治影响很严重。普林斯顿大学经济学教授、诺贝尔经济学奖获得者克里斯托弗·西姆斯四个月前在给法兰西银行的一篇文章中就提出了警告：在欧元区有关资本注入的规则下，"德国将承担大部分负担，很明显，德国的金融资源将用于补偿欧洲央行在其他国家的主权债务上受到的损失"。[142]

西姆斯说，他和"德国一样对欧洲央行作为最后贷方的角色保持怀疑"。他的结论是，他们（德国人）讲到了重点。[143]

"直接货币交易"是以后门的方式建立了一个财政联盟。更准确地说，他们制造了一个既成事实，即如果一个成员国陷入财政危机，另一些成员国则可能被迫贡献财政资源。所以，和德拉吉讲话中所提的免费午餐不同，"直接货币交易"如果缺少一个清晰的政治契约，则在经济上不可能是稳定的，在政治上也将缺少合法性。

西姆斯强调，"直接货币交易"这样的政策工具需要由一个欧元区的中央机构公开提供财政资源。这样的中央机构需要"一定的税收权力"和独立借款的能力，当"直接货币交易"出现麻烦时，才能承担相应的损失。更重要的是，这种中央机构征税和借款的权力"当然必须受到民主的节制"。[144]

欧洲央行为"直接货币交易计划"背后没有财政联盟辩护说，它所帮助的政府要首先同意严格执行具体的财政紧缩和结构性改革。在此基础上，这个政府将从欧元区的救援基金借款（先是欧洲金融稳定基金，后是欧洲稳定机制）。这个时候，欧洲央行才启动"直接货币交易计划"。在此，欧洲央行并不是最后贷方的角色，它必须警惕系统性的金融风险。[145] 而且，即使启动了"直接货币交易计划"，欧洲央行事实上也是一个"有条件的贷方"，这和 IMF 相似。它将按照与 IMF 类似的方式，深度介入国内决策的政治事务。但处境困难的国家效率低下，只会让情况更糟，希腊的经验已经生动地说明了这点：即使是有良好的愿望，金融困境也可能加剧。所以，不仅是魏德曼，欧元区其他中央银行也很担忧。[146]

德拉吉又为"直接货币交易计划"提出了另一个辩护。他说，欧洲央行购买并售出债券和其他证券，这是常规性业务。在这些业务中，欧洲央行有盈利，也或有亏损。长期来讲，盈利和损失会趋于平衡，而如果损失过大，欧元区成员国就有义务来补足欧洲央行的资本。德拉吉说，"直接货币交易计划"也是一个常规性的货币政策工具。他解释道，它的具体目的是抗击投机商对赌欧元区的解体。德拉吉坚持认为，推动政府债券收益率上涨的是疯狂的投机行为，而非根本上的金融缺陷，这种高收益率也阻止了欧洲央行的低利率传导给西班牙和意大利。

魏德曼得体地驳斥了所谓"直接货币交易计划"可以提高货币政策运转效力的观点；他坚持自己的主张，"直接货币交易计划"主要是救援几近破产的政府。英格兰银行前行长默文·金在自己的回忆录中表达了对魏德曼的支持，金写道，"很难把仅仅购买其中一些国家的债券就看作执行货币政策"。[147]

但默克尔却坚持支持"直接货币交易计划"，她在 9 月 17 日就这个技术环节公开对魏德曼提出了反驳。默克尔对记者说："我确认，欧洲央行所做的主要是出于货币政策的目的。我没理由表示怀疑。"[148]

默克尔用自己的政治地位来支持德拉吉，是有她的道理的。她并没有资金去帮助减轻欧元区失控的危机，"直接货币交易计划"上马后，德国纳税人就不必用自己的钱去帮助欧洲了。默克尔还可以由此敦促各成员国厉行财政节制和结构性改革，这两者都是欧洲央行希望看到的。如果一切顺利，"直接货币交易计划"将成为欧元区的金融安全网，默克尔可以借此领导欧洲的经济政策。

从危机开始，默克尔就试图平衡两个相互冲突的利益：保护德国纳税人和保护欧元区的团结。她为此推迟过一些重要决定，避免由自己来作选择。这种做法很短视，并且如盖特纳指出的，对于处理经济和金融危机来说，代价很高。但这就是欧元体系的属性。2011 年 7 月 7 日欧洲央行的利率提升把欧元区推向了危机，它在此后犹豫不决、半心半意的刺激措施使得危机的雪球越滚越大，到 2012 年 7 月初演变为欧元区现实的威胁。默克尔没有选择，只能批准"直接货币交易计划"。路径已经形成：否定和延迟，然后是不彻底的措施，只是暂时避开了崩溃的发生。

所以，另一个跃进的机会错失了。甚至都没有尝试去建立包含着民主责任的财政联盟。也或许，任何方案都不可能成事。

因此，虽然有人对"直接货币交易计划"带来的暂时缓解表示庆幸，但它实际上携带着极大的风险。如果此后有一个政府到了需要"直接货币交易计划"的地步，欧洲央行承诺的"大火箭筒"能提供充分的救援吗？如果不行，这个政府能否及时协商达成换取金融支持的条件？欧洲央行所要求的财政紧缩的程度和结构改革的性质可能会有不少争议，难以达成一致。在这种情况下，欧洲央行监管理事会的一些成员或许会要求停止，或暂缓购买债券。如果金融市场感觉到欧洲央行有所犹豫，危机就有可能升级：深陷困境的政府债券的收益率将会上升，该国银行将面对更大压力。惶恐的投资者会要求欧洲央行证明其有更大的购债实力。监管理事会和各国政府将更加害怕，欧洲央行会进一步陷入泥潭之中。这就让人更有理由犹豫了。未来的德国总理在国内会遭遇更大的反对"直接货币交易计划"的政治阻力。主权债务律师李·布赫海特和杜克大学法学教授米图·古拉蒂预测，金融市场会"无情地考验欧洲央行的决心"。[149] 如果欧洲央行无上限地购买一个几近破产的政府的债券，它将承担巨大的损失，政治分裂和金融动荡将不可避免地发生。

价格普跌，国家利益冲突：2012年7月—2013年

到此时为止，金融伤口已经被修补，病人已经挪出了重症室。但经济复苏的速度不够快，新的伤口又开始形成。这些伤口没有得到重视，彼此勾连起来又形成了新的问题。

欧洲央行确信自己做了该做的事情，所以又缩回到壳里。从 2012 年 7 月至 2013 年 5 月，整整十个月时间里，欧洲央行把利率保持在 0.75% 没有动。换个说法，从 2011 年 4 月第一次利率抬升之前的 1%，到 2013 年 5 月，欧洲央行的利率仅下调了 25 个基点。也就是说，在两年多点的时间里，利率总体上只调低了 0.25%，而在这期间，几个欧元区国家先是经历了危机，然后又进入了漫长的衰退期。西班牙和意大利的经济仍然在收缩，看不到尽头。经济疲软的势头还在蔓延，到 2013 年中期，连德国经济也进入了衰退。

企业相继关门，失业工人的数量非常庞大。并不意外的是，投资和消费需求走弱，欧元区的通胀率开始下降，而美国通胀率却很稳定（图例 7.8）。自危机开始以来，欧元区和美国的通胀率第一次开始向相反的

方向发展。这种差异在"核心通胀"指标上看得最清楚，这个指标排除了价格起伏较大的能源和食物等商品，一般而言是潜在通胀压力可靠的指示灯，同时也能较好地预测未来的通胀。到 2013 年 5 月初，欧元区的核心通胀率几乎快要降到 1% 的水平了；美国的核心通胀率，因为有货币刺激政策，而保持在 1.5% 以上。这种差异反映了不同的经济策略。美联储从 2010 年底以来，就采取措施防止通货紧缩的发生；而欧洲央行对紧缩的可能性嗤之以鼻，坚持要把通胀预期稳定在 2% 左右。

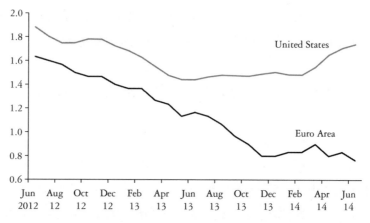

图例 7.8　欧元区通胀率持续下跌，而美国的通胀率在 2013 年 5 月稳住了
（年度"核心"通胀率采用三月移动平均值，百分比）[150]

　　欧元区现在面临新的危险：低通胀率，甚至通胀紧缩。伯南克在 2010 年 11 月就警告过，持续的低通胀会引起经济停滞。在低通胀的环境中，人们会认为，通胀率将继续下降。他们会因此减少开支，从而减缓经济增长，导致通胀进一步下降。低增长和过小的通胀使债务更难以偿还，支出就会进一步减少，最终陷入高债务—通货紧缩的陷阱。

　　最终，在 2013 年 5 月 2 日，欧洲央行把利率又调低了 25 个基点，降到 0.50%。[151] 这次利率降低是早就该实施的，投资者早已望眼欲穿。但这个措施还是太温和，难以阻止通胀的下滑。部分问题是欧洲央行仍然否定通胀在下降。原因在于欧洲央行仍然把目光集中在"名义"通胀，也就是包括了能源和食物价格的通胀率。名义通胀率也在下降，但德拉吉说，这个下滑是因为能源价格在降低，但这很快就会收复，通胀会再一次上涨。欧洲央行仍然认为，欧元区的通胀率不会低到危险的程度。就像特里谢在记者会上经常做的那样，德拉吉三次重复说，"通胀预期"仍然很稳。他说，不要担心，一切都会好起来的。

但欧洲央行自己的行为是存在矛盾的。欧洲央行只会在通胀上升的时候采取行动，保护价格稳定，但没有针对通胀下降的预案。2011年，当能源价格的短期上升引起名义通胀率上浮的时候，欧洲央行先后两次提高了利率，导致欧元区系统性的金融风险。现在，当能源价格下降，欧洲央行又宣布名义通胀率的下降可能是暂时的，会很快恢复，没有必要马上采取行动。欧洲央行没有注意到，核心通胀率也在下降，并很可能引起紧缩压力。

6月，德拉吉说，欧洲央行并不急于采取进一步行动，因为"直接货币交易计划"已经把意大利和西班牙的利率降低了。德拉吉自鸣得意地说，该计划"很可能是近来最为成功的货币政策。在此之前，我们还担心会有通货紧缩的风险。但现在一切都结束了"。[152] 为了强调他的观点，德拉吉说，股票价格在上升，意大利和西班牙银行对欧洲央行资金的依赖正在减少，而向私人债主借的钱越来越多，欧元区经济很快就会转危为安；GDP 的增长率将上升，薪金和价格也将上涨。

这种乐观的心态影响了其他欧洲高级官员。2013年10月10日，杰伦·迪塞尔布洛姆、奥利·雷恩、约尔格·阿斯姆森、克劳斯·雷格林和维尔纳·霍耶尔等五人在《华尔街日报》上联名发表文章，认为欧元区可能已经到了一个"拐点"。他们说，增长率正在迎头赶上，财政赤字也在降低；他们也承认，还有很多工作要做，但"我们会沿着既定的道路。我们有充足的条件劫后重生，比以往更强大，我们的增长会更具持续性，工作机会也会更多"。[153]

欧洲央行稳住不动，而通胀率继续在下跌。当然，德拉吉有一点是对的，名义利率（也就是对政府债券和银行借款支付的利率）在下降。但借款人真正在乎的是，当他们在对开支作出决定时，"真实的"利率是多少。真实的利率等于名义利率减去通胀率。通胀率高，就会减少真实的利率，因为通货膨胀会使偿还过去的债务变得更容易，也让人们有更大的能力和愿望去借钱和支出。但因为欧洲央行的原因，通胀率在整个欧元区都很低，而在其中几个国家还在不断下降。

所以，虽然名义利率在下降，但西班牙和意大利的真实利率自2012年末以来一直维持在3%—4%。这对于一个正在萎缩的经济体来说太高了。在意大利和西班牙，很多家庭和企业的债务负担（债务与收入的比率）在上升。相较而言，德国的真实利率不到1%，有利于这个国家的经济复苏。这是欧元区问题的症结所在：单一货币政策使成员国之间的经济差异拉大，对经济实力较强的国家是一种帮助，对较弱的国家则是伤害。而当各经济体之间拉开距离后，货币政策的管理将更加艰难。

意大利经济尤其遭到重创。通货紧缩及其引发的损害很早就显现出来。虽然在危机开始之前，意大利并没有地产价格泡沫，但危机开始后，地产价格却开始暴跌（图例7.9）。当地产价格下跌，建筑公司只得推迟偿还债务，意大利银行的不良贷款（没有及时偿还的贷款）迅速上升。经济增长率和通胀率都低于乐观的预期，政府债务与GDP之比提升的速度也高于估计。

现在的风险是，债务—通货紧缩相互作用的周期（通胀率持续下跌，推高债务负担）可能影响到欧元区大部分区域。2013年11月7日，德拉吉最终承认，可能会有让人不愉快的低通胀。让市场吃惊的是，他宣布欧洲央行将再一次降低利率，小幅降到0.25%。[154]欧洲央行的政策利率现在降到了五年前，也就是2008年12月美联储的利率。

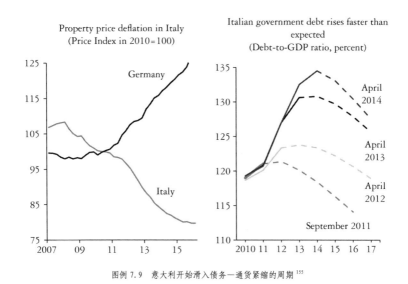

图例 7.9　意大利开始滑入债务—通货紧缩的周期 [155]

　　但在 2008 年 12 月，美联储就宣布了量化宽松项目，后来又延长了该项目。伯南克在 2010 年 11 月解释说，紧要的是避免通货紧缩。欧洲央行在这个方向上已经迟了五年时间；而且现在还不清楚，它是否会，以及什么时候采取这个步骤。

　　监管理事会会议之后的记者会上，一个记者问德拉吉，批评家把欧洲央行描述为"用玩具枪来抵抗迎面而来的紧缩坦克"，这是否有道理？但德拉吉对通胀的下降表示乐观，认为这只是暂时的。他说，"通胀预期稳定在 2%，或略低于 2%"。德拉吉声称，虽然通胀率在下跌，但欧元区的居民"固执"地相信，通胀率会很快回到 2%；因为对通胀率上升的这种预期，他们在现阶段会热衷于购买，这又将在实际上推高通胀率。我们已经有过这种经验，为了提高效率，必须很快采取措施。实施积极货币政策的窗口已经很近了。

　　在应该采取量化宽松的时候，德拉吉却只是嘴上说说。他说，欧洲央行"有一大把可以激活的工具"，可以"在必要的时候"采用。[156] "必要的时候"这个短语在推迟希腊急需的项目时使用过，现在又出现了。

只是说说，而不采取行动，已经增大了希腊救援的成本。

金融市场对欧洲央行迟迟承认低通胀的风险和姗姗来迟的利率下调感到不满。市场观察家自然感到担忧，欧洲央行永远不会做"大事"。[157]核心通胀率低于1%，而且在持续下降。欧洲央行总是在问题要致命的时候才采取行动，所以，金融市场把延迟的行动解读为坏消息的预告，而不是具有前瞻性的主动措施。

人们有理由担心，欧洲央行可能会行动迟缓。欧洲央行监管理事会里的两个德国人（延斯·魏德曼和约尔格·阿斯姆森），以及另外两个来自奥地利和荷兰的北方成员，对最近一次的利率下调在内部提出反对。[158]与以往不同，北方成员这次明显是要给欧洲央行的货币宽松政策踩刹车。他们相信，他们的任务是保护欧元区价格稳定的身份认同。

但看起来，不只是监管理事会里的德国成员，而是所有德国人都反对欧洲央行放宽货币政策；甚至连倾力帮助德拉吉创建"直接货币交易计划"的默克尔也不高兴。她在一次竞选集会上公开声明，欧洲央行的利率对德国而言太低了。[159]德国公众评论员也对欧洲央行施加了压力。德国流通量最大的日报《图片报》指责欧洲央行经常向"南部"欧元区成员国输出便利的资金。[160]德国著名经济学家汉斯－维尔纳·辛恩教授说，欧洲央行没有集中心思在欧元区整体的货币政策上，而是实行一种"区域性的金融政策"——让南部国家的政府可以较为容易地获得低利率的资金。他断言，这种短视的保守做法对它们没有好处，反而阻止了不可避免且必要的工资和价格下调——南方国家正需要这些条件来重新获得竞争力。[161]外界的攻击越来越个人化，也越来越引起争端。德国金融刊物《经济周刊》首席经济学家在2013年11月7日微妙地写道，调低利率是"总部设在法兰克福的新意大利央行的命令"。

德拉吉深感失望。他在柏林的一次商务会议上说："一些成员国的民族主义论调说我们是为了自己国家的利益而牺牲了其他国家的利益，对此，我想这样回应：我们不是德国人，也不是法国人或西班牙人或意大利人，我们是欧洲人，我们是从欧元区作为一个整体的角度出发的。"[162]

事实上，虽然德拉吉的观点显得很高尚，有着良好的初衷，但欧洲央行的货币政策只是对其中一些成员国有利，而必然会忽略其他国家。从2011年到2013年，欧洲央行的政策主要有利于德国和其他的北方国家；南方国家本来需要更有活力的货币政策，以把它们从通货紧缩的边缘上拉回来。但问题是，它们并没有找到解决办法。这就是欧元区悲剧的本质。

自2007年7月以来，欧元区几乎就一直处于危机当中。欧元区机构几乎没有采取任何实质的行动来重振经济，无论是2007—2009年全球危机期间，还是2010年以来主要发生在欧元区的危机。实际上，正因为它们没有及时采取措施来补救经济，情况已经恶化了。对财政紧缩和货币收紧的强调导致了对经济的约束，制约了经济的增长，并引发了通货紧缩的趋势，使一些国家债台高筑，银行陷于崩溃的状态。欧洲领导人不顾事实，不愿意从其他国家的经验中学习。国内的政治压力也把经济决策向反方向牵引，而且没有人可以负责。

就在这期间，更大的政治风波已经山雨欲来。经济和金融上的严重问题使各路政治势力磨刀霍霍，几有分裂欧洲的风险。要理解欧洲政治中这些影响深远，甚至是无可挽回的变迁，我们先要回溯一下历史。

默克尔和其他"心有不甘的欧洲人"渐行渐远

长期以来，是"精英们"在主导着欧洲，这包括各国的政治领导人和布鲁塞尔、法兰克福的技术官僚。他们按照"莫内方法"在运作，这是以欧洲战后一体化的主导者之一、广受尊敬的让·莫内的名字命名的。莫内认为欧洲的任务和运作的方法很复杂，在他看来，对欧洲应如何运转进行公共讨论是没有意义的，而且，如果政治反对派利用这种机会推动让人不愉快的妥协，就更是对效率的损害。[163]"莫内方法"主导了四十多年的时间，从 1950 年的舒曼计划到 1992 年签署的《马斯特里赫特条约》。这几十年中的主要任务是创制欧洲机构，在民族国家之间形成有效对话，以开放边境进行贸易。多数欧洲人只在他们的日常生活和欧洲的决策之间看到一些模糊的联系，并且在各国开放边境贸易后，很多人获得了新的商业机会，所以对欧洲的支持率一直都比较高。爱尔兰政治学家彼得·梅尔认为，欧洲"精英"在大众中享有"广泛的共识"和"普遍的信任"，所以他们在欧洲事务上所作的决定是被认可的。[164]

但 1992 年《马斯特里赫特条约》把单一货币变成了一种真实的可能性，"广泛的共识"便开始解体。民众的反抗始自丹麦，1992 年 6 月的公投，丹麦民众拒绝了单一货币。这种反抗在法国 9 月的公投中延续。虽然略微过半数的法国民众对单一货币投了赞成票，但投反对票的人也发出了信号：我们感觉被遗弃了，我们是不会无条件支持欧洲的。所以，到 1990 年代初期，欧洲精英们开始失去人们的尊重，基于"莫内方法"形成的欧洲项目也开始问题丛生。[165]

民众的不信任感在 2005 年引起了广泛回响，那一年，法国和荷兰先后公投拒绝了欧洲宪法草案。[166] 投票的规律是一样的：经济前景越糟糕，这些国家的公民就越有可能对欧洲投反对票。在 2005 年，连年轻人也发出了呼声，认为欧洲对他们没有帮助。因为担心其他国家的民众也投票反对这部宪法，欧洲领导人最终放弃了这个项目。

当欧元区经济和金融的危机日趋显著，欧洲民众与统治阶级之间的裂隙也越来越大。尤其是欧洲央行 2011 年 7 月宣布利率抬升后的那些黑暗日子里，欧元区的政治张力也迅速增大。民众要求他们的领导人采取更多的行动来保护国家利益，而这些领导人也被迫回应国内压力。本章的前面部分我分析了经济上的情况；现在我来讲一下政治层面的发展，实际上有四个同时发生的故事，包括德国、希腊、意大利和英国。

默克尔让德国与欧洲保持距离

2011 年 7 月在柏林举行的一次记者会上，一位记者问默克尔，她会如何回应那些认为她对欧洲缺少激情的批评。默克尔皱了一下眉头说："哦，激情，是的，的确。"一阵笑声传遍了整个大厅。她说，她的办法是避免"宏大的"解决方式，因为这些方式有时可能满足"人心的盼望"，但"在政治上是不可行的"。唯一可行的方式是循序渐进，从小事做起，构筑坚硬的基础。她总结说："所以，这才是我的激情所在。默克尔式的激情，很激情。"[167]

作为德国总理，默克尔首先考虑的是德国的金融利益，并且她要求其他成员国自己解决自身的问题。其他德国总理也是这样做的。1992 年，在前总理施密特的授权下，德意志联邦银行眼睁睁地看着意大利无助地陷入金融危机，德国时任总理科尔也是袖手旁观的。科尔在整个 1990 年代，尤其是他在 1998 年 4 月对德国联邦议院所作的演讲中，屡次向德国人强调，德国纳税人是不会为其他成员国政府的肆意挥霍买单的。默克尔也沿袭了这个传统。[168]

但默克尔也是某种意义上的欧洲总理，心不甘情不愿地待在欧洲霸主的位置上，还得面对一场似乎无法止息的金融危机。保加利亚前财长西米昂·詹科夫曾不公开地参与了欧洲的决策过程，对于 2009 年 7 月到 2013 年春季这段时期的经历，他后来写道："德国对欧元区所有问题的协商都起着领导作用，只是有时候象征性地对法国的看法表示尊重。德国的主要盟友，芬兰和荷兰，起着重要的但是次要的作用。其他任何国家都没有太大的作用，或者说没有持续性的影响力。"[169]

所以，默克尔决定了欧元区危机管理的大致方向。她一次次地推迟，到最后一刻才临时作出决定，给后续的处理带来很多麻烦。她一直等到欧元到了灾难性崩溃的边缘，才号召她在基民盟和德国联邦议院里的盟友联合起来，强迫那些并不情愿的人一起支持她所提出的唯一的、在政治上并不受欢迎的救援方案。[170]默克尔处理欧元危机的方法有点像美国几届总统处理越南战争，她暂缓了危机的爆发，但无法解决危机背后的成因。危机本身以及金融救援所引发的成本不断上升，而反对的声浪和不断增长的厌恶感也让欧洲走向了分裂。

但默克尔所影响的不仅是处理欧元危机的策略，还有欧元区成员国经济政策的整体结构。2011 年 11 月 15 日，德国基民盟及基社盟议会党团主席福尔克尔·考德调侃地说："现在，忽然之间，欧洲遍地都在说德语。不是说德语这种语言，而是说他们都接受了安吉拉·默克尔力主的各项指导。"[171] 考德是在莱比锡的党内年度大会上说这番话的。他有一份吃力不讨好的责任是劝说基民盟的成员认同，德国为欧元区提供金融支持是必要的，而欧元区的其他成员国也将效仿德国式的政策。

考德说法的一个现实例子是德国的金融政策，这一直是德国政府的兴趣所在。2011 年 12 月 8—9 日在布鲁塞尔召开的峰会上，欧盟领导人协商一致，同意了德国提议的"金融协议"。成员国政府将作出承诺，在本国的法律（最好是宪法）中规定要使预算保持平衡，或者是有盈余。若有预算赤字，将会自动采取措施消除赤字。所有欧元区成员国在 2012 年 3 月签署了这一金融协议。

虽然默克尔采取了消极的办法，其他成员国也明确表示了要向德国的政策靠近，但德国国内的政治形势却越来越反对为欧洲提供金融援助。这种政治反对让默克尔十分不安，因为它非常靠近她自己的政治基地。2012 年 9 月，就在 2013 年德国联邦议院选举之前，默克尔的基民盟中一些资深成员组成了一个反对派，称为"2013 另类选择"（Wahlalternative 2013）。[172] 这些反对派说，德国纳税人看不到政府到底把多少钱给了欧洲的金融救援和资金扶助项目。他们用默克尔自己的口头禅说，选项是存在的，就是逐步解体欧元。

虽然德国人越来越不满欧元及其对德国的财政要求，但欧洲的"精英们"依然故我地局限在莫内模式里，从一个首都飞到另一个首都，在不同的无烟室里为欧洲作出一个又一个决策。他们保有某种希望，认为默克尔可以压制德国国内尖锐的反对声，向最需要帮助的国家伸出援手。2012 年末，一帮欧洲的高级技术官僚又纠集在一起，向默克尔施压，要求她采取有影响力的措施。2012 年 11 月 30 日，欧盟委员会主席巴罗佐发表了《深入而真实的货币联盟蓝图》。[173] 五天之后的 12 月 5 日，欧洲理事会主席赫尔曼·范龙佩也发表了自己的报告，呼应了巴罗佐提出的诸多主题和建议。[174] 范龙佩报告的名称带有之前报告的痕迹——《为建立真实的经济和金融联盟而努力》，但内部都把它称为"四主席报告"，因为报告得到了包括巴罗佐、德拉吉和欧元集团首脑让 – 克洛德·容克等在内的帮助和建议。

这份"四主席报告"建议组建欧元区自己的财政能力，以吸收险峻的金融和经济危机带来的震荡。这个计划中的金融后备基金将用于救援陷于困境的欧洲银行，并为欧元区失业保险项目提供资金。[175] 范龙佩和其他主席很清楚，他们正在进入默克尔曾拒绝介入的领域。

2012 年 12 月举行的欧洲领导人峰会对这个提案进行讨论时，默克尔冷淡地说："这些钱要从什么地方来？有人能向我解释一下吗？"换句话说，哪个国家能为这个"公共财政能力"提供资金？法国总统弗朗索瓦·奥朗德自信能用缓和的语调化解德国的反对，他告诉默克尔，她应该把这个计划看作"团结的工具"。默克尔回答说，"这非常好"。然后，她又问，"但钱从哪里来？"所以，默克尔只用了几个清楚的问题就戳破了四主席过分乐观的提案。[176] 瑞典、芬兰、丹麦和荷兰的代表都对默克尔表示了支持；而反对的，却是经常性的输家——法国、意大利、葡萄牙和西班牙。

欧元区的政治分裂在逐步扩大。欧元区很多成员国对德国总理左右它们内部事务的影响力感到愤怒，德国民众对于他们可能承担的义务也逐渐感到焦躁不安。2013 年 2 月，那些曾在 2012 年 9 月发起反欧元运动"另类选择"的人，组建了新的政党，称为"德国另类选择党"。此后的几个月，另类选择党在几个州的选举中获得了胜利。

2013 年 9 月 17 日，离德国联邦议院选举还有五天，民调显示了德国人对欧洲的不信任。[177] 被调查的绝大多数德国人希望欧洲机构能瘦身，和英国的情形一样，他们要求把权力返还给各国政府。绝大多数调查对象还说，欧元应该局限在几个核心国家之间。[178] 比例更大的调查对象认为，下一届德国政府没有权力继续为欧洲国家提供金融资助，所有新的援助都应该要进行公投。

虽然另类选择党的政治主张获得越来越多德国人的认同，但该党仅获得 4.7% 的选票，略低于获得德国联邦议院一个议席要求的 5% 的票数。另类选择党主要从自民党拉走票源，后者是默克尔的政治盟友，但支持商业，对欧元则保持警惕。[179]

默克尔依然受到广泛认可，她凭借"你知道我"（Siekennenmich）这样的竞选口号最终获得了胜利。德国人把她看作"妈咪总理"。在 2009 年选举期间，默克尔的批评者用这个词来描述她，并无奉承的意思；但这个词却变成了她的资产。默克尔很讨厌别人这么来描述她，但她知道，这种妈妈的形象对选举有帮助，所以转而"拥抱它"。[180]

在竞选期间，默克尔就像 2009 年时，不太谈及欧洲事务。事实上，她用"你知道我"的竞选口号以及"妈咪"的名词就可以避开严肃的政策辩论。她绕过了德国民众。大选后的统计分析显示了一种清晰可辨的"默克尔效应"：她已经超越了党派纷争。[181] 她领导的基民盟在选举中大获全胜，但自民党失去的票数迫使她奋力争夺了好几个月，才与社民党建立起一个大联盟。

一些观察家认为，随着竞选结果揭晓，还有社民党的帮助，默克尔将会打开德国的钱包，帮助稳定欧元区。但怀有这种期待的人误读了她和德国公众的想法。对希腊和欧洲其他困难的政府，默克尔的态度并没有变：除了财政紧缩，别无办法。而她仍然对德国联邦议院说，除了为欧洲提供较低程度的金融救援外，别无他法。她作为事实上的欧洲总理，地位稳固；而在德国，她认为她可以回避公共辩论，只要模糊地承诺少付点钱给希腊作为救援资金。

默克尔的这种策略对希腊产生了最直接的政治影响，却在意大利意外地引起了巨大的反感。

希腊退欧的问题再现

本章开头提到过，2010 年 8 月，IMF 的波尔·汤姆森对希腊政府在改革方面作出的努力予以盛赞。与之相应，IMF 在 2011 年 3 月的报告中带着赞许的口气说，2010 年"非常具有眼光的"紧缩政策让人惊讶地贡献了 8% 的 GDP。希腊政府为了达到这一紧缩的目标，采取了削减工资和养老金、增加税收和降低支出等措施，IMF 认为"这在国际上比较起来，都是让人印象深刻的"。[182] 为了呼应朔伊布勒几个月前对希腊表达的赞赏，IMF 总结说，希腊经济很快就会见起色。

但这些数字却没有达到人们的期望。紧缩政策在 2010 年减少了 8% 的需求，而且还会有进一步的紧缩。IMF 预测说，希腊的 GDP 在 2011 年只会下降 3%。但数学是很难做假的，IMF 的报告发表几个月后，希腊经济内爆就已经很明显了。6 月，朔伊布勒和欧洲其他领导人宣布，希腊出现了违约问题；希腊政府已经入不敷出。[183]

那个夏天，在欧洲央行提高利率造成的金融恐慌中，希腊经济不断出现失控的迹象。2011 年 7 月 21 日，欧洲领导人宣布，希腊将收到另外 1090 亿欧元的救援资金。现在已经很难准确记住希腊到底收到了多少钱。欧洲机构也把它们给希腊政府的贷款利率从 5.5% 减少到 3.5%，而且把还款时间从七年延长到十五年。然而，对希腊而言，这还只是一点点小帮助，虽然能让它勉力支撑，但还不足以帮它完全从债权人的控制中解脱出来。

那天唯一的好消息是来自爱尔兰的，它也收到了同样的利率削减，并且延长了还款时间。对爱尔兰来说，这是一张"走出牢笼"的好牌。爱尔兰的私人债权人由此得出正确的推论，官方贷款的还款条件还会有更多的让步。与此同时，经济前景开始向好，这部分是因为美国跨国公司利用公司低税制在爱尔兰的扩张。爱尔兰政府债券的收益率很快下降。[184] 实际上，爱尔兰危机在 2011 年中期就结束了。

但希腊仍然感到绝望。多数希腊人都面临着税收增加和工作机会减少的双重困境，同时失业救济和一般福利也在降低。到 10 月中旬，希腊议会对新的紧缩政策投票时，希腊工人开始了为期两天的大规模罢工。有一个男人在集会期间因为心脏病突然去世，数十人在抗议中受伤。黑暗隧道的尽头似乎没有亮光。

10 月 31 日，希腊总理乔治·帕潘德里欧宣布将举行公投，让希腊民众来决定是否继续希腊债权人要求的紧缩政策。民调显示，虽然大多数希腊人希望留在欧元区内，但他们反对紧缩。实际上，希腊民众强烈欲求一条更好的路，至少给希腊一点喘息的空间，同时又能继续待在欧元区内。这条路当然是有的：放缓紧缩的步伐，就能给予更多的增长空间，从而减轻希腊人遭受的痛苦，也可以使希腊政府更快偿还债务。任何人只要能听取希腊人的呼求，都会有所改进。

但欧洲领导人异常恐慌。默克尔面对的德国公众越来越反对向希腊做任何妥协。默克尔和萨科齐决定，他们要作出回应。他们不再是最好的朋友，虽然 2010 年 10 月在多维尔期间，他们曾短暂地做过朋友。早在几周前，在法兰克福旧歌剧院举行的特里谢告别演说上，他们之间的分歧就已经很明显了。最近，萨科齐在另一个场合和一位政府首脑的对话中提到默克尔时，居高临下地说："她说她要节食，但她又吃了第二盘奶酪。"[185] 这种冷酷的评价传到了默克尔的耳朵里，她无法一笑置之。但在希腊问题上，默克尔和萨科齐态度相似：不会再对希腊让步了。他们达成一致要制止这次公投。11 月 2 日，在世界领袖的 G20 峰会前，他们把帕潘德里欧叫到了戛纳。[186]

帕潘德里欧当晚迟到了，他独自一人走进了戛纳影节宫，第二天的峰会将在这里举行。等待着他的消息是：如果他要听从民意放缓紧缩，希腊将再也得不到资金。11月3日，帕潘德里欧取消了公投计划。

帕潘德里欧就任总理已经两年。才上任时，他雄心勃勃。他说过，希腊是一个"有巨大潜力的国家"，有"政治决心面对新世界的挑战"。[187]这场危机摧毁了这些美好的愿景。紧缩政策越拖越久，经济持续下滑，帕潘德里欧的民望迅速降低。在最后一场议会演说中，他坦承："我想另辟蹊径。我想为了国家的福祉而打破陈规。"[188]但现在已经不可能了。

11月9日，帕潘德里欧辞职。11月9日，欧洲央行前副行长卢卡斯·帕帕季莫斯成为新总理，他的后面团结着一帮技术官僚组成的"危机联盟"，有些人称之为"国家统一"政府。[189]对欧洲的债权人来说，帕帕季莫斯给他们以安全感。他上台之后立即宣布，他将按债权人的要求推行紧缩计划。为了鼓舞困境重重的希腊民众，帕帕季莫斯说："我相信，希腊作为欧元区成员，是对货币稳定的重要保证。"[190]

2012年3月，帕帕季莫斯主持了有史以来规模最大的主权违约，把希腊政府欠银行和其他私人债权人的债务从2060亿欧元减少到350亿欧元。[191]但这次违约迟到了两年。之前官方债权人要求的严苛紧缩政策，原是为了继续维持政府早已无法维持的债务滚动，却使得希腊经济活动跌入低谷。可以想见的是，税收大量缩减，抵消了紧缩政策增强政府财务状况的效果。所以，主权违约虽然大幅度减少了对私人债权人的欠债，但身处"爱丽丝漫游奇境"里的希腊政府还是从欧洲主权债权人和IMF借了更多的钱来还前者的债。

这些新的官方贷款，使得希腊政府整体的债务负担实际上仍处于无法维持的水平。[192]《爱丽丝镜中奇遇记》中的红皇后或许会说："现在，你看看，你跑得筋疲力尽，但还是停留在原处。如果你真想走出去，你得跑得比现在至少快两倍。"[193]

2012年4月，帕帕季莫斯总结说，他已经完成了作为总理的任务。经济在混乱中继续下沉，失业率已经逼近25%，现在必须选出一个新政府。

5 月初的选举选出了一个严重分裂的议会，这反映了人们渴求抚平经济创伤的心态。这种政治乱局的最大受益者是反紧缩的边缘小党激进左翼联盟，获得了 17% 的选票，仅次于新民主党，让外界感到惊讶。激进左翼联盟的党魁阿莱克西斯·齐普拉斯年仅三十七岁，以前是共产主义学生组织领袖，经常称呼党员们为"同志"。他为本党抢眼的表现感到振奋，公开宣称："希腊人民投票就是要结束援助项目和愚蠢的紧缩政策。"[194] 齐普拉斯要求放缓无法承受的紧缩政策的呼声，在希腊获得了广泛支持，但他的主张在柏林或法兰克福却不被待见。约尔格·阿斯姆森不久之前还是默克尔政府的一个部长，现在是欧洲央行监管理事会的成员，但他说话更像是德国的官员，而不像是中立的央行成员。他严厉地对齐普拉斯说："希腊要弄清楚，如果它想留在欧元区内，就别想替代各方同意的改革方案。"[195]

阿斯姆森等人的威胁口吻在希腊激起进一步的抗议。5 月的选举虽然没能形成执政联盟，但在接下来的 6 月选举中，希腊人投给激进左翼联盟的票却增加到 27%。此时，新民主党的安东尼斯·萨马拉斯匆匆凑集了一个联盟政府，而激进左翼联盟则成为主要的反对党。

希腊的经济崩溃在继续。2012 年的整个夏季，默克尔都和 2010 年时一样，不停地在想，希腊是不是那块需要从欧元区船只上抛下去的压舱物。[196] 如果希腊退出欧元区，她就可以更好地保护自己的政治声誉和政治神秘性。但在反复斟酌后，默克尔作出了和 2010 年一样的决定，她不能让希腊离开。希腊退出就像楔子的薄边，任何国家都可以离开欧元区会成为一个规则。金融市场会受到引诱，抛售欧元区其他弱小国家的资产，这会加剧它们的金融困境，迫使它们最终离开欧元区，从而就像多米诺骨牌一样，欧元区的国家将一个接一个地扑倒。虽然希腊这块累赘对欧元区是一个大麻烦，但默克尔认为，希腊退出引发的多米诺效应将带来更大的经济和政治后果。[197]

既然默克尔决定不能让希腊走，那么把希腊留下来的成本就必须有人承担。希腊政局仍然处于动荡之中。[198] 希腊经济继续下坠，债务负担的数据也在继续冷酷地叠加。如果 GDP 陡然下降，债务与 GDP 的比率（也就是债务负担）就会迅速上升。2012 年末，IMF 前所未有地直白表示，希腊债务已经无法持续。[199] 简单地说，希腊没有可能还清它的债务。

虽然 IMF 对希腊债务负担上升到无法持续的水平也负有一定的责任，但它一方面坚持债务要全部还清，另一面却号召欧洲机构减低希腊政府欠它们的债。[200] 欧洲机构别无选择，在 11 月 27 日宣布，将采取更多的措施减少希腊的债务，包括进一步降低利率并延长还款期。[201]

我当时就说过，这是一个装模作样的协议，不可能真正地减负。[202] 希腊的债务已经达到了 GDP 的 200%。IMF 和欧洲官员劝慰他们自己说，这次的让步可以帮助希腊在 2020 年前把债务比率减少到 GDP 的 124%。这些官僚用一种让人痛苦的方式，大言不惭地乐观预测，经济复苏可以慢慢帮助希腊减轻债务。

默克尔以她惯有的手段争取到了时间。她不再需要回到德国联邦议院去要钱，她也可以说，希腊总有机会神奇地复苏。但到 2013 年初，情况已经很清楚，几个月前的协议并没有产生多大的作用，希腊需要进一步债务减免，以及额外的资金。到那时为止，希腊还几乎没有开始偿还近 3000 亿欧元的贷款，这是它自 2010 年以来从欧洲各国政府和 IMF 借来的。为了免于陷入沼泽，希腊需要大幅减免债务。在这一步实现之前，希腊人在经济上将遭遇更多的苦痛，这个国家也会在政治上遭到羞辱。希腊经济脱困的时间越长，债权人就越难有机会得到补偿，他们通常首先关注的是短期内的政治局势。

意大利厌弃了欧洲

和希腊相似，长期的经济困顿对意大利政局产生了深刻的影响。到 2011 年中期，意大利经济正滑入债务—紧缩的循环周期。房屋价格在下降，政府债务负担上升得比预期的还要快，银行正承受着越来越大的压力。

意大利总理贝卢斯科尼对 2011 年 8 月特里谢—德拉吉发出的信完全置之不理，这封信的主旨是想让意大利经济完全遵循他们的指令。10 月中旬，默克尔电话联络了意大利总统乔治·纳波利塔诺。虽然意大利总统的职责是象征性的，但默克尔希望他能利用自己的权力推动意大利进行改革。[203] 很多人把这个电话解读为，默克尔想让纳波利塔诺绕过贝卢斯科尼，虽然默克尔和纳波利塔诺都对此予以否认。

但事实是，贝卢斯科尼在 11 月 8 日失去了议会的多数票；四天之后，纳波利塔诺利用这个机会任命未经选举的经济学家马里奥·蒙蒂为意大利总理。蒙蒂此前是欧盟的专员，他因此被布鲁塞尔撤职了。[204] 所以，2011 年 11 月，几乎同时，两个在本国国内没有经过民主程序认可的"欧元官僚"（希腊的帕帕季莫斯和意大利的蒙蒂）成了他们国家的总理。

意大利直接用权力把一个欧元官僚任命为总理的做法，相比希腊帕帕季莫斯的例子而言，让人在不安中感到一丝庆幸。一位商界领袖声称他的想法代表了很多人："我们需要的实际是把民主程序暂时搁置十八到二十四个月，以克服时艰。"[205]《金融时报》一位编辑承认，"任命一个未经选举的技术官僚并不符合原则"，但这一行动是必要的，因为"当系统出现问题的时候，就需要紧急措施"。[206]《经济学人》一篇题为《统治所有人的女人》的社评厚着脸皮赞赏默克尔说，她帮助"除掉了贝卢斯科尼这样的小丑"。[207]

"真正的欧洲人"对民选总理被撤职给出了更理论化的解释。欧洲议会的法国代表西尔维·古拉尔说，国家主权的概念已经过时了，"我们完全是互相依靠的，尤其是在欧元区"，"我们不再是很多人以为的主权国家"。她认为，唯一正确的做法是，"非党派的"技术官僚不应受限于国内政治，继续推进必要的财政紧缩和结构性改革。[208]

德拉吉后来对欧洲直接介入成员国内部事务提供了哲学阐释。他宣称，主权权利不仅属于政府，而且属于国家的公民；因此，如果主权国家不能提供"人民期望政府做到的必要服务"，这个主权国家就"只是在名义上的主权"。[209] 这听起来像是，贝卢斯科尼没有服务于意大利民众的最大利益，相反，他违背了人民的主权。欧洲高级官员和一片欢腾的媒体认为，唯一正确的选择就是让欧洲技术官僚介入。

2012 年，蒙蒂担任总理期间，意大利的经济收缩了 2.5%，失业率跳升到 11%，最受重创的是年轻人。在欧洲央行收紧的货币政策下，蒙蒂又决定推动结构性改革。他的主要成果是政治争议很大的养老金改革，它提高了意大利人开始接受养老金的年龄下限。

12 月份，贝卢斯科尼撤回了对蒙蒂政府的议会支持，蒙蒂被迫下台，新的选举定于 2013 年 2 月 24 日至 25 日举行。竞选活动很快演变成"欧洲人"和对经济环境恶化感到不满的意大利人之间的斗争，后者同时也反对有布鲁塞尔背景的总理强硬推行的紧缩政策。

蒙蒂以个人的名义加入了选战。作为一个希望获得政治权力的候选人，他仍然认为，他在欧洲享有的认可在意大利也是选举优势。在竞选期间，他去了布鲁塞尔和柏林，声称他将改革欧洲，并同时重振意大利经济。[210] 蒙蒂并不是唯一一个这么想的人。左翼政党民主党的秘书长皮耶尔·路易吉·贝尔萨尼被认为是最有可能接任意大利总理一职的人选。贝尔萨尼也常常炫耀自己的欧洲关系，他承诺将继续蒙蒂的国内改革议程，同时也将努力建设一个"欧罗巴合众国"。[211] 蒙蒂和贝尔萨尼仍然沉湎于这样的观念，即欧洲对意大利政客的约束（或许可以采用比之前更柔和的约束方式）对引导意大利经济走向未来是必要的。

与蒙蒂和贝尔萨尼敌对的是反欧势力。不倒翁贝卢斯科尼领导着偏右的自由人民党，他在民众反对默克尔的情绪中点了一把火。他曾经在集会中问道："是谁把我们推到了衰退的旋涡中？你们想让政府听命于德国总理默克尔的指令吗？""不。"被他煽动起来的支持者回答道。[212]

与此同时，喜剧演员、博客作者毕普·格里罗作为新势力也登上了舞台。[213] 他的"五星运动"吸引了那些对未来绝望的青年人。他们被吸引的地方包括，格里罗承诺要铲除意大利政治中的腐败，强调环境保护，并且许诺通过直接民主的方式让民众对公共事务享有更多的发言权。[214] 意大利的青年人支持格里罗提出的公投方案，以决定意大利是要留在还是离开欧元区。

格里罗获得支持也因为他揭发了贝尔萨尼领导的民主党与金融溃败、丑闻迭出的锡耶纳牧山银行（MPS）之间不清不楚的关联。格里罗指责锡耶纳银行是民主党金钱机器的说法在意大利人中引起了强烈共鸣。在这个问题上，蒙蒂也站到了错误的一方。他的政府提供的财政支持让锡耶纳银行维持运转。蒙蒂在帮助锡耶纳银行时，还对外宣称，意大利银行是"世界上最可靠的银行"。[215]

2013 年 2 月 24—25 日举行的选举，发出了明确的反欧信号。格里罗和贝卢斯科尼对欧洲一贯的批评态度帮他们赢得了胜利。格里罗的五星运动获得了 25% 的选票，而这两个反欧洲的政党共获得了超过半数的选票。蒙蒂的公民选择党及其盟友只得到了 10% 的选票。意大利最流行的日报之一《晚邮报》认为，欧洲领导人对蒙蒂的支持没能帮到他，"相反，产生了负面效果"。[216] 民主党是最大的独立政党，但它也只获得了 29% 的选票，远远少于 2008 年的 38%。

和希腊一样，意大利人大多收回了对泛欧主义政党的支持。意大利人拒绝对欧洲政治和决策的"消极共识"；他们想对本国的政策有更多的发言权。

德国领导人对此极不耐烦。德国外长吉多·韦斯特韦勒坚持说，无论意大利公众如何投票，"罗马的政治家们依然知道，意大利需要一场改革，需要财政整顿"。朔伊布勒也对此表示了赞同的立场。德国领导人认为，他们有权利，甚至有义务去指导其他成员国的政策。德国媒体也跟着附和——之前他们奚落的对象是希腊，现在转向了意大利。一个头条新闻的标题是，"反对默克尔——为了什么？"另一条头条声称，"可怜的意大利！"《图片报》用好奇的口吻问道："这些意大利的政治小丑会毁掉欧元吗？"佩尔·施泰因布吕克说："我完全被惊吓到了，两个小丑居然赢了。"施泰因布吕克是德国财长朔伊布勒的前任，也担任过泛欧主义的社民党领袖。[217]

意大利大选后，各政党远交近攻，争斗不已，造成了政治僵局。[218]经过两个月的政治纷争，民主党的恩里科·莱塔在 4 月底成为总理，他所领导的"大联盟"旗下收拢了左翼和右翼党派。刚刚连任成功的总统乔治·纳波利塔诺说，这是"唯一可能的政府"；他要求政治家们精诚合作，迅速行动。[219]经济仍然在衰退中，失业率继续攀升。一个新的角色登上了意大利政治舞台。佛罗伦萨市长马泰奥·伦齐一直渴望攀上民主党的领袖位置，他指责莱塔政府四分五裂，政策僵化，只敢小步挪动，而不敢采取激进的改革措施。[220]

英国退出的流言四起

英国领导人从来对欧洲机构干涉他们的内政保持着戒心；[221]政府自觉地和欧元区保持距离。英国首相撒切尔曾极尽所能反对单一货币。[222]她的继任者约翰·梅杰仍然持反对态度，只是态度稍微和缓。梅杰的继任者托尼·布莱尔虽然对欧洲一体化的宏大目标抱有同情，但对单一货币也避而远之。[223]布莱尔的财政大臣戈登·布朗在 1997 年和 2003年分别两次对单一货币的利弊进行了经济评估，[224]两次他都认为，加入欧元区的前景"不清晰、不明朗"。布朗的态度实际上是，"欧元区或许是个不错的主意，但现在还不是时候"。[225]

所以，布莱尔决定自外于欧元区，本质上是政治性的决策。他意识到，英国公众强烈反对这个想法，如果有公投，他们会大比例地否决加入欧元区的方案。英国对欧洲的狐疑传统仍然在持续。2005 年，布莱尔拒绝对《欧盟宪法条约》进行公投，他知道会因此失去政治资本，因为欧盟怀疑论者会联合起来挫败这个条约。

2011 年，欧元危机深化的过程中，英国政府越来越担忧，欧元区领导层采取的行动会对英国经济政策造成限制。其中一个具体的担忧是，对欧元区成员国进一步的具有侵入性的经济监控会延伸到非欧元区国家，或者不知不觉地影响到这些国家。英国首相戴维·卡梅伦要求布鲁塞尔把权力返还给伦敦。卡梅伦希望，这一权力的回归可以安抚他所在的保守党成员，其中有些人已经威胁要推动公投，就英国是否应该留在欧盟内作出决定。卡梅伦也面临来自英国独立党的竞选挑战，后者的核心主张就是要让英国脱离欧盟。英国脱欧的小道消息不胫而走。

英国欧盟怀疑论者声势日盛，原因是很多英国人越来越相信，他们过去多年找不到好工作就是因为英国对欧盟担负的各种责任。历史学家理查德·图姆斯认为，虽然民族主义和排外势力经常劫持有关英国和欧盟关系的公共讨论，但英国人对欧洲的不安情绪并不仅仅是因为"有离心倾向的少数群体"。[226]"欧洲晴雨表"（Eurobarometer）民调显示，超过一半的英国人认为他们的国家待在欧盟之外会比留在里边更好。[227]卡梅伦想给自己的党内成员降压，同时也想削弱英国独立党的影响，所以逐渐倾向于对英国是否继续留在欧盟进行公投。英国似乎即将要重塑其与欧洲之间总是扭捏的关系。[228]

欧盟领导人对英国希望返还权力的要求非常排斥。2012 年 5 月才当选的法国总统奥朗德更是声色俱厉。12 月初布鲁塞尔的领导人峰会之后，奥朗德声明，欧洲并不是"一个菜单"。他强调，欧洲的规则和机构平衡着不同成员国的利益，要求返回一些特定的权力是不可能的；一个国家不能要求布鲁塞尔返还任何权力，"欧洲是有生命的"。[229]意大利总理蒙蒂说的话尤其让人印象深刻："欧盟不需要三心二意的欧洲人。我们渴望的是全心全意的欧洲人。"[230]

但没有人知道所谓全心全意的欧洲人是什么意思。连默克尔都不是一个全心全意的欧洲人。

"泛欧主义"在2013年意味着什么

2009 年末，决策者的目标是提振经济，减少政府债务。但从 2011 年中期开始，在两年多的时间里，欧元区大部分地方的 GDP 都萎缩了，债务水平却陡升。不停歇的财政紧缩和对价格稳定的狂热追求造成的经济损害留下了疤痕。由于没有得到及时的救治，围绕着这些疤痕又长出了经济失速和低通胀等彼此勾连的组织；它们将使得欧元区国家长期跛足而行。

一小群技术官僚和政治领袖操控着欧洲，默克尔则对欧元区的危机管理和政策优先项作出关键性决定。而另外两位有重要影响力的决策者——欧洲央行的特里谢和德拉吉——则不对任何人负责。成千上万的欧洲人陷于绝望之中，不同国家的人彼此之间不断走向对抗。这就是不久之前因推动民主和促进国家间和解而被诺贝尔委员会授予和平奖的欧盟？[231]

在 2013 年，作为一个欧洲人意味着什么？泛欧主义有未来吗？德国总统约阿希姆·高克追问着这些问题。

高克以前在东德当过牧师，因为其道德权威和对人权的倡导而受到敬仰。默克尔说，像他这样的教会人士"曾为东德带来了和平的革命"。[232] 作为德国总统，高克常常为"欧洲理念"发表激情演说。2013 年 2 月 22 日，高克在一次事前计划的演讲中说，欧洲处于经济和政治危机中：

> 虽然欧洲的理想充满魅惑，但欧盟让太多人深感无力、缺少话语权……我感到人们已经失去了耐心，筋疲力尽且忧心满怀，我也看到民调所显示的迹象，人们对欧洲进一步一体化充满不信任感，这些似乎都在表明，我们停在了一个新的门槛上，不确信是否应该大步迈向新的征程。这次危机不止经济方面的问题那么

简单。它也是对欧洲政治一体化的信心危机。这不仅攸关我们的货币，也事关我们内部的窘困。

高克说，这场危机损害了欧洲崇高的基本原则，包括和平、自由、民主、法治、平等、人权和团结等。布鲁塞尔已经成为一个远离尘世的决策机器，自信爆棚、支配欲强的德国似乎想"羞辱它的伙伴们"。他说，这个不幸的结果的原因很简单：欧洲让人震惊地被"简化为四个字母——euro"。一些成员国的民众担忧的是他们要被迫在危机中买单，而另一些成员国的民众则"害怕可能遭遇更严厉的紧缩局面，坠入贫苦之中"。高克叹息说，对欧洲老百姓而言，欧洲"已经不再公平"。

欧洲高层领导没人会像这样公开讲话。高克虽然强调他自己仍然是坚定的泛欧主义者，但他实际上想说，欧元带来了冲突和不信任，让欧洲远离了自身的真正价值。欧元并没有让欧洲更好地融合，反而进一步扩大了欧洲人民和国家之间的裂痕。

高克说，现在应该暂停下来并开始反思。所谓"更欧洲"是什么意思，它应该为欧洲民众带来什么？对他来说，很清楚的是，欧洲再也不能照现在的这条路走下去了。这个集权化、等级分明，并且由德国来主导的欧元控制体系，其内部的权力关系造成某些国家比其他国家更加平等。欧元让欧洲远离了"永恒的价值观"，尤其是民主和平等。讽刺的是，虽然欧元区一再强调团结的精神，但人们的印象却是，每个成员国都应该首先依靠自己。

高克说，欧洲应该在其价值观基础上重塑自身真正的身份认同。他认为，第一步是让欧洲远离布鲁塞尔和法兰克福，创造一个共同的"公共空间"，就像古希腊时代的"阿格拉"（agora），"在这里发生的公共讨论，主旨是缔造一个秩序井然的社会"。[233]

很少人愿意停下来反思高克的话。他并没有具体阐述自己提出的意识形态替代方案，而且很显然，他的理念跟解决金融危机的迫切要求是相悖的。但对那些听进去的人而言，高克的话让人不安。哥伦比亚大学的马克·马佐尔写道，高克为欧洲提出了一个对比鲜明的选择："要么放弃欧元；要么保留它，但会眼睁睁地看着政治危机失控。"[234]

马佐尔的说法虽有点夸张，但他呼应了高克的语重心长。欧洲人已经远离了原先的理想主义图景。欧元打出的口号是欧洲统一，但这从来都不是现实的方案，相反，正像很多人已经预见的，欧元造成成员国之间经济差距的进一步拉大。然后，在摧枯拉朽式的金融危机中，一个缺乏责任机制的管理体系的政策错误，延续并且放大了经济损害，尤其是在那些已经落后的国家中。

金融危机也由此逐渐诱发出影响深远的政治分裂势力。马里奥·蒙蒂豪言壮语地批评所谓"不情愿的欧洲人"，他指的当然是一直令人气塞的英国人。然而，由于2011—2012年严酷的金融危机，欧元区大部分地方都出现了不情愿的欧洲人。如果欧洲只是想从德国得到更多的资金，连默克尔也会是一个不情愿的欧洲人；深陷经济萧条的希腊人当然更不愿意在政治上处于不利的地位；而蒙蒂也很快认识到，意大利人深受经济和社会动荡之害，也对欧洲充满怨愤。2011—2013年是欧洲政治急剧变化的时期。欧洲领导人依然故我，最看重的还是国家利益。然而欧洲民众第一次通过各国的政治和选举过程，表达了对欧洲的厌烦。

当2013年走向终结，经济复苏似乎终于露出了一线曙光。但这次复苏会继续吗？欧洲领导人是否会为了欧洲重新启程，不仅是把欧洲人带回到会议桌前，并且在他们中形成一种同呼吸、共命运的氛围？又或者，这些领导人根本不会听从高克的警告，继续像没事人一样，任由险象环生的政治分裂日益扩张？

第八章

欧洲央行犹豫不决、意大利违约危机加深，

2014—2017

　　2014 年初，经济危机最深重的时期已经迈过去了，欧元区进入了新阶段，但危机的贻害却长期困扰着各国。危机期间投资削减的趋势降低了成员国本来就低的经济增长潜力，2013 年中期后的低通胀则有可能进一步压低增长空间。实力不足的阴影尾随着很多金融机构：一些银行缺乏挺过震荡期的资本。很多国家庞大的政府债务负担更加膨胀。不少欧洲人的生活标准下降了，他们及其后代的未来变得更加不确定，甚至更加灰暗。越来越多的人想在政治主流之外为困境寻找答案：对欧元区机构的信任严重削弱，他们和政府逐渐倾向于民族主义的立场。危机正在过去，但长期的问题越来越令人生畏。

　　这些危机的贻害在意大利尤其严重——这个国家在欧元区已经没有商业地位。早在 1990 年代初，意大利的经济增长率已经放缓，失业率接近让人难以忍受的 10%，政府的财政赤字已高达 GDP 的 10%，并以让人警觉的速度不断推高债务。意大利的历届领导人和决策者，包括意大利央行前行长、时任欧洲央行行长马里奥·德拉吉，都相信单一货币是意大利重现经济繁荣的魔法。[1]他们认为，单一货币将成为意大利的外部约束或驻锚。

　　"外部约束"的假说认为，一旦不断贬值的里拉的避险阀门被夺走，意大利的政治领导人就不得不抑制其自私和短视的本能，施行健全的财政和结构政策，为意大利人的美好未来提供保障。

首要的问题是被允许加入欧元区。意大利之外很少有人相信，意大利在 1999 年的时候有资格和其他创始成员一起加入欧元区。它的经济正失去国际竞争力，政府债务在 1990 年代初期就已经上升到 GDP 的 120%。所以，1990 年代后期意大利政府的财政以让人惊异的速度提升，受到多数观察家的质疑。几乎没人相信，意大利的政治体系能够帮助政府进行任何改良。然而，德国总理科尔——这个关键角色——却坚持认为，意大利应该从一开始就加入欧元区。"不能没有意大利"，他说。[2]

欧元启动后，"外部约束"的乐观假说却没能发挥神奇的效用。意大利四分五裂的政治体系依然无法解决本国具体的问题，经济增长率几乎为零，银行也捉襟见肘，政府的高额负债还在继续增加。危机重创了意大利在进入欧元区之前就已经形成的经济和金融脆弱面。2011 年中期至 2012 年中期的危机高峰期，金融崩溃常常处于一触即发的状态。

2014 年初，即本章叙事的起点，危机的巅峰期已经过去了，但其留下的残垣断壁触目惊心。从 2007 年危机开始，意大利人的平均收入就迅速下降（图例 8.1）。作为一个参照，2007 年，德国的人均收入比意大利要高 10%；2014 年，这个差距已经拉大到 30%。暂时避开 2011—2012 年的金融危机后，意大利经济陷入了漫长的衰退期，从 2011 年最后一个季度一直延续到 2013 年底，长达九个季度。到 2014 年初，意大利的失业率达到了 12.7%，仅次于其战后的水平。失业人口的 3/5 已经失去工作超过一年。

这种程度的损害留下了隐患。长期的高失业率，尤其是青年人的失业，以及投资的断崖式下跌和滑入低通胀等因素进一步阻碍了经济增长。除了危机诱发的问题外，还有快速老龄化的人口和已经失去活力几十年的各种企业。

危机也损害了金融。人们的生活水平不断下降，借款者对银行的违约率逐步升高，所以，银行也岌岌可危。政府债务已上升到 GDP 的 130%，高于除希腊之外的所有其他欧元区国家。

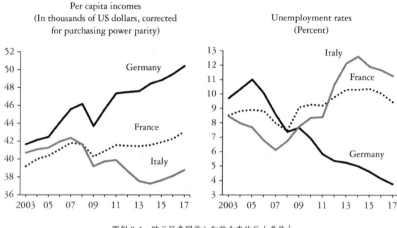

图例 8.1　欧元区各国收入和就业率的巨大差异 [3]

除了情况特殊的希腊之外，意大利是欧元区最困难的成员国，而且它是个大国，欧元区第三大经济体，排在德国和法国之后。到 2013 年底，意大利银行的资产价值约为 5.6 万亿欧元，而德国是 8.2 万亿欧元，法国是 9 万亿欧元。意大利政府的债务达 2 万亿欧元，相当于法国和德国政府债务的综合，比西班牙、葡萄牙、希腊和爱尔兰加起来还多，而这四个国家也需要金融救援。

希腊危机处理起来异常棘手。欧元区领导人花了七年时间介入希腊危机，却每每担忧着经济、法律和政治的危机。希腊退欧好几次差点成真，但每一次，德国总理默克尔都把希腊拉了回来，主要是担心如果有一个国家离开欧元区，随之而来的政治和经济后果让人难以承受。如果希腊退欧让人恐惧，那意大利退出又会是什么样？

意大利政府债务的总量比希腊大七倍，经济总量大九倍，银行资产大十倍。如果意大利发生了严重的经济和金融危机，信用评级机构几乎肯定会降低德国的评级，以提高其借贷的成本。替代欧洲金融稳定基金（EFSF）的欧洲救援基金——欧洲稳定机制（ESM），很可能没有足够的资金去救援意大利。欧洲央行将不得不启动在政治上争议很大的安全机制——直接货币交易计划（OMT）。仅仅是出现意大利退欧的苗头，就能使天下大乱。

因为金融突发状况的可能性已经降低，意大利退欧的担忧也在减弱，但前总理蒙蒂提醒说，意大利仍陷于"同样危险的"低增长紧急状态中。[4]蒙蒂强调低增长是一种紧急状况，是非常正确的，所有表面的虚饰被剥除之后，这才是意大利问题的本质。如果经济增长仍然很低，即使是维持低利率，不断上升的债务负担仍会让意大利越来越难以承受。从而，对银行的债务违约将不断增加，银行自身也会无法偿还它们的债权人。

低增长也是社会压力不断升高的原因。青年人的高失业率还在上升，将使整整一代人落后。而且意大利的教育系统没有教给年轻人需要的技能，难以和其他发达经济体竞争，更无法帮助穷困阶层在经济和社会等级中爬升。[5]处于低阶层的人大多被困在原地，这意味着大批失业的青年人将把自身的困境传递给他们的下一代。

格里罗领导下的五星运动反映了这些让人无法原有的经济和社会趋势，成为反建制派的重要政治力量，尤其表达了意大利青年人的愤怒。格里罗利用了意大利民众对欧洲越来越深的反感。在2013年2月的大选期间，格里罗曾测试过意大利退出欧元区的民意。他的五星运动因此在竞选中获得了相当大的优势。

如果意大利再次发生金融和政治危机，民众生活的困境将加深，其震荡波也将传遍欧洲和全球的金融体系，欧洲政治会变得更加难堪。意大利和德国媒体曾在2012年和2013年彼此辱骂，因为当时很多德国人以为，他们又将被迫为不负责任的意大利"小丑"买单。尤其是，如果新的危机严重削弱德国的金融实力，欧元区这两个名列前茅的国家彼此的不满将阻止它们通过合作找到有效的解决方案。

所以，在刚刚迈进2014年的门槛时，主要的政策目标是让意大利重新走上增长的道路，逐渐减轻其财政和社会压力。金融刺激似乎不可想象，因为人们担忧这样做会进一步增加意大利庞大的债务负担。这种对金融刺激方案粗率地拒绝是不幸的。温和的刺激将提高增长率，比当下的紧缩政策更能减轻债务的重担。事实上，紧缩政策降低了需求，也阻碍了增长。而低增长又使政府债务负担（债务与 GDP 的比率）维持在高位，也使企业和家庭更难还债，对银行来说，压力也很大。

无论是否有金融刺激政策，意大利急需货币政策方面的帮助。德拉吉在 2012 年 7 月底宣布"竭尽所能"的决定后，8 月份又宣布直接货币交易计划，这些措施使得意大利和西班牙十年期政府债券的名义利率到 2013 年底降到了 4% 左右。但对刺激经济活动真正有效的是真实利率（名义利率减去预期通胀率）。较低的名义利率能减轻还债负担，高通胀则让偿还旧债变得更加容易。较低的名义利率可以刺激消费，高通胀则可驱使人们尽快在眼下花钱，而不是留待以后。

第七章已经讨论过，意大利最紧迫的问题是消费者价格通胀正在下降，地产价格也在滑落。结果，意大利的真实利率是 3%，甚至更高，具体取决于借款人自身。对于一个几乎没有增长的经济而言，这个利率真是太高了；对于经济复苏，它是一个障碍。

意大利的问题是它待在欧元区直接导致的。2013 年底，意大利的真实利率还在 3% 的时候，法国的真实利率是 1.5%，德国则接近 0.5%。[6]德国不但名义利率低，而且通胀比较高，两个因素都有利。我们再次证实了一个基本原则：在欧洲不完整的货币联盟内部，经济差距只会越拉越大。在单一货币政策和财政紧缩的环境下，一个经济体实力越弱，也就越难从危机中复苏。简单地说，欧元区国家经济越弱，其国内借款人的名义利率越高，通胀率也就越低。

长期以来，对意大利和其他南欧国家而言，欧洲央行的货币政策都太严格了。美联储和英国央行一直采取购买债券的货币宽松项目来调低长期利率，而欧洲央行却一直拖延采取类似刺激措施。由于欧洲央行收紧的货币政策，欧元区的通胀率降得很低，意大利则面临着价格下跌的风险。

此外，考虑到欧洲央行的货币政策一直比美联储收得更紧，欧元便一路走强。到 2013 年底，1 欧元价值 1.35 美元，这相当于 2007 年 7 月全球金融危机开始时的价值。欧元到此时为止本应该走弱，因为从 2007 年 7 月到 2013 年 12 月，欧元区经济表现一直弱于美国。虽然德国经济在这种刻意抬高的汇率下依然强劲，但欧元的这种价格对意大利来说就显得太高了。意大利要想促进其出口，欧元的汇率需要接近 1 美元才行。

欧元区的货币政策要想统合经济实力有别的成员国的不同利益，并非易事。意大利若要重新获得理想的经济增长率，它的真实利率需要从 3% 回落到 0% 左右，欧元需要大幅贬值。而要达到目标，需要采取特殊的货币宽松政策，但这对于经济增长较快、通胀较高的德国而言，就很不恰当。成员国之间的政治分裂反映在了欧洲央行监管理事会的决策中，这使得它难以做出有利于弱国经济增长的决策，连短期的都很难做到。

如果意大利处于欧元区之外，它的央行会比欧洲央行更快降低利率，这样国际金融投资者就会转向别处去寻求更高的回报率，意大利里拉的价值将会下降。意大利的出口和 GDP 至少在短期内会有所振兴。当然，低利率和较便宜的里拉无法解决意大利的长期问题；然而，它们可以阻止意大利经济滑入更深的经济和金融黑洞。

这些情况正是 2014 年初的政策困境：没有人能够确定，欧洲央行若采取较宽松的政策，是否能把意大利从深渊中拯救出来；但如果什么都不做，却会让意大利一直面临坠入金融陷阱的风险。不同境况之间存在着竞争关系。或许意大利还有隐藏的储备，可以克服财政紧缩和收紧的货币政策带来的困境；但如果没有，欧洲央行是否会在采取积极的货币宽松政策上有所迟疑，即使知道长期的经济和政治失范可能导致意大利违约，并使这种动荡传遍整个欧元区？

意大利已别无选择

日本"失去的十年"对意大利是一个提醒。日本金融危机始于1990年，地产和股票价格的雪崩引发了银行危机。这一危机最终演变成"失去的十年"，是因为日本政府没能积极主动地控制住局面。由于拖延解决问题，金融和经济的病症逐渐扎根，而最大的长期后果或许是日本央行一直延迟施行货币刺激政策，使得经济落入了价格紧缩的陷阱中。

和以往一样，日本的紧缩陷阱一直是以隐蔽的方式产生作用的。人们预期价格只会缓慢上升，甚至开始下降，这驱使他们推迟购买。因此，需求和增长都很弱；和人们的预期完全一致，价格只是缓慢地上升，或者开始下降。在这样的陷阱中，增长和通胀都保持在低位。低通胀的预期延续得越久，日本央行想改变这种预期也就越难。日本政府的决策使得情况变得更加糟糕，因为它在1990年代大部分时间允许银行在没有足够资本金的情况下继续运行，这进一步阻碍了经济重新走上持续的健康成长。

除了这些政策失误外，日本的人口老龄化也使经济增长减缓，并陷入通货紧缩。超过65岁的人口数量上升，工龄人口数（20—65岁）先是停止增长，然后开始缓慢下降。渐入老年的人口减少了消费和投资需求，让经济增长和通胀率进一步降低。

从意大利的角度来看，日本"失去的十年"是个让人妒忌的局面（图例8.2）。除了拖后腿的人口问题和政策失误，日本依然可以在一些短时期内发展经济，因为日本有一个巨大的优势，使它避免从"失去的十年"坠入全面爆发的灾难：教育程度较高的人口和对研发的大量投入，使日本的"全要素生产率"（即资本和劳动力等总投入的生产率）一直保持在年均增长1%的速度。日本公司有效地利用机器和工人，帮助它们克服了人口和政策问题带来的部分障碍。

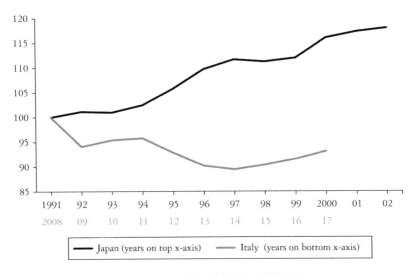

图例 8.2　以日本失去的十年为参照反观意大利
（购买力平价折算后的人均 GDP，日本 1991 年 =100，意大利 2008 年 =100）[7]

　　意大利的危机却比日本更加深重。除了有日本所有的不利因素外，意大利还有其他的缺陷。意大利的人口也出现了老龄化趋势，虽然不如日本那么迅速；而且，意大利的工龄人口也停止了增长。和日本一样，欧洲央行的货币政策提供的帮助很少，让人们普遍有通货紧缩的心理预期，意大利的银行也因为借款者推迟还款或者违约而危机四伏。

　　意大利的最大弱点是其生产率在下降。意大利企业利用机械和人工的效率在降低。意大利劳工的教育水准远逊于日本，意大利的研发率（占 GDP 的 1.3%）也只有日本的 1/3。其结果就可想而知了。

　　意大利中部和北部曾经兴盛一时的工业带已经被打回原形。1980 年代初，意大利电子业的先驱"好利获得"公司（Olivetti）在都灵附近的小镇伊夫雷亚雇用了 5 万人。[8] 有人把伊夫雷亚看作"意大利的硅谷"，好利获得的员工享受着"丰厚的薪水和非常舒适的休闲设施"。但到 2014 年，好利获得已经缩减为一个"小型机械公司"，它的工厂几十年前还被视为意大利"工业建筑"的瑰宝，现在则沦落为了博物馆。好利获得的工人几乎走光了。在好利获得的伊夫雷亚工厂工作过三十年的马西莫·贝内德托回忆说："开始的时候是渐渐的，然后突然之间，一切都崩盘了。"2014 年，伊夫雷亚的主要雇主是州政府运营的一家医疗服务机构和两家呼叫中心，加起来只雇用 3100 人。城里给 30 岁以上的人提供的工作机会非常稀少，很多人是靠着父母的养老金过活。

在 1990 年代还非常有名的意大利家用电器制造商也无法跟亚洲和东欧的低薪劳工竞争。1999 年欧元启动后，意大利的洗衣机产量下跌超过一半，而中国的产量则飞速上升。[9] 冰箱的年产量也从 2011 年的 1000 万台猛降到 2013 年的 200 万台。[10]

意大利代表性的家用电器制造商金章（Zanussi）曾以其设计眼光著称，也早已无法为继。1980 年代中期，瑞典的伊莱克斯公司收购了金章，直到 2000 年代初才完成收购程序。[11] 但由于来自中国和东欧的低薪竞争加剧，伊莱克斯也步意大利其他家用电器制造商的后尘，先是减少员工数量，然后从 2013 年开始大幅削减工资。[12] 该公司的发言人解释说，意大利工人的时薪是 24 欧元，而波兰同样技能的工人时薪仅为 7 欧元。[13]

意大利工业缺少人才。意大利企业不注重通过研发去参与全球竞争，工资也过高，难以与低薪地区的先进企业竞争。一些标注了"意大利产"的高端产品的确兴盛一时；2015 年，世界前一百名奢侈品公司中有 26 家来自意大利。[14] 但高端奢侈品的市场非常狭小，难以支撑意大利的经济增长和就业。

芝加哥大学经济学家路易吉·津加莱斯曾严厉批评过意大利商业管理的方式和政治失序。津加莱斯的学术声誉主要在运用金融手段提升人民生活的研究。他与芝加哥大学另一位知名经济学家拉古拉迈·拉詹合著了著名的《从资本家手中拯救资本主义》。[15] 作为意大利人，津加莱斯不满的是，政治领袖和官员们还搞不懂意大利的经济体系已经腐烂透顶，并且正把风险向外扩散。

2014 年津加莱斯在与加州大学洛杉矶分校经济学家布鲁诺·佩莱格里诺合作的论文中写道，在意大利，关系比价值更重要。[16] 在很多意大利公司，员工展现的"忠诚"比他们的工作表现更易获得丰厚的报酬。公司管理层并不重视员工的技能价值，也缺少远见，更热衷于和政府官员私相授受。佩莱格里诺和津加莱斯的结论是，公司内部和日常生活中重视裙带关系的文化，阻碍了对有助于提高生产率的技术进行投资。

意大利陷入了低增长的陷阱。与其他工业国家相比，意大利人口中拥有大学学位的比例偏低。2014 年，25 岁到 64 岁的意大利人中只有18% 的人完成了大学教育；而这个比例最高的是瑞典，达 40%。[17] 意大利人在学术成就上的欠缺成为一个重要的滞碍，因为教育对于先进技术的推动作用越来越重要。[18] 因此，从 1980 年代初期开始，意大利就逐渐失去了在高科技工业领域的阵地。举例来说，瑞典及时把教育上的优势转化为了高端制造业和生物科技创业方面的进步。所以，从 1980 年代初期以来，瑞典人均收入的增长速度要比意大利快得多，虽然前者的基数本来就高，增长空间有限。[19]

更糟糕的是，国内经济的困境促使有大学学位的意大利人，尤其是不满 35 岁的人，寻找海外的工作机会（图例 8.3）。他们离开后，意大利的人口更加老龄化，教育程度也被摊薄了。津加莱斯指出了教育程度高的年轻意大利人离开祖国的原因。在接受路透社采访时，他说，很多意大利青年人感觉他们无法改变意大利瘫痪的政治体系，所以留在国内没有意义；他们的离开，以及那些还在国内但打算离开的人，让"政治反对的压力"消散了，从而更难改变已经根深蒂固的裙带关系文化。[20]

这才是意大利真正的困境。由于经济放缓，最优秀的人才正在离开意大利；而由于这些人离开意大利，国家的经济增长更是缓慢。意大利公司对研发投入很少，在技术上无法上台阶，而由于技术落后，无法实现良性增长，也就难以雇用和留住这个国家最优秀的人才。

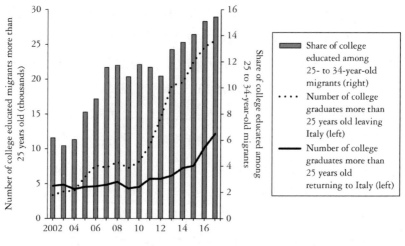

图例 8.3　越来越多接受过大学教育的青年人离开意大利 [21]

所以，在 2014 年大幕初启时，意大利不仅要应对骇人的金融危机的贻害，还必须面对战后政治经济发展留下的问题。1990 年代欧洲人在辩论意大利是否应该加入单一货币区域时，主要争论的问题是枯燥的数据，包括赤字和债务。但本书第二章已经提到，早在 1950 年代和 1960 年代"经济奇迹"的二十年中，意大利的政治困局就已经在酝酿之中。政治腐败的恶疾和分裂的政党结构盘桓不去。所以，当战后重建时期带来的好势头消失殆尽，意大利的政治体系无法诞生新的机制。政治和经济的陷阱逐渐形成，而为了把意大利和欧元区捆在一起，意大利和欧洲的其他领袖却造成了意大利可能大厦将倾的风险。

现实就摆在那里。持续的低增长给这个国家庞大而虚弱的银行体系带来了巨大的危险。如果银行崩溃了，震荡波将很快席卷政府脆弱的财政。

意大利的拯救者：马泰奥·伦齐

意大利在经济和金融上的内耗看似没有尽头。从 2009 年开始担任佛罗伦萨市长的马泰奥·伦齐，主动向意大利总理恩里科·莱塔发起了挑战，指责他行动迟缓。2014 年 2 月 13 日，伦齐呼吁选举新政府，从而升级了这场政治斗争。[22] 莱塔和伦齐都来自意大利左翼民主党。14 日，该党的领导层罢黜了莱塔，选择伦齐为下一任总理。

伦齐通过党内政变，成为意大利三年里的第四任总理。这种权力易手的速度很快，但符合意大利向来的规律。自 1946 年以来，意大利历届总理都饱受腐败、丑闻、联盟脆弱和党派内斗等因素的影响，平均只能在任两年。经常重新洗牌的政府无法形成一贯的政策并遵照执行。伦齐政变只是继续了这种洗牌。莱塔在任上只待了十个月，他在离职前沮丧地对助手说："就是这样，意大利总让你伤心。"[23]

伦齐出生于 1975 年 1 月 11 日，2014 年 2 月 22 日就任总理时，年仅三十九岁。虽然岁数不大，但伦齐熟谙意大利政治斗争的套路。他向世人积极地宣称自己是一个现代人，经常用美国流行乐队"欢乐"（Fun）的辞藻说，"今夜我们都是年轻人，让我们把世界点亮"；他经常跑马拉松，绕着佛罗伦萨骑自行车，还喜欢穿黑色皮衣。[24] 他批评民主党国家领导人是"守旧的人"。他在推特上喜欢用标签 " #rottamare" ——它在口语中指废弃的汽车和电器——这是一种显而易见的夸夸其谈，意思是他会把那些老朽、腐败的废物政客抛诸脑后。[25]

对于他在权力上的自我陶醉，伦齐的反对者拍案而起，指责他"嘴尖皮厚腹中空"。[26] 他们指控伦齐夸大在佛罗伦萨市长任上的成就。很多佛罗伦萨人说他喜欢承诺，但经常无法兑现，"说的多，但不实在"。[27] 虽然有些人赞许他"反应敏捷，有决断"，但市议会一位民主党员认为伦齐"往往开场漂亮，但很快就萎缩了"。另一位负责市财政的议员说，伦齐"花很多时间去经营他的'脸书'，却不愿意严肃地讨论一下市政府的预算"。[28]

但意大利正绝望地下滑，国际观察家们无所依傍，不禁受伦齐华丽的言辞诱惑，被他的年轻及其表达的对现状的不满倾倒，希望他能够利用青年人的抱负和朝气把意大利引向经济和政治的复苏。一位外国观察家认为，伦齐是"反建制派的局外人，他带来了把意大利从长期下滑的趋势中扭转的希望"[29]；另一个说，他的"激进改革方案"是"意大利最好的希望"[30]；还有一个崇拜者说，伦齐是"意大利难得的希望——对欧洲也是如此"[31]。

《金融时报》的一篇评论写道："最好的希望系于新一代的政治家，他们与充满妥协和失败的旧体系关系较浅。这就是为什么马泰奥·伦齐被寄予了这么多的希望。"评论还专门赞赏了伦齐的《就业法案》，其十五点方案的主旨是通过改革意大利的劳动力市场提高就业"。[32]《金融时报》几天后的另一篇评论说，伦齐与前总理、当时已经刑事入罪的反对党领袖贝卢斯科尼形成的"广泛协议"，"重新点燃了改革的新希望"。[33] 这一赞誉是针对改革意大利选举制度的一个方案。现存的规则让很多小党派也能在议会赢得席位，导致一个碎片化的不稳定政府；提议中的方案将扫清议会中的多数小党派，让获胜的政治联盟占据有效的多数席位。拥有稳定多数的政府能够为重振意大利下滑的经济作出艰难的抉择。

伦齐承诺说，在一百天内，他将通过一系列动议对意大利进行全面整顿，并且每个月都会进行测试。这些项目将缔造一个精简有效的意大利政府和行动更迅速的司法体系，并对意大利衰败的经济进行广泛的改革。伦齐在上任的第一天发推文说，"对官僚的战争是所有战争之母"，并且，"这是我最强烈的责任感：意大利是一片充满机会的土地，而不是用来寻租的"。[34]

意大利的需要、伦齐的呼吁：减少紧缩

伦齐在这方面是正确的。在 2014 年 2 月成为总理之后，他很快和财长皮耶尔·卡洛·帕多安一齐向布鲁塞尔施压，要求放松财政紧缩，并催促法兰克福方面施行货币宽松政策。伦齐对财政政策的主张很简

单：欧洲需要把关注焦点从"苛刻的预算政策"挪开，转而解决低增长和青年人失业等问题。帕多安说，现在是时候对紧缩政策进行"严肃的、不带意识形态的辩论"。[35]

意大利的需求很疲弱。意大利陷入了"超常的"经济下行，伦齐和帕多安要求再宽限一年时间以达到此前协议的预算目标。[36]帕多安写信给欧盟委员会，说意大利将"暂时从预算目标脱离出去"。他试图让他们相信："我们正朝同一个方向努力，只是要慢一点。"伦齐和帕多安说，他们"尊重"欧洲的预算规则，但欧盟委员会的监管者需要对规则进行"更灵活"的解释。[37]

对伦齐来说，与欧洲技术官僚们进行这次辩论的时机在政治上是有利的。他之所以成为总理，仅仅是因为他熟谙民主党内部的运作。他对国内没有政治号召力。他希望通过对欧洲展现强硬立场，在国内获得政治地位，并且帮助民主党在2014年5月底举行的欧洲议会选举中吸引选票。这个策略取得了成功，在欧洲议会选举中，意大利人给予了伦齐异乎寻常的支持。民主党在意大利人中赢得了最大比例的选票。

伦齐在欧洲舞台上也赢得了声誉。其党派的强劲表现让欧洲建制派松了一口气。伦齐的激进主张还算符合主流趋势，欧洲议会有很多新成员在质疑欧元的浪潮中对欧洲的方向提出了不同主张。一些新议员明确反对欧洲议程。有很多议员来自毕普·格里罗在意大利领导的五星运动。法国玛丽娜·勒庞领导的反欧洲立场的国民阵线获得了1/4的选票，比2009年那次选举获得的6%有大幅提升。与勒庞获胜相对的，是法国总统弗朗索瓦·奥朗德领导的社会党遭受了屈辱的失败。法国想获得欧洲领导权的野心再次遭受沉重打击，而伦齐却从中得利。

胆大的伦齐坚持要求布鲁塞尔的高官们在紧缩尺度上让步。他把欧盟委员会比作"总是命令我们做这做那的九斤老太"。[38]伦齐对"灵活性"提出了更强硬的要求，他认为优先的应该是增长复苏，而不是财政紧缩。在国家进行结构性改革时，某些领域（如能源和数字科技）的投资，应放开预算赤字的限制。[39]

奥朗德同意了伦齐的主张。他说，法国人在欧洲议会选举时的投票已经表明了"对欧洲的不信任"。他还夸张地说："欧洲已经变得低能和脱节，也搞不清基本状况，无法进行管制了。这种情况不能再继续了。"[40]奥朗德附和伦齐的说法，指出现在应该把欧洲的注意力从预算赤字转移到增长和就业。法国经济在 2012 年和 2013 年几乎没有增长，因此，奥朗德在 2012 年 5 月许下的承诺——在 2013 年把法国的预算赤字降低到 GDP 的 3% 以下——已经变得不现实。他已经通过协商把达到这一目标的日期延展到 2015 年。法国财长米歇尔·萨潘甚至对外说，连这个日期也无法达标；法国经济有再次萎靡的威胁，欧洲高官们必须根据"我们大陆上异常的情况"进行政策调整。[41]

欧洲以前有过类似的辩论。那是从 1991 年各国代表谈判《马斯特里赫特条约》时开始的，这部条约后来成为单一货币的授权基础。[42]1997 年，在阿姆斯特丹峰会上，辩论重演：会议上，欧洲领导人对伴随单一货币的财政框架《稳定与增长协定》的目的和用词争论不休。法国希望这个框架应该强调经济增长的目标；德国则注重以紧缩为基础的"稳定"。德国人最后取得了胜利。[43]最激烈的争论发生在 2002—2003 年，当时美国科技泡沫破灭，9·11 恐怖袭击扰乱了世界贸易，欧元区的经济也陷入了衰退。[44]在当时的环境下，辩论的基本题目和以往一样：促进增长和保持低赤字之间应该维持什么样的平衡？要想促进增长，应该在预算上保持何种灵活性？"异常状况"条款应该起到什么样的作用？

2003 年，德国人在解释这些规则时，提出要具有一定的灵活性。彼时德国财长汉斯·艾歇尔的主张和现在奥朗德、伦齐等人的主张一致：在衰退时坚持财政紧缩是错误的。[45]但在所有其他情况下，德国经济不需要财政刺激，所以德国官员坚持预算赤字方面的规则。这种以德国为主导的预算赤字规则持续到了 2014 年。

在奥朗德、伦齐表示需要更大的灵活性时，默克尔介入了。6 月 25 日，她在德国联邦议院说，《稳定与增长协定》"允许必要的灵活性"。她解释道，《稳定与增长协定》包含着"优异"的平衡："一方面有清晰的防护栏和限制，另一方面有多种灵活性的工具。"如果各个国家保持在"防护栏"里，它们将能够实现"有利于增长的良性财政"，所以，对那些坚持规则的国家来说，财政紧缩也能促进增长。默克尔总结说，在任何情况下，"只有通过可持续性的结构性改革"才能实现长期的增长。[46]财政紧缩和结构性改革在衰退期间会让情况更糟的证据都不算数。

德国财长沃尔夫冈·朔伊布勒对伦齐说得更直接，《稳定与增长协定》是欧洲在政治和经济上凝聚的基础"。他复述了默克尔的意思："《稳定与增长协定》提供了充分的灵活性。"事实上，正因为增长已经放缓，意大利政府需要削减赤字，降低债务，并且集中精力进行目标远大的结构性改革。[47]

德拉吉呼应了德国发出的信号。实际上，他还更进一步。7月9日，在纪念意大利经济学家托马索·帕多阿－斯基奥帕的致辞中，德拉吉说，有必要通过财政规则去约束那些不能节俭度日的政府。他再次强调了默克尔的观点：欧洲的规则有助于"促进增长的良性财政"；换句话说，财政紧缩能够促进增长。和默克尔一样，德拉吉强调结构性改革的紧迫性。他还说，现在应该建立中央集权式的欧洲约束机制，以促使落后的成员国进行改革。[48]五周后，德拉吉在美国怀俄明州杰克逊酒店举行的精英银行家会议上发表演说，虽然会上有人感觉他似乎在暗示过度的紧缩是有害的，但他的主旨仍然和德国保持一致："我们是在一套财政规则内运行，即《稳定与增长协定》，这是信心的基石，如果轻易打破它，这套体系就失败了。"他再次重复，"这些规则下现存的灵活性可以更好地解决复苏不力的问题"。[49]

8月份的最新数据表明，意大利在2014年第二季度又跌落回衰退的状态。很多意大利人从一开始就对伦齐保持戒心，但还是让他享有了一个短暂的政治蜜月。六个月后，坏消息依旧不断传来。伦齐的支持率

下降了。连国际上那些热情的支持者也开始失去信心,《金融时报》写道,
"那种支持没有持续多长时间"。[50] 有理由相信它能延续很长时间吗?

内斗困住了欧洲央行的手脚, 意大利滑向通货紧缩的边缘

财政规则的灵活性问题还没有解决, 新的病兆——工资和价格的通
货紧缩——又开始显现。三十八岁的安娜丽塔·里奇有两个孩子, 从
2000 年开始在伊莱克斯电器公司位于波尔恰的工厂工作, 当时意大利
仍然是世界上最大的家用电器出口国。2014 年初, 伦齐刚刚就任总理
前后, 老板告诉里奇, 将把她的月薪从 1000 欧元降到 130 欧元。里奇
说, 一旦这次降薪通过, 她将无法支付每个月 600 欧元的房屋贷款,"这
攸关我的生存问题"。[51]

在罗马, 一家小型女鞋店的店主抱怨说, 虽然她对商品大幅打折,
仍然无法吸引顾客, 就快到破产清算的地步了。[52] 在整个意大利, 成千
上万像她这样的商店通过降价来吸引顾客, 但常常损失巨大, 不得不草
草关门。[53]

通货紧缩通常表现为工资和商品价格的全面下降, 或者在较低的程
度, 通胀率保持在接近零的水平。这是一场宏观经济的灾难, 因为它使
人们产生了一种预期, 认为通胀率会进一步下降 (或维持低通胀), 于
是企业和家庭会推迟开销。疲软的需求阻碍经济复苏,增加了财政压力。

正是基于这样的原因, 本·伯南克在其学术生涯和央行任职期间,
一直大力倡导尽早采取有力的货币宽松政策, 以防止陷入通货紧缩。
1991 年, 伯南克还在普林斯顿大学担任教授期间, 与同校的历史学家
哈罗德·詹姆斯合写过一篇论文, 在文中强调, 金本位下过紧的货币政
策在大萧条期间加深了价格紧缩的程度, 也因此大大延长和深化了萧条
带来的困境。[54]

1999 年, 伯南克着急地警告日本央行, 半推半就的货币刺激没有

任何价值。他冷冷地断言："对这样的外行来说，日本的货币政策至少是跛足的，而这种局面又是他们自己导致的。"[55]他预计，日本央行"分外差劲的货币政策"导致的损害将持续很多年；日本经济仍将压抑它的潜力，而维系这个老龄化社会的成本将越来越高。[56]1998年，时任麻省理工学院经济学教授的保罗·克鲁格曼也得出过同样的结论。[57]但日本央行在2000年代仍然行动迟缓，正如伯南克和克鲁格曼预测的，日本经济坠入了通货紧缩的陷阱。日本民众普遍预期,通胀将维持在低水位，因此经济增长和通货膨胀都很低。

2010年底，作为美联储主席和世界上最重要的中央银行行长，伯南克坚持从历史中汲取政策教训，积极主张并推动前所未有的大型货币刺激计划，全力防止美国经济落入通货紧缩的罗网。[58]

其他人也站出来强化类似的观点。2013年11月，经济学家高蒂·埃格特森、安德烈亚·费雷罗和安德烈亚·拉福在发表于顶尖的《货币经济学杂志》（2014.1）的文章中写道，欧洲央行应采取主动的货币政策，以避免通货紧缩的风险。[59]他们进一步警告，欧元区政府对结构性改革的强调，无论长远来看多么有意义，将使得工资和价格下降，从而加重紧缩的趋势。

虽然有这么多来自经济史的案例，以及美联储积极政策的样本和同时代专家的建议，欧洲央行仍然任由通货紧缩的危险逐渐加重。2013年整个夏季，欧元区通胀下调的速度远快于欧洲央行的估计。到11月，"核心"通胀率已经下降到年均0.9%的比率——这个比率剔除了价格变动较大的食物和能源，所以比整体通胀率更能反映潜在的通胀压力。[60]这个通胀率远比欧洲央行所说的略低于2%的目标还低。

此时正是"双重"货币政策应该产生重要影响的时候。回顾1998年，诺贝尔经济学奖得主弗朗哥·莫迪利亚尼和罗伯特·索洛就已批评过欧洲领导人一意孤行要求欧洲央行推行价格稳定的措施。他们建议欧洲央行对减少失业率也给予同等的考虑，就像美联储所做的那样。[61]即使是在价格稳定的指令下，如果欧洲央行早点认识到通胀在下降，到2014年它也应该已经奉行刺激政策很长时间了。只要以失业率作为目标参照，就能更加清晰地看到欧洲央行政策的荒诞性。

欧洲央行面临一个政治问题：较低的通胀率掩盖了更让人忧心的成员国之间的通胀率差距。德国的通胀率虽然也比较低，但保持在1%以上（图例8.4）。德国人很满意这个通胀率。相比而言，意大利和法国的通胀率下降得很快，而且一直处在显著低于德国的水平上。通胀率的这种差异并不是偶然的。德国的人均收入一直在增长，而法国人的收入却出现了停滞，意大利人的收入则在下降。通胀率所反映的是经济增长趋势的差异。

虽然意大利的通胀率每月会有一些调整，但它的平均水平很低，导致人们的通胀预期也无可挽回地下行。2013年10月，意大利央行报告说，企业将在明年维持价格不变。[62] 消费者也预计会是低通胀；调查结果显示，超过一半的消费者估计明年的价格不会变化，或者有所下降。[63]

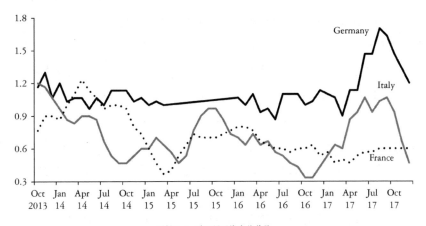

图例 8.4　欧元区通胀率的差异
（年度核心通胀率，三个月移动平均数，百分比）[64]

欧洲央行的任务并不仅仅是提高欧元区的平均通胀率，而且要阻止意大利、法国和希腊、葡萄牙及西班牙等南部国家发生通货紧缩；这些国家都是同样的因素在起作用。欧洲央行的政治问题是，它不能在其中一些成员国强制阻断已显苗头的紧缩风险。

2014年3月，IMF欧洲部的正副司长雷扎·莫哈达姆和兰吉特·泰贾向欧元区强调了日本长期通货紧缩的教训，他们认为这个时期将是长期的"低通胀"夹杂着短期的全面价格下跌。和前任一样，他们着重指出，重要的是"在通货紧缩生根之前采取有力的行动"。他们也重复了其他人的论调：由于日本央行行动迟缓，日本不得不"在通货紧缩到来之际，诉诸不断提升刺激的措施。二十年后，这种措施还在继续"。[65]哈佛大学经济学家杰弗里·弗兰克尔几乎同时在文章中警告，如果不实行货币宽松政策，欧元区的经济困境将继续延伸，一些成员国"将难以避免紧缩之苦"。[66]

但欧洲央行选择原地不动。2014年4月初，德拉吉对外承认，欧洲央行的预测"好几次低估了通胀紧缩的情况"。他说，这并不是欧洲央行的错；并坚持认为，真正的问题是能源价格下降得比预期更低，从而拉低了欧元区整体通胀率。他预计，能源价格很快会回升，年度通胀率将回到2%左右的正常范围。

让人很不解的是，德拉吉继续错误地把注意力放在整体通胀率，虽然它的确已经被下降的能源价格拉低。但更重要的"核心"通胀率虽然稳定，却被卡在0.9%的不正常低位。德拉吉轻率地忽略了"核心"通胀率的数据，他甚至认为美联储依赖这个数据是不科学的，由此作出了不可靠的政策决定。[67]

德拉吉又在欧洲央行的词典里增添了一个新的短语，他说，只有当通胀率在"过长的时期"（too prolonged a period）里保持低位，才有必要采取进一步的行动。记者问他这个短语的意思到底是什么，他的回答更加清晰地显示出欧洲央行监管理事会内部日益扩大的裂隙。委员会一些成员认为，通胀已经太低，急需采取货币刺激政策；其他人（后来成为官方立场）则认为,通胀预期"很稳定",企业和家庭很快会互相竞价,把通胀率带回到 2% 左右。

欧洲央行监管理事会内部的国家分野最终表现在了公开的政治辩论中。意大利财长帕多安在呼吁对财政规则采取灵活做法的同时,也抱怨欧洲央行的货币政策。2014 年 4 月 10 日,帕多安说,低通胀让政府提振经济的工作变得更加复杂,政府更难偿还债务,越来越多的企业已经停止向银行还债。帕多安说,欧洲央行若能提供更具刺激性的政策,将使"欧元略微走弱",帮助意大利的生产商增加出口,让意大利的经济更具活力。[68]

帕多安说到点子上了。由于欧洲央行的不作为,欧元价值超过了 1.35 美元,它已经在这个罕见的高位上盘桓六个月了。[69] 相对而言,美联储正开展第三轮量化宽松政策。每一轮量化宽松都逆转了美元走强的趋势（图例 8.5）。[70] 美国的低利率推高了国内消费和投资,较弱的美元也促进了美国的出口。在日本,央行已经在 2013 年 1 月启动了规模庞大的量化宽松项目,这是所谓"安倍经济学"的关键步骤。虽然日本采取的这些最新政策还没有完整的报告,但其立竿见影的效果是日元走弱了。欧洲央行是唯一一家没有调低汇率的主要央行。

帕多安试图影响欧洲央行决策的努力虽然不常见,但并非没有先例。2002 年,在法国经济处于衰退的边缘时,法国总统希拉克和德国总理施罗德非常果敢地不顾欧洲的财政规则,同时要求欧洲央行降低利率。[71] 而现在,2014 年,法国总统奥朗德的内阁成员又开始纠缠欧洲央行。以直言著称的经济部长阿诺·蒙特布尔不满欧洲央行让欧元变得太强势。他建议,欧元区政府应该依靠欧洲央行放宽货币政策。他公开表示,"欧元的强弱是一个政治问题"。[72] 几天后,法国新上任的总理曼纽尔·瓦尔斯也表达了同样的观点:"我们需要一个更恰当的货币政策,因为欧元的位置太高了。"[73] 瓦尔斯说,奥朗德总统会游说其他政府,推动欧洲央行放宽货币政策,让欧元降价。

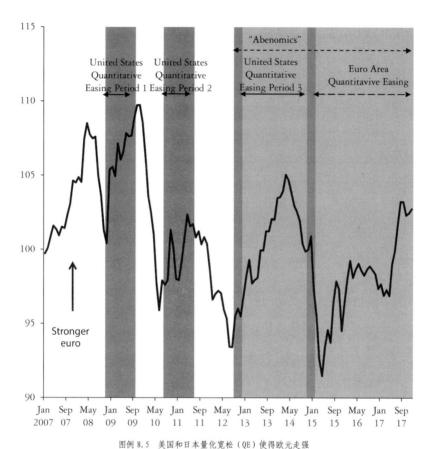

图例 8.5　美国和日本量化宽松（QE）使得欧元走强
（欧元名义有效汇率，指数 2010=100）[74]

　　法国的失业率已经超过 10%，经济似乎也停滞了。奥朗德领导的社会党的传统支持者日夜担忧就业率下滑的前景，财政紧缩也使他们的经济状况备受挤压。社会党的竞选情况一片惨淡。[75] 法国代表性的制造商纷纷要求欧元走弱。[76]

　　当然，单一的货币刺激并不能扭转意大利长期的经济下滑，也不能挽救法国落后的教育体系，或者增加其工业的研发。[77] 欧洲领导人，比如卢森堡首相让－克洛德·容克，指责法国没能向经济注入足够的活力，反而想借助弱势货币的拐杖。[78] 法国领导人正面回应说，货币政策收紧不但降低了经济增长和通胀，减慢了税收增长的步伐，还推高了失业率，增加了社会的紧张态势。这种环境使得政府更难启动牵连甚广的结构性改革。法国的这些说法，伯南克在 1999 年末批评日本央行时就用过，他指责日本央行对结构性改革东拉西扯，却不愿意启用货币刺激计划。

欧洲央行监管理事会在 2014 年 6 月 5 日召开会议时，欧元区的核心通胀率已经下降到 0.8%，意大利的通胀率也在迅速下滑。欧洲央行宣布，它将把政策利率从 0.25% 降到 0.15%。为了鼓励银行向外贷款，欧洲央行又宣布，如果各家银行仅仅把钱存在欧洲央行，将对之收取费用，有时候这也被称为"负利率"。收取这个费用的目的是推动这些银行把钱贷给消费者和企业。为了进一步鼓励银行贷款，欧洲央行又宣布将以低利率给这些银行注入大量资金，这样它们可以向顾客新增贷款。但贷款的供应并不是关键问题；顾客对贷款的需求很弱。美联储则是从贷款关系的反方向做工作的，它们主要是降低利率以刺激消费和投资，维持经济复苏的态势。推动经济复苏是帮助银行的有效方法，因为这样做给银行带来了更多有信心和信用的顾客。德拉吉反复说，欧洲央行原则上会在贷款关系的需求方做工作，监管理事会随时可以采用"非传统的方法"，包括购买债券或量化宽松项目。但他又多次说，量化宽松只在"有必要进一步解决过长的低通胀风险时"才使用。[79]

法国总理瓦尔斯显然对此并不满意。他重申了自己的担忧："欧元被高估了，这对我们的工业和经济增长都不利。"他说，欧洲央行最近的一次利率削减，幅度太小，"我理想中的央行是能够更进一步，采取包括在市场上购买资产这样的做法"。[80]

在这样的僵局中，一些学者建议采取激进的措施提振欧元区经济。哈佛大学的弗兰克尔说，欧洲央行应该购买美国政府债券，这将抬高美元价格，削弱欧元。弗兰克尔指出，重振欧元区有利于全球，美联储和其他货币主管机构应该欢迎并支持欧洲央行削弱欧元的举动。位于伦敦的智库欧洲改革中心首席经济学家克里斯蒂安·奥登达尔建议欧洲央行公开承诺采取积极的量化宽松政策，直到通胀显著高于 2% 的目标水平，至少达到 3% 的年通胀率，并保持几年的时间。[81] 奥登达尔的建议重提了克鲁格曼和伯南克分别于 1998 年和 1999 年对日本提出的方案。[82] 用克鲁格曼的话来说，欧洲央行现在应该作出所谓"不负责任"的承诺：它将把通胀率提高到远超规定的 2% 以上。只有这种非常规的策略才能使公众和金融市场相信，欧洲央行确实准备把欧元区拉出有可能的通货紧缩的陷阱。

在 7 月份发表的两个相关报告中，IMF 也加入了批评的行列。IMF 缺少耐心地说，欧元区的通胀已经"过低太长时间了"，通胀紧缩的风险现在已经"隐约可见"，[83] 欧洲央行若不能提高通胀率，将严重损害自身的信誉。人们将不再相信，通胀率会在短时间内升高，所以，虽然德拉吉反复地发表声明，但通胀预期就快"稳不住"了。企业会减少投资，这将进一步减少需求和经济增长，通胀从而会进一步下降。[84] 正像其他人注意到的，IMF 已经明确指出，如果欧洲央行不能采取积极的货币宽松政策，欧元区很可能跌入低通胀、低增长和高负债的深洞里。[85] IMF 呼应了弗兰克尔的提法，强调欧元区经济衰弱的边缘国家处境堪忧，它们急需以较低的汇率和较高的通胀来缓解困境。[86]

2014 年 8 月初，伦齐秘密会晤了德拉吉。意大利的经济产出再次下降，核心通胀率只有 0.5%，已经逼近通货紧缩了。这次会晤在意大利的奇塔德拉皮耶韦举行，这座翁布里亚大区的小城，正处于罗马和佛罗伦萨之间的中点；德拉吉在这里有一处休假住所。[87] 本地报纸后来报道，伦齐的直升机降落在另辟的一处机场跑道上，他与德拉吉会晤了两个半小时。伦齐和德拉吉到底谈了什么，没有任何记录；但有些人感觉，一个总理仿佛是以乞讨者的身份去见欧洲央行的行长，好似一种羞辱。

9 月 4 日，欧洲央行监管理事会召开月度货币决策会时，强劲的欧元仍然在阻碍欧元区经济的复苏。监管理事会谨小慎微地把主要政策利率降低了 10 个基点，从 0.15% 降到 0.05%，同时增加了对各家银行把钱存在欧洲央行时收取的费用。欧洲央行还宣布了购买所谓资产抵押债券的小型项目，包括打包的银行贷款等，其目的是鼓励银行以低利率放出贷款。

德拉吉重申，通胀预期"仍然符合我们把通胀保持在低于但接近 2% 的比率"。他又说，欧洲央行仍然会"采用非常规的工具"，但只会在有必要解决"过长的低通胀风险"的时候。[88]

在重复了他月月必说的口头禅后，德拉吉又澄清，监管理事会内部就欧洲央行行动速度的争议很大。股市对最新的决定没有信心。[89]债券投资者太平洋投资管理公司（PIMCO）的高级经理安德鲁·鲍尔斯警告，欧洲央行在玩火，"欧元区离通货紧缩只差一次打击。行动迟缓会带来巨大的损失"。[90]

美联储是世界的央行

在历史的这个节点上，美联储对欧元区货币行情的影响并不弱于欧洲央行。伦敦商学院经济学教授埃莱娜·雷伊认为，美国的货币政策对全球金融状况有决定性的作用。[91]美联储对欧元区经济的影响部分是因为欧元区银行仍然依靠从美元货币市场上获得资金。美联储先后两次通过增加美元供应，帮助欧元区银行缓解了关键性的压力，一次是在 2008 年底雷曼兄弟倒闭之后，另一次是 2011 年底欧洲央行提高利率引发欧元区危机时。[92]美联储还通过庞大的积极量化宽松项目，进一步增加了自身的影响——这种做法降低了美元的市值，并借此对其他货币的价值产生了重要影响。相比而言，欧洲央行在危机年份呆板木讷，浪费了其全球影响力，欧元区反而对美联储的政策变动更加敏感。

美联储对欧元区的影响也表现在 2014 年 9 月 8 日。旧金山联储银行的研究人员在这天指出，金融市场低估了美联储很快会提高利率的可能性。[93]虽然他们的论文使用的是公开信息，但投资者仍然感到震惊。

对美联储收紧政策的高度预期引起长期美国债利率上升。美元走强，欧元终于降价了。[94]正如先前预期，10月份，美联储终止了第三次量化宽松项目，早在一年前开始的购债规模"缩减"走到了尽头。现在，美联储的决策者已经准备采取下一个步骤：提升利率。[95]美元不断走强，欧元也相应地趋弱。意大利的核心通胀率已经有一年多低于0.5%，但在几个月里就上升到0.6%。

所以在2014年的最后几个月中，美联储为欧元区作的贡献超过了欧洲央行能够作或有条件作的；但这种迹象并不太好。货币刺激来得太晚，影响力比较有限。欧元区，或者其大部分地区，似乎已经陷入了日本式的低通胀陷阱。欧元区的"增长势头"仍在削弱，连德拉吉都承认这一点。[96]虽然欧元降价有一些好处，但"核心"通胀率仍然卡在很低的位置。12月，德拉吉突兀地说，"我们不会容忍"一个"过长"的低通胀时期。但这种保证没有多少人相信。虽然欧洲央行现在的预测显示，与年初预期相比，通货膨胀将需要更长的时间，德拉吉仍然坚持说，通胀是"稳定的"。[97]他的意思是，欧洲央行采取的几项行动需要一定的时间才能看出效果。[98]

民众的抗议给欧洲央行增添了压力

多年的金融危机和高失业率让普通民众越来越不满，不断对欧元提出质疑，抗议行动的规模逐渐上升。在欧洲议会选举中有所斩获的党派，包括法国的国民阵线、意大利的五星运动、希腊的激进左翼联盟和西班牙的"我们能"（Podemos）等党派，其政治势力不断壮大。在法国，民意调查显示，国民阵线的勒庞很有可能在2017年总统大选中进入竞选的第二阶段。[99]在意大利，五星运动的格里罗则进一步推动意大利离开欧元区的运动。[100]

无论德拉吉是否喜欢，欧洲央行都被卷入了欧元区的政治中。在新

闻发布会上，记者问德拉吉，欧洲央行对不断上升的反欧情绪是否负有
责任？他回答说，他知道人们正面临困境，但欧洲央行已经作出了超常
规的努力。德拉吉尤其提到了意大利正在延烧的抗议活动。他说，这
个国家有很多长期遗留的问题，指责欧洲央行对此"负有一定的责任"，
或者"是造成这种状况的根源"，是错误的。[101] 有人问到，那些激进党
派是否会迫使欧洲央行采取额外的行动。德拉吉说，他不清楚这些党派
还想从欧洲央行得到什么。[102] 他斥责这些记者总是想在欧元区找出裂
纹，但他认为，并不存在这样的事实。[103]

　　政治张力逐渐增大，欧洲央行监管理事会内部对抗阵营本来模糊
的身份识别也清晰起来。在 12 月的利率会议上，德国的延斯·魏德曼、
萨宾娜·劳滕施莱格，卢森堡的伊夫·默施和法国的伯努瓦·克雷不约
而同地反对德拉吉在月度新闻发布会的演讲中所用的一个词。他们认
为，德拉吉作出了一个不计后果的承诺，即宣布欧洲央行"打算"（而
不只是"希望"）购买更多的金融资产以降低借贷成本。[104] 这么小的一
个词竟引起公开的分裂，不禁让人怀疑，欧洲央行能否进入下一阶段。

　　虽然监管理事会中奥地利、爱沙尼亚、卢森堡和荷兰的成员都只是
平静地表示反对量化宽松，但以德意志联邦银行行长的身份成为监管理
事会成员的魏德曼，以及全职就任欧洲央行前担任过西德中央银行副行
长的劳滕施莱格，公开对这一措施发起了攻击。[105] 面对所有那些证据，
他们依然坚持认为，通货紧缩还没有构成严重的风险。[106] 他们警告说，
低利率将缓解成员国压力，帮助它们进一步改革。[107] 魏德曼说，在各
国领导人造成了乱局之后，欧洲央行的角色不应该是那个做大扫除的清
洁工。[108]

　　劳滕施莱格更是问了一个有诱惑力的问题：量化宽松真的可以给欧
元区带来任何好处吗？美联储的量化宽松是在利率比较高的时候开始
的，而欧元区的量化宽松是在全球利率普遍下跌的环境中。连西班牙
和意大利政府都能够以接近 2% 的利率借债，这与美国政府支付的利

率相当，或者更低。欧元已经在 2014 年 9 月初到 12 月之间相对于美元贬值了 7.5%。金融状况的改善本该促进国内的支出和出口，但欧元区的经济仍然举步维艰。劳滕施莱格好几个月都在拦阻欧洲央行采取行动，虽然无意讽刺，但她问道，为什么欧洲央行还需要采取进一步的行动？[109]

答案是通胀率已经降到了危险的地步。低通胀使得真实利率（名义利率减去预期通胀率）维持在高位，尤其是在意大利。意大利的真实利率仍然在 1.5% 左右，还不足以刺激经济复苏。意大利经济到 2014 年已经持续第三年萎缩，失业率整年保持在 12.5%，甚至更高，这是战后最高的水平。[110] 相比而言，德国的真实利率正在变为负值，经济已经漂亮地反弹了，失业率也在下降。简单地说，欧洲央行的货币政策正逐步增加成员国之间的经济差距。

欧洲央行购买资产抵押债券，意在促进贷款，但结果证明无用。太平洋投资管理有限公司的费利克斯·布洛门坎普和拉希特·贾因报告说，欧洲央行主要从德国这样的"核心"国家的银行购买资产抵押债券，但这些国家并不需要帮助。[111]

更大的长期损害在于欧洲央行的信誉。欧洲央行已经把十三个月的时间浪费在了漂亮话上。从 2013 年 11 月到 2014 年 12 月，它冷冰冰地把政策利率下调了 0.20%。因为在一年多时间里受制于德国人和其他一些国家的人，德拉吉暗示说将有更积极的刺激方案，但"只有在必要的时候"，或通胀率在低位维持了太长时间的情况下。虽然通货紧缩的可能正在增加，但相应的行动却没能跟上之前的承诺。普林斯顿大学的艾伦·布林德提醒过我们，当行动不能跟上言辞，信誉就消失了。[112]

欧洲央行按建制，是一个半独立而又没有责任归属的央行，这样它就可以把政治影响排除在决策过程之外。结果是两者最坏效果的总和：按其最初的设想，欧洲央行并不负有民主责任，但政治影响力却在它的决策过程中无孔不入。这种不负责任表露在它的货币政策上，先是推迟了复苏，然后是 2011 年积极地导致了损害。欧洲央行从没有被正式要求为它的行动进行解释或者辩护。不负责任也表现在欧洲央行前行长特里谢和其他国家央行的行长共同对意大利和西班牙政府发出的那些傲慢信件。政治对欧洲央行决策的影响是所有人都能看见的：欧洲央行缺少一个明确责任的合法程序，其监管理事会容易受到各国的积极干预。

讽刺的是，欧洲央行拥有独立性的目的是为了使其技术性的决定免于政治玷污，从而让这些决定具有牢不可破的信誉。然而，欧洲央行独立性的表面之下隐藏着不受约制的国家利益，这使欧洲央行的决定与欧元区的经济需要脱节，削弱了它的信誉度。

伦齐的就业法案在欧洲受欢迎，在国内受挞伐

伦齐本能地意识到需要通过宽松的财政和货币政策帮助经济复苏，但他却陷入了欧洲人常说的"进一步结构性改革"的旋涡里。所有的欧洲领导人都认为应当进行结构性改革。欧洲央行常常不失时机地高谈阔论"结构性改革"，欧盟委员会主席巴罗佐更是把这个话题作为他每次发表盟情咨文的主题之一。[113]

在欧洲的话语体系中，"结构性改革"这个似是而非的短语几乎总是意味着削弱工人的议价权。其主旨是雇主更愿意雇用那些他们可以轻易解雇的员工。工人将被迫接受较低的薪资，而便宜的劳动力则可以降低生产成本，帮助产品在国内和国际市场以更便宜、更具竞争力的价格出售。

伦齐的就业法案符合了这个主旨。在其中的一条关键条款中，被证明错误解雇员工的公司不再需要重新雇用这个员工。这个就业法案也鼓励雇主以"开放性"的合同来雇用员工。这些合同是为了应对现实的境况——大量新的雇佣关系（尤其是那些年轻人）是以临时性合同形成的，但这造成了普遍的不安全感。在原则上，这些"开放性"合同比临时性

合同更安全。但它依然让解雇变得更加容易。而且这部就业法案还催生了一种特别坏的临时合同，用代金券作为薪酬的形式；这种方式主要是为了限制工人的福利和权利。法案把允许使用代金券进行补偿的上限从每年5000欧元提升到7000欧元。[114]

这部就业法案延续了意大利政府在过去四分之一个世纪里的做法：降低就业市场的固化，提高其灵活性。但这种改革无论听起来多么周到，实际上就像是醉汉到路灯柱下找丢失的钥匙，因为只有那里有亮光。由于节省劳力的技术不断涌现，而且越来越多的公司搬迁到劳动力更便宜的地域，工人群体已经失去了他们大部分的议价权，因此推动这样的劳动力市场改革相对容易。这种改革进一步削弱了工人的地位。任务完成后，决策者感到仿佛做了一件大事。

但在历史上，劳动力市场改革的价值到底有几何？它对意大利又会产生什么样的影响？

有一点要注意，给工资设限，或者降低工资，在近期内会加重通货紧缩的趋势。所以，这些改革的时机非常糟糕。而且，即使是从提高竞争力的角度看，意大利和东欧的工资差距过于巨大，只有再大幅降低意大利的工资才能对竞争力产生实际的影响。意大利人的工资至少要降一半才能和罗马尼亚人的工资相吻合，这样才可能帮助意大利制造商在低附加值、劳动力密集型产业上更具竞争力。这种做法当然是有局限的。要想促进经济的长期增长，意大利需要向高端制造业转化，或者进入生物科技这样的新兴领域。在这些高附加值的产业中，雇主会给技术工人更高的工资。

事实上，就业法案有可能带来长期的负面效应。意大利较低的生产增长率肯定会下降。很多国际经验表明，公司都不大愿意培训那些他们可以轻易解雇的员工。[115]意大利近来的情况也符合这种国际经验。在2010年的一项研究中，经济学家费德里科·卢奇迪和阿尔弗雷德·克莱因克内希特指出，在过去几年中，意大利政府已经在就业市场逐步减少了"僵化性"，提高了"灵活性"。因此，企业雇用了更多的员工，但主要是以短期合同的形式。虽然就业增长了，意大利的生产率增长速度却下降了。[116]更糟糕的是，由于有更便宜的劳工，意大利公司减少了对研发的投入，也懒于开拓海外市场。[117]结果意大利经济的全要素生产增长率（这是衡量效率提升的综合指数）持续下滑。[118]

欧洲的结构性改革迷思部分是源于对所谓哈茨方案的误读，这一方案是由德国总理施罗德在 2003 年 1 月至 2005 年 1 月间实施的。哈茨方案让雇主能更容易聘用到临时员工，减少了在解聘方面的限制，而如果失业者不努力寻找工作会遭受更严重的惩罚。[119]但这并没有给德国带来特别的益处，其效果和世界上其他地方一样。失业者比改革之前更迅速地寻找工作，也接受了更低的工资[120]；从而更多的工人能找到工作，但是以短期合同的形式，而他们的工资即使有所增长，也非常慢[121]。

普遍的看法是，哈茨方案导致工资增长较慢，让德国公司在国际上更具竞争力，促使德国经济在 2000 年代中期得以复苏。[122]德国官员们很想让其他国家采取相似的方案，所以一直推广这样的观点。

但德国经济复苏的原因和哈茨方案并没有太大的关系。[123]德国企业提高了竞争力，部分是因为把某些生产线转移到了工资较低的欧洲国家。更重要的是，德国企业愿意投入研发创新产品，提高生产效率。[124]德国公司在具有统治地位的产品类别上，其研究和专利都是世界领先的。它们还保持了德国注重职业培训、让员工参与管理决策的优秀传统。德国工人在制造业上的生产率从 1980 年代初期到 2000 年代初期保持了年均 1% 的增长，比美国制造业的增长率还要高。德国高效率的制造业工人也大致保持了优越的高工资待遇。相比而言，德国大多数低工资的短期合同是在服务领域，其生产增长率落后于制造业，也低于其他发达经济体的服务部门。[125]

意大利制造公司在创新和工人培训方面投入甚少。就业法案又一次把它们从相关要求上解放了，这些公司现在可以得过且过地继续支付工人低工资。

2014 年 10 月，在伦齐宣布就业法案后，欧洲领导人热情地赞誉了这一向更"灵活"就业市场的转变。默克尔和欧盟委员会主席巴罗佐首先对这一行动表示了欢迎。[126] 就业法案的立法程序走完之后，默克尔再次表示了赞赏。她和伦齐一齐出现在柏林的记者会上，她说，"从机构改革到所谓的就业法案，这一系列变化让人印象深刻"。[127] 位于巴黎的经济合作与发展组织主席何塞·安赫尔·古里亚认为就业法案是意大利"最为重要的转变"。[128] 意大利的传统领导人，比如民主党的皮耶尔·路易吉·贝尔萨尼也支持就业法案。[129] 意大利的雇主非常满意。[130]

就业法案从 2015 年 1 月到 3 月分期开始实行，雇主利用伦齐为推行开放式合同而提供的税收优惠，雇用了他们在其他情况下也会雇用的员工以满足商业需要。[131] 就业法案促使临时合同被更加广泛地使用。三十三岁的电视制作人亚历山德罗·朱焦利制作了一部电视连续剧，表现意大利青年人在临时工作中苦苦挣扎的境况。他说："这种情况很急迫。我们所有人都惶惶不安。我和我所有的朋友都是如此。"[132] 尤其是在处于基本工龄（25 岁到 45 岁）的群体中，临时雇佣的比例不断上升。[133]

就业法案与财政紧缩并行，削弱了社会保障网。这种政策组合激起了反政府和反欧洲的情绪。[134] 意大利工人开始抗议。[135] 格里罗利用批评就业法案的机会，再次呼吁退出欧元区。[136] 所以，正当欧元区的"精英"们和意大利的老板们举杯相庆的时候，大批意大利民众站到了政治辩论的反面。对那些经济窘迫的人来说，就业法案主要证明了欧洲的掌权者执行的是"新自由主义"议程，他们拿走了经济安全，却没有带来什么希望。

伦齐真实的目标更加宏大：给人们更多的机会去提升他们的工作技能，他们将因此更有希望得到高报酬的工作。欧洲的政客们经常对这种替代方案言之凿凿。然而，只有斯堪的纳维亚半岛的国家在这个方向上取得了实质的进步。尤其是在南欧，政客们仍然不愿意或者缺少能力建立相应的基本架构，并提供刺激方案，以扩展与国际标准相称的教育和技能发展项目。当然，南欧国家欠缺一些东亚发达经济体已经建立的高标准。但即使是在落后的国家中，意大利排在末尾。

　　所以，对很多意大利人来说，不安全的就业市场是紧迫的现实，政府在提高教育和职业培训质量方面的懒政，完全不能满足人们对自身和下一代的期望。

政府竭力保住半死不活的银行

　　意大利正滑入低增长的通货紧缩陷阱，而且与日本相似，意大利银行也濒临倒闭。意大利人均拥有的银行数比其他欧洲国家多，[137] 就像一个好事者评论的，意大利的银行比比萨店还多。[138] 甚至在全球金融危机之前，这些银行就已经在这个增长乏力的经济中为盈利而苦苦挣扎。危机开始后，意大利银行并没有骤然燃尽，而是在小火中慢慢煎熬。意大利 GDP 的缓慢增长对这些银行造成了损伤。除了在 2010 年的一个短时期内，普遍上行的世界经济潮流也推动意大利这艘船上涨，其他多数时候，意大利的 GDP 都处于停滞或者下降的状态。而当 GDP 停滞或下降，很多借款方都无法偿还债务。

　　意大利的官员否认他们的银行体系有问题。相反，他们对这些银行感到自豪。他们说，意大利的银行没有受美国次贷证券引诱，所以令人羡慕地安然度过全球金融危机。2011 年 7 月 13 日，欧洲央行无缘无故地提高政策利率，并因此引发了欧元区最大的危机。之后没几天，德拉吉发布了一个有关意大利银行的漂亮报告，当时德拉吉还在担任意大利央行行长，但很快会就任下一届欧洲央行行长。他说，"意大利银行已经显示出，并仍将展示它们克服困难的能力"。[139]

　　但事实上，意大利银行的不良贷款，也就是那些无法及时清偿的贷款，自 2007 年以来每年都在增加。银行的问题已经越来越尖锐。几乎就在德拉吉 2011 年 7 月作出乐观估计的同时，IMF 警告，由于很多企业无法偿还债务，意大利银行正在坠入金融深渊。[140] 意大利银行的不良贷款已经到了危险的 10% 的水平，而在 2007 年还只有 5.25%。2011 年，意大利银行体系承受了巨大损失。

意大利银行对于其他人也是一个危险。银行如果崩溃，将很快淹没政府本来就捉襟见肘的财政，并将这种震荡传导给欧元区乃至全球的金融体系。最终，意大利银行将是这个国家真正的爆点。欧元区的断层线将穿过意大利，而意大利的断层线将穿过它的银行。

意大利银行的困境最为清晰地体现在意大利第五大银行锡耶纳牧山银行身上。这家银行建立于 1472 年，被认为是世界上仍在运作的最古老的银行。银行的主要股东锡耶纳牧山基金会表面上是"慈善"基金会，但实际是锡耶纳市的提款机。[141] 在过去五十年，这个基金会已经向锡耶纳捐赠了 20 亿欧元，用于从生物技术工厂到传统的锡耶纳赛马节马匹培训等项目。[142] 一些观察者认为，锡耶纳的居民分为三拨：从锡耶纳银行领取养老金的人；为锡耶纳银行工作并将从中支取养老金的人；以及希望有一天为锡耶纳银行工作，以期获得丰厚养老金的人。这个"慈善"基金会拥有锡耶纳银行超过半数的股票，与伦齐的民主党关联甚深。正因为这种关系，很多人，包括五星运动的格里罗，都指责锡耶纳银行是民主党的提款机。

2007 年 11 月，由于传统的借贷业务遭受亏损，锡耶纳银行开始了赌博——它以 90 亿欧元购买了与之竞争的安东维内塔银行。多数分析家认为，这个价格远超市价，而且这也是锡耶纳银行难以支付的价格。[143] 然而，意大利总理罗马诺·普罗迪却对这桩收购表示欢迎，他不久之前还是欧盟委员会主席，他说，"这件事有正面意义"。[144] 一年之后的 2008 年 11 月，普罗迪就在意大利经久不息的政治洗牌中下台了。由于地位尊贵的锡耶纳银行"在购买了对手安东维内塔银行之后承受了巨大压力"，贝卢斯科尼感觉有必要向锡耶纳银行注入大量资金。[145]

与此同时，锡耶纳银行开始介入境外的金融衍生品交易，交易的对象包括一些颇具吸引力的名字，如"亚历山大""圣托里尼"和"诺塔意大利"。[146] 2010 年，意大利央行的巡视员对管理层发出警告（时任行长为德拉吉），这些交易有"潜在的风险"。但他们并没有施加任何明确的限制。[147] 2013 年 1 月，锡耶纳银行发布公告，那些金融衍生品的投资回报很差。[148] 当月底，意大利央行（时任行长为伊格纳齐奥·维斯科）表示仍旧看好锡耶纳银行，并批准了蒙蒂总理提出的再次向该银行注入大笔资金以弥补损失的计划。[149] 维斯科说："毫无疑问，这家银行是稳定的。"[150] 意大利经济和财政部长维托里奥·格里利说，锡耶纳银行是一家"实力雄厚"的银行，政府的钱并不是为了"解救一家破产银行"，而是"加强它的资本"。[151]

3 月，锡耶纳银行外联部主任的尸体在银行总部被发现；他被认为是自杀。[152] 对安东维内塔银行那笔交易和金融衍生品交易的欺诈与腐败调查当时已接近锡耶纳银行的高管层。

2013 年 9 月，IMF 指出，锡耶纳银行已接近倒闭的状态。它有超过 22% 的贷款是不良贷款。由于国际主要评级机构给出了"垃圾"评级，锡耶纳银行很难从国际市场上借到资金；欧洲央行便宜的资金仅仅帮助它勉强维持运转。[153] IMF 把锡耶纳银行描述成"系统性的"，或者"具有系统重要性的"银行。[154] 换句话说，如果锡耶纳银行倒下了，灾难将席卷整个意大利银行体系。因此，IMF 认为，需要紧急的方案来"重振"锡耶纳银行。

IMF 的诊断是正确的，但它开出的药方却不太对。要使锡耶纳银行复苏，已经太晚了；它有必要死去。此后几年，虽然锡耶纳银行在欧洲每一次压力测试中都没能过关，但历届意大利政府仍然让这家摇摇欲坠的银行苟延残喘。

悲剧一个接着一个，但意大利政府和欧洲机构却一再否认、拖延，或者半推半就地给些不彻底的方案。欧洲机构在国内银行体系中的作用是晚近才出现的现象。在这些年中，国内的监管者主要负责监督和约束这些银行在国内的运营。但爱尔兰和西班牙的信用和地产泡沫让外界相信，国内监管者很有可能对本国银行护短，从而允许那些不负责任的银行采取过多的冒险行动。观察者的判断是，欧元区若能建立单一的银行监管机构，不受国内政治和压力的影响，将能确保银行谨慎行事。

单一监管机构是更宏大的欧洲"银行联盟"计划中的三个步骤之一。[155] 2014 年 11 月，由欧洲领导人授权欧洲央行建立的"单一监管机制"（SSM）开始运作。2016 年 1 月，单一清算委员会（SRB）已准备就绪，可以在既定规则《欧洲银行复苏与清算指令》（BRRD）的基础上"清算"并重组银行。欧洲人口不择言地把这些机制（SSM 和 SRB）统称为他们的"银行联盟"。在欧洲所有项目的名字后都添上"联盟"二字，可以使其具有象征性的重要性。但欧盟并不是一个联盟，这个常被人们挂在嘴边的"政治联盟"从来都不是一个严肃的观念，而且，欧洲从来就没有真正的货币联盟——它只有一个不完整的货币联盟。

所谓的"银行联盟"也不是一个"联盟"。各成员国仍然要承担关闭一家银行或者银行合并所产生的成本。欧元区各国政府都不愿意为其他国家清理银行体系的行动提供资助。

不可能有真正的银行联盟，这和没有真正的财政联盟的道理是一样的：主权国家都不愿意把自己的税收用来帮助陷入衰退或危机中的其他成员国。欧洲领导人同意建立一个清算资金，由欧洲各家银行注资；但正如《金融时报》专栏作家沃尔夫冈·明肖所写的，即使是在高峰期，这个清算基金也小到"无法清算一家中型的赌场"。[156] 所有该说的都说了，该做的都做了，意大利政府最终还是要负责清理银行造成的烂摊子。

2004 年 10 月，"单一监管机制"即将展开监管行动，为给这一机制建立一个标准，负责对银行进行压力测试的欧洲银行业管理局更新了对额外资本的估算——这个资本额是指银行在"危急情况下"用来保护自身的资本数量。[157] 分析家曾对欧盟在 2009—2011 年间进行的压力测试冷嘲热讽,因为它们对银行资本金要求的估算低得离谱。[158] 2014 年 10 月的测试后,欧洲银行业管理局发布报告指出,在其审核的 123 家银行中,有 24 家银行需要总额 240 亿欧元的额外资本金。这些资本亏损的银行中有 9 家来自意大利,仅锡耶纳银行一家就需要 40 亿美元的额外资本。

多数分析家认为,这些对资本亏损的估算是可信的。但是,也有一些金融专家持怀疑态度。纽约大学金融学教授维拉尔·阿查里雅和法兰克福金融管理学院教授萨沙·斯特芬指出,欧洲银行业管理局高估了银行实际拥有的资本,尤其是法国、德国和意大利的银行。[159] 他们认为,问题在于,欧洲银行业管理局用的是资本的"账面价值",而这些数值常常是过时的;银行资产的"市场价值"往往要低很多,但也更加真实,暗示了更大的资本缺损。欧洲银行业管理局还把银行拥有的政府债券当作无风险,这低估了这些银行面临的违约风险。所以,欧洲银行业管理局不但高估资本,而且低估风险,对银行健全情况的评估远比实际乐观。

对意大利来说,即使是欧洲银行业管理局的评估也足以引起恐慌。在压力测试结果公布之后,意大利银行的股票价格暴跌。意大利的领导人又以惯有的方式大肆夸赞他们的银行。伦齐说,"意大利银行有力量,有基础",锡耶纳银行面临的挑战必须"坚决克服,不要低估,但也不要认为问题无法解决"。[160] 财长帕多安说,意大利银行很健康,不需要额外的公共资金,因为私人投资者将逐渐填补资本缺额。锡耶纳银行首席执行官法布里奇奥·维奥拉呼应了帕多安的说法:久陷困境的锡耶纳银行"概"不需要政府再次救助。

与日本不幸的相似性还在增加。和日本一样,意大利落入了危险的价格通缩区间。1991—1998 年间,日本政府也不承认本国的银行有问题。

到最后终于承认有问题时，日本政府采取的仍然是不彻底的方案：1998年2月对银行的资产重组被证明不够有力，1999年3月再次注资结果也是如此，乃至在2002年，一些银行在资本不足额的情况下仍维持运转。直到2003年6月进行重大的资产重组之后，这些银行才终于回到了健全的资金状态。[161]

日本的教训是，否认和拖延都是有代价的。当日本政府在等待的时候，这个国家的银行正因为借款人威胁停止偿付贷款而面临巨额的损失。[162]因为缺乏足够的资本来吸收这些损失，银行便选择装作这些损失不存在——"维持"着这些贷款：借款人不还钱的时候，银行就延长还款日期。可以想象，那些最缺乏资金的银行也是最经常玩这种"延期、假装"的把戏的。[163]

对"僵尸"借款人来说，低利率使得这种自我欺骗的"延期和假装"戏码尤其方便：这些人实际上已经破产，但因为债主选择不取消他们的抵押品赎回权，他们就继续运作。不幸的是，低利率来得太迟，已经无法重启日本经济，尤其难以让那些僵尸借款人复苏。这些借款人就依赖银行的生命线供给，乐于以低利率续贷，幻想着有一天能偿还债务。四面楚歌的银行选择优先保持僵尸公司的存活，并减少向有活力的公司提供的贷款数量。[164]这种倾向于把信用分配给没有产出的公司而不是给有活力的公司的做法，进一步损害了经济增长，也渐次提高了救援困难银行的成本。日本处理问题银行的方法，可以说是如何把银行危机变得更加糟糕的教科书式的方法。

同样的故事在意大利重现了，但后果更为严重。欧洲央行宣布于2012年8—9月开展直接货币交易计划后，政府和企业支付的利率开始下降。但和日本一样，利率削减来得太晚。到2013年中期，通胀也开始下降，意大利的真实利率（对意大利借款人适用的名义利率减去意大利通胀率的结果）变得太高，难以重振经济。正像日本银行在二十年前所做的，意大利银行也选择为僵尸公司保命，以拖延承认它们已经发生和还在发生的损失。[165] 比如，意大利大型书商菲尔特瑞奈利（Feltrinelli）的损失虽然不断上升，却继续从一些意大利的著名银行获得更多的信用，而且"是以低于欧洲一流公司所支付的利率"。[166] 但银行资本有限，它们需要这些资本来吸收僵尸客户贷款的损失，所以减少了给健康公司的贷款。意大利的僵尸银行和僵尸公司狼狈为奸，把经济困境进一步固化了。

虽然帕多安大力推动，但极少有私人投资者愿意冒着风险用自己的钱去为几近破产的意大利银行进行资产重组。政府有两个选择。它可以把自己的钱大笔投入银行，提高它们的资金充足率，让它们重回正常的运转状态。或者，与其用纳税人的钱去"救援"（bail out）银行和它们的债权人，政府不如让银行债权人"自救"（bail in，债转股），或者像爱尔兰人说的，"烧死那些债券持有者"。"烧死债券持有人"将为纳税人提供喘息的机会，银行的债权人也会为他们帮助制造的混乱局面承担更大的责任。

对一些银行来说，现在是时候"烧死"所有债券持有者了。欧洲央行银行监管委员会主席达妮埃勒·努伊略显夸张地说，有几家欧洲银行已经"没有未来"，需要"去死"。[167] 她说，即使把它们与其他机构合并，也是错误的。欧元区银行体系太庞大了；本来就没有足够的生意给它们。

努伊指出一些银行需要倒闭的结论并非胡说，对意大利尤其适用。很多银行甚至在繁荣时期都没有利润，只要它们的借款人出了状况，它们就会被置于风险之中。意大利银行贷款有 18% 是不良贷款。这些不良贷款引起的损失有可能导致几家银行倒闭，甚至把金融动荡传导出去。如果这个银行体系能缩减到目前规模的 2/3，它就可以为意大利提供更好的服务。

2015 年 11 月 22 日，意大利政府尝试了最文雅的"自救"模式，即"烧死债券持有人"。在清算四家小型银行时，政府对这个方案进行了尝试。这四家银行分别是马尔凯银行、伊特鲁里亚和拉齐奥大众银行、基耶蒂储蓄银行和费拉拉储蓄银行，[168] 总共占意大利银行存款总额的不到1%。"自救"措施限于"低阶的"或"资历浅的"债券持有人，在承担损失的序列上，他们排在资本持有人之后；而高级债券持有人则被排除在外。[169] 为了防止更为严苛的自救措施，意大利政府劝导"较健康的"银行向这四家境况不佳的银行注入资金，购买一些它们的不良贷款。这是一种短视的安排，因为这些"较健康的"银行也是在疲软的经济里挣扎，实际上并不特别健康。

但是，政府很快就从这个温和但方向正确的措施上退却了。在宣布自救措施两周多后，一位靠养老金生活的六十岁老人悬梁自尽了，他担心失去自己花10万欧元从这四家银行之一购买的次级债券。[170] 他并不是孤例。其他一些较小的、经济困难的债券持有者每天睁开眼就要面对自己一生积蓄消失殆尽的可能性。

民众的反对声接踵而至。意大利央行的官员竭力为自己辩护。因为他们没有及时警告小的债券持有者（所谓的散户投资者）所持债券的风险，所以转而指责"自救"规则。意大利央行的金融监督和管制部主任卡尔梅洛·巴尔巴加洛说："自救措施会加重而不是减轻系统不稳定的风险……它可能会削弱信心。"[171] 这是一种习惯性的危言耸听，即所谓的让债权人承担损失不可避免地会造成金融动荡的风险。至少对意大利来说，相反的情况才是正确的。只要效益最差的银行继续维持经营，它们就会吸纳更多的僵尸贷款，从而损失越来越多，无论它们是否报告，这都将提高金融系统的风险。清理这些损失的成本也越来越高。

展开"自救"的经济理由很充足；但伦齐别无选择，只能撤退。对他来说，民众的反对在政治上是有害的；他谴责银行没有向债券持有者讲清楚他们有损失的风险。帕多安急不可耐地要以"人道"理由为散户债券持有者提供补偿。意大利一位高级官员说："我们不想饿死人。"意大利政府专辟了一亿欧元的基金，以偿付多达一万的债券持有者中的一部分，他们都是"自救"措施的受害者。[172]

对经济困难的债券持有者作出补偿的决定显然是由政治驱动的，但它在政策上还是合适的。一亿欧元的补偿资金并不算大，但意大利的决策者却作出了错误的推论，朝着错误的方向行进：他们从"自救"政策上退却了。帕多安小心翼翼地说："自救是一种新举措，需要以适当的速度谨慎从事。"[173]

另外两家深陷困境的银行是维琴察大众银行和威尼托银行，都位于威尼托地区。在 2014 年 10 月的压力测试中，欧洲银行业管理局估算这两家银行需要 2.5 亿欧元的额外资金。[174] 阿查里雅和斯特芬在评估结果中建议，这两家银行需要十倍左右的资金。它们试图通过筹集权益资本以避免对债权人违约。可想而知，没有投资者愿意向这种亏损的企业投入新的资金。这使得意大利最大的两家银行——意大利裕信银行（UniCredit）和意大利联合圣保罗银行陷入了困境，因为它们对这些亏损银行筹集资金的行动做了签字担保。这两家银行自身的资金状况也很脆弱，为了转嫁这种困境，它们联合其他意大利银行和保险公司，于 2016 年 4 月创建了阿特兰特基金（Atlante Fund）。该基金向威尼托的两家银行注入了权益资本，使它们基本恢复了正常的资信状态。

成立阿特兰特基金的想法很奇特。裕信是意大利最大的银行，它自身就被不良贷款压得喘不过气来：它在 2016 年遭受了严重损失，延续了过去五年不断亏损的态势。就连联合圣保罗银行，这家意大利实力最雄厚的银行，在 2013 年也损失惨重；穆迪报告评价说，这家银行也不能幸免于意大利疲软的经济。[175] 意大利银行索取的低利率进一步压缩了它们的利润空间。联合圣保罗银行在 2016 年虽有所盈利，但仍然处于从危机年份复苏的过程中。保险公司也承受着国家整体经济下滑的压力。这些金融机构为什么要浪费珍贵的资金去救援破产银行呢？

一个可能的答案是，为了限制使用意大利政府的资金，欧洲官员迫使那些经营不善的金融机构去支持最糟糕的银行。[176]公众的反应很积极。德拉吉说，阿特兰特基金是"朝着正确的方向迈出了一小步"。[177]此前，欧盟竞争专员玛格丽特·维斯塔格也表示了赞赏，"认为［意大利政府］正在努力寻找推动银行进步的正确方式"。[178]就连不再留恋聚光灯的欧洲央行前行长特里谢也站出来支持阿特兰特基金。[179]

芝加哥大学的路易吉·津加莱斯指出，对银行欠债最严重的报纸纷纷大肆渲染官员的赞许，由此形成了对阿特兰特基金的某种共识。当然，较少受银行牵绊的报纸则把这当作国王的新衣。有家报纸发表了一篇文章，题为《不良贷款太多、钱太少：压倒阿特兰特基金的重量》。但这些孤独的声音比不过喧嚣一时的主流舆论。津加莱斯失望地说，阿特兰特基金是意大利银行把部分损失转嫁给保险公司的渠道，也就是那些浑然不知的靠养老金生活的人和其他退休者。[180]

2016年中期，阿特兰特基金筹集了42.5亿欧元，有消息称，其中支出了25亿欧元去救援威尼托地区的银行，远远超出欧洲银行业管理局在2014年10月估计的2.5亿欧元资金缺口，但非常接近阿查里雅和斯特芬估算的额度。有那么一些时候，似乎阿特兰特基金要掉过头，向其他投资者出售这些银行。但这种希望都是幻影而已；实际上所有人都知道，这些银行有巨大的资金黑洞。阿特兰特基金的经理亚历山德罗·佩纳蒂很晚才认清这一事实。佩纳蒂说，他审核了这些银行的账本后感到震惊："我从没有从内部观察过银行"，"我非常惊讶，它们是以这种方式来经营的"。[181]佩纳蒂发现，维琴察大众银行此前历届行长不仅不善管理银行，而且做了很多"非法勾当"。[182]他说，这家银行的经营就像一部"恐怖电影"。

阿特兰特基金很快达到了它的极限。它购买了三家2015年11月就被救援过的银行的不良贷款，包括伊特鲁里亚银行、马尔凯银行和基耶蒂银行。因为这些额外的投资，阿特兰特基金几乎所有的钱都投到了险困的资产中。2017 年 2 月，佩纳蒂说，他还需要 40 亿欧元和三年的时间才能盘活这些资产。[183] 威尼托地区的银行需要的资金超过了阿特兰特基金的初始资金，但此时，那些向阿特兰特基金注入资金的银行已经忍耐到了极限。佩纳蒂承诺过，给予它们的投资 6% 的回报。[184] 最大的两家投资者意大利裕信银行和意大利联合圣保罗银行分别向这个基金会注入了 10 亿欧元的投资，他们认为，这些投资很可能损失掉 80%。[185]

意大利联合圣保罗银行首席执行官卡洛·梅西纳说，他能做的也就是这些了，现在应该让意大利政府用自己的资金来拯救破产的银行。[186] 欧盟委员会坚持认为，政府的资金会给威尼托的银行带来特权，它们应该在政府提供帮助前，尽量从私人投资者那里筹集更多的资金。

但更多的私人资金从哪里能获得呢？评级机构标普警告说，情况稍好的意大利银行也有自己的问题，如果它们向最糟糕的银行伸出援手，那它们自己的信誉也会受到损害。[187] 而意大利政府虽然看似愿意提供帮助，但它能承担因为支持这些无赖银行而不断升高的债务负担吗？或许现在正应该反思一下达妮埃勒·努伊三年前提出的主张：继续维持这些险象环生的银行生存，将给意大利银行体系带来巨大的损害。不仅它们的麻烦会越来越多，最终清理这些问题的成本也会升高。意大利一位资深银行家说："你可以一路继续踢这个易拉罐，但突然之间，道路开始上山了，易拉罐弹了回来，打在你的脸上。"[188]

2017 年 6 月，意大利政府和欧盟委员会终于走出欧洲规则的繁复迷宫。欧盟委员会开绿灯，允许意大利政府用自己的钱去解决威尼托银行的问题。一些债券持有者被债转股，但得到了补偿的承诺。其中主要的一笔交易是，意大利政府向联合圣保罗银行"支付"了 48 亿欧元——把威尼托两家银行的"好资产"折算给它。政府还保证，如果这些"好资产"继续遭受损失，政府将向联合圣保罗银行再支付 120 亿欧元。[189]
从 2014 年 10 月最初预期的 2.5 亿欧元，到最后，仅仅是处理这两家银行就花了 170 亿欧元。而且这两家银行还有"坏资产"，政府以后可能还要为此花钱。

沿路踢易拉罐的做法在锡耶纳银行的案例上遭遇了真正的考验。之前提过，2014 年 10 月，欧洲银行业管理局曾估算，锡耶纳银行还需要 40 亿欧元的资金。[190] 这家银行筹集的资金实际超过了这个数目。但 2016 年 7 月，欧洲银行业管理局指出，锡耶纳银行还需要 50 亿欧元的资本金。[191] 阿查里雅和斯特芬，还有洛桑大学的迪亚娜·皮埃雷认为，从美国压力测试的标准看，锡耶纳银行还需要的资金接近 90 亿欧元。[192] 和过去的压力测试一样，欧洲银行业管理局不仅低估了银行面临的风险，还高估了它们拥有的资本金。

有几个月，似乎摩根大通领导的财团有可能帮助锡耶纳银行再筹集 50 亿欧元的资金，同时售出这家银行高达 300 亿欧元的坏账。如果这些交易实现，锡耶纳银行将有机会重新开始。但锡耶纳银行的金融黑洞远远超出人们的想象，它的商业和政治背景比威尼托的银行更加复杂，而私人投资者连后者都不愿意碰。

2016 年 12 月，眼见没有白衣骑士投资者，意大利政府知道，它需要用纳税人的钱来对锡耶纳银行进行资产重组。到这个时候，欧洲机构作出结论，锡耶纳银行需要的额外资金是 90 亿欧元，这正是阿查里雅和他的同事们一直以来的估算。行动拖延了好几个月，因为欧洲的规则要求债权人先采取"自救"，然后银行才能接受政府的资金支持，而意大利政府一直不愿意让债权人自救。所以，欧洲机构和意大利政府都同意这样一种假象：锡耶纳银行是有清偿能力的，一旦给予额外的资金，它可以恢复为具有活力的金融机构。2017 年 7 月，政府最终同意注入 60—80 亿欧元。[193] 具体的数字并不清楚。在所需的 90 亿欧元中，锡耶纳银行用了部分自己的资金储备。等级低的债券持有人采取了"自救"，他们是股份持有者之外首先要承担损失的人（这些债券持有者将得到银行的股票）；而散户投资者握有的 1/3 较低级债，将通过政府的特殊项目得到补偿。[194]

最后的结果是，中央政府拥有了锡耶纳银行 70% 的股权。但与这种所有权相伴随的是，政府也必须承担锡耶纳银行的损失。阿特兰特基金承诺以 21 欧分的单位价格购买锡耶纳银行 250 亿欧元的不良贷款。[195] 这个价格似乎很宽厚，连意大利裕信这么强大的银行也是以相似的折扣卖出了自己的不良贷款。[196] 阿特兰特基金的荷包里已经几乎没钱了，不得不吸引其他的投资者来完成这笔交易。但熟谙银行危机的历史学家都知道，更大的问题是因为银行危机留下的金融黑洞，最初的估算往往都被证实为极不充分。在威尼托地区银行的事例中，政府已经坦承了这种情况，并向联合圣保罗银行保证将再注入 120 亿欧元的资金来补偿损失。芝加哥大学的津加莱斯在接受彭博社采访时说，锡耶纳银行等濒临破产的银行抹平了不少有麻烦的贷款，所以它们的不良贷款的真实数额可能远远大于报告的数目。[197]

风险在于，意大利官方出于稳定不良贷款的动机，可能宣布他们的目标已经达成（图例 8.6）。[198]2016 年 12 月，政府再次拿出 200 亿欧元来稳定银行体系，其中大部分被用于威尼托地区的银行和锡耶纳银行。在一次采访中，津加莱斯依据晚近的历史预测，要完全清理意大利的银行体系还需要 500 亿欧元。[199] 而如果意大利银行体系经营不善、欺诈等问题没有被发现和克服，这个数字可能也还是不够。津加莱斯说，现在应该由国际专家组成的独立委员会来提出彻底重整意大利银行体系的方案。但意大利的政治领导人显然没有自信开启对意大利银行未来走向的公共讨论；但如果没有透明的评估，问题将仍然存在，更多的错误还会发生。

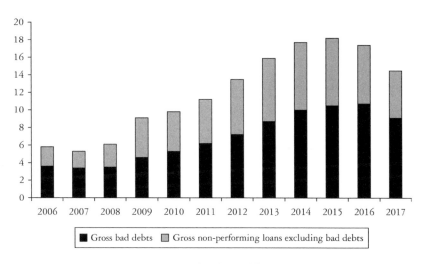

图例 8.6　意大利银行艰难收账
（不良贷款在总贷款数额中的比例）²⁰⁰

意大利经济得到一次喘息的机会，但非常短暂

　　新的乐观苗头又出现了。意大利的 GDP 在 2014 年以来慢慢爬出了衰退，2015 年和 2016 年以每年 1% 的增长率缓慢增长，2017 年达到了 1.5%。但这只不过是意大利在加入欧元区前十年经济的平均增长率，所以仍然很低，尤其是在这么长的衰退期之后。意大利经济增长的任何信号都是值得庆贺的。但问题在于，这种增长和欢呼是否能够继续？

　　意大利经济的短暂增长，部分是因为全球贸易在 2017 年中期的复苏，同时也得益于意大利从 2012—2013 年严苛的财政紧缩转向 2014—2015 年小规模的金融刺激，到 2016—2017 年，这种刺激甚至增大了。意大利经济的这次重整给人带来一点安慰。此前已有研究表明，财政措施的乘数效应，即财政刺激对推动 GDP 增长有放大效应，在经济处于或接近衰退的情况下尤其显著。过去几年经济的压抑得到部分的纾解，一再推迟消费的人们现在可以赶快购买他们已经犹豫很久的商品了。

伦齐在对抗财政紧缩方面的成就值得一提。意大利对宽松财政政策的渴求是真实的，经济学家都支持伦齐；但斗争的过程和相伴随的辩论却非常折磨人。对外界来说，这些辩论在精确性方面的要求很荒诞。帕多安提醒——其实是恳请——欧盟委员会要看明白：意大利政府增拨了很多资金来应对几场地震，加上乘船跨过地中海抵达的移民，意大利的经济仍然很不活跃。欧盟委员会似乎知道，它所提出的"政治上有害"的收紧财政的要求，激起了反欧元的五星运动。[201] 但委员会却在拖意大利的后腿，反复强调它的陈词滥调：意大利需要集中精力削减赤字。所以，虽然近来的证据已经清楚表明，紧缩政策在衰退时期会损害经济，而刺激政策会带来助益，欧元区却没有作出必要的调整，形成能回应时局的财政政策。相反，一种视野狭窄的、任性的新政策机制却正在成形。委员会将略微放松之前对财政紧缩的强调；然而，人们普遍的印象是，意大利，尤其是法国，会在这种新的机制中得到特别的优待。[202]

对意大利而言，问题是，如果按照规划的那样，在 2018 年结束财政刺激，将发生什么？ IMF 的报告指出，意大利的投资已经崩溃。在 2012 年和 2013 年严苛的财政紧缩刚刚开始的时候，投资就已经雪崩式下滑，自此之后，投资额不仅没有增长，甚至有所下滑。IMF 预测，意大利潜在的增长率可能下降到了每年 0.5% 左右。[203] 意大利有自己的长期问题，包括已经停止增长的工龄人口和几乎为零的生产增长率，但与此同时，强烈的紧缩政策进一步损害了长期增长的前景。

如果意大利 GDP 的增长维持在 IMF 预测的潜在增长率的水平，意大利脆弱的金融体系仍将让人担忧。最近意大利滑入了低通胀，使得经济增长更加难以恢复，也增加了债务负担进一步升高的风险。

欧洲央行有可能帮助提高通胀率吗？

欧洲央行的量化宽松：规模不小，但太晚了

欧洲央行的量化宽松项目于 2015 年 1 月 22 日出台。德拉吉宣布，欧洲央行将"在现存的购买私人资产项目之外，再购买主权债务"，每月总共将支出 600 亿欧元。[204] 购买计划从 3 月份开始，至少延续到 2016 年的 9 月。

但矛盾依然存在。魏德曼并不避讳公开反对量化宽松。在接受德国《图片报》采访时，他用不容置疑的口吻说，量化宽松将使得欧洲央行成为欧元区一些政府的主要债权人。[205] 欧洲央行如果沿着这条路走下去，它将没有选择，被迫以低利率长期持有政府债券，从而将在政治上被挟制。[206] 德国媒体、商业企业和官员都认同魏德曼的观点。[207]

默克尔一如既往地慎重。她还没有直接和欧洲央行对抗过，现在她也没有这样做。她确实在怀疑，全世界"流动性都很充盈时"，为什么还需要量化宽松？她说，"真正的增长动力必须来自本国的政治家创造的条件"。[208] 但她又说，欧洲央行是一个独立的机构，它的决定或许能帮助实现经济复苏，但可能得在这些受助的国家进行改革的前提下。[209]

从 2015 年 1 月开始，此后的三年中，欧洲央行购买了大量的政府债券，使量化宽松的期限超过了原先设定的 2016 年 9 月。欧洲央行的资产负债余额从 2015 年 1 月的 2 万亿欧元增长到 2017 年底的 4.5 万亿欧元。问题是，欧洲央行把这些钱全部花出去了，但欧元区的平均通胀率却几乎不动，只在 1% 的范围内略微浮动，直到 2017 年中期，才因为技术和短期的原因轻微上扬到 1% 以上（图例 8.7）。[210] 德国的通胀仍然维持在平均通胀之上；意大利和法国的通胀率依然在欧元区的平均水平以下。欧洲央行仍然预测，通胀率会回到 2% 左右，但实际的通胀率并没有响应。

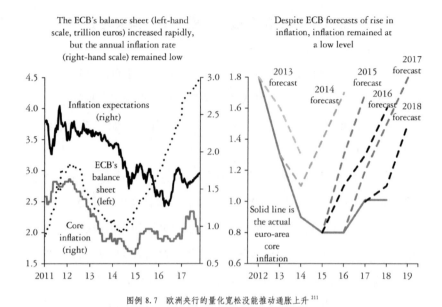

The ECB's balance sheet (left-hand
scale, trillion euros) increased rapidly,
but the annual inflation rate
(right-hand scale) remained low

Despite ECB forecasts of rise in
inflation, inflation remained at
a low level

图例 8.7 欧洲央行的量化宽松没能推动通胀上升 [211]

从日本央行的经验中就可以料想，欧元区的通胀不会对欧洲央行的量化宽松作出反应。日本央行也曾在几年时间里，不断推高自己的资产负债。但在那些年中，日本的通胀率只在一些短期内有所回升，很快就降了下去。2013 年 1 月，刚刚当选日本首相的安倍晋三宣布，日本政府将与日本央行紧密合作，采取大胆的货币政策应对根深蒂固的低通胀。[212] 这一行动被称为"安倍经济学"，引起了公众广泛的关注和兴趣。2013 年 4 月，日本央行开启了前所未有的量化宽松项目。[213] 到 2014 年初，日本央行购买的债券已经超过日本政府发行的新债券总额。[214] 以此为标准，日本央行的量化宽松规模比美联储大很多——美联储购买的债券远远达不到美国政府新发债券的总额。[215] 日本央行的量化宽松项目推低了日元的汇率。事实上，因为市场预估到了大型货币刺激方案的出现，从 2012 年 12 月起，到 2015 年中期，日元对美元的汇率下跌了20%。日元的贬值提高了日本进口货物的价格，在短期内使国内通胀上扬。虽然有这次积极的推动，但到 2014 年初，通胀率又开始下滑。日本央行的大手笔仍然无法支撑持续性的通胀上升。[216]

2014 年 3 月，普林斯顿大学经济学教授、2018 年诺贝尔经济学奖获得者保罗·克鲁格曼对"安倍经济学"让人失望的结果进行了评论。他的观点很简单：日本央行已经失去了信誉。[217]它在很长时间里都过于谨小慎微，人们已经不敢确信它能否兑现新的承诺。为了重建自己的信誉，日本央行需要更大胆的量化宽松，以展现它坚定不移地拉高通胀的决心。只有这样，人们才会相信通胀率会涨高。克鲁格曼说，日本的量化宽松还是犹犹豫豫，虽然是前所未有的尺度，但还是不够大胆。他说，日本的决策者仍然局限在"胆小的陷阱"里。量化宽松如果早十年实施，其效果将是显著的，甚至有决定性的作用；但对现在来说，则"不太彻底"。[218]2017 年 6 月，东京大学的研究者发现了克鲁格曼对日本问题诊断的证据。日本和美国不同，美国的生产商年均涨价 2%，日本的生产商却没有改变价格。由于"长期通胀紧缩"，日本公司的通常做法是"让价格保持不变"。[219] 所以，定价行为与货币政策脱节了。其中的教训是，过晚采取的政策不会产生效力。欧洲央行在重新接受这个教训。

欧洲央行的量化宽松来得也很迟，规模比日本央行也大很多。欧洲央行购买的债券是各国政府发行债券总量的七倍。[220] 换句话说，对欧元区政府发行的每 1 欧元新债券，欧洲央行都购买了价值 7 欧元的债券。所以，欧洲央行实际上连过去债券的存货也一扫而空。欧洲央行正变成欧元区政府最大的债权人之一。虽然竭尽所能，但和日本央行一样，欧洲央行也败于"胆小的陷阱"。欧洲央行之前一直未能兑现采取大胆措施的承诺和解决问题的决心；所以，通货紧缩已经在欧元区大部分区域根深蒂固了。

而且，量化宽松很快就需要降低规模——购买的政府债券接近了欧洲央行所定下的不得超过所在国家债务的 33%。[221] 因为量化宽松逐渐减少的预期，欧元再次走强。

2017 年 10 月底，德拉吉宣布，从 2018 年 1 月起，欧洲央行将把债券购买的数额减少到每个月 300 亿欧元，而自 2015 年 1 月以来，这个数目一直维持在每个月 600 亿欧元。[222] 量化宽松减量已经开始。在德拉吉召开记者会之后的数天时间里，每 1 欧元的价值在 1.16 美元到 1.18 美元之间，这和 2015 年 1 月初量化宽松即将启动的时候水平相当。不同于日元在"安倍经济学"启动后价格下降，欧元则是回到了量化宽松启动之前的价格。因此，欧元区通过量化宽松、降低汇率来推动增长和通胀的行动效果十分有限。

这其中的启示是很清楚的。在日本，虽然有开放式的积极货币政策，期望中的通胀上升并没有出现。在欧元区，大型量化宽松项目对时间更是敏感，所以它的效力也可能更弱。和日本一样，欧元区国家在未来几年也将经历短暂的通胀上升，但最终还是会滑入低通胀。[223] 企业已经预估到通胀会保持低位，相应地调整了自己的定价行为。在过去几年中，意大利有大批生产商仅以低于 1% 的年均增长率调高产品价格。[224] 如果低通胀的形势继续，债务负担将仍然很重，又由于较低的生产增长率，GDP 的增长仍将非常缓慢。在这种情况下，财政压力也会徘徊不去。

所以，欧元区（包括意大利）2017 年下半年短暂的甜美时光很可能就要结束了。财政刺激似乎就要停止，利率也会上升，欧元则已经走强了。除非世界贸易出现意料之外的繁荣，否则很难在这短暂的甜美时光中让人们为了长期增长而投资。对意大利政府的债权人和意大利支离破碎的银行体系来说，这并不是好消息。

量化宽松带来的好处虽然尚可存疑，但它确实遗留了一些问题。荷兰蒂尔堡大学经济学和金融学教授哈拉尔德·贝宁克和哈里·赫伊津哈写道："很少有人注意到，新量化宽松的具体方式有可能削弱欧洲央行其他项目的信誉度，这可能导致未来的危机更难化解。"[225] 在量化宽松项目中，每个国家的中央银行将购买自己国家的债券，并承担这些债券 92% 的风险；欧洲央行只承担另外 8% 的风险。如果意大利政府对自己的债券违约，意大利央行只能依靠自己的资本和储备来吸收这 92% 的风险；而所有成员国将分担另外 8% 的风险。欧洲央行对量化宽松项目的设计实际是要保护德国人，他们自始至终都在反对这个计划。

有关量化宽松项目的决议导致的结果之一是，它可能为第七章提到的充满争议的直接货币交易计划设立一个危险的先例。只有欧洲央行能通过印钱以"不限量"的方式去购买一个成员国的债券，这样可以打消对债券违约的恐惧。但各国央行并没有足够的资本和储备去作出有信誉的承诺，说可以"不限量"地购买本国政府的债券。虽然德拉吉已经一再确认，欧洲央行将承担直接货币交易计划所有的风险，但很有可能政客们会要求自己国家的央行也承担直接货币交易计划的风险，这对这个计划是致命的。

最初的难题依然留在原地。对不同国家执行的单一货币政策，倘若缺少在危机下共担风险的机制，就无法有效运作。欧元区的领袖们无法基于合法性的民主政治契约对风险分担机制达成一致。在危机的压力下，他们只是就分担风险的技术性安排达成了一致；但这些安排也可以在不合时宜的情况下被政治所消解。

意大利，欧元悲剧上演的剧场

生物学家、生态学家、人类学家，同时也是普利策奖得主的贾雷德·戴蒙德在他的《崩溃：社会如何选择成败兴亡》中写道，有的社会会陷入最初让人无法理解的衰落中。他解释道，这种衰落让人不易察觉，因为"如果经济、学校、交通堵塞或其他所有事情都只是慢慢地衰败，那就很难让人感觉到，每一年只是比上一年情况稍差"。衰落最初感觉是正常的。或许按戴蒙德所说，因为衰落并不明显，人们就会对"缓慢流动的常态"（creeping normalcy）习以为常。因此，要经过几十年的"缓慢变化，人们才会突然在震惊中觉醒"，但情况已经大步退后了。[226]

国家经济的缓慢衰退正是意大利现状的本质。意大利的生产增长率自 1970 年代初就已经放缓了，在意大利进入单一货币的套子后，更是几乎停滞。悲哀的是，正像有些人早已预见到的，欧元没能成为稳定意大利早已无法控制的政局的"外部驻锚"。全球金融危机在 2007 年中期开始后，意大利要么是处在危机中，要么是处在很快会滑入危机的状态中。在危机年代，欧元区的宏观经济政策是不惜任何代价力保财政紧缩和价格稳定，这限制了意大利经济复苏的机会。这种负作用在 2011—2013 年间尤为显著，把意大利推入经济和金融崩溃的边缘。2012 年 7 月启动的直接货币交易计划和 2015 年开始的量化宽松政策打算降低利率，但由于已经错过了时机而无法刺激强健的复苏，把意大利从通货紧缩的风险陷阱中救拔出来。

悲剧在于，在欧元区内部，意大利所经历的是全世界最困难的情景。欧元和它的管理结构没有创造改革的可能性，甚至也没有制造"颠簸"的机会，让意大利人从麻木的"缓慢流动的常态"中苏醒过来。欧元区的金融支持体系只是形成了一个安全网，帮助这个国家在接近危机的情况下苟延残喘。意大利并没有发生其迫切需要的经济和政治净化。

意大利政府和欧盟的机构都期望，意大利能很快扭转颓势。或许下一次资本重组能拯救锡耶纳银行，它又会成为一个真正的银行；然而，拯救锡耶纳银行的成本却在不断上升。或许未经选举上任的技术官僚蒙蒂能进行结构性改革，但遗憾的是蒙蒂并没有给人留下这样的印象。

最终的希望是伦齐。或许伦齐将颠覆老朽的政治秩序——他说这种秩序所求的只有"寻租"二字——这样，意大利或将有一个新的开始。伦齐正确地找到了意大利的核心问题是根深蒂固、网络纵横的恩庇政治，它早就潜藏在意大利政坛的各种呱噪声后面。在 1990 年代初期和中期，"净手运动"（manipulite）揭露了意大利高层政治人物的贪腐，并削弱了这种集权化的腐败势力。[227] 但是，腐败却扩散到地区和城市政府，像瘟疫一样肆意滋长。意大利政府行政和管制手段的进一步扩张，又为新的腐败打开了大门，人们由此攫取各种好处，拿到各种政府采购合同。贝卢斯科尼当选为国家领导人后，公众对腐败的容忍度又升高了。虽然贝卢斯科尼早已接受过好几起腐败案件的调查，但意大利人仍在2001—2008年间选举他为总理。贝卢斯科尼通过挑战司法体系，拿到了为反腐败降温的许可证。

国际货币基金组织很少对发达经济体的腐败置评，但一直对意大利持悲观态度：意大利普遍的腐败和洗钱现象势将继续。[228] 这些具有腐蚀性的网络在公共领域制造了特权，而在私人领域则降低了价值感。它们使意大利人消弭了自我的抱负和对他人的期待。意大利落入了"常态化"的期待值降低的状态中。

虽然伦齐大张旗鼓地宣称，要打击意大利政治和公共事务中的长期腐败，但他缺少足够的耐性推动实际的行动。他带着嘲讽的姿态取消了一次打击腐败的行动，这一行动的本意是重新调整极无效率的公共管理部门和没有效益的公共企业。他的前任恩里科·莱塔曾任命国际货币基金组织前官员卡洛·科塔雷利担任公共支出的特别专员，对降低政府规模、节省运营开支提出建议。但在科塔雷利建议大幅削减开支后，伦齐却拒绝了。

伦齐的公共管理部长玛丽安娜·马迪亚悲哀地说："原状保持太久，就成了一种惯例，要变起来很难，很花时间。"[229] 的确如此，意大利的状况长期没有发生变化，伦齐并不打算成为改变现状的人。他作为青年人的热情消退了。虽然他开初是要"把世界点亮"，但现在他显得有些逆来顺受，"意大利人既有担忧，又疲乏不堪，也缺少信心"。[230] 常年的经济和政治失范在国家内部造成的暮气沉沉，也渗入了伦齐心里。

所以，伦齐试图走另一条意大利政治家曾屡次尝试但没有成功的道路。他力图削减参议院的权力，并降低地区和城市政府的管辖权。他还计划改革选举法，使其有利于单一党或强大的执政联盟执政，目的是通过选举制度把更多的行政权归于总理。这或许是一个有价值的目标，或许只有这样，死结才能打开。

2016 年 12 月，伦齐呼吁意大利民众在公投中批准他的计划，但长期积累的经济不安和羞辱感在此时爆发了。伦齐希望靠打反欧牌来赢得意大利民众。[231] 他从自己的桌子上撤掉了欧盟的旗帜，只留下意大利的六面旗。欧洲事务副部长山德罗·戈齐语气强烈地说："我们很厌烦这样的一个欧盟，它在大事上瞻前顾后，在小事上又虚张声势；我们相信，如果欧盟不发生改变，我们很快就会看到欧盟解体。"格里罗不甘落后，也用意大利旗帜做文章，他在推特上发文说："我明天会在罗马等你。我们下午 1 点半在城外圣保罗大教堂见面。如果方便，请带一面意大利国旗。"[232]

约 60% 的意大利人投票反对改革方案。意大利人拒绝选举制度的改革，并不是因为他们对提议的改革方案有过深思熟虑，而是因为公投让他们有机会表达对经济和政治的不满。对很多人来说，这次公投是关于意大利的政治掌权派是否愿意与欧洲抗衡。伦齐这么晚才呼吁欧盟进行改革，既不让人感动，也不可信。

欧洲的历次公投已经形成了一种常态，反对派多数是来自受教育程度不高、住在经济复苏遥遥无期的地方的人群。在经济灾难中苦苦挣扎的意大利青年人的投票尤其彰显出了愤怒的情绪：18 岁到 24 岁的人有80% 投票反对伦齐提出的方案。

伦齐虽然年轻，但他早已深深嵌入老朽的政治秩序衍生的各种阴谋诡计之中，很难真正了解那些对前途充满绝望的青年人的需要和抱负。

伦齐之前承诺，如果意大利人拒绝他的方案，他将辞职，他也立即这样做了。他担任总理达两年十个月，与战后意大利总理的平均任期相当。伦齐在意大利和欧洲聚光灯下的这个短暂时期，进一步撕裂了意大利的政局，且严重分裂了他所在的民主党。所以，在人们希望有人来替代他时，格里罗领导的五星运动和欧元怀疑论在意大利更加深入人心。

意大利民众曾经非常相信欧洲，现在似乎已经放弃了欧盟种种"纪律"可能带来的希望。2016 年，只有 36% 的意大利人信任欧盟，比 2001 年的 74% 下降了 38%（图例 8.8）。意大利对欧洲信心的这种让人震惊的下降反映了他们在经济上的无助感。

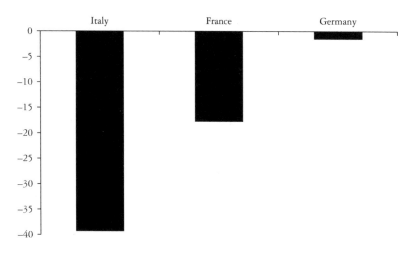

图例 8.8　意大利失去了对欧盟的信任
（相信欧盟的调查对象百分比的下降，2016 年与 2001 年相比）[233]

　　更值得关注的是意大利青年人对欧盟的低信任度，虽然这并不让人惊讶。自有这种民调以来，欧洲青年人是意识形态倾向最强烈的人群，他们对欧盟的支持和信任比上几代人都要强。但这种差距在很多国家缩小了，因为青年人中高居不下的失业率销蚀了他们的理想主义。在意大利，这种趋势更进一步，意大利千禧一代，即那些 1991 年之后出生的人，对欧盟的信任远远低于他们的父母和祖父母。[234] 意大利的青年人抛弃了伦齐，也放弃了欧盟。

　　经济困境外加政局失序，让人们开始窃窃私语"意退欧"——意大利可能需要离开欧元区。如果这种情况发生了，新里拉将迅速贬值，在这样的恐慌中，意大利人很有可能需要用 3 到 4 个新里拉换 1 欧元。[235] 如果发生这种大幅贬值，用欧元计价的债务几乎不可能偿还。2017 年 1

月，米兰投资银行的分析师撰写了一份广为传播的报告，他们认为，每过一年，意大利若想放弃欧元，回到里拉，要付出的成本就更昂贵。[236]在一些现有的债务契约中，法律上的漏洞似乎可以让意大利债务人用100里拉偿付他们欠的100欧元债务。但欧元区对新债务合同的坚持，让这种小伎俩更加难以实现；意大利人需要用与100欧元等值的里拉还债，这也使还债更加困难。违约的现象将很快蔓延，它的连锁反应将把震荡传导给世界金融市场。[237]如果"意退欧"必须发生，那就越快越好。等得越长，意大利的债务负担就越重，从而债务违约的规模也越大。这种违约对欧洲和全球金融体系造成的损害都将是巨大的。

2017年7月初，五星运动在欧洲议会就"意退欧"的成本组织了一场研讨会。[238]虽然五星运动的领导层的立场非常谨慎，但在欧洲议会举行这种高等级的研讨会本身就很说明问题。魔鬼终于从宝瓶里出来了。

第九章

最后一幕：衰落与分裂的欧洲

　　自欧元 1999 年启动以来，欧元区的经济在世界主要经济体中就逐渐落后了。欧元区最严重的长期症结是它较低的生产增长率。这个问题在过去十年又进一步加重，起初是因为在应对 2007 年中期开始的全球金融危机时，对货币和财政政策犹豫不决，后来是因为在 2009 年末至 2014 年初欧元区自己的危机中灾难式的政策失误。欧元区的经济从一个危机滑向另一个危机，而美国经济却扎实而缓慢地复苏，它采取的手段是有力的货币刺激和重振金融体系的积极措施（图例 9.1）。但与它战后从经济危机中复苏的标准相比而言，美国的复苏也是较弱的。这部分是因为政府过快撤回了金融刺激政策。而 1930 年代，由于美国的应对措施有充分的前瞻性，很快便驱逐了大萧条的幽魂。但欧元区经济体整体上的表现与它们自己在大萧条之后的情况相比也是糟糕的。

　　实际上，从 2007 年全球金融危机开始，欧元区的经济体还不如日本在"失去的十年"中的表现。第八章已经提到，日本在 1990 年代后期地产－银行泡沫爆裂之后，其决策者错误地收紧货币政策，不仅使经济增长放缓，也把商品价格推到了低通胀的区域。长期的低通胀制造了价格继续下跌的预期，导致人们推迟消费，又进一步拖延了增长。日本因为经济实力雄厚，所以减少了伤害。几十年坚持不懈地对教育、研发和先进制造机械的投资，以及创新性的车间管理等因素，也使得日本企业具有相当好的恢复力，即使是出现政策错误也能取得一定的进步。

欧元区的危机对南方国家伤害尤重，包括法国、希腊、意大利、葡萄牙和西班牙。这些国家在不同程度上，既有日本最开始时的低通胀问题，也有投资低迷的影响，从而拖累了长期增长。

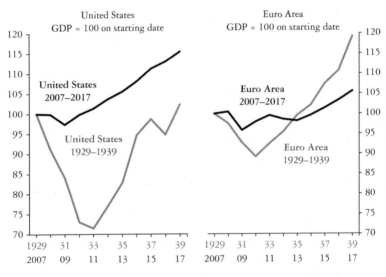

图例 9.1　危机导致欧元区落后，与美国和本地区大萧条之后的发展速度相比[1]

　　欧元区在全球经济体中的地位将继续下降。除了长期的低生产增长率之外，2014 年之前吝啬的货币刺激政策和 2013 年之前的财政紧缩政策，不仅损害了当时的经济，也降低了未来的经济增长潜力。[2] 一些长期失业的工人再也无法跟上对技能日益增长的要求，而公司也要花很多年才能补足在长期的经济危机中对投资和研发的亏欠。展望未来，即使撤销了货币和财政政策方面的制约，欧元区经济在未来十年的增长速度很有可能比它在危机发生前的十年还要低很多。

　　生长增长率的长期滞后，在漫长的危机中进一步加重，实际上也使得欧元区远远落后于世界最活跃的经济体。美国虽然有很多政治问题，在最好的时期也出现了管理混乱，但它始终是顶尖技术的集散地。亚洲国家在技术竞争中也以惊人的速度把欧洲抛在身后（图例 9.2）。如果中国继续在教育体系和研发方面以现在的速度投入，大多数欧洲国家将永远沉沦于第二梯队甚至第三梯队的技术水平。

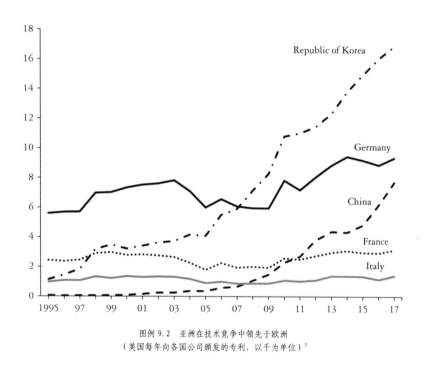

图例 9.2　亚洲在技术竞争中领先于欧洲
（美国每年向各国公司颁发的专利，以千为单位）[3]

　　欧元区长期的低增长是一个特别严重的问题，因为金融的脆弱性在不断升高并且蔓延。而经济增长是金融困境最好的解毒剂。增长帮助债务人降低债务负担，财务情况较好的债务人则可以帮助银行恢复健康的状态。欧元区政府的高额负债、支离破碎的银行体系以及低增长所造成的典型状况，使得投资者迅速失去了信心，该地区极有可能退回到危机之中，并且再一次把震荡传导给欧洲和世界金融市场。

　　危机还导致北方和南方国家之间的经济差距拉大了。与欧元区内的南方国家不同，北方国家中金融安全度最高的国家，包括奥地利、芬兰、德国和荷兰，在危机中也受到了一些损害，但还不至于破局。欧元区内部的这种经济差异产生了政治后果。整个危机期间，北方一直很警惕向南方提供金融支援。这两个群体的国家领导人之间，以及两种国家的民众之间的张力都不断上升。这种张力得不到缓解，降低了为欧洲问题找到解决方案的可能性。

欧元区南北国家的不同路径

在北方，政府的债务负担（债务与 GDP 的比率）在全球金融危机发生后，一开始也是上升的，然后就开始下降，或者安稳地维持在 GDP 的 100% 以下；如果超出这个比率，公共债务就将变成一场严重的金融危机（图例 9.3）。[4] 在南方，债务率在整个欧元区危机期间一直在上升，现在已经接近或者超过了 GDP 的 100%。

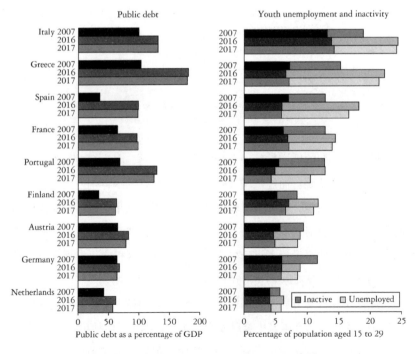

图例 9.3　欧元区的南北差异：公共债务和青年人的困境 [5]

　　南北之间更让人困扰的差距是青年人的处境。评测青年人经济状况和前景最好的尺度并不是传统意义上的失业率，因为这个指标只看那些被划入劳动力人口的人（有工作或正在寻找工作的人）；一个更完整的指标是要把所有青年人都计算在内。这个人群中一些人是失业的，还有一些人被标注为"闲置劳动力"，他们也承受着严峻的压力；事实上，他们的数据显示了经济上无助的情况。这些闲散人口不在中学或大学，没有正式工作，也不再寻找工作；他们已经在绝望中彻底放弃了。按照这个标准，把失业人口和闲置人口都包括进去，可以说，北方国家因为其表现良好的经济，更能满足青年人的需要。过去十年中，青年人失业和闲置的问题，在奥地利和德国已经下降了；在芬兰和荷兰，虽然这个数字有所上升，但还是很低的。

　　但南方国家没能给青年人以希望。那里的青年人承受的沉重压力在葡萄牙和西班牙维持不变，在法国、希腊和意大利则有所上升。尤其是意大利，15 岁到 29 岁的意大利人中有 10% 处于失业的状态，另有 14% 的人属于闲置劳动力。所以，约有 1/4 的意大利青年人和 1/5 的西班牙青年人，头顶上空高悬着未来经济安全的巨大问号。

　　欧元必然会制造出南北的分裂。经济学家尼古拉斯·卡尔多和艾伦·沃尔特斯分别在 1971 年和 1986 年预测过，单一货币以及相应的货币政策和统一的财政政策将拉大强弱成员国之间的差距。[6] 欧盟领导人选择忽略经济学。而现在经济学正在报复。

　　事实上，问题比卡尔多和沃尔特斯预测的还要严重。经济增长并不是线性的。历史上的关键时刻为某些国家的繁荣提供了机会，同时又把另外一些国家推入了低增长的陷阱。其中一次的关键节点是 18 世纪晚期启动的工业革命，一些欧洲经济体从此开始了爆发式的增长路径，而此前拉丁美洲和非洲的很多发达经济体则开始了长期下滑。[7] 学者把 18 世纪这次不同国家经济上的分野称为"大分流"。即使是在没有那么剧烈的关键时刻，同样的现象也在重复：坚强的国家留存下来，并走向繁荣；疲弱的国家不仅在当时遭遇挫折，而且失去了重新组合、再现繁荣的后劲。[8]

全球危机和欧元区危机这两股力量制造了又一个关键节点。在这个节点上，欧元区的南北国家用同一种货币，却走上了截然不同的经济道路。较弱的南方国家受到了不少伤害，并且留下了长期的伤痕，而较强大的北方国家则摆脱了有限的损害。我预计，跛足而行的南方和已经大致恢复的北方之间的差距会延续，也将继续考验欧元区的运作机制和健全性。

欧元区南部国家缺少复苏能力

每个经济体都需要一定的机制来应对困境。国家的汇率就是这样的机制。但欧元区国家没有自己的货币，否则它们就可以在衰退或危机时期贬值自己的货币。贬值能刺激出口，在国内创造就业机会。

虽然所有的欧元区国家都放弃了自己的货币，但南方的成员国又多一重劣势，即它们都受制于过低的生产增长率。强劲的生产增长可以作为一种有效的工具，因为它将使借款人产生信心：虽然面临困境，但经济增长会很快恢复，他们也将能够偿还债务。相比而言，当生产增长率较低时，衰退与危机会使债务人和债权人都承受巨大的金融压力。这些压力会促使他们减少支出，并降低他们对未来的信心。近似于危机的情况一直持续，复苏也会推迟。所以，欧元区机构对收紧的货币和财政政策的偏好对南方的影响更为严重。严苛的政策让南方国家难以找到现实的方案摆脱危机，衰退或危机的延长又进一步降低了增长的潜力。

欧元区初期对成员资格的审核中，很多人质疑把希腊、意大利、葡萄牙和西班牙囊括进单一货币区的理由，主要的问题是这些国家是否有足够的条件，在没有自己货币和货币政策的情况下维系经济的正常运转。[9]决定让它们加入欧元区是基于一种信任，即这些国家将采取主动的政策来加强经济，以更有力地承受经济震荡。这种乐观的看法后来并没有被证实。进入欧元区之后，这些国家的经济甚至比加入之前还要糟糕。关键的是，欧元区前十年的大多数时期，它们的生产增长率接近于零，如果把时间拉得更长，这个数字甚至会变成负数。生产上的不良表现反映了这些国家在教育和研发方面的弱势，以及它们无力生产高质量的产品在国际市场上与先进国家竞争。[10]

就连法国的全要素生产增长率在欧元区的前十年（1999—2008）也接近于零。法国的研发率虽然高于其他南方国家，但它的教育水准却落后于其他的发达经济体；以专利衡量的技术产出也很凋零。

欧元区南部的低生产增长率的更深层次原因是普遍的制度性效率低下。在希腊和意大利，这种低效率表现为四处蔓延的腐败，后者吞噬了投入创造的能量。[11] 在所有的南方国家，制度上的缺陷体现为人们更愿意在"影子"经济中求存，那些无法在正式经济中得到满意工作的人退而求其次，在法律的边缘讨生活。有意味的是，在衰落日趋明显的背景下，法国和其他几个欧洲国家一样，"影子"经济所占的比例在 2013 年之后开始上升。[12]

世界银行用包含国家治理和制度水准在内的一个综合性指标来显示南方国家让人担忧的境况（图例 9.4）。这些国家在指标中的排名都很低；希腊和意大利尤其低；除了法国以外，其他所有国家在加入欧元区之后都远远地落在了后面。

所以，前面讲到南北国家在债务和青年人失业率方面的差距并不让人惊讶。最近欧洲央行的一项研究表明，平均而言，在管理和制度上较弱的国家，增长也越低。[13] 因为增长较慢，它们的债务负担（债务与GDP 的比率）也上升得更快，年轻人也就更易陷入困境之中。这是让人难以宽恕的陷阱：较低的管理和制度水平降低了以投资促进增长的动力，也相应地抬高了债务负担，加深了青年人的困境。

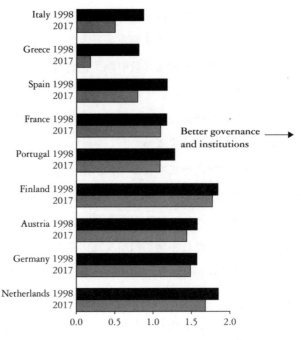

图例 9.4　欧元区南部受制于低水平的管理和制度[14]

　　要摆脱这种陷阱比较困难，因为社会不平等使得人们难以达成政治共识。不平等的程度一直很高，教育体系没能为孩子们创造充足的机会去过比他们父母更好的生活。所以，不少群体自然而然地认为，他们会在低水平的生活中停滞不前。危机时期的紧缩政策和结构改革方案加重了这种社会不平等，因为它们把经济调整过程中最重的负担转移给了最难以承受负担的人群。在前进的道路上达成政治共识的任务因此也变得愈加艰难。

　　欧元区南部值得担忧的长期问题从 2017 年中期开始似乎在减退。乐观的情绪在欧洲大部散布开来。所有国家的 GDP 都在增长，从而提高了政府的收入，减轻了预算压力。报纸广泛传播官员们所说的"基础深厚的"复苏，具有弹性并且在"加速"。

　　欧洲这种有所回升的情绪部分是因为全球范围的看涨心态。诺贝尔奖得主罗伯特·希勒写道，报纸不停地重复股票市场正在攀上"历史高位"。[15] 从 2017 年中期开始，世界贸易领域出现了普遍看涨的态势。欧元区的经济体严重依赖于世界贸易，因此得益于这种贸易的复苏。

欧元区南部国家也得益于一种经济学家称为均值回归（Mean Reversion）的规律：在陡然下跌或者长期偏弱的现象之后，一个经济体会短暂地恢复部分失地。在所有南部国家，对紧缩政策的调整，以及某些情况下的财政刺激，帮助这些经济体恢复到接近它们的中间水平。人们开始恢复购买他们推迟很久的商品。但是，这种均值回归的现象是短暂的。均值回归的益处来得也很迟钝，部分是因为有滞后现象，这是在长期危机中偏弱的经济表现导致的劳动技能丧失和投资缺乏留下的后遗症。[16] 所以，这种复苏从历史比较而言是让人失望的。但是，它毕竟是等了很久才出现的，而人们的增长期望本来就很低，所以官员和观察家很容易把这种复苏看作重要的进步。

想入非非的乐观主义又一次造成了极大的危险，之前欧洲央行行长德拉吉的评论在金融市场引起了极糟糕的反应。2017 年 6 月，欧洲央行在葡萄牙的度假胜地辛特拉召开秘密会议，德拉吉在会上说："所有的迹象都指向了欧元区强大而广泛的复苏。"甚至通胀率卡在让人不悦的低水平时，德拉吉还坚持说，"通胀紧缩的因素已经被通货再膨胀的要素取代了"。他三次强调，他对通胀率将回到欧洲央行 2010 年设置的 2% 的标准有信心。[17]

金融市场把德拉吉的话看作一个信号，认为欧洲央行宣告了胜利，并且将很快"降低"每个月购买的债券数量。[18] 由于这次减少意味着比预期更早收紧货币政策，欧元的价值迅速升高。对欧元区南部的成员国来说，强势的欧元等于让它们的出口增长停止，同时又通过降低进口成本而压低通胀率。欧元区机构又一次过度自信了。如果欧元的强势持续，复苏的趋势将失衡，低通胀的势头将进一步强化。

从长期的角度看，欧元区南部一直是低增长。除了危机导致的经济发展迟滞现象，人口老龄化也损害了增长潜力。除了日本之外，人口老龄化最严重的国家包括西班牙、意大利和希腊，葡萄牙程度稍轻，但也属于这一类。[19] 家庭里的子女越来越少；所以，当年长的人口退休之后，工龄人口就下降了。

　　欧元区南部国家面临着严重的经济和政治问题。但是，在意大利，所有这些问题以更为激烈的方式不约而至。在意大利加入欧元区后，意大利经济的生产效率就停滞了。意大利的银行，规模大但很脆弱，债务率在欧元区除了希腊之外是最高的。意大利的政治体系更是四分五裂，政客们醉心于拉帮结派，明哲保身。在应对这些严峻问题上，要想达成共识异常艰难，尤其是社会不平等的现象长期持续，意大利教育体系为人们在攀爬经济阶梯方面提供的帮助非常有限。[20] 而在接受了优质教育的人中，很多人认为这个体系能给予的回报太有限，他们也难以改变它，都一心想离开这个国家。[21] 所以，支持在政治、经济层面进行改革的势力过于弱小。经济和金融不断萎缩，意大利成了欧元区的断层线。[22]

　　意大利的各种问题在欧元区南部的其他国家也不同程度地存在。

法国彻底转化为了南方国家

　　自全球危机爆发以来，法国从欧元区的北方国家转化为南方国家，这有着特别重要的影响：强化了欧洲经济和政治的分裂，使得欧洲越来越难以重新组合成一个在经济和政治上和谐的群体。

　　或许法国从来都是一个南方国家，而之前作为北方国家的地位只是一个幻影。这个幻影也维持着另一种假象，即德国和法国作为两个平等的国家可以一起推动欧洲的一体化。然而，法国长期以来经济低迷，同时社会陷入分裂。经济史学家查尔斯·金德尔伯格早在1978年就指出，法国已经失去了经济活力；各种盘根错节的既得利益集团对法国政府的预算需索无度。[23] 不断扩大的既得利益集团，包括农业游说集团、国营企业工人、公务员、富裕退休阶层和富人（可以因保有酒庄、葡萄酒窖藏和艺术品而获得税收减免），对政府的财政提出各种难以抵抗的要求，又都是以维系社会共识的名义作出的。

政府的支出在 1980 年代初期就跨过了 GDP 的 50% 的限额，到 2017 年已经上升到惊人的 56%。但增长的这部分花销却并未能帮助建立社会共识。这些财政支出就像兴奋剂一样，使得法国的 GDP 在 1980 年代大部分时间和欧元区头十年的大部分时间有所增长，[24] 只是这种财政刺激驱动的增长遮掩了法国不断下降的国际竞争力。

金融危机显露出很多法国公司无法与国际对手竞争的事实。在欧元之前的年份，如果没有法郎贬值的帮助，企业就必然面临利润下降，投资减少的局面。[25] 政府的债务率已经达到了 GDP 的 100%，法国年轻人长期失业的问题也更加糟糕。

看到法国政府债务不断升高，以及法国经济国际竞争力的持续削弱，欧盟委员会主席让-克洛德·容克直言不讳地评论说："我们和法国存在问题。法国花钱太多，而且都花在错误的地方。"[26]

法国在有些事情上却依然做得非常出色。法国和意大利一样，在高端奢侈消费品方面仍然是世界领导者。受过精英教育的法国官员出现在国际机构和论坛上，都是仪表堂堂；但法国经济却有太多的软肋。[27]

法国最关键的一个软肋是它的教育体系，这个体系已经无法帮助很多国民获得体面的生活。在由三十五个成员国组成的经济合作与发展组织主持的国际学生能力评估项目（PISA）的测试中，法国学校在科学、数学等方面尤其落后。法国学生的分数显著低于欧元区北方国家的学生，更远远落后于领先的亚洲国家。[28] 法国学生在 PISA 中的低分值反映出大量学生学术表现不佳。研究显示，学校教育的这种低质量阻碍了经济增长的前景。[29]

更让人震惊的是，法国在帮助经济、社会和文化上处于劣势的学生方面，落后于所有的经合组织国家。[30] 在 2016 年 12 月公布 PISA 测试数据后，任职于法国国民议会文化事务与教育委员会，且在 2009 年获得法国最高公民奖法国荣誉军团勋章的安妮·热纳瓦尔发推文说:"就社会不平等在学校里的体现而言，法国仍然保持着可悲的冠军头衔。"[31]法国的大学体系使这种不平等固化，它忽视对经济增长和机会平等作出贡献，推崇社会精英。这些精英进入资金雄厚的高等专业学院(grandes écoles)，而其他人则进入缺少资金、人满为患的普通大学。[32]

结果是严重的。收入高、受教育程度高的父母，其子女有最好的教育机会，在技术迅速变化的全球化时代，他们从不断升高的教育"技术门槛"中获得的收益最大。所以，那些经济地位本来就高，再加上有高超技能的人可以在社会中攀升得更快，而教育体系本身对经济地位较低的人提供的帮助却极为有限。[33]不可避免的是，不平等的情况在近几代人中升高了。[34]出生于不利环境中的法国孩子很少有在经济和社会地位上获得上升的机会，他们自然也就担心会比他们父母的处境更糟。[35]法国年轻人辞去工作、不再上学的现象就表明了社会功能的丧失。法国的政治体系在财政上制造了大量的既得利益，名义上是促进社会和谐，但在教育机会上无法促进平等，深化了社会的割裂。

德国人对法国凋敝的经济和麻烦丛生的预算问题感到担忧，他们很急切地想向法国提供结构性改革和财政紧缩方面的建议，帮助法国解决多年以来的财政赤字问题。2012 年 11 月，路透社报道，德国财长沃尔夫冈·朔伊布勒的顾问团队正在为法国起草政策建议。[36]德国人否认这一事实，但法国人的荣誉已受到了挫伤。法国总理让－马克·艾罗前往柏林与默克尔会晤。会晤之后的记者会上，艾罗坚持说，法国政府的政策将建立在"法国自身的基本价值上。现在需要做的是建构新的法国模式"。[37]2014 年 12 月，包括默克尔在内的德国领导人再次批评了法国长期以来预算超标的问题，法国财长萨潘用熟悉的法国方式回应道:"我采取的是我认为有利于国家的措施。我认为外界在表达对法国的观点时，要保持谨慎。"[38]萨潘预测说，德国对法国政策的批评只会在法国引来民粹主义的火力，这会把极右翼政党国民阵线的领袖玛丽娜·勒庞推入2017年法国总统大选的第二轮和最后一轮竞选中。

萨潘显然有先见之明。勒庞以反欧洲和反欧元的姿态进入竞选的第二轮，但她在这个阶段遇到了不曾预料的对手，时年三十九岁的马克龙。

在2017年5月的选举中，马克龙轻易击败了勒庞，成为法国新总统。马克龙是一个政治新手，从未担任过民选官员。他的背景和职业生涯讽刺性地代表了法国的精英阶层。他曾在竞争性极大的国家行政学院（ENA）受过教育，这是进入法国最高统治梯队的入门门槛。他从那里起步，又进入了法国财政监察总局，这个机构每年从ENA挑选最优秀的毕业生。他的下一站是罗斯柴尔德银行，他在那里主持了几次利润可观的并购。他曾短暂地担任过弗朗索瓦·奥朗德总统的副秘书长，然后于2014年8月被委任为经济和财政部长。他与总理曼纽尔·瓦尔斯之间的斗争，让奥朗德逐渐感觉，马克龙有不忠的嫌疑，这种紧张关系导致他在2016年8月底辞职。2016年4月，他还在任上的时候，创建了自己的党派或者说是"运动"，名为"前进"！

马克龙闪电般地上升为法国总统，让很多担忧法国可能转向极端民族主义的人感到庆幸。2017年6月，马克龙获得了另一个重大的政治胜利。他领导的政党，现在称为共和国前进党（LREM），在法国国民议会中取得了大半数席位。基于这些重大胜利，马克龙获得了巨大的政治权力，可以把法国引向新的方向。但他这样做能否获得广泛的认同，还不清楚。

马克龙的胜利是西方民主政体两股历史潮流的继续。[39] 选战最后一轮的两位候选人马克龙和勒庞都是例外。社会党的候选人伯努瓦·阿蒙在第一轮选举中只排到第五。前总理瓦尔斯说，这个党"死了"。所以，法国政治中传统的"泛欧主义"势力眼看就要消失。这个政党信奉以社会公正为核心的社会民主主义，却没能解决越来越多的民众担忧的问题。保守的共和党候选人弗朗索瓦·菲永虽然在早期被看好有可能赢得总统大选，但他被指控滥用公共资金向他的妻子支付大笔薪水，其妻子名义上是作为他在议会的助手，但实际上并不存在这个职位，他很快就失利了。所以，这两个传统主流政党的候选人都没能走到最后一轮。选民渴望看到变化。马克龙正好符合这种期望。

但另一个持续发展的趋势更加让人担忧。大批的法国民众不满政客们自私自利，不管百姓疾苦，已经不再参与政治。他们选择不去投票。在总统选举中，只有 3/4 的法国选民前去投票，这是几十年来最低的投票率；而且大量投票者投了弃权票，所以实际只有 2/3 的选民投了票。在议会选举中，投票率更是暴跌，从 1986 年近 80% 的比率下降到 2017 年的不足 50%。那些不投票的选民多数受教育程度低，收入低，做着没有什么出路的工作。这种选择放弃的趋势反映了弱势阶层的愠怒，对他们来说，法国的教育体系没能帮到他们。

最能反映法国人的担忧和愤怒的是这个国家的年轻人。虽然马克龙在选举中轻易战胜勒庞，但他在年轻选民中的得票率却是最低的。另一个体现年轻人对马克龙不感兴趣的指标是，他们中的很多人不参与投票。虽然所有年龄层的人投票率都暴跌，但 18 岁至 24 岁的选民中只有 26% 的人愿意在议会选举的第二轮投票；在稍微年长的群体中，即 25 岁至 34 岁，也只有 30% 参与了这一轮投票。[40]

意大利前总理马泰奥·伦齐与马克龙之间有惊人的相似之处。他们在成为国家领导人时都只有三十九岁。伦齐没能取得意大利年轻人的信任，后者在 2016 年 12 月的新选举法公投中让伦齐遭遇了羞辱。[41] 在法国，马克龙虽然年轻，却没能动员法国年轻人。

马克龙必须提供的是什么？他是以泛欧主义的身份参与竞选的，这使得他赢得了国际评论界的赞誉。国际社会在马克龙的身上看到了希望，他对欧洲和全球可能都是一个新的开始。

马克龙在英国决定退欧不到一年后赢得大选胜利——英国在 2016 年 6 月决定要退出欧盟；这个时间点也是唐纳德·特朗普当选美国总统

六个月之后。英国退欧和特朗普当选都挑战了战后国际贸易和治理的制度架构。马克龙给人以这样的希望，即他将拯救老朽的欧洲和国际秩序，并使之稳固。《华尔街日报》的叶伟平（Greg Ip）断言马克龙是"全球主义的伟大希望"。叶伟平写道："对于因为英国人投票退出欧盟以及特朗普当选美国总统而消沉的全球精英们而言，法国无异于一针肾上腺素。"[42]德国《商报》说："由于马克龙当选法国总统，欧盟项目又有指望了。"[43]英国《卫报》把法国选举的结果描述为"马克龙和希望的胜利"。[44]《经济学人》也不甘落后，发出一张马克龙在水上行走的蒙太奇照片，并问道，他是否就是欧洲人期待已久的拯救者。[45]

马克龙与伦齐的相似性又呈现出来。国际评论界中的几乎同一群人，也曾对伦齐升任意大利总理表示过同样的"希望"。

但是，国内的民众给马克龙发出的信号却是对欧元充满质疑，甚至是反欧洲的。法国选民虽然抛弃了勒庞好勇斗狠的民族主义，但他们并不赞同泛欧主义的议程。在总统大选的第一轮，两位直率的反欧候选人，极左翼的让－吕克·梅朗雄和极右翼的勒庞总共获得了40%的选票。这两位代表政治极端势力的候选人所吸引的选民多对未来忧心忡忡，也对公平机会不抱幻想，并预料在外国竞争和移民的冲击下会失去更多的工作机会。另有20%的选票投给了菲永，他自诩"戴高乐主义者"，强调法国的强大和主权在握，对移民问题立场强硬。[46]在总统大选第二轮，勒庞获得了1/3的选票（几乎两倍于她的父亲在2002年总统大选中挑战现任总统希拉克时获得的选票）。在议会选举中，不仅大批选民深感绝望、拒绝投票，而且在经济困难的区域，比如塞纳－圣但尼省和北部锈带区，选民更倾向于梅朗雄极左翼的不屈法国党和勒庞的国民阵线，而不是马克龙的共和国前进党。[47]

法国民众早就试图告诉他们的领导者，欧洲没有为法国国内的深层次问题提供解决方案。1992年，法国民众在公投中几乎否决了《马斯特里赫特条约》和欧洲单一货币。法国时任总理皮埃尔·贝雷戈瓦对这个投票结果反思道，法国人中"生存最为艰难"的一群人已经投票表示反对欧洲进一步的一体化。他还说，法国领导人把注意力放在欧洲，却不了解很多民众的艰难困境，这种失败导致"人民和他们的代表之间的割裂"。[48] 但极少有法国领导者听进去了。相反，他们为能够继续单一货币的计划感到释然，完全忽略了民众的愤怒情绪，使得他们与人民之间的裂痕继续延伸。2005 年，法国人再次嘲讽了欧洲，否决了具有象征性的欧洲宪法。[49] 在这次投票中，法国年轻人对这部宪法的反对尤其激烈。那些在两次欧洲公投中尤其厌恶欧洲的人——也就是受教育程度低、收入低，并对未来感到悲观的人——现在对马克龙也最无兴趣。

在公投中投票反对欧洲，这次又拒绝投票给马克龙的法国人并不必然反欧洲；他们主要是想把法国领导人的注意力引导回欧洲无法解决的法国国内问题上。法国总统一直试图让欧洲有利于法国，但这种渺茫的希望分散了注意力，这显然是危险的。同时，法国的经济、社会和政治问题已经更加尖锐。

在大获全胜之后，马克龙继续坚持他的欧洲路线。他说，欧洲已经"失去了方向"。马克龙谈及要召开"民主大会"，以"重塑欧洲"。[50]

但他最初的行动却是针对"外派员工"展开了诉讼。这些员工主要是东欧国家派到富有西欧国家的工人，包括比利时的卡车司机、立陶宛的砖匠和颇有名声的波兰水管工。[51] 外派工人虽然在工作的国家受制于最低工资的法律，但实际是按照东欧的较低标准领取薪水；尤其是他们的奖金、超时补偿和节假日等福利是依据自己国家的规则。东欧公司非常倚重这些派到其他欧洲国家的工人，它们引经据典地指责马克龙违背了欧洲内部服务贸易自由的本质特征。

但马克龙执意要大闹一场。他说，东欧和法国工人之间的薪酬差距削弱了"欧洲观念"，滋长了极端主义。[52] 他想把法国工人团结过来，所以把这些外派员工称为一种"社会倾销"。[53]

位于布鲁塞尔的智库布鲁盖尔的成员索尔特·达瓦斯说，这种对外派员工的定性并不真实。外派员工的总数很小。他们对其派驻国工人的收入和就业并无实质影响。[54] 从最善意的角度去解释马克龙的斤斤计较，就是他本能上挥之不去的法国贸易保护主义传统，他要用这个政治上的敏感问题表明他在保护法国工人。

马克龙还提议了其他一些违背自由贸易原则的做法。他提出了《购买欧洲法案》，在政府采购合同中给予欧洲产品以优先权。他还呼吁对外国在欧洲的投资计划进行更深度的审查。虽然马克龙年纪轻，并且赞同全球化，但他本人是站在法国政府干预经济的传统里，主张政府出于好意进行积极干预。德意志银行前首席经济学家托马斯·迈尔的说法代表了很多信奉政府有限角色的德国人，他在《法兰克福汇报》的专栏里警告说，马克龙是一个"危险的伙伴"。[55]

马克龙意在对欧元区进行重大改革，他迅速敦促默克尔与他设立一笔能在经济衰退或危机时期帮助成员国的预算。可以想见，默克尔谨慎地回复表示同意，但又附带说，"如果这个方案可行"。[56] 国内对欧元区预算的政治反对，使得默克尔没有转圜余地。多年来，她的立场一直比较坚定：德国不会以开放式的金融安全网去帮助其他国家。默克尔想要所有的欧元区成员国在经济上独立，自力更生。[57]

马克龙在国内想建立一种君主式的总统制。他显示出的"浮华的、君王式的权威"甚至让他的支持者感到惊讶，他们原以为他是"自由民主的斗士"。[58] 法国媒体对他的这一面不抱好感。他在凡尔赛宫对国民议会和参议院议员发表了九十分钟的演讲，被媒体描述为"感觉无休无止""充满陈词滥调"。[59]

与伦齐当初的做法相似，马克龙首先展开的行动是减少议员数量，"并且缩短程序、简化投票过程以提高立法速度"。[60] 在经济上，马克龙则着手进行劳动力市场"改革"，这与伦齐的就业法案相似。[61] 马克龙意图强化雇主的权力，让他们可以更容易解雇员工。其目的和意大利一样，是让法国公司具有更大的灵活性去"适应市场"。第七章已经分析过，这种改革让工人更没有安全感，也减缓了生产率的长期增长。基于这样的原因，马克龙的改革方案虽包含了更好的失业保险和更多的就业培训机会；但是，保险待遇提高是需要成本的，由于马克龙同时也许诺削减政府预算，所以保险改革的方案受阻了。提高就业培训机会的计划也因为各政府部门的互相推诿而无法执行。制造职业不安全感是容易的，对高度不安全的工人作出补偿却总是很难。马克龙的劳动力市场改革导致的结果很可能会与其他欧洲国家的改革一样：短期合同的就业提高了，但法国经济的生产增长率仍将很低，并有可能下降。

马克龙提议的降税和削减支出很可能更有利于富人，而伤害到穷人。明星经济学家、《21世纪资本论》的作者托马斯·皮凯蒂是最早批评马克龙的人之一。总统选举之前，皮凯蒂就预测，马克龙这位前银行家的政策将有利于银行业界和其他富人。马克龙果然体现了这种"偏见"。[62]他在2018年推出的预算删除了财富互助税这种针对富人的税收，同时还减少了对红利、利息和资本收入的所得税。对照来看，虽然政府对高等教育的支出——以学生人均计算——从2008年以来已经下降了10%，但预算却对此无所作为。马克龙也没有打算减少公立大学与高等专业学院之间的不平衡。他还降低了住房补贴，但很多学生依赖这笔钱去支付租金。他还评论说，那些罢工工人懒惰，见利忘义。马克龙很快就被多数法国人视为"富人的总统"。连马克龙的顾问、经济学家让·皮萨尼－费里和菲利普·马丁也很担心，这位新总统为工薪阶层和中产阶级做得太少，他的减税措施只对人口中的富人阶层有利。[63]

所以，马克龙的经济改革不仅让人感觉经济增长无望，还会进一步提升社会不均，潜藏着政治风险。三十九岁的马克龙出任总统的头三个月，用在化妆上的费用就多达26000欧元，消息传出后，成为坊间惊愕或讪笑的谈资。

要想在政治上取得进展，乃至在经济上有所成就，马克龙必须认识到挽回法国社会两极化趋势的紧迫性。他的任务是为新的社会契约建立共识，使经济增长让更多人受益。风险在于，如果没有这样的契约，即使是明智的政策也难以推行。在这种情况下，法国的经济将继续放缓，法国仍将偏于欧元区的南方一隅。自然地，在变幻莫测的欧洲与德国争雄的目标也仍将是一场梦——这个目标是当初法国推动欧洲单一货币的动因。

葡萄牙和西班牙受制于低增长潜力

有那么片刻，葡萄牙似乎会在经历危机后变得更加强大。2012 年 9 月，德国财长沃尔夫冈·朔伊布勒赞赏葡萄牙政府以"比想象更快的速度"实行了痛苦的改革。[64] 到 11 月，朔伊布勒甚至更加热心，他对记者说，"葡萄牙在困难时期做了非凡的工作"，"葡萄牙走在正确的道路上。葡萄牙仍将继续这样走下去，我对此从不怀疑"。[65]

乐观的语调和夸夸其谈存在于每一个好的决策者的基因里。但我们在本书中已经看到，欧元区机构对空谈的重视远远超过对实际行为。他们没有能力展开行动，却总是幻想着凭几句空话就可以达到通过行动才能完成的目标。仅仅通过强制实施财政紧缩和结构性改革是不可能把一个国家从经济和财政黑洞中解救出来的，所以欧元区的领导者老是在宣称胜利，希望这样一来，金融市场会相信新的黎明就在前方招手。

事实上，严峻的紧缩政策正在让葡萄牙付出代价。虽然朔伊布勒盛赞葡萄牙的经济表现，但高税收和福利项目的削减却使得很多家庭的可支配收入锐减。借款人越来越无法偿还他们的债务，银行的前景堪忧。[66]2013 年 7 月，财长维托尔·加斯帕尔请辞，他说，他一直都无法兑现承诺，已经严重削弱了自己"作为财长的信誉"。[67]

但不到一年，2014 年 5 月，葡萄牙政府决定终止"救援"项目，朔伊布勒却再一次说，"迅速地实施项目使得葡萄牙的经济重回正轨，让公共财政实现了可持续性，还减少了危机发生之前积累的不平衡"。

他又说，葡萄牙决定退出救援项目，证明了"欧洲危机解决机制是有效的"。[68] 朔伊布勒这样解释葡萄牙的成功，是希望能够把希腊日益加重的灾难归责给希腊政府，而不是欧洲的经济政策。

与朔伊布勒不同，多数分析家都对葡萄牙的发展道路有所警惕。2014 年 11 月，IMF 在第一份"结项后审核"中写道："葡萄牙仍然面对着严峻的增长压力。失业率仍处在史无前例的高位，投资乏力仍在侵蚀这个国家的资本。"[69] 投资水平低，是由于葡萄牙公司在危机开始之前拼命借债，现在正困于偿还旧债。IMF 曾表示过乐观的估计，预测葡萄牙的年均 GDP 增长将从 1% 上升到 1.5%，政府的负债率将从 GDP 的 130% 稳步下降。但这种乐观的看法很快消退了。2016 年 9 月，IMF 说，短暂的经济复苏缺少持续的动力，银行体系仍然"受利润率低和不良贷款增加等问题的困扰"，政府财政承受着巨大压力。[70]GDP 增长率并没有上升；债务负担也没有减轻。

葡萄牙的 GDP 在 2017 年第一季度重新上扬的时候，朔伊布勒又说，这是葡萄牙经济复苏的曙光。这一次，他把葡萄牙财长马里奥·森特诺称为欧盟经济与财政事务理事会的 C. 罗纳尔多，将森特诺与这位葡萄牙球星相比。

朔伊布勒的这种乐观或许最终会被证明是先见之明。但同时，葡萄牙还有漫长的路要走。葡萄牙的银行虽然取得了一些进步，但它们的不良贷款仍然居高不下——只有意大利银行的不良贷款问题比葡萄牙更加严重。葡萄牙的银行利润水平较低，资产质量相当窘迫，所持资本也不足以承受下一次危机。[71] 葡萄牙 2017 年的人均 GDP 只相当于其在 2001 年的水平。自 2011 年以来，全要素生产率（不仅仅是其增长率）一直在下降。换句话说，葡萄牙经济利用资源的效率相比以前降低了。[72] 所以，这是一个恶性循环，增长乏力使得债务负担无法减轻，银行业也比较衰弱，后者又反过来导致增长率较低。

危机期间，靠非自愿的兼职工作或者短期合同而生存的工人比例陡然上升，也使得经济不平等的现象更加严重。葡萄牙的青年人在这些趋势中受创最剧烈。这种创伤最明显地表现在葡萄牙青年人处于持续贫穷的比率上：在18岁到24岁的葡萄牙人中，这个比率从2007年的10%上升到2015年的20%。同一时期，65岁以上的人口中，持续贫穷的比率却在下降。[73]

　　这些冷酷的事实是葡萄牙的经济增长长期受到制约的结果。经合组织在2017年的回顾中写道，25岁至64岁的葡萄牙人中只有45%完成了高中教育，在经合组织的所有国家中仅高于墨西哥和土耳其。[74]在波兰和捷克，这个比例是90%。葡萄牙的学童常常要留级以及提前退学。他们怎么能和东欧国家那些受教育程度高很多，工资却低很多的工人竞争呢？葡萄牙的职业培训体系也很松散、低效率。同意大利一样，低教育水平从上一代传递到下一代。[75]紧缩政策导致的公共支出削减，又逆反了早在危机开始之前为了使得经济走出低增长陷阱而作出的些许努力。缺少必要的人力资本，葡萄牙企业的研发很少，与大学研究者的合作也很稀缺。在这个竞相采用先进技术的世界，葡萄牙已经远远地落在了后面。

　　西班牙在危机后的复苏让人印象深刻。自2015年初以来，西班牙GDP增速喜人，年均超过3%。失业率从2013年的峰值26%下降到2017年初的18%。这些亮眼的成绩主要反映了西班牙经济大规模的均值回归。这个国家在地产和银行崩溃后发生了经济大滑坡，所以有很大的空间来实现复苏。西班牙政府并不理会欧洲机构的警告，在2014—2016年间明智地进行了较大规模的财政刺激，以收复经济失地。

　　但危机后的复苏天然具有一定的局限，它总会找时机显露出来。IMF预估西班牙潜在的经济增长率是1.5%；经合组织则担忧西班牙较低的生产增长率可能无法弥补工龄人口下降带来的损失，所以预测西班牙的经济增长可能只有0.9%。[76]同意大利、葡萄牙一样，西班牙经济增长的主要障碍，是在教育和研发能力方面的缺陷。教育机会的不平等代际传递，妨碍了更多的人共享经济增长的果实。

也和意大利、葡萄牙一样，西班牙经济在危机中留下了很多隐患。虽然失业率有所下降，但仍维持在 18% 的高位。在那些长期失业的人口中，有很多人曾经在兴盛一时的建筑行业工作。这些工人很多并没有完成高中教育，现在更难有被雇用的机会。劳动力市场中大约有 10% 的人表示，他们做兼职是因为找不到全职工作。[77]

而且在欧洲通行的模式下，所谓的劳动力市场改革使得雇主更容易解雇工人；新的工作主要是临时性的。大批的工人面临的窘境是，他们有可能终其一生都只能获得永远属于低端的临时性工作。经合组织的分析显示，做临时工的西班牙工人转换到比较固定的工作困难很多。[78]同欧元区南方的其他地方一样，年轻人的就业情况最差；就业的年轻人中有 70% 都是签的临时性合同。[79] 所以，危机期间实施的改革加剧了本来就很严重的机会不平等。改革也降低了雇主在工人身上投资的动机，相应地提高了西班牙生产增长率保持低位的风险。[80]IMF 说，按现在这种方式走下去，过度负债和脆弱的财政状况将延续下去。[81]

西班牙政府妥善地使用了欧洲提供的救援资金来处理困境重重的银行。西班牙银行逐步改善了自身的金融状况，但它们的未来仍然充满疑云。2016 年 7 月，欧洲银行业管理局对西班牙大众银行表达了担忧，不过还是对西班牙银行总体上给了一个健康的评估。金融风险专家维拉尔·阿查里雅及其团队以惯有的口吻，对这些银行的未来不太看好[82]：他们警告说，西班牙银行的资产价值有可能低于它们账本上所显示的数字；而且，一旦这些银行面临压力，它们遭受的损失会显著大于管制者的估计。[83]

阿查里雅及其团队对意大利银行的看法是正确的，对西班牙大众银行的警告也被证明非常准确。西班牙大众银行在 2016 年亏损了 36 亿欧元。储户看到这家银行风雨飘摇，所以从2016年9月便开始提取存款。这种压力一直持续到了2017年。有意思的是，6月初，虽然大众银行已经发生了挤兑，西班牙央行行长路易斯·玛丽亚·林德仍坚持说，大众银行有偿还能力。[84] 但是，到6月6日晚，眼看挤兑无法停止，欧洲银行清算机构"单一监管机制"最终介入进行了清算。[85] 在出售条款下，现有股东和次级债权人失去了大部分投资，而实力雄厚的桑坦德银行以1欧元的价格收购了大众银行。这个收购价格低得让人咋舌，但桑坦德银行也要负责大众银行价值80亿欧元的不良贷款带来的损失。[86]

2017年10月，IMF报告说，西班牙的银行不良贷款的体量虽然已经从峰值下跌了，但这些银行拥有大量丧失抵押品赎回权的地产，并没有为它们带来任何盈利。银行的利润空间也因为低利率而受到挤压，后者是由于欧洲央行的量化宽松项目给银行收取的利率设置了上限。银行需要一些年的经济稳步增长，才能回到健康的状态。同时，西班牙政府还有一些问题急需解答：是否还有一些隐藏的问题，实力强的银行是否能够继续吸收破产银行带来的损失？

对西班牙、葡萄牙和意大利来说，或许最让人担忧的迹象是，外国投资者正抽走他们的资金。每当国际投资者从欧元区的国家撤走的时候，这个国家的央行就出于国家的利益而从欧洲央行借钱来还债。意大利央行、西班牙央行和葡萄牙央行从欧洲央行借出的款项总额变得非常大，这表明有大量的资金抽离了这三个南方国家（图例9.5）。最近的一轮资本外逃开始于2015年初，也就是在欧洲央行量化宽松项目开始购买债券之后不久。[87] 作为这一债券购买项目的一部分，这三家央行从投资者手中购买了本国政府的债券，但这些投资者决定不再继续在这几个国家的其他任何资产上进行投资。因此，这三家央行只得从欧洲央行借钱支付正待离去的投资者。这些借款的幅度大致反映出资本逃离的规模，也提醒外界国际投资者对这三个南方国家多么缺乏信心。

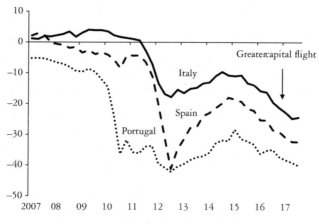

图例 9.5 从意大利、西班牙和葡萄牙撤出的外国投资者
（由欧洲央行资金救援的资本抽离，占 GDP 的百分比）[88]

希腊的另一套叙事

历史学家在讲述希腊的故事时，只会讲事实的一面。我们经常听到的故事是，希腊人拒绝服用苦口的良药，从而使他们的重病急转直下，就快没命了。但这个故事并不真实。从 2009 年至 2014 年，希腊政府采取了紧缩政策，提高税收或是减少支出，数额相当于 GDP 的 15%。就连 IMF 负责希腊事务的波尔·汤姆森在 2014 年 10 月也承认，"希腊所做的可能比任何人都多，这是毫无疑问的"。[89] 希腊政府也进行了"结构性改革"，这使得它在世界银行的经商容易度指数（Ease of Doing Business）全球排名上的位次得以攀升。[90]

希腊政府本应该，也能够尽力提高征税的效率，这要求进一步精简行政机构，摒除过程中的腐败。希腊总理阿莱克西斯·齐普拉斯穷追猛打安德烈亚斯·乔治乌，给他本人及其政府留下了永远的污点。作为希腊国家统计局的局长，乔治乌在 2010 年底揭示，政府债务的真实规模远比当时报告的要大。[91]齐普拉斯政府却因为债权人要求的紧缩政策而荒诞地指责他。

但也有人会用另外一种说法来解释希腊的经济困境及其对国家未来的负面影响。依据这种以低音讲述的说法，希腊有自身的经济逻辑，但欧元区的政治把苦难强加给了它。这种替代性的解释是这样展开的。

倡导明智的经济政策的呼声来自民间，也就是希腊的老百姓。自2012年5—6月的选举开始，希腊民众就大吐苦水，由欧洲债权人和IMF强制实施的降薪和紧缩政策造成了无法承受的痛苦。为了进一步推广这种观点，越来越多的希腊人投票给激进左翼联盟，这个党派承诺将推翻债权人的政策（详见第七章）。

吊诡的是，IMF 2012年3月的评核报告回应了希腊人的呼声。这份报告研究了大量的国际经验，指出依靠降薪来重塑国家的竞争力，"已经证明难以进行，很少取得成功"。[92]报告说，降薪的危害很大，尤其是与财政紧缩和货币政策收紧等一起实施的时候，而希腊当时就是这样的情况。报告回顾了阿根廷在1998—2002年间的经验，警告说，给希腊开出的政策方案有可能引来"下行旋涡"，最终甚至导致其债务违约，并从欧元区退出。

所以，IMF的评核报告支持了希腊民众的直觉，债权人的政策只能引发巨大的损害。IMF的其他发现，包括首席经济学家奥利维尔·布兰查德的分析也指出了无休无止的财政紧缩的危害。[93]

虽然这份评核报告很扎实，但IMF作为一个债权人仍然支持欧洲官方贷款人的立场。他们联合起来，继续推行恶化形势的政策。这些政策不可行的证据越来越多。希腊的GDP继续下滑，政府债务与GDP的比率仍在上升。欧洲机构开始对债务进行谨小慎微的减负，但这种方式显然不会有效，因为债权人还没有撤销降薪和财政紧缩等轻率的决策。[94]到2014年12月，承诺要减轻"紧缩"负担的激进左翼联盟在议会选举中已经胜利在望了。

德国财长朔伊布勒在柏林对希腊选民发出了警告，"新的选举改变不了任何事情"。[95] 他说，希腊政府必须坚持既有的政策。2015 年 1 月 25 日，希腊民众在选举中使激进左翼联盟轻松获得了议会超过半数的席位。齐普拉斯成为新任总理，担负着通过谈判降低债务，并减轻紧缩力度的任务。执着于民主理想的欧洲领导人被希腊人民的反叛惊得目瞪口呆——他们针对的可是来自柏林、布鲁塞尔和法兰克福的命令。国际媒体异口同声地哀叹希腊的前途。

刨去表面的夸张成分，激进左翼联盟的要求很简单：降低债务、放宽紧缩。这些要求在经济学的文献里和经济政策的实践中得到了广泛的支持。几十年来，学者们一再强调，过度债务降低了投资的能力和兴趣，减缓了经济增长，形成低通胀或者通胀紧缩的趋势，使得债务更难以偿还。[96] 过度的紧缩进一步恶化了情况，它同样会减缓经济增长的速度，使通货紧缩逐步深化。

在政策实践上，凯恩斯在债务豁免问题上有一个非常著名的论断。一战后，《凡尔赛和约》还在谈判过程中，凯恩斯于 1919 年出版了《〈凡尔赛和约〉的经济后果》，提出免去德国债务，减少德国对同盟国的战争赔款数额。凯恩斯说，强制德国缴纳这些款项，将使德国陷于贫困。他的著名论断是，"我敢断言，复仇将不会停止"。[97]

凯恩斯对债务豁免的鲜明立场在当时充满争议，今天的学者们也依然在争论：当时没有采纳他的建议是否助长了德国民族主义的复活？然而，在二战中取胜的同盟国没有犯同样的错误：通过 1953 年《伦敦债务协定》，它们减免了德国战前和战后一半的债务。这次减免使德国政府有空间在公共卫生、教育、住房等方面增加支出，同时也通过降低违约风险，减少了政府必须向私人债主支付的利息。[98] 经济学家卡门·莱因哈特和克里斯托夫·特雷贝施的研究表明，债务减免给很多方面都带来了好处。他们指出，在 1920 年代，美国和英国豁免了几个欧洲国家欠它们的大笔债务，为这些国家经济的增长提供了持续的资金。[99]

　　齐普拉斯和激进左翼联盟都有很具影响力的支持者，包括哥伦比亚大学经济学家杰弗里·萨克斯和美国总统贝拉克·奥巴马。萨克斯在一篇评论中写道，希腊政府的债务是 GDP 的 170%，这在任何尺度上都是无法容忍的。他说，偿还这些债务的努力将导致"一个民主社会难以忍受的痛苦"。[100] 奥巴马在回答 CNN 主持人法里德·扎卡里亚的提问时，以更加确定的语气说，"你不能再去挤压那些仍然处于萧条中的国家"。奥巴马承认，"希腊经济应继续改革"；但他说，"如果人民的生活标准一下子下降了 25%，你就很难启动那些变革；最终整个政治体系，以及整个社会都无法承受这种变革"。奥巴马为了强调他的论点，再次说，"人民遭受的困境越多，你就越不可能从他们那里索取什么"。[101]

　　希腊的债权人拥护的是另一种哲学。IMF 总裁拉加德在接受《爱尔兰时报》采访时，为债权人辩护说："债务就是债务，它是合同。违约、重组或改变条款都会有结果。"[102]

　　希腊财长亚尼斯·瓦鲁法基斯提出了一种聪明的解决方案：把还债与 GDP 增长关联。当希腊经济增长较快时，希腊政府就还更多的债；当经济放缓时，就少还些。在经济较好的年份，还债能力提高后，希腊政府可以放松紧缩的尺度。希腊政府希望把基本预算盈余（没有计算利息支付的盈余总额）维持在 GDP 的 1.5%，而不是债权人所要求的过高的 4.5%。

　　瓦鲁法基斯因为浮华的风格和他的要求很快引来了争议。但他的计划在经济上是成立的。放宽紧缩尺度将使希腊经济有增长的空间；经过一段时间后，希腊政府的还债能力将增强。方案的细节需要深入讨论、辩难和协商，但这是一个很好的起点。

　　2015 年 1 月 31 日，激进左翼联盟接掌政府仅仅六天后，芬兰央行行长、欧洲央行监管理事会成员埃尔基·利卡宁威胁说，如果希腊政府不同意债权人的条件，欧洲央行将停止为希腊银行提供资金。[103] 2 月 4 日，欧洲央行决定了希腊的命运。让所有人都感到惊讶的是，欧洲央行采取激进的手段，砍掉了给希腊银行的资金，这相当于在希腊政府与债权人协商之前就使其瘫痪。欧洲央行撤回了早期的一个做法，就是希腊银行可以用政府的债券作为担保，获得更多的资金来维持日常的运转。虽然希腊政府的债券是垃圾评级，通常只有较高评级的债券才能作为担保，但欧洲央行搁置了这种要求，让希腊银行可以继续运转。然而，欧洲央行在2月4日撤销了这种做法。[104] 希腊银行现在只能按照"紧急流动性安排"机制（ELA）从希腊央行借钱，但这种机制下的利息更高，而且任何时候都可能被关闭，使希腊金融体系阻塞。

希腊银行的股票价格飞速下跌，两天后，标普把希腊政府的评级在垃圾等级里再次下调。由于存款持续从希腊银行流出，金融体系面临崩溃的威胁，激进左翼联盟很快就在政治谈判中失去了经济的手段。

欧洲央行的官员并非由民选产生，但他们能够用2月4日的决策干涉希腊政治领域的事务，决定这个国家的政治和经济道路。报纸有报道分析，后来公开声明也证实了，是欧洲央行监管理事会北方国家的代表在推动这个决定，并且否决了希望再给点时间找出最佳方案的反方观点。[105] 没有人为欧洲央行的决定负责；当然，也没有人向希腊人民负责，他们曾要求民选代表帮助减轻负担，但现在却像奥巴马说的，被挤压得"越来越严重"。

2月5日，瓦鲁法基斯到访柏林，会晤朔伊布勒。朔伊布勒并不情愿提供什么帮助；他宁愿袖手旁观，眼睁睁看着所有存款都抽离希腊银行。在会晤之后的记者会上，朔伊布勒说："我们尊重彼此的不同意见。"瓦鲁法基斯则灰心地说，协议"从来都没有提上议事日程"。[106]

朔伊布勒虽是拒绝为希腊减免债务的主力，但实际上除了意大利和法国之外，其他成员国都反对向希腊作出妥协。爱尔兰《星期日商业邮报》的文章写道，连爱尔兰这个最近才刚刚摆脱欧洲债权人羞辱的国家，也变成"希腊政府最激烈的批评者之一，立场像德国一样毫无回旋余地"。[107] 东欧的成员国也加入了对希腊政府的公开嘲讽，作为北方阵营，它们非常自信，这一点本章后面会提及。[108]

欧洲一位高级官员对这种毫无余地的政策立场和债权人的尖锐语气提出了警告。2月18日，欧盟委员会主席容克说："我们辱没了希腊、葡萄牙，或许还有爱尔兰人民的尊严。"他又说，"不是每一个称之为紧缩的政策都一定是真的紧缩。因为很多时候，这些紧缩政策都证明是过度的"。容克此前作为卢森堡的财政大臣，参与了希腊债权人的集体决策，所以说他也是共谋者。他现在批评的这些政策正在形成与实施的过程中，对此，他说，"我现在说这些可能显得愚蠢，但我们需要从过去学到教训，不要重复同样的错误"。他甚至质疑欧洲债权人和IMF不负责任地强加惩罚性政策的"民主合法性"。[109]

容克的忏悔并不符合官方的论调，媒体大多也已深陷于这种舆论氛围，只有个别记者愿意报道他的评论。毕竟，容克经常发表一些情绪化的、出位的言论。但十天后，容克专门针对希腊问题，对一家德国报纸重复了他的说法："每一个希腊人都觉得他的尊严被冒犯了，因为每一个希腊人都觉察出这里发生的事情不平等。"[110]

IMF本质上代表了全球的利益，它是唯一一个可以对欧洲毁灭性的权力游戏作出中立裁决的机构。但在2015年上半年，IMF坚决与欧洲债权人站在一起。当欧洲央行监管理事会里的北方成员在法国的伯努瓦·克雷和行长德拉吉的支持下，威胁要向希腊银行断供"紧急流动性安排"的资金时，IMF又向希腊施加了更大的压力。[111]它在债务减免问题上保持沉默，却坚持希腊要把基本预算盈余保持在GDP的4.5%，反复要求其降低工资和养老金。IMF的管理层和以往一样，与其主要股东的意见亦步亦趋。[112]奥巴马本可以对IMF作出限制，但他只是玩嘴上功夫，并不愿意用他的政治影响力来帮助希腊。而德国的立场对IMF管理层和董事会有支配性的影响力。

我们并不知道一个发生在公众视线之外，但由《纽约时报》的兰登·托马斯所揭示的情况。[113]6月25日，在激进左翼联盟掌权五个月后，瓦鲁法基斯在欧盟财长举行的一次会议中再一次提出了债务减免的问题。在又一次被财长们拒绝后，他转向会议现场的 IMF 的拉加德说："我对克里斯蒂娜有一个问题：IMF 是否可以在会议上正式地表达一下，我们被要求签署的这个方案将使希腊可以承受目前的债务？"拉加德知道这个问题的答案。在刚刚完成的一项分析中，IMF 指出，如果不对债务进行实质的减免，希腊政府的债务将是无法承受的；这个政府将永远无法偿还它的债务。但在拉加德回答之前，荷兰财政大臣杰伦·迪塞尔布洛姆对瓦鲁法基斯说："亚尼斯，这个方案签署与否，都悉听尊便。"

6 月 26 日，周五深夜，齐普拉斯宣布，7 月 5 日，希腊民众将对他们是否愿意接受债权人的条款进行公投。齐普拉斯对全国发表电视讲话，说他的政府已经在尽力去达成"一个符合民主原则的可行协议"，但这种努力失败了，"人们必须在不受胁迫的前提下作出决定"。[114]

希腊另一位前总理乔治·帕潘德里欧曾在 2011 年 11 月宣布过一次相似的公投。默克尔和萨科齐当时非常生气，他们告诉帕潘德里欧，举行这种公投相当于让希腊退出欧元区。[115] 帕潘德里欧撤回了这一行动，随后很快辞任了。齐普拉斯面临着相似的压力，但他挺住了。6 月 27 日，周六早晨，欧元区的成员在布鲁塞尔集会，否决希腊提出的延长周二即将到期的金融援助项目。希腊银行的储户深感恐慌，开始从银行提现。到周日，现金几近枯竭之时，欧洲央行冻结了希腊央行可以为其银行提供的"紧急流动性安排"资金。恐慌骤然抬升，政府不得不对提现的数额施加限制。这导致希腊银行在周一无法开门。

7 月 2 日，周四，表明希腊政府债务不可持续的 IMF 报告泄露。[116] 希腊民众在公投的时候，已经知道他们的政府无法偿还债务，他们取钱的数额也已经有了限制，未来几月可能面临经济上的困顿。

7 月 5 日，61% 的希腊人投出了反对票，一个振聋发聩的"不"。事实上，有个学生说，她投了"不、不、不"。[117] 她说，"你所听到的是人民的声音，众神的震怒"。有人估计，18 岁到 24 岁的人中有 85% 投了反对票。[118]一位刚刚完成硕士学位的学生说："我绝对无法找到工作；常常有人劝我移民。"[119]，失业者、未受过大学教育或处于经济困难之中的人，无论青年还是成人，都投了反对票。连那些表示他们"生活安逸"的人中也有超过半数的人投了反对票。这些持反对立场的投票者知道，他们的投票实际意味着希腊将放弃欧元，也就是退出欧元区。虽然他们无意退出欧元区，但他们坚持认为做一个希腊人对他们来说更重要。

　　齐普拉斯一直推动更多的人投反对票，但面对希腊退欧的黑暗威胁，他被迫同意欧洲债权人的要求。所以，希腊民众又尝试了一次。齐普拉斯在 2015 年 9 月呼吁再次选举，为国家寻求新的发展方向，希腊人再次选择了他和激进左翼联盟，认为他们或许能为希腊带来不错的结果。但任何希望都没有实现。此后的两年里，债务减免的游戏仍在继续，但债权人没有作任何实质的让步，希腊的经济仍然处于衰退的状态中。

　　2015 年 7 月的公投后，IMF 改变了对外口径，突出强调希腊债务减免的紧迫性。从它改变对外态度的时间看，IMF 似乎是得到了美国人的同意。[120]但德国人依然不愿意改变立场。德国财长的测算显示，在另一轮债务减免后，德国人从希腊得到的偿付会比最初的方案少 1000 亿欧元。[121]这个数字大致不差，但对德国领导人来说，对希腊进一步的债务减免，会引起纳税人的不满。而 IMF 也不准备和德国人对立。

　　IMF 本可以豁免希腊欠他们的债务。这一象征性的姿态会对德国人和其他欧洲债权人造成国际压力，促使他们采取正确的步骤。IMF 有道义责任这么做，它要为造成这一悲剧的共谋行为作出补偿。2010 年 5 月，在最初的救援方案开始实施的时候，IMF 管理层阻止希腊政府对私人债权人违约；但 IMF 执行董事会的几位成员和外界大多数分析家在当时和以后都认为，这对减轻希腊债务负担是必要的。[122]IMF 管理层后来在回顾时，依然拒绝承认这是一个巨大的错误。2013 年 6 月，希腊人均财富已经比救援项目开始时减少了 20%，IMF 的波尔·汤姆森说，"如果我们处于同一情况，在当时有同样的信息，我们或许还是会这样做"。[123]IMF 让希腊承受着山一样的巨额债务，但它依然要求希腊政府在极短时间里实行史无前例的财政紧缩。希腊政府按这种要求实施紧缩之后，汤姆森承认了他们英勇的努力。[124] 但 IMF 并不愿意承认紧缩政策使得希腊深陷无止境的经济萧条。

　　IMF 至少可以在 2017 年中期停止其救援项目，而不是继续这一失败的方案。IMF 如果采取了这个步骤，将使德国人大失颜面，或许会要求德国政府从联邦议院再次获得资金授权。然而，IMF 却同意继续参与这个项目，虽然它自己也不相信这个项目有用。现在 IMF 为了保护自己，将不再向希腊贷出任何资金。德国政府利用了这种形势。他们并不在乎 IMF 的钱；他们只需要向联邦议院报告，IMF 仍然在项目中。所以，希腊救援项目仍将继续，虽然过去这么多年并没有产生效果。2012 年以来少量的债务减免并没有实质地减少希腊的债务负担，但少量减免的做法依然存在。紧缩政策阻碍了经济的复苏。而希腊还会被要求实行进一步的紧缩，目标是使其基本预算盈余保持在 GDP 的 3.5% 这种不可思议的高位，这只比最初 GDP 的 4.5% 这种荒谬的要求稍低一点。

　　齐普拉斯下工夫去做心理建设，想取得一些退让。但欧洲负责项目条款的财长们拒绝让步，齐普拉斯于是找到了默克尔。朔伊布勒把他贬低为爱哭闹的蠢蛋。在柏林的一次会议上，朔伊布勒说："他不停地打电话，总理一次又一次地说，'阿莱克西斯，这个问题要由财长们来决定'。"[125]希腊前财长乔治·帕帕康斯坦丁努写道，在闭门会议中，欧洲的财长们经常"欺辱"希腊的财长。[126]朔伊布勒只是把这种羞辱广而告之而已。

　　朔伊布勒对他在经济政策上的英明果断非常自信。他是 2010 年阻止希腊进行必要的债务违约的几个关键决策者之一。[127]他讽刺美联储成功的货币政策。[128] 对所有的欧元区国家，朔伊布勒都要求进行适得其反的财政紧缩。在本国，他也坚持短视的紧缩政策，而不是强调重建这个国家的基础设施，也因此把德国的经常账户盈余推高到了 GDP 的 8%，引起了全球贸易摩擦。德国的盈余反映在了几个国家的赤字上，其中还包括美国，这些国家都责备德国从它们那里购买的东西太少。

在希腊，正如莱因哈特和特雷贝施所预测的，源自朔伊布勒的策略，包括极少量的债务减免和越来越多的紧缩等，必定会失败。对德国和其他官方债权人而言，这一策略可以短期内避免在国内作出不受选民支持的决定；长期的结果是所有人都会受害：希腊人遭受更多的苦痛，欧洲债权人的资金也将受到损失。

希腊 GDP 从救援项目开始，到 2017 年已经下降了 25%，失业率维持在 20% 左右。IMF 的一份评核报告列举了诸多事实，指出严峻的紧缩政策使这个国家的"社会和政治结构受到挑战"，"让社会付出了沉重的代价，失业率和贫困水平在欧元区都是史无前例的"。[129] 经合组织预测，长期的青年人高失业率，临时工作带来的普遍不安全感，贫困率大幅攀升和孩童贫困率的飙升，"将对就业能力和社会繁荣带来永久的损害，还会阻碍代际流动和青年人的长期机遇"。[130]

2011 年以来，希腊 1/3 的大学毕业生找不到工作，其中又有 1/4 的人不再找工作；在就业的人中有 3/4 月收入低于 800 欧元。[131] 从 18 岁到 35 岁的希腊人中有一半表明，他们要从父母那里得到资助。[132] 2017 年 4 月皮尤中心对全球民意的调查显示，只有 2% 的希腊人认为目前的经济状况是好的，这是目前的调查中反应最悲观的国家；只有 21% 的人认为他们的孩子的情况会改善，只有法国人和日本人比他们更加担忧。[133]

骰子似乎已经掷出去了。希腊的经济将更加糟糕，社会也会更不平等。我们回溯一下就会看到，希腊社会日渐衰败，科学家、医生和企业家逐渐移民出了，很多人留下来只是因为没有其他地方可去。

官方说法并没有发生改变。2017 年 6 月，欧盟委员会副主席瓦尔季斯·东布罗夫斯基斯和专员皮埃尔·莫斯科维奇说，欧洲机构使得希腊免于"更严重的损害"。[134] 欧洲领导人不愿意承认希腊经济和人民所承担的代价，从而更进一步提醒了外界，这是他们在集体盲思中的托词而已。

欧元区北方与欧元区"绝缘"

与南方国家相比，北方国家经济实力雄厚，能够迅速从经济震荡和欧元区错误的货币和财政政策中复原。关键的是，北方国家生产增长率长期较高，这是建立在广泛而先进的研发能力和更好的教育体系基础上。所以，危机虽然使得北方国家遭受损失，过度的财政紧缩和收紧的货币政策也延缓了它们的复苏，但它们能安度危机。有趣的是，在欧元区取得成功的秘诀是免受欧元区的影响，在经济上与欧元区绝缘。但是过去十年也教导大家，欧元区成员国的经济实力弱化了它们对欧洲的政治责任。

德国人与欧洲：经济上绝缘、政治上远离

德国在技术上的实力帮助其克服了欧洲央行政策的负面影响。2010 年，欧洲央行政策收紧，欧元走强的时候，德国的出口却快速增长，因为当时中国正疯狂地从德国进口物资。此后四年，虽然世界贸易开始下滑，德国的出口仍然稳定增长。尤其是在 2011 年至 2014 年间，当欧元区在层出不穷的危机中苦苦挣扎时，德国的货物依然在美国和亚洲行情看涨。相应地，出口增长这一牢靠的缓冲器在国内经济也产生了溢出效应。出口企业的工厂在国内寻求生产设备和其他物资；这些工厂的工人也乐于购买商品和服务。

德国的出口优势抵消了它对欧元区的商业和政治兴趣。由于欧元区

的一些国家经济增长缓慢，而世界其他一些地区的收入增长较快，德国公司越来越倾向于把产品销售到海外（图例9.6）。在很多年里，德国最活跃的出口市场是在欧盟的三个非欧元区国家：捷克、匈牙利和波兰。对中国的出口上升很快。相比而言，法国和意大利对德国企业越来越不重要。如果现有的趋势继续得以维持，捷克共和国、匈牙利和波兰从德国购买的物资将比法国和意大利加起来还要多。这也就推翻了欧元可以促进贸易的说法。

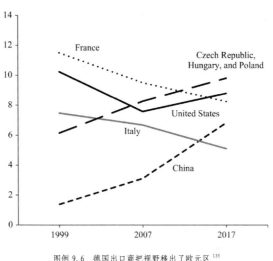

图例9.6 德国出口商把视野移出了欧元区 [135]
（德国对几个国家总的出口量百分比）

　　近半个世纪的证据显示，民众对欧洲的支持和信任随着与欧洲其他国家商业关系的紧密程度而消长。这对于德国和所有欧洲国家都是如此（图例9.7）。[136] 欧元区长期的经济和金融危机，在四分之一的世纪里，强化了欧洲内部商业关系缓慢下降的趋势。由于这一原因，德国对欧洲的支持下降了；如果不是因为它与非欧元区的东欧国家商业关系的加强，这种支持还会下降得更快。然而，现在几乎已经确定的是，在此后几十年中，欧元区的经济将以比其他表现良好的经济体更慢的速度增

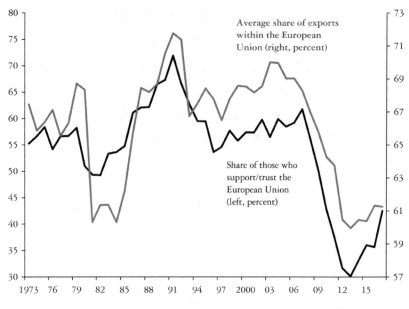

图例 9.7　对欧盟的支持和信任随着与欧盟伙伴国的商业份额降低而下降 [137]
（德国对几个国家总的出口量百分比）

长，欧元区各经济体之间的商业份额将逐渐下降，公众也将更加不愿意
为欧元区提供金融支援。

2017 年 9 月 24 日，德国民众发出了信号，他们准备进一步放弃对
欧元区的责任。在联邦议院的选举中，最大的失败者是泛欧主义的社
民党，它与基民盟和基社盟结成了广泛的"大联盟"。社民党只赢得了
20.5% 的选票，是其战后获得的最低票数份额。欧洲的社会民主主义运
动遭受了又一次阻击。

社民党的失利中体现出两个宽泛的主题。其中一个主题是耶鲁大学
政治理论家罗伯特·达尔在 1965 年首次提出的一个趋势，即主流政党
之间的差异缩小了。默克尔在她的政策中反映出更广泛的社会需求，社
民党则迈向了更为保守的经济立场，这是世界范围内的社会民主党体现
出的共同趋势。社民党也调和了它明显的泛欧主义立场，坦率面对德国
民众不愿意再往前迈一步的事实。[138] 所以，社民党提供的方案没有太

大的差异性。在政体更倾向于民族主义的趋势下，社民党也就失去了吸引力。

默克尔的基民盟和她的竞选搭档、以巴伐利亚为基地的基社盟，也受到了选民的非难。他们总共才获得了 33% 的选票，是 1949 年以来的最低得票率，远远低于 2013 年的 41.5%。赢家是德国另类选择党和自由民主党，他们总共获得了 23.3% 的选票（另类选择党得到了 12.6%，自由民主党得到了 10.7%），大幅超越 2013 年共同获得的不到 10% 的选票。

另类选择党是 2012 年 9 月以反欧元运动的领导核心为基础发展而来，在 2013 年因为没有获得必需的 5% 选票，而未能进入德国联邦议院。但是，另类选择党在选民中的号召力从 2015 年 8 月末开始攀升，当时默克尔慷慨地决定接收从叙利亚进入德国的难民。[139]

成千上万的难民蜂拥而至。虽然很多德国人对他们表示了欢迎，但也有人表达了担忧和愤怒。默克尔不仅在国内面临要求阻止难民的压力，其他欧洲领导人也担心，她的开门政策会吸引移民无休无止地涌入欧洲，这些人既有逃避冲突和迫害的难民，也有出于经济目的的移民。但默克尔坚持这一决定。匈牙利总理欧尔班·维克托向默克尔建议，建立围墙以阻止难民和移民，但她为此少有地动了情绪。她回顾了自己在东德时期的生活，说，"我在围墙后生活了很长时间。这不是我想再重复的事情"。

但在国内，对默克尔政策的反对声持续升高。批评家指责这一政策造成了新年前夜在科隆发生的性侵案件，犯罪嫌疑人据说是难民。[140] 另类选择党用这一事件唤起民众中的民族主义和排外情绪，因此在地区选举中取得了一些胜利。虽然默克尔加强了边境控制，并加大了对政治庇护申请被拒的人的驱逐力度，但另类选择党仍然利用这股反移民的潮流，在 2017 年的选举中获得了 13% 的选票。与社民党的失败相对，另类选择党的胜利再一次预示着德国正向更为民族主义和欧元怀疑主义的政治倾斜。

很多另类选择党的选民在 2013 年没有投票，他们认为主流政党不会听取他们的呼声。2017 年，这些选民再次进入政治，寻求替代者。那些为另类选择党投票的人有一个共同的德国特征：很多人是东德人。此外，另类选择党的这些选票还表明了在欧洲其他地方和美国共有的一个特征：在东、西德，低收入者中受教育程度有限的或者只受过职业训练的人大量投票给另类选择党；[141] 大多数另类选择党的支持者在 30 岁至 59 岁之间；他们做的是蓝领工作，工作不太稳定；他们也多数住在小城市和乡村地区。

经济抗议和反移民情绪在另类选择党的投票者身上重合了。就连富庶的德国也有很多人掉队。德国经济研究所所长马塞尔·弗拉切尔在他即将出版的新书中解释说，这个国家在过去几十年的经济成就并没有使德国人口中的底层部分受惠。[142] 在这部分人群中，真实的收入没有见长；很少有人有存款。因而，社会内部的政治疏远和矛盾斗争逐渐上升。

德国自民党的投票者有一半是富裕的专业人士，他们多数住在城市。自民党是一个倾向于商业利益的政党，曾是基民盟领导的执政联盟的一分子。但近年来，这个党派逐渐显现出欧元怀疑主义的倾向。

自民党主席克里斯蒂安·林德纳一直致力于拆散欧元区的金融安全网。他想让欧元区的救援资金"欧洲稳定机制"（ESM）停滞下来。这也有可能使欧洲央行的救援机制——直接货币交易计划（OMT）停摆。林德纳还想把希腊赶出欧元区。虽然他有时似乎愿意从这些极端立场上后撤，但他并不愿同意默克尔为欧元区提供有限金融支援的政策。林德纳说，"没有比这更糟糕的了，让一个新政府……接下前任政府的烂摊子。这会把选民赶到反对党的臂弯里"。[143]

另类选择党和自民党把最保守的选民从基民盟 / 基社盟中剥离了。对基社盟领袖泽霍夫来说，这个信号是很清晰的，就是他把"右侧面完全暴露了"。为了再次赢得已经抛弃基社盟的选民，泽霍夫呼吁德国设置一个可以容纳的难民上限。

连默克尔都担心了。她曾长期拒绝在公共场合承认另类选择党的存在。现在她说，"我们要解决目前的问题，赢回另类选择党的选民，我们要听取他们的担心和恐惧，最重要的是要采取好的措施"。[144]默克尔和基民盟之间也有麻烦。基民盟中比较保守的议员的焦虑情绪很重。她的密友福尔克尔·考德在竞选连任联邦议院基民盟党团主席时，遭遇了意想不到的阻击。

德国在2017年9月24日发生了转变。德国历届总理都以为他们不用顾忌国内民众对欧洲的意见，所以总是刻意把德国的欧洲政策排除在国家选举的辩论之外。默克尔在2009年和2013年都是这样做的，2017年也照旧。但这次德国选民发出了他们的呼声。从这里开始，民族主义和欧元怀疑论将在德国政治中扮演更为重要的角色。泽霍夫用和林德纳相似的口吻说："我们认为，还像往常那样做事已经不可能了。"[145]

新的联邦议院很可能对德国为欧洲提供的金融支援施加进一步的限制。在朝在野，自民党的林德纳都呼吁，他在为危机国家提供金融支援的问题上将采取强硬立场，要求欧洲国家严格遵循财政紧缩的规则。基民盟和基社盟的联盟领导层也非常谨慎，避免牵连到与欧洲金融关系这样的议题中。他们不能再把更多的政治支持输给欧元怀疑论者。社民党的政治势力已经没有太大用处了。

9月26日，马克龙在巴黎的索邦大学进行了另一场重要演讲。他再次呼吁欧洲应该有更大的雄心。他说，欧洲人正身处"内战"，唯一能结束这一局面的是建构"欧洲主权"。[146]

德国财长朔伊布勒很快就直率地拒绝了马克龙所提出的建立欧元区大预算以帮助困难国家的建议。[147]朔伊布勒声称，这种预算"对于一个稳定的货币联盟来说，在经济上是不必要的"。相反，朔伊布勒想建立一个欧洲机构，对成员国的预算政策实施更严格的控制。现实就是如此。任何德国领导人都会感到，从现在开始，很难论证为欧洲作出牺牲的正当性。

但德国是否能保持其经济活力，依然是一个问题。实际上只有德国经济向好时，才会有人要求德国为欧洲作出更多贡献。德国经济有自身的阿喀琉斯之踵。2015 年 9 月，美国国家环境保护局指出，德国工业巨头大众汽车安装了"减效装置"。[148] 这些设备在实验室的测试中降低了大众柴油车的氮氧化物排放，但在路上行驶时，这些车的排放量远远超过允许的限制。但德国监管部门拒绝了欧盟委员会提出的、在欧盟内部建立一个综合性更强的排放测试系统的建议。[149] 即使后来大众汽车对外承认，它与其他汽车制造商，包括奥迪、保时捷、宝马和戴姆勒等公司，形成了卡特尔似的机制共同发展这套"减效装置"，德国政府依然拒绝这一建议。[150] 德国汽车制造商对柴油技术进行了大量投资，在汽油驱动和电动汽车方面已经落后。然而，德国政府保护其汽车厂商日渐老化的技术的意图必然受到挫败。向电动汽车转换的潮流已经蔚然成风。实际上，德国很多市政府已经制定了庞大的计划以减少使用所有类型的汽车。[151] 德国这些传奇的汽车制造商如果不能对这一潮流作出具有新意的回应，将使德国最重要的经济引擎之一陷于不利的境地。

德国经济的另一个弱点是它的银行。德国的银行太多了，多年以来，它们摊薄了彼此的利润。很多德国银行为了赚快钱，曾在美国次贷盛行的时期大肆赌博。[152] 由于有政府撑腰，在这场金融危机中损失最惨重的银行已经大致复原。但规模庞大的德意志银行仍然问题丛生，它卷入了多起不正常的交易。[153] 全球金融危机发生之前，它在其所销售的住房按揭证券中低报风险；从 2008 年至 2009 年，它用自己设计的衍生品合约掩盖其在意大利锡耶纳银行遭受的损失。[154] 2017 年 1 月，英国和美国政府对德意志银行罚款 6.3 亿美元，理由是德意志银行极可能参与了帮助俄罗斯洗钱的交易。

就现在而言，德国经济似乎还可以顺利吸收这些不良经济趋势导致的损失。然而，如果德国经济的弱点被强化，不仅它与欧元区的隔离效

应会消失，而且德国可能比现在更不愿意，也更不可能帮助其他欧元区
国家。

芬兰经济退步强化了欧元怀疑论

在北方，芬兰在 2012 年遭遇了经济困难。芬兰的主要问题和欧元
区无关。明星企业诺基亚在全球技术竞争中遭受了巨大的打击，曾经非
常高效的纸品工业也大大落后了。[155] 在这样的环境中，如果能让自己
的货币贬值，将对防止或限制经济衰退的严重后果有很大的帮助。但由
于受制于欧元，芬兰的经济却陷入了长期的衰退。

但芬兰的经济前景长期依然向好。芬兰有很多优势，包括世界水准
的教育。因为芬兰的教育体系有帮助孩子们战胜教育失败这一目标，所
以芬兰的社会流动性在西方世界是一流的；很多孩子都有望获得比他们
的父母更好的生活。[156] 芬兰人口中工程师和科学家的密度在世界上处
于领先。芬兰的公司在员工培训和先进技术科研上也很优异。危机期间，
公共债务率确实有所上升，但相对来说，还是比较低。最近的数据显示，
芬兰经济复苏的趋势很强劲。实际上这是芬兰多年来形成的优势，而非
欧元区的货币和财政政策决定了这个国家的经济发展。如果从长期与欧
元区的错误政策绝缘的角度来说，芬兰现在当然属于北方。

在欧元区的北方国家中，芬兰是最早反对为南方国家提供金融支援
的国家之一。2011 年，右翼民族主义党派正统芬兰人党在选举中大胜。
为了回应这个党派的崛起和民众对欧洲发展方向的广泛不安，芬兰政府
拒绝在金融危机中为欧元区国家支付救援资金。[157] 虽然芬兰政府最终
没有对救援方案投否决票，但它延缓了程序，并要求为它借出的贷款提
供担保物。

2015 年，正统芬兰人党，又被称为芬兰人党，成为执政联盟的一
部分。国内政治的关切中心转向了大量涌入的经济移民和难民。2017
年 6 月，在难民准入问题上持强硬立场的芬兰人党离开了执政联盟，但

更加温和的成员则自称蓝色未来党（Blue Reform），从而留了下来。[158]
所以，虽然极端的声音在政治过程被边缘化，但经济民族主义最终在芬
兰的主流意识形态中扎下了根基。

民族主义在荷兰深入人心

荷兰政府与欧元区的"稳定"意识形态亦步亦趋，在 2011 年和
2012 年施行非常严格的紧缩政策，造成不必要的长期经济放缓。[159] 但
这个时期很快就结束了。即使是在最糟糕的时期，政府债务水平和失业
率依然维持在金融和政治上都安全的区间。

在单一货币的问题上，荷兰与德国比较一致，不太信任那些财政不
负责的国家。荷兰央行一位前任行长把德国形容为精明的蚂蚁，而法国
则是不负责任的蟋蟀。荷兰财政大臣赫里特·扎尔姆曾极力反对让意大
利进入欧元区。[160]

荷兰的民族主义势力利用欧元怀疑论和反移民倾向，在危机中逐步
做大。主流政党为了确保自身的政治影响力，逐步容纳了这种怀疑论的
论调。2016 年 12 月，保守立场的荷兰首相马克·吕特提醒说，"更加欧洲"
的趋向可能会适得其反，它会疏离大批民众，催生民粹主义的倾向，使
欧洲进程"迷失方向"。[161] 2017 年 3 月荷兰议会选举期间，吕特为了战
胜极右翼的极端民族主义分子基尔特·威尔德斯，采纳了他反移民的部
分主张，并且给出了"更为温和的反移民民粹主义主张"。[162] 在竞选的
最后阶段，吕特说，"如果你不喜欢这里，可以自行离开"。[163] 大多数
观察家把这一说法看作对新移民，甚至是第二代、第三代移民的威胁。
虽然吕特属于中偏右，但保守党所得票数还是低于此前选举（指 2012
年 9 月的选举），他的"软性"民族主义似乎产生了一定的效果，威尔
德斯所得选票要低于民调预测的大胜比例。吕特辩护说，他阻止了
"民粹主义的错误倾向"，暗示说，他自己代表着"民粹主义的正确
倾向"。[164]

持泛欧主义和社会民主主义倾向的工党惨败，本土主义在荷兰政治中蔚然成风。在吕特组建新政府之前，工党的杰伦·迪塞尔布洛姆还是在任的看守财政大臣，虽然他并没有足够的合法性代表荷兰人民讲话，但他主动给南方国家的政府和民众提出了一些建议："你们不能把钱都花在追逐女人和喝酒上，然后又寻求帮助。"[165] 在随后引发的愤怒谴责中，迪塞尔布洛姆又为自己的说法展开了辩护。他说，要实现欧洲的"团结"，必须遵守债务和赤字上的预算规则。他又说，他只是过于"认真"而已。保守的默克尔早就用"问题孩子"来形容希腊，社会民主主义倾向的迪塞尔布洛姆强调的则是"认真的"父母角色。在维护国家纳税所得方面，政治意识形态不起作用。国家利益和权力关系的重要性胜过在欧洲实现国家平等统一的目标。

爱尔兰从边缘位置"挪到"了北方

讽刺的是，爱尔兰也证明了自己作为"北方俱乐部"的成员资格。在并不遥远的过去，2008 年至 2011 年全球和欧元区危机的高峰期，爱尔兰与希腊、意大利、葡萄牙、西班牙一起，被视为欧元区的边缘国家。为了避免财政崩溃，爱尔兰政府所接受的官方资助，按人均来算，大于所有其他边缘国家。爱尔兰的银行得以幸存，主要是因为从欧洲央行获得了无限制的流动性支持。虽然爱尔兰得益于欧洲的支持，但爱尔兰民众痛感国家主权的丧失；每当欧洲央行行长特里谢对爱尔兰官员发出指令时，民众的国家羞辱感尤其明显。[166] 正像欧元区其他边缘国家的民众一样，爱尔兰人也感觉跌入了陷阱，担心他们在未来要继续依靠他们的拯救者。

因此，当爱尔兰经济迅速而显著地复苏时，欧洲领导人急不可耐地将之归功于他们的紧缩和结构性改革策略。默克尔多次赞赏爱尔兰遵照了欧洲经济的药方。2011 年 11 月，她对外表示，爱尔兰是认真实行紧缩政策而获得成功的"超级样板"国家。[167] 2013 年 9 月，默克尔第三次当选为德国总理后，在柏林举行的记者会上，她大肆表扬爱尔兰总理恩达·肯尼："我很感激我的同道恩达·肯尼如此执着地实施了改革。"[168] 六个月后，在都柏林的一次记者会上，默克尔又告诉肯尼，"我衷心地仰慕和钦佩您的成就"。[169] 欧洲央行监管理事会成员伯努瓦·克雷和欧盟委员会副主席瓦尔季斯·东布罗夫斯基斯也发表了相似的说法，并用图表和数字加以论证。[170]

人们易于把爱尔兰看作欧洲紧缩和结构改革政策的标准好孩子。但这种说法也是错误的。

爱尔兰的复苏恰恰不是因为欧元区强加的限制和政策。[171] 爱尔兰并没有实行所谓的"结构性改革"；爱尔兰经济走出危机也不是因为降低工人工资去赢得国际竞争力。众多的爱尔兰学者着重强调，爱尔兰并不是欧元区的标准好孩子；爱尔兰至多是一个"漂亮的恶棍"。[172]

爱尔兰特殊的优势是因为其已经实行三十年的公司税务制度，其中包括对公司的低税率和能够吸引外国投资者的多种优惠措施。[173] 很久以来，欧洲的其他国家就公开抱怨爱尔兰自己创造的不公平优势。但爱尔兰政府咬定青山不放松，并对自己的竞争优势倍感骄傲。正如爱尔兰博客写手迈克尔·亨尼根指出的，低税率当然有不太适宜的一面：跨国公司把它们的国际利润登记在爱尔兰账下，所以某些年份所报告的GDP 增长率高得荒唐，致使外界高估了爱尔兰经济复苏的速度。[174]

但这种税制也帮助爱尔兰与美国的跨国公司建立了实实在在的合作，包括电脑服务、制药和生物科技产品等。[175] 即使在危机年份，对这些产品和服务的全球需求也是很稳定的。所以，跨国公司为爱尔兰提供了出口增长的渠道，从而克服了紧缩制度的负面效应，让爱尔兰避开了欧元区的陷阱。而且随着出口增长，实力雄厚的跨国公司提高了爱尔兰员工本就很高的薪水。高薪水推高了对国内产品和服务的需求，支持了生产活动。

从而，爱尔兰使自身隔绝于欧元区政策框架的负面效果之外，也因此成了"北方俱乐部"的一员。

爱尔兰从欧元区的边缘国家转化为北方成员，在一定程度上也是因为爱尔兰领导人转变了为欧元区成员国提供金融支援的态度。2015年1月，爱尔兰还处在边缘的位置上时，爱尔兰官员呼吁召开"债务会议"，豁免边缘国家欠欧洲债权人的债务。[176]然而，后来的情况表明，要想免除债务等于做白日梦，爱尔兰领导人迅速改变立场，转而更加严厉地批评为希腊减免债务的做法。

虽然爱尔兰政府现在自觉地与北方国家站在一起，但如果以为自己已经足以自立，那这种想法就还是太早了。爱尔兰脆弱的优势很有可能终结。欧盟委员会最近作出结论，判定爱尔兰政府授予美国科技巨头苹果公司的税务优惠不合常规；与此同时，国际上对税务天堂的限制也越来越严格。这或将迫使爱尔兰政府创造新的增长模式，而不是像过去那样依赖于低公司税的做法。[177]爱尔兰对这种转变提出的挑战还没有做好准备。爱尔兰国内公司的研发很少。危机导致的损害还在继续：财政紧缩致使公立教育的支出减少，大批拥有大学学位的青年人离开爱尔兰，前往英国和其他"盎格鲁-撒克逊"国家，以及海湾（指波斯湾）国家。[178]如果没有低税率的体制，爱尔兰还难以维持目前的经济增长。爱尔兰还不能把它与欧元区政策的隔绝效果当作必然。

东欧国家成为欧元区的北方国家

与欧元区隔绝的原则，至少从目前而言，也适用于四个东欧的欧元区成员国：爱沙尼亚、拉脱维亚、立陶宛和斯洛文尼亚。这些国家自有其独特的经济活力。1990年代初，它们从前苏联四面漏风的计划经济中幸存下来，人均收入非常低，开始痛苦地向市场经济转变。这些国家的人口受教育程度较高，所以它们通过建立现代制度架构，并投资先进技术，很快收复了经济失地。2004年，它们加入欧盟，这对它们的经济有莫大帮助。但进入欧盟后，它们也被迫卷入了那些年的金融泡沫中，因此在 2008 年和 2009 年的全球金融危机中，也不可避免地经历了严重的经济和金融震荡。当时，它们还没有加入欧元区，但它们与欧元的固定汇率使得它们受制于欧洲央行的货币政策，从而阻止它们的央行通过降低利率和货币贬值来满足自身的需求。与欧元区的这种关联加深了它们的危机。

但在作为落后国家追赶发达经济体带来的各种机遇下，东欧成员国的经济在 2010 年开始恢复增长势头。虽然欧元区有严格的货币政策和财政紧缩，但这些国家依然能保持强劲的经济增长。出于对前景的乐观，它们选择加入欧元区：斯洛文尼亚在 2009 年采用了欧元，爱沙尼亚在 2011 年，拉脱维亚在 2014 年，立陶宛则是在 2015 年。只要这些国家的后发优势能够继续，欧元区的货币和财政政策就只会对它们产生有限的影响。当东欧高通胀的趋势产生不良影响时，很少有人能看清楚这当中带来的挑战。

与它们对经济的乐观期待一致，这些欧元区的东欧成员国加入了北方国家的政治联盟。它们和北方国家一起反对为南方国家提供金融支援，也反对有利于南方国家的政策动议。2011 年，斯洛文尼亚政府首先拒绝向欧洲救援基金支付全额款项，认为给希腊的金融援助太多了。[179] 2014 年，爱沙尼亚支持北方国家反对欧洲央行放宽货币政策。[180]

舞台搭好了

我的故事即将结束了。结束的时候，近期危机最严重的时刻已经过去，乐观的情绪正在铺展。过去几年处于守势的泛欧主义话语又在重获力量和信心。让-克洛德·容克在 2016 年 9 月的盟情咨文中，又开始呼吁团结："对我们大多数人来说，作为欧洲人，就意味着使用欧元。"他声称，在危机期间，"欧元保持了强势，使我们免于更不稳定的状况"。所以，他说，欧洲人必须永远记得，欧元"带给我们巨大的难以察觉的利益"。他夸张地宣告："虽然我们如此不同，但我们仍然可以联合起来。"[181] 实际上，所有欧洲领导人都相信这个振奋人心的故事。

然而，穿过短暂的乐观情绪，仍然可以看到让人警觉的长期危机。在经济上，复苏可能还会持续几年，使得金融脆弱性降低。但是，如果财政刺激和世界贸易导致的短期繁荣迅速回落，欧元区的经济前景将被低生产增长率拖累，这个增长率在危机开始之前就已经减缓，且在危机发生后进一步下滑。欧元区有可能陷入长期的低增长，使政府债台高筑，银行也继续承压。全球经济和金融事件有可能引发另一波金融动荡。

欧元区未来的政治风险最明显地体现在社会民主主义运动的式微。在很大程度上，这种式微不可避免。作为一种政治意识形态，社会民主主义自诞生以来就是"矫正工业社会不公正现象的手段"。[182] 它在维护工业界劳工权益的同时，也在更广的范围内通过社会运动和平地实现社会平等。但随着年深日久，社会民主主义最初的理念消失了。全球化和技术进步逐步削弱传统工业劳工的政治经济重要性，其他政治意识形态也吸纳了社会公正的价值和政策偏好。社会民主党在失去自身的立足之地后，开始转向市场导向的"新自由主义"政策立场，并不再致力于保护经济弱势的阶层。

在长期式微的背景下，社会民主党在2017年的选举周期中发生了内部崩解，因为它们已经无法对欧元区的危机作出有效回应。尤其是2011—2012年，紧迫的危机急需作出政治回应。但社会民主党在国内没有提出新的方案，并且还积极推动泛欧主义，但实际上它们对欧洲并没有什么新的理念。2017年12月，德国社会民主党领袖马丁·舒尔茨呼吁颁布新的欧洲宪法，再次显示出社会民主主义运动的荒诞和迷失。他说，所有的成员国都将被要求采纳这部宪法；如果拒绝，它们将被迫离开欧盟。这种荒唐而毫无意义的立场完全缺乏对欧洲的历史感。欧洲过去曾屡次拒绝遵循这条道路。而时间越久，也就越难达到这样的目标。

所以，2017年的选举在政策的选举周期中并不算突出。没有理由相信，过去的政治结构会被突然改变。相反，金融危机加速了政治趋势的发展。作为一个经济发展的关键节点，这场危机强化了欧元区南北之间的差异，但它同时也是一个政治的关键节点。社会民主党退却后遗留的空间部分被民族主义政党所占据，而主流的保守派政党为了挽救下滑的选举形势，也不断承诺要实现稳定和公正，转向一种"软性的民族主义"。保守派的荷兰首相马克·吕特在反思这种变化时宣称，他要捍卫的是"好的民粹主义"。其他人大概也会作出这样的声明。

马克龙发誓重整老牌的泛欧主义议程，这让很多人感到宽慰，他们曾担心没有人愿意挑起这个担子。但历史似乎已经越过了马克龙。要想取得胜利，马克龙必须把法国人引上他所构想的通向未来之路。而且，他面对着强大的反欧洲势力。北方国家反对南方强加到它们身上的财政负担。就连荷兰工党领袖、即将离职的财政大臣杰伦·迪塞尔布洛姆也以轻蔑的态度评论南方成员国。经济得到一定的增长后，或许人们更愿意合作；但在2004—2007年间，经济增长并没有带来什么帮助。而新的危机有可能给过去这场危机中使用的金融创可贴带来真正的考验，当然也会考验人们是否真的有政治意愿继续欧洲的进程。

就现在来说，很多欧洲领导人仍然惯性地重复着"欧洲统一"的传统话语。在2017年9月的盟情咨文中，容克提议加强欧盟委员会和欧洲议会的作用。[183] 但和以往一样——想在欧洲层级创建超国家体制、降低民族国家权威——立即遭遇了抵抗。德国自民党主席克里斯蒂安·林德纳公然发飙，他说，首要的事情是严格实施预算赤字限制，并通过有序的措施，允许过度负债的国家违约。荷兰首相吕特批评容克的提议"太浪漫了"，他自己"如果产生了幻觉，首先应该去看医生"。[184]

这个乱世充溢着让人兴奋的氛围。2018年1月，这部书稿即将付印之际，"在多元中统一"的舆论依然流传，但它显然有悖于各国政治经济差距逐渐拉大的现实。欧洲领导人无法为弥合差距找到共通的解决方式，也无法就所谓"在多元中统一"的意义——如果有的话——达成一致。所以，让人尴尬的是，正当故事越来越有趣的时候，这部历史正剧的大幕却在缓缓落下。这些难题如何才能解决？会有一个喜剧式的结局吗？我们没有答案。但我们可以为这九幕剧如何结尾描述一些可能性。

剧幕表

未来已不是它过去的样子

我在这里描述两幕剧，也就是最后一幕的两种可能性。

第一幕，我称之为"更多的一致性"，其中有不少新的开端以及乐观的时期（像 2004—2007 年那种），但也有退步和危机时期，它们对欧元及其政治愿景是严峻的考验。欧洲机构仍然相信自己走在正确的道路上，并且继续作一些小的修正，为了给欧洲带来更加光明的未来。但历史抛弃了这种愿景。欧洲曾是让世界仰视的政经巨头，它的下滑虽然肉眼难以察觉，却是日积月累。"在多元中统一"的口号显然无法实现。导致经济差距拉大的因素并没有消失。在经济和金融上强求统一，困难重重，充满挫败，给经济和政治带来更多的损害。欧元只是挣扎求存。

第二幕，欧洲机构承认一个重要的事实，即"更加欧洲"的趋势无法解决欧洲最紧迫的经济和社会问题，并且认识到，对欧洲机构和程序的微调是多余的纠缠，重新定义和重新安排不会带来什么价值，因此删除既没有经济效益，又导致政治腐败的行政上的财政规则，转而依靠金融市场来实施财政规则。民族国家重申了自己的主权，更加碎片化的欧洲却激发了创造的活力。国家领导人把注意力转移到国内，重建以教育为基础的技术实力，这为长期增长提供了动力，有助于减少社会不平等。每个国家都竭尽所能，具有活力的去中心化竞争局面由此形成。这是"我的泛欧主义"理想。我相信，这将为欧洲的重生提供最大的希望，并且创造一种从新的欧洲智识共同体出发，而非基于联合共管的身份认同。

更多的一致性：一种危险的转变

"更多的一致性"这一幕是基于让－克洛德·容克在2016年盟情咨文中所阐述的集体盲思：欧元带来了"巨大的""难以察觉的利益"。其他人用更苍白的语言呼应了这种说法。欧盟委员会副主席瓦尔季斯·东布罗夫斯基斯和专员皮埃尔·莫斯科维奇在2017年5月的"反思文章"中写道，欧元的利益是"明白无误的"。[1]东布罗夫斯基斯和莫斯科维奇承认，欧元区的成员国自欧元启动以来差距越来越大。他们认识到，如果这种局面不解决，那些造成欧元区国家分裂的因素有可能"削弱民众对欧元的支持"。[2]东布罗夫斯基斯和莫斯科维奇提议建立欧元区的预算，以帮助成员国度过危机，克服衰退；为了阻止德国和其他北方国家山雨欲来的反对风潮，他们还把这个提议称之为促进"团结"的一个机制。2012年12月发表的四主席报告，也诉诸所谓的"财政团结"。[3]东布罗夫斯基斯和莫斯科维奇反复强调在欧洲决策中必须有"民主责任制"。2017年9月，法国总统马克龙站在雅典的普尼克斯山上，以卫城为背景发表演说，呼吁建立欧元区的共同预算，虽然他的演说"缺少具体细节"。[4]

在这些经过"净化"的用语中，南北国家巨大的利益差别被巧妙地处理过了。对主权的严重干涉却依然如故。但是，其发出的信号却毫无回旋余地——更多的一致性。

然而，在这一幕中，欧元区的南方依然承受着经济和金融的压力。世界贸易和财政紧缩放宽带来的经济振兴逐渐衰减，每个国家的GDP增长率已经回落到其经济潜力允许的速度。意大利的经济增长处于二战后最低的水平，接近IMF所估计的每年0.5%—0.75%的速度，但经合组织估计的速度更低，却可能更接近现实。[5]相似地，葡萄牙的潜在增长率维持在每年0.5%或稍低的水平。[6]西班牙和法国也只是以每年1%的速度增长。

　　短期看来，世界贸易最新的上升趋势使欧元区 GDP 的增长重新上扬，这是在重演过去一百五十年的模式（图例 10.1）。然而，随着几个欧元区国家，尤其是南方国家失去竞争力，世界贸易的红利已经逐渐消失。而且世界贸易长时间增长出现的频率已经降低，这证实了研究者们的观察：超级全球化的时期已经结束。[7] 全球供应链已经大体到位，它被用来把原材料、零部件和设备从低成本地点运往全世界。与全球危机开始前的 2004—2007 年 9% 的高速增长时期相比，现在的世界贸易一般稳定在每年 3%—5% 的增长率，很少达到 6%。所以，世界贸易并没有为促进欧洲经济增长作太大的贡献。

　　财政压力在持续，原因是 GDP 增长较慢，并且收紧的货币政策在 2011—2014 年间导致了通货紧缩。核心通胀率在整个欧元区低于 1%，在欧元区南方则更低，这个数据剔除了波动较大的能源和食品价格，显示的是根本的价格压力。通胀率曾短期上涨，是由非常规的国内和国际

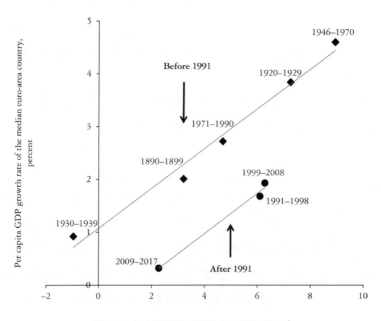

图例 10.1　欧元区经济增长紧随世界贸易增长的鼓点 [8]

因素推动的。但这一上升却使欧洲央行的官员误信自己已经解决了低通胀的问题。日本的教训是一旦通胀率跌破了某个心理界限，再次上升就必然是短期的。人们预期通胀会再次下降，所以会推迟消费。这种推迟行为强化了低增长和低通胀的趋势。

这些现象的一个关键效应是欧元区南方的真实利率维持在高水位，这是指名义利率减去通胀率之后的结果。较低的名义利率虽然有助于偿还债务，并鼓励人们消费，但低通胀又抵消了这些效应，使得债务更难以偿还，并阻止人们消费。

意大利的真实利率维持在 1% 以上，高于它的真实 GDP 增长率（按通货膨胀调整后的结果）。所以，既有债务要支付的利息比经济产出增长得更快，推高了国家的债务负担。即使是在繁荣的年份，经济增长的收益也难以填补过去债务的利息。所以，债务负担仍然很重，尤其很多小的制造企业和工人，债务还在升高，因为后者的收入增长很慢。葡萄牙的这些数据也非常残酷。法国和西班牙的数据只是稍好，债务负担在降低，但速度很慢很慢。在整个南方，低增长和高债务等因素使这里的国家在面临"事关生存的考验"时，将非常脆弱，这是哈佛大学经济学家肯尼思·罗戈夫的预测。每一次压力考验都进一步降低了这些国家长期增长的潜力，使它们更易于背上不可持续的债务负担，陷于金融"抽搐"的风险也大增。[9]

矛盾在于，当一些政府、企业和家庭感觉名义利率太高时，银行却认为这种利率太低。银行主要通过利息差额来获得利润，这是它们对客户收取的利息与它们付给储户和其他债权人的利率之间的差额。欧洲央行通过量化宽松项目把名义利率降低之后，银行只能收取低利率，尤其是针对它们最好的那些客户。实际上，对客户的低利率也正是欧洲央行债券购买项目的核心。但行业传统并不允许银行同等降低它们付给储户的利息。[10] 所以，银行的利息差额缩小了。又由于商业活动并没有相应增强，量化宽松项目实际上使得欧元区很多脆弱银行继续维持其历史少有的低收益状态。

银行的利润空间也因为国际管制所要求的"去杠杆化"而受到挤压。这种压力在全球金融危机发生后不久就开始出现了，主要是因为世界范围的监管方都要求投资者在银行保持更多的产权资本（也就是让投资者承担更多的风险），以吸收银行所导致的损失，减轻政府救援它们的财政责任。欧元区的多数银行都提高了产权资本的数额。与此同时，较低的 GDP 增长率，较窄的利息差额，以及不断覆盖过去损失的要求都对银行利润造成了限制。所以，银行产权投资者的利润率达到了历史新低。其结果就是，这些银行的市场估值要低于它们资产的账面价值。这种较低的估值也反映出金融市场的担心，即银行的借款方在各种新增压力下，可能无法偿还债务。

所以，欧元区中短期的经济和金融前景有不少值得担忧的地方。GDP 低增长和低通胀率使得债务负担不断抬升。银行无法通过提高业务量来弥补较低的利息差额带来的不利局面，也无法提供较高的股本回报率吸引更多的资本投资，帮助抵御金融动荡的影响。经济和金融都处于比较脆弱的状态。

欧洲央行效率也越来越低。欧洲央行的官员坚持认为，较低的名义利率加上长期的债券购买项目，将帮助欧元区经济不断复苏，并阻止通胀的进一步下降。但这种说法难以证实。复苏更直接得益于紧缩政策的放宽和世界贸易的增长。相形之下，很明显的是，欧洲央行降低名义利率的行动姗姗来迟，使得南方国家形成了通胀紧缩的心理定势。工人们已经有好几年不得不屈从于工资的低增长；他们中很多人或者失业，或者只能从事并不稳定的、初级的和低酬劳的工作，而且对工资的增长空间不抱希望。为了应对国际竞争，企业暂时不敢抬高商品价格。[11] 欧元区的通胀预期已经"脱锚"（de-anchored），如同在日本的情况，而且一直远低于 2%。日本央行虽然有安倍经济学指导下的开放性货币刺激，但依然无法刺激通胀率升高。欧洲央行则受制于较弱的责任感。因此，欧元区南部的真实利率一直维持在正值，这阻碍了支出和通胀的上升。

更糟糕的是，德国和其他北方国家能适应较高的利率，但南方国家不能。德国的倾向是清楚的。较高的名义利率对德国经济增长没什么损害，也不会提高还债的成本，因为政府和私人的债务负担都很低。并且德国也不太在乎通胀降低。相比而言，受制于低名义利率的德国银行则可以从高利率获得更丰厚的收益。

所以，德国和欧元区其他成员国力争高利率的做法不时让人揣测，欧洲央行或许会比预想的更迅速地缩小债券购买的规模，从而引起利率上升。欧洲央行 2017 年 6 月在辛特拉举行的论坛活动之后不久，德拉吉就认为经济正在迅速复苏，通货膨胀的因素已经形成，市场广泛猜测货币政策又将收紧。虽然欧洲央行的官员还没有明确表态，但他们话里话外都在强调是货币政策重振了经济增长率，通胀会迅速上升，而这更让人臆测：欧洲央行将削减债券购买的规模，促使名义利率上升。欧洲央行早已自行设定了一个技术限制，即在任何情况下，它最多拥有一个国家有效债券的 1/3。这个限制现在开始起作用，欧洲央行逐渐减缓了债券的购买。

对减缓购债和高利率的预期推动着欧元上涨。从欧元初期开始，金融市场就懂得，欧洲央行的货币政策比其他央行要更紧。这个经验也符合早期的预期。欧元对南部国家而言太强势了，这使得它们的出口不具竞争力，并压低了国内的通胀率，强化了通胀紧缩的心理预期。

市场隐隐期待，具有全球影响力的科技革新将引发新一轮的经济繁荣。在生物科技和信息通信技术方面的突破，以及生产和运输可再生能源手段上的革新都可能对世界范围内的经济和社会结构产生革命性效应。这种种的突破将使欧元区乃至世界的经济和金融压力一扫而空，直到人类再次把一切搞糟。

但让人望眼欲穿的突破还遥不可期。西北大学经济学教授罗伯特·戈登一直对这种突破到来的期限比较悲观。他通过详尽的研究指出，现代科技总是许下空洞的承诺，但实际上它们已经无法像19世纪晚期和20世纪初期那样具有轰动效应。[12]那些早期具有革新意义的科技进步，包括电、电子信号和其他通信技术、内燃机、自来水、下水道、化学品、塑料、抗生素，以及其他现代药品等的发明和传播。它们带来的经济利益直到1970年代才耗尽，自那以来，新一代的科技发展还没有产生与之相匹配的利益。因此，尽管人们普遍认为技术突破已经带来了红利，发达经济体的生产率增长早在全球危机开始之前就已经在下降，这种下降持续至今。[13]戈登大胆预测，生产增长率将继续下降。

从前瞻的视角看，戈登对生产率下降的冷峻预言近几年都已得到证实。另外，对未来的恐惧限制了消费和投资需求，也因此阻碍了全球的经济增长。对全球和欧元区金融危机的记忆并不会很快退却，人们依然担忧可能再次经历痛苦。[14]很多工人担心会因服务领域自动化的推广而失去工作。基于这一担忧，所有的消费者都只在经济短暂复苏的时期才会去消费，企业对待投资也小心翼翼，需求在总体上并不足以支撑持续性的增长。

如果没有突然的技术爆发在全球驱动乐观情绪，世界贸易只能带来临时的、有限的助益。真实利率一直为正，而欧元区南部国家至多是一种看起来还不太坏的漂浮状态。它们的债务率、银行压力和失业率都很高，虽然时有下降，但又很快回升。欧元区南部国家在国际市场上也不断地失城陷地，与亚洲的先进厂家和欧洲的低价产地都无法竞争。欧元区南部受过良好教育的青年人均不屑参与国内的抗议活动，纷纷避走海外，进一步阻碍了国内经济的复苏。国内政局分崩离析；所谓的拯救者偶尔会燃起民众的希望，但很快又把他们抛向失望的深渊。

欧洲领导人诉诸"更加"欧洲的方案来解决他们的问题。马克龙和其他国家的后来者继续在助推泛欧主义的议程。不出意外的是，利益的多元化，包括东西之间和南北之间的差异，都使得欧洲预算和财政管理的不同方案和以往一样不了了之。主权障碍仍然无法逾越。欧元区成员国依然无法就各自拿出税收的 2% 或 3% 注入共同的账户达成一致。成员国政府都无法接受在欧洲层级管理这个资金账户的财长有权对欧洲不同国家的民众征税，并依据国家政府的担保来发行债券。马克龙自己就否决过金融交易税这种针对买卖股票和债券的税，虽然他自己曾力推把这种税收作为欧洲机构资金的来源。[15] 马克龙的担忧是，这种税收有可能阻碍巴黎建设国际金融中心的前程。其他一些不了了之的方案还有统一各国失业保险的计划，这种提议比较温和，但有些政府无法接受，因为这种做法可能为其他政府提供太长时间的补贴。

各国对提议中欧洲财长角色扮演的看法也有差异。他是像马克龙建议的那样有权决定支出的项目，还是像德国前财长朔伊布勒想要的、只是以更大的决心贯彻欧洲的预算规则？[16] 欧洲财长将对谁负责，是对政府首脑，还是对欧洲议会的议员们？这些问题在半个多世纪里都没有解决，现在也不会被迅速敲定。

最危险的是不假思索的妥协，这将造成一种提供财政保护的错误印象，从而创建另一个不具备责任机制的欧元区机构。在各种窃窃私语中，需要铭记荷兰前央行官员安德烈·萨斯清醒的分析：欧洲的妥协换来的往往不是能够兼容各方利益的中间立场，相反，这些妥协是一些措辞谨慎的表达，允许各国政府按照自己的偏好对协议进行解释。[17] "欧洲预算""欧洲财长"和"财政联盟"这些概念对德国人和法国人意味着完全不同的东西。德国人的想法很明确：他们只是想拧紧螺丝，牢牢控制那些不遵守欧元区财政紧缩规则的国家。没有人知道，可能连法国人自己也不知道，法国所认为的可以用来创建并支撑欧元区坚固架构的东西到底是什么。所以，如果法国和德国领导人为了实现"欧洲一体化"，用一大堆托词强行通过另一个缺少完全保障的计划，这个结构很有可能在下一个金融危机期间崩解。

为了克服主权障碍，欧洲需要一个切实可行的政治框架。作为欧洲唯一的民主机构，欧洲议会能在一定程度上提供政治责任制的基础。但是，这个议会和其他欧洲项目有一些共通的问题。对欧洲议会的信任度逐步下降。1979 年第一次欧洲议会选举高达 62% 的投票率，到 2014年已经下降到了 43%。2014 年的选举投票率如此之低，非常值得关注，这背后的原因是民众不买账，想表达自己的意见，而他们显然并不相信欧洲议会能提供什么帮助。在对欧洲机构信任度下降最大的国家，欧洲议会选举的投票率也下跌最大。[18] 例如在意大利，对欧洲的支持和信任在 1979 年达到了极高的水平，86% 的选民在当年的选举中投了票；到2014 年，意大利人对欧盟的信任度严重下滑，只有 57% 的选民愿意去投票。东欧的大部分地区则已经与欧洲议会没有太大关联了。斯洛伐克在 2014 年只有 13% 的选民投了票。

欧洲议会的议员一般根据其意识形态的立场来投票，但在关键问题上，意识形态则要靠边，国家利益至上。[19] 国家利益通常是很具体的；法国想把欧洲议会多余的边缘部门维持在斯特拉斯堡，而不是让所有活动都集中在布鲁塞尔；爱尔兰则成功地迫使欧洲议会承认爱尔兰盖尔语成为欧洲的官方语言之一。[20] 但国家利益在关键的经济和金融问题上则远远超出政治意识形态的重要性；在农业政策上，投票主要受到国家身份的影响，这是众所周知的，因为欧盟预算的 1/3 是花在农业补贴上。[21] 相似地，欧洲议会的德国议员无论意识形态为何，都与德国政府共同反对像欧元债券这样的动议，这种债券将对欧元区所有成员国提供财政担保，因此会对德国政府提出财政要求。[22]

欧洲议会是一个很不成熟的机构。议员们常常有自己的事要做。他们经常把分配给他们的资金用于个人花销。自诩为泛欧主义者的法国国防部长西尔维·古拉尔因为用欧洲议会的拨款雇用个人助理而受到调查，她本人因此去职。[23] 很多欧洲议员私下里都把他们在欧洲议会的任期作为获利丰厚的闲职。虽然这一事实广为人知，但只有容克愿意公开说"国王没有穿衣服"。他曾怒骂这些欧洲议员："你们简直荒唐。"[24]容克当时到欧洲议会去参加一场辩论，结果 751 位欧洲议员中只有 30

位现身，他为此非常恼怒。芬兰外交部长亚历山大·斯图布曾是欧洲议员，他说，欧洲议会在行使权力，但它自身并没有责任制。[25] 有影响力的德国人想从欧洲议会取回一些权力。他们说，各国的议会应当有权阻止欧洲议会通过一些法案。[26]

表面上，欧洲的经济和政治转变是良性的。2007—2013 年间的经济和金融危机造成了严重的震撼，但现在看来都已经是过去时了。罗戈夫警告过还会有更多的真实考验和债务动荡，但很多类似的说法并没有被重视。德国总理默克尔依然选择拖延。虽然政治矛盾剑拔弩张，国家之间的差异难以弥合，但普遍感觉，技术官僚们还在力图强化欧元区的功能。但相关的方案却总是缺少必要的政治黏合剂。

普利策奖得主贾雷德·戴蒙德曾写道，社会崩溃的方式和森林是一样的，后者因为年复一年失去植被覆盖而消失。"只是一次难以置信的愚蠢行为"不会毁掉整片森林，相反，"如果我们在一个地方砍掉几棵树，其他地方的树苗却在生长"，缓慢的侵蚀难以分辨；只有那些有历史感的人才能指认，树木"越来越少，越来越小，越来越不被人重视"。[27]

系统在衰弱的时候，会努力调整应对新的震荡。危机有可能来自美国金融市场急剧的修正，也可能来自中国地产与银行的泡沫破裂，或者是因为投资者从意大利银行和政府债券中抽逃。恐慌将席卷全球金融市场，世界贸易会陡然下跌，欧洲出口将遭受重创。由于欧洲严重依赖贸易，欧洲的 GDP 会迅速缩减，最弱的银行将被迫面对无法承受的压力。而这些最弱的银行都在意大利。这几家银行的裂缝就能把震荡传播到意大利和整个欧洲的其他界面。[28]

金融地震从意大利的震中向外传导的过程中，只有欧洲议会可以用直接货币交易计划（OMT）阻止金融灾难。启动直接货币交易计划的第一步是由意大利和欧洲稳定机制（ESM）之间就政策和资金项目达成协议。但协商很琐碎。而且不清楚的是，欧洲稳定机制是否有足够的资金来救援意大利。即使这些障碍被克服了，还有其他的障碍。原则上，直接货币交易计划下的权力比量化宽松大，它可以授权欧洲央行从成员国购买"不限量"的债券，以阻止债券收益率升得过高。但"不限量"的法律定义比较模糊。[29]这些不确定性给欧洲央行的官员频添烦恼。

市场参与者都知道，自2015年以来，欧洲央行和意大利央行在量化宽松的项目下已经购买了大量的意大利政府债券，欧洲的中央银行系统已经完全暴露在意大利的风险之下。欧洲央行还愿意为意大利承担更大的风险吗？

投资者担心欧洲机构无法在行动上取得一致，开始抛售意大利的债券。结果，早前通过量化宽松项目购买的债券在市场上掉价了，立即造成了欧洲央行的账面损失。监管理事会动摇了。意大利政府债券的价格进一步下跌，相应地，债券收益率也上升到了危险的区间；意大利银行的股票价格遭受猛击，银行的风险陡升。[30]到这个时候，监管理事会的人担心，欧洲央行和意大利央行面对的意大利金融违约风险已经太大，如果意大利政府无法承受高利率和银行困境的压力，实行债务违约，账面损失就成为真实的损失，必然要由所有成员国分担。正如金融学教授哈拉尔德·贝宁克和哈里·赫伊津哈所预测的，越来越多的人发出了政治非议，应该由意大利央行，而不是欧洲央行来承担意大利政府违约的风险。[31]

但这个风险对于意大利央行太大了。

对意大利人而言，退出欧元区是有诱惑力的选项。一些学者和分析家认为，让意大利重新回到里拉是最后的退路。他们指出，里拉的价值将下跌，意大利的生产商将更具竞争力，意大利的经济将迎来一轮经济的爆发，通胀率也将从紧缩的深渊里起死回生，因为进口商品价格上涨将推动市场价格普遍上扬。这些利好的因素将有助于减少失业率，降低债务与GDP的比率。[32]

但如果事情像这样简单，意大利就不会等那么长时间退出欧元区。因为在退出时，意大利政府、企业和家庭的收入将以里拉计算，但仍将以欧元偿还债务。如果要用 2 个、3 个，甚至 4 个里拉买 1 欧元，政府的债务负担将无法承受，政府必然会违约。借了欧元或美元债的意大利银行也将无法偿还债务。意大利政府和银行的债权人也将无法偿还他们自己的债务。投机者因为担心这种违约的现象传播，也将抛售希腊、葡萄牙、西班牙，甚至是法国的债券。在弱势里拉的利好还没来得及使意大利经济回升之前，意大利的地震就已摧毁了全球的金融市场。

实际上，如果真到了启动直接货币交易计划的阶段，并不是一个好的局面，因为在这种情况下，直接货币交易计划也将崩解。

如果德国也离开了欧元区，欧元将有更好的结局。[33] 那时将不会有谁是失败者。德国回到德国马克体系下，将使欧元价格应声下跌。如果有可能，荷兰、奥地利、芬兰和比利时集结在德国旗下，组成一个新的货币联盟，欧元会进一步下跌。那些滞留在缩小版的欧元区里的国家将以较便宜的欧元来偿还债务，这也将带给它们所急需的竞争力，使它们重新走上增长的道路。

德国退出引发的全球金融破坏程度会小一些。由于新的 1 德国马克在欧洲以及世界购买的物资和服务要多出今天的 1 欧元，德国人将立刻变得更加富有。虽然因德国马克变得更昂贵，德国海外资产的价值将下降，但德国的债务将更容易偿还。

一些德国人担心，德国马克升值后会削弱出口的竞争力。这实际是对世界有益处的结果，最终对德国也有好处。在很多年中，德国都保持着高额的经常账户盈余，这意味着它卖出的东西比买进的要多很多。这个差额从危机开始后又进一步上升，到 2016 年达到了创纪录的 3000 亿美元。德国对国际货物的需求不足削弱了世界的增长，这也是为什么美国财政部和 IMF 经常敦促德国少存点钱，多从海外买入。连欧盟委员会也作出结论，德国的经常账户盈余"太多了"。

德国人对高汇率的情形比较适应。在使用欧元之前，德国马克几乎一直在升值。德国公司通过生产高端产品，来应对升值的局面。如果德国政府现在决定再次使用德国马克，德国的制造商将更有紧迫感提高自身的生产率以保持竞争力，而国内服务的供应商也将被迫提高正在落后的生产率。

或许最大的获益是在政治方面。德国在欧洲具有统治地位，但不愿意承担作为一个统治者的代价。更多的时候，它用道德的面纱掩盖其霸凌行为，给该地区带来伤害。德国政府并没有把欧洲建成"更为紧密的联盟"，反而危及其微妙的平衡。德国利用其在欧元区的地位，正把欧洲引向一条悲剧性的道路。

欧洲的智识共同体：现代的阿格拉市集

第二幕开始于 2017 年复苏引发的乐观主义消退后。长期的挑战直逼眼前，但新的危机还没有显现。在德国，无人对卷入欧洲的金融事务感兴趣。

但令人担忧的迹象并没有走远。南方国家的经济，以及财政和银行体系复原的速度都不够快；它们仍然难以承受新的震荡。如果欧元区遭遇新的危机，默克尔担心，德国可能再也无法担当领导者的角色。国内政治让她举步维艰，危机的规模有可能大到德国无法筹集足够的财政资源作出应对。局面可能会混乱不堪。虽然她习惯于等待，但她最终决定，现在正是行动的时候。

在这一幕中，我会直观地展现，默克尔本能地懂得泛欧主义一直以来都只是一套陈词滥调，对逐步拉大的经济差异无能为力。相反，它深化了政治分裂。她决定，现在就应该改变泛欧主义在未来的概念和方向。默克尔在欧洲理事会上对各国领导人说，她有些话要讲。这些欧洲同事们于是都屏息驻足、洗耳恭听。他们感觉到，她即将发表不同寻常的声明。但没有人想到她将要提出的激进改革。她的演说，"默克尔的退出独白"，成了这幕欧洲大剧的转折点。

　　一段欧洲历史已然成就。我们取得了重大的成功。由于战后领导人的智慧，我们在七十多年里避免了战场上的兵戎相见。我们把精力转到了会议桌前，在这里，虽然有时我们对于国家利益寸步不让，但依然找到了共同利益。我们向彼此敞开了贸易边境，由此而来的繁荣也促进了和平。

　　这些年里，我们努力维护人的尊严、宽容和自由，但这些逐渐让位于欧洲的经济目标。欧元成了这个经济目标的核心。人们的期望是，欧元将带来经济利益，在追求这种利益的过程中，欧洲领导人和民众竭忠尽智，以形成关系紧密的政治联盟。

　　很多经济学家反复说过，欧元除了让欧洲内部的旅行更为方便之外，没有太大的价值。显然，选择不加入欧元区的国家，包括英国、瑞典、波兰和捷克，依靠自己的货币都表现得很好。而在欧元区成员国中，有一些因为金融危机而受到重创，这部分是因为它们已经失去了国内货币的安全阀，无法通过货币贬值来缓冲危机的震荡。作为欧洲人，我们尽力帮助过这些受损严重的国家，但持续提供金融援助造成了尖锐的政治分裂。我们在会议桌前的辩论不再是立场坚定、具有建设性的沟通，而蜕变成了尖酸刻薄。因为忙于克服金融危机，我们没能看到一个事实，即欧洲正远远落后于全球竞争。

　　明天我将要求德国联邦议院减免希腊欠德国政府债务的2/3。我知道，这违背了欧洲的条约，或许也僭越了德国宪法。但希腊民众已经承受了很多。欧盟委员会主席容克是对的：我们的行动已经践踏了希腊的尊严。这不是我们建立欧洲共同体的途径，现在应该重新出发。我希望其他成员国跟随德国的步伐，让希腊重新站立起来。

　　与此同时，我要向德国人民承诺，他们不会再为希腊提供援助。随着希腊的债务大部分被免除，希腊的基本预算（扣除利息支付后的预算）接近平衡，私人债权人应该会愿意贷款给希腊政府。希腊政府债券的合约应该写清楚，如果政府财政的危机到达临界点，私人债权人收到的还款将延迟或减少。[34] 希腊将为这些合约支付相对合理的高利率，以确保政府在当下或未来能维持运转。

所有欧元区的国家都应当从现在开始的五年内，对它们发行的新债券提供危机预警和违约机制。转换到这种新机制的五年窗口期应该可以使政府和投资者有足够的时间来调整他们的预期。2010 年 10 月，我在多维尔会晤了法国总统萨科齐之后，提出过一个相似的方案。当时很多人错误地以为，我的这个方案使投资者普遍感到恐慌，后者便提前对欧元区的债券提出了更高的利率要求。但没有证据显示，在多维尔提出的方案引起了利率上扬。[35] 如果现在投资者感到了恐慌，那欧洲央行就有责任去平息这种慌乱。最重要的是，我们应当转换到更具有可持续性的金融架构中，以支撑欧元。要记得，19 世纪，美国的货币联盟在没有联邦资金的情况下，仍可以帮助陷于衰退或金融危机的各州；如果各州无法偿还它们的债务，私人投资者将承担损失。[36] 这是我们唯一可以运作下去的方式。

对今天在这里聚集的政府首脑们，我也呼吁摒弃长期以来管制着欧洲的财政规则。很长时间以来，虽然这些规则很明显地导致了经济困境，并滋生了政治纷争，我们德国人还是固执地坚持这些规则。欧盟委员会前主席罗马诺·普罗迪很明智地察觉到，这些财政规则很愚蠢。[37] 奇妙的是，我们仍然维持着一种假象，即违反这些规则的国家会支付罚款，或面临其他制裁。但我们实际上从未实施罚款或执行制裁。我此前已经讲过，制裁这种想法完全是"白痴"。[38] 什么样的经济或道德原则允许你对一个已经身陷财政危机的国家实施成本高昂的金融制裁呢？

我们尝试一起进行管制。我们使得欧元区免于瓦解，但在漫长的过程中，我们犯了很多错误。所以，我们越来越虚弱，彼此之间逐渐远离。

我今天列出的三个步骤，包括豁免希腊债务，从现在起五年内发行的新政府债券对私人债权人作出明确警告，以及取消财政规则等，将迅速松解把我们绑得太紧的束缚。每一个步骤都是基于健康的经济原则，在政治上也有积极意义。我们把财政责任完整地交还给各国政府，是对国家主权原则的尊重。在欧洲层面，我们也将使自己免于大量没有效益、事与愿违的任务，我们将不再需要痛苦而无止境的各种协商，这种协商往往耗费了一个又一个毫无成果却熬更守夜的峰会。

应对欧元危机和调整相应的管理方式已经耗去了我们太多的时间；这些工作已经成为不去关注国内紧急要务的托词。我认为，欧洲领导人在统一管理欧洲事务的过程中已经走过头了。当危机发生时，国家利益显著不同，一小群领导者并不能客观地就欧洲的最佳利益作出决定。当然，作为德国总理，我必须在危机中作出关键性的决策，但我也很清楚各种互相矛盾的立场。就我们现在运作的方式，没有人是能够负责的。

政治学家卡尔·多伊奇曾经说过，掌握权力的人常常不愿意去学习。[39] 如果我们无法认识到，欧洲领导人没有能力就成员国主权内的事务进行集体管制，那我们会犯更多的错误，历史也不会给我们很好的评价。基于这样的原因，如果想推动进一步的金融联盟，通过欧元债券和欧洲共同预算的方式来支持单一货币，将是愚蠢的。如果我们竟然奇迹般地实行了这种安排，也将无法以公平和负责任的态度进行管理。谁来决定欧洲财长的决定公平与否呢？

德国前总统约阿希姆·高克在 2013 年曾试图告诫我们，不能继续"被各种事件左右",却没有必要的政治责任制和合法性作为基石。[40] 我们中有多少人有停下来反思过高克总统的警告?我们现在必须暂停。单一货币从来没有为欧洲在政治上进一步联合创造过有利的环境。如果不慎思明辨,执意在欧洲追求更紧密的财政合作,将在欧洲内部遭遇和产生更多的抵抗与矛盾。智慧要求我们从不明智的冲动中撤回来,改变我们的路线。

要分清楚的是,虽然我相信,我们应当停止为单一货币建立一个脆弱的金融上层建筑,并且拆除此前已经建立的部分上层结构,但我们的确需要推进欧洲共同市场,尤其是为数据网络创建技术和价格标准,并共享能源。我希望我们可以协商一个公平的办法,分摊难民带来的负担,并为保卫欧洲安全、打击恐怖主义和防止气候变化而发展出共同措施。

现在应当为欧洲拟定一条新的路线,一条不依靠"更欧洲"的方式来解决欧洲主要问题的路线。我们现在的工作主要集中在国内。

我们欧洲人正在全球技术竞争中落后。美国再次在技术潮流中拔得头筹。现在亚洲国家也在我们前面领跑了。他们的子女受到了更好的教育,他们正在建设世界水平的大学,并且他们已经在利用工人的技能发展下一代的技术。以这个速度下去,欧洲人在技术方面将成为落败者。

欧洲必须以自己的才能来进行回击。2010 年 4 月,我在伦敦皇家学会的演说中提到,我们的"现代生活"得益于欧洲在 17、18 世纪启蒙时代取得的辉煌的科学进步。[41] 经济史学家提醒过我们,这些进步是在欧洲政治分裂的情形下取得的,但当时的欧洲也是个融为一体的思想市场。[42] 事实上,政治分裂是创新的动力来源,因为各国都寻求在知识和科学上领先,各国都推崇并争夺最优秀的人才。伽利略、开普勒和牛顿都是当时知识界的巨擘。

大学、研究所和学会"遍布整个欧洲",烘托出一种创新的氛围。[43]当时的欧洲是一个成功的智识共同体,而不是一个通过种种规则和委员会来协调各国的政治组织。欧洲必须通过民族国家的竞争再次缔造一个智识共同体。

欧洲人现在应该再次联合为一个思想市场。在这个市场上,唯一的"货币"只能是追求卓越的意愿,通过激情饱满的智识沟通来促进下一代科学方法和技术的诞生。

我们今天要问的问题是,我们如何才能建设这样一个新的智识共同体。一个充满活力的思想市场,一个能满足我们时代需求的市场,要以众多高质量的学校和大学为砖石。由于我们的学校和大学不幸落后于全球领导者,我们最优秀的一批人才选择在其他国家更具挑战性的环境中工作。[44]现在所有的主权国家都面临着这样的挑战,包括国家内部的州、省和各种社区,它们必须参与这种竞争,创造平等的教育机会,以赶上甚至超越世界最好的水平。这种教育机构的网络将成为欧洲经济增长的引擎,把被我们落下的绝望的青年人拖入具有创造力的、乐观的未来,成为现代的阿格拉市集,所有的欧洲人,而不只是那些有特权的人,都会聚集在这里重新确认自己的文化身份,以及对我们永恒价值的承诺。

让我澄清一下。从18世纪中叶的工业革命时期到今天,经济增长唯一的持续性来源是一国民众接受的教育质量。[45]美国通过建设公立学校和大学的网络从欧洲手中夺走了全球的领导权。今天,虽然美国学校有自身的问题,但美国依然有不可比拟的研究性大学。创造性人才可以赢得大笔的资金从事高风险的新技术探索。在过去几十年中,亚洲国家已经使自己成为世界领先的经济力量。它们的主要策略之一就是创建了一些世界最好的学校,并推动与世界一流大学的竞争。[46]我观察到,中国正试图再次赢得它在公元 10 世纪时在全球的科学领先地位。[47] 不要误会：今天比以往更重要的是，学校和大学将为一个国家赢得未来的竞争。

我在伦敦的演讲中强调，知识的"保质期很短"，因此，我说，德国的繁荣必须"仰赖于在研究、教育和科学上的投资，并且要引起我们特别的重视"。德国政府已经在教育上投入了"大量资源"，我们还会继续这样做。我们需要更多意志坚定的学生和老师。"我们必须通过教育鼓舞每一个年轻人，把他的技能奉献给共同体。"[48] 我也邀请所有的欧洲国家下定决心，这样我们可以一起参与竞争，互相砥砺，把工作做得更好。

而且教育并不仅仅是经济增长的动力，它也是促进平等的伟大工具。它是唯一持续性的并且可靠的方式，以让孩子比他们的父母获得更好的生活。至少在过去四分之一个世纪里，由于担心继续受困于低下的经济和社会地位，人们已经产生了深切的焦虑。很多身陷悲惨境地的人把责任推到欧洲身上。1992 年法国在对《马斯特里赫特条约》进行全民公投时，2005 年法国和荷兰对欧洲宪法进行公投时，以及最近希腊对欧洲金援项目下继续紧缩政策进行公投时，这些国家处境最差的民众都投票反对欧洲。[49] 同样的现象在 2016 年 6 月英国人进行退欧公投时再次出现。大量被教育体系甩出来的民众投票赞同脱离欧洲。[50] 在英国脱欧公投后，前首相戈登·布朗写道，由于无法应对来自亚洲的竞争，英国制造业已经崩溃了，工业城镇都已经被"搬空了"，只有一些技能不够娴熟的工人被遗留在"全球化的错误一边"。[51] 这些工人和他们的家庭把糟糕的经济状况和贫苦的前途归咎于全球化和欧盟。

虽然欧盟不应该为全球化和技术变革带来的不平等背黑锅，但我们应当认识到，这种恐惧是真实的，而且很长时间以来在欧洲大部分地区逐渐积累。是的，无原则的仇外分子和民族主义常常拦截了处境艰难的民众的选票。[52] 但我担心，时间越久，很多成员国里的同样一批民众就会自然而然地失去对欧洲的信仰。为了欧洲的目标，我们需要采取行动，给这些民众以希望，让他们重新相信有人在倾听他们的声音，并为他们的利益而奋斗。

教育为代际进步提供了最大的希望，也为欧洲奠定了坚实的基础，这样的欧洲将是值得尊敬的，对所有人都公平，而人们对公平的体认会创造自信的氛围，成为增长的源泉。[53]

并不仅仅是为了经济增长的目的。对我们这些关心欧洲的人来说，教育让我们更有可能团结在一起，统一在同一个身份之下。今天，共同的欧洲目标和身份不能寄望于欧洲物质繁荣的希望。欧洲能带来的只是比较有限的经济利益。欧盟委员会的民调显示，这也是欧洲民众的理解。至少从 2000 年代初期以来，越来越少的欧洲人相信欧洲能为他们带来经济利益。因此，对欧洲的民意支持也下降了。但民调也显示了更有希望的迹象。自 2013 年以来，欧洲民众虽然对经济利益的前景并不抱太大的信心，但越来越多的人相信欧洲"开放社会"的价值观：民主、社会保障、迁徙自由和文化多元。[54]

一个现代的阿格拉市集，扎根于教育机构的网络中，为促进开放社会的价值提供了最光明的前景。这些价值对欧洲青年人最具吸引力，一般而言，他们对欧洲的支持要大于他们的父辈或祖父母。但我们不能把这些欧洲青年人的支持当作理所当然。我尤其关注意大利的青年人，他们对欧洲的信任已经严重下降。

所以，让我们所有国家，根据本国的特点建立起自己的杰出学校和大学。这些教育机构将变成现代的阿格拉市集，并融入新的欧洲智识共同体中，让大批自信的欧洲青年人在这里相聚。这种阿格拉市集将以尊重和公平为原则，以创新的方式使欧洲价值继续扎根。阿格拉市集和它所推崇的价值将成为欧洲的身份。我们的青年人将更有信心迎接全球化的趋势，他们将成为自豪的欧洲人。

简单地说，如果我们创建了欧洲智识共同体，那么经济活力和政治友好关系将给予我们足够的力量以应对金融和政治危机。现在，如果我们退缩，只满足于对欧洲管理方式做一些小修小补，那我们就难以取得进步，新的危机仍将使我们遭受严酷的打击。

人们经常问我："默克尔总理，你对欧洲仍有激情吗？"[55] 这就是我的激情。这就是默克尔对欧洲的激情。我所设想的欧洲，是其中的每个国家都能投资于青年人，并以自己的方式做好准备，迎接经济和社会挑战。在这样的欧洲，所有欧洲人可以共同追求他们共享的价值。

我并不知道默克尔是否会说这些话，或者她在总理任上是否还能有机会用这些话去提醒大家。但她有着独特的地位来引导欧洲。她在国内面临着与欧洲改进关系的压力。德国人已经拒绝让她向欧洲输送更多的资源。她从没有要求有这样的授权，但基于如今的不利形势，她也已经来不及这样做了。但她能够向德国公众推广与欧洲金融脱钩的策略，同时力陈一种新的泛欧主义哲学。只有德国总理可以达到这双重的目标，一方面脱离过去，一方面把欧洲引向新的方向。下一任德国总理要花很多年才能获得默克尔这样的地位，事实上有可能永远也达不到。

芝加哥大学的经济学家米尔顿·弗里德曼和安娜·施瓦茨在1963年出版的权威著作《美国货币史》中写道，"伟大的事件都有伟大的起源"，所以，需要用"超出个人的格局"来解释历史的转变。[56] 但他们也写道，关键位置上的个人能够且的确在历史的十字路口指引车流。一旦车流沿着新的方向移动，积累的势能将帮助维持这种趋向。默克尔的前任之一赫尔穆特·科尔在1990年代曾站在这样的十字路口，他以只有他自知的理由，把欧洲引向了欧元。在当今的欧洲政治家中，只有默克尔有这样的机会消除他的大部分政治遗产，开始新的征程。

尚未完成的任务很明确。财政规则从没有产生过作用。所谓"坏的规则也好过没有规则"的说法已经反复被证明是错误的。坏的规则就是坏的规则、坏的经济和坏的政治。除了要取消这些规则，还有一个环节——这个环节就连异想天开的我也无法想象默克尔会怎样去做——就是让欧洲央行的政策远离对价格稳定的固执，而同时注重就业的目标。

欧元区的新架构也要求各主权国家的政府实行创新性的债务重组机制。浮动汇率是有价值的，因为它可以缓冲经济震荡的效应。在傲慢的冲动下，欧元区的国家放弃了这个减震器。在欧元区内，主权债务合同允许在危机发展到无法应对之前，使债务偿付的规模自动逐渐减少，这是成员国唯一的另外一个减震器。银行正开始使用这种"以偶然性为前提的"债务合同，在合同中，债务支付与具体情况相联系，其中的具体情况是事前写明的未来风险。欧元区国家可以在重构主权债务的合同和市场方面起到示范作用。

最后一点尚未完成的工作是豁免希腊债务，这是重建欧洲民主的必要步骤。在大概十年中，希腊议会成了外来决策的橡皮图章。只要希腊还对官方债权人欠有沉重的债务，这种屈从仍将继续，只是或许可以稍稍减轻。现在应该让希腊自己作出决策，要知道，在重获主权后，希腊仍然受制于金融投资者和市场。我相信默克尔知道，德国停止干涉他国事务是所有人都期待的。

她自己也成长于东德。因为在东德长大，默克尔并不向往泛欧主义的神话，甚至有些反感。她的声明和行动一直以来都集中在国家责任，更倾向于一个去中心化的欧洲。

默克尔的背景和倾向性也使她更侧重于把教育当作重振欧洲的主要手段。或许莎士比亚会说，教育异常重要。它能够促进经济增长，减少不平等，并为创造新的欧洲身份认同带来最大的希望。从工业革命初期开始，教育就对经济增长非常重要，到今天，它对物质进步也是必要的。

在减少不平等方面，诺贝尔奖得主罗伯特·索洛前不久说，当下最紧迫的需求是去回应"那么多"对生活感到绝望的人，他们深感生活的不公，认为"自己就像尘埃一样卑微"。[57]高质量的教育对这些抱怨不公、愤懑绝望的人是最好的安慰。

欧洲的身份认同不能继续被财政和货币规则所定义，它们所强调的是精明和稳定，而贯彻这些规则的却是一些没有负责感的官员。相反，一个现代的欧洲智识共同体可以通过自发的互动孕育出共同的审美和智识追求，并在此基础上创造出新的身份认同。

智识共同体的这一幕拥有巨大的希望。但即使是在这个更有希望的欧洲，单一货币区域也将一直面临曾在大萧条前瓦解美国货币联盟的风险。后者的体系在没有中央财政资源的前提下幸存下来，它所依靠的是各州和它们的债权人共担风险的损失。但这样的制度已被证明无法抵御大萧条的力量。在新政的各种措施下，中央政府开始向各州转移可观的资金，自此以后，这种机制也帮助各州缓冲了多次萧条和危机。所以，在这幕看似美好的欧洲剧中，即使经济获得了新的增长，另一场深刻的、难以控制的危机仍然可能来临。

我们或许可以提前把最终的脱钩具象化。回放 1999 年 1 月的某个早晨 5 点钟，悉尼时间，当世界金融市场开市时，德国马克开始与美元和欧元交易，欧元对其他主要货币的价格都下跌了。当德国证券交易所在那天早晨敲响开市钟时，屏幕上开始以德国马克显示股票价格。这是一个新的开始。尤吉·贝拉[1]或许会说，"未来已不是它过去的样子"。

---

[1]　尤吉·贝拉（1925—2015），美国职业棒球明星。其实这句名言，在英文世界中，可以追溯到 1937 年英国诗人罗伯特·格雷夫斯与人合写的论文。同年，法国诗人瓦莱里也写下过类似的话，并在 1948 年被译成英文。

后　记

欧元，在逻辑上，对政治或经济不会有任何好处，反而会造成很大的损害。这样的警告言犹在耳。欧元本来不会出现，它也几乎从来没有好过，种种的败局接踵而至，它还会变得更糟，糟糕透顶。这就是欧元悲剧。

欧元违背了经济学的原则。早期的支持者都知道，单一货币附带很大的风险。单一货币区域的成员国将长期处于单一的欧洲货币政策下，将被剥夺本国的货币和用货币政策来应对国内经济颓势的权利。单一货币拿走这些有效的货币政策工具后，却没有提供相当的财政资金作为补充，以帮助成员国应对必然的经济和财政困难。

相对于这些风险，支持者却看到了欧元的好处。他们认为，成员国政府的行为将变得更有节制，经济恢复能力将会更强，可以避免金融陷阱。并且，成员国互相间的贸易会增加，并帮助整个欧元区的经济增长得更快。

最重要的是，单一货币还隐含着政治上的许诺，即"跃进"的许诺。尤其是在危机期间，必要性将促使成员国之间表现善意，最终创建一个共同的基金以供大家使用。这些促进团结的做法将把欧洲各国引向"欧罗巴合众国"的体制。

欧元区内外的批评家都警告过，欧元的经济利益非常有限。相反，潜藏的巨大风险却很难克服。他们警示说，因为经济风险极大，政治许诺最终也不会成真。欧元并不会催生善意，反而会产生拒斥，甚至是对抗。从 1969 年单一货币计划在政治上刚刚萌发，种种事件都已反复证明了这些预警。在缔造这个难以松脱的束缚之前，其实有很多机会可以摆脱这个计划。

但欧洲领导人并没有放弃，反而使自己深陷"集体盲思"，把单一货币美化成"泛欧主义"的计划，而这个概念本身却又是如此模糊，缺少边际。欧洲人想一起做点事，但他们并不想合并成单一的国家。没有人知道，在民族国家和"欧罗巴合众国"之间，欧洲到底应落足在何处。

形势不明朗，成员国都不愿承诺分享自己的财政资源，却在经济稳定这一意识形态下聚集起来。在宏观经济管理上，这种主张提供的伸缩空间其实非常有限；批评家对此警告说，如果实施这些规则，将放大经济上的暴涨暴跌。更糟糕的是，与这种稳定意识形态相伴随的管制体系缺少政治责任机制。

也因此，十一个欧洲国家经过了近三十年饱受折磨的协商过程，才在 1999 年 1 月放弃了本国货币，采用欧元。

这部悲剧无情地上演了。正如先前的预期，欧元没有产生任何经济效益。所谓的欧元会成为外部的驻锚，并成为约束机制，被证明完全是一种误导。包括希腊、意大利、葡萄牙和西班牙等在内的"南方"国家，原本非常期望能从这些约束中获益，但实际上并没有在经济震荡中获得更强的恢复能力，也没能提高并稳定其经济增长率。所谓通过提高欧元区贸易来体现其效益的许诺也没有实现，甚至在 2007 年全球金融危机开始之前，欧元区内部贸易的比例已经开始下降，更在危机持续期间加速下滑。

欧元区无法回避的考验在 2007 年全球金融危机中到来，此后一直到 2013 年还经历了此起彼伏的银行和主权债务危机。在这些年里，欧元在本地区经济最困窘的国家导致了最严重的损害，进一步扩大了成员国之间既有的收入差距。南方国家由于丧失了贬值本国货币的手段，在反反复复的经济震荡中挣扎求存，力图复苏。这些危机甚至使得法国也遭遇了高额负债和青年人高失业率等南方国家的典型问题。相比而言，经济最好的国家，境遇也最好；德国经济几乎没受什么损害。

各国经济差距的逐渐拉大也导致政治权力更加不平衡。德国变成了欧洲毋庸置疑的经济领袖，并且拥有对全欧洲关键问题的否决权。德国总理成为事实上的欧洲总理，虽然她并不具备在民主基础上作出有效决策的工具。所以，欧元区的管理体系逐渐变得比最初的阶段更缺少归责机制。

几个欧洲领导人就要为大多数人的利益作决定，但这几个人又无法真正为他们所领导的这些人担负责任。欧洲事务在国内选举中的重要性并不大，所以欧洲各国的民众没有渠道去表达他们对欧元区管理机制的反对。这种被剥夺话语权的情境在南方国家尤其尖锐，经济前景黯淡，危机又导致巨大的损失，社会矛盾也很突出，因为世代之间实现经济和社会进步的能力被严重削弱了。在北方国家，政府和民众在政治上本能地回避南方对他们提出的要求。南北双方的政治裂痕由此加深。在骂战中，德国政治家和媒体把希腊鄙视为懒惰的"问题孩子"，意大利人则被看作"小丑"；而希腊人和意大利人自然也绝望地屡次提及德国的黑历史。

单一货币或许可以说是历史上最大的讽刺之一，在这一行动中，法国主动模糊与德国的经济差距，结果却深化了彼此的鸿沟。虽然法德两国在战后的友谊被明显夸大并且被神秘化，但不可避免的是，它们之间的经济发展并不平衡，政治上也是明争暗斗。早在 1960 年代，德国的媒体和领导人就开始公开对法国落后的经济表现大肆贬低。随着时间的流逝，也没有理由再从这种侮辱性的立场上收回。法国财长米歇尔·萨潘针对德国 2014 年 12 月份的狂妄言论，指责"德国的一些极端言论"就是意在讽刺法国；萨潘虽生气但仍有分寸地说，"我们真的需要谨慎地彼此相待，尊重对方的历史、国家身份和敏感点，否则只能帮极端政党冒头"。他呼吁国家之间不再沿袭"老套的"刻板印象。

所以，在欧元所造成的种种悲剧中，一方面，德国和法国彼此妥协所缔造的单一货币给欧洲的大部分国家带来了巨大的损害，另一方面，欧元也使这两个欧洲大国进一步对立。

今天，欧洲领导人除了空口白话地强调欧元的好处外，并没有什么可以兑现的。欧盟委员会主席容克坚持说，欧元"给我们带来了巨大的、难以察觉的好处"，[1] 这里所谓的"好处"就是使得欧元成为欧洲身份认同的核心。容克说："欧洲人，对我们大多数而言就意味着欧元。"[2]

那些提出反对的内部人士都被忽略了。2013 年 2 月，时任德国总统约阿希姆·高克哀叹欧洲被简化为了"四个字母—euro"。[3] 他警告说，欧元使人们"越来越担忧自己将不得不面对更加严厉的紧缩制度，并坠入贫穷"；对很多"普通的欧洲人"来说，以欧元为中心的欧洲"不再是公平的"。但当高克说应该"暂停"，要"反思现状"，容克却仍然把欧元看作欧洲的指路明灯。他督促所有的欧洲国家采用欧元，为进一步的统一而努力奋斗。

其他西方民主国家也有欧元区的问题。但欧元区面对的经济下滑和民主衰退尤为严重。欧元区的生产增长率比其他发达民主国家都低，而且和其他地方一样在放缓。要论表达不同声音的民主机制，欧元区也要比大多数发达民主国家趋弱。世界各国政府都通过国际协议在一定程度上节制了自身的行为，欧元区则走得太远——该地区国家的财政和劳动力政策逐渐受到欧洲指令和意识形态的制约。因此，各国议会的角色被削弱了，但欧洲议会并没有提供新的渠道，让欧洲民众可以追究管理机构的责任。

当欧元区国家坚持着泛欧主义的恐怖冒险时，它们在全球的经济地位也继续下滑。亚洲经济体逐渐占领了阵地。美国经济虽然有麻烦，但仍周期性地重建。欧元区国家在全球经济竞争中，似乎比以往更被远远地甩在了身后。

　　欧元区近期的危机已经过去；但其遗留的问题，包括低增长、高债务和弱银行等，都使得今天的欧元区南方国家比 2007 年全球金融危机爆发时更加脆弱。新的危机——总会有新的危机——会给欧元区带来严峻的考验，尤其意大利将是这场危机的中心，这非常有可能。当金融问题爆发时，政治分裂会加深，危机也可能撕裂欧元区的金融安全网。

　　这部欧元悲剧会结束吗？有可能是一种幸福的结局吗？欧元悲剧是否结束，以及如何结束，将取决于欧洲领导人的决策。如果沿着现在的路走下去，将充满泥泞。国家主权的阻碍会很强。国家利益也千差万别。虽然领导人可能会同意"欧洲财长""欧洲预算"这样的想法，但他们对这些词的理解却殊为不同，甚至可能是相互冲突的。一些看起来影响不大的提议，例如共同的失业保险计划、银行联盟等，都会遇到横亘的主权障碍。对这些提议的协商都有一种"土拨鼠日"的意味，虽然时不时地出现一些希望，但更多的失望和危机却接踵而至。

　　这本书讲到的种种证据，持续地指向促进欧元区效能的具体建议。这包括取消财政规则，建立公共债务可预期的、有序的违约机制，以帮助约束借债政府和它们的债权人；另外，改革欧洲央行的指令，要求在维系价格稳定的同时，把减少失业率作为货币政策的一个目标。

　　无论欧元的命运如何，现在应该形成一种新的泛欧主义，使其与单一货币脱钩。最终的目的还是要恢复经济的增长。我相信，要促进并维持经济的增长，应该以形成竞争性的去中心化格局为目标，建立新的欧洲智识共同体，并在各国之间展开知识的竞争。但它的效果不止如此。对那些被抛弃的人群而言，这种格局将帮助他们在经济和社会等级中攀登。这也会帮助很多欧洲年轻人摆脱长期失业或不安全的低收入工作的惨淡前景，产生新的希望。它能重建欧洲民主的话语和活力。最重要的是，它有助于欧洲坚持开放社会的价值。向这种泛欧主义的理想进发，将给世界带来启示。

欧元大剧中的主要人物

康拉德·阿登纳（Konrad Adenauer，1876—1967）

德国政治家（基民盟）。联邦德国（通常称为"西德"）总理，1949—1963 年在任。作为德国总理，阿登纳赞同舒曼的计划，将德国煤钢工业置于欧洲机构的管理下。对他来说，让渡德国对煤钢工业的部分主权，是为重新融入欧洲和国际社会所付出的小代价。

若泽·曼努埃尔·巴罗佐（Jose Manuel Barroso，1956— ）

葡萄牙政治家（社会民主党），欧洲共同市场官员。外交部长（1992—1995）、总理（2002—2004），欧盟委员会主席（2004—2014）。作为欧盟委员会主席，他提出了对欧元区管制和金融集中化的建议。

奥利维尔·布兰查德（Olivier Blanchard，1948— ）

出生于法国的美国经济学家。IMF 首席经济学家（2008—2015）。他在 2008 年 11 月提出了全球金融刺激计划，并持续批评过度的财政紧缩。

维利·勃兰特（Willy Brandt，1913—1992）

德国政治家（社会民主党）。西柏林市长（1957—1966），联邦德国外交部长、副总理（1966—1969），总理（1969—1974）。勃兰特对乔治·蓬皮杜的欧洲货币联盟提议持怀疑态度。然而，为了争取法国支持他的东方政策（与东德加强联系，并与波兰和解），他为货币联盟的协商打开了方便之门。德国于 1972 年加入了货币联盟前奏的第一步，"地洞中的蛇"。

雅克·希拉克（Jacques Chirac，1932—2019）

法国政治家（法国人民运动联盟）。巴黎市长（1977—1995）、法国总理（1974—1976），总统（1995—2007）。他与德国总理格哈德·施罗德在欧洲部长理事会的投票权问题上颇多争斗，但最终与施罗德于2003年组成共同阵线，成功地阻止了欧共体委员会对这两个国家违背《稳定与增长协定》预算赤字限额施加的惩罚。

雅克·德洛尔（Jacques Delors，1925— ）

法国政治家（社会党），欧洲共同市场官员。欧洲议会议员（1979—1981），财政部长（1981—1984），欧盟委员会主席（1985—1995）。担任欧盟委员会主席期间，他领导德洛尔委员会，拯救了濒于失败的维尔纳委员会提案。德洛尔委员会发表的报告是起草《马斯特里赫特条约》的基础，后者又成为最终于1999年1月启用的单一货币的基础。

马里奥·德拉吉（Mario Draghi，1947— ）

意大利经济学家。意大利央行行长（2006—2011），欧洲央行行长（2011— ）。德拉吉接替让－克洛德·特里谢担任欧洲央行行长。整个2014年，欧洲央行在德拉吉的领导下逐步降低了利率，但其速度让金融市场失望。最著名的是他在2012年7月宣称，欧洲央行将"不惜代价"保住欧元。两个月后，欧洲央行按照德拉吉的承诺，启动了"直接货币交易计划"，却反而致使欧元区的金融风险扩散。德拉吉于2015年1月宣布启动欧洲央行的量化宽松项目。

维姆·德伊森贝赫（Wim Duisenberg，1935—2005）

荷兰经济学家、政治家（工党）。财政大臣（1973—1977），荷兰央行行长（1982—1997），欧洲央行行长（1998—2003）。法国总统希拉克要求由法国人担任欧洲央行行长后，德伊森贝赫同意在自己八年任期届满之前辞职，让位于让－克洛德·特里谢。

夏尔·戴高乐（Charles de Gaulle，1890—1970）

法国将军，政治家（新共和联盟）。总统（1958—1969）。虽然他主张法德和解，但他对接受《罗马条约》却心有不甘。这一条约降低了欧洲内部的贸易壁垒，有助于经济增长。戴高乐对维护法国国家主权立场强硬，干扰了欧洲经济共同体的运作，先后两次投票反对英国加入（1963年和1967年）。

蒂莫西·盖特纳（Timothy Geithner，1961— ）

美国政府官员和中央银行行长。纽约联储银行行长兼美国联邦公开市场委员会副主席(2003—2009)，财政部长（2009—2013）。任职于美国联邦公开市场委员会期间，盖特纳力主实行激进的货币刺激计划，以阻止金融危机进一步衍生。在担任美联储纽约银行主席期间，他监管了贝尔斯登的收购计划。他极力反对让债权人承担陷入金融风险的银行和政府的损失。

吉斯卡尔·德斯坦（Valéry Giscard d' Estaing，1926— ）

法国政治家（独立共和党）。财政部长（1962—1966，1969—1974），总统（1974—1981）。吉斯卡尔·德斯坦与乔治·蓬皮杜都坚信，货币联盟是法国在经济上赶上德国最好的途径。在货币联盟的初级形式"地洞中的蛇"崩溃后，吉斯卡尔和总理施密特又以欧洲货币体系的形式使之复活。吉斯卡尔也领导了为欧盟起草宪法条约的行动，但最终在2005年的公投中被荷兰和法国民众抛弃。

让–克洛德·容克（Jean–Claude Juncker，1954— ）

卢森堡政治家（基督教社会人民党）和欧洲共同市场官员。劳工大臣（1984—1999），财政大臣（1989—2009；2009—2013），首相（1995—2013），欧元集团主席（2005—2013），欧盟委员会主席（2014— ）。他担任欧元集团主席和欧盟委员会主席期间，与欧洲机构的其他领导人一起，提出了欧元区集中管制的一些方案，比如欧元债券和共同的财政基金等。

赫尔穆特·科尔（Helmut Kohl，1930—2017）

德国政治家（基民盟）。莱茵兰–普法尔茨州州长（1969—1976），联邦德国总理（1982—1990）和统一后的德国总理（1990—1998）。1989年11月柏林墙意外倒塌后，科尔利用这一历史机遇统一了东西德。虽然他知道单一货币的经济缺陷，但他作为统一德国的总理，确保了欧元的诞生。

克里斯蒂娜·拉加德（Christine Lagarde，1956— ）

法国律师、政治家（人民运动联盟）。商业部长（2005—2007），农业部长（2007），财政部长（2007—2011），国际货币基金组织总裁（2011—2019）。2015年7月前，拉加德对希腊的财政紧缩一直坚持欧洲立场，并拒绝对其实施金融救援；但在她的公开立场改变之后，她和国际货币基金组织似乎都无法影响欧洲的政策。

埃马纽埃尔·马克龙（Emmanuel Macron，1977— ）

进入政坛前，马克龙是公务员和银行家（社会党，共和国前进党）。经济部长（2014—2016），总统（2017— ）。马克龙在担任弗朗索瓦·奥朗德总统的顾问和部长期间，开创了名为"前进"的政治运动（后演变成共和国前进党），并借此运动在总统选举中获胜。他以泛欧主义为口号，击败了国民阵线的领袖玛丽娜·勒庞。

罗贝尔·马若兰（Robert Marjolin，1911—1986）

法国经济学家，国际公务员和欧洲共同市场官员。经济合作与发展组织秘书长（1948—1955），欧共体委员会副主席（1958—1967）。他强烈支持《罗马条约》，但反对货币联盟。他领导了马若兰委员会，委员会1975年的报告指出，各国并不愿意让渡国家利益，因此货币联盟的计划都是不可信的。

安吉拉·默克尔（Angela Merkel，1954— ）

德国政治家（基民盟）。女性与青年部部长（1991—1994），环境、自然保护与核安全部部长（1994—1998），总理（2005— ）。默克尔在东德长大，在欧洲政治上是后来者。从2009年10月希腊危机爆发开始，她就力争在维护德国金融资源和维系欧元区之间取得平衡。她拥有所有关键事务的否决权，事实上成为欧洲的总理。

弗朗索瓦·密特朗（François Mitterrand，1916—1996）

法国政治家（社会党）。内阁担任过不同职位（1947—1957），总统（1981—1995）。他继承了前任蓬皮杜和吉斯卡尔的做法，再次从法国的角度要求建立欧洲单一货币。他积极推动这一议案，在1991年12月达成了《马斯特里赫特条约》。此后，德国总理科尔成为单一货币的主要推手。

让·莫内（Jean Monnet，1888—1979）

法国公务员。国际联盟副秘书长（1919—1923），欧洲煤钢共同体高级公署署长（1952—1955），并被认为1950年《舒曼宣言》的作者，后者导致了欧洲煤钢共同体高级公署的诞生。莫内作为高级公署的署长，因为计划获得传统上由各国政府保留的职权而引起了广泛的争议。不再担任公职之后，莫内继续推动欧洲的一体化。

马里奥·蒙蒂（Mario Monti，1943— ）

意大利经济学家，欧洲共同市场官员和政治家（公民选择党）。欧盟委员会专员（1995—2004）、总理（2011—2013）。2011年11月意大利金融危机发酵期间，总统乔治·纳波利塔诺未经选举，直接任命他代替了因丑闻下台的贝卢斯科尼担任总理。

卢卡斯·帕帕季莫斯（Lucas Papademos，1947— ）

希腊经济学家。欧洲央行副行长（2002—2010），总理（2011—2012）。2011年11月，帕帕季莫斯未经选举被一帮技术官僚组成的"危机联盟"推举为总理。他实施了由欧洲和国际货币基金组织债权人要求的财政紧缩。2012年4月，他主持了不可避免的、希腊历史上最大的主权债务违约。

乔治·帕潘德里欧（George Papandreou，1952— ）

希腊政治家（泛希腊社会主义运动党）。外交部长（1999—2004），总理（2009—2011）。帕潘德里欧于 2009 年 10 月就任总理数日后，希腊央行行长对外公布，希腊政府的财政赤字远远超过早前发布的数据。金融危机很快吞噬了希腊。2010 年 5 月，欧洲多国政府和国际货币基金组织为希腊政府提供了大额贷款。这一救援行动提出的条件包括希腊债务不违约、严格财政紧缩等，这使得希腊步入了漫长而严重的萧条期。帕潘德里欧于 2011 年 11 月辞职。

乔治·蓬皮杜（Georges Pompidou，1911—1974）

法国保守派政治家（新共和联盟、民主共和联盟）。总理（1962—1968），总统（1969—1974）。蓬皮杜确信，欧洲货币联盟将使人们相信，法国在经济上与德国实力相当。他呼吁于 1969 年 12 月在海牙召开欧洲各国政府首脑峰会，启动建立欧洲货币联盟的计划。

罗马诺·普罗迪（Romano Prodi，1939— ）

意大利政治家，欧洲共同市场官员。总理（1996—1998，2006—2008），欧盟委员会主席（1999—2004）。2002 年 10 月，普罗迪因为指责欧洲财政规则"很愚蠢"而闻名一时。他力主对法国和德国同样适用这些规则，却又无法突破德国总理施罗德和法国总统希拉克设置的共同战线。

马泰奥·伦齐（Matteo Renzi，1975— ）

意大利政治家（民主党）。佛罗伦萨市长（2009—2014），总理（2014—2016）。39 岁的伦齐于 2014 年 2 月在党内倒戈，成为总理。国际观察家把他看作意大利和欧洲的伟大希望。但他在国内的声望远逊于此。在 2016 年 12 月的公投中，意大利民众，尤其是青年人，否决了他改革政治体系的方案。伦齐随后辞职。

尼古拉·萨科齐（Nicolas Sarkozy，1955— ）

法国政治家（人民运动联盟）。内政部长（2002—2004，2005—2007），财政部长（2004），总统（2007—2012）。他在阻止因为破坏欧洲财政规则而自动适用的制裁时，得到了德国总理默克尔的支持。2010

年10月，在法国多维尔市，他与默克尔达成一致，为重组不可持续的政府债务而建立一种程序。这种债务重构的计划迅速被抛弃。

沃尔夫冈·朔伊布勒（Wolfgang Schäuble，1942— ）

德国政治家（基民盟）。内政部长（2005—2009），财政部长（2009—2017）。1994年，他提出了"多速的"欧洲概念，让各国以不同的方式彼此联合。在欧元危机期间，他以财政部长的身份强化了德国对财政紧缩的政策偏好，并且反对增加德国纳税者负担的措施。

赫尔穆特·施密特（Helmut Schmidt，1918—2015）

德国政治家（社会民主党）。财政部长（1972—1974），总理（1974—1982）。虽然施密特最初反对固定汇率的想法，但他仍然力主法国总统吉斯卡尔提出的欧洲汇率机制。相应地，施密特也试图在欧洲防务方面与法国建立某种合作。

格哈德·施罗德（Gerhard Schröder，1944— ）

德国政治家（社会民主党）。下萨克森州州长（1990—1998），德国总理（1998—2005）。作为德国第一位没有二战记忆的德国总理，他在欧洲政坛努力维护德国利益。他的泛欧主义倾向最主要表现在帮助希腊进入欧元区。他在任时期推动的哈茨改革方案，对德国未必有益，但欧洲政治家和官僚们很快认同了这一方案，认为其包含了政策制定过程的必要元素。

罗贝尔·舒曼（Robert Schuman，1886—1963）

法国政治家（人民共和运动党）。总理（1947—1948），外交部长（1948—1952），欧洲议会议长（1958—1960）。1950年5月，他宣读了著名的《舒曼宣言》。宣言中提议，法德两国建立统一的监管机构来负责它们的煤钢工业，这开启了战后的欧洲一体化过程。

多米尼克·斯特劳斯－卡恩（Dominique Strauss-Kahn，1947— ）

法国经济学家、政治家（社会党）。工业部长（1991—1993），财政部长（1997），IMF 总裁（2007—2011）。斯特劳斯 - 卡恩任职 IMF 期间，德国总理默克尔指出，只有 IMF 加入希腊救援的项目，她才能借此向德国公众表明，希腊确实需要帮助，斯特劳斯 - 卡恩赞同美国和欧洲共同的倾向，不希望希腊政府债务重组。所以，IMF 也力主希腊实行极端的财政紧缩。

玛格丽特·撒切尔（Margaret Thatcher，1925—2013）

英国政治家（保守党）。教育和科学大臣（1970—1974），首相（1979—1990）。她在《单一欧洲法案》的谈判中起到了建设性的作用，但她强烈反对欧洲货币联盟。

让 - 克洛德·特里谢（Jean-Claude Trichet，1942— ）

法国公务员。法国央行行长（1993—2003），欧洲央行行长（2003—2011）。作为法国财政部官员，在 1991 年《马斯特里赫特条约》谈判期间，他是法国代表团的负责人。作为欧洲央行行长，特里谢过度收紧了货币政策，在 2011 年 7 月触发了金融恐慌。他和美国财政部长盖特纳都反对让那些深陷财政困境的政府重组它们欠私人债权人的债务。

阿莱克西斯·齐普拉斯（Alexis Tsipras，1974— ）

希腊政治家（激进左翼联盟）。总理（2015—2019）。齐普拉斯曾是共产主义者，他领导着激进左翼联盟，主要的政策是终结由官方债权人（欧洲各国政府、欧洲救援基金和 IMF）强加的紧缩政策。齐普拉斯担任总理期间，没能劝说官方债权人放宽紧缩的尺度，并为希腊减免债务。2015 年 7 月 5 日，他举行公投，让希腊民众选择是否愿意继续容忍紧缩政策。虽然大多数人投票反对紧缩，齐普拉斯从这一立场上退缩了，他极不情愿地接受了债权人的要求。

延斯·魏德曼（Jens Weidmann，1968— ）

德国经济学家。德国总理府经济与金融政策部长（2006—2011），德意志联邦银行行长（2011— ）。在欧洲央行的各国央行行长中，魏德曼最强烈反对 2012 年提出的直接货币交易计划；虽然他在总理府是默克尔总理最亲密的顾问之一，并且也知道她很期待欧洲央行迅速组建金融保护措施，但他依然对直接货币交易计划保持反对态度。2013 年和 2014 年，魏德曼拒绝承认欧元区价格通缩的风险，强烈反对欧洲央行的量化宽松项目。

皮埃尔·维尔纳（Pierre Werner，1913—2002）

卢森堡政治家（基督教社会人民党）。首相（1959—1974，1979—1984）。1970 年，在他的主持下，维尔纳委员会产生了欧洲货币联盟的第一个设计方案。维尔纳委员会指出，欧洲的政治条件只许可"不完整的"货币联盟存在，主要是缺乏必要的财政联盟支撑。然而，委员会预计（希望），这个不完整的货币联盟将逐渐把欧洲各国引向政治和财政联盟。

关键事件的时间线：展开的过程

欧元之前

[1950 年 5 月 9 日，《舒曼宣言》]

法国外长罗贝尔·舒曼在巴黎宣布，法国和德国达成协议，将在同一监管体制下运营煤钢工业。这是第一次"黑暗中的跃进"，标志着二战后欧洲一体化进程的开启。

[1951 年 4 月 18 日，《巴黎条约》]

"初创六国"（法国、西德、意大利、比利时、卢森堡和荷兰）的领导人签署了《巴黎条约》，正式称谓是《欧洲煤钢共同体条约》。条约在高级公署的监督下，从 1952 年开始生效。让·莫内是公署的第一任主席。

[1952 年 5 月 27 日，欧洲防务共同体]

"初创六国"签署了《欧洲防务共同体条约》，其目的是建立一支有独立预算的欧洲军队，这是朝"欧罗巴合众国"发展的第一大步。德国联邦议院批准了这一条约，但法国国民议会在 1954 年否决了这部条约。所以，这部条约并未生效，欧洲统一的政治趋势受到挫败。

[1957 年 3 月 25 日，《罗马条约》]

这是第二次"黑暗中的跳跃"。为了把欧洲从政治转向经济目标，"初创六国"签署了《罗马条约》，正式称谓是《欧洲经济共同体条约》，由此建立了欧洲经济共同体。这些签署国建立起关税同盟，并统一降低贸易壁垒。法国并不是很满意，坚持要制定"共同农业政策"来保护农民。《罗马条约》用级别较低的欧共体委员会替代了原先的高级公署，很多欧洲国家感觉后者蚕食了它们的主权。

[1969 年 12 月 1—2 日，欧洲各国及政府首脑海牙峰会]

法国总统蓬皮杜呼吁欧洲领导人共同探讨欧洲货币联盟的提议，峰会授权一个委员会为这个联盟制定蓝图。卢森堡首相皮埃尔·维尔纳担任该委员会主席。由此开始了第三次"黑暗中的跃进"。

[1970 年 10 月 8 日，维尔纳委员会报告]

维尔纳委员会提交了报告，建议分步骤建立货币联盟。第一阶段是货币联盟的交易基础，即建立固定汇率机制，又称"地洞中的蛇"。所以，正当战后全球建立的可调整固定汇率机制（即布雷顿森林体系）崩溃时，欧洲却因袭老路继续固定其货币的汇率机制。不出所料，这条蛇很快就死掉了。

[1979 年 3 月 13 日，欧洲货币体系]

法国总统吉斯卡尔说服德国总理施密特重新建立固定汇率机制。他们一起创立了欧洲货币体系，试图通过欧洲汇率机制重新复活那条蛇。在最初的几年，欧洲汇率机制允许经常调整汇率，而得以存续。

[1989 年 4 月 17 日，德洛尔委员会报告]

欧洲汇率机制面临诸多困难，德洛尔委员会得以建立，旨在为建立货币联盟提出方案。欧共体委员会主席雅克·德洛尔担任委员会主席，但新的委员会除了高调重申欧洲货币联盟的益处之外，其他方面依旧重复维尔纳委员会的计划。德洛尔委员会于 1989 年 4 月完成了报告，欧洲领导人在当年 6 月底马德里举行的峰会上，同意以此作为进一步行动的基础。

[1989 年 11 月 9 日，柏林墙倒塌]

虽然此前的一系列情势已经削弱了东欧各国的政治体制，但当天由于误传的消息，很多东德人涌向柏林墙的岗哨，最终导致柏林墙倒塌。当月末，德国总理科尔提出了十点统一德国的计划。科尔向美国人确认，德国将始终坚持对北约组织的承诺，德国统一才得到了美国总统乔治·布什的祝福。

[1989 年 12 月 8—9 日，欧洲各国及政府首脑斯特拉斯堡峰会]

科尔总理反对通过政府间会议的形式讨论欧洲货币联盟的形式和时间表。斯特拉斯堡峰会前几日，科尔写信给密特朗说，货币联盟的"基础"还不存在。但是，在斯特拉斯堡峰会上，他撤回了在这个项目启动之前进行"万全"准备的要求。所以，似乎科尔已经退让，允许这个项目继续。他为什么改变态度，到今天仍然不清楚。

[1992 年 2 月 7 日，《马斯特里赫特条约》]

到此时为止，欧洲经济共同体共有十二名成员国：丹麦、爱尔兰、英国、希腊、西班牙和葡萄牙加上初创的六国。《马斯特里赫特条约》，又名"欧盟条约"，把欧洲经济共同体重新命名为欧盟。虽然德国央行和德国财政部对科尔总理提出了不同的意见，但他在法国总统密特朗的催促下，赞成让签约国在 1999 年 1 月 1 日启动单一货币。《马斯特里赫特条约》的核心要旨之一是一条财政规则，即要求成员国政府把预算赤字保持在 GDP 的 3% 以下。英国选择"不加入"，从而使它免于加入欧元区的种种要求。

[1992 年 6 月 2 日 &1993 年 5 月 18 日，丹麦《马斯特里赫特条约》公投]

1992 年，丹麦选民以 51% 对 49% 的投票结果，否决了《马斯特里赫特条约》。到 1993 年，丹麦和英国一样，获得了免于单一货币要求的资格。在新的公投中，丹麦民众接受了《马斯特里赫特条约》。

[1992 年 9 月 20 日，法国《马斯特里赫特条约》公投]

法国民众以 51% 对 49% 的投票结果，接受了《马斯特里赫特条约》。反对票的比例意外高，这反映了经济困窘的法国民众疑虑重重：他们担心欧元可能使他们的境况更加糟糕，也担心欧洲机构干涉他们的生活。普通民众对单一货币的不安情绪使得欧洲汇率机制的固定汇率体系愈显脆弱，这导致 1993 年 8 月之后，欧洲各国货币实际上开始浮动。

[1997 年 6 月 16—17 日，《稳定与增长协定》]

在欧洲理事会的阿姆斯特丹会议上，欧洲领导人签署了《稳定与增长协定》，这是德国力主的，这个协定设立了监督和执行《马斯特里赫特条约》规定的财政规则的程序。

[1998 年 4 月 23 日，德国联邦议院授权德国加入欧元区]

作为德国加入欧元区的条件之一，德国宪法法院要求德国联邦议院确认，其他成员国也会实行健全的财政政策。科尔在对联邦议院的演讲中两次强调，德国纳税人将不会为其他成员国买单，因为财政规则对预算赤字有上限规定。

[1998 年 5 月 2—3 日，欧洲理事会对第一批欧元区成员资格和欧洲央行行长人选达成一致]

科尔确保了意大利进入欧元区第一批十一名成员国。但是，对欧洲央行第一任行长的人选却颇多争议，一直拖到 5 月 3 日凌晨才作出决定。法国总统希拉克坚持让法国人让-克洛德·特里谢担任，而德国人则支持荷兰央行行长维姆·德伊森贝赫出任。最后达成的妥协是，德伊森贝赫担任欧洲央行第一任行长，但在他的八年任期届满之前自动请辞。

欧元启动之后，危机开始之前

[1999 年 1 月 1 日，欧元启动]

这个单一货币，由《马斯特里赫特条约》设立，并在 1995 年被命名为欧元，取代了十五个成员国中十一个成员国的本币。英国和丹麦获得了豁免资格。自《马斯特里赫特条约》签署之后加入欧盟的国家中，奥地利和芬兰是欧元区的首批成员。瑞典和希腊则不符合准入标准，前者是因为技术原因，后者则理由充分。新的欧元支票和欧元硬币在2002年1月才正式成为法定货币，但从1999年1月起，十一个欧元区成员国"义无反顾地"在彼此之间固定了汇率，并在欧洲央行确立的货币政策下运营。

[2000年9月28日，丹麦对欧元进行公投]

虽然丹麦民众在1992年否决了《马斯特里赫特条约》之后，丹麦避免了货币一体化的过程，但丹麦政府还是对丹麦是否应该加入欧元区举行了新的公投。丹麦人以53%对%47的投票结果，决定留在欧元区外。

[2001年1月1日，希腊成为欧元区第十二名成员]

德国总理施罗德对希腊加入欧元区给予了强力的支持，欧洲央行行长德伊森贝赫则强调，希腊为取得入门资格获得了"巨大的进步"。2004年，希腊加入欧元区三年后，对希腊财政账户的审计结果显示，决定让希腊加入欧元区时，希腊的财政赤字远远超过准入的标准。

[2003年9月14日，瑞典对欧元进行公投]

瑞典人以56%对42%的投票结果，决定不加入单一货币（有2%的比例是空白票）。

[2004年10月29日，欧洲宪法]

欧盟成员国签署了《欧盟宪法条约》。到此时为止，欧盟已经有二十五名成员国，把东欧国家加入后，成员数大幅增长。宪法条约主要是为了使欧洲决策机制更加合理。

[2005年5月29日，法国对欧盟宪法进行公投]

法国选民以55%对45%的投票结果，否决了欧盟宪法。与《马斯特里赫特条约》的公投一样，经济上感觉被抛弃的选民大多投下了反对票。新的现象是，法国的年轻人也倾向于投反对票。

[2005年6月1日，荷兰对欧盟宪法投反对票]

荷兰人以62%对38%的投票结果，对这部宪法表达了嘲讽。与法国的投票相似，经济困窘的或年轻的选民多数反对这个提案。在法国和荷兰否决了宪法提案后,欧洲领导人放弃了欧盟宪法的动议。然而,他们修改了现存的条约,在 2007 年形成了《里斯本条约》,正式的称谓是《欧洲联盟运作条约》,作为欧盟运作的基础。

全球金融危机,2007年7月—2009年6月

[2007 年 7 月 30 日,德国工业银行宣布次贷投资遭受巨大损失]

该银行的告示引发了美国资产支持商业票据市场的崩溃,标志着全球金融危机的开始。

[2007 年 8 月 9 日,欧洲央行为银行提供无限制的资金支持]

法国巴黎银行宣布它将暂停投资者从有大额美国次贷资产的投资基金撤资,银行间市场(银行之间短期拆借的市场)随即威胁将闭市。欧洲央行提高了欧元区银行的流动性容量。第二天,美联储紧跟欧洲央行,授权提高美国银行的流动性。

[2007 年 9 月 18 日,美联储降低利率]

为了应对金融市场的动荡,美联储将政策利率降低了 50 个基点(100 个基点相当于 1% 利率)。美联储开始实行积极的货币宽松政策,以阻止金融市场波动带来的负面效应。

[2008 年 3 月 14—16 日,美联储拯救了贝尔斯登]

摩根大通同意收购贝尔斯登,条件是美联储同意,如果贝尔斯登的损失超过预期,美联储将向摩根大通支付 290 亿美元。美联储许诺承担不可预期的损失,由此"救援"了贝尔斯登的债权人。这一行动造成了一种预期,即美联储也会救援其他遇到困境的金融机构。

[2008 年 6 月 2 日,特里谢对欧元头十年表示祝贺]

在全球金融危机全面爆发之际,欧元区几家银行也陷入困境,欧元区工业产出开始下降,特里谢却对欧元的成功表示了祝贺。"欧元取得了让人瞩目的成功,"他还强调,他并不想"直接点名、羞辱"那些预

测欧元将失败的人。

[2008 年 7 月 3 日，欧洲央行提高了政策利率]

欧洲央行自从 2007 年 7 月危机爆发起，便保持政策利率不变，此时又把利率提高了 25 个基本点。所以，当美联储放宽货币时，欧洲央行却决定收紧货币政策。在记者会上，欧洲央行行长特里谢说，这种办法可以抑制通胀率和薪资压力的提高。

[2008 年 9 月 15 日，雷曼兄弟申请破产]

美国政府于 2008 年 9 月初救援了贝尔斯通和抵押融资巨头房利美和房地美后，美国的当权派却出人意料地允许雷曼兄弟破产，引发了全球金融恐慌。

[2008 年 10 月 3 日，美国国会批准不良资产救助计划]

这一计划授权美国财政部 7000 亿美元的额度，用以购买不良证券（主要是次贷），以支持金融机构持有这些证券。但获得批准后，财政部将这笔资金用于不同的目的。

[2008 年 10 月 8 日，世界各大央行协调利率削减的幅度]

在全球恐慌中，美联储主席本·伯南克敦促世界各主要央行，彼此协调政策利率削减的幅度。欧洲央行心有不甘地把利率降低了 50 个基点，这是自危机爆发以来，它首次这样做。

[2008 年 11 月 6 日，欧洲央行再次调低政策利率]

危机发生后，欧洲央行再次把政策利率调低了 50 个基点。当天早些时候，英格兰银行"让人吃惊地"把利率调低了 150 个基点，相形之下，欧洲央行有局限性的措施让金融市场感到失望。

[2008 年 12 月 16 日，美联储将政策利率降低到接近零，并开始前瞻性指引，宣布量化宽松]

美联储把利率降低到 0—0.25% 的范围，公开承诺要将低利率保持"一段时间"（前瞻性指引），并启动了量化宽松项目，即由央行购买长期债券和其他证券以降低长期利率。

[2009 年 3 月 5 日，英格兰银行降低利率并启动量化宽松项目]

英格兰银行将利率降低到 0.5%，这意味着英国的利率自 2008 年 10 月份协调利率削减开始，降低了 450 个基点。英格兰银行也启动了量化宽松。相较而言，欧洲央行虽然继续调低利率，但速度要慢得多，并由此获得了做得"太少太晚"的名声。欧洲央行之前甚至没有考虑过量化宽松。

[2009 年 5 月 7 日，美国压力测试的结果公布]

监管资本评估项目（SCAP）坦率地公布了测试结果，这使得金融市场和分析家相信，银行有修复能力。美国财政部用不良资产救助项目的资金注入到需要补仓的银行。美国银行资本重组后，美国金融危机实质上也就结束了，这使得美国经济开始从严重衰退中复苏。

欧元危机，2009—2012

[2009 年 10 月 8—19 日，希腊公告，预算赤字远超预期]

希腊央行行长 10 月 8 日公告后，希腊政府逐步调高了对 2009 年政府预算赤字的预估。10 月 19 日，卢森堡欧元区财长会议（欧元集团会议）上，希腊财长乔治·帕帕康斯坦丁努把 2009 年预计的预算赤字提高到 GDP 的 12.5%；他还强调，2008 年的赤字超出此前报告的数字。

[2010 年 4 月 11 日，欧元区国家和国际货币基金组织原则上同意，为希腊提供金融援助]

欧元区各国政府和 IMF 达成一致，它们将为希腊政府提供 450 亿欧元的资金偿还欠私人债权人的债务。由于情况迅速恶化，5 月 2 日，这些官方债权人又将救援资金的总额提高到 1110 亿欧元。

[2010 年 5 月 7 日，德国联邦议院批准希腊救援资金]

德国联邦议院批准向希腊救援基金注资，当天深夜，欧元区机构即正式授权完整的救援计划。

[2010 年 5 月 9 日，欧洲金融稳定基金公布]

在风声鹤唳的金融危机中，欧洲金融稳定基金起到的作用是金融防火墙，由欧元区各国贡献 4400 亿欧元救援资金，来帮助处于财政困境的欧元区国家。所有的欧盟国家也将出资 600 亿欧元，建立规模相对较小的欧洲金融稳定机制。

[2010 年 5 月 9 日，IMF 执行董事会授权为希腊提供救援资金]

其中几位执行董事反对救援项目的设计方式。有人提出，要求对希腊政府欠私人债权人的债务部分违约。这种违约措施将有助于降低并不现实的财政紧缩严厉程度。但美国坚持财长盖特纳反对强迫对私人债权人违约的做法，欧盟成员国也反对希腊政府对其债务违约。由于严重的债务负担将继续下去，财政紧缩似乎是唯一有效的解决办法。

[2010 年 5 月 10 日，欧洲央行宣布证券市场项目]

由于金融市场越来越为希腊的情况焦虑，证券市场项目将购买欧元区政府的债券，抬升它们的价格，帮助降低这些政府支付的利率。

[2010 年 10 月 18 日，默克尔与萨科齐在多维尔会晤]

在这场著名的海滩漫步中，法国总统萨科齐同意了德国总理默克尔的计划，准备采用有序的方式将债务失衡的政府的损失推给私人债权人，虽然这些政府正在寻求从欧洲救援基金和其他欧洲政府获得金融援助。

[2010 年 11 月 28 日，爱尔兰金融援助项目]

由于爱尔兰的银行濒于崩溃，欧盟和 IMF 估计，爱尔兰需要 850 亿欧元的资金项目。爱尔兰政府动用了 175 亿欧元的本国现金储蓄和其他流动性资产。欧盟和 IMF 同意提供剩余的资金。

[2011 年 4 月 7 日，欧洲央行提高政策利率]

欧洲央行监管理事会决定把政策利率提高 25 个基点。欧洲央行行长特里谢说，提高利率有利于"稳住"通胀预期。记者问，高利率是否会伤害边缘国家的经济；特里谢强调，成员国必须维系金融秩序，进行结构性改革。

[2011 年 5 月 17 日，葡萄牙金融救援项目]

欧盟国家的财长们以及 IMF 同意为葡萄牙提供 780 亿欧元的金融援助项目。

[2011 年 7 月 7 日，欧洲央行再次提高利率]

欧元危机不断升级，欧洲央行监管理事会的成员们却一致同意，在三个月内第二次提高欧洲央行的利率。金融市场几乎应声下坠，使欧元危机向更严重的状态演变。

[2011 年 7 月 15 日，欧洲银行压力测试报告公布]

危机继续上升，观察家都担心，压力测试结果可能无法找出最弱的银行。这种怀疑后来得到了证实：欧洲银行业管理局预估，这些银行只需要 25 亿欧元的额外资本就能保证安全，但 IMF 估计它们还需要 2000 亿欧元的资金来缓冲当前的危机。银行间彼此的戒心也上升了，它们逐渐抬高了银行间拆借的利息费用。

[2011 年 7 月 21 日，欧洲官方债权人降低利率，为希腊、爱尔兰和葡萄牙延长贷款还款期]

为了阻止金融恐慌的蔓延，欧洲领导人降低了利率，为这三个国家延长了贷款的还款期限。虽然这些措施的主要目的是为了减轻希腊政府还款的压力，但主要的受益者却是爱尔兰。投资者很快得出结论，爱尔兰政府现在能够还清债务了。对希腊甚至葡萄牙，投资者都认为，这些让步太小，不能实质性地提高还款前景。

[2011 年 8 月 5 日,特里谢向意大利总理和西班牙首相发出政策指令]

金融市场的恐慌不断扩散，意大利和西班牙的政府债券收益率突破了 6% 的心理防线后，特里谢和意大利央行行长马里奥·德拉吉联合写信给意大利总理贝卢斯科尼，具体指出了意大利需要进行的政策改革。特里谢和西班牙央行行长费尔南德斯·奥多涅斯向西班牙首相萨帕特罗发出了一封类似的信。写这些信，并且列举出具体的改革措施，已经超越了欧洲央行的权限。未经选举产生的欧元区央行官员僭越了成员国的民主决策机制。

[2011 年 10 月 31 日至 11 月 3 日，帕潘德里欧取消希腊紧缩政策的公投计划]

10 月 31 日，由于希腊政府的官方债权人要求的预算削减幅度较大，并且负担都落在希腊人肩上，总理乔治·帕潘德里欧宣布，将举行公投，让选民批准进一步的紧缩计划。默克尔和萨科齐在戛纳召见了帕潘德里欧，他们也将在这里参加 G20 峰会。11 月 2 日深夜，他们告诉他，希腊或者接受官方债权人要求的紧缩计划，或者就离开欧元区。面对这种选择，帕潘德里欧取消了 11 月 3 日的公投。

[2011 年 11 月 11—16 日，帕帕季莫斯和蒙蒂被任命为新总理]

帕潘德里欧于 11 月 9 日辞职后，此前曾担任欧洲央行副行长的卢卡斯·帕帕季莫斯在 11 月 11 日成为所谓"危机联盟"的希腊总理。在意大利，贝卢斯科尼于 11 月 8 日失去了议会多数票的支持；四天后，总统乔治·纳波利塔诺邀请欧盟前专员马里奥·蒙蒂领导新政府。蒙蒂于 11 月 16 日宣誓成为意大利总理。

[2011 年 12 月 8—9 日，欧洲领导人对金融协议达成一致]

在欧盟的一次峰会上，欧元区领导人同意推动德国提出的一个"金融协议"。各成员国政府将在法律（最好是宪法）中规定，保持预算平衡，或实现预算结余。由此衍生的税务和支出方案将迅速消灭预算赤字。到 2012 年 3 月 2 日，欧元区所有的成员国都签署了这个金融协议，正式称谓是《经济货币联盟下的稳定、协调和治理条约》，又称《欧洲财政协定》。除了英国和捷克之外，非欧元区国家也同意遵守这一协定。

[2012 年 6 月 9 日，西班牙银行的金融救援计划公布]

应西班牙政府的要求，欧元集团宣布，它将为西班牙政府提供 1000 亿欧元的贷款。这些资金将用于稳定西班牙的银行系统。

[2012 年 7 月 5 日，欧洲央行把利率降低 25 个基点]

市场对谨小慎微的利率削减感到失望，他们认为欧洲央行的做法没有诚意。意大利和西班牙政府债券的收益率开始攀升。

[2012 年 7 月 26 日，德拉吉宣布，欧洲央行将"尽力"挽救欧元]

恐慌的国际投资者在伦敦召开的一次会议上，欧洲央行行长德拉吉承诺，欧洲央行将采取非常规的手段（"竭尽所能"）缓解金融压力。意大利和西班牙政府的债券收益率开始下降，银行股票承受的压力得到了缓解。

[2012 年 9 月 6 日，欧洲央行公布直接货币交易计划]

先是德拉吉 7 月发布声明，随后欧洲央行也在 8 月宣布正在准备新的措施。最终德拉吉公布了直接货币交易计划，欧洲央行将借此计划"不限量地"购买处于金融困境的欧元区国家的政府债券。然而，欧洲央行只在这个政府同意接受计划中的欧元区救援基金项目"欧洲稳定机制"的援助后，才能购买债券。所以，直接货币交易计划并非传统的央行作为最终意义上的贷方的金融工具。它其实是与 IMF 类似的基于政策条件的借贷。

[2012 年 9 月 27 日，欧洲稳定机制成立]

成员国同意将早期的欧洲金融稳定基金和欧洲金融稳定机制整合进欧洲稳定机制。

[2012 年 10 月 8 日，IMF 报告指出，衰退期间的财政乘数效应比之前以为的要大得多]

在 IMF 半年的《世界经济展望》中，IMF 首席经济学家奥利维尔·布兰查德与同事丹尼尔·利在一份研究中指出，欧元区的财政乘数接近于 2，而不是 IMF 此前估计的 0.5。这意味着，欧元区国家被迫进行的财政紧缩造成了 GDP 严重萎缩，并且产生了相反的效应，即紧缩引起了债务负担（债务与 GDP 的比率）上升。欧元区各国政府拒绝接受发表的这些结果。

[2014 年 11 月 4 日，单一监管机制]

基于授权给欧洲央行的权力，单一监管机制将直接监督 120 家最大的银行，占欧元区所有银行80%的资产。单一监管机制同时对3500家其他银行享有"广义监管权"，这些银行也接受所在国政府的监督。

欧洲的政治摩擦

[2013年2月24—25日，意大利议会选举凸显反欧洲情绪]

意大利自2011年以来就处于持续的衰退中，非经选举产生的总理蒙蒂也一直维持着财政紧缩政策。高居不下的失业率，在青年人中尤为突出，由喜剧演员、网络作家毕普·格里罗领导的反欧洲五星运动也因此声势日涨，获得了1/4的选票。贝卢斯科尼也打出了反欧洲的旗帜，把目标对准默克尔；他领导的中间偏右的自由人民党获得了29%的选票。在漫长的谈判后，由民主党恩里科·莱塔领导的松散联盟掌握政权不到一年；2014年2月22日，野心勃勃的民主党新星马泰奥·伦齐代替莱塔，成为总理。

[2014年6月5日，欧洲央行开启负利率]

由于货币刺激的政策不够有力，过低的通胀率（有通缩风险）影响到了欧元区一些国家。欧洲央行在把政策利率降低到0.15%的同时，又宣布银行把钱存到欧洲央行将享受"负利率"（这实际是收取存款服务费），以此鼓励银行把钱贷出去，而不是存在欧洲央行。

[2015年1月22日，欧洲央行宣布量化宽松项目]

除了购买早前宣布的私人债券后，欧洲央行又公告，它将购买欧元区政府的债券，以降低这些债券的利率。这一计划将从2015年3月开始，债券购买的总规模达到了每月600亿欧元。然而，通胀率仍然卡在低位。

[2015年1月25日，齐普拉斯成为希腊总理]

非经选举产生的帕帕季莫斯于2012年5月结束短暂的任期下台后，由阿莱克西斯·齐普拉斯领导的激进左翼联盟就逐渐在选举中赢得了支持。希腊人仍然承受着巨大的压力。齐普拉斯承诺，他将放宽紧缩政策；

在 2015 年 1 月的选举中，希腊公众给了齐普拉斯以领导新政府的机会。

[2015 年 7 月 5 日，希腊拒绝进一步的紧缩政策]

官方债权人，包括欧洲央行，欧洲各国政府和 IMF 在内，都想施压希腊政府采取进一步的财政紧缩，在此情况下，齐普拉斯呼吁进行公投。希腊人面临的问题是，他们是否接受债权人要求的紧缩政策？希腊人在公投中以 61% 对 39% 的悬殊结果拒绝了这一要求。按照法国 1992 年 9 月对单一货币举行公投以来就已经形成的熟悉模式，低收入、受教育程度较低，并且居住在大城市之外的民众不约而同地投了反对票。面对高涨的失业率，希腊年轻人也大部分投了反对票。齐普拉斯担心拒绝债权人的要求可能导致的结果，最终搁置了公投的结果，同意执行要求的紧缩政策。

[2016 年 1 月 1 日，单一清算机制开始运作]

单一清算机制得以建立，用于清算和重组银行，依据的是《欧洲银行复苏与清算指令》。

[2016 年 6 月 23 日，英国民众公投脱欧]

英国公众以 52% 对 48% 的投票结果脱欧。这已经成为一种常态，投票赞同脱欧的人多数是低收入和受教育程度低的。农村地区和衰落的工业城镇也是大比例投票赞同脱欧，后者因为低薪的国际竞争者而失去了大量工作机会。

[2016 年 12 月 4 日，意大利公民拒绝修改宪法]

伦齐总理曾提议修改宪法，这将在很大程度上减少意大利长期以来对脆弱和不稳定的联合政府的依赖，并允许组建更强大的中央政府。意大利人以 59% 对 41% 的悬殊结果否决了这些提议。这反映了低收入和低教育水平公民持续的沮丧情绪，尤其是年轻的意大利人对他们眼中的自私自利的统治政治精英的愤怒。

[2017 年 5 月 7 日，法国民众选举马克龙为总统]

在法国总统选举的第二轮，马克龙轻松战胜国民阵线的玛丽娜·勒庞。在 6 月 18 日第二轮议会选举中，马克龙的共和国前进党成为选举最大的赢家。世界范围内的评论者对马克龙战胜了法国民族主义势力表示欢迎。但法国选举的投票率也大幅降低。和欧洲的公投一样，马克龙及其领导的党派在那些经济困窘的投票者中获得的票数最少；虽然他很年轻，但马克龙竭尽全力并一再作出承诺，才能赢得年轻人的选票。

[2017 年 9 月 24 日，反欧力量在德国联邦议院的选举中攻城略地]

主流的德国政党，包括总理默克尔的基民盟，它的姐妹党、以巴伐利亚为基地的基社盟，以及社会民主党，在德国联邦议院的选举中遭受重创。这几个党派总共只获得 53% 的选票，远低于 2013 年的 67%。大赢家是另类选择党，它获得了 12.6% 的选票，大幅超出 2013 年的 4.7%。另类选择党是在欧元区经济、政治危机的高峰期，于 2012 年 9 月以反欧元政治运动的形式诞生的，此时它已经转变为一个民族主义的排外政党。另类选择党的支持者与欧洲的公投和选举中的反对派选民一样，大都是低收入，受教育程度低。自由民主党代表的是经济上较为成功，但对欧元也持怀疑态度的人群，获得了 10.7% 的选票，比 2013 年的得票翻了一倍。

致　谢

我离开国际货币基金组织不久，该组织前执行董事威利·吉肯斯就在电话里向我建议，写一本书来解释欧元危机。是他把我引向了这一奇妙的旅程。

我最应该感谢的是乔治·阿克洛夫。他比我更早洞察到我要写什么。在五年的时间中，我利用和他多次共进午餐的机会，向其讲述了我的发现和想法。这些想法最早在 2016 年末乔治城的一次漫长午餐中成形，他启发我给本书命名，并贡献了本书的书名。

我在过去这些年的另一位导师是安德烈·萨斯。他的那本《通往欧洲货币联盟之路》精彩绝伦，让我屏息。我在电话中和他长谈之后，又到阿姆斯特丹拜访他两次。他对我挤挤眼，说他可以成为我的档案库。果然，此后的三年时间中，他给我写过很多工整的电子邮件，有时一周两次。他给我写的最后一封邮件是在 2016 年 12 月 19 日。在信件末尾致意的时候，他写道："现在已经很清楚了，成员国虽然同意推进单一货币，但并没有就其政治意义达成共识，尤其是在国家主权的问题上。"两周后，我通过一位我们共同的朋友得知，安德烈不幸离世了。

对本书有重要影响的还有利雅卡特·艾哈迈德，他读过部分草稿，建议我多写故事，而不是传统的经济学书籍。他还帮我画过一个故事演进图。把这本书写成一个故事非常有趣，我在这个过程中认识到，通常故事本身就有故事。

读过本书完整手稿的人有玛德琳·亚当斯、保莱特·阿尔特迈尔、迈克尔·波尔多、凯文·卡迪夫、詹姆斯·康兰、巴里·艾肯格林、亨利·埃尔加斯、爱德华·哈达斯、尤哈·卡科宁、伊丽莎白·利奇菲尔德、米科·洛雷坦、托马斯·迈尔、彼得·史密斯和恩佐·罗西。在接近完成的阶段，他们很多都变成了事实上的合作者，帮我抵达了终点。我向所有这些人献上感谢。他们的智识和慷慨使我在本书写作过程中受惠良多。

让我特别高兴的是，我八十五岁的母亲也主动提出要读最终的书稿，她以前在学校里当升学顾问，一般在读《印度时报》时都只会略过经济版面。她读完手稿后，还坚持要我做一些必要的改进。只有当她说完稿时，我才确信书稿确实完成了。

我的同事和亲友也出于善意，读过其中一些章节。这些人中包括苏珊娜·阿尔伯斯、李·布赫海特、阿贾·乔普拉、杰夫·库珀、迈克尔·卡尔斯顿、斯特凡尼娅·法布里齐奥、彼得·霍尔、拉胡尔·雅各布、奈杰尔·劳森、迈克尔·利、保罗·利弗、科琳·麦克休、格雷厄姆·麦基、马蒂纳·米恩塔尼、索菲·默尼耶、凯文·奥鲁尔克、萨婆诃·帕特奈克、摩根·斯蒂尔曼、尼尔·昂马克和埃米尔·维尔纳。我的博士论文导师之一戴维·惠勒也像当年一样，用他超人的智慧和幽默对本书做出了指导。曾任职于世界银行的杰出经济学家及作为精神导师的 D. C. 拉奥对我有诸多提点。我家里的数学家克里希南和安德拉以他们惯有的精确和逻辑审读了部分章节，帮助我梳理思绪，极大地提高了内容的呈现。

对于写作这部融合经济、政治和历史的作品而言，普林斯顿大学伍德罗·威尔逊公共与国际事务学院是一个完美的场所。这所学院拥有所需要的一切：充满活力的学术社区、聪敏而充满好奇心的学生和极为丰富的学术资源。我很有幸从我的同事那里学到了很多东西，他们包括雅辛·艾特－萨哈利亚、马库斯·布伦纳迈尔、哈罗德·詹姆斯、罗伯特·基欧汉、安德鲁·莫拉夫奇克和索菲·默尼耶。安德鲁和索菲定期组织欧洲经济和政治研讨会，常常能邀来卓越的学者和决策者。但本书最新鲜的一些见解可能是来自我课堂上学生们的挑战和探索。教学本身就是让人兴奋的学习过程。图书馆员经常不辞辛劳地为我的书寻找准确的数据和相契合的故事。埃拉娜·布洛赫的工作常常让我激动，阿什莉·福克纳帮我找到了我梦寐以求的资料，对她来说，图书馆员的工作是一种呼召。博布雷·博德伦显然是最懂经济数据的那种人。

我也非常感谢让·皮萨尼－费里 以及冈特拉姆·沃尔夫和马特·丹恩，他们在很多个夏季，让我可以在欧洲智库布鲁盖尔对我的很多想法展开讨论。扬·克拉嫩也曾在歌德大学和法兰克福的金融研究中心慷慨收留了我一个夏天，让我做研究。通过这些访学的经历，我得以与诸多重要人物会面及沟通，他们中有奥特马尔·伊辛、霍斯特·克勒、罗马诺·普罗迪和让－克洛德·特里谢，我非常感谢他们拨冗来会见我。瑞士央行董事托马斯·莫泽也友善地容许我在该行做了几周研究。

另外，我还必须感谢我的研究助理和学生们。乌里杜雅·巴赛可汗付出了超常的努力，对书中图表反复验证。还有其他几位帮助我做了数据分析、校对和编辑，他们中有：尼迪·巴纳瓦尔、雷切尔·卢里、格雷厄姆·麦基、朱利奥·马佐利尼、阿尔温德·纳塔拉詹、布兰登·谭、法比安·特罗特纳、阿伦·比利亚雷亚尔、南希·吴和崔俊豪。安东·普吕施克从这个项目一开始就和我一起工作；他和丹妮尔拉·甘多尔费尔一起翻译了德文的资料，并对本书的内容提出了很多意见。哈特利·米勒和安德鲁·阿特金斯是我的法语助手；玛丽亚·鲁萨克翻译了意大利资料。昆廷·贝克、尼克·利赫哈特和丹尼尔·康给我提供了很多具体的数据和书面建议；他们也仔细阅读了大部分手稿，并从学生的角度直率地提出了很多见解。克莉丝汀·奥斯特伦德为本书提供了多种帮助；最重要的是，她冷静地提醒我有不同的观点存在。

我的编辑大卫·麦克布赖德经常礼貌地提醒我要以更清晰的方式写作，并不时赞扬我取得了进步。之前的编辑斯科特·帕里斯对我也有重要的影响。他全面负责这本书,对各章节的不同版本提出建议,又重新读了最终的版本。斯科特从一开始就和我长时间沟通写作的每一步,他的几个重要建议打开了我的视野。牛津大学出版社的埃米莉·麦肯齐始终有礼有节地推动这个项目的各个环节。迪普提·阿加瓦尔指导了复杂的出版程序。

在整个过程中,我结婚三十八年的妻子约瑟娜允许这本书和我们共同生活了很多年。基于天生的智慧和同理心,她现在或许比我更了解欧洲。这不但是我的书,也是她的。

注 释

导 论

1. Timmermans 2017

2. Friedman 1968.

3. Friedman 1968, 12.

4. Kenen 1969.

5. Janis 1972.

6. AkerlofandShiller 2009.

7. 1971 年的这篇文章发表在文集中，见 Kaldor 1978。

8. Prabhavananda and Isherwood 1981, 131.

9. Juncker 2016.

10. Barroso 2013; Macron 2017b.

11. Guiraoand Lynch 2016, 532.

12. Schelling 1988, 182.

13. Geertz 1963.

第一章

1. Monnet 1978, 303–304. 回忆录写成于 1976 年，1978 年转译成英文。参考文献来自译本。

2. Schuman 1950.

3. Adenauer 1966, 314–315; Monnet 1978, 303.

4. Judt 2006, locations 3766–3771.

5. Duchêne 1988, 727, column 1.

6. 来源：Angus Maddison. "Historical Statistics of the World Economy: 1–2008 ad." University of Groningen, available from: http://www.ggdc.net/maddison/oriindex.htm, series

"GDP." The values for 2009 and 2010 are from the Conference Board (GDP adjusted for purchasing power parity, series "GK GDP"), available from https://www.conference-board.org/data/economydatabase/index.cfm?id=27762

7. Duchêne 1994, 30, 49, 61.

8. Monnet 1978, 305.

9. Monnet 1978, 308.

10. Duchêne 1988, 729.

11. Van Middelaar 2013, 42. 条约签署于 1951 年 4 月 18 日，1952 年 7 月 23 日生效。

12. Van Middelaar 2013, 16, 333.

13. Monnet 1978, 340.

14. Monnet 1978, 340.

15. Duchêne 1994, 228.

16. Duchêne 1994, 228.

17. Duchêne 1994, 229; Adenauer 1966, 346.

18. Duchêne 1994, 230.

19. Adenauer 1966, 426.

20. Duchêne 1994, 254.

21. Judt 2006, locations 5736–5740.

22. Duchêne 1994, 256.

23. Judt 2006, location 5744.

24. Duchêne 1994, 241.

25. Duchêne 1994, 245–246.

26. Duchêne 1994, 239–240.

27. Duchêne 1994, 256. 马若兰以几乎同样的字眼写道(1989, 890)：所有人都意识到，"政治和军事的渠道现在已经关闭了"。

28. Spaak Committee 1956, 2.

29. Hegre, Oneal, and Russett 2010; Martin, Mayer, and Thoenig 2012; Dafoe and Kelsey 2014.

30. Marjolin 1989, 281, italics in original: Erhard "was a universalist, a fervent advocate of total freedom of trade on a world scale. *France at that time was essentially protectionist.*" See also Judt 2006, locations 7134–7138.

31. Moravcsik 2008, 160.

32. Duchêne 1994, 257.

33. http://europa.eu/about-eu/institutions-bodies/european-commission/index_en.htm .

34. Macmillan 1961, 68.

35. De Gaulle 1970, 181.

36. Judt 2006, location 7121.

37. Marjolin 1981, 48.

38. Peyrefitte 1994, 159; Vanke 2001, 96.

39. Teasdale 2016, 11; Parsons 2003, 132–135; Marjolin 1989, 329.

40. Macmillan 1961, 67–68.

41. Vanke 2001, 100.

42. Vanke 2001, 98.

43. Marjolin 1989, 350.

44. Marjolin 1989, 347.

45. Marjolin 1981, 47.

46. Garton Ash 1998, 52, 62.

47. Garton Ash 1998, 63.

48. Duchêne 1994, 335.

49. Kindleberger 1978, 416, 419.

50. Kindleberger 1978, 419.

51. Eichengreen 2007b, 100–105.

52. Emminger 1977, 18.

53. International Monetary Fund 1969, 7.

54. Emminger 1977.

55. Tanner 1968b.

56. Emminger 1977, 22.

57. Tanner 1968a; Tanner 1968b.

58. Tanner 1968c.

59. Dyson and Featherstone 1999, 105.

60. Tanner 1968a.

61. Tanner 1968a.

62. Quoted in Szász 1999, 25.

63. Tanner 1968a.

64. Tanner 1968c; Tanner 1968a.

65. Tanner 1968a.

66. Tversky and Kahneman 1973.

67. Szász 1999, 25.

68. Werner 1970, annex 1, 31.

69. Parsons 2003, chapter 4.

70. Dyson and Featherstone 1999, 106.

71. Roussel 2004, 337.

72. Védrine 1996, 433.

73. Bordo 1981, 7.

74. Eichengreenand Temin 2010, 370.

75. Eichengreen 1992.

76. Eichengreenand Temin 2010; Haberler 1976, 17.

77. Friedman 1953, 163.

78. Taylor 2001, 128; Friedman 1953.

79. Bordo 1993, 83.

80. Bordo 1993.

81. Tobin 1978, 443.

82. Johnson 1969, 12–13.

83. Hetzel 2002, 30.

84. 注：本图用谷歌词频统计工具（Google Books Ngram Viewer：https://books.google.com/ngrams/info）制作。它统计了谷歌扫描的书籍当中提到"浮动汇率"这个词的频率。"浮动汇率"在德语书籍中是"flexible Wechselkurs"，在法语书籍中是"taux de change flexible"。英文"floating exchange rate"和德语"schwankender Wechselkurs"，法语"taux de change flottant"产生的搜索结果相似。

85. Roussel 2004, 336.

86. Farnsworth 1969.

87. Hofmann 2013

88. Binder 1992.

89. Hofmann 2013.

90. Brandt 1992, 200.

91. https://www.nobelprize.org/nobel_prizes/peace/laureates/1971/press.html .

92. Brandt 1978, 239.

93. Brandt 1978, 247.

94. 92 Brandt 1978, 247.

95. Garton Ash 1994, 129–130.

96. Szász 1999, 27.

97. Duchêne 1994, 335, 338.

98. Brandt 1978, 247; Maes and Bussière 2016, 32.

99. Maes 2004, 14.

100. Duchêne 1994, 335.

101. Brandt 1978, 247.

102. Tombs 2014, 798.

103. Tombs 2014, 798.

104. Tombs 2014, 798.

105. Brandt 1978, 160.

106. *Financial Times* 1969.

107. 在本章的附录中，我讨论了其他可能对货币联盟谈判产生影响的因素。

108. European Council 1969, 15; Werner 1970.

109. Mundell 1961.

110. Decressin and Fatás 1995; Obstfeld and Peri 1998.

111. Kenen 1969.

112. Sala-i-Martin and Sachs 1991.

113. Asdrubali, Sørensen, and Yosha 1996.

114. Werner 1970, 8, 10–11, 13.

115. Werner 1970, 12.

116. Werner 1970, 12, 26.

117. Monnet 1978, 417. 这本回忆录写于 1976 年，1978 年翻译为英文。引文来自这个译本。

118. Marsh 2009a, 56.

119. Marsh 2009a, 62.

120. Werner 1970, 24–25.

121. Werner 1970, 25, emphasis added.

122. Werner 1970, 10, 12, emphasis added.

123. Werner 1970, 24.

124. Werner 1970, 26.

125. Werner 1970, 14. 蓬皮杜的评论见于 Roussel 2004，341。

126. Tietmeyer 1994, 24.

127. Szász 1999, 34.

128. Brittan 1970.

129. Kaldor 1978, 204. 1971 年这篇文章引自他 1978 年的文集。

130. Kaldor 1978, 205.

131. Kaldor 1978, 206.

132. Campbell 2012.

133. Campbell 2012, 337.

134. Greif and Laitin 2004.

135. Dyson and Featherstone 1999, 107.

136. Dyson and Featherstone 1999, 109.

137. Dyson and Featherstone 1999, 107.

138. Dyson and Featherstone 1999, 108– 109.

139. Dyson and Featherstone 1999, 110.

140. Marsh 2009, 61– 63

141. Campbell 2012, 337.

142. Gerth and Mills 1961, 280.

143. Janis 1972, 9– 10; 也见于对心理学家、诺贝尔奖获得者丹尼尔·卡尼曼的采访（Schrage 2003）。

144. Sunstein and Hastie 2017, locations 217– 222.

145. Akerlof 2017; see also Janis 1972.

146. Krugman 1995, 36.

147. Rutherford 1971.

148. Schiller 1971, 195.

149. 这一直是德国经济主张中的主题之一。1988 年 11 月 11 日，时任德意志联邦银行副行长赫尔穆特·施莱辛格说，当固定汇率和国内经济政策目标产生矛盾的时候，各国政府"通常是要维护国家利益"。他说，这是正确的，"因为汇率固定本身并不是目的"。

150. Marjolin 1989, 311.

151. *New York Times* 1971.

152. Farnsworth 1972.

153. Wittich and Shiratori 1973, 11– 12.

154. André Szász email, January 28, 2015.

155. Hetzel 2002, 41; Silk 1972.

156. Hetzel 2002, 42– 43.

157. This sketch of Giscard is from Farnsworth 1974.

158. Le Monde 1974; Mathieu 1974.

159. Marjolin 1989, 281.

160. Marjolin 1975, 4.

161. Marjolin 1981; the lectures were delivered in September 1980. The memoirs, Marjolin 1989, 65– 67, appeared in French in 1986; the English translation was published as Marjolin 1989.

162. Marjolin 1989, 363.

163. Marjolin 1989, 226.

164. MacDougall 1977, 20.

165. MacDougall 1977, 21. Wallis and Oates (1998, 166) 介绍了大萧条期间，从 1931 年至 1934 年，美国政府逐渐提高对各州的转移支付。1934 年，项目资金和社会保险的转移支付占了全国 GDP 的 4%，在各州的 GDP 中也占了更大的比例。

166. Solomon 1982, 293– 297, chapter 18.

167. Marjolin 1981, 60– 63; Eichengreen 2007b, 3– 8.

168. Szász 1999, 41, 51.

169. Masson and Mussa 1995.

170. Marjolin 1981, 62.

171. Marjolin 1981, 63.

172. Friedman 1968, 5, 11. 关于这篇过去一百年最具影响力的论文之一的引用情况，参见 Arrow et al. 2011；德国观点见 Schlesinger 1988, 2。

173. Giscard d'Estaing 1988, 136. See also Szász 1999, 52.

174. Ludlow and Spaventa 1980; Solomon 1982, 295.

175. Le Monde 1978.

176. 吉斯卡尔在这个主题上重复多次，见 Der Spiegel 1979。

177. Ludlow 1982, 32; Dyson and Featherstone 1999, 110– 116.

178. Times 1980; Giavazzi and Pagano 1988; Dyson and Featherstone 1996.

179. Szász 1999, 56, 233.

180. Ludlow 1982, 58.

181. Solomon 1982, 295.

182. Szász 1999, 52.

183. Giscard d'Estaing 1988, 136. See also discussion in Szász 1999, 52.

184. Szász 1999, 56.

185. Szász 1999, 53– 66.

186. Le Monde 1978.

187. Szász 1999, 64– 65.

188. Eichengreen and Wyplosz 1993, 56.

189. Eichengreen and Wyplosz 1993, 56, table 1.

190. Le Monde 1978.

191. Thatcher 2013, locations 11734– 11735.

192. Milward 1992.

193. Szász 1999, 214.

194. Szász 1999, 8– 12.

195. Judt 2006, location 7208; Judt 2011, 22.

196. Fitchett 1998.

197. Solomon 1982, 360.

198. Solomon 1982, chapter 18.

199. Fischer 2001.

200. Akten zur Auswärtigen Politik der Bundesrepublik Deutschland 2002, 1064.

第二章

1. Eichengreen and Wyplosz 1993, 56, table 1.

2. Szász 1999, 59.

3. Schwarz 2012, 44– 45.

4. Schwarz 2012, 47. 1963 年，科尔为他的第一个儿子取名为沃尔特（Walter），意思是强大的统治者。

5. Schwarz 2012, 47.

6. Clemens 1998a, 2.

7. Schwarz 2012, 352; also Védrine 1996, 290.

8. Küsters 1998, 28.

9. Marjolin 1981, 59.

10. 《单一欧洲法案》于 1985 年 12 月 2 日至 3 日的卢森堡峰会上达成一致；但法案先后经过了两次签署，分别在 1986 年的 2 月 17 日和 2 月 28 日（解释请见 http://www.cvce.eu/obj/the_signing_of_the_single_european_act-en-d29e6c74-ba4d-4160-abc0-1f1d327bfaae.html）。法案于 1987 年 7 月 1 日生效。

11. Thatcher 2013, location 10015.

12. Moravcsik 1991, 41.

13. Moravcsik 1998, 318, 327, 330; Schwarz 2012, 417.

14. Sachs and Wyplosz 1986, 263.

15. See chapter 1.

16. Hodson 2016; Sachs and Wyplosz 1986.

17. See chapter 1.

18. Sachs and Wyplosz 1986, 276; Cameron 1992.

19. Schabert 2009, 177, 353.

20. Dyson and Featherstone 1999, 368.

21. Grant 1994, 119.

22. Schabert 2009, 184.

23. Blair 1999, 151. 德洛尔报告完成于 1989 年 4 月。

24. Delors 1989, paragraph 26.

25. Binyon 1989.

26. Reuters News 1989.

27. Financial Times 1989.

28. Mann 1989.

29. Buchan, Stephens, and Dawkins 1989.

30. Buchan, Stephens, and Dawkins 1989.

31. Védrine 1996, 420.

32. Védrine 1996, 420.

33. European Council 1989, 11.

34. Thatcher 2013, location 10023.

35. Marsh and Fisher 1989.

36. Economist 1988b.

37. Guigou 2000, 77– 78.

38. Sarotte 2014a.

39. Plender 1989.

40. Küsters and Hofmann 1998, 565–566; letter from Kohl to Mitterrand, Bonn, November 27, 1989.

41. Savranskaya, Blanton, and Zubok 2010; see also http://nsarchive.gwu.edu/NSAEBB/NSAEBB296 .

42. 美国前国务卿基辛格 (1999, 617) 强调了北约组织的利益：" 历史会高度评价在重新统一德国的同时，又保持与大西洋周边国家的关系。"

43. Sauga, Simons, and Wiegrefe 2010; Guigou 2000, 78– 79.

44. Garton Ash 2012, 5.

45. Wiegrefe 2010.

46. *New York Times* 1989.

47. 注：本图用谷歌词频统计工具制作。它统计了谷歌扫描的书籍当中提到 " 浮动汇率 " 这个词的频率。法语曲线代表的是 "Union politique"，"Union Politique" 和 "union

politique" 等三种书写方式的总频率，搜索结果中没有出现 "union Politique"。德语曲线代表的是 "politische Union" 和 "Politische Union" 两种书写方式的总频率。搜索结果中没有出现 "politische union" 和 "Politische union"。

48. Cornwell 1985.

49. See chapter 1.

50. Giscard d'Estaing 1995, 4.

51. Küsters and Hofmann 1998, 599; emphasis added.

52. Küsters and Hofmann 1998, 596– 597.

53. Sarotte 2014b, 78– 79.

54. Sarotte 2014b, 78– 79.

55. Küsters and Hofmann 1998, 641; and commentary by Schabert 2009, 234; Binyon, Murray, and Jacobson 1989; and Riding 1989.

56. Küsters and Hofmann 1998, 641.

57. *Frankfurter Allgemeine Zeitung* 1989.

58. *Times* 1989.

59. *New York Times* 1989.

60. Riding 1989.

61. Szász 1999, 135– 136; Times 1989.

62. Sarotte 2009.

63. Sarotte 2014b, 48– 49.

64. Sarotte 2009, 188– 192.

65. *Deutsche Welle* 2012a; Judt 2006, location 5657.

66. Védrine 1996, 417– 419.

67. AeschimannandRiché 1996, 51.

68. Schabert 2009, 248.

69. Küsters and Hofmann 1998, 638.

70. Sarotte 2014b, 49.

71. Schabert 2009, 240.

72. Pulzer 1999, 135. 从政府和党派手中独立的情况，也见 Helms 2002, 154.

73. Marsh 1992, 209.

74. Marsh 1992, 209– 210.

75. 魏格尔作为基社盟的领袖，曾强烈反对珀尔出任和续任德意志联邦银行的行长；但在这个问题上，二人想法相近 (Marsh 1992, 210)。

76. Eisenhammer 1990b; Protzman 1990.

77. Andrews 2000.

78. Akerlof, Rose, Yellen, and Hessenius 1991, 1.

79. 柏林洪堡大学的迈克尔·布尔达(Michael Burda, 2009)的评估认为这是"半瓶水"的措施，这种转换率制造了沉重的负担。芝加哥大学经济学家哈拉尔德·乌利希（Harald Uhlig, 2008) 的态度更为激烈。他指出，东德已经陷入低生产率、高失业率和外迁移民高涨的常态。他说，由于素质最高的年轻人纷纷离开，东德正从一个衰亡的地区变成一个垃圾场。到 2014 年，柏林墙倒塌四分之一个世纪后，虽然从前东德地区移出的人口潮停止了，但这或许"是因为所有想去西方的人都已经走了"(Wagstyl 2014)。失业率仍然是西德的两倍，而生产率却只有西德的四分之三。

80. Allen-Mills 1990.

81. Allen-Mills 1990.

82. Kinzer 1990.

83. Eisenhammer 1990a.

84. Allen-Mills 1990.

85. Dyson and Featherstone 1999, 375.

86. Whitney 1994b.

87. Whitney 1994b.

88. Clemens 1998b, 91.

89. Laughland 2000.

90. Paul 2010, 48.

91. Dyson and Featherstone 1999, 449.

92. Lakoff 2017.

93. Dyson and Featherstone 1999, 444.

94. Marsh 1991; Marsh 1992, 221.

95. Usborne 1991.

96. Marsh 1991; Marsh 1992, 222.

97. Quoted in Marsh 1991.

98. Marsh 1992, 236.

99. Peel 1991.

100. Paul 2010, 293.

101. Schwan and Jens 2014, location 2823.

102. Ellsberg 1972, 75.

103. Lamont 1999, 134.

104. Lamfalussy 1989, 108.

105. Lamfalussy, Maes, and Péters 2014, 136–137.

106. Szász 1999, 13.

107. Fleming 2011.

108. Szász email, November 20, 2014.

109. Henning and Kessler 2012, 12.

110. Delors 1989, 20.

111. See chapter 1.

112. 报告中对这个上限的要求重复了好几次，见 Delors 1989, 14。

113. Buchan, Stephens, andDawkins 1989.

114. Deutsche Delegation 1993.

115. Schubert 2013.

116. AeschimannandRiché 1996, 92–93.

117. AeschimannandRiché 1996, 92–93.

118. Mazzucelli 1997, 67, 108.

119. Tirole 2012.

120. Grant 1994, 183–184; Blair 1999, 185–186.

121. Grant 1994, 184.

122. Lamont 1999, 119.

123. Delors 2004, 429.

124. Bernanke 2016.

125. Volcker 1997, 256.

126. Modigliani et al. 1998, 347.

127. Modigliani and La Malfa 1998.

128. See chapter 1.

129. Dyson and Featherstone 1999, 439, 442–443.

130. 来源：国际货币基金组织关于各国汇率和货币限制政策的年度报告，1971年、1992年、2000年和2009年。这些报告区分了三种不同的制度：硬钉住（难以修改的固定汇率，例如货币局制度），软钉住（可以围绕一个中心汇率进行适当调整或有一个调整范围的汇率制度，例如常规的固定钉住制度和爬行钉住汇率制度等），以及浮动汇率（没有汇率限制的制度，例如管理浮动汇率和独立浮动汇率）。欧洲汇率机制（ERM）在1991年被界定为中间性的汇率制度。国际货币基金组织尊重欧洲政府的意见，将欧元定性为浮动汇率（因为它相对于世界其他货币在浮动）。但记录显示，它从1999年开始就是硬钉住汇率。根据摩根士丹利资本国际指数（MSCII），那些建立这一制度的国家是发达国家；而在摩根士丹利新兴市场指数（MEMI）和新兴市场体债券指数(EMBI）中，它们又被称为"发展中和新兴市场国家"。这个图例的数据来自21个欧洲国家和34个其余地区的国家。在其余地区中，加拿大和韩国在1970年被归类为浮动汇率；而厄瓜多尔和巴拿马在2008年被归类为硬钉住汇率国。

131. Lamont 1999, 126.

132. Bundesverband der Deutschen Industrie 1991.

133. Védrine 1996, 472.

134. Grant 1994, 200.

135. Védrine 1996, 472.

136. Védrine 1996, 472.

137. 帕森斯（Parsons，2000, 61)说，密特朗也被建议应该反对确定的启动日期；所以，和德国人一样，"连很多法国参与者也很惊讶他要求制定明确的截止时间"。

138. Guigou 2000, 103.

139. Schwarz 2012, 701; Grant 1994, 200.

140. Védrine 1996, 472.

141. Trean 1992.

142. Moravcsik 1998, 265; Judt 2006, locations 16932–16933.

143. Kohl 1991, 5798.

144. Kohl 1991, 5799.

145. Kohl 1991, 5780.

146. 来源：OECD, ALFS Summary Tables, Series: "Rate of Unemployment as a % of Civilian Labour Force."

147. Masson and Mussa 1995.

148. 来源：Carlo Cottarelli and Andrea Schaechter. 2010. "Long-Term Trends in Public Finances in the G-7 Economies." International Monetary Fund Staff Position Note 2010/13. https://www.imf.org/external/pubs/ft/spn/2010/spn1013.pdf

149. Eichenberg and Dalton 2007.

150. James 1992.

151. 来源：Eurobarometer (http://ec.europa.eu/public_opinion/archives/eb_arch_en.htm); Leibniz Institute for the Social Sciences (http://zacat.gesis.org/webview/).

152. Monnet 1978, 367; Parsons 2000, 64.

153. Védrine 1996, 298–299.

154. Védrine 1996, 298–299.

155. Lamont 1999, 123.

156. Austin 1992; Brock 1992; Follett 1992.

157. Raifberger 1992; Allaire 1992.

158. Criddle 1993, 229.

159. 154. Buchan 1992.

160. Walters 1986, 125-132.

161. L. Svensson 1994. Detailed analyses of the"unstable" nature of the ERM arein Eichengreen and Wyplosz 1993 and Higgins 1993.

162. Eichengreen and Wyplosz 1993, 58.

163. Criddle 1993, 234.

164. Blankart 2013, 519.

165. Szász, email, October 15, 2014; see also Szász 1999, 178.

166. Marsh 2009a, 160–161.

167. Marsh 2009a, 160–161; Eichengreen and Wyplosz 1993, 109.

168. Brulé 1992.

169. 来源：Christian de Boissieu and Jean Pisani-Ferry. 1995. "The Political Economy of French Economic Policy and the Transition to EMU." CEPII. *http://www.cepii.fr/PDF_PUB/ wp/1995/wp1995-09.pdf*

170. Ferenczi 1992.

171. Brehier 1992.

172. Paris 1992.

173. Ferenczi 1992.

174. Sachs and Wyplosz 1986.

175. Lee 2004.

176. Séguin, Vernet, and Servent 1993.

177. Dornbusch's comment accmpanyingEichengreen and Wyplosz 1993, 135.

178. Marsh 1993.

179. Agence Europe 1992.

180. Peel 1992b.

181. Peel 1992b; Eisenhammer 1992.

182. Eisenhammer, Jackson, Chote, and Marshall 1992; Palmer, Tomforde, and Kelly 1992.

183. Kohl 1992, 9219.

184. Kohl 1992, 9220.

185. EichengreenandWyplosz 1993, 58.

186. Hagerty 1992.

187. Redburn 1992.

188. Smith 1993.

189. Smith 1993.

190. Norman 1993.

191. Peel 1992a; Peel 1992b; Toomey 1993.

192. Schlesinger 1992, 3.

193. German Federal Constitutional Court 1993, 2.

194. Boyes 1993.

195. Dominguez 2006, 70.

196. Schäuble and Lamers 1994, 72.

197. Schäuble and Lamers 1994, 77.

198. Donnelly 2004, 38–41.

199. Murphy 1994; Agence France-Presse 1994; *Times* 1994.

200. Agence France-Presse 1994; *Times* 1994.

201. Giscard d'Estaing 1995, 2.

202. Schäuble and Lamers 1994, 75–76.

203. Frankland 1994

204. Crawshaw 1994.

205. International Monetary Fund 1994a, 3.

206. International Monetary Fund 1994a, 3.

207. Crawshaw 1994.

208. Heneghan 1994.

209. Schwan and Jens 2014, location 1893.

210. Barber 1996.

211. Whitney 1994a.

212. Agence Europe 1994.

213. *Financial Times* 1995. 在这次采访中，朔伊布勒还预测说，"英国人很快会认识到，他们的利益在于参与［货币联盟］，而不是远离"。

214. Agence Europe 1996.

215. Dornbusch 1996.

216. Barber 1996.

217. Agence Europe 1996; Barber 1996.

218. 这种说法引来了预料之中的反应，被冷落的欧盟委员会主席雅克·桑特说，"让时钟停止也不能阻止 21 世纪到来"。See Bremner 1996.

219. Whitney 1996.

220. Agence Europe 1996.

221. Kohl 1996.

222. Kamm 1996.

223. Mortimer 1996.

224. Swardson 1997.

225. Taylor 1997.

226. Marshall 1997a.

227. Dow Jones Online News 1997.

228. Judt 1997.

229. Jukes 2010.

230. Drohan 1997.

231. EichengreenandWyplosz 1998, 67.

232. Stephens 1997.

233. Kirschbaum 1997.

234. Drozdiak 1997.

235. Gallagher 1997.

236. 斯托伊贝属于基地位于巴伐利亚的基社盟。基社盟和比它大很多的基民盟组成了德国保守派联盟。

237. Norman 1997.

238. Marshall 1997b.

239. Noble 1998.

240. Keohane 1986.

241. Sutherland 1997.

242. Feldstein 1997, 23.

243. See chapter 1.

244. Friedman 1997.

245. Carli 1993, 259.

246. Carli 1993, 5, 166.

247. Carli 1993, 13.

248. Ferrero and Brosio 1997; Fabbrini 2000.

249. Judt 2006, locations 6071–6072.

250. Carli 1993, 341.

251. Masson and Mussa 1995.

252. Ford and Suyker 1990, 7–8, 51.

253. 来源：Banca d'Italia. https://tassidicambio.bancaditalia.it/timeSeries

254. Shleifer and Vishny 1998, chaps, 3 and 4.

255. Fabbrini 2000, 174.

256. Fabbrini 2000, 187.

257. Judt 2006, locations 6076–6078.

258. Tanzi 1998, 580.

259. Carli 1993, 265, 320, 374.

260. Maastricht Treaty 1992, article 104c.

261. Blitz 1998.

262. Delhommais 1998; Cook 1998.

263. Cook 1998.

264. Cook 1998; *Financial Times* 1998.

265. *Financial Times* 1998.

266. Böll, Reiermann, Sauga, and Wiegrefe 2012.

267. Kohl 1998, 21054.

268. Kohl 1998, 21051.

269. Barber 1998.

270. https://www.svtplay.se/video/1263369/ordforande-persson/del-1-794?start=auto，时间 46:30 to 50:20.

271. Barber 1998.

272. Boyes 1998b.

273. Helm 2000; Kohl 2014, location 453.

274. 格雷（Grey 2000）的描述特别精彩；朗兰的解释就带着些愤怒（Laughland 2000）。

275. Dow Jones International News 1999.

276. Kirschbaum 1999.

277. Merkel 1999; translation from Packer 2014.

第三章

1. Schmid 1998; Boyes 1998a.

2. *Berliner Zeitung* 1998; *Der Spiegel* 1998; Musolff 2003.

3. Cohen 1998.

4. Cohen 1998.

5. Boyes 1998a.

6. Didzoleit, Aust, and Koch 1999.

7. Harrison 1998.

8. Lichfield 1998.

9. Butler 1998.

10. Nash 1998.

11. 纸币和硬币要到 2002 年 1 月 1 日才开始流通。在那之前，各国的本币将以固定汇率与欧元兑换。

12. Graham andMünchau 1999.

13. Graham and Robinson 1999.

14. European Central Bank 1999a, 16.

15. Associated Press 1999.

16. Associated Press 1999.

17. Wheatley 1999.

18. See chapter 2.

19. Didzoleit, Aust, and Koch 1999.

20. Sesit 2000a.

21. Gordon 2004; Cette, Fernald, and Mojon 2016.

22. Gordon 2004, 34.

23. European Central Bank 1999a, 40.

24. International Monetary Fund 1999a, 39.

25. International Monetary Fund 1999a, 4, 24, 37–38.

26. International Monetary Fund 1999c, 1.

27. International Monetary Fund 1999c, 4-5.

28. Andrews 1998.

29. Hughes 1999.

30. International Monetary Fund 1999b, 12.

31. International Monetary Fund 1999b, 33.

32. International Monetary Fund 1999b, 24–25

33. European Central Bank 1999a, 16.

34. Cohen 1999.

35. Kalyvas 2015, 126; Karamouzi 2014.

36. European Commission 1976, 12–13.

37. European Commission 1976, 13.

38. Dale 1976; Hornsby 1976.

39. European Commission 1976, 5.

40. *Times* 1977.

41. Kalyvas 2015, 126.

42. Judt 2006, locations 12240–12242.

43. Reuters News 1979.

44. International Monetary Fund 1983.

45. International Monetary Fund 1983, 6.

46. Kalyvas 2015, 127.

47. For a graphic account of the failings of the Greek state under Papandreou and fostered by European funds, see Kalyvas 2015, especially 142–147.

48. These figures are from the IMF's World Economic Outlook Database in April2015. The data at that time showed even worse performance.

49. International Monetary Fund 1990, 1. The report describes stagnant manufac- turing output and investment, inability to compete in international markets, and unbridled growth of the public sector (International Monetary Fund, 1990,2, 16). Steep devaluation of the drachma provided a brief respite in 1986–87.

50. Kalyvas 2015, 142.

51. Murphy, Shleifer, and Vishny 1993.

52. McDonald 1991.

53. Paris 1991.

54. International Monetary Fund 1994b, 2.

55. Gaunt 1999.

56. Reuters News 1999a.

57. *Frankfurter Allgemeine Zeitung* 1999.

58. Boer 1999.

59. Market News International 1999.

60. *Handelsblatt* 2000.

61. Winestock 2000. 与此同时，委员会指出，瑞典还没有做好采用欧元的准备 (Norman 2000)。此后的十五年，瑞典成了欧洲经济发展最好、修复能力最强的国家之一。

62. Dow Jones Business News 2000.

63. European Council 2000.

64. Barber 2000.

65. Agence Europe 2000.

66. 德国的两个保守派政党（基民盟和基社盟）长期结盟。因为基民盟规模要大很多，所以它的领袖也常常成为两个政党的总理候选人。但默克尔在 2000 年 6 月成为基民盟主席后，她支持让斯托伊贝在 2002 年的选举中领导保守派。虽然保守派联盟的民调结果一直领先，但它却在选举中败给了施罗德领导的社会党－绿党联盟。

67. *Frankfurter Allgemeine Zeitung* 2000.

68. *Berliner Zeitung* 2000.

69. Hope 2000.

70. Dow Jones Newswires 2001.

71. Featherstone 2003, 932, 936.

72. Hanreich 2004.

73. Quinn 2004.

74. Bowley 2004.

75. See chapter 2.

76. P. Svensson 1994.

77. Cowell 2000; Marcussen and Zølner 2003.

78. Brown-Humes and MacCarthy 2000.

79. Winestock and Champion 2000.

80. Winestock and Champion 2000.

81. *Financial Times* 2000.

82. Winestock and Champion 2000; Cowell 2000.

83. Brown-Humes 2000.

84. Buerkle 2000.

85. Cited in Winestock and Champion 2000.

86. Buerkle 2000.

87. L. Barber 2000.

88. L. Barber 2000.

89. Evans-Pritchard 2000.

90. Norris 2000.

91. Sesit 2000b; Norris 2000.

92. BBC News 2000.

93. CNN Money 2000; Hofheinz and Sesit 2000.

94. 奇怪的是，欧洲央行的新闻稿只提到了"美国和日本的货币管理机构"，却没有提及加拿大和英国机构的参与。参见 https://www.ecb.europa.eu/press/pr/date/2000/html/pr000922.en.html .

95. https://www.ecb.europa.eu/press/pr/date/2000/html/pr001103.en.html .

96. Duisenberg and Noyer 2000.

97. Duisenberg and Noyer 2000.

98. Federal Reserve System 2001, 13.

99. 来源：Federal Reserve Bank of New York. "*Federal Funds Data Historical Search*." https://apps.newyorkfed.org/markets/autorates/fed-funds-search-page. "European Central Bank Main Refinancing Operations," variable rate tenders, https://www.ecb.europa.eu/stats/policy_and_exchange_rates/key_ecb_interest_rates/html/index.en.html

100. Duisenberg and Noyer 2001b.

101. Duisenberg and Noyer 2001c.

102. Duisenberg and Noyer 2001b.

103. Duisenberg and Noyer 2001b.

104. Friedman 1968.

105. Friedman 1968,

106. Bernanke 1999,

107. Duisenberg and Noyer 2001b.

108. International Monetary Fund 2001c.

109. International Monetary Fund 2001d, 1.

110. International Monetary Fund 2001d, 9.

111. Duisenberg and Noyer 2001a.

112. Sims 2001.

113. International Monetary Fund 2001e, 4.

114. See International Monetary Fund 2001a, 3.

115. Rhoads and Hofheinz 2001.

116. Rhoads and Hofheinz 2001; Schmid 2001a.

117. Schmid 2001a.

118. International Monetary Fund 2001b, 33.

119. International Monetary Fund 2002b, 5.

120. Agence Europe 2001.

121. Rhoads and Hofheinz 2001.

122. Rhoads and Hofheinz 2001.

123. International Monetary Fund 2001b, 22. 这份报告发表于 11 月。

124. International Monetary Fund 2001b, 22.

125. L. Barber 2001; Economist 2001.

126. Economist Intelligence Unit 2002.

127. Crossland 2001; Schmid 2001b.

128. Economist Intelligence Unit 2002.

129. Hofheinz and Boston 2002.

130. Mallet 2002; Alderman 2002.

131. Agence France-Presse 2002.

132. Alderman 2002.

133. International Monetary Fund 2002d, 25.

134. International Monetary Fund 2002b, 11, 24.

135. Elliott and Denny 2002.

136. 原则上，德国必须存一笔无息存款，如果预算赤字持续超过 GDP 的 3%，这笔款项就要充公。

137. Leparmentier and Zecchini 2002.

138. *Times* 2002.

139. Righter 2002.

140. Righter 2002.

141. https://www.ecb.europa.eu/press/pr/date/2002/html/pr021024_1.en.html .

142. Egan 2002.

143. *Economist* 1999.

144. Landler 2003.

145. Sinn 2003, 22.

146. International Monetary Fund 1995, 11.

147. Carlin and Soskice 2007; Carlin and Soskice 2009.

148. See box 2.2.

149. Boyes 2002.

150. Sciolino 2003.

151. Council of the European Communities 2003.

152. Council of the European Union 2003b, 21.

153. Cook 2003.

154. Reuters News 2003.

155. Gowers, Major, and Williamson 2003; Major and Williamson 2003. 156. Schwammenthal and Echikson 2003; Irish Examiner 2003.

157. Council of the European Union 2003a.

158. Eastham 2003; Sciolino 2003.

159. Harding, Henley, and Black 2003.

160. Eichel 2003.

161. Council of Economic and Financial Affairs 2003, 16, 21.

162. Thurston and Joshi 2003.

163. Thurston and Joshi 2003.

164. Thurston and Joshi 2003.

165. Thurston and Joshi 2003.

166. https://www.ecb.europa.eu/press/pr/date/2003/html/pr031125.en.html .

167. Parker and Crooks 2003.

168. European Court of Justice 2004; Dutzler and Hable 2005.

169. Posen 2005, 8.

170. Mascolo and Schwennicke 2011.

171. 来源：FTSEurofirst 300 Eurozone (FTEUEBL[PI]) from Datastream; S&P 500 (^GSPC), online at *https://finance.yahoo.com/q/hp?s=^GSPC&a=00&b=1&c=1999&d=11&e=31& f=2003&g=d*. For GDP, OECD Statistics "B1_GE: Gross domestic product — expenditure approach; LNBQRSA: Millions of national currency, chained volume estimates, national reference year, quarterly levels, seasonally adjusted," available from stats.oecd.org.

172. Posen 2005, 8.

173. See chapter 2.

174. Parker 2003.

175. European Commission 2003.

176. Werner 1970, 12.

177. Tietmeyer 2003, 30.

178. Cohen 1998.

179. Boyes 2002.

180. Rhoads and Winestock 2001; Wall Street Journal Europe 2002; Guerrera 2003; Mortished 2004.

181. Parker 2003.

第四章

1. International Monetary Fund 2004a, 1.

2. International Monetary Fund 2004a, 3.

3. International Monetary Fund 2004a, 3, 27.

4. Greenspan 1996.

5. Greenspan 1996.

6. Shiller 2015, xix.

7. See chapter 2.

8. Gorton and Ordoñez 2016.

9. 注：这里的欧元区国家包括比利时、德国、意大利、西班牙和荷兰。（基于可以得到的可靠长时序数据）劳动生产率增长是相比于前十年的"每小时国民生产总值"的年平均增长。来源：银行资产的数据来自：Sam Langfield. "Bank Bias in Europe: Effects of Systemic Risk and Growth." Available at http://www.samlangfield.com/research.html. 劳动生产率增长的数据来自："The Conference Board Total Economy Database," May 2015, http://www.conference-board.org/data/economydatabase.

10. Summers (2005) 是这种研究的一个样本。

11. Greenspan 2002.

12. 来源 Google Books Ngram Viewer.

13. 欧洲央行行长要向欧洲议会汇报工作。但欧洲议会不对欧洲央行行使任何权力。

14. Padoa-Schioppa 2004.

15. Reuters News 1999b.

16. Corsetti and Pesenti 1999, 295–296, 325.

17. Kindleberger 1964, 48.

18. Zysman 1983, 83, 之前的讨论见 81–83.

19. Gerschenkron 1962, 15, 88–89, 139. Zysman 1983, 289–290, 对格申克龙的论点做了很好的概括。

20. Battilossi, Gigliobianco, and Marinelli 2013.

21. Eichengreen 2007b, 6.

22. Battilossi, Gigliobianco, and Marinelli 2013.

23. Robinson 1952, 86.

24. 有些作者报告说，欧洲人均收入的峰值是美国 GDP 的 75%。但这个峰值的准确数值似乎取决于其中包含哪些国家和平均值的计算方法。但所有的估值都落在 70% —

75% 的区间。

25. 注：连线上每个点代表的是加权之后的人均国民生产总值（按购买力平价计算），欧元区国家与美国的比率。图中统计的是欧元区头批十二个国家中的九个。希腊、爱尔兰和卢森堡没有包括进来，这些国家无法获得所有时间点上的数据。因为被省略的国家数目较少，即使把它们可以获得的数据包括进来，图形也基本上是一样的。来源：Angus Maddison. "*Historical Statistics of the World Economy 1-2008 AD*." series "GDP" and "Population".*http://www.ggdc.net/maddison/oriindex.htm.*

26. Eichengreen 2007b, 6.

27. Megginson 2005, 1936.

28. La Porta, Lopez-de-Silanes, and Shleifer 2002; Barth, Caprio, and Levine 2004;Zysman 1983, 150–151.

29. Zysman 1983, 113, 117–179; Sachs and Wyplosz 1986, 273.

30. Hall 1986, 190.

31. Battilossi, Gigliobianco, and Marinelli 2013, 491–492.

32. Battilossi, Gigliobianco, and Marinelli 2013, 513.

33. Van Ark, O'Mahony, and Timmer 2008, 26, 30.

34. Piketty and Zucman 2014.

35. Gennaioli, Shleifer, and Vishny 2014; Philippon 2015.

36. Rajan and Zingales 2003, 247; Kindleberger 1984, 128.

37. Thomas 2012, 16–17.

38. Pagano et al. 2014, 2; Belaisch, Kodres, Levy, and Ubide 2001, 12.

39. Belaisch, Kodres, Levy, and Ubide 2001, 10.

40. Belaisch, Kodres, Levy, and Ubide 2001, 41.

41. Belaisch, Kodres, Levy, and Ubide 2001, 52.

42. Belaisch, Kodres, Levy, and Ubide 2001, 55.

43. Belaisch, Kodres, Levy, and Ubide 2001, 43.

44. Belaisch, Kodres, Levy, and Ubide 2001, 21–22.

45. Belaisch, Kodres, Levy, and Ubide 2001, 56.

46. Belaisch, Kodres, Levy, and Ubide 2001, 12, 41–42; Langfield and Pagano 2016a, 91.

47. Tarullo 2008, locations 806–807, 1861–1863, 1867–1869; Aggarwal and Jacques 2001. 加拿大管制机构也设置了比巴塞尔协议的要求更加严格的规则。见 Bordo, Redish, and Rockoff 2015, 218, 238.

48. Bair 2012, 28–29. Admati and Hellwig 2013 ，这篇文章认为银行应该拥有更多证券的观点最具说服力。

49. 来源：Bankscope.

50. Greenspan 1998, 167; Tarullo 2008, locations 397–398; Bair 2012, 16, 27.

51. Labaton 2008; Bair 2012, 369.

52. Financial Crisis Inquiry Commission 2011, 155.

53. Bair 2012, 27.

54. Tarullo 2008, locations 3460–3462; Bair 2012, 33–36.

55. Caprio 2013, 17.

56. Shin 2012, 161; Langfield and Pagano 2016b, 16–17.

57. International Monetary Fund 2015b, 21. Belaisch, Kodres, Levy, and Ubide 2001, table 12, 此处报告的收益率也有相似的差别。

58. 来源：Banksc

59. Gordon 2004.

60. Van Ark, O'Mahony, and Timmer 2008.

61. Van Ark, O'Mahony, and Timmer 2008; Cette, Fernald, and Mojon 2016; Poirson 2013.

62. 来源：Antonin Bergeaud, Gilbert Cette, and Remy Lecat. 2016. "Productivity Trends in Advanced Countries between 1890 and 2012."*Review of Income and Wealth 62*, no. 3: 420–444. Data available at *www.longtermproductivity.com*

63. European Council 2000a.

64. Mettler 2004.

65. Geertz 1963.

66. Tabellini and Wyplosz 2004, 34.

67. Blanchard 2004, 3.

68. Rose 2000, 9, 12, 31.

69. Rose 2000, 10.

70. Rose 2000, 32.

71. Rose 2000, 10, 33.

72. Bennett and Shrimsley 2000; Reuters News 2001.

73. Crooks 2003; Reuters News 2001.

74. Bernanke 2004.

75. Santos Silva and Tenreyro 2010; Glick and Rose 2015.

76. 来源：IMF Direction of Trade Statistics.

77. Gordon 2004.

78. Sapir et al. 2003, ii.

79. Goldin and Katz 2008.

80. Shin 2012.

81. Shin 2012, 155.

82. 注：净资产为负数时，意味着这个国家是债务人。来源：Eurostat, "EMU Convergence Criterion Series — Monthly Data" (irt_lt_mcby_m); Eurostat, Data Series, "International Investment Position — Annual Data" (bop_ext_intpos); "GDP and Main Components (Output, Expenditure and Income) (name_10_gdp)."

83. Obstfeld 2013, 15–16.

84. Padoa-Schioppa 2004.

85. Trichet 2005; Trichet 2006.

86. Rogoff 2004, 97.

87. For Sinn's remarks, see chapter 3; Bernanke 2004.

88. Walters 1986, 126.

89. Bruno and Shin 2013.

90. 注：外国资本流入的计算是依据累计金融账户。正数越大，资本流入越多；负数越大，资本流出越多。来源：World Bank, World Development Indicators.

91. See chapter 3.

92. Lane 2006, 47.

93. Malkin and Nechio 2012.

94. Chen, Milesi-Ferretti, and Tressel 2012, 4.

95. 来源：OECD Statistical Database.

96. L. Svensson 1994.

97. *Economist* 1988a.

98. O'Mahony 2000.

99. Honohan and Walsh 2002, 8, 39–41.

100. *Irish Times* 1996.

101. McManus 1996.

102. *Irish Times* 1996.

103. International Monetary Fund 1997b, 12, 23, 25.

104. International Monetary Fund 1996, 10; International Monetary Fund1997b, 25.

105. Pogatchnik 2005.

106. *Irish Times* 2006; Ginsberg 2006; O'Toole 2012.

107. *Irish Times* 2006; Byrne 2012, 200.

108. Honohan 2000, 20.

109. Honohan and Walsh 2002, 24.

110. International Monetary Fund 2003b, 15.

111. International Monetary Fund 2003b, 16.

112. International Monetary Fund 2003b, 15.

113. International Monetary Fund 2003b, 16 and the Executive Board's Assessment in the Public Information Notice.

114. 注：信用是指贷给买房者的贷款额在国民生产总值中的百分比，按季度计算；这是指专门给借贷者的贷款，而不是给货币和金融机构以及政府的贷款，而且是由货币和金融机构贷出，而不是由欧洲国家的中央银行。来源：ECB, Statistical Data Warehouse, sdw.ecb.europa.eu; OECD Statistical Database for "real" house prices.

115. Kindleberger and Aliber 2005, 13.

116. Murray 2003.

117. McEnaney 2006.

118. *Sunday Business Post* 2009.

119. Nyberg 2011, iv.

120. Nyberg 2011, 4, 61–62.

121. Nyberg 2011, 31.

122. International Monetary Fund 2006b.

123. International Monetary Fund 2006a.

124. Nyberg 2011, 66.

125. Shiller 2015, 226.

126. International Monetary Fund 2004c, 7–8.

127. International Monetary Fund 2004c, 8.

128. Fernández Ordóñez 2003a; Fernández Ordóñez 2003b.

129. Bank of Spain 2005, 8, 10.

130. Kindleberger and Aliber 2005, 188.

131. Crawford 2005.

132. Crawford 2006.

133. Owen, Adams, and Bale 2006.

134. Santos 2014, 2.

135. Santos 2014, 3.

136. Association of the Bank of Spain Inspectors 2006.

137. International Monetary Fund 2006c, 3.

138. Crawford 2007.

139. Association of the Bank of Spain Inspectors 2006.

140. *El País* 2007c.

141. *El País* 2007b.

142. *El País* 2007a.

143. International Monetary Fund 2007c, 1, 15, 26.

144. Blanchard and Giavazzi 2002, 154.

145. Blanchard and Giavazzi 2002, 148.

146. Blanchard and Giavazzi 2002, 186.

147. Gourinchas 2002, 206.

148. Comments at the end of Blanchard and Giavazzi 2002, 204–205.

149. Reinhart, Rogoff, and Savastano 2003, 1.

150. Reinhart, Rogoff, and Savastano 2003, 1–2.

151. See chapter 3.

152. International Monetary Fund 2003a, 8.

153. International Monetary Fund 2003a, 4.

154. International Monetary Fund 2005, 17; International Monetary Fund2007b, 17.

155. Artavanis, Morse, and Tsoutsoura 2015.

156. Artavanis, Morse, and Tsoutsoura 2015, 4.

157. International Monetary Fund 2005, 16.

158. International Monetary Fund 2008c, 1.

159. International Monetary Fund 2003d, 3.

160. International Monetary Fund 2002c, 24.

161. 这篇文章完成于 2006 年，一年后发表。见 Blanchard 2007, 1。

162. Reis 2013, 156.

163. Gopinath, Kalemli-Ozcan, Karabarbounis, and Villegas-Sanchez 2015, 4.

164. Frankel and Schreger 2013, 247.

165. See chapter 2.

166. See chapter 3.

167. Rose 2005a.

168. European Communities 2004, 9.

169. Sciolino 2005; Moravcsik 2006, 219.

170. Moravcsik 2006, 219–221.

171. Rose 2005a; Thornhill 2005; Agence France-Presse 2005.

172. De Boissieu and Pisani-Ferry 1995; see chapter 2.

173. Sciolino 2005.

174. European Commission 2005a, annex table 12; Ivaldi 2006, 57.

175. Rose 2005b.

176. 青年人失业率的数据来自世界银行。见 http://data.world-bank.org/indicator/
SL.UEM.1524.ZS 。

177. Moïsi 2005。

178. Lorentzsen 2005.

179. European Commission 2005a, annex tables 1, 12.

180. Arnold and Thornhill 2005.

181. Campbell 2005.

182. Helm 2005; Irish Times 2005; Thorpe 2005.

183. Thornhill 2005b; Walker 2005.

184. Rennie 2005.

185. Sage 2005.

186. European Commission 2005a, annex table 12; European Commission 2005b, annex
table 14.

187. Sage 2005.

188. Hollinger and Thornhill 2005; Moïsi 1995; Moïsi 2005.

189. Norris 2005.

190. Landler 2005.

191. Mair 2007, 12.

192. Mair 2007, 7.

193. Dahl 1965, 22.

194. Syal et al. 2005.

195. Jenkins 2005.

196. International Monetary Fund 2007a, 1, 25.

197. International Monetary Fund 2007a, Public Information Notice, 3.

198. International Monetary Fund 2007a, 13, 26.

199. International Monetary Fund 2007a, 25.

200. European Central Bank 2007b.

201. Trichet 2007.

202. Trichet 2008.

203. Orwell 1961, 211.

204. Bordo and James 2008, 19–23.

第五章

1. Financial Crisis Inquiry Commission 2011, 246.

2. Kjetland 2007.

3. Financial Crisis Inquiry Commission 2011, 247.

4. Financial Crisis Inquiry Commission 2011, 246–247.

5. Bernanke 2015, 140–143.

6. Acharya and Schnabl 2010, figure 1.

7. Financial Crisis Inquiry Commission 2011, 248.

8. 来源：Federal Reserve Bank of St. Louis, code ABCOMP.https://research.stlouisfed.org/fred2/series/ABCOMP#

9. Mollenkamp and Taylor 2007; Simensen 2007b.

10. Euroweek 2007; Buck 2007; Simensen 2007a. 8 月 17 日，萨克森州立银行成为首家倒闭的德国州立银行。州立银行的种种困境，见 Fischer, Hainz, Rocholl, and Steffen 2011; Economist 2015.

11. http://www.bnpparibas.com/en/news/press-release/bnp-paribas-investment-partners-temporaly-suspends-calculation-net-asset-value-fo . See also Bank for International Settlements 2008b, 95.

12. Armantier, Krieger, and McAndrews 2008, 2.

13. Bernanke 2015, 139–140.

14. 利差的计算方式是伦敦银行同业拆息 (LIBOR) 与隔夜指数掉期 (OIS) 利率之间的息差。伦敦银行同业拆息指的是一家大银行从另一家大银行借钱支付的利息。隔夜指数掉期的合同授权借钱银行以隔夜美国联邦基金利率近似的利率接受还款，这个政策利率是由美联储设定的。由于隔夜指数掉期是一个套头交易契约，并没有真实的借贷发生，所以没有违约风险。因此，LIBOR/OIS 息差反映的是银行间拆借的违约风险。有关解释可见 Sengupta and Tam 2008. 在欧洲，欧元隔夜平均利率指数 (EONIA) 是银行间拆借的隔夜利率。所以，欧元隔夜平均利率指数的掉期息差也是一个相关的套头交易契约，这是为了确保双方同意的利息接近于本金无风险情况下的隔夜利率。

15. 注：100 个基点相当于 1%。保险费越高，意味着感觉到的违约风险越高。美元期限溢价（term premium）是指伦敦银行同业拆息（通常指的是 3 个月期美元 LIBOR）与隔夜指数掉期利率之间的息差。3 个月欧元银行同业拆息（EURIBOR）和欧元隔夜平均利率指数 (EONIA) 之间的息差显示的是欧元借贷的期限溢价。来源：Bloomberg

16. 欧洲央行通常有一笔固定数额的资金，银行间可以竞投。但到这一天，以及在危机期间的其他日子，银行可以当下的政策利率无限制地借钱。用欧洲央行的术语来说，这叫"全额分配"。

17. European Central Bank 2007a.

18. http://www.federalreserve.gov/newsevents/press/monetary/20070810a.htm .

19. Federal Reserve System 2007a, 11.

20. Federal Reserve System 2007b, 15.

21. 这是纽约联储银行前行长威廉·达德利的观察。他当时负责美联储开放市场的运营。见 Federal Reserve System 2007b, 11。

22. International Monetary Fund 2008b, 80.

23. Blinder 2013, 94.

24. Personal communication, December 23, 2014. See also Hetzel 2012, chapter 14.

25. Akerlof and Shiller 2009.

26. Blinder 2013, 93.

27. Federal Reserve System 2007c, 112.

28. Federal Reserve System 2007c, 96, 104.

29. http://www.federalreserve.gov/newsevents/press/monetary/20070918a.htm .

30. 来源：Federal Reserve Bank of New York, "Federal Funds Data Historical Search,"; ECB, "Main Refinancing Operations" fixed rate tenders; BOE, http://www.bankofengland.co.uk/boeapps/iadb/Repo.asp.

31. Kang, Ligthart, and Mody 2015, 25.

32. Kang, Ligthart, and Mody 2015, 6– 7.

33. 注：整体通胀是本年度三个月平均通胀率除以去年同样三个月的平均通胀率。来 源：US: *https://fred.stlouisfed.org/series/PCEPI*; euro area: *http://ec.europa.eu/eurostat/data/database?node_code=prc_hicp_midx*.

34. 注：三个月平均增长率除以去年同样三个月的平均增长率。来源：World Trade Monitor, *https://www.cpb.nl/en/data*.

35. Steelman 2011.

36. King 2016, 168; Svensson 1999.

37. Svensson 1999, 83, 96, 107.

38. Blinder 2013, 94; Bank for International Settlements 2008b, 64.

39. Bank for International Settlements 2008b, 64.

40. Trichet and Papademos 2007.

41. Federal Reserve System 2001, 13; see also chapter 3.

42. See chapter 3.

43. Bernanke 2015, 184.

44. 多家银行同时投标，通过拍卖确定一个共同的利率。这样做可以抵消银行因为不得不向中央银行借款而导致的不良评价。见 Cecchetti 2009, 66。

45. Federal Reserve System 2008a, 12.

46. Federal Reserve System 2008b, 16.

47. Bernanke 2015, 194.

48. http://www.federalreserve.gov/newsevents/press/monetary/20080122b.htm .

49. 这种规模的利率削减上一次是发生在 1981 — 1982 年，当时的利率从 18% — 20% 的水平降下来。

50. Isidore 2008.

51. 欧洲央行从 2015 年 2 月开始发布历次货币政策会议的记录。

52. Trichet and Papademos 2008a.

53. Trichet and Papademos 2008b.

54. 2008 年 1 月，IMF(IMF, 2008e, table 1) 预测，美国和欧元地区 2008 年 GDP 的增长率都将达到 1.5% 左右；此前，对二者的估计自 2007 年 10 月以来被降低了 0.5%。

55. Trichet and Papademos 2008b.

56. 欧洲政治家对美国经济问题的描述见 Barber 2008。Tigges (2007) 和 Buiter (2007) 分析指出，美联储在 2007 年 9 月和 11 月削减利率主要是为了向金融市场示好。Buiter (2008) 则指出，2008 年 1 月 22 日的利率降低暗示了恐慌情绪。

57. http://www.reuters.com/article/us-bearstearns-chronologyidUSN1724031920080317 .

58. Grant 2008.

59. Curran 2008.

60. Reinhart 2011, 76.

61. Cecchetti 2009.

62. Craig 2008.

63. Federal Reserve System 2008b, 4.

64. Wessel 2009, location 2716.

65. Bernanke 2015, 197.

66. Geithner 2014, locations 2507– 2511.

67. Geithner 2014, locations 2489– 2490.

68. Geithner 2014, location 2492.

69. Geithner 2014, locations 2507– 2511.

70. Dungey, Fry, Gonzalez- Hermosillo, and Martin 2006; Pinto and Ulatov 2010.

71. Volcker 2008, 2.

72. Ip 2008; Reinhart 2011, 88.

73. Carswell 2011, 143.

74. Beesley 2008.

75. Beesley 2008.

76. International Monetary Fund 2009e, 29.

77. 来　源：Bank for International Settlements. Panel A: Locational banking statistics, table 5A,http://stats.bis.org/statx/srs/table/A5?c=5C&p=20151&i=3.6 . Panel B: Consolidated banking statistics, table B4,http://stats.bis.org/statx/srs/table/b4 .

78. Federal Reserve System 2008d, 30.

79. Federal Reserve System 2008d, 91.

80. International Monetary Fund 2008d, XV, 1.

81. International Monetary Fund 2008d, XVI.

82. Trichet and Papademos 2008c.

83. Hetzel 2009, 213– 214.

84. International Monetary Fund 2008f.

85. Hetzel 2009.

86. Bernanke 2015, 238– 239.

87. Trichet andPapademos 2008c.

88. Stark 2008.

89. Trichet andPapademos 2008d.

90. Wiesmann 2008.

91. International Monetary Fund 2008a, 12; Robert Hetzel (2014)作了更为详尽的回顾，也得到了同样的结论。

92. Bank for International Settlements 2008b, 143.

93. *Bloomberg Businessweek* 2008; Gow 2008.

94. Landler 2008; Bloomberg Businessweek 2008.

95. Financial Crisis Inquiry Commission 2011, 327.

96. Sloan and Boyd 2008.

97. Nocera 2009.

98. Wessel 2009, location 315. Ball （2016）梳理了对美国政府为什么允许雷曼倒闭的不同解释，他也认为，保尔森担心在政治上被批评为娇宠这些银行，强制下达了这个决定。

99. Reinhart and Rogoff 2008.

100. Rogoff 2008.

101. Geithner 2014, locations 3307– 3310.

102. Bernanke 2015, 266, 350, 479, 507.

103. Financial Crisis Inquiry Commission 2011, 350– 352.

104. http://www.federalreserve.gov/newsevents/press/other/20080916a.htm ;Financial Crisis Inquiry Commission 2011, 350.

105. Geithner 2014, locations 3353– 3354.

106. Bovenzi 2015, 178.

107. Shah, Schaefer Muñoz, Stein, and Ramstad 2008.

108. Shah, Schaefer Muñoz, Stein, and Ramstad 2008; Pisani- Ferry and Sapir 2010, 354.

109. Financial Times Deutschland 2008; Benoit and Wilson 2008.

110. Cardiff 2016, chapter 4.

111. Cardiff 2016, 41.

112. Cardiff 2016, 41.

113. Shah, Schaefer Muñoz, Stein, and Ramstad 2008.

114. Rogers 2008.

115. Blinder 2013, 178, 198– 199.

116. Love 2008.

117. Pylas 2008.

118. Taylor 2008.

119. Schwartz and Bennhold 2008.

120. Love and Willard 2008.

121. 115 Schwartz and Bennhold 2008.

122. See chapter 2.

123. See chapter 2.

124. Bernanke 2015, 326, 347.

125. Rogoff 1985; Alesina and Summers 1993.

126. https://www.imf.org/external/pubs/ft/survey/so/2008/NEW110608A.htm .

127. Keynes 1973 [1936].

128. Akerlof and Shiller 2009, 14– 16.

129. Jordà and Taylor 2016.

130. Smyth 2008.

131. Smyth 2008.

132. 德国刺激方案的局限，见 Carare, Mody, and Ohnsorge 2009。对美国的讨论，见 Krugman 2012, 111。

133. Krugman 2012, 111.

134. Federal Reserve System 2008c, 144– 145.

135. Federal Reserve System 2008c, 121– 122.

136. Federal Reserve System 2008c, 145– 146.

137. Ydstie 2008; NPR 2008.

138. Rogoff 2008b.

139. Coy 2008.

140. Federal Reserve System 2008d.

141. http://www.federalreserve.gov/newsevents/press/monetary/20081216b.htm .12 月 16 日当天还宣布了美国定期资产支持证券贷款工具（TALF），这是在 11 月初设立的。美国财政部可以用这个政策工具促进各家银行向外贷款。见 Akerlof and Shiller 2009, 91– 95。

142. Coy 2008.

143. Elliott and Seager 2008.

144. Andrews and Calmes 2008; Coy 2008.

145. http://www.federalreserve.gov/newsevents/press/monetary/20090318a.htm .

146. 各家央行的量化宽松项目细节，见 Fawley and Neely 2013。

147. 来 源：Federal Reserve Bank of St. Louis, codes for assets ECBASSETS, WALCL, UKASSETS; codes for GDP EUNNGDP, GDPMC1, NAEXKP01GBQ652S.

148. http://www.ecb.europa.eu/press/pr/date/2008/html/pr081015.en.html. 欧洲央行通常的做法是通过再贷款的机制，把新的资金借给各家银行两周，但这次它是延长了长期再贷款机制，让银行以更长的期限贷款。银行因此减少了对欧洲央行短期资金的依赖，转向了长期贷款。但它也依然相信，欧洲央行的短期资金可以继续滚动。所以，长期资金带来的价值比较模糊。而且银行即使从欧洲央行获得了长期资金，也不意味着它们会向客户贷出更多的钱。

149. Trotta 2008; CBS News 2008.

150. Trichet and Papademos 2008e.

151. Bini Smaghi 2008.

152. CBS News 2008.

153. Strupczewski 2008.

154. Trichet and Papademos 2008f.

155. Suoninen 2009; Gow 2009.

156. Suoninen 2009; Meier 2009.

157. Rooney 2009; Gow 2009.

158. Rooney 2009.

159. Kennedy 2009.

160. Trichet and Papademos 2009.

161. Kennedy 2009.

162. Marsh 2009b.

163. International Monetary Fund 2015c, 7.

164. Mody and Sandri 2012, 204– 207.

165. De Larosière et al. 2009, 6.

166. De Larosière et al. 2009, 10.

167. De Larosière et al. 2009, 39.

168. Acharya 2009.

169. Aubuchon and Wheelock 2010.

170. Geithner 2014, locations 4285– 4286.

171. https://www.treasury.gov/press-center/press-releases/Pages/tg18.aspx .

172. http://www.federalreserve.gov/newsevents/press/bcreg/20090507a.htm .

173. Bayazitova and Shivdasani 2012, 397.

174. Geithner 2014, locations 5455– 5457.

175. Eichengreen and O'Rourke 2010a.

176. International Monetary Fund 2010a, 4.

177. 来源：IMF direction of trade statistics for Chinese imports; World Trade Monitor for

US and euro- area industrial production, https://www.cpb.nl/en/data.

178. 欧洲央行 2001 年至 2003 年间逐步采取的做法见第二章。

179. 见第四章。

180. International Monetary Fund 2009f, 1.

181. International Monetary Fund 2009f, 67.

182. International Monetary Fund 2009f, 75.

第六章

1. Melander 2009.

2. International Monetary Fund 2009b, 1, 21.

3. Kalyvas 2015, 150– 151.

4. Melander 2009.

5. 见第三章。

6. Kalyvas 2015, 142.

7. Kalyvas 2015, 156.

8. Reuters News 2009i.

9. Kyriakidou 2009.

10. International Monetary Fund 2009b, 35.

11. 见第三章。

12. International Monetary Fund 2009d, 55.

13. International Monetary Fund 2009d, 57.

14. Reuters News 2009g.

15. Reuters News 2009h.

16. Reuters News 2009h.

17. Athens News Agency 2009.

18. Reuters News 2009e.

19. Pattanaik 2004.

20. Papaconstantinou 2016, locations 391– 395, 541– 542.

21. Reuters News 2009b.

22. Kaminska 2009a; Kaminska 2009b.

23. Agence France- Presse 2009b.

24. Reuters News 2009d.

25. Agence France- Presse 2009a; Reuters News 2009f.

26. Merkel 2009.

27. Merkel 2009, 905– 906; Reuters News 2009c.

28. 这里对默克尔生平的介绍，见 Packer 2014。

29. 见第三章。

30. 见第五章。

31. Packer 2014.

32. 见第二章。

33. On Steinbrück, see Reuters News 2009a; on Schäuble, see Dow JonesInternational News 2009 and Cohen 2010.

34. Spiegel Online International 2010e.

35. Rees- Mogg 2008.

36. Spiegel Online International 2011a.

37. 见第二章。

38. Reuters News 2010d.

39. Mody and Saravia 2006.

40. International Monetary Fund 2010d.

41. Cohen 2010.

42. Reuters News 2010d.

43. Thomson 2010.

44. Federal Reserve System 2010a, 148.

45. Federal Reserve System 2010a, 105.

46. Hadoulis 2010.

47. Hadoulis 2010; Reguly 2010.

48. Crawford, Karnitschnig, and Forelle 2010.

49. European Council 2010a.

50. Thomas and Jolly 2010; Mollenkamp and Bryan- Low 2010.

51. Thomas and Jolly 2010.

52. Mollenkamp and Bryan-Low 2010.

53. Bank of Greece 2010b, 4.

54. Bank of Greece 2010b, 5.

55. Saunders 2010.

56. Dow Jones Institutional News 2010.

57. Casey 2010.

58. Schäuble 2010.

59. Merkel 2010b, 2719.

60. Merkel 2010b, 2719.

61. Eichengreen 2007a.

62. Eichengreen 2010.

63. Pylas 2010.

64. Spiegel Online International 2010e.

65. Casey 2010.

66. Walker and Forelle 2010.

67. 见第三章。

68. Walker 2010.

69. Lynn 2010, 136– 138.

70. Fischer 2010.

71. Fischer 2000.

72. Fischer 2010.

73. 见第一章。

74. Schelling 1988, 182.

75. Lynn 2010, 138.

76. European Council 2010b.

77. Forelle and Walker 2010.

78. Phillips 2010.

79. Federal Reserve System 2010c, 66– 67.

80. Agence France-Presse 2010.

81. Stevis 2013.

82. Barley 2010.

83. Barley 2010.

84. Bank of Greece 2010a, 19.

85. Market News International 2010.

86. Wall Street Journal 2010b; 希腊债务重组的其他支持者，见 International Monetary Fund 2013a, 29, n. 17。

87. Spiegel Online International 2010c.

88. Wall Street Journal 2010b.

89. Federal Reserve System 2010b, 38.

90. Federal Reserve System 2010c, 84.

91. Forbes 2012.

92. Spiegel Online International 2010b.

93. International Monetary Fund 2011a; Glover and Richards- Shubik 2014.

94. Bases 2012.

95. 来源：Factiva Database of Global Newspapers

96. International Monetary Fund 2013a, 29, n. 17.

97. Thomas and Paris 2010b; Karnitschnig, Fidler, and Lauricella 2010.

98. Thomas and Paris 2010b; Karnitschnig, Fidler, and Lauricella 2010.

99. Thomas and Paris 2010a.

100. Thomas and Paris 2010a; William Dudley in Federal Reserve System 2010c, 83.

101. William Dudley in Federal Reserve System 2010c, 83.

102. Federal Reserve System 2010c, 68.

103. Federal Reserve System 2010c, 68.

104. Reuters News 2010b.

105. Reuters News 2010f.

106. Walker and Shah 2010.

107. Wall Street Journal 2010c.

108. Kaminski 2010.

109. Eurogroup 2010.

110. Reuters EU Highlights 2010.

111. Walker and Karnitschnig 2010.

112. Paterson 2010.

113. Peel 2010b.

114. Paterson 2010.

115. Paterson 2010.

116. Merkel 2010a, 3722; Deutsche Welle 2010.

117. Merkel 2010a, 3724; Evans- Pritchard 2010; Reuters News 2010e.

118. Merkel 2010a, 3727.

119. Merkel 2010a, 3722.

120. Reuters News 2010e.

121. Reuters News 2010e.

122. Reuters News 2010e.

123. Papaconstantinou 2016, locations 2158– 2160.

124. Papaconstantinou 2016, locations 2155– 2157.

125. Papaconstantinou 2016, locations 2206– 2207.

126. Sturdee 2010.

127. Sturdee 2010.

128. International Monetary Fund 2010b.

129. International Monetary Fund 2010b.

130. Geithner 2014, locations: 6763– 6767, 6812, 6846– 6848.

131. International Monetary Fund 2010d, 61.

132. Dow Jones International News 2001.

133. International Monetary Fund 2003c.

134. International Monetary Fund 2010c, 20.

135. International Monetary Fund 2010c, 10, 13.

136. Reported in Blustein 2016, 123.

137. International Monetary Fund 2010c, 65.

138. Krugman 1988; Grossman and Van Huyck 1988; Jorgensen and Sachs 1989; Kovrijnykh and Szentes 2007; Drelichman and Voth 2011.

139. Panizza 2013, 6; Buchheit 2011.

140. International Monetary Fund 2010c, 49 and 14.

141. International Monetary Fund 2010c, 78.

142. International Monetary Fund 2010c, 92.

143. International Monetary Fund 2002a, 15, 17, 32; Schadler 2013.

144. International Monetary Fund 2010c, 96.

145. International Monetary Fund 2010c, 102, 103.

146. Thacker 1999; Copelovitch 2010.

147. Copelovitch 2010.

148. Schneider and Faiola 2010.

149. 注：金融股票的相对表现是希腊 FTSE/ATHEX 银行股指数与希腊一般指数之间的比率。来源：FTSE/ ATHEX banks index: Global Financial Data, ticker _ FTATBNK. Athens general index: Datastream International, code GRAGENL (PI). Greece 10- Year Bond Yield: Datastream International, code TRGR10T.

150. Jeffries 2010.

151. Walker and Karnitschnig 2010.

152. Walker and Karnitschnig 2010; Peel 2010b; Fletcher 2010.

153. 见第一章。

154. Wallis and Oates 1998, 166.

155. Eichengreen, Jung, Moch, and Mody 2014.

156. See Blochliger, Charbit, Pionero Campos, and Vammalle 2010.

157. http://www.recovery.gov/Transparency/RecoveryData/Pages/RecipientReportedDataMap. aspx?stateCode=NV&PROJSTATUS=NPC&AWARDTYPE=CGL.

158. Henning and Kessler 2012, 11.

159. Sylla and Wallis 1998, 269.

160. Henning and Kessler 2012.

161. Chernow 1990, 5– 6.

162. Wallis and Weingast 2008.

163. Henning and Kessler 2012, 12.

164. Djankov 2014, locations 4206– 4207.

165. Winning and Horobin 2010.

166. Santa and Strupczewski 2010.

167. Santa 2010.

168. Wall Street Journal 2010a.

169. Rousek 2010.

170. Rousek 2010; Djankov 2014, location 2182.

171. Rousek 2010.

172. 见第五章。

173. 见第五章。

174. 这些和各国政府的协商一般是不对外公开的，但 IMF 对外公告了这些协商的举行，一次是有关 IMF 如何运作的描述 (Ahamed 2014, 111)；另一次是在爱尔兰议会的听证会上（Chopra 2015）。

175. Mody and Saravia 2006.

176. International Monetary Fund 2009c, 22; Kanda （2010）一年之后对这些数据作了

更为详尽的解释。

177. International Monetary Fund 2009c, 24.

178. International Monetary Fund 2009a, 18. Mody 2009 中的研究在 Mody and Sandri 2012 中进一步延伸。

179. 见第五章。

180. Murray Brown 2009.

181. *Irish Examiner* 2009.

182. Murray Brown 2009.

183. International Monetary Fund 2010c, 16.

184. Honohan 2014, location 1344.

185. Honohan 2014, locations 1332– 1338.

186. Federal Reserve System 2010d, 24.

187. 注：银行从欧洲央行的借款就是欧盟泛欧实时全额自动清算系统 2（TARGET 2）计算的余额。爱尔兰十年期债券的价差就是爱尔兰十年期债券收益率与德国十年期债券收益率之间的差额。100 个基点相当于 1%。来源：Ireland ten-year bond yield: Datastream International, code S310DE. Germany ten-yearbond yield: Datastream International, code S30977. Target 2 balances of Ireland (end-of-month position): ECB Statistical Data Warehouse, key TGB.M.IE.N.A094T.U2.EUR.E

188. Lenihan 2010a.

189. Lenihan 2010a.

190. Shah and Enrich 2010.

191. Lenihan 2010a.

192. Lenihan 2010b.

193. Forelle, Gauthier- Villars, Blackstone, and Enrich 2010.

194. Moody's Investors Service 2010.

195. Murray Brown 2010.

196. Mody 2013 归纳了这些证据。See especially Panizza, Sturzenegger, and Zettelmeyer 2009; Levy Yeyati and Panizza 2011.

197. Ludlow 2010, 12.

198. Müller, Reiermann, and Schult 2010.

199. Müller, Reiermann, and Schult 2010.

200. Ludlow 2010, 10– 11.

201. Müller, Reiermann, and Schult 2010.

202. 见第一章。

203. Graham 2010.

204. Graham 2010.

205. Forelle, Gauthier- Villars, Blackstone, andEnrich 2010.

206. Müller, Reiermann, and Schult 2010.

207. Franco-German Declaration 2010.

208. Forelle, Gauthier- Villars, Blackstone, andEnrich 2010.

209. Djankov 2014, locations 2129– 2131.

210. Djankov 2014, locations 331– 332.

211. Djankov 2014, location 2145.

212. Honohan 2014, locations 1359– 1362.

213. Mody 2014d.

214. 注：十年期债券息差（基点）是指一国十年期债券收益率与德国十年期债券收益率之间的差额。垂直线代表默克尔和萨科齐在多维尔作出决定的日子。来源：Datastream International. Spain, code S310M0; Portugal, code S310KX; Italy, code S310DT; Ireland, code S310DE; Greece, code S3098T; Germany, code S30977.

215. Chamley and Pinto 2011; Steinkamp and Westermann 2014; Mody 2014c.

216. Ludlow 2010, 20, 22.

217. Forelle, Gauthier-Villars, Blackstone, and Enrich 2010.

218. Castle 2010.

219. Castle 2010.

220. Spiegel and Oakley 2010.

221. Spiegel Online International 2010a.

222. Forelle, Gauthier-Villars, Blackstone, and Enrich 2010; Walker and Forelle 2011.

223. International Monetary Fund 2011d, 32– 33.

224. Cottarelli, Forni, Gottschalk, and Mauro 2010.

225. Buchheit, Gulati, and Tirado 2013, 194.

226. Ahearne 2014, locations 431– 432, 548– 549; MacSharry 2014, locations 1899–1908; Ryan 2014, locations 3866– 3870.

227. Chopra 2015; Cardiff 2015; Blustein 2016.

228. Blustein 2016, 175.

229. Cardiff 2015.

230. Chopra 2015.

231. Juncker and Tremonti 2010.

232. 当时的讨论见 Reuters News 2010a；对众多提案，见 Claessens, Mody, and Vallee 2012。

233. Peel 2010d.

234. Atkins, Barber, and Barber 2010.

第七章

1. International Monetary Fund 2009f, 32, 130– 131.

2. International Monetary Fund 2009f, 29– 30.

3. 来源：左图：International Monetary Fund, World Economic Outlook Database, October

2009. The public debt- to- GDP ratio before 2000 from the IMF's Historical Public Debt Database, available at http://www.imf.org/en/Publications/WP/Issues/2016/12/31/A-Historical-Public-Debt-Database-24332 . 右图：International Monetary Fund, World Economic Outlook Database, October 2007 and October 2009. The 2007 projections are an extrapolation of the average annual GDP growth between 2003 and 2006. The 2009 projections are from the "World Economic Outlook."

4. International Monetary Fund 2009f, xi.

5. Wardell 2010.

6. Skrekas 2010.

7. Spiegel Online International 2010d.

8. International Monetary Fund 2010e, 2.

9. Peel 2010a.

10. Peel 2010c; Beste, Reiermann, and Theile 2010.

11. Weisman 2010.

12. Spiegel Online International 2010d.

13. Mody 2015c, 4, table 1, figure 4.

14. 注：财政收支结构平衡的下降代表的就是财政刺激。来源：International Monetary Fund, World Economic Outlook Database.

15. Mazzolini and Mody 2014.

16. 见第二章。

17. Akerlof and Kranton 2010, 4.

18. 见第二章。

19. 见第三章。

20. 见第二章。

21. Blanchard and Leigh 2012, 41– 43; International Monetary Fund 2012f, 21. 此后的五年，Blanchard and Leigh (2013a and 2013b) 又发表了更多的研究，进一步论证了他们的发现。

22. 来源：Factiva.

23. 见第五章。

24. International Monetary Fund 2012f, 21.

25. Auerbach and Gorodnichenko 2012。这一研究得到了继续。两年后，经济学家 Daniel Riera- Crichton, Carlos Vegh, Guillermo Vuletin (2014) 更进一步：在衰退期间，紧缩带来的损害甚至大于刺激机会提供的帮助。

26. Corsetti, Meier, and Müller 2012, 525.

27. Batini, Callegari, and Melina 2012; Baum, Poplawski- Ribeiro, and Weber 2012.

28. Baum, Poplawski- Ribeiro, and Weber 2012, 3– 4.

29. Rehn 2013.

30. Portes 2013.

31. Akerlof 2007.

32. Fatás and Summers 2015.

33. Blanchard and Leigh 2013a; Gechert, Horn, and Paetz 2017.

34. International Monetary Fund 2009f, 130.

35. Fatás and Summers 2015, 27.

36. Polidori 2010.

37. Kennedy and Lanman 2010.

38. Federal Reserve System 2010e, 8.

39. Bernanke 2010a.

40. Spiegel Online International 2010d.

41. Koeppen and Blackstone 2011.

42. Trichet and Constâncio 2011a; Carrel 2011.

43. Kang, Ligthart, and Mody 2015.

44. Melander 2011.

45. Forelle and Froymovich 2011.

46. Forelle and Walker 2011.

47. Kowsmann 2011.

48. Banca d'Italia 2011, 14– 15.

49. Standard and Poor's Global Ratings 2011; Banca d'Italia 2011, 15.

50. Kollmeyer and Tryphonides 2011.

51. Banca d'Italia 2011, 15.

52. Barta and Whitehouse 2011.

53. Kollmeyer and Tryphonides 2011.

54. International Monetary Fund 2011c, 5.

55. Schneeweiss 2011.

56. Cohen 2011.

57. Trichet and Constâncio 2011b.

58. Thomas and Ewing 2011.

59. Dyson and Featherstone 1996, 279.

60. Dyson and Featherstone 1996, 289.

61. 第二章叙述了意大利加入欧元区的过程。

62. Draghi 2011b, 2– 5.

63. Dowsett and Aguado 2011.

64. Reuters News 2011b.

65. Trichet and Constâncio 2011c.

66. Trichet and Constâncio 2011c.

67. Draghi 2011c, 3; Robinson 2011.

68. Ewing andWerdigier 2011.

69. Krugman 2011.

70. Hetzel 2014.

71. Lyons 2011.

72. Kang, Ligthart, and Mody 2015.

73. Kollmeyer 2011.

74. 见第六章。

75. 注：这个图显示了金融股票和意大利政府十年期债券从 2011 年 5 月 31 日到 2012 年 7 月 30 日的相对走势。意大利金融股票的相对走势是指 FTSE(富时指数有限公司) 所编制的富时金融指数（All- Share Financial Index）与富时综合指数（All- Share Index）之间的比率。西班牙金融股票的相对走势是指马德里金融服务指数（Madrid Financial Services index）和马德里基准股市指数（Madrid SE IBEX- 35 index）之间的比率。来源：FTSE Italia All- Share Financial Index: Global Financial Data, ticker IT8300 Index; FTSE Italia All- Share Index: Global Financial Data, ticker FTSEMIB Index; Madrid Financial Services Index: Global Financial Data, ticker: _ IFNC_ MD; Madrid SE IBEX- 35: Global Financial Data, ticker _ IIBEXD; Italy ten- year bond yield: Datastream International, code S310DT; Spain ten- year bond yield: Datastream International, code S310M0.

76. Nixon 2011.

77. International Monetary Fund 2011b, 18– 21.

78. Acharya, Schoenmaker, and Steffen 2011.

79. Enrich 2011.

80. 第五章解释了 2008 年银行间市场承受的压力。

81. Kenna 2011.

82. 注：100 个基点相当于 1%。来源：US LIBOR-OIS spread: Bloomberg, US0003M Index — USSOC Curncy; EURIBOR-OIS spread: Bloomberg, EUR003M Index — EUSWEC Curncy; Target2 balances are end-of-month position from ECB Statistical Data Warehouse.

83. Trichet and Draghi 2011.

84. Trichet and Fernández Ordoñez 2011.

85. 见第四、五章。

86. 美元溢价的计算是基于 " 货币利率交叉互换利差 "。见 Bank for International Settlements 2008a, 73– 86; Chang and Lantz 2013。

87. 注：100 个基点等于 1%。来源：Euro-dollar swap premium: EUR-USD XCCY Basis Swap 3m, Bloomberg.

88. http://www.imf.org/external/np/tr/2011/tr092311a.htm .

89. Trichet and Constâncio 2011d.

90. Trichet 2011.

91. Samuel 2011; Walker, Forelle, and Meichtry 2011.

92. Gongloff 2011.

93. Kang, Ligthart, and Mody 2015, 45.

94. Draghi and Constâncio 2011.

95. Isidore 2011.

96. Yellen 2011, 11.

97. Federal Reserve System 2011.

98. White 2011.

99. International Monetary Fund 2012g, 1.

100. Conway 2011; Rodrigues and Demos 2011; Kang, Ligthart, and Mody 2015, 46.

101. Financial Times 2011b.

102. 见第五章。

103. 来源： Serkan Arslanalp and Takahiro Tsuda. 2012. "Tracking Global Demand for Advanced Economy Sovereign Debt." IMF Working Paper WP/12/284, Washington, DC, https://www.imf.org/external/pubs/ft/wp/2012/ata/wp12284.zip.

104. Draghi and Constâncio 2012a.

105. European Central Bank 2012, 5.

106. International Monetary Fund 2012d, 5, 6.

107. 见第五章。

108. Schaefer Muñoz, Enrich, and Bjork 2012.

109. Schaefer Muñoz, Enrich, and Bjork 2012.

110. International Monetary Fund 2012c; Schaefer Muñoz, Enrich, and Bjork 2012.

111. Maatouk and Kollmeyer 2012; Morgan 2012.

112. Maatouk and Kollmeyer 2012.

113. Draghi and Constâncio 2012b.

114. Maatouk and Kollmeyer 2012.

115. International Monetary Fund 2012h, 1.

116. 见第五章。

117. Chaturvedi 2012; Brat, Román, and Forelle 2012.

118. Bjork, Forelle, and Dalton 2012.

119. Wall 2012.

120. Barley 2012.

121. Shrivastava 2012.

122. Moody's Investors Service 2012b.

123. Moody's Investor Services 2012a.

124. July 23, 2012. 访谈脚本见 https://charlierose.com/videos/17697 .

125. Chambers 2012a.

126. Dinmore 2012.

127. Fontanella- Khan and Wilson 2012.

128. Izraelewicz, Gatinois, and Ricard 2012.

129. Draghi 2012.

130. King 2016, 227.

131. Geithner 2014, locations 7415– 7418.

132. Geithner 2014, locations 7427– 7429.

133. Agence France- Presse 2012a.

134. Deutsche Welle 2012b.

135. Deutsche Welle 2012b.

136. Draghi and Constâncio 2012c.

137. Chambers 2012b.

138. Draghi and Constâncio 2012d.

139. Asmussen 2013.

140. Mody 2014b.

141. Steen 2012

142. Sims 2012, 221; 有一个内容一样的声明，见 Sims 1999.

143. Sims 2012, 221.

144. Sims 2012, 217– 218.

145. Mody 2014b, 13– 15.

146. Jones, Atkins, and Wilson 2012.

147. King 2016, 386.

148. Boston 2012.

149. Buchheit and Gulati 2013, 6.

150. 来源：Eurostat: "HICP — All Items Excluding Energy and Food." St. Louis Fed, FRED: "Personal Consumption Expenditures Excluding Food and Energy (Chain- Type Price Index)."

151. Draghi and Constâncio 2013a.

152. Draghi and Constâncio 2013b.

153. Dijsselbloem, Rehn, Asmussen, Regling, and Hoyer 2013.

154. Draghi and Constâncio 2013c.

155. 注：虚线是指每个时间点上的预测值。来源：Left panel: OECD, Real House Price Index (2010 = 100). Right panel: International Monetary Fund, World Economic Outlook Database, various editions. (http://www.imf.org/external/ns/cs.aspx?id=28).

156. Draghi and Constâncio 2013c.

157. Kennedy and Riecher 2013.

158. Spiegel andWagstyl 2013.

159. Spiegel andWagstyl 2013.

160. Spiegel andWagstyl 2013.

161. Sinn 2013.

162. Wagstyl 2013.

163. Mair 2013, 110– 114; Ross 1995, 232– 233.

164. Mair 2013, 114.

165. Mair 2013, 114.

166. 见第四章。

167. Fischer 2011.

168. 见第二章。

169. Djankov 2014, locations 551– 553.

170. Moeller 2012.

171. Spiegel Online 2011 and Molony 2011.

172. DAPD Landesdienste 2012; BBC Monitoring European 2013; Peel 2012.

173. Barroso 2012a.

174. Van Rompuy 2012.

175. Van Rompuy 2012, 7– 11; Stevis 2012.

176. Spiegel Online International 2012a.

177. Open Europe 2013b.

178. Open Europe 2013a.

179. Weiland 2013.

180. acker 2014.

181. Mader and Schoen 2015.

182. International Monetary Fund 2011d, 22.

183. Traynor and Elliott 2011.

184. Mody 2014b.

185. *Times* 2014.

186. Papaconstantinou 2016, 224.

187. 见第六章。

188. Hope 2011.

189. Reuters News 2011a.

190. Barber 2011.

191. Zettelmeyer, Trebesch, and Gulati 2013, 34– 35.

192. Zettelmeyer, Trebesch, and Gulati 2013, 35.

193. Carroll 1899, 33; italics in original.

194. Agence France-Presse 2012c; Papachristou and Graff 2012; Hope and Stevenson 2012.

195. Hope and Stevenson 2012.

196. Spiegel Online International 2012b; von Hammerstein and Pfister 2012.

197. Von Hammerstein and Pfister 2012.

198. Charlemagne 2012.

199. International Monetary Fund 2013b, 30.

200. International Monetary Fund 2012e; International Monetary Fund 2013b, 31.

201. International Monetary Fund 2012e; Eurogroup 2012; International Monetary Fund 2013b, 84.

202. Mody 2012.

203. Ehlers 2011; Walker, Forelle, and Meichtry 2011.

204. Barber 2011; Dinmore, Sanderson, and Spiegel 2011.

205. Dinmore, Sanderson, and Spiegel 2011.

206. Financial Times 2011a.

207. Economist 2013c.

208. Taylor 2011.

209. Draghi 2013a.

210. Milasin 2013; Thuburn 2013.

211. Agence France- Presse 2013a; Milasin 2013.

212. Ide 2013b.

213. Ide 2013a.

214. Agence France- Presse 2013d.

215. Herenstein 2013.

216. Agence France- Presse 2013c.

217. Aronssohn 2013.

218. Doggett 2013.

219. Donadio 2013.

220. Economist 2013b.

221. 见第一章。

222. 见第一章。

223. Rentoul 2017.

224. Rentoul 2017.

225. Cottarelli and Escolano 2004.

226. Tombs 2014, 867.

227. European Commission 2013, 70.

228. Tombs 2014, 867.

229. Roland 2012.

230. Agence France-Presse 2013b.

231. https://www.nobelprize.org/nobel_ prizes/peace/laureates/2012/announcement.html .

232. Marsh 2012.

233. Gauck 2013.

234. Mazower 2013.

第八章

1. 见第二章。Dyson and Featherstone 1996, 274, 278.

2. 见第二章。

3. 来源：The Conference Board, "Total Economy Database (Adjusted Version)," http://www.conferenceboard.org/data/economydatabase/ ; IMF, World Economic Outlook Database, https://www.imf.org/external/pubs/ft/weo/2017/01/weodata/index.aspx .

4. Walker and Ball 2014.

5. Eurofound 2017, 44; Corak 2013, 82.

6. Kang, Ligthart, and Mody 2015, figure 10.

7. 来源：The Conference Board "Total Economy Database (Adjusted Version)," http://www.conferenceboard.org/data/economydatabase/ .

8. The description in this paragraph is from Jones and Mackenzie 2014.

9. DPA International 2014; Masoni and Piscioneri 2014.

10. Masoni and Piscioneri 2014.

11. Masoni and Piscioneri 2014.

12. *La Stampa* 2012.

13. DPA International Service 2014.

14. Deloitte 2017, 35.

15. Rajan and Zingales 2003.

16. Pellegrino and Zingales 2017.

17. OECD Educational Attainment and Labour Force Status statistics, https://stats.oecd.org.

18. Ang, Madison, and Islam 2011; Goldin and Katz 2008.

19. Mody and Riley 2014.

20. Jones and Mackenzie 2014.

21. 来源：Italian National Institute of Statistics.

22. BBC News 2014.

23. Dinmore and Segreti 2014.

24. Segreti and Dinmore 2012; Kadri 2013.

25. Yardley, Povoledo, and Pianigiani 2014.

26. Yardley, Povoledo, and Pianigiani 2014.

27. Segreti 2014.

28. Mayr 2014.

29. Dinmore 2013.

30. Münchau 2013.

31. Emmott 2013.

32. *Financial Times* 2014b.

33. *Financial Times* 2014a.

34. Bone 2014.

35. Mackenzie 2016.

36. Dinmore and Fontanella-Khan 2014.

37. Giugliano and Barber 2014.

38. Jones, Segreti, and Dinmore 2014.

39. Spiegel, Wagstyl, and Carnegy 2014.

40. John and Melander 2014.

41. Horobin 2014.

42. 见第二章。

43. 见第二章。

44. 见第三章。

45. 见第三章。

46. Merkel 2014, 3294–3295.

47. Thomas 2014.

48. Draghi and Constâncio 2014a.

49. Draghi and Constâncio 2014b.

50. *Financial Times* 2014a.

51. Masoni and Piscioneri 2014.

52. Politi 2014.

53. Sanderson 2014a.

54. Bernanke and James 1991, 33.

55. Bernanke 1999, 25.

56. Bernanke 1999, 2–3.

57. Krugman 1998.

58. 见第七章。

59. Eggertsson, Ferrero, and Raffo 2014, 2.

60. 为了每月的波动均等，这是年度通胀率的三月移动平均值。

61. Modigliani et al. 1998, 13.

62. Banca d'Italia 2013, 29.

63. Banca d'Italia 2015a, 28; Banca d'Italia 2017a, 29.

64. 注：此处的核心通胀率是消费者物价调和指数 (HICP) 的年度变化百分比，剔除了未加工食材和能源的价格。来源：Eurostat.

65. 61. Moghadam, Teja, and Berkmen 2014.

66. Frankel 2014; italics in original.

67. Draghi and Constâncio 2014a.

68. Blackstone 2014b.

69. Mody 2014a.

70. Glick and Leduc 2013; Rosa and Tambalotti 2014.

71. 见第三章。

72. Reuters News 2014a.

73. Carnegy 2014b; Reuters News 2014c.

74. 注：第一轮 QE：2008 年 11 月 25 日至 2009 年 9 月 23 日（机构 / 地产抵押贷款支持证券）；第二轮 QE：2010 年 8 月 10 日至 2011 年 6 月 30 日；第三轮 QE：2012 年 9 月 13 日至 2014 年 10 月；"安倍经济学"：2013 年 1 月至今；欧洲央行 QE：2015 年 1 月至今。来源：Bank for International Settlements, "Effective exchange rate indices, Narrow indices, Nominal"; Board of Governors of the Federal Reserve System press releases November 25, 2008, September 23, 2009, August 10, 2010, June 22, 2011, September 13, 2012, September 17, 2014; Ben Bernanke, 2013, "The Economic Outlook," testimony before

the Joint Economic Committee, US Congress, Washington, DC., May 22; Shinzo Abe, 2013, "Press Conference by Prime Minister Shinzo Abe," Prime Minister of Japan and His Cabinet, January 4, ECB press release: January 22, 2015.

75. Carnegy 2014a; Carnegy 2014b.

76. Carnegy 2014a.

77. Aghion, Cette, and Cohen 2014.

78. Barkin 2014; Carnegy 2014a.

79. Draghi and Constâncio 2014b.

80. Reuters News 2014b.

81. Odendahl 2014.

82. Krugman 1998, 139, 161; Bernanke 1999, 17.

83. International Monetary Fund 2014b, 12, 24.

84. International Monetary Fund 2014b, 8, 13.

85. International Monetary Fund 2014a, 27.

86. International Monetary Fund 2014a, 20.

87. Polleschi 2014.

88. Draghi and Constâncio 2014c.

89. Kang, Ligthart, and Mody 2015, 50.

90. Balls 2014.

91. Rey 2013.

92. 见第五、第七章。

93. Christensen and Kwan 2014, 4.

94. Pattanaik 2014.

95. Reuters News 2014e.

96. Draghi and Constâncio 2014d; Draghi and Constâncio 2014e.

97. Draghi and Constâncio 2014f.

98. Draghi and Constâncio 2014e.

99. Spiegel 2014.

100. ANSA 2014.

101. Draghi and Constáncio 2014d.

102. Draghi and Constáncio 2014f.

103. Draghi and Constáncio 2014e.

104. Münchrath, Osman, and Cermak 2014.

105. Seith 2014.

106. Dow Jones Institutional News 2014; Münchrath, Osman, and Cermak 2014.

107. Seith 2014; Dow Jones Institutional News 2014.

108. Seith 2014.

109. Blackstone 2014a.

110. International Monetary Fund 2014c, 6.

111. Blomenkamp and Jain 2015.

112. Blinder 2000.

113. Barroso 2012b, 5; Barroso 2013, 5.

114. Piscioneri 2017; Jones 2016.

115. Gordon 2004; Dew-Becker and Gordon 2008.

116. Lucidi and Kleinknecht 2010, 526; Boeri and Garibaldi 2007.

117. Lucidi and Kleinknecht 2010, 539.

118. Hassan and Ottaviano 2013.

119. Engbom, Detragiache, andRaei 2015, 8–10.

120. Engbom, Detragiache, andRaei 2015, 4.

121. Dustmann, Fitzenberger, Schönberg, and Spitz-Oener 2014, 171.

122. Dustmann, Fitzenberger, Schönberg, and Spitz-Oener 2014, 168.

123. Carlin and Soskice 2007, 2.

124. Carlin and Soskice 2007, 1.

125. Poirson 2013, 66.

126. Jones 2014.

127. Barkin 2015.

128. Koranyi and Nasr 2017.

129. ANSA 2017.

130. Aloisi and Pollina 2015.

131. Politi 2015.

132. Politi 2015.

133. "Incidence of Permanent Employment," https://stats.oecd.org.

134. 见第四章。

135. Sanderson 2014b.

136. Mackenzie 2014.

137. International Monetary Fund 2013c, 35.

138. Sanderson, Barker, and Jones 2016.

139. Draghi 2011a, 5.

140. International Monetary Fund 2011f, 5.

141. Crimmins 2013

142. Aloisi 2013; Crimmins 2013.

143. Reuters News 2007; Michelson 2007.

144. Piscioneri 2007.

145. Dey 2008.

146. Jones 2013.

147. Aloisi, Bernabei, and Ognibene 2013.

148. Jones 2013.

149. Jones and Aloisi 2013.

150. Aloisi and Bernabei 2013.

151. Bone 2013; Agence France-Presse 2013e.

152. Ognibene 2013.

153. International Monetary Fund 2013c, 15.

154. International Monetary Fund 2013c, 13, 15.

155. 有关银行联盟的细节，见 Baglioni 2016。

156. Münchau 2014.

157. European Banking Authority 2014.

158. 见第七章。

159. Acharya and Steffen 2014, 3.

160. Politi 2014.

161. Gianetti and Simonov 2013, 139.

162. Hoshi and Kashyap 2015, 119–120.

163. Gianetti and Simonov 2013.

164. Peek and Rosengren 2005; Caballero, Hoshi, and Kashyap 2008.

165. Acharya, Eisert, Eufinger, and Hirsch 2015; Schivardi, Sette, andTabellini 2017.

166. Thomas 2016.

167. Financial Times 2014a.

168. Banca d'Italia 2015b.

169. Unmack 2015.

170. Politi and Sanderson 2015.

171. Reuters News 2015a.

172. Neumann, Kowsmann, and Legorano 2016.

173. Neumann, Kowsmann, and Legorano 2016.

174. European Banking Authority 2014.

175. Moody's Investors Service 2013.

176. Sanderson and Arnold 2016.

177. Longo 2016.

178. Longo 2016.

179. Occorsio 2016; Zingales 2016.

180. Zingales 2016.

181. Za 2017.

182. Paolucci 2017.

183. Za 2017.

184. Za 2017.

185. Bernabei 2017.

186. Reuters News 2017a.

187. Banker 2016.

188. Sanderson, Barker, and Jones 2016.

189. Merler 2017.

190. European Banking Authority 2014.

191. European Banking Authority 2016.

192. Acharya, Pierret, and Steffen 2016a; Acharya, Pierret, and Steffen 2016b.

193. Bloomberg Government Disclosure 2017.

194. Bloomberg Government Disclosure 2017; Armellini 2017.

195. Bloomberg Government Disclosure 2017.

196. Sanderson and Hale 2017.

197. https://www.bloomberg.com/news/videos/2016-12-30/zingales-italy-has-to-stick-to-the-rules .

198. Banca d'Italia 2017b, 10.

199. *Libero Quotidiano* 2017.

200. 注：" 不良贷款 " 是指到期应还款被推迟 90 天以上。" 坏账 " 是不良贷款的一种，是指因为债务人在法律上破产或者处于类似情况而无法确定能否完全清偿的情况。来源：Banca d'Italia. "Financial Stability Report." November 2017, *https://www.bancaditalia.it/pubblicazioni/rapporto-stabilita/2017-2/index.html*. The complete data series is in: "Data for charts,"Section 2. Financial system risks, Figure 2.11. Non-performing loan ratios, per cent.

201. Brunsden and Khan 2017.

202. Mody 2014a; Spiegel 2015.

203. International Monetary Fund 2017c, 12.

204. 注：欧洲央行的资产负债和通胀预期按每周的频率在图中标出；每周的核心通胀率是与去年同期相比的该周所在的月度通胀率。来源：Left panel: ECB Balance Sheet, Bloomberg's weekly "EBBSTOTA Index" at weekly frequency; inflation expectations are measured by Bloomberg's daily FWISEU55 index (five-year, five-year inflation swaps); core inflation is the three-month moving average of Eurostat's annual change in the monthly "HICP — All-items excluding energy and food" index.Right panel: ECB's Macroeconomic Projections made in March of the year, https://www.ecb.europa.eu/pub/projections/html/index.en.html.

205. Draghi and Constâncio 2015.

206. *Deutsche Welle* 2015.

207. Zampano 2015.

208. *Deutsche Welle* 2015.

209. Stewart 2015.

210. Reuters News 2015f; Zampano 2015.

211. Nagle 2017.

212. Abe 2013.

213. Watanabe and Watanabe 2013, 2.

214. 债券净发行量等于新发行的债券价值减去到期债券的价值。International Monetary Fund 2017a, 18.

215. International Monetary Fund 2017a, 18–19.

216. Watanabe and Watanabe 2017, 2.

217. Krugman 2014b.

218. Krugman 2014a.

219. Watanabe and Watanabe 2017, 1.

220. International Monetary Fund 2017a, 18–19.

221. Ducrozet 2016.

222. Draghi and Constâncio 2017.

223. Moghadam, Teja, and Berkmen 2014.

224. Banca d'Italia 2017c.

225. Benink and Huizinga 2015.

226. Diamond 2005, 425.

227. 这段剩余的内容引用了 Vannucci 2009。

228. International Monetary Fund 2014c, 15–16.

229. Zampano 2014.

230. Zampano 2014.

231. Evans-Pritchard 2016.

232. ANSA - English Media Service 2016.

233. 注：调查对象回答了如下问题："我将问你有关某些机构可信度的问题。在以下机构中，请告诉我，你是（倾向于信任；或倾向于不信任）欧盟。"这幅图显示了回答相信欧盟的人的比例的变化。对 2001 年和 2016 年，这两种回答的数量都取了平均值。来源：Standard Eurobarometer survey, available at http://zacat.gesis.org.

234. Becheau 2017, 62–64.

235. 阿根廷"货币局"制度于 2002 年 1 月被打破以后，比索对美元的比值从相差无几下跌到当年底的 3.4 个比索。International Monetary Fund 2004b, 8.

236. Guglielmi, Suárez, and Signani 2017.

237. Eichengreen 2010.

238. Eurointelligence Professional Edition, July 4, 2017.

第九章

1. 来源：Angus Maddison, "Historical Statistics of the World Economy 1-2008AD," http://www.ggdc.net/maddison/oriindex.htm ; International Monetary Fund, World Economic Outlook Database October,http://www.imf.org/external/pubs/ft/weo/2014/02/weodata/index.aspx , series "Gross Domestic Product, constant prices," 2007–2016.

2. 见第五、七、八章。

3. International Monetary Fund 2012a.

4. 来源：World Intellectual Property Statistics Database, *https://www3.wipo.int/ipstats/index.*

htm.

5. 注：左边的国家与右边是一致的。"失业人口"是指在寻找工作但求而不得的人；"闲置劳动力"是指没有在寻找工作，并且也没有在接受教育或培训的人。失业人口和闲置劳动力的总和被称为"没有就业，或者接受教育、培训的人"（简称 NEET）。来源：IMF, "World Economic Outlook" Database; Eurostat (edat_ lfse_ 20).

6. 见第一章。

7. Jones 1981; Acemoglu, Johnson, and Robinson 2002.

8. Pritchett 2000; Jerzmanowski 2006; and Jones and Olken 2008.

9. 见第二、三章。

10. 见第四、八章。

11. 希腊见第三章，意大利见第二、八章。

12. Schneider 2016, 48.

13. Masuch, Moshammer, andPierluigi 2017.

14. 注：这里的总体指标是平均了管理绩效、监管质量、法治和腐败控制等几方面的测量数据。每一种测量数据都呈正态分布，平均数为零，标准方差是 1，数据范围大致为 -2.5 至 2.5。较大的数据意味着较好的管理水平。来源：World Bank, Worldwide Governance Indicator.

15. Shiller 2017.

16. 见第七、八章。

17. Draghi 2017.

18. Unmack 2017.

19. OECD 2008, 19.

20. Corak 2013, 82; Eurofound 2017, 44.

21. 大学教育的低回报率，见 Corak 2013, 87。受过大学教育的意大利人移民问题，见第八章。

22. 见第八章。

23. 见第一章。

24. 法国政府潜在 GDP 比例的结构均衡从 1999 年的 -1.3 上升到 2008 年的 -3.8。

25. International Monetary Fund 2015a, 4–5.

26. Saeed 2017.

27. Hirshleifer 1983.

28. OECD 2016b, 44.

29. Hanushek and Woessmann 2015.

30. OECD 2016b, 46, 218.

31. France 24 2016.

32. Aghion, Cette, and Cohen 2014.

33. Autor 2014, 849.

34. Eurofound 2017; Corak 2013, 82.

35. Aghion, Cette, and Cohen 2014, 80–81.

36. Brown and Barkin 2012.

37. Brown and Barkin 2012.

38. Spiegel 2014.

39. 见第四章。

40. http://m.ipsos.fr/sites/default/files/doc_associe/ipsos_sopra_steria_sociologie_des_electorats_18_juin_20h45.pdf .

41. 见第八章。

42. Ip 2017a.

43. Leonard 2017.

44. *Guardian* 2017.

45. https://www.economist.com/na/printedition/2017-06-17.

46. Jackson 2017.

47. *New York Times* Editorial Board 2017.

48. 见第二章。

49. 见第四章。

50. Agence France-Presse 2017.

51. Macdonald and Rose 2017; Batsaikhan 2017.

52. Macdonald and Rose 2017.

53. Macron 2017a.

54. Darvas 2017.

55. Mayer 2017.

56. Dalton and Troianovski 2017.

57. Horobin 2017.

58. Meichtry 2017.

59. BBC Monitoring 2017.

60. Chassany 2017.

61. 见第八章。

62. Piketty 2017.

63. Pisani-Ferry and Martin 2017.

64. Agence France-Presse 2012b.

65. Kissler and Angelos 2012.

66. Brierley 2012.

67. Cabral 2013.

68. Reuters News 2014d.

69. International Monetary Fund 2014d.

70. International Monetary Fund 2016d, 21.

71. International Monetary Fund 2017d, 8.

72. International Monetary Fund 2017d, 5, 27, 35.

73. International Monetary Fund 2017d, 32.

74. OECD 2017b, 10.

75. Eurofound 2017, 44.

76. OECD 2017c, 27; International Monetary Fund 2017e, 4.

77. International Monetary Fund 2017d, 35.

78. OECD 2017c, 33.

79. International Monetary Fund 2017d 35.

80. International Monetary Fund 2017e, 23.

81. International Monetary Fund 2017e, 23.

82. 见第八章。

83. Acharya, Pierret, and Steffen 2016b.

84. Eurointelligence Professional Edition, June 21, 2017.

85. Bloomberg View 2017.

86. Buck and Brunsden 2017; Fortune 2017.

87. For earlier episodes of similar capital flight, 见第五、七章。

88. 注：这幅图显示的是每个国家在欧洲央行第二代泛欧实时全额自动清算系统（Target2）账户的余额。如果这个余额为负值，则意味着这个国家的央行必须从欧洲央行借钱向投资者购买政府的债券。投资者卖出债券后就不再把这笔资金再投资在这个国家。来源：Target2: ECB Statistical Data Warehouse (compiled by Euro Crisis Monitor, Institute of Empirical Economic Research, Osnabrück University); GDP figures from Eurostat.

89. https://www.imf.org/en/News/Articles/2015/09/28/04/54/tr101014d .

90. Darvas 2015.

91. Ip 2017b.

92. International Monetary Fund 2012b, 48.

93. 见第七章。

94. 见第七章。

95. Torry 2014; Agence France-Presse 2014.

96. For a summary of the literature, see Mody 2013.

97. Keynes 1920, 268.

98. Galofré-Vilà, McKee, Meissner, and Stuckler 2016.

99. Reinhart andTrebesch 2016.

100. Sachs 2015.

101. Mody 2015d.

102. Mody 2015a.

103. Reuters News 2015d.

104. European Central Bank 2015.

105. Jones and Giugliano 2015.

106. Millar 2015.

107. *Sunday Business Post* 2015.

108. Rankin 2015.

109. http://www.eesc.europa.eu/?i=portal.en.members-former-eesc-presidents-henri-malosse-videos，大约 55 分钟长。脚本见 New Europe 2015。

110. Wettach 2015.

111. Reuters News 2015b; Reuters News 2015c; Reuters News 2015e; Donnellan 2015; O'Donnell and Koutantou 2015; Agence France-Presse 2015.

112. Mody 2016.

113. Thomas 2015.

114. Jackson and Duperry 2015.

115. 见第七章。

116. Taylor 2015; Alderman and Ewing 2015.

117. Smith 2015.

118. http://www.publicissue.gr/en/2837 .

119. Smith 2015.

120. Mody 2015b.

121. Hildebrand, Koch, and Häring 2017.

122. 见第六章。

123. Thomsen 2013.

124. https://www.imf.org/en/News/Articles/2015/09/28/04/54/tr101014d .

125. Karnitschnig 2017.

126. Papaconstantinou 2016, 212.

127. 见第六章。

128. 见第七章。

129. International Monetary Fund 2017b, 28.

130. OECD 2016a, 14.

131. MacroPolis 2017.

132. Kokkinidis 2017.

133. http://www.pewglobal.org/2017/06/05/global-publics-more-upbeat-about-the-economy .

134. Dombrovskis and Moscovici 2017, 10.

135. 注：这里的数据是以下十一个国家的平均数：法国、德国、意大利、荷兰、西班牙、葡萄牙、希腊、比利时、英国、爱尔兰和丹麦。这里使用了从 1973 年至 2009 年，支持欧盟成员资格的时间序列数据。由于这一支持序列数据在 2011 年终止，从 2009 年开始，使用了信任欧盟的时间序列数据。在 2009 — 2011 年这三年重合时期，支持和信任两组数据非常接近。来源：Eurobarometer survey data on support for and trust in the EU, reported twice a year in the second and fourth quarters, http://zacat.gesis.org/webview/ ; International Monetary Fund, Direction of Trade Statistics.

136. Becheau 2017, 8, 22–25.

137. 来源：IMF Data, http://data.imf.org/regular.aspx?key=61013712

138. 见第七章。

139. EurActiv.com 2015.

140. *Deutsche Welle* 2017.

141. Roth and Wolff 2017.

142. Fratzscher 2018.

143. Troianovski and Thomas 2017.

144. Charter 2017.

145. Troianovski and Thomas 2017.

146. Macron 2017a.

147. http://media2.corriere.it/corriere/pdf/2017/non-paper.pdf .

148. Reuters News 2017b; Ewing 2017.

149. Scally 2017.

150. Dohmen and Hawranek 2017.

151. Scally 2017.

152. 见第五章。

153. Williams-Grut 2017.

154. 见第八章。

155. International Monetary Fund 2016a, 1.

156. Corak 2013, 81; Aghion, Cette, and Cohen 2014, 155; Aghion, Akcigit, Hyytinen, and Toivanen 2017.

157. Moen 2011; BBC Monitoring 2012; Stothard 2012; 见第七章。

158. Solletty 2017.

159. 见第七章。

160. 见第二章。

161. Robinson 2016.

162. Thal Larsen 2017; Pop and Walker 2017.

163. Walker 2017.

164. Mudde 2017.

165. Khan and McClean 2017.

166. 见第六章。

167. Bushe 2011.

168. Blaney 2013; Scally 2013.

169. Smith 2014.

170. Coeuré 2013; European Commission 2015.

171. For a detailed account, see Roche, O'Connell, and Porthero 2017.

172. Roche, O'Connell, and Porthero 2017, 1.

173. 见第四章。

174. http://www.finfacts.ie ; Central Bank of Ireland 2017, 13.

175. Regan 2015.

176. Minihan 2015.

177. http://ec.europa.eu/competition/elojade/isef/case_details.cfm?proc_code=3_SA_38373 .

178. Kinsella 2017; Glynn and O'Connell 2017.

179. 见第六章。

180. 见第八章。

181. Juncker 2016.

182. Judt 2006, location 8497.

183. Juncker 2017.

184. Khan 2017.

剧幕表

1. Dombrovskis and Moscovici 2017, 8.

2. Dombrovskis and Moscovici 2017, 3.

3. Van Rompuy 2012, 9.

4. Kitsantonis 2017.

5. International Monetary Fund 2016c, 12; OECD 2017a, 82.

6. OECD 2017b, 61.

7. International Monetary Fund 2016b; Krugman 2017.

8. 注：图中的欧元区国家包括奥地利、比利时、芬兰、法国、德国、爱尔兰、意大利、荷兰、葡萄牙和西班牙。1914 — 1919 年和 1940 — 1945 年的时期图中缺失，因为缺少战争时期的数据。来源：Real per capita GDP growth rates: Angus Maddison, "Historical Statistics of the World Economy 1-2008AD," http://www.ggdc.net/maddison/oriindex.htm ; Penn World Tables 8.0, http://www.rug.nl/ggdc/ ; International Monetary Fund, "World Economic Outlook" Database, http://www.imf.org/external/pubs/ft/weo/2014/02/weodata/index.aspx . World trade: League of Nations, Monthly Bulletin of Statistics; CPB Netherlands Bureau for Economic Analysis, World Trade Monitor, https://www.cpb.nl/en/data

9. Rogoff 2017.

10. Di Lucido, Kovner, and Zeller 2017; Coimbra and Rey 2017. 10. Auer, Borio, and Filardo 2017; Hamilton 2017.

11. Gordon 2016.

12. Gordon 2016; Fernald, Hall, Stock, and Watson 2017. Syverson 2017 确认了生产率的长期下滑是真实的，并不是因为不准确的衡量标准而产生的。

13. Shiller 2017.

14. Proaño and Theobald 2017.

15. Mussler 2017.

16. 见第一章。

17. McDougall and Mody 2014.

18. Cicchi 2013; Słomczy ń ski and Stolicki 2014.

19. Słomczy ń ski and Stolicki 2014, 13.

20. Cicchi 2013, 38, 59.

21. Cicchi 2013, 105.

22. Willsher 2017.

23. Rankin 2017.

24. *Economist* 2014.

25. Clement, Dulger, Issing, Stark, and Tietmeyer 2016.

26. Diamond 2005, 426.

27. Bak 1996.

28. Mody 2014.

29. Buchheit and Gulati 2012, 6; and see chapter 7.

30. 见第八章。

31. Bagnai, Granville, and Mongeau Ospina 2017.

32. Mody 2015a.

33. Mody 2014e.

34. 见第六章。

35. 见第六章。

36. 见第三章。

37. 见第六章。

38. Deutsch 1963, 111.

39. Gauck 2013.

40. Merkel 2010c.

41. Mokyr 2016, chapters 11, 12.

42. Mokyr 2016, 173.

43. Aghion, Dewatripont, Hoxby, Mas-Colell, and Sapir 2008.

44. Easterlin 1981; Autor 2014.

45. Aghion Dewatripont, Hoxby, Mas-Colell, and Sapir 2008.

46. Merkel 2010c.

47. Merkel 2010c.

48. 1992 年法国公投见第二章；2005 年公投见第四章；希腊公投见页面 XXX-XXX。

49. Becker, Fetzer, and Novy 2016; Colantone and Stanig 2016a, 2016b, 2016c; Autor, Dorn, and Hanson 2013.

50. Brown 2016.

51. Brown 2016; Rodrik 2017.

52. Akerlof and Shiller 2009, 12–13, 25. 53. Becheau 2017, 53–55.

53. 见第七章。

54. Friedman and Schwartz 1993, 419.

55. Boushey 2017.

后　记

1. Juncker 2016.
2. Juncker 2016.
3. 见第七章。

参考文献

Acemoglu, Daron, Simon Johnson, and James Robinson. 2002. "Reversal of Fortune: Geography and Institutions in the Making of the Modern World Income Distribution." *Quarterly Journal of Economics* 117, no. 4: 1231–1294.

Acharya, Viral. 2009. "Some Steps in the Right Direction: A Critical Assessment of the De Larosière Report." VoxEU, March 9. http://voxeu.org/article/critical-assessment-de-larosiere-report.

Acharya, Viral V., Tim Eisert, Christian Eufinger, and Christian Hirsch. 2015. "Whatever It Takes: The Real Effects of Unconventional Monetary Policy." Paper presented at the 16th Jacques Polak Annual Research Conference, International Monetary Fund, Washington, DC, November 5–6. https://www.imf.org/external/np/res/seminars/2015/arc/pdf/Eisert.pdf

Acharya, Viral V., Diane Pierret, and Sascha Steffen. 2016a. "Capital Shortfalls of European Banks since the Start of the Banking Union," July 29. http://www.sascha-steffen.de/uploads/5/9/9/3/5993642/shortfalls_v28july2016_final.pdf .

Acharya, Viral V., Diane Pierret, and Sascha Steffen. 2016b. "Introducing the 'Leverage Ratio' in Assessing the Capital Adequacy of European Banks," August 1. http://www.sascha-steffen.de/uploads/5/9/9/3/5993642/benchmarking_august2016.pdf .

Acharya, Viral, and Philipp Schnabl. 2010. "Do Global Banks Spread Global Imbalances? Asset-Backed Commercial Paper during the Financial Crisis of 2007–09." *IMF Economic Review* 58, no. 1: 37–73.

Acharya, Viral, Dirk Schoenmaker, and Sascha Steffen. 2011. "How Much Capital Do European Banks Need? Some Estimates." VoxEU, November 22. http://voxeu.org/article/how-much-capital-do-european-banks-need .

Acharya, Viral V., and Sascha Steffen. 2014. "Benchmarking the European Central Bank's Asset Quality Review and Stress Test—A Tale of Two Leverage Ratios." http://www.sascha-steffen.de/uploads/5/9/9/3/5993642/benchmarking_ceps_v18nov2014_va_ss.pdf.

Adenauer, Konrad. 1966 [1965]. *Konrad Adenauer: Memoirs*, 1945–53. Chicago: Henry

Regnery.

Admati, Anat, and Martin Hellwig. 2013. *The Bankers' New Clothes: What's Wrong with Banking and What to Do about It*. Princeton: Princeton University Press.

Aeschimann, Eric, and Pascal Riché. 1996. *La Guerre de Sept Ans: Histoire secrete dufranc fort 1989–1996* [The Seven Year's War: The Secret Story of the Franc Fort 1989–1996]. Paris: Calmann-Levy.

Agence Europe. 1992. "Maastricht—The French Approve the Treaty with 51.05% 'Yes' Votes," September 22.

Agence Europe. 1994. "Stances of Foreign Ministers on 'Hard Core' within the Union," September 14.

Agence Europe. 1996. "Texts of the Week," January 27.

Agence Europe. 2000. "EP/EMU/Convergence," May 4.

Agence France-Presse. 1994. "Kohl Defends Two-Tier EU, EU Unimpressed." September 7.

Agence France-Presse. 2002. "France Takes Heat on Deficit Position," May 14. Agence France-Presse. 2005. "France Rejects EU Constitution, Plunging Europe into Crisis," May 29.

Agence France-Presse. 2009a. "EU Shares Responsibility for Crisis-Hit Greece: Merkel," December 10.

Agence France-Presse. 2009b. "Standard & Poor's Places Greek Credit on Negative Watch," December 7.

Agence France-Presse. 2010. "IMF Team Arrives in Athens: Finance Ministry," April 19.

Agence France-Presse. 2012a. "Bundesbank Remains Opposed to ECB Bond Purchases." July 27.

Agence France-Presse. 2012b. "Germany Says Portugal's Economic Reforms 'Encouraging,' " September 19.

Agence France-Presse. 2012c. "Greek Leftist Leader Begins Government Talks with President," May 8.

Agence France-Presse. 2013a. "Italian Front-Runner Vows to Continue Monti Reforms," February 5.

Agence France-Presse. 2013b. "Italy's Monti 'Confident' Britain Would Vote to Stay in EU," January 23.

Agence France-Presse. 2013c. "Mario Monti: From Crisis Hero to Election's Big Loser," February 26.

Agence France-Presse. 2013d. "Thousands in Rome for Blogger's Election Rally," February 22.

Agence France-Presse. 2013e. "Troubled Italian Bank Is 'Solid': Ministry," January 29.

Agence France-Presse. 2014. "Greece Must Pursue Reforms after New Elections," December 29.

Agence France-Presse. 2015. "Bundesbank Opposes More Emergency Funding for Greece: Report," March 27.

Agence France-Presse. 2017. "Macron Says Europe Has 'Lost Its Way,' " July 3.

Aggarwal, Raj, and Kevin Jacques. 2001. "The Impact of FDICIA and Prompt Corrective Action on Bank Capital and Risk: Estimates Using a Simultaneous Equation Model." *Journal of Banking* and *Finance* 25: 1139–1160.

Aghion, Philippe, UfukAkcigit, Ari Hyytinen, and Otto Toivanen. 2017. "Living the American Dream in Finland: The Social Mobility of Inventors." Harvard University, January 6. https:// scholar.harvard.edu/files/aghion/files/living_american_dream_in_finland.pdf .

Aghion, Philippe, and Benedicte Berner. 2017. "The Two Pillars of French Economic Reform." Project Syndicate, September 1.

Aghion, Philippe, Gilbert Cette, and Élie Cohen. 2014. *Changer de modèle: De nouvellesidées pour une nouvelle croissance* [Changing the Model: New Ideas for New Growth]. Paris: Odile Jacob.

Aghion, Philippe, Mathias Dewatripont, Caroline Hoxby, Andreu Mas-Colell, and André Sapir. 2008. "Higher Aspirations: An Agenda for Reforming European Universities." Bruegel Blueprint 5, Brussels.

Ahamed, Liaquat. 2014. *Money and Tough Love: On Tour with the IMF*. Bristol: Visual Editions.

Ahearne, Alan. 2014. "The Doctor on Duty." In *Brian Lenihan: In Calm and Crisis*, edited by Brian Murphy, Mary O'Rourke, and Noel Whelan, chapter 1. Kildare: Merrion. Kindle edition.

Akerlof, George. 2007. "The Missing Motivation in Macroeconomics." *American Economic Review* 97, no. 1: 5–36.

Akerlof, George, and Rachel Kranton. 2010. Identity Economics: How Our Identities Shape Our Work, Wages, and Well-Being. Princeton: Princeton University Press.

Akerlof, George A., Andrew K. Rose, Janet L. Yellen, and Helga Hessenius. 1991. "East Germany In From the Cold: The Economic Aftermath of Currency Union." *Brookings Papers on Economic Activity* 1: 1–87.

Akerlof, George, and Robert Shiller. 2009. *Animal Spirits: How Human Psychology Drives the Economy, and Why It Matters for Global Capitalism*. Princeton: Princeton University Press.

Akerlof, Robert J. 2017. "Value Formation: The Role of Esteem." *Games and Economic Behavior* 102: 1–19.

Akten zur Auswärtigen Politik der Bundesrepublik Deutschland 1971 [Documentsconcerning-Germany'sForeignPolicy [1971]. 2002. Vol. 2, document 228, July 5 meeting. Munich: Oldenbourg.

Alderman, Liz. 2002. "France Reverses Budget Stance, Paris Vows to Meet Deadline." *International Herald Tribune*, May 16.

Alderman, Liz, and Jack Ewing. 2015. "I.M.F. Agrees with Athens That Greece Needs Debt Relief." *New York Times*, July 2.

Alesina, Alberto, and Lawrence H. Summers. 1993. "Central Bank Independence and Macroeconomic Performance: Some Comparative Evidence." *Journal of Money, Credit and Banking* 25, no. 2: 151–162.

Allaire, Marie-Benedicte. 1992. "Mitterrand Launches Maastricht Referendum Campaign." Reuters News, June 5.

Allen-Mills, Tony. 1990. "Touch of Magic Sets Kohl Fair for Poll Triumph." *Sunday Times*, December 2.

Aloisi, Silvia, Stefano Bernabei, and Silvia Ognibene. 2013. "Downfall of the World's Oldest Bank." Reuters News, March 9.

Aloisi, Silvia, and Elvira Pollina. 2015. "Businesses Hail Renzi's Reforms, Urge More to Speed Italy's Upturn." Reuters News, September 7.

Andrews, Edmund. 1998. "Hard Money for a Softer Europe; Leftist Politics Complicates the Job of the Euro's Banker." *New York Times*, November 4.

Andrews, Edmund, 2000. "In the Midst of Upheaval, Yet Out of Public Sight: Horst Köhler." *New York Times*, March 15.

Andrews, Edmund, and Jacky Calmes. 2008. "Fed Cuts Key Rate to a Record Low." *New York Times*, December 16.

Ang, James, Jakob Madsen, and Md. Rabiul Islam. 2011. "The Effects of Human Capital Composition on Technological Convergence." *Journal of Macroeconomics* 33: 465–476.

ANSA. 2014. "Grillo Presses for Euro Exit after 'Migrants Out' Call," October 21. ANSA. 2017. "Bersani Calls for Government Action on Jobs Act," January 11. Armantier, Olivier, Sandy Krieger, and James McAndrews. 2008. "The Federal Reserve's Term Auction Facility." Federal Reserve Bank of New York, *Current Issues in Economics and Finance* 14, no. 5. 1–11 https://www.newyorkfed.org/research/current_issues/ci14-5.html .

Armellini, Alvise. 2017. "Italy's MPS Bank to Shed 5,500 Jobs, Close 600 Branches after Bailout." DPA International, July 5.

Arnold, Martin, and John Thornhill. 2005. "Discontent with Government Colours French Vote." *Financial Times*, May 29.

Aronssohn, Daniel. 2013. "Italy's Anti-Austerity Vote Provokes Unease in Germany." Agence France-Presse, February 27.

Arrow, Kenneth J., B. Douglas Bernheim, Martin S. Feldstein, Daniel L. McFadden, James M. Poterba, and Robert M. Solow. 2011. "100 Years of the American Economic Review: The Top 20 Articles." *American Economic Review* 101: 1–8.

Artavanis, Nikolaos, Adair Morse, and Margarita Tsoutsoura. 2015. "Measuring Income Tax Evasion Using Bank Credit: Evidence from Greece." Chicago Booth Research Paper 12-25; Fama-Miller Working Paper, September. http://dx.doi. org/10.2139/ssrn.2109500.

Ascarelli, Silvia. 2001. "Outlook 2001: Bull or Bear, Investors Will Get Another Wild Ride in 2001; In Europe, Some Analysts Are Warning of Economic Turbulence Ahead; Most Tell Investors to Stick with Defensive Plays." *Wall Street Journal Europe*, January 2.

Asdrubali, Pierfederico, Bent Sørensen, and Oved Yosha. 1996. "Channels of Interstate Risk Sharing: United States 1963– 1990." Quarterly Journal of Economics 111, no. 4: 1081–1110.

Associated Press. 1999. "Euro Trading Begins in Dawn of New Era for World currencies." January 4.

Association of the Bank of Spain Inspectors. 2006. "Letter to the Deputy Prime Minister and the Minister of the Economy and Finance," Madrid, May 26. http://estaticos.elmundo.es/documentos/2011/02/21/inspectores.pdf .

Athens News Agency. 2009. "FinMin [Finance Minister] Briefs ECOFIN on Greek Econ Situation; 'Concerns' Aired by Almunia." October 20.

Atkins, Ralph, Lionel Barber, and Tony Barber. 2010. "Interview with Mario Draghi: Action on the Addicts." *Financial Times*, December 9.

Aubuchon, Craig P., and David C. Wheelock. 2010. "The Geographic Distribution and Characteristics of U.S. Bank Failures, 2007– 2010: Do Bank Failures Still Reflect Local Economic Conditions?" *Federal Reserve Bank of St. Louis Review* 92, no. 5: 395– 415.

Auer, Raphael, Claudio Borio, and Andrew Filardo. 2017. "The Globalisation of Inflation: The Growing Importance of Global Value Chains." BIS Working Papers 602, Basel, January.

Auerbach, Alan J., and YuriyGorodnichenko. 2012. "Measuring the Output Responses to Fiscal Policy." *American Economic Journal: Economic Policy* 4, no. 2: 1– 27.

Austin, Tony. 1992. "Danes Voted No from Anxiety over National Identity." Reuters News, June 3.

Autor, David. 2014. "Skills, Education, and the Rise of Earnings Inequality among the 'Other 99 Percent.'" *Science* 344, no. 6186: 843– 850.

Autor, David, David Dorn, and Gordon H. Hanson. 2013. "The China Syndrome: Local Labor Market Effects of Import Competition in the United States." *American Economic Review* 103: 2121– 2168.

Baglioni, Angelo. 2016. *The European Banking Union*: A Critical Assessment. London: Palgrave Macmillan.

Bagnai, Alberto, Brigitte Granville, and Christian A. Mongeau Ospina. 2017. "Withdrawal of Italy from the Euro Area: Stochastic Simulations of a Structural Macroeconometric Model." *Economic Modelling* 64: 524– 538.

Bair, Sheila. 2012. *Bull by the Horns: Fighting to Save Main Street from Wall Street and Wall Street from Itself*. New York: Free Press.

Bak, Per. 1996. *How Nature Works: The Science of Self- Organised Criticality*. New York: Copernicus.

Banca d'Italia. 2011. "Economic Bulletin," Rome, July. https://www.bancaditalia.it/ pubblicazioni/bollettino-economico/2011-0003/en_boleco_61.pdf?language_id=1 .

Banca d'Italia. 2013. "Economic Bulletin," Rome, October.

Banca d'Italia. 2015a. "Economic Bulletin," Rome, January.

Banca d'Italia. 2015b. "Information on Resolution of Banca Marche, Banca Popolaredell'Etruria e del Lazio, Cassa di Risparmio di Chieti, and Cassa di Risparmio di Ferrara Crises," November 22. https://www.bancaditalia.it/media/approfondimenti/2015/info-soluzione-crisi/info-banche-en.

pdf?language_id=1 .

Banca d'Italia. 2017a. "Economic Bulletin," Rome, July.

Banca d'Italia. 2017b. "Financial Stability Report," Rome, April.

Banca d'Italia. 2017c. "Survey on Inflation and Growth Expectations," Rome, July.

Banker. 2016. "Italy Makes Its NPL Move," July 1.

Bank for International Settlements. 2008a. "BIS Quarterly Review," March. http://www.bis. org/publ/qtrpdf/r_qt0803h.pdf .

Bank for International Settlements. 2008b. "78th Annual Report." June 30.

Bank of Greece. 2010a. "Financial Stability Report." Athens, July. http:// www.bankofgreece. gr/BogEkdoseis/fstability201007_en.pdf .

Bank of Greece. 2010b. "Monetary Policy, 2009–2010." Athens, March. http://www. bankofgreece.gr/BogEkdoseis/NomPol20092010_en.pdf .

Bank of Spain. 2005. *Economic Bulletin*, April. http://www.bde.es/bde/en/secciones/informes/ boletines/Boletin_economic/index2005.html .

Barber, Lionel. 1996. "When the Countdown Faltered." *Financial Times*, January 27.

Barber, Lionel. 1998. "The Euro: Single Currency, Multiple Injuries." Financial Times, May 5, 2.

Barber, Lionel. 2000. "Late Nights in Nice—Old-Fashioned Power Politics Are on Display at the EU." Financial Times, December 9.

Barber, Lionel. 2001. "Eichel's Second Thoughts" *Financial Times*, August 21, 17.

Barber, Tony. 2000. "Euro-Zone Welcome for Greece Overrides Bundesbank Doubts." Financial Times, December 20, 8.

Barber, Tony. 2008. "Europe Blames Market Turmoil on US Fiscal Policy." Financial Times, January 22.

Barber, Tony. 2011. "Eurozone Turmoil: Enter the Technocrats." Financial Times, November 11.

Barkin, Noah. 2014. "Juncker Says France Shouldn't Blame Its Woes on Euro." Reuters News, May 9.

Barkin, Noah. 2015. "Pace of Italian Reforms Is 'Impressive,' Merkel Tells Renzi." Reuters News, July 1.

Barley, Richard. 2010. "Aid Package or No, Big Questions Remain about Greece." *Wall Street Journal*, April 23.

Barley, Richard, 2012, "Bailing on Spain's Bailout," Wall Street Journal, July 21.

Barroso, José Manuel. 2012a. "A Blueprint for a Deep and Genuine Economic and Monetary Union: Launching a European Debate." Brussels, November 30. http://ec.europa.eu/archives/commission_2010-2014/president/news/archives/2012/11/pdf/ blueprint_en.pdf .

Barroso, José Manuel. 2012b. "State of the Union 2012 Address," September 12. http://europa.eu/rapid/press-release_SPEECH-12-596_en.htm .

Barroso, José Manuel. 2013. "State of the Union Address 2013," September 11.

http://europa.eu/rapid/press-release_SPEECH-13-684_en.htm .

Barta, Patrick, and Mark Whitehouse. 2011. "Crisis Adds New Risk to Global Recovery." *Wall Street Journal*, March 16.

Barth, James, Gerard Caprio Jr., and Ross Levine. 2004. "Bank Regulation and Supervision: What Works Best?" *Journal of Financial Intermediation* 13: 205– 248.

Bases, Daniel. 2012. "The Governments' Man When Creditors Bay." Reuters News, May 23.

Batini, Nicoletta, Giovanni Callegari, and Giovanni Melina. 2012. "Successful Austerity in the United States, Europe and Japan." IMF Working Paper 12/ 190, Washington, D.C.

Batsaikhan, Uuriintuya. 2017. "EU Posted Workers: Separating Fact and Fiction." Bruegel Blog, August 31. http://bruegel.org/2017/08/eu-posted-workers-separating-fact-and-fiction .

Battilossi, Stefano, Alfredo Gigliobianco, and Giuseppe Marinelli. 2013. "Resource Allocation by the Banking System." In *The Italian Economy since Unification*," edited by Gianni Toniolo. New York: Oxford University Press.

Baum, Anja, Marcos Poplawski- Ribeiro, and Anke Weber. 2012. "Fiscal Multipliers and the State of the Economy." IMF Working Paper 12/ 286, Washington, D.C.

Bayazitova, Dinara, and Anil Shivdasani. 2012. "Assessing TARP." *Review of Financial Studies* 25, no. 2: 377– 407.

BBC Monitoring. 2012. "Finnish Finance Minister Defends Demand for Greek, Spanish Collateral," July 25.

BBC Monitoring. 2017. "French Press Unimpressed by 'Vague' Macron Speech," July 4.

BBC Monitoring European. 2013. "German Paper Profiles New Anti- Euro Party," April 4.

BBC News. 2000. "IMF Calls for Euro Intervention," September 19.

BBC News. 2014. "Italy PM Letta's Rival Renzi Calls for New Government," February 13.

Bean, Charles R. 1992. "Economic and Monetary Union in Europe." Journal of *Economic Perspectives* 6, no. 4: 31– 52.

Becheau, Quentin. 2017. "Legitimacy under Threat: 25 Years of Declining Support for the European Union." Senior thesis, Woodrow Wilson School of Public and International Affairs, Princeton University.

Becker, Sascha, Thiemo Fetzer, and Dennis Novy. 2016. "Who Voted for Brexit? A Comprehensive District-Level Analysis." University of Warwick Working Paper Series 305, October.

Beesley, Arthur. 2008. "Regulator Starts Inquiry into 'False Rumours' about Banks." *Irish Times*, March 21.

Belaisch, Agnès, Laura Kodres, Joaquim Levy, and Angel Ubide. 2001. "Euro- Area Banking at the Crossroads." IMF Working Paper WP/ 01/ 28, Washington, D.C.

Benink, Harald, and Harry Huizinga. 2015. "QE Undermines the ECB's Crisis-Fighting Ability." *Wall Street Journal Europe*, March 13.

Bennett, Rosemary, and Robert Shrimsley. 2000. "Britain 'Could Triple Its Trade with Euro-Zone.'" *Financial Times*, June 26.

Benoit, Bertrand. 2003. "Surprise over Eichel's 'Emotional' Response." *Financial Times*,

November 26.

Benoit, Bertrand, and James Wilson. 2008. "State and Banks Bail Out HRE." *Financial Times*, September 29.

Berliner Zeitung. 1998. "Schrödernennt Euro 'kränkelndeFrühgeburt' " [Schröder Calls Euro a "Sickly Premature Baby"], March 27. http://www.berliner-zeitung.de/archiv/Schröder-nennt-euro--kraenkelnde-fruehgeburt- ,10810590,9413742.html.

Berliner Zeitung. 2000. "BDI- Chef Henkel: Verheerendes Signal: WirtschaftwarntvorBeitrittG riechenlandszurWährungsunion" [President of the Federation of German Industries Henkel: Devastating Signal: Industry Warns about Greece's Entry to Monetary Union], May 4, 4, 37.

Bernabei, Stefano. 2017. "Italy's Intesa Fed Up with Bailing Out Weaker Rivals—Update 1." Reuters News, May 24.

Bernanke, Ben. 1999. "Japanese Monetary Policy: A Case of Self-Induced Paralysis?" Princeton University, December. http://www.princeton.edu/~pkrugman/bernanke_paralysis. pdf .

Bernanke, Ben. 2004. "The Euro at Five: An Assessment." Peterson Institute of International Economics, Washington, D.C., February 26. https://www.federalreserve.gov/boarddocs/ speeches/2004/200402262/default.htm .

Bernanke, Ben S. 2010a. "Aiding the Economy: What the Fed Did and Why." *Washington Post*, November 4.

Bernanke, Ben S. 2010b. "Monetary Policy Objectives and Tools in a Low- Inflation Environment." Speech at "Revisiting Monetary Policy in a Low- Inflation Environment" Conference, Federal Reserve Bank of Boston, October 15. https://www.federalreserve.gov/ newsevents/speech/bernanke20101015a.htm .

Bernanke, Ben S. 2015. *The Courage to Act: A Memoir of a Crisis and Its Aftermath*. New York: W.W. Norton.

Bernanke, Ben. 2016. "'Audit the Fed' Is Not about Auditing the Fed." January 11, https:// www.brookings.edu/blog/ben-bernanke/2016/01/11/audit-the-fed-is-not-about-auditing-the-fed .

Bernanke, Ben, and Harold James. 1991. "The Gold Standard, Deflation, and Financial Crisis in the Great Depression: An International Comparison." In *Financial Markets and Financial Crises*, edited by R. Glenn Hubbard, 33– 68. Chicago: University of Chicago Press. http:// www.nber.org/chapters/c11482 .

Beste, Ralf, Christian Reiermann, and MerlindTheile. 2010. "Plans for Sweeping Cuts— Germany Tries to Plug Gaping Hole in Its Budget." Spiegel Online, May 26.

Binder, David. 1992. "Willy Brandt Dead at 78; Forged West Germany's Reconciliation with the East." *New York Times*, October 9.

Bini Smaghi, Lorenzo. 2008. "Economic Policies on the Two Sides of the Atlantic: (Why) Are They Different?" Collegio Carlo Alberto, Moncalieri, November 7. https://www.ecb.europa. eu/press/key/date/2008/html/sp081107.en.html .

Binyon, Michael. 1989. "New Push for Monetary Union." *Times*, April 15.

Binyon, Michael, Ian Murray, and Philip Jacobson. 1989. "Kohl Breaks with Paris on Delors Plan." *Times*, December 7.

Bjork, Christopher, Charles Forelle, and Matthew Dalton. 2012. "Spain Bond Sale Sends Chill." Wall Street Journal Online, July 20.

Blackstone, Brian. 2014a. "ECB's Lautenschläger Opposes Government Bond Purchases— Update." Dow Jones Institutional News, November 29.

Blackstone, Brian. 2014b. "Italy Finance Minister Says Low Inflation Complicating Economic Reforms; Pier Carlo Padoan Says ECB Should Consider More Steps to Boost Growth." Wall Street Journal Online, April 10.

Blair, Alasdair. 1999. *Dealing with Europe: Britain and the Negotiation of the Maastricht Treaty*. Aldershot: Ashgate.

Blanchard, Olivier. 2004. "The Future of Europe." *Journal of Economic Perspectives* 18, no. 4: 3– 26.

Blanchard, Olivier. 2007. "Adjustment within the Euro: The Difficult Case of Portugal." *Portuguese Economic Journal* 6: 1– 21.

Blanchard, Olivier, and Francesco Giavazzi. 2002. "Current Account Deficits in the Euro Area: The End of the Feldstein- Horioka Puzzle?" *Brookings Papers on Economic Activity* 2: 147– 186.

Blanchard, Olivier, and Daniel Leigh. 2012. "Are We Underestimating Short-Term Fiscal Multipliers?" In International Monetary Fund, "World Economic Outlook: Coping with High Debt and Sluggish Growth," Box 1.1. Washington, D.C., October.

Blanchard, Olivier, and Daniel Leigh. 2013a. "Fiscal Consolidation: At What Speed?" VoxEU, May 3. http://www.voxeu.org/article/fiscal-consolidation-what-speed. Blanchard, Olivier, and Daniel Leigh. 2013b. "Growth Forecast Errors and Fiscal Multipliers." IMF Working Paper 13/ 1, Washington, D.C.

Blaney, Ferghal. 2013. "Merkel Hails Ireland and Austerity Policy." Irish Daily Mail, September 24.

Blankart, Charles. 2013. "Oil and Vinegar: A Positive Fiscal Theory of the Euro Crisis." *Kyklos* 66, no. 3: 497– 528.

Blinder, Alan. 2013. *After the Music Stopped: The Financial Crisis, the Response, and the Work Ahead*. New York: Penguin.

Blitz, James. 1998. "Italy's Picture of Health: The Extraordinary Transformation of the Country's Prospects of Joining Europe's Single Currency." *Financial Times*, January 21, 21.

Blöchliger, Hansjörg, Claire Charbit, José Maria Pinero Campos, and Camila Vammalle. 2010. "Sub- Central Governments and the Economic Crisis: Impact and Policy Responses." OECD Economics Department Working Paper 752, Paris.

Blomenkamp, Felix, and Rachit Jain. 2015. "The ECB's ABS Purchases— Catalyst or Dud?" PIMCO Viewpoints Blog, October. https://www.pimco.com/insights/viewpoints/viewpoints/ the-ecbs-abs-purchases-catalyst-or-dud .

Bloomberg Businessweek. 2008. "The ECB Pulls the Rate- Hike Trigger," July 3.

Bloomberg Government Disclosure. 2017. "Banca Monte deiPaschi di Siena SpA 2017–2021 Restructuring Plan Approved by the European Commission Call—Final," July 5.

Bloomberg View. 2017. "Europe (Finally) Shows How to Deal with a Failing Bank," June 8.

Blustein, Paul. 2016. Laid Low: Inside the Crisis That Overwhelmed Europe and the IMF. Waterloo, Canada: Center for International Governance and Innovation.

Boer, Martin. 1999. "EU Removes Greece from Deficit List." *Wall Street Journal Europe*, November 30.

Boeri, Tito, and Pietro Garibaldi. 2007. "Two Tier Reforms of Employment Protection: A Honeymoon Effect?" *Economic Journal* 117, no. 521: F357– F385.

Böll, Sven, Christian Reiermann, Michael Sauga, and Klaus Wiegrefe. 2012. "New Documents Shine Light on Euro Birth Defects." Spiegel Online, August 5. http://www.spiegel.de/international/europe/euro-struggles-can-be-traced-toorigins-of-common-currency-a-831842-druck.html .

Bone, James. 2013. "Draghi 'Not to Blame' for Scandal." *Times*, January 29.

Bone, James. 2014. "Italy's Youngest Prime Minister Promises Revolution on Twitter." *Times*, February 23.

Bordo, Michael. 1981. "The Classical Gold Standard: Some Lessons for Today." *Federal Reserve Bank of St. Louis Review* 63, no. 6: 1– 17.

Bordo, Michael. 1993. "The Bretton Woods International Monetary System: A Historical Overview." In *A Retrospective on the Bretton Woods System: Lessons for International Monetary Reform*, edited by Michael D. Bordo and Barry Eichengreen. Chicago: University of Chicago Press. http://www.nber.org/chapters/c6867.

Bordo, Michael, Angela Redish, and Hugh Rockoff. 2015. "Why Didn't Canada Have a Banking Crisis in 2008 (or in 1930, or 1907, or . . .)?" Economic History Review 68, no. 1: 218– 243.

Boston, William. 2012. "WSJ: Merkel Backs ECB Bond Buying." Dow Jones News Service, September 17.

Boughton, James M. 2012. *Tearing Down Walls: The International Monetary Fund 1990–1999.* Washington, D.C.: International Monetary Fund.

Boushey, Heather. 2017. "Equitable Growth in Conversation: Robert Solow." Washington Center for Equitable Growth, July 20, http://equitablegrowth.org/research-analysis/equitable-growth-in-conversation-robert-solow/.

Bovenzi, John F. 2015. *Inside the FDIC: Thirty Years of Bank Failures, Bailouts, and Regulatory Battles.* Hoboken: Wiley.

Bowley, Graham. 2004. "EU Warns on Deficit of Greece Commission Seeks New Eurostat Powers." *International Herald Tribune*, December 23.

Boyes, Roger. 1993. "Strict Speed Limits Imposed on Bonn's Road to Maastricht." *Times*, October 13.

Boyes, Roger. 1998a. "Germans Turning Green with Anxiety." *Times*, December 29, 10.

Boyes, Roger. 1998b. "Kohl Risks Being Booed Off Stage If Euro- Juggling Act Falters."

Times, January 19.

Boyes, Roger. 2002. "The Euro Chancellor." *Times*, February 22.

Braithwaite, Tom. 2014. "Alternative Stress Tests Find French Banks Are Weakest in Europe." *Financial Times*, October 27.

Brandt, Willy. 1978. *People and Politics: The Years 1960–1975*, London: Collins.

Brandt, Willy. 1992. *My Life in Politics*. New York: Viking.

Brat, Ilan, David Román, and Charles Forelle. 2012. "Spanish Worries Feed Global Fears." Wall Street Journal Online, July 20.

Brehier, Thierry. 1992. "The Results of the French Referendum on the European Union." *Le Monde*, September 22.

Bremner, Charles. 1996. "Santer Tells Euro Doubters 'Clock Cannot Be Stopped.'" XXXXXX, January 25.

Brierley, David. 2012. "Portugal's Banks Take Pounding." SNL European Financials Daily, December 6.

Brittan, Samuel. 1970. "The Politics of Monetary Union." *Financial Times*, November 16, 29.

Brock, George. 1992. "War Hero Resists New Conquest— Maastricht Highlights National Dilemma." *Times*, June 1.

Brown, Gordon. 2016. "The Key Lesson of Brexit Is That Globalisation Must Work for All of Britain." *Guardian*, June 29.

Brown, Stephen, and Noah Barkin. 2012. "France's German- Speaking PM Tries to Reassure Berlin— Update 1." Reuters News, November 15.

Brown-Humes, Christopher. 2000. "Swedish Support for Euro Dims." *Financial Times*, October 2.

Brown-Humes, Christopher, and Clare MacCarthy. 2000. "Denmark Rejects Joining Euro: Referendum Deals Blow to Single Currency." *Financial Times*, September 29.

Brulé, Michel. 1992. "France after Maastricht." *Public Perspective*, November/December: 28–30.

Bruno, Valentina, and Hyun Song Shin. 2013. "Capital Flows, Cross-Border Banking and Global Liquidity." National Bureau of Economic Research Working Paper 19038, May. http://www.nber.org/papers/w19038.

Brunsden, Jim, and Mehreen Khan. 2017. "Brussels Warns Rome to Cut Record Debt." *Financial Times*, February 23.

Buchan, David. 1992. "Mutiny Rocks EC Ship of State: Denmark's Rejection of the Maastricht Treaty Poses a Grave Threat to Hopes." *Financial Times*, June 4.

Buchan, David, Philip Stephens, and William Dawkins. 1989. "EC Moves on Monetary Union; Delors First Stage Agreed, Thatcher Opposes Further Steps." *Financial Times*, June 28, 1.

Buchheit, Lee. 2011. "Six Lessons from Prior Debt Restructurings." Paper prepared for "Resolving the European Debt Crisis" conference hosted by Peterson Institute for International Economics and Bruegel, Chantilly, France, September 13– 14. https://piie.com/publications/papers/buchheit20110913.pdf.

Buchheit, Lee, and Mitu Gulati. 2012. "The Eurozone Debt Crisis: The Options Now." *Capital Markets Law Journal* (December): 1– 8.

Buchheit, Lee C., and G. Mitu Gulati. 2013. "The Gathering Storm: Contingent Liabilities in a Sovereign Debt Restructuring." August 21. Duke Law Scholarship Repository, https:// scholarship.law.duke.edu/faculty_scholarship/3112/

Buchheit, Lee, G. Mitu Gulati, and Ignacio Tirado. 2013. "The Problem of Holdout Creditors in Eurozone Sovereign Debt Restructurings." *Butterworths Journal of International Banking and Financial Law* (April): 191– 194.

Buck, Tobias. 2007. "National Reputation Hangs on IKB Rescue." *Financial Times*, August 2.

Buck, Tobias, and Jim Brunsden. 2017. Emergency Funds Failed to Save Banco Popular from Death Spiral." *Financial Times*, June 8.

Buerkle, Tom. 2000. "Euro Unscathed by Danish 'No' but Vote Sharpens Divisions in EU over Its Currency Policy." *International New York Times*, September 30.

Buiter, Willem. 2007. "Should the Fed Raise Interest Rates?" Willem Buiter'sMavercon Blog, November 30. http://blogs.ft.com/maverecon/2007/11/shouldthe-fed-html/#axzz3kCcMg3th.

Buiter, Willem. 2008. "The Bernanke Put: Buttock-Clenching Monetary Policymaking at the Fed." Willem Buiter'sMavercon Blog, January 22. http://blogs.ft.com/maverecon/2008/01/the-bernanke-puhtml/#axzz3kysaxFzY.

Bundesverband der Deutschen Industrie. 1991. "BDI: Wirtschafts-und Währungsunion nicht um jeden Preis" [BDI: EconomicandMonetary Union

Not at Any Cost]. Press release on the occasion of the hearing of the Finance Committee of the Bundestag, September 18, Cologne.

Burda, Michael. 2009. "Half- Empty or Half- Full: East Germany Two Decades Later." VoxEU, May 9. http://www.voxeu.org/article/half-empty-or-half-full-east-germany-two-decades-later.

Bushe, Andrew. 2011. "Austerity- Hit Ireland Is Poster Boy for Euro Bailout Success." Agence France- Presse, November 26.

Butler, Kathlerine. 1998. "Countdown to the Euro: View from Ireland," *Independent*, December 29.

Byrne, Elaine. 2012. *Political Corruption in Ireland*, 1922– 2010: A Crooked Harp? Manchester: Manchester University Press.

Caballero, Ricardo, Takeo Hoshi, and Anil Kashyap. 2008. "Zombie Lending and Depressed Restructuring in Japan." *American Economic Review* 98: 1943– 1977.

Cabral, Thomas. 2013. "Portugal Destabilised by Shock Finance Minister Exit." Agence France- Presse, July 2.

Cameron, David. 1992. "The 1992 Initiative: Causes and Consequences." In *Euro-Politics: Institutions and Policymaking in the "New" European Community*, edited by Alberta M. Sbragia. Washington, D.C.: Brookings Institute.

Campbell, Andrea Louise. 2012. "Policy Makes Mass Politics." *Annual Review of Political*

Science 15: 333– 351.

Campbell, Matthew. 2005. "France Scoffs As Chirac Places His Faith in a Noble Saviour; Euro Crisis." *Sunday Times*, June 5.

Caprio, Gerard Jr. 2013. "Financial Regulation after the Crisis: How Did We Get Here, and How Do We Get Out?" LSE Financial Markets Group Special Paper 226, November. http://www.lse.ac.uk/fmg/workingPapers/specialPapers/PDF/sp226.pdf.

Carare, Alina, Ashoka Mody, and Franziska Ohnsorge. 2009. "The German Fiscal Stimulus in Perspective." VoxEU, January 23. http://www.voxeu.org/article/german-fiscal-stimulus-package-perspective.

Cardiff, Kevin. 2016. *Recap: Inside Ireland's Financial Crisis*. Dublin: The Liffey Press.

Carli, Guido. 1993. *Cinquant'anni di vita italiana* [Fifty Years of an Italian Life]. Rome and Bari: EditoriLaterza.

Carlin, Wendy, and David Soskice. 2007. "Reforms, Macroeconomic Policy, and Economic Performance in Germany." Centre for Economic Policy Research Discussion Paper 6415. www.cepr.org/pubs/dps/DP6415.asp.

Carlin, Wendy, and David Soskice. 2009. "German Economic Performance: Disentangling the Role of Supply-Side Reforms, Macroeconomic Policy and Coordinated Economy Institutions." *Socio-Economic Review* 7, no. 1: 67–99.

Carnegy, Hugh. 2014a. "France Steps Up Campaign to Weaken Euro." *Financial Times*, May 8.

Carnegy, Hugh. 2014b. "France Urges Action to Lower Euro's Value." *Financial Times*, April 29.

Caron, Jules. 2011. "Switzerland Pegs Franc to Euro, Analysts Say Defence Risky." Agence France- Presse, September 6.

Carrel, Paul. 2011. "ECB Hikes Rates, Ready to Move Again if Necessary." Reuters News, April 7.

Carroll, Lewis. 1899. *Alice's Adventures in Wonderland*. New York: M. F. Mansfield and A. Wessels.

Carswell, Simon. 2011. *Anglo Republic: Inside the Bank That Broke Ireland*. London: Penguin.

Casey, Michael. 2010. "No Need for Greek Bailout Now, France's Lagarde Says." Wall Street Journal Online, March 13.

Castle, Stephen. 2010. "E.U. Splits on Plan for Handling Crises; Differences on Demands That Investors Share Pain Cloud Accord on Action." *International Herald Tribune*, October 30.

CBS News. 2008. "Big Rate Cuts As Stock Markets Sink," November 6.

Cecchetti, Stephen G. 2009. "Crisis and Responses: The Federal Reserve in the Early Stages of the Financial Crisis." *Journal of Economic Perspectives* 23, no.1: 51– 76.

Central Bank of Ireland. 2017. "Q2 Central Bank Quarterly Bulletin." Dublin, April.

Cette, Gilbert, John Fernald, and Benoit Mojon. 2016. "The Pre- Great Recession Slowdown in Productivity." Banque de France Working Paper 586, March. https://ssrn.com/abstract=2758506 or http://dx.doi.org/10.2139/ssrn.2758506.

Chambers, Madeline. 2012a. "Moody's Warning Fuels German Resentment over Euro

Bailouts." Reuters News, July 24.

Chambers, Madeline. 2012b. "UPDATE 1—German lawmakers demand ECB voting reform, oppose bond buying." Reuters News, August 16.

Chamley, Christophe, and Brian Pinto. 2011. "Why Official Bailouts Tend Not to Work: An Example Motivated by Greece 2010." The Economists' Voice, February. www.bepress.com/ev.

Chang, Michael, and Carl Lantz. 2013. "Credit Suisse Basis Points: Cross-Currency Basis Swaps." New York: Credit Suisse, April 19 https://doc.researchand-analytics.csfb.com/docView?language=ENG&format=PDF&source_id=csplusresearchcp&document_ id=1014795411&serialid=mW557HA4UbeT5Mrww553YSwfqEwZsxUA4zqNSkp5JUg%3D.

Charlemagne. 2012. "Greek Debt: A Bail- Out by Any Other Name." *Economist*, November 27.

Charrel, Marie. 2017. "Les mesuresfiscales du gouvernementpourraientcreuser les inégalités" [The Government's Fiscal Measures Could Increase Inequality]. Le Monde Economie, July 12.

Chassany, Anne- Sylvaine. 2017. "Macron Pledges to Give Louder Voice to Smaller Parties." *Financial Times*, July 4.

Chaturvedi, Neelabh. 2012. "Spanish Bond Yields Reach Euro- Era High." Wall Street Journal Online, July 20.

Chen, Ruo, Gian Maria Milesi- Ferretti, and Thierry Tressel. 2012. "External Imbalances in the Euro Area." WP/ 12/ 236, Washington, D.C., September.

Chernow, Ron. 1990. *The House of Morgan*. New York: Simon & Schuster.

Chopra, Ajai. 2015. "Joint Committee of Inquiry into the Banking Crisis: Witness Statement of Ajai Chopra." House of the Oireachtas, Dublin, September 10. https://inquiries.oireachtas.ie/banking/wp-content/uploads/2015/09/Ajay-Chopra-Opening-Statement.pdf.

Christensen, Jens, and Simon Kwan. 2014. "Assessing Expectations of Monetary Policy." FRBSF Economic Letter 2014- 27, September 8.

Cicchi, Lorenzo. 2013. "The Logic of Voting Behaviour in the European Parliament: New Insights on Party Group Membership and National Affiliation As Determinants of Vote." IMT PhD thesis, Lucca. http://e-theses.imtlucca.it/124/

Claessens, Stijn, Ashoka Mody, and Shahin Vallee. 2012. "Making Sense of Eurobond Proposals." VoxEU, August 17. http://voxeu.org/article/making-sense-eurobond-proposals.

Clemens, Clay. 1998a. "Introduction: Assessing the Kohl Legacy." *German Politics* 7, no. 1: 1–16.

Clemens, Clay. 1998b. "Party Management As a Leadership Resource: Kohl and the CDU/CSU." *German Politics* 7, no. 1: 91– 119.

Clement, Wolfgang, Rainer Dulger, OtmarIssing, Jürgen Stark, and Hans Tietmeyer. 2016. "Zurück zur Eigenverantwortung" [Back toSelf-Responsibility]. *Frankfurter Allgemeine Zeitung*, October 21.

CNN Money. 2000. "New IMF Chief Talks Tough," September 20.

Coeuré, Benoît. 2013. "Adjustment and Growth in the Euro Area Economies." Nova School of Business and Economics and the Banco de Portugal, Lisbon, February 22. https://www.ecb.europa.eu/press/key/date/2013/html/sp130222.en.html.

Cohen, Adam. 2010. "Two EU Ministers: No Bailout for Greece." Wall Street Journal Online, January 18.

Cohen, Roger. 1998. "Kohl and His Story: New Chapter, or History?" *New York Times*, August 14.

Cohen, Roger. 1999. "Schröder Moves to Germany, and So Does Germany's Center of Gravity." *New York Times*, August 24. http://www.nytimes.com/1999/08/24/world/schroder-moves-and-so-does-germany-s-center-of-gravity.html.

Cohen, Sabrina. 2011. "Italy's Banks Sail in Choppy Waters." *Wall Street Journal Asia*, July 5.

Coimbra, Nuno, and Hélène Rey. 2017. "Financial Cycles with Heterogeneous Intermediaries." National Bureau of Economic Research Working Paper 23245.

Colantone, Italo, and Piero Stanig. 2016a. "Global Competition and Brexit." BAFFI CAREFIN Centre Research Paper 2016- 44, November 16. https://papers.ssrn.com/sol3/papers.cfm?abstract_id=2870313.

Colantone, Italo, and Piero Stanig. 2016b. "The Real Reason the U.K. Voted for Brexit? Job Losses to Chinese Competition." *Washington Post*, July 7.

Colantone, Italo, and Piero Stanig. 2016c. "The Trade Origins of Nationalist Protectionism: Import Competition and Voting Behavior in Western Europe." Bocconi University, Milan, July 8. https://drive.google.com/file/d/0B3Q0uNVpd9TfSGZ5VHBUcnAwSE0/preview.

Conway, Brendan. 2011. "Stocks Find Little Solace in Europe; Dow Industrials Sink 198 Points after Euro- Zone Summit Hits Bumps; Banks Suffer Heavy Losses." Wall Street Journal Online, December 8.

Cook, Lorne. 2003. "Germany Cannot Respect EU Budget Constraints: Eichel." Agence France- Presse, May 11.

Cook, Peter. 1998. "What Italian Renaissance?" *Globe and Mail*, February 2, B2.

Copelovitch, Mark S. 2010. "Master or Servant? Common Agency and the Political Economy of IMF Lending." *International Studies Quarterly* 54: 49– 77.

Corak, Miles. 2013. "Income Inequality, Equality of Opportunity, and Intergenerational Mobility." *Journal of Economic Perspectives* 27, no. 3: 79– 102.

Corcoran, Jody. 2011. "Our EU Masters Will Make Us a Vassal State." *Sunday Independent* (Ireland), July 24.

Cornwell, Rupert. 1985. "Kohl Sets Out Goals for West Germany at Milan EEC." *Financial Times*, June 8, 2.

Corsetti, Giancarlo, André Meier, and Gernot J. Müller. 2012. "What Determines Government Spending Multipliers?" *Economic Policy* 27: 521– 565.

Corsetti, Giancarlo, and Paolo Pesenti. 1999. "Stability, Asymmetry, and Discontinuity: The Launch of European Monetary Union." *Brookings Papers on Economic Activity* 1999, no. 2: 295– 372.

Cottarelli, Carlo, and Julio Escolano. 2004. "Assessing the Assessment: A Critical Look at the June 2003 Assessment of the United Kingdom's Five Tests for Euro Entry." IMF Working Paper WP/ 04/ 116, Washington, D.C., July.

Cottarelli, Carlo, Lorenzo Forni, Jan Gottschalk, and Paolo Mauro. 2010. "Default in Today's Advanced Economies: Unnecessary, Undesirable, and Unlikely." IMF Fiscal Affairs Department, Washington, D.C.

Council of Economic and Financial Affairs. 2003. "2546th Council Meeting: Press Release." Brussels, November 25. http://ec.europa.eu/economy_finance/economic_governance/sgp/pdf/11_council_press_releases/2003-11-25_council_press_release_en.pdf.

Council of the European Communities. 2003. "Recommendation for a Council Decision." SEC 1316 final, November 18. http://ec.europa.eu/economy_finance/economic_governance/sgp/pdf/30_edps/104-08_commission/2003-11-18_de_104- 8_commission_en.pdf.

Council of the European Union. 2003a. "2480th Council Meeting— Economic and Financial Affairs." C/ 03/ 15, 5506/ 3 (Presse 15), Brussels, January 21. http://europa.eu/rapid/press-release_PRES-03-15_en.htm?locale=en.

Council of the European Union. 2003b. "Council Decision of 3 June 2003 on the Existence of an Excessive Deficit in France— Application of Article 104(6) of the Treaty Establishing the European Community." 2003/487/EC, Brussels.
http://ec.europa.eu/economy_finance/economic_governance/sgp/pdf/30_edps/104-06_council/2003-06-03_fr_104-6_council_en.pdf.

Cowell, Alan. 2000. "Britain Winces at Denmark's Rejection of the Euro." *New York Times*, September 30.

Coy, Peter. 2008. "Bernanke Attacks the Recession with Force." *Bloomberg Businessweek*, December 16.

Craig, Susanne. 2008. "Lehman Finds Itself in Center of Storm." *Wall Street Journal*, March 18.

Crawford, David, Matthew Karnitschnig, and Charles Forelle. 2010. "Europe Weighs Rescue Plan for Greece; Germany Leads Talks on Backing Greek Debt; Markets Cheer Bid to Stave Off Crisis." Wall Street Journal Online, February 10.

Crawford, Leslie. 2005. "Hot Money Pays for Boom on Spain's Costa del Crime: Spanish Police Blow Whistle on Silent Invasion of the Mafia and Its Links to the Construction and Property Industries." *Financial Times*, March 23.

Crawford, Leslie. 2006. "Spanish Mayor Held over Property Graft." *Financial Times*, March 30.

Crawford, Leslie. 2007. "'Bubble' Fears Hit Spanish Property." *Financial Times*, April 20.

Crawshaw, Steve. 1994. "Europe, a Matter for the Heart." *Independent*, September 30.

Criddle, Byron. 1993. "The French Referendum on the Maastricht Treaty September 1992." *Parliamentary Affairs* 46, no. 2: 228– 238.

Crooks, Ed. 2003. "The Five Tests— If Gordon Brown Says 'No' to the Euro Now, Can Britain Say 'Yes' in a Few Years' Time?" *Financial Times*, May 3.

Crossland, David. 2001. "Germany May Reshape Economic Policy As Growth Slows." Reuters News, October 19.

Curran, Rob. 2008. "US Stocks Down As Bear Stearns Stirs Market Panic—Update." Dow Jones News Service, March 14.

Dafoe, Allan, and Nina Kelsey. 2014. "Observing the Capitalist Peace: Examining Market-Mediated Signaling and Other Mechanisms." *Journal of Peace Research* 51: 619– 633.

Dahl, Robert. 1965. "Reflections on Opposition in Western Democracies." *Government and Opposition* 1, no. 1: 7– 24.

Dale, Reginald. 1976. "Greece Not Ready for Full Membership, Says EEC." *Financial Times*, January 30, 5.

Dalton, Matthew, and Anton Troianovski. 2017. "Angela Merkel Shows Willingness to Join France in Bolstering EU." Wall Street Journal Online, May 16.

DAPD Landesdienste. 2012. "Wissenschaftlerwollenmit Euro- ThemenBundestagswahlkampf Machen" [Academics Want the Euro to Be Debated in the Election Campaign], September 21.

De Boissieu, Christian, and Jean Pisani- Ferry. 1995. "The Political Economy of French Economic Policy and the Transition to EMU." CEPII, no. 1995- 9, Paris, October. http:// www.cepii.fr/PDF_PUB/wp/1995/wp1995-09.pdf.

Decressin, Jörg, and Antonio Fatás. 1995. "Regional Labor Market Dynamics in Europe." *European Economic Review* 39, no. 9: 1627– 1655.

De Gaulle, Charles. 1970. *Memoires d'espoir: Le renouveau, 1958– 1962* [Memoirs of Hope: The Revival, 1958– 1962]. Paris: Plon.

De Larosière, Jacques, et al. 2009. "The High- Level Group on Financial Supervision in the EU." Brussels, February 25. http://ec.europa.eu/internal_market/finances/docs/de_larosiere_report_en.pdf.

Deloitte. 2017. "Global Powers of Luxury Goods 2017: The New Luxury Consumer." https:// www2.deloitte.com/content/dam/Deloitte/global/Documents/consumer-industrial-products/gx-cip-global-powers-luxury-2017.pdf.

Delors, Jacques. 1989. "Report on Economic and Monetary Union in the European Community." Office for Official Publications of the European Communities, Luxembourg. http://aei.pitt.edu/1007/1/monetary_delors.pdf.

Delors, Jacques. 2004. *Memoires*. Paris: Plon.

Der Spiegel. 1979. "Wir sind ein junges, entschlossenes Land: Der französische Staatspräsident Valéry Giscard d'Estaing über Frankreich und das Europa- Jahr 1979" [We Are a Young Resolute Country: French President Valéry Giscard D'Estaing on France and Europe 1979]. January 1. http://www.spiegel.de/spiegel/print/d-40350800.html.

Der Spiegel. 1998. "Den Druck erhöhen" [IncreasethePressure]. March 30. http://www.spiegel.de/spiegel/print/d-7852349.html and http://magazin.spiegel.de/EpubDelivery/spiegel/pdf/7852349.

Deutsch, Karl. 1963. *The Nerves of Government.* New York: Free Press.

Deutsche Delegation. 1993. "Bei den WWU- Verhandlungen: Vorschlag einer Änderung des EWG- Vertrages im Hinblick auf die Errichtung einer Wirtschafts- und Währungsunion [ProposalforChangesofthe EEC Treaty withRegardtothe Establishment of an Economicand-Monetary Union]. Document 58 in *Europäische Wirtschafts und Währungsunion: Vom Werner- Plan zum Vertrag von Maastricht. Analysen und Dokumentation* [European Economic and Monetary Union: From the Werner Report to the Treaty of Maastricht. Analysesand-Documentation], editedby Henry Krägenauand Wolfgang Wetter, 331– 334. Baden- Baden: Nomos.

Deutsche Welle. 2010. "Merkel Cites 'Future of Europe' As Reason for Greek Bailout," May 5.

Deutsche Welle. 2012a. "The Élys é e Treaty: A Model for Other Old Enemies," September 23.

Deutsche Welle. 2012b. "German- French Statement for Eurozone Integrity," July 27.

Deutsche Welle. 2015. "German Financial and Political Leaders Critical of ECB Stimulus Plan," January 23.

Deutsche Welle. 2017. "Two Years since Germany Opened Its Borders to Refugees: A Chronology," September 4.

Dew- Becker, Ian, and Robert Gordon. 2008. "The Role of Labor Market Changes in the Slowdown of European Productivity Growth." National Bureau of Economic Research Working Paper 13840, March. http://www.nber.org/papers/w13840.

Dey, Iain. 2008. "Italy Next to Bail Out Banks." *Sunday Times*, November 9.

Diamond, Jared. 2005. *Collapse: How Societies Choose to Fail or Succeed.* New York: Penguin.

Didzoleit, Winfried, Stefan Aust, and Dirk Koch. 1999. "Uns die Last erleichtern" [WeLightenthe Load]. *Der Spiegel*, January 4, http://www.spiegel.de/spiegel/print/d-8337662.htmlandhttp://magazin.spiegel.de/EpubDelivery/spiegel/pdf/8337662.

Dijsselbloem, Jeroen, Olli Rehn, Jörg Asmussen, Klaus Regling, and Werner Hoyer. 2013. "Europe's Crisis Response Is Showing Results." *Wall Street Journal*, October 9.

Di Lucido, Katherine, Anna Kovner, and Samantha Zeller. 2017. "Low Interest Rates and Bank Profits." Liberty Street Economics Blog, Federal Reserve Board of New York, June 21. http://libertystreeteconomics.newyorkfed.org/2017/06/low-interest-rates-and-bank-profits.html.

Dinan, Desmond. 2005. *Ever Closer Union: An Introduction to European Integration.* 3rd ed. Boulder: Lynne Reinner.

Dinmore, Guy. 2012. "Italy Stands Firm in Face of Markets Crisis." *Financial Times*, July 25.

Dinmore, Guy. 2013. "Italy: Matteo Renzi Rocks Boat ahead of Democratic Leadership Vote." *Financial Times*, December 5.

Dinmore, Guy, and James Fontanella- Khan. 2014. "Italy Request to Push Back Budget Targets Dismays Brussels." *Financial Times*, April 14.

Dinmore, Guy, Rachel Sanderson, and Peter Spiegel. 2011. "Straight- Talking Monti Boosts Italy's Hopes." *Financial Times*, November 10.

Dinmore, Guy, and Giulia Segreti. 2014. "Italy's Prime Minister Letta Resigns." Financial

Times, February 14.

Djankov, Simeon. 2014. *Inside the Euro Crisis: An Eyewitness Account*. Washington, D.C.: Peterson Institute for International Economics. Kindle edition.

Doggett, Gina. 2013. "Italy at Impasse after Vote, Rattling Markets." Agence France- Presse, February 26.

Dohmen, Frank, and Dietmar Hawranek. 2017. "The Secret Cartel of the German Car Makers." Spiegel Online, July 21.

Dombrovskis, Valdis, and Pierre Moscovici. 2017. "Reflection Paper on the Deepening of the Economic and Monetary Union." European Commission, Brussels, May 31.

Dominguez, Kathryn. 2006. "The European Central Bank, the Euro, and Global Financial Markets." *Journal of Economic Perspectives* 20, no. 4: 67– 88.

Donadio, Rachel. 2013. "Italy Forms New Coalition Government to End Months of Political Stalemate." *New York Times*, April 28.

Donnellan, Aimee. 2015. "10 Days to Save Greece before Crucial ECB Vote." *Sunday Times*, February 7.

Donnelly, Shawn. 2004. *Reshaping Economic and Monetary Union*. Manchester and New York: Manchester University Press.

Dornbusch, Rudi. 1996. "Euro Fantasies." *Foreign Affairs* 75, no. 5: 110– 124.

Dow Jones Business News. 2000. "EU Finance Ministers Support Greece's Bid to Join Euro Zone," June 5.

Dow Jones Institutional News. 2010. "Violence As Greek Unions Hold 24- Hour Strike— Update 2," March 11.

Dow Jones Institutional News. 2011. "Finland Approves EFSF Expansion," September 28.

Dow Jones Institutional News. 2014. "Grand Central: Rising Joblessness Could Pressure Eurozone Leaders to Do Some Rethinking," December 1.

Dow Jones International News. 1999. "Kohl's Own Party Secretary Demands He Identify Donors," December 21.

Dow Jones International News. 2001. "Argentina Searches for a Savior As IMF, World Bank Wait," December 31.

Dow Jones International News. 2009. "German Fin Min: Greece Must Pursue Deficit Cut Itself— Update," December 10.

Dow Jones Newswires. 2001. "Greek Think- Tank Urges Privatization, Structural Changes," January 4.

Dow Jones Online News. 1997. "Kohl Warns against Delay of EU Single- Currency Debut," June 4.

Dowsett, Sonya, and Jesus Aguado. 2011. "Peripheral Euro Zone Banks Hit by Portugal Downgrade— Update 2." Reuters News, July 6.

DPA International. 2014. "Electrolux Under Fire in Italy for Plan to Cut Workers' Salaries," January 28.

Draghi, Mario. 2011a. "Address by the Governor of the Bank of Italy Mario Draghi." Italian

Banking Association Annual Meeting, Rome, July 13. https://www.bancaditalia.it/pubblicazioni/interventi-governatore/integov2011/endraghi-130711.pdf?language_id=1.

Draghi, Mario. 2011b. "Opening Statement by Mario Draghi: Candidate for President of the ECB to the Economic and Monetary Affairs Committee of the European Parliament." Brussels, June 14. https:// www.bancaditalia.it/pubblicazioni/interventi-governatore/integov2011/draghi_parl_eu.pdf?language_id=1.

Draghi, Mario. 2011c. "Tensions and New Alliances: The Currency Wars." Les Rencontres Économiquesd'Aix- en- Provence, July 8– 10. https://www.bancaditalia.it/pubblicazioni/interventi-governatore/integov2011/en_draghi_080711.pdf?language_id=1.

Draghi, Mario. 2012. "Verbatim of the Remarks Made by Mario Draghi." Global Investment Conference, London, July 26. http://www.ecb.europa.eu/press/key/date/2012/html/sp120726.en.html.

Draghi, Mario. 2013. "Europe's Pursuit of 'a More Perfect Union.'" Harvard Kennedy School, Cambridge, October 9. https://www.ecb.europa.eu/press/key/date/2013/html/sp131009_1.en.html.

Draghi, Mario. 2014a. "Memorial Lecture in Honour of Tommaso Padoa-Schioppa," July 9. https://www.ecb.europa.eu/press/key/date/2014/html/sp140709_2.en.html.

Draghi, Mario. 2014b. "Unemployment in the Euro Area." Jackson Hole, August 22. https:// www.ecb.europa.eu/press/key/date/2014/html/sp140822.en.html.

Draghi, Mario. 2017. "Accompanying the Economic Recovery." European Central Bank, June 27. https://www.ecb.europa.eu/press/key/date/2017/html/ecb.sp170627.en.html.

Draghi, Mario, and Vítor Constâncio. 2011. "Introductory Statement to the Press Conference (with Q&A)." European Central Bank, November 3.

Draghi, Mario, and Vítor Constâncio. 2012a. "Introductory Statement to the Press Conference (with Q&A)." European Central Bank, April 4.

Draghi, Mario, and Vítor Constâncio. 2012b. "Introductory Statement to the Press Conference (with Q&A)." European Central Bank, July 5.

Draghi, Mario, and Vítor Constâncio. 2012c. "Introductory Statement to the Press Conference (with Q&A)." European Central Bank, August 2.

Draghi, Mario, and Vítor Constâncio. 2012d. "Introductory Statement to the Press Conference (with Q&A)," European Central Bank, September 6.

Draghi, Mario, and Vítor Constâncio. 2013a. "Introductory Statement to the Press Conference (with Q&A)." European Central Bank, May 2.

Draghi, Mario, and Vítor Constâncio. 2013b. "Introductory Statement to the Press Conference (with Q&A)." European Central Bank, June 6.

Draghi, Mario, and Vítor Constâncio. 2013c. "Introductory Statement to the Press Conference (with Q&A)." European Central Bank, November 7.

Draghi, Mario, and Vítor Constâncio. 2014a. "Introductory Statement to the Press Conference (with Q&A)." European Central Bank, April 3.

Draghi, Mario, and Vítor Constâncio. 2014b. "Introductory Statement to the Press Conference (with Q&A)." European Central Bank, June 5.

Draghi, Mario, and Vítor Constâncio. 2014c. "Introductory Statement to the Press Conference (with Q&A)." European Central Bank, September 4.

Draghi, Mario, and Vítor Constâncio. 2014d. "Introductory Statement to the Press Conference (with Q&A)." European Central Bank, October 2.

Draghi, Mario, and Vítor Constâncio. 2014e. "Introductory Statement to the Press Conference (with Q&A)." European Central Bank, November 6.

Draghi, Mario, and Vítor Constâncio. 2014f. "Introductory Statement to the Press Conference (with Q&A)." European Central Bank, December 4.

Draghi, Mario, and Vítor Constâncio. 2015. "Introductory Statement to the Press Conference (with Q&A)." European Central Bank, January 22.

Drelichman, Mauricio, and Hans- Joachim Voth. 2011. "Serial Defaults, Serial Profits: Returns to Sovereign Lending in Habsburg Spain, 1566– 1600." *Explorations in Economic History* 48: 1– 19.

Drohan, Madelaine. 1997. "France, Germany Intensify Feud over Unemployment: War of Words between Countries Heats Up on Eve of EU Summit." *Globe and Mail*, June 16.

Drozdiak, William. 1997. "Unity Drive Is Faltering in W. Europe; Defense, Money Plans Raise New Concerns." *Washington Post* Foreign Service, July 4.

Duchêne, François. 1988. "Jean Monnet: L'initiateur" [Jean Monnet: The Initiator]. *Commentaire* 3, no. 43: 724– 735.

Duchêne, François. 1994. *Jean Monnet: The First Statesman of Interdependence*. New York and London: W. W. Norton.

Duisenberg, Willem F. and Christian Noyer, 2000, "Introductory Statement," European Central Bank, Frankfurt am Main, December 14. https://www.ecb.europa.eu/press/pressconf/2000/html/is001214.en.html.

Duisenberg, Willem F., and Christian Noyer. 2001a. "Introductory Statement." Frankfurt am Main, February 1. https://www.ecb.europa.eu/press/pressconf/2001/html/is010201.en.html.

Duisenberg, Willem F., and Christian Noyer. 2001b. "Introductory Statement." Frankfurt am Main, April 11. https://www.ecb.europa.eu/press/pressconf/2001/html/is010411.en.html.

Duisenberg, Willem F., and Christian Noyer. 2001c. "Introductory Statement." Dublin, Frankfurt am Main, June 21. https://www.ecb.europa.eu/press/pressconf/2001/html/is010621.en.html.

Dungey, Mardi, Renee Fry, Brenda Gonzalez- Hermosillo, and Vance Martin. 2006. "Contagion in International Bond Markets during the Russian and the LTCM Crises." *Journal of Financial Stability* 2, no. 1: 1– 27.

Dustmann, Christian, Bernd Fitzenberger, Uta Schönberg, and Alexandra Spitz-Oener. 2014. "From Sick Man of Europe to Economic Superstar: Germany's Resurgent Economy." *Journal of Economic Perspectives* 28, no. 1: 167– 188.

Dutzler, Barbara, and Angelika Hable. 2005. "The European Court of Justice and the Stability and Growth Pact— Just the Beginning?" European Integration Online Papers 9, no. 5. http://eiop.or.at/eiop/texte/2005-005a.htm.

Dyson, Kenneth, and Kevin Featherstone. 1996. "Italy and EMU as a 'VincoloEsterno': Empowering the Technocrats, Transforming the State." *South European Society and Politics* 1, no. 2: 272– 299.

Dyson, Kenneth, and Kevin Featherstone. 1999. *The Road to Maastricht: Negotiating Economic and Monetary Union.* Oxford: Oxford University Press.

Easterlin, Richard. 1981. "Why Isn't the Whole World Developed?" *Journal of Economic History* 41, no. 1: 1– 19.

Eastham, Paul. 2003. "Schroeder- Chirac Pact Sidelines Blair." *Daily Mail*, October 16, 15.

Economist. 1988a. "Poorest of the Rich: A Survey of the Republic of Ireland," January 16.

Economist. 1988b. "Twinset and Pöhl Join Battle against Europe's Federalists." October 29, 113.

Economist. 2001. "Eichel Rocks (and Rolls)," August 25, 68.

Economist. 2013a. "Italian Manufacturing: A Washout," August 10, http://www.economist.com/news/business/21583283-years-crisis-have-reinforced-pressureitalys-once-envied-industrial-base-washout.

Economist. 2013b. "Italian Politics: Monti's Threat," July 2.

Economist. 2014. "European Parliament: Elected, Yet Strangely Unaccountable," May 14.

Economist. 2015. "German Landesbanken: Lost a Fortune, Seeking a Role," January 10. http://www.economist.com/news/finance-and-economics/21638143-seven-german-landesbanken-survived-financial-crisis-are-still.

Economist Intelligence Unit. 2002. "Germany Economy— No Early Warning." EIU Viewswire, February 12.

Editorial Board. 2017. "For Macron, Triumph and a Warning," *New York Times*, June 20.

Egan, Mark. 2002. "IMF Cuts Euro Growth Forecasts, Urges Easing Bias." Reuters News, October 29.

Eggertsson, Gauti, Andrea Ferrero, and Andrea Raffo. 2014. "Can Structural Reforms Help Europe?" *Journal of Monetary Economics* 61: 2– 22.

Ehlers, Fiona. 2011. "Absent in the Euro Crisis: Political Paralysis Prevails in Italy." Spiegel Online, November 1.

Eichel, Hans. 2003. "The Stability Pact Is Not a Blunt Instrument." *Financial Times*, November 17.

Eichenberg, Richard C., and Russell J. Dalton. 2007. "Post- Maastricht Blues: The Transformation of Citizen Support for European Integration, 1973– 2004," *Acta Politica* 42: 128– 152.

Eichengreen, Barry. 1992. *Golden Fetters: The Gold Standard and the Great Depression, 1919– 1939.* Oxford: Oxford University Press.

Eichengreen, Barry. 1993. "European Monetary Unification." *Journal of Economic Literature* 31, no. 3: 1321– 1357.

Eichengreen, Barry. 2007a. "The Euro: Love It or Leave It?" VoxEU, November 17, republished May 4, 2010. http://voxeu.org/article/eurozone-breakup-would-trigger-mother-all-financial-crises.

Eichengreen, Barry. 2007b. *The European Economy Since 1945*. Princeton: Princeton University Press.

Eichengreen, Barry. 2010. "The Breakup of the Euro Area." In *Europe and the Euro*, edited by Alberto Alesina and Francesco Giavazzi. Chicago: University of Chicago Press.

Eichengreen, Barry, Verena Jung, Stephen Moch, and Ashoka Mody. 2014. "The Eurozone Crisis: Phoenix Miracle or Lost Decade?" *Journal of Macroeconomics* 39: 288– 308.

Eichengreen, Barry, and Kevin O'Rourke. 2010a. "A Tale of Two Depressions." VoxEU, March 8. http://voxeu.org/article/tale-two-depressions-what-do-new-data-tell-us-february-2010-update.

Eichengreen, Barry, and Kevin O'Rourke. 2010b,. "What Do the New Data Tell Us?" VoxEU, March 8. http://voxeu.org/article/tale-two-depressions-what-do-new-data-tell-us-february-2010-update#apr609.

Eichengreen, Barry, and Peter Temin. 2010. "Fetters of Gold and Paper." *Oxford Review of Economic Policy* 26, no. 3: 370– 384.

Eichengreen, Barry, and Charles Wyplosz. 1993. "The Unstable EMS." *Brookings Papers on Economic Activity* 1: 51– 143.

Eichengreen, Barry, and Charles Wyplosz. 1998. "The Stability Pact." *Economic Policy* (April): 66– 113.

Eisenhammer, John. 1990a. "Germany's Well- Behaved Start." *Independent*, October 5, 10.

Eisenhammer, John. 1990b. "Kohl Gives Way over Currency Union Rate." *Independent*, April 24, 1.

Eisenhammer, John. 1992. "Kohl Blinded by His Visions— Unification and European Integration." *Independent*, September 27.

Eisenhammer, John, Tim Jackson, Robert Chote, and Andrew Marshall. 1992. "'Little Europe' May Proceed without UK." *Independent*, September 25.

Elliott, Larry, and Charlotte Denny. 2002. "Do They Want to Join This Club?" *Guardian*, October 10.

Elliott, Larry, and Ashley Seager. 2008. "Federal Reserve Slashes Interest Rates to Nearly Zero." *Guardian*, December 17.

Ellsberg, Daniel. 1972. "The Quagmire Myth and the Stalemate Machine." In Daniel Ellsberg, *Papers on the War*. New York: Simon & Schuster.

El País. 2007a. "Bank of Spain Backs Local Lenders to Ride Out Turbulence," September 19.

El País. 2007b. "Central Bank Chief Predicts Soft Landing for Property," June 15.

El País. 2007c. "Share Prices Plunge on Fears Housing Bubble Could Burst," April 25.

Emminger, Otmar 1977. "The D- Mark in the Conflict between Internal and External Equilibrium, 1948– 1975." Essays in International Finance 122. Princeton University, Princeton, June.

Emminger, Otmar. 1982. *Exchange Rate Policy Reconsidered*. Occasional Papers 10. New York: Group of 30.

Emmott, Bill. 2013. "Let Us Hope Renzi Will Become an Italian Blair." *Financial Times*, December 9.

Engbom, Niklas, EnricaDetragiache, and FaezehRaei. 2015. "The German Labor Market Reforms and Post- Unemployment Earnings." IMF Working Paper WP/15/162, Washington, D.C., July.

Enrich, David. 2011. "European Banks Grow Weary of Lending." *Wall Street Journal*, July 12.

EurActiv.com. 2015. "Germany Suspends Dublin Agreement for Syrian Refugees," August 26.

Eurofound. 2017. "Social Mobility in the EU." Publications Office of the European Union, Luxembourg.

Eurogroup. 2010. "Statement by the Eurogroup." Brussels, May 2. http://www.consilium. europa.eu/uedocs/cmsUpload/100502-%20Eurogroup_statement.pdf.

Eurogroup. 2012. "Statement on Greece," November 27. https://www.bundesregierung.de/ ContentArchiv/EN/Archiv17/Anlagen/2012-11-27-statement-griechenland_en.html.

European Banking Authority. 2014. "Results of 2014 EU-Wide Stress Test," October 26. https://www.eba.europa.eu/documents/10180/669262/2014+EUwide+ST-aggregate+results. pdf.

European Banking Authority. 2016. "EU- Wide Stress Tests," July 29. http://www.eba.europa. eu/documents/10180/1532819/2016-EU-wide-stress-test-Results.pdf.

European Central Bank. 1999a. *Monthly Bulletin*. Frankfurt, January. https://www.ecb.europa. eu/pub/pdf/mobu/mb199901en.pdf.

European Central Bank 1999b. "Possible Effects of the EMU on the EU Banking System in the Medium to Long Term." Frankfurt, February.

European Central Bank. 2007a. "Box 3: The ECB's Additional Open Market Operations in the Period from 8 August to 5 September 2007." *Monthly Bulletin*, Frankfurt, September.

European Central Bank. 2007b. *Monthly Bulletin*. Frankfurt, July.

European Central Bank. 2012. "Monthly Bulletin." Frankfurt, April. https://www.ecb.europa. eu/pub/pdf/mobu/mb201204en.pdf.

European Central Bank. 2015. "Eligibility of Greek Bonds Used As Collateral in Eurosystem Monetary Policy Operations," February 4. http://www.ecb.europa.eu/press/pr/date/2015/ html/pr150204.en.html.

European Commission. 1976. "Opinion on Greek Application for Membership." *Bulletin of the European Communities* 2/ 76, January 20. http://aei.pitt.edu/961.

European Commission. 1990. "One Market, One Money: An evaluation of the potential benefits and costs of forming an economic and monetary union." *European Economy* 44: 1– 341.

European Commission. 2003. "President Prodi Statement at the IGC Final Press Conference." IP/ 03/ 1728, Brussels, December 13. http://europa.eu/rapid/pressrelease_IP-03-1728_ en.htm.

European Commission. 2005a. "The European Constitution: Post- Referendum Survey in France." Fieldwork, May 30– 31. Published in Flash EB171, Brussels, June. http://ec.europa.eu/public_opinion/flash/fl171_en.pdf.

European Commission. 2005b. "The European Constitution: Post- Referendum Survey in the Netherlands." Fieldwork, June 2– 4. Published in Flash EB172, Brussels, June. http://ec.europa.eu/public_opinion/flash/fl172_en.pdf.

European Commission. 2013. "Standard Eurobarometer 79: Public Opinion in the European Union," Spring. http://ec.europa.eu/public_opinion/archives/eb/eb79/eb79_publ_en.pdf.

European Commission. 2015. "Speech by Vice- President Dombrovskis at the Humboldt University: The Euro and the Future of Europe." Berlin, September 21. http://europa.eu/rapid/press-release_SPEECH-15-5687_en.htm.

European Communities. 2004. "Treaty Establishing a Constitution for Europe." Office for Official Publications of the European Communities, Luxembourg, October 29. https://europa.eu/european-union/sites/europaeu/files/docs/body/treaty_establishing_a_constitution_for_europe_en.pdf.

European Council. 1969. "Meeting of the Heads of State or Government." The Hague, December 1– 2. http://aei.pitt.edu/1451/1/hague_1969.pdf.

European Council. 1989. "European Council [Madrid Summit]: Madrid 26 and 27 June." Reproduced from *Bulletin of the European Communities* 6. http://aei.pitt.edu/ 1453.

European Council. 2000a. "Lisbon European Council 23 and 24 March 2000: Presidency Conclusions." http://aei.pitt.edu/43340.

European Council. 2000b. "Santa Maria da Feira European Council, Conclusions of the Presidency, 19– 20 June 2000." http://aei.pitt.edu/43325.

European Council. 2010a. "Statement by the Heads of State or Government of the European Union." Brussels, February 11. http://www.consilium.europa.eu/en/european-council/euro-summit/documents-2010-2013.

European Council. 2010b. "Statement by the Heads of State or Government of the European Union." Brussels, March 25. http://www.consilium.europa.eu/en/european-council/euro-summit/documents-2010-2013.

European Court of Justice. 2004. "Judgment of the Court of Justice in Case C-27/ 04 Commission of the European Communities v. Council of the European Union." Press Release no. 57/ 04, July 13. http://curia.europa.eu/jcms/upload/docs/application/pdf/2009-02/cp040057en.pdf.

Euroweek. 2007. "Fire Brigade Called to IKB but Losses Hidden in Smoke," August 3.

Evans- Pritchard, Ambrose. 2000. "Nice Summit— Germany Becomes First among Equals: Big and Small Nations Engage in Epic Power Struggle." *Daily Telegraph*, December 12.

Evans- Pritchard. Ambrose. 2010. "Merkel Plea to Save Europe As Contagion Hits Iberia." *Daily Telegraph*, May 6.

Ewing, Jack. 2017. *Faster, Higher, Farther: The Volkswagen Scandal*. New York: W. W. Norton.

Ewing, Jack, and Julia Werdigier. 2011. "European Central Bank Raises Rates As Expected."

New York Times, July 7.

Fabbrini, Sergio. 2000. "Political Change without Institutional Transformation: What Can We Learn from the Italian Crisis of the 1990s?" *International Political Science Review* 21, no. 2: 173.196.

Farnsworth, Clyde. 1969. "French Expected to Press for Closer Ties." *New York Times*, November 30, 9.

Farnsworth, Clyde. 1972. "Talks Aim at Common Market Monetary Union in '72." *New York Times*, February 11, 47.

Farnsworth, Clyde. 1974. "Valéry Giscard d'Estaing." *New York Times*, May 7, 14.

Fatás, Antonio, and Lawrence Summers. 2015. "The Permanent Effects of Fiscal Consolidations." Centre for Economic Policy Research, Discussion Paper 10902, October.

Fawley, Brett, and Christopher Neely. 2013. "Four Stories of Quantitative Easing." *Federal Reserve Bank of St. Louis Review* 95, no. 1: 51– 58. https://research.stlouisfed.org/publications/review/13/01/Fawley.pdf.

Featherstone, Kevin. 2003. "Greece and EMU: Between External Empowerment and Domestic Vulnerability." *Journal of Common Market Studies* 41, no. 5: 923– 940.

Federal Reserve System. 2001. "Federal Open Market Committee Conference Call," January 3. https://www.federalreserve.gov/monetarypolicy/files/FOMC20010103ConfCall.pdf.

Federal Reserve System. 2007a. "Conference Call of the Federal Open Market Committee," August 10. http://www.federalreserve.gov/monetarypolicy/files/FOMC20070810confcall.pdf.

Federal Reserve System. 2007b. "Conference Call of the Federal Open Market Committee," August 16. http://www.federalreserve.gov/monetarypolicy/files/FOMC20070816confcall.pdf.

Federal Reserve System. 2007c. "Meeting of the Federal Open Market Committee," September 18. http://www.federalreserve.gov/monetarypolicy/files/FOMC20070918meeting.pdf.

Federal Reserve System. 2008a. "Conference Call of the Federal Open Market Committee," January 21. http://www.federalreserve.gov/monetarypolicy/files/FOMC20080121confcall.pdf.

Federal Reserve System. 2008b. "Meeting of the Federal Open Market Committee," March 18. http://www.federalreserve.gov/monetarypolicy/files/FOMC20080318meeting.pdf.

Federal Reserve System. 2008c. "Meeting of the Federal Open Market Committee," October 28– 29. https://www.federalreserve.gov/monetarypolicy/files/FOMC20081029meeting.pdf.

Federal Reserve System. 2008d. "Press Release," December 16. https://www.federalreserve.gov/newsevents/press/monetary/20081216b.htm.

Federal Reserve System. 2010a. "Meeting of the Federal Open Market Committee," January 26– 27. https://www.federalreserve.gov/monetarypolicy/files/FOMC20100127meeting.pdf.

Federal Reserve System. 2010b. "Meeting of the Federal Open Market Committee," March 16. https://www.federalreserve.gov/monetarypolicy/files/FOMC20100316meeting.pdf.

Federal Reserve System. 2010c. "Meeting of the Federal Open Market Committee," April 27–

28. https://www.federalreserve.gov/monetarypolicy/files/FOMC20100428meeting.pdf.

Federal Reserve System. 2010d. "Meeting of the Federal Open Market Committee," September 21. https://www.federalreserve.gov/monetarypolicy/files/FOMC20100921meeting.pdf.

Federal Reserve System. 2010e. "Minutes of the Federal Open Market Committee," November 2– 3. https://www.federalreserve.gov/monetarypolicy/files/fomcminutes20101103.pdf.

Federal Reserve System. 2011. "Press Release," November 30. https://www.federalreserve.gov/newsevents/press/monetary/20111130a.htm.

Feldstein, Martin. 1997. "The Political Economy of the European Economic and Monetary Union: Political Sources of an Economic Liability." *Journal of Economic Perspectives* 11, no. 4: 23– 42.

Ferenczi, Thomas. 1992. "The Results of the Referendum on the European Union." *Le Monde*, September 22.

Fernald, John, Robert Hall, James Stock, and Mark Watson. 2017. "The Disappointing Recovery of Output after 2009." Brookings Papers on Economic Activity, conference draft, Washington, D.C., March 23– 24.

Ferrero, Mario, and Giorgio Brosio. 1997. "Nomenklatura Rule under Democracy: Solving the Italian Political Puzzle." *Journal of Theoretical Politics* 9, no. 4: 445– 475.

Fernández Ordoñez, Miguel Ángel. 2003a. "El legado de Rato" [Rato's Legacy]. *El País*, September 11. http://elpais.com/diario/2003/09/11/economia/1063231210_850215.html.

Fernández Ordoñez, Miguel Ángel. 2003b. "Un presupuesto sin futuro" [A Budget That Disregards the Future]. El País, October 1. http://elpais.com/diario/2003/10/01/economia/1064959221_850215.html.

Financial Crisis Inquiry Commission. 2011. "Financial Crisis Inquiry Report: Final Report of the National Commission on the Causes of the Financial and Economic Crisis in the United States." Washington, D.C.: US Government Publishing Office, January.

Financial Times. 1969. "France Seeks to Dispel Doubts," December 4, 29.

Financial Times. 1989. "An EMU for the EC," April 18.

Financial Times. 1995. "The FT Interview: Kohl's Loyal Lieutenant, Wolfgang Schäuble," March 21.

Financial Times. 1998. "EMU May Shake Up Dutch Election," January 16, 2.

Financial Times. 2000. "Leader: Implications of the Danish No," September 29.

Financial Times. 2011a. "Leaders Needed, Not Just Managers," November 10.

Financial Times. 2011b. "The Silent Bazooka; ECB's Move Leaves the Heavy Lifting to Europe's States," December 9.

Financial Times. 2014a. "The End of Renzi's Italian Honeymoon; Rome Needs Europe's Help to Haul Itself out of Stagnation," August 9.

Financial Times. 2014b. "Renzi's Gamble Is a Dice Worth Rolling," January 13.

Financial Times Deutschland. 2008. "Hypo Real Estate Rescued by German Government," September 30.

Fischer, Joschka. 2000. "From Confederacy to Federation— Thoughts on the Finality of

European Integration." Humboldt University, Berlin, May 12. https://www.cvce.eu/en/obj/speech_by_joschka_fischer_on_the_ultimate_objective_of_european_integration_berlin_12_may_2000-en-4cd02fa7-d9d0-4cd2-91c9-2746a3297773.html.

Fischer, Joschka. 2010. "Ms. Europe or Frau Germania?" Project Syndicate, March 23.

Fischer, Markus, Christa Hainz, JörgRocholl, and Sascha Steffen. 2011. "Government Guarantees and Bank Risk Taking Incentives." AFA 2012 Chicago Meetings Paper, February 4. https://ssrn.com/abstract=1786923 or http://dx.doi.org/10.2139/ssrn.1786923.

Fischer, Sebastian. 2011. "Merkel macht Urlaub— Tschüss, Krise!" [Merkel Is on Holiday—Bye, Bye Crisis!]. Spiegel Online, July 22.

Fischer, Stanley. 2001. "Exchange Rate Regimes: Is the Bipolar View Correct?" *Journal of Economic Perspectives* 15, no. 2: 3– 24.

Fitchett, Joseph. 1998. "Europe's Journey to a Single Currency— Giscard d'Estaing Retraces Steps That Led to Monetary Union." *International Herald Tribune*, December 10.

Fitoussi, Jean Paul, et al. 1993. *Competitive Disinflation: The Mark and Budgetary Politics in Europe*. Oxford: Oxford University Press.

Fleming, Stewart. 2011. "Of Ants and Crickets: A Fable for Our Times." *European Voice*, March 9. http://www.europeanvoice.com/article/of-ants-and-crickets-a-fable-for-our-times.

Fletcher, Martin. 2010. "'The Greeks Retire Early— But Here in Germany We Have to Work till We Fall Over'; Martin Fletcher Finds That the Bailout Is Not Popular on the Streets of Ludwigshafen." *Times*, May 25.

Follett, Christopher. 1992. "Politicians Receive Snub— Maastricht Referendum." *Times*, June 3.

Fontanella- Khan, James, and James Wilson. 2012. "Free ECB's Hand to Aid States, Says Minister." *Financial Times*, July 25.

Forbes, Kristin J. 2012. "The 'Big C': Identifying and Mitigating Contagion." Paper prepared for Jackson Hole Symposium hosted by Federal Reserve Bank of Kansas City, September 6.

Ford, Robert, and Wim Suyker. 1990. "Industrial Subsidies in the OECD Countries." OECD Department of Economics and Statistics Working Paper 74. http://www.oecd.org/tax/public-finance/2002580.pdf.

Forelle, Charles, and Riva Froymovich. 2011. "Doubts on Europe Plan; Trichet Calls Sanctions 'Insufficient' after Being Weakened." Wall Street Journal Online, March 16.

Forelle, Charles, David Gauthier- Villars, Brian Blackstone, and David Enrich. 2010. "Europe on the Brink; As Ireland Flails, Europe Lurches across the Rubicon." Wall Street Journal Online, December 27.

Forelle, Charles, and Marcus Walker. 2010. "Europeans Agree on Bailout for Greece." Wall Street Journal Online, March 26.

Forelle, Charles, and Marcus Walker. 2011. "EU Dithering Gives Crisis Global Reach." *Wall Street Journal*, December 30.

Fortune. 2017. "Spain's Santander Bank Rescues Banco Popular from Collapse," June 7.

France 24. 2016. "French Students Most Affected by Social Inequality, OECD Finds,"

December 14.

Franco- German Declaration. 2010. "Statement for the France- Germany- Russia Summit," Deauville, October 18. http://www.eu.dk/~/media/files/eu/franco_german_declaration. ashx?la=da.

Frankel, Jeffrey. 2014. "The ECB Should Buy American." Project Syndicate, March 13. https:// www.project-syndicate.org/commentary/jeffrey-frankelurges-the-ecb-to-buy-us-treasuries-to-expand-the-monetary-base.

Frankel, Jeffrey, and Jesse Schreger. 2013. "Over- Optimistic Official Forecasts and Fiscal Rules in the Eurozone." *Review of World Economics* 149: 247– 272.

Frankfurter Allgemeine Zeitung. 1989. "Vor dem StraßburgerGipfelGesprächeüber Regierungskonferenz: Die Verwirklichung der Wirtschafts und Währungsunion/ 'Wirmüssenvorwärtsgehen' " [Before the Strasbourg Summit, Conversations about the Intergovernmental Conference: The Realization of the Economic and Monetary Union/ "We Must Move Forward"], December 6.

Frankfurter Allgemeine Zeitung. 1999. "Schröder lobt die 'sehr guten' Beziehungen zu Griechenland" [Schröder Praises "Excellent" Relations withGreece], October 6, 7.

Frankfurter Allgemeine Zeitung. 2000. "Stoiber: Euro- Einführung in Griechenland 'falsches Signal' " [Stoiber: Introductionofthe Euro in Greece "Wrong Signal"], May 5, 7.

Frankland, Mark. 1994. "Bonn's Federal Dreamer Tries Selling Delights of Hard Core." *Observer*, November 13.

Friedman, Milton. 1953. "The Case for Flexible Exchange Rates." In Milton Friedman, *Essays in Positive Economics*, 157– 203. Chicago: University of Chicago Press.

Friedman, Milton. 1968. "The Role of Monetary Policy." *American Economic Review* 58, no. 1: 1– 17.

Friedman, Milton. 1997. "Why Europe Can't Afford the Euro." *Times*, November 19, 22.

Friedman, Milton, and Anna Schwartz. 1993 [1963]. *A Monetary History of the United States*, 1857– 1960. 9th paperback ed. Princeton: Princeton University Press.

Gallagher, Terence. 1997. "Kohl Says EMU Basis for Political Union." Reuters News, July 6.

Galofré- Vilà, Gregori, Martin McKee, Christopher M. Meissner, and David Stuckler. 2016. "The Economic Consequences of the 1953 London Debt Agreement." National Bureau of Economic Research Working Paper 22557, Cambridge.

Garton Ash, Timothy. 1994. *In Europe's Name: Germany and the Divided Continent*. New York: Vintage.

Garton Ash, Timothy. 1998. "Europe's Endangered Liberal Order." *Foreign Affairs* 77, no. 2: 51– 65.

Garton Ash, Timothy. 2012. "The Crisis of Europe." *Foreign Affairs* 91, no. 5: 2– 15.

Gauck, Joachim. 2013. "Speech on the Prospects for the European Idea." Schloss Bellevue, Berlin, February 22. http://www.bundespraesident.de/SharedDocs/Reden/EN/JoachimGauck/Reden/2013/130222-Europe.html.

Gaunt, Jeremy. 1999. "Greece May Need Help to Meet EMU Inflation." Reuters News, March

30.

Gechert, Sebastian, Gustav Horn, Christoph Paetz. 2017. "Long- Term Effects of Fiscal Stimulus and Austerity in Europe." Hans- Böckler- Stiftung Working Paper 179, May.

Geertz, Clifford. 1963. *Agricultural Involution: The Processes of Ecological Change in Indonesia.* Berkeley: University of California Press.

Geithner, Timothy F. 2014. *Stress Test: Reflections on Financial Crises.* New York: Crown/ Archetype. Kindle edition.

Gennaioli, Nicola, Andrei Shleifer, and Robert Vishny. 2014. "Finance and the Preservation of Wealth." *Quarterly Journal of Economics* 129, no. 3: 1221– 1254.

German Federal Constitutional Court (Bundesverfassungsgericht). 1993. "Judgment on the Maastricht Treaty," October 12. Full text in German reported in *Official Court Reports* [BVerfGE] 89, 155.

Gerschenkron, Alexander. 1962. *Economic Backwardness in Historical Perspective.* Cambridge: Harvard University Press.

Gerth, Hans, and Charles Wright Mills, eds. 1961. *From Max Weber: Essays in Sociology.* Oxford: Oxford University Press.

Gianetti, Mariassunta, and Andrei Simonov. 2013. "On the Real Effects of Bank Bailouts: Micro Evidence from Japan." *American Economic Journal: Macroeconomics* 5, no. 1: 135– 167.

Giavazzi, Francesco, and Alberto Giovannini. 1989. *Limiting Exchange Rate Flexibility.* Cambridge: MIT Press.

Giavazzi, Francesco, and Marco Pagano. 1988. "The Advantage of Tying One's Hands: EMS Discipline and Central Bank Credibility." *European Economic Review* 32: 1055– 1082.

Ginsberg, Jodie. 2006. "Irish PM Says Did Nothing Wrong in Accepting Loans." Reuters News, September 26.

Giscard d'Estaing, Valéry. 1988. *Le pouvoir et la vie* [Power and Life],Vol. 1. Paris: Compagnie 12.

Giscard d'Estaing, Valéry. 1995. "Manifeste pour une nouvelle Europe federative [Proposal for a New Federal Europe]." Le Figaro, January 11.

Giugliano, Ferdinando, and Tony Barber. 2014. "Italy's Finance Minister Criticises EU over Jobs and Growth." *Financial Times*, April 30.

Glick, Reuven, and Michael Hutchison. 1992. "Budget Rules and Monetary Union in Europe." FRBSF Weekly Letter 92- 32, September 18.

Glick, Reuven, and Sylvain Leduc. 2013. "The Effects of Unconventional and Conventional U.S. Monetary Policy on the Dollar." Economic Research Department, Federal Reserve Bank of San Francisco.

Glick, Reuven and Andrew Rose. 2015. "Currency Unions and Trade: A Post-Emu Mea Culpa." National Bureau of Economic Research Working Paper 21535, September, Cambridge, MA.

Glover, Brent, and Seth Richards- Shubik. 2014. "Contagion in the European Sovereign Debt Crisis." National Bureau of Economic Research Working Paper 20567. http://www.nber.org/

papers/w20567.

Glynn, Irial, and Philip O'Connell. 2017. "Migration." In *Austerity and Recovery in Ireland: Europe's Poster Child and the Great Recession*, edited by William Roche, Philip O'Connell, and Andrea Porthero. Oxford: Oxford University Press.

Goldin, Claudia, and Lawrence Katz. 2008. *The Race between Technology and Education*. Cambridge: Harvard University Press.

Gongloff, Mark. 2011. "ECB Cuts Rates, in Surprise Move." *Wall Street Journal*, November 3.

Gopinath, Gita, SebnemKalemli- Ozcan, Loukas Karabarbounis, and Carolina Villegas-Sanchez. 2015. "Capital Allocation and Productivity in South Europe." National Bureau of Economic Research Working Paper 21453, August.

Gordon, Robert J. 2004. "Why Was Europe Left at the Station When America's Productivity Locomotive Departed?" National Bureau of Economic Research Working Paper 10661, August. http://www.nber.org/papers/w10661.

Gordon, Robert J. 2016. *The Rise and Fall of American Growth: The U.S. Standard of Living since the Civil War*. Princeton: Princeton University Press.

Gorton, Gary, and Guillermo Ordoñz. 2016. "Good Booms, Bad Booms." National Bureau of Economic Research, Working Paper 22008, Cambridge,February.

Gourinchas, Pierre- Olivier. 2002. "Comments on 'Current Account Deficits in the Euro Area: The End of the Feldstein- Horioka Puzzle?' by Olivier Blanchard and Francesco Giavazzi." *Brookings Papers on Economic Activity* 2: 196– 206.

Gow, David. 2009. "ECB Cuts Eurozone Interest Rate to 2%." *Guardian*,January 15.

Gowers, Andrew, Tony Major, and Hugh Williamson. 2003. "Schroder Urges ECB Action on Euro." *Financial Times*, July 11.

Graham, Dave. 2010. "Interview: Future EMU Debt Needs Haircut Option—German CDU." Reuters News, August 25.

Graham, George, and Gwen Robinson. 1999. "Euro Trading Off to Cautious Start."*Financial Times*, January 4, 1.

Graham, George, and Wolfgang Münchau. 1999. "Euro Conversion Is Off to a Flying Start." *Financial Times*, January 4, 2.

Grant, Charles. 1994. *Delors: Inside the House That Jacques Built*. London: Nicholas Brealey.

Grant, Justin. 2008. "Stocks Sink As Bear Stearns Reignites Credit Fears." Reuters News, March 14.

Greenspan, Alan. 1996. "The Challenge of Central Banking in a Democratic Society," Speech, Washington, D.C., December 5. https:// www.federalreserve.gov/ BOARDDOCS/ SPEECH-ES/ 19961205.htm.

Greenspan, Alan. 1998. "The Role of Capital in Optimal Banking Supervision and Regulation." *Federal Reserve Bank of New York Economic Policy Review* 4, no.3: 163– 168.

Greenspan, Alan. 2002. "Regulation, Innovation, and Wealth Creation."Speech, Society of Business Economists, London, September 25. http://www.federalreserve.gov/ BoardDocs/ Speeches/ 2002/ 200209252/ default.htm.

Greif, Avner, and David Laitin. 2004. "A Theory of Endogenous Institutional Change." *American Political Science Review* 98, no. 4: 633– 652.

Grey, Stephen. 2000. "Loadsamoney: Once the Friendship of Helmut Kohl and Françis Mitterrand Was the Symbol of All That Was Best about the New Europe." *Sunday Times*, January 30.

Grossman, Herschel I., and John B. Van Huyck. 1988. "Sovereign Debt As a Contingent Claim: Excusable Default, Repudiation." *American Economic Review* 78, no. 5: 1088– 1097.

Guardian. 2017. "The Guardian View on France's Election: A Win for Macron and Hope," April 23.

Guerrera, Francesco. 2003. "EU to Sue Germany over Volkswagen Takeover Law."*Financial Times*, February 26.

Guglielmi, Antonio, Javier Suárez, and Carlo Signani. 2017. "Redenomination Risk Down As Time Goes By." Milan: Mediobanca Securities, http://marcello.minenna.it/wp-content/uploads/2017/01/Italy-2017-01-19.pdf.

Guigou, Elisabeth. 2000. *Elisabeth Guigou: A Woman at the Heart of the State* [Elisabeth Guigou: Une femme au coeur de l'etat]. Paris: Fayard.

Guirao, Fernando, and Frances Lynch, eds, 2016. Alan S. *Milward and Contemporary European History*. New York: Routledge.

Haberler, Gottfried. 1976. *The World Economy, Money, and the Great Depression 1919– 1939*. Foreign Affairs Study 30. Washington, D.C.: American Enterprise Institute.

Hadoulis, John. 2010. "Greece Hikes Pension Age, Calls on Strikers to Accept Bonus Cuts." Agence France- Presse, February 9.

Hagerty, Bob. 1992. "Delors Urges EC to Make a Dash toward Union." *Asian Wall Street Journal*, September 25.

Hall, Peter. 1986. *Governing the Economy: The Politics of State Intervention in Britain and France*. New York: Oxford University Press.

Hamilton, James. 2017. "Are We in a New Inflation Regime?" Econbrowser, July 2. http://econbrowser.com/archives/2017/07/are-we-in-a-newinflation-regime.

Handelsblatt. 2000. "Berlin will raschen Euro- Beitritt Griechenlands" [Berlin Wants Euro Entry ofGreeceQuickly], January 18, 12.

Hanreich, Gunther. 2004. "Eurostat Takes Issue with former Greek PM on Reasons for the Revision of Economic Data." *Financial Times*, December 28.

Hanushek, Eric, and LudgerWoessmann. 2015. *The Knowledge Capital of Nations: Education and the Economics of Growth*. Cambridge: MIT Press.

Harding, Luke, Jon Henley, and Ian Black. 2003. "Schröder and Chirac Flaunt Love Affair in Brussels." *Guardian*, October 16. http://www.theguardian.com/world/2003/oct/16/france.germany.

Harrison, Stuart. 1998. "Limerick." *Daily Mail*, December 29, 54.

Hassan, Fadi, and GianmarcoOttaviano. 2013. "Productivity in Italy: The Great Unlearning." VoxEU, November 30. http://voxeu.org/article/productivity-italy-great-unlearning.

Hegre, Håvard, John Oneal, and Bruce Russett. 2010. "Trade Does Promote Peace: The Perils of Simultaneous Estimation of the Reciprocal Effects of Trade and Conflict." *Journal of Peace Research* 46, no. 6: 763– 774.

Helm, Toby. 2000. "Backing the Euro Cost Me Election, Says Kohl." *Daily Telegraph*, November 20, 4.

Helm, Toby. 2005. "European Leaders About to Fall off the Bike." *Daily Telegraph*, July 17.

Helms, Ludger. 2002. "'Chief Executives' and Their Parties: The Case of Germany." German Politics 11, no. 2: 146– 164.

Heneghan, Tom. 1992. "Kohl Backs Maastricht, Critics See Multi- Track Europe." Reuters News, September 25.

Heneghan, Tom. 1994. "Kohl Fights Impression He Would Quit in Midterm." Reuters News, October 7.

Henning, C. Randall, and Martin Kessler. 2012. "Fiscal Federalism: US History for Architects of Europe's Fiscal Union." Peterson Institute for International Economics Working Paper 2012-1.

Herenstein, Amelie. 2013. "Protests As Shareholders of World's Oldest Bank Meet in Italy." Agence France-Presse, January 25.

Hetzel, Robert. 2002. "German Monetary History in the Second Half of the Twentieth Century: From the Deutsche Mark to the Euro." *Federal Reserve Bank of Richmond Economic Quarterly* 82, no. 2: 29–64.

Hetzel, Robert. 2009. "Monetary Policy in the 2008–2009 Recession." *Economic Quarterly* 95, no. 2: 201–233.

Hetzel, Robert. 2012. *The Great Recession: Market Failure or Policy Failure?* New York: Cambridge University Press.

Hetzel, Robert. 2014. "Contractionary Monetary Policy Caused the Great Recession in the Eurozone: A New Keynesian Perspective." Federal Reserve Bank of Richmond Working Paper Series, August 22.

Higgins, Byron. 1993. "Was the ERM Crisis Inevitable?" *Federal Reserve Bank of Kansas City Economic Review*, Fourth Quarter: 27–40.

Hildebrand, Jan, Moritz Koch, and Norbert Häring. 2017. "Greek Debt Showdown." *Handelsblatt*, June 6.

Hirshleifer, Jack. 1983. "From Weakest-Link to Best-Shot: The Voluntary Provision of Public Goods." *Public Choice* 41, no. 3: 371–386.

Hodson, Dermot. 2016. "Jacques Delors: Vision, Revisionism, and the Design of EMU." In *Architects of the Euro: Intellectuals in the Making of European Monetary Union*, edited by Ivo Maes and Kenneth Dyson. Oxford: Oxford University Press.

Hofheinz, Paul, and Bill Boston. 2002. "EU Commission Appears Set to Lose Battle with Germany." *Wall Street Journal Europe*, February 11.

Hofheinz, Paul, and Michael R. Sesit. 2000. "IMF Head Steps Up Intervention Push." *Wall Street Journal Europe*, September 21.

Hofmann, Sarah. 2013. "Willy Brandt: German, European and Cosmopolitan." December 18. http://www.dw.com/en/willy-brandt-german-european-and-cosmopolitan/a-17300003.

Hollinger, Peggy, and John Thornhill. 2005. "Chirac's Record on Europe Hampers Yes Campaign: EU Treaty." *Financial Times*, April 14.

Honohan, Patrick. 2000. "Ireland in EMU: Straitjacket or Skateboard?" *Irish Banking Review*, 15–32.

Honohan, Patrick. 2014. "Brian Lenihan and the Nation's Finances." In *Brian Lenihan: In Calm and Crisis*, edited by Brian Murphy, Mary O'Rourke, and Noel Whelan, chapter 5. Kildare: Merrion. Kindle edition.

Honohan, Patrick, and Brendan Walsh. 2002. "Catching Up with the Leaders: The Irish Hare." *Brookings Papers on Economic Activity* 2002, no. 1: 1–74.

Hope, Kerin. 2000. "Greece Labours to Change." *Financial Times*, June 20, 21. Hope, Kerin. 2011. "Debt Crisis Brings Humiliating End for PM." *Financial Times*, November 7.

Hope, Kerin, and Alexandra Stevenson. 2012. "Greek Left Demands End to 'Barbarous' Austerity Plans As It Seeks a Coalition." *Financial Times*, May 9.

Hornsby, Michael. 1976. "Qualified Welcome by EEC Falls Far Short of Greek Hopes." *Times*, January 30, 8.

Horobin, William. 2014. "France Gives Up on Deficit Goal." *Wall Street Journal Europe*, August 15.

Horobin, William. 2017. "Macron Pushes Germany to Commit More to Eurozone; German Chancellor Angela Merkel Has Expressed Cautious Openness to Ideas." Wall Street Journal Online, July 13.

Hoshi, Takeo, and Anil Kashyap. 2015. "Will the U.S. and Europe Avoid a Lost Decade? Lessons from Japan's Postcrisis Experience." *IMF Economic Review* 63, no. 1: 110–163.

Hughes, David. 1999. "As Red Oskar Resigns, the Euro's Value Is Sent Soaring." *Daily Mail*, March 12, 2.

Ide, Ella. 2013a. "Beppe Grillo: The Live Wire of Italy's Election." Agence France- Presse, February 16.

Ide, Ella. 2013b. "Berlusconi the Showman Fires Up Rome Election Rally." Agence France-Presse, February 7.

International Monetary Fund. 1969. "Minutes of Executive Board Meeting." EBM/69/14, Washington, D.C., March 7.

International Monetary Fund. 1983. "Greece: Staff Report for the 1982 Article IV Consultation," SM/83/37, Washington, D.C., February 23.

International Monetary Fund. 1990. "Greece: Staff Report for the 1990 Article IV Consultation." SM/90/76, Washington, D.C., April 26.

International Monetary Fund. 1994a. "Germany—Staff Report for the 1994 Article IV Consultation." SM/94/203, Washington, D.C., August 2.

International Monetary Fund. 1994b. "Greece: Staff Report for the 1994 Article IV Consultation." SM/94/151, Washington, D.C., June 20.

International Monetary Fund. 1995. "Germany—Staff Report for the 1995 Article IV Consultation." SM/95/183, July, Washington D.C.

International Monetary Fund. 1996. "Ireland: Staff Report for the 1996 Article IV Consultation." SM/96/126, Washington, D.C., June.

International Monetary Fund. 1997a. "Excerpts of a Speech by Managing Director Michel Camdessus at the EMU Conference on March 18." *IMF Survey* 26, no. 7 (April 7): 102–103.

International Monetary Fund. 1997b. "Ireland: Staff Report for the 1997 Article IV Consultation." SM/97/138, Washington, D.C., June.

International Monetary Fund. 1999a. "Monetary and Exchange Rate Policies of the Euro Area (In the Context of the 1999 Article IV Discussions with Euro-Area Countries)." SM/99/61, Washington, D.C., March 5.

International Monetary Fund. 1999b. "Monetary and Exchange Rate Policies of the Euro Area (In the Context of the 1999 Article IV Discussions with Euro-Area Countries)." SM/99/212, Washington, D.C., August 23.

International Monetary Fund. 1999c. "The IMF Concludes Article IV Consultation with Germany." Public Information Notice no. 99/101, Washington, D.C., November 3.

International Monetary Fund. 2001a. "France: Staff Report for the 2001 Article IV Consultation." SM/01/287, Washington, D.C., September.

International Monetary Fund. 2001b. "Germany: 2001 Article IV Consultation- Staff Report; Staff Supplement; and Public Information Notice on the Executive Board Discussion." IMF Country Report No. 01/202, November, Washington D.C.

International Monetary Fund. 2001c. "Press Conference on the World Economic Outlook." Washington, D.C., April. https://www.imf.org/external/np/tr/2001/ tr010426.htm.

International Monetary Fund, 2001d. "World Economic Outlook," Washington, D.C., May.

International Monetary Fund. 2001e. "World Economic Outlook," Washington, D.C., October.

International Monetary Fund, 2002a, "Access Policy in Capital Account Crises," July, Washington, D.C.

International Monetary Fund. 2002b. "Germany: 2002 Article IV Consultation- Staff Report; Staff Supplement; and Public Information Notice on the Executive Board Discussion." IMF Country Report No. 02/239, October, Washington D.C.

International Monetary Fund. 2002c. "Portugal: 2001 Article IV Consultation— Staff Report and Public Information Notice on the Executive Board Discussion." IMF Country Report 02/90, Washington, D.C., April.

International Monetary Fund. 2002d. "World Economic Outlook." Washington, D.C., September.

International Monetary Fund. 2003a. "Greece: 2003 Article IV Consultation— Staff Report; Staff Statement; Public Information Notice on the Executive Board Discussion; and Statement by the Executive Director for Greece." IMF Country Report no. 03/156, Washington, D.C., June.

International Monetary Fund. 2003b. "Ireland: 2003 Article IV Consultation— Staff Report;

Staff Supplement; and Public Information Notice on the Executive Board Discussion for Ireland." IMF Country Report no. 03/242, Washington, D.C., August.

International Monetary Fund. 2003c. "Lessons from the Crisis in Argentina." Washington, D.C., October 8. https://www.imf.org/external/np/pdr/lessons/100803.htm.

International Monetary Fund. 2003d. "Portugal: 2002 Article IV Consultation— Staff Report." IMF Country Report 03/99, Washington, D.C., April.

International Monetary Fund. 2004a. "Economic Prospects and Policy Issues." "World Economic Outlook," chapter 1, Washington, D.C., September.

International Monetary Fund. 2004b. "The IMF and Argentina, 1991–2001: Evaluation Report." Independent Evaluation Office, Washington, D.C.

International Monetary Fund. 2004c. "Spain: 2003 Article IV Consultation—Staff Report; Staff Supplement; Public Information Notice on the Executive Board Discussion; and Statement by the Executive Director for Spain." IMF Country Report no. 04/89, Washington, D.C., March.

International Monetary Fund. 2005. "Greece: 2004 Article IV Consultation—Staff Report; Public Information Notice on the Executive Board Discussion; and Statement by the Executive Director for Greece." IMF Country Report no. 05/ 43, Washington, D.C., February.

International Monetary Fund. 2006a. "Ireland: Financial System Stability Assessment Update." IMF Country Report 06/292, Washington, D.C., August. https://www.imf.org/external/pubs/ft/scr/2006/cr06292.pdf.

International Monetary Fund. 2006b. "Ireland: 2006 Article IV Consultation— Staff Report; Staff Supplement; and Public Information Notice on the Executive Board Discussion." IMF Country Report 06/293, Washington, D.C., August.

International Monetary Fund. 2006c. "Spain: 2006 Article IV Consultation—Staff Report; Staff Supplement; Public Information Notice on the Executive Board Discussion; and Statement by the Executive Director for Spain." IMF Country Report 06/211, Washington, D.C., June.

International Monetary Fund. 2007a. "Euro Area Policies: 2007 Article IV Consultation—Staff Report; Staff Supplement; Public Information Notice on the Executive Board Discussion; and Statement by the Executive Director for Member Countries." IMF Country Report 07/260, Washington, D.C., July.

International Monetary Fund. 2007b. "Greece: 2006 Article IV Consultation—Staff Report; Public Information Notice on the Executive Board Discussion; and Statement by the Executive Director for Greece." IMF Country Report no. 07/26, Washington, D.C., January.

International Monetary Fund. 2007c. "Spain: 2007 Article IV Consultation—Staff Report; Staff Statement; and Public Information Notice on the Executive Board Discussion." IMF Country Report no. 07/175, Washington, D.C., May.

International Monetary Fund. 2008a. "Euro Area Policies—Staff Report for the 2008 Article IV Consultation with Member Countries." August. http://www.imf.org/external/pubs/ft/scr/2008/cr08262.pdf.

International Monetary Fund. 2008b. "Global Financial Stability Report." Washington, D.C., October. http://www.imf.org/external/pubs/ft/gfsr/2008/02.

International Monetary Fund. 2008c. "Greece: 2007 Article IV Consultation— Staff Report; Public Information Notice on the Executive Board Discussion; and Statement by the Executive Director for Greece." IMF Country Report no. 08/ 148, Washington, D.C., May.

International Monetary Fund. 2008d. "World Economic Outlook." Washington, D.C., April. https://www.imf.org/external/pubs/ft/weo/2008/01/pdf/text.pdf.

International Monetary Fund. 2008e. "World Economic Outlook Update." Washington, D.C., January 29. http://www.imf.org/external/pubs/ft/weo/2008/update/01.

International Monetary Fund. 2008f. "World Economic Outlook Update." Washington, D.C., July 17. http://www.imf.org/external/pubs/ft/weo/2008/update/02.

International Monetary Fund. 2009a. "Germany—Staff Report for the 2008 Article IV Consultation." Washington, D.C., January 22. https://www.imf.org/external/pubs/ft/scr/2009/cr0915.pdf.

International Monetary Fund. 2009b. "Greece: 2009 Article IV Consultation— Staff Report; Staff Supplement; Public Information Notice on the Executive Board Discussion; and Statement by the Executive Director for Greece." IMF Country Report 09/244, Washington, D.C., August.

International Monetary Fund. 2009c. "Ireland: 2009 Article IV Consultation— Staff Report; and Public Information Notice on the Executive Board Discussion." IMF Country Report 09/195, Washington, D.C., June.

International Monetary Fund. 2009d. "Minutes of Executive Board Meeting 09/80- 3, 4:30 p.m., July 24, 2009." Washington, D.C., November.

International Monetary Fund. 2009e. "Spain—Staff Report for the 2008 Article IV Consultation." Washington, D.C., February 3. https://www.imf.org/external/pubs/ft/scr/2009/cr09128.pdf.

International Monetary Fund. 2009f. "World Economic Outlook." Washington, D.C., October. https://www.imf.org/external/pubs/ft/weo/2009/02/pdf/text.pdf.

International Monetary Fund. 2010a. "China—Staff Report for the 2010 Article IV Consultation." Washington, D.C., July 9. https://www.imf.org/external/pubs/ft/scr/2010/cr10238.pdf.

International Monetary Fund. 2010b. "Greece: Staff Report on Request for Stand- By Arrangement." IMF Country Report 10/110, Washington, D.C., May 5.

International Monetary Fund. 2010c. "Minutes of Executive Board Meeting 10/ 45-1, 10:00 a.m., May 9, 2010: Greece - Request for Stand-By Arrangement; Rule K-1 Report on Breach of Obligations Under Article VIII, Section 5 of the Articles of Agreement." Washington D.C., September 20.

International Monetary Fund. 2010d. "Transcript of a Press Briefing by Caroline Atkinson, Director, External Relations Department International Monetary Fund." Washington, D.C., January 21. http://www.imf.org/external/np/tr/2010/tr012110.htm.

International Monetary Fund. 2010e. "World Economic Outlook." Washington, D.C., October. https://www.imf.org/external/pubs/ft/weo/2010/02.

International Monetary Fund. 2011a. "Germany: 2011 Article IV Consultation— Staff Report; Public Information Notice on the Executive Board Discussion; and Statement by the Executive Director for Germany." IMF Country Report no. 11/168, Washington, D.C., July 12.

International Monetary Fund. 2011b. "Global Financial Stability Report."

Washington, D.C., September 21. https://www.imf.org/external/pubs/cat/longres. aspx?sk=24745.

International Monetary Fund. 2011c. "Global Financial Stability Report: Market

Update." Washington, D.C., June 17. http://www.imf.org/external/pubs/ft/fmu/eng/2011/02/pdf/0611.pdf.

International Monetary Fund. 2011d. "Greece: Fourth Review under the Stand- By Arrangement and Request for Modification and Waiver of Applicability of Performance Criteria." IMF Country Report 11/175, Washington, D.C., July 13.

International Monetary Fund. 2011e. "Greece: Third Review under the Stand- By Arrangement—Staff Report; Informational Annex; Press Release on the Executive Board Discussion; Statement by the Staff Representative on Greece; and Statement by the Executive Director for Greece." IMF Country Report 11/68, Washington, D.C., March 16. https://www.imf.org/external/pubs/cat/longres.aspx?sk=24708.0.

International Monetary Fund. 2012a. "The Good, Bad, and Ugly: 100 Years of Dealing with Public Debt Overhangs." "World Economic Outlook," Washington, D.C., October. https://www.imf.org/external/pubs/ft/weo/ 2012/02.

International Monetary Fund. 2012b. "Greece: Request for Extended Arrangement under the Extended Fund Facility—Staff Report; Staff Supplement; Press Release on the Executive Board Discussion; and Statement by the Executive Director for Greece." IMF Country Report 12/57, Washington, D.C., March.

International Monetary Fund. 2012c. "Spain: Financial Sector Assessment, Preliminary Conclusions by the Staff of the International Monetary Fund," April 25. https://www.imf. org/en/News/Articles/2015/09/28/04/52/mcs042512.

International Monetary Fund. 2012d. "Spain 2012 Article IV Consultation." IMF Country Report 12/202, Washington, D.C., July 27. https://www.imf.org/external/pubs/ft/scr/2012/cr12202.pdf.

International Monetary Fund. 2012e. "Statement on Greece by IMF Managing Director Christine Lagarde." Press Release 12/458, November 26. https://www.imf.org/en/News/Articles/2015/09/14/01/49/pr12458.

International Monetary Fund. 2012f. "World Economic Outlook: Coping with High Debt and Sluggish Growth." Washington, D.C., October. https://www.imf.org/external/pubs/ft/weo/2012/02/pdf/text.pdf.

International Monetary Fund. 2012g. "World Economic Outlook Update." Washington, D.C.,

January 24. https://www.imf.org/external/pubs/ft/weo/2012/update/01/pdf/0112.pdf.

International Monetary Fund. 2012h. "World Economic Outlook Update." Washington, D.C., July 16. http://www.imf.org/external/pubs/ft/weo/2012/ update/02/pdf/0712.pdf.

International Monetary Fund. 2013a. "Greece: Ex Post Evaluation of Exceptional Access under the 2010 Stand-By Arrangement." IMF Country Report no. 13/ 156, Washington, D.C., June.

International Monetary Fund, 2013b. "Greece: First and Second Reviews under the Extended Arrangement under the Extended Fund Facility, Request for Waiver of Applicability, Modification of Performance Criteria, and Rephasing of Access—Staff Report; Staff Supplement; Press Release on the Executive Board Discussion; and Statement by the Executive Director for Greece." IMF Country Report 13/20, Washington, D.C., January.

International Monetary Fund. 2013c. "Italy: Financial System Stability Assessment." IMF Country Report 13/300, Washington, D.C., September.

International Monetary Fund. 2014a. "Euro Area Policies: 2014 Article IV Consultation—Staff Report; Press Release; and Statement by the Executive Director." IMF Country Report 14/198, Washington, D.C., July 14.

International Monetary Fund. 2014b. "IMF Multilateral Policy Issues Report: 2014 Spillover Report." Washington, D.C., July 29. https://www.imf.org/external/np/pp/eng/2014/062514.pdf.

International Monetary Fund. 2014c. "Italy 2014 Article IV Consultation—Staff Report; Press Release; and Statement by the Executive Director for Italy." IMF Country Report 14/283, Washington, D.C., September.

International Monetary Fund. 2014d. "Portugal: Concluding Statement of the First Post-Program Monitoring Discussion," November 5. http://www.imf.org/external/np/ms/2014/110514.htm.

International Monetary Fund. 2015a. "France: 2015 Article IV Consultation— Press Release; Staff Report; and Statement by the Executive Director for France." IMF Country Report 15/178, Washington, D.C., July.

International Monetary Fund. 2015b. "Global Financial Stability Report," Washington, D.C., October. https://www.imf.org/external/pubs/ft/gfsr/2015/02/pdf/text.pdf.

International Monetary Fund. 2015c. "Ireland—Ex Post Evaluation of Exceptional Access under the 2010 Extended Arrangement." IMF Country Report no. 15/ 20, Washington, D.C., January. https://www.imf.org/external/pubs/ft/scr/2015/cr1520.pdf.

International Monetary Fund. 2016a. "Finland: 2016 Article IV Consultation—Press Release; Staff Report, and Statement by the Executive Director for Finland." IMF Country Report 16/368, Washington, D.C., December.

International Monetary Fund. 2016b. "Global Trade: What's Behind the Slowdown?" "World Economic Outlook," Washington, D.C., October. http://www.imf.org/external/pubs/ft/weo/2016/02.

International Monetary Fund. 2016c. "Italy: 2016 Article IV Consultation—Press Release; Staff

Report; and Statement by the Executive Director for Italy." IMF Country Report 16/222, Washington, D.C., July.

International Monetary Fund. 2016d. "Portugal: 2016 Article IV Consultation— Press Release; Staff Report; and Statement by the Executive Director for Portugal." IMF Country Report 16/300, Washington, D.C., September.

International Monetary Fund. 2017a. "Global Financial Stability Report." Washington D.C., October.

International Monetary Fund. 2017b. "Greece: 2016 Article IV Consultation— Press Release; Staff Report, and Statement by the Executive Director for Greece." IMF Country Report 17/40, Washington, D.C., February.

International Monetary Fund. 2017c. "Italy: 2016 Article IV Consultation—Press Release; Staff Report; and Statement by the Executive Director for Italy." IMF Country Report 16/222, Washington, D.C., July.

International Monetary Fund. 2017d. "Portugal: Selected Issues." IMF Country Report 17/279, Washington, D.C., September.

International Monetary Fund. 2017e. "Spain: 2016 Article IV Consultation—Press Release; Staff Report, and Statement by the Executive Director for Spain." IMF Country Report 17/23, Washington, D.C., January.

Ip, Greg. 2017a. "Globalism's Great French Hope; French President Emmanuel Macron Has Exposed a Hole in the Nationalist Agenda." Wall Street Journal Blogs, June 20.

Ip, Greg. 2017b. "In Defense of the Dismal Science." *Wall Street Journal*, August 26.

Irish Examiner. 2003. "France and Germany under Cosh over Deficit," September 12.

Irish Examiner. 2009. "Lenihan: Allowing Bank to Fail Was Not an Option," May 30.

Irish Times. 1996. "Main Conclusions of ESRI Report," July 27.

Irish Times. 2005. "The Great Unravelling," June 4.

Irish Times. 2006. " 'Friends Would Assist a Politician in Difficulty.' " December 20. Isidore, Chris. 2008. "Fed Delivers Another Rate Cut." CNN Money, January 30. Isidore, Chris. 2011, "European Central Bank Cuts Rates." CNN Wire, November 3.

Ivaldi, Gilles. 2006. "Beyond France's 2005 Referendum on the European Constitutional Treaty: Second-Order Model, Anti-Establishment Attitudes and the End of the Alternative European Utopia." *West European Politics* 29, no. 1: 47–69. Izraelewicz, Erik, Claire Gatinois, and Philippe Ricard. 2012. "Interview with *Le Monde* Mario Draghi, President of the ECB," conducted July 18, published July 21. https://www.ecb.europa.eu/press/inter/date/2012/html/sp120721.en.html.

Jackson, Guy. 2017. "France's Fillon Bowed but Not Broken in Presidential Race." Agence France-Presse, April 16.

James, Steve. 1992. "Sell European Union Harder, Germany's Kinkel Says." Reuters News, June 3.

Janis, Irving. 1972. *Victims of Groupthink: A Psychological Study of Foreign-Policy Decisions and Fiascoes*. Boston: Houghton Mifflin.

Jeffries, Stuart. 2010. "What the Philosopher Saw: Jürgen Habermas on Europe, Democracy and Public Debate." *Financial Times*, April 30.

Jenkins, Simon. 2005. "The Peasants' Revolt." *Sunday Times*, June 5. Jerzmanowski, Michal. 2006. "Empirics of Hills, Plateaus, Mountains, and Plains (A Markov-Switching Approach to Growth)." *Journal of Development Economics* 81: 357–385.

John, Mark, and Ingrid Melander. 2014. "France's Hollande Wants to Change EU Focus after Far-Right Win—Update 4." Reuters News, May 26.

Johnson, Harry. 1969. "The Case for Flexible Exchange Rates, 1969." *Federal Reserve Bank of St. Louis Review*, June: 12–24. http://research.stlouisfed.org/publications/review/article/588.

Jones, Benjamin, and Benjamin Olken. 2008. "The Anatomy of Start-Stop Growth." *Review of Economics and Statistics* 90, no. 3: 582–587.

Jones, Claire, and Ferdinando Giugliano. 2015. "ECB Split Points to Sensitivity of Greek Liquidity Curbs." *Financial Times*, February 5.

Jones, Claire, Giulia Segreti, and Guy Dinmore. 2014. "Renzi Likens Europe to 'Old Boring Aunt.'" *Financial Times*, June 24.

Jones, Eric L. 1981. *The European Miracle: Environments, Economies and Geopolitics in the History of Europe and Asia*. Cambridge: Cambridge University Press. Jones, Gavin. 2014. "Italy's Renzi Wins Plaudits for Vague Labour Reform Proposals." Reuters News, October 10.

Jones, Gavin. 2016. "Italy Pushes Labour Flexibility to Limit with Job Vouchers." Reuters News, March 11.

Jones, Gavin, and James Mackenzie. 2014. "Special Report: How Italy Became a Submerging Economy." Reuters News, July 14.

Jones, George, and Ambrose Evans-Pritchard. 2000. "Nice Summit—A Marathon with Jostling All the Way: Europe's Leaders Wrestle for Power and Influence." *Daily Telegraph*, December 11.

Jordà, Òscar, and Alan M. Taylor. 2016. "The Time for Austerity: Estimating the Average Treatment Effect of Fiscal Policy." *Economic Journal* 126: 219–255. Jorgensen, Erika, and Jeffrey Sachs. 1989. "Default and Renegotiation of Latin American Foreign Bonds in the Interwar Period." In *The International Debt Crisis in Historical Perspective*, edited by Barry Eichengreen and Peter Lindert, 48–85. Cambridge: MIT Press.

Judt, Tony. 1997. "Continental Rift." *New York Times*, June 5.

Judt, Tony. 2006. *Postwar: A History of Europe since 1945*. New York: Penguin Group US. Kindle edition.

Judt, Tony. 2011 *A Grand Illusion? An Essay on Europe*. New York: New York University Press. Kindle edition.

Jukes, Peter. 2010. "Tony Judt: The Last Interview." *Prospect*, July 21. http://www.prospectmagazine.co.uk/magazine/tony-judt-interview.

Juncker, Jean-Claude. 2016. "State of the Union Address 2016: Towards a Better Europe—A Europe That Protects, Empowers and Defends." Strasbourg, September 14. https://ec.europa.

eu/commission/state-union-2016_en.

Juncker, Jean-Claude. 2017. "State of the Union Address 2017." Brussels, September 13. https://ec.europa.eu/commission/state-union-2017_en.

Juncker, Jean-Claude, and Giulio Tremonti. 2010. "E-Bonds Would End the Crisis." *Financial Times*, December 5.

Kadri, Françoise. 2013. "Italy's Renzi: Web-Savvy Politician Who Looks to Obama." Agence France-Presse, December 8.

Kaldor, Nicholas. 1978 [1971]. "The Dynamic Effects of the Common Market." In Nicholas Kaldor, *Further Essays on Applied Economics*. New York: Holmes and Meier.

Kalyvas, Stathis. 2015. *Modern Greece: What Everyone Needs to Know*. New York: Oxford University Press. Kindle edition.

Kamil, Herman. 2012. "How Do Exchange Rate Regimes Affect Firms' Incentives to Hedge Currency Risk? Micro Evidence for Latin America." IMF Working Paper 12/69, March.

Kaminska, Izabella. 2009a. "ECB Secret QE, or Not?" FT Alphaville, September 9. https://ftalphaville.ft.com/2009/09/08/70336/ecb-secret-qe-or-not.

Kaminska, Izabella. 2009b. "The Return of Widening Sovereign Credit Spreads." FT Alphaville, November 23. https://ftalphaville.ft.com/2009/11/23/84666/the-return-of-widening-sovereign-credit-spreads.

Kaminski, Matthew. 2010. "Europe's Other Crisis; the Bailout of Greece Threatens the Very Integrity of the European Union." Wall Street Journal Online, April 30.

Kamm, Thomas. 1996. "End to Strike May Not Halt Juppe's Slide." *Wall Street Journal Europe*, December 2.

Kanda, Daniel. 2010. "Asset Booms and Structural Fiscal Positions: The Case of Ireland." IMF Working Paper WP/10/57, Washington, D.C., March.

Kang, DaeWoong, Nick Ligthart, and Ashoka Mody. 2015. "The European Central Bank: Building a Shelter in a Storm." Griswold Center for Economic Policy Studies Working Paper 248, December. https://www.princeton.edu/ceps/workingpapers/248mody.pdf.

Karamouzi, Eirini. 2014. *Greece, the EEC and the Cold War, 1974–79: The Second Enlargement*. New York: Palgrave Macmillan.

Karnitschnig, Matthew. 2017. "Why Greece Is Germany's 'De Facto Colony': The Debt Relief Athens Desperately Wants Is Hostage to Berlin's Election Politics." *Politico*, June 14.

Karnitschnig, Matthew, Stephen Fidler, and Tom Lauricella. 2010. "Crisis Spreads in Europe—Debt Downgrades in Portugal, Greece Sow Fear of Contagion; World Markets Hit." *Wall Street Journal*, April 28.

Kenen, Peter B. 1969. "The Theory of Optimum Currency Areas: An Eclectic View." In *Monetary Problems of the International Economy*, edited by Robert Mundell and Alexander Swoboda, 41–60. Chicago: University of Chicago Press.

Kenna, Armorel. 2011. "Trichet Sends Letters to Berlusconi, Zapatero, *Corriere* Reports." Bloomberg, August 6.

Kennedy, Simon. 2009. "ECB Interest-Rate Cuts May Fail to Rescue Economy— Update 1."

Bloomberg, March 5.

Kennedy, Simon, and Scott Lanman. 2010. "Bernanke, Trichet Economic Paths May Diverge at Jackson Hole." Bloomberg, August 27.

Kennedy, Simon, and Stefan Riecher. 2013. "Draghi Cuts ECB Rates to Combat 'Prolonged' Inflation Weakness." Bloomberg, November 7.

Keohane, Robert O. 1986. "Reciprocity in International Relations." *International Organization* 40, no. 1: 1–27.

Keynes, John Maynard. 1920 [1919]. *The Economic Consequences of Peace*. New York: Harcourt, Brace, and Howe.

Keynes, John Maynard. 1973 [1936]. *The General Theory and After: Defence and Development*, edited by Donald Edward Moggridge. New York: Macmillan.

Khan, Mehreen. 2017. "Jean-Claude Juncker Pushes His Integrationist Vision." *Financial Times*, September 14.

Khan, Mehreen, and Paul McClean. 2017. "Dijsselbloem Under Fire for Saying Eurozone Countries Wasted Money on 'Alcohol and Women.'" *Financial Times*, March 21.

Kindleberger, Charles. 1964. *Economic Growth in France and Britain, 1851–1950*. Cambridge: Harvard University Press.

Kindleberger, Charles P. 1978. "The Aging Economy." *Weltwirtschaftliches Archiv* 114, no. 3: 407–421. http://www.jstor.org/stable/40438527, accessed November 11, 2014.

Kindleberger, Charles. 1984. *A Financial History of Western Europe*. London: George Allen and Unwin.

Kindleberger, Charles P., and Robert Z. Aliber. 2005. *Manias, Panics, and Crashes: A History of Financial Crises*. 5th ed. Hoboken: John Wiley.

King, Mervyn. 2016. *The End of Alchemy: Money, Banking, and the Future of the Global Economy*. New York: W. W. Norton.

Kinsella, Stephen. 2017. "Economic and Fiscal Policy." In *Austerity and Recovery in Ireland: Europe's Poster Child and the Great Recession*, edited by William Roche, Philip O'Connell, and Andrea Porthero. Oxford: Oxford University Press.

Kinzer, Steven. 1990. "Evolution in Europe: Kohl Is Savoring 'This Happy Hour.'" *New York Times*, November 25, 16.

Kirschbaum, Erik. 1997. "Kohl Confident Euro Coming Despite Doubts." Reuters News, June 27.

Kirschbaum, Erik. 1999. "German CDU Mulls Putting 'Warhorse' Kohl to Grass." Reuters News, December 21.

Kissinger, Henry. 1999. *Years of Renewal*. New York: Simon & Schuster.

Kissler, Andreas, and James Angelos. 2012. "Germany's Schäuble: No Doubt Portugal Will Continue Reforms." Dow Jones Institutional News, November 21.

Kitsantonis, Niki. 2017. "Emmanuel Macron, in Greece, Calls for 'Rebuilding' E.U." *New York Times*, September 7.

Kjetland, Ragnhild. 2007. "Germany's IKB Issues Profit Warning, CEO Resigns As U.S.

Subprime Lending Crisis Is Felt." Associated Press, July 30.

Koeppen, Nina, and Brian Blackstone. 2011. "Trichet Signals Rate Rise Still Likely." *Wall Street Journal Europe*, March 22.

Kohl, Helmut. 1991. "Helmut Kohl's Speech in the German Parliament on December 13, 1991." Deutscher Bundestag: Stenographischer Bericht 68, Sitzung, Plenarprotokoll 12/68, 5797–5803.

Kohl, Helmut. 1992. "CurrentDevelopments in European Politics." Deutscher Bundestag: Stenographischer Bericht 108, Sitzung, Bonn, Plenarprotokoll 12/ 108, September 25, 9219–9221.

Kohl, Helmut. 1996. "Speech by Chancellor Helmut Kohl on the Occasion of the Conferral of His Honorary Doctorate by the Catholic University in Leuven, Belgium, February 2." http://germanhistorydocs.ghi-dc.org/pdf/eng/Ch9Doc03FIN.pdf.

Kohl, Helmut. 1998. "Helmut Kohl's Speech in the German Parliament on April 23, 1998." Deutscher Bundestag: Stenographischer Bericht 230, Sitzung, Plenarprotokoll 13/230, S. 21050–21058.

Kohl, Helmut. 2014. *Aus Sorge um Europa: Ein Appell*[Out of Concern for Europe: An Appeal]. Munich: Droemer. Kindle edition.

Kokkinidis, Tasos. 2017. "Half of Greeks between 18–35 Financially Supported by Family." Greek Reporter, July 17.

Kollmeyer, Barbara. 2011. "European Banks Tumble." Wall Street Journal Online, July 8.

Kollmeyer, Barbara, and Andrea Tryphonides. 2011. "Europe's Banks, Insurers, Airlines Lead Selloff." Wall Street Journal Online, May 23.

Koranyi, Balazs, and Joseph Nasr. 2017. "Italy Would Be Unwise to Reverse Labour Market Reform: OECD." Reuters News, March 17.

Kovrijnykh, Natalia, and BalázsSzentes. 2007. "Equilibrium Default Cycles." *Journal of Political Economy* 115, no. 3: 403–446.

Kowsmann, Patricia. 2011. "Political Turmoil Grows in Portugal." Wall Street Journal Online, March 15.

Krugman, Paul. 1995. "Dutch Tulips and Emerging Markets." Foreign Affairs 74, no. 4: 28-44.

Krugman, Paul. 1988. "Financing vs Forgiving a Debt Overhang." *Journal of Development Economics* 29: 253–268.

Krugman, Paul. 1998. "It's Baaack: Japan's Slump and the Return of the Liquidity Trap." *Brookings Papers on Economic Activity* 2: 137–205.

Krugman, Paul. 2011. "An Impeccable Disaster." *New York Times*, September 11. Krugman, Paul. 2012. *End This Depression Now!* New York: W. W. Norton. Krugman, Paul. 2014a. "Timid Analysis." Conscience of a Liberal, New York Times Blogs, March 21. http://krugman.blogs.nytimes.com/2014/03/21/timid-analysis-wonkish/?_r=0.

Krugman, Paul. 2014b. "The Timidity Trap." *New York Times*, March 20. https://www.nytimes.com/2014/03/21/opinion/krugman-the-timidity-trap.htmlKrugman, Paul. 2017.

"A Finger Exercise on Hyperglobalization," June 14. https://krugman.blogs.nytimes. com/2017/06/14/a-finger-exercise-on-hyperglobalization.

Küsters, Hanns Jürgen. 1998. "Entscheidung für die deutsche Einheit" [Decision for German Unity]. In *Deutsche Einheit: Sonderedition aus den Akten des Bundeskanzleramtes, 1989/90* [German Unity: Special Edition oftheDocumentsofthe Federal Chancellery, 1989/90], editedby Hanns JürgenKüstersand Daniel Hofmann. Munich: Oldenbourg Verlag.

Küsters, Hanns Jürgen, and Daniel Hofmann. 1998. *Deutsche Einheit: Sonderedition aus den Akten des Bundeskanzleramtes, 1989/90* [German Unity: Special Edition oftheDocumentsofthe Federal Chancellery, 1989/90]. Munich: Oldenbourg Verlag.

Kyriakidou, Dina. 2009. "Papandreou Fought Long, Hard Battle to the Top." Reuters News, October 4.

Labaton, Stephen. 2008. "U.S. Regulator's 2004 Rule Let Banks Pile Up New Debt." *International Herald Tribune*, October 3.

Lakoff, George. 2017. "#ProtectTheTruth." https://georgelakoff.com/2017/02/18/ protectthetruth.

Lamfalussy, Alexandre. 1989. "Macro-Coordination of Fiscal Policies in Economic and Monetary Union in Europe." In *The Report on Economic and Monetary Union in the European Community: Collection of Papers Submitted to the Committee for the Study of Economic and Monetary Union*, Office for Official Publications of the European Communities, Luxemboourg, 91–125. http://aei.pitt.edu/1008/1/monetary_delors_collected_ papers.pdf.

Lamfalussy, Christophe, Ivo Maes, and Sabine Péters. 2014. *Alexandre Lamfalussy: The Wise Man of the Euro*. Leuven: LanooCampus.

Lamont, Norman. 1999. *In Office*. London: Little, Brown.

Landler, Mark. 2003. "On a Sickbed, Is Germany Too Weak for Cure?" *New York Times*, March 3.

Landler, Mark. 2005. "Euro Bruised by Rejection of New Pact by France." *New York Times*, May 31.

Landler, Mark. 2008. "ECB Raises Key Rate to 4.25%." *New York Times*, July 3. Lane, Philip. 2006. "The Real Effects of European Monetary Union." *Journal of Economic Perspectives* 20, no. 4: 47–66.

Langfield, Sam, and Marco Pagano. 2016a. "Bank Bias in Europe: Effects on Systemic Risk and Growth." *Economic Policy* 31, no. 85: 51–106.

Langfield, Sam, and Marco Pagano. 2016b. "Financial Structure." In *The Palgrave Handbook of European Banking*, edited by Thorsten Beck and Barbara Casu. London: Palgrave Macmillan.

La Porta, Rafael, Florencio Lopez-de-Silanes, and Andrei Shleifer. 2002. "Government Ownership of Banks." *Journal of Finance* 57, no. 1: 265–301.

La Stampa. 2012. "Household Appliance Makers Struggle to Survive," August 9. Laughland, John. 2000. "Many Key Players Who Forced the Euro on to the Statute Book Were Crooks."

Times, January 25.

Lee, Jae-Seung. 2004. "The French Commitment to European Monetary Integration: A Review of the Two EMS Crises (1981–83, 1992–93)." *Global Economic Review* 33, no. 2: 39–56.

Le Monde. 1974. "M. Valéry Giscard d'Estaing répondaujourd'hui a nos questions" [Mr. Valéry Giscard d'Estaing Answered Our Questions Today]. May 3.

Le Monde. 1978. "La conférence de presse du président de la république" [Text of statements by Valéry Giscard d'Estaing at a press conference on November 21 at the Maison de Radio-France]. November 23.

Lenihan, Brian. 2010a. "Minister's Statement on Banking," Dublin: Department of Finance, September 30, https://web.archive.org/web/20170420171433/http://www.finance.gov.ie/news-centre/press-releases/minister%E2%80%99s-statement-banking-30-september-2010.

Lenihan, Brian. 2010b. "Other Questions—Bank Guarantee Scheme," September 30. http://oireachtasdebates.oireachtas.ie/debates%20authoring/debateswebpack.nsf/takes/dail201009 3000013?opendocument.

Leonard, Mark. 2017. "French-German Leaders; Can Merkron Save Europe?" *Handelsblatt Global*, July 5.

Leparmentier, Arnaud, and Laurent Zecchini. 2002. "Prodi: 'La France doits'engager advantage en Europe' " [Prodi: "France Must Engage More with Europe"]. *Le Monde*, October 18, 1, 5.

Levy Yeyati, Eduardo, and Ugo Panizza. 2011. "The Elusive Costs of Sovereign Defaults." *Journal of Development Economics* 94, no. 1: 95–105.

Libero Quotidiano. 2017. "Mps e banche, l'allarmedell'economista: 'Italia a fondo, non ha sensorestarenell'Ue' " [MPS and Banks, the Economist's Warning: "Italy in a Deep Hole, Makes No Sense to Stay in the EU"], January 3. http://www.liberoquotidiano.it/news/economia/12264845/mps-banche-luigi-zingales-italia-fondo-rischio-uscita-ue-.html.

Lichfield, John. 1998. "Countdown to the Euro—View from France—Europe United by Apathy and Ignorance." *Independent*, December 29.

Longo, Morya. 2016. "Draghi: The New Atlante Fund 'Is a Small Step in the Right Direction.'" ItalyEurope24, April 22.

Lorentzsen, Erika. 2005. "Chirac Defends E.U. Constitution on TV." *Washington Post*, April 15.

Love, Brian. 2008. "Paris Summit Seeks European Response to Crisis." Reuters News, October 3.

Love, Brian, and Anna Willard. 2008. "European Leaders Vow to Fight Financial Crisis." Reuters News, October 4.

Lucidi, Federico, and Alfred Kleinknecht. 2010. "Little Innovation, Many Jobs: An Econometric Analysis of the Italian Labour Productivity Crisis." *Cambridge Journal of Economics* 34: 525–546.

Ludlow, Peter. 1982. *The Making of the European Monetary System: A Case-Study of the Politics of the European Community*. London: Butterworth Scientific.

Ludlow, Peter. 2010. "The Euro Crisis Once Again: The European Council of October 28–29,

2010." Eurocomment Briefing Note 8 (3), Brussels, December.

Ludlow, Peter, and Luigi Spaventa. 1980. "The Political and Diplomatic Origins of the European Monetary System: July 1977–March 1979." Johns Hopkins University, Joint Bologna Center, European University Institute Conference, November 16–17, 1979.

Lynn, Matthew. 2010. *Bust: Greece, the Euro and the Sovereign Debt Crisis*. Hoboken: John Wiley.

Lyons, Tom. 2011. "Noonan Must Do Battle on Interest Rate Rise." *Sunday Times*, July 10.

Maastricht Treaty. 1992. "Treaty on European Union," signed February 7, effective November 1, 1993. https://europa.eu/european-union/law/treaties_en.Maatouk, Michele, and Barbara Kollmeyer. 2012. "Spanish Stocks, Bonds Pummeled." Wall Street Journal Online, July 5

Macdonald, Alastair, and Michel Rose. 2017. "France's Macron Urges EU to Curb Cheap East European Workers." Reuters News, May 25.

MacDougall, Donald. 1977. Report of the Study Group on the Role of Public Finance in European Integration." Office for Official Publications of the European Communities, Luxembourg. http://www.cvce.eu/content/publication/2012/5/31/c475e949-ed28-490b-81ae-a33ce9860d09/publishable_en.pdf.

Mackenzie, James. 2014. "Italy's Grillo Attacks Renzi Reform, Seeks Referendum on Euro." Reuters News, October 12.

Mackenzie, James. 2016. "Italy Economy Ministry Calls for Change of Approach in EU— Update 1." Reuters News, March 28.

Macmillan, Harold. 1961. "Memorandum by the Prime Minister." Written between December 29, 1960, and January 3, 1961. PREM 11/3325, 57–88. Prime Minister's Office, London.

Macron, Emmanuel. 2017a. "Speech by the President of the French Republic." September 7, Athens. https://newyork.consulfrance.org/ Speech-by-the-President-of-the-French-Republic-in-Greece.

Macron, Emmanuel. 2017b. "Initiative for Europe." Sorbonne University, Paris, September 26.

MacroPolis. 2017. "Greeks Graduating after 2011 Encountered Limited Opportunities, Low Pay," July 6. http://www.macropolis.gr/?i=portal.en.society.5825.

MacSharry, Ray. 2014. "The Poisoned Chalice." In *Brian Lenihan: In Calm and Crisis*, edited by Brian Murphy, Mary O'Rourke, and Noel Whelan, chapter 8. Kildare: Merrion. Kindle edition.

Mader, Mattias, and Harold Schoen. 2015. "Chancellor Merkel, the European Debt Crisis and the AFD: An Analysis of Voting Behaviour in the 2013 Federal Elections." In *Germany after the 2013 Elections: Breaking the Mould of Post- Unification Politics*. Farnham, England: Ashgate.

Maes, Ivo. 2004. "Macroeconomic and Monetary Policy-Making at the European Commission, from the Rome Treaties to the Hague Summit." National Bank of Belgium Working Paper 58, Brussels, August.

Maes, Ivo, and Eric Bussière. 2016. "Robert Triffin: The Arch Monetarist in the European Monetary Integration Debates?" In *Architects of the Euro: Intellectuals as Policy-Makers in the Process of European Monetary Integration*, edited by Kenneth Dyson and Ivo Maes. London: Oxford University Press.

Mair, Peter. 2007. "Political Opposition and the European Union." *Government and Opposition* 42, no. 1: 1–17.

Mair, Peter. 2013. *Ruling the Void: The Hollowing of Western Democracy*. London: Verso.

Major, Tony, and Hugh Williamson. 2003. "Rift Widens As ECB Holds Firm over Interest Rates." *Financial Times*, July 12.

Malkin, Israel, and Fernanda Nechio. 2012. "US and Euro-Area Monetary Policy by Regions." FRBSF Economic Letter 2012-02, February 27. http://www.frbsf.org/economic-research/files/el2012-06.pdf.

Mallet, Victor. 2002. "France Wants to Break Balanced Budget Pledge." *Financial Times*, May 13.

Mann, Siegfried. 1989. *European Monetary Policy: From Convergence to an Institution*. Cologne: Bundesverband der DeutschenIndustrie.

Marcussen, Martin, and Mette Zølner. 2003. "The Danish EMU Referendum 2000: Business As Usual." *Government and Opposition* 36, no. 3: 379–402.

Marjolin, Robert. 1975. "Report of the Study Group: Economic and Monetary Union, 1980." Directorate General of Economic and Financial Affairs, Commission of the European Communities. Brussels, March 8. http://www.cvce.eu/content/publication/2010/10/27/93d25b61-6148-453d-9fa7-9e220e874dc5/publishable_en.pdf.

Marjolin, Robert. 1981. "Europe in Search of Its Identity." Russell C. Leffingwell Lectures. Council on Foreign Relations. New York, September 1980.

Marjolin, Robert. 1989 [1986]. *Architect of European Unity: Memoirs, 1911–1986*. London: Weidenfield and Nicolson.

Market News International. 1999. "Duisenberg Sees Good Chance for Greece to Join EMU by 2001," December 21.

Market News International. 2010. "Germany FinMin Expects Decision on Greek Aid in Two Weeks," April 23.

Marsh, David. 1991. "Monday Interview; Navigating in Turbulent Waters." *Financial Times*, April 29, 32.

Marsh, David. 1992. *The Bundesbank: The Bank That Rules Europe*. London: Heineman.

Marsh, David. 1993. "Caught Out by a Turning Tide." *Financial Times*, April 8, 19. Marsh, David. 2009a. *The Euro: The Battle for the New Global Currency*. New Haven: Yale University Press.

Marsh, David. 2009b. "France, Germany and Fissures in the Eurozone." *Financial Times*, January 11.

Marsh, David and Andrew Fisher. 1989. "Man in the News: Sceptical Champion of EC Monetary Integration—Karl Otto Pohl." *Financial Times*, July 1, 7. Marsh, Sarah. 2012. "Former Rights Activist Gauck to Become German President." Reuters News, February 19.

Marshall, Matt. 1997a. "Bonn Abandons Gold-Revaluation Plan." *Asian Wall Street Journal*,

June 4.

Marshall, Matt. 1997b. "Tribal Taboo: Bavarian Politicians Prepare to Challenge Bonn on EMU Policy." *Wall Street Journal Europe*, June 26.

Martin, Philippe, Thierry Mayer, and Mathias Thoenig. 2012. "The Geography of Conflicts and Regional Agreements." *American Economic Journal: Macroeconomics* 4, no. 4: 1–35.

Mascolo, Georg, and Christoph Schwennicke. 2011. "Interview with Gerhard Schröder: Europe Needs to Wake Up." Spiegel Online, September 5. http://www.spiegel.de/international/europe/spiegel-interview-with-gerhard-Schröder-europe-needs-to-wake-up-a-784357.html.

Masoni, Danilo, and Francesca Piscioneri. 2014. "A Washing Machine Factory Tests Italy's Industrial Future." Reuters News, March 2014.

Masson, Paul, and Michael Mussa. 1995. "Long-Term Tendencies in Budget Deficits and Debt." IMF Working Paper 95/128. Presented at the Federal Reserve Bank of Kansas City Symposium on "Budget Deficits and Debt: Issues and Options," September. http://papers.ssrn.com/sol3/papers.cfm?abstract_id=883274###.

Masuch, Klaus, Edmund Moshammer, and Beatrice Pierluigi. 2017. "Institutions, Public Debt, and Growth in Europe." *Public Sector Economics* 41, no.2: 159–205.

Mathieu, Gilbert. 1974. "Une opérationen deux temps" [A Two-Step Operation]. *Le Monde*, June 4, 5.

Mayer, Thomas. 2017. "Macron ist ein gefährlicher Partner" [MacronIs a Dangerous Partner]. *Frankfurter Allgemeine Zeitung*, June 24.

Mayr, Walter. 2014. "Italy's New Prime Minister Promises Radical Reform." Spiegel Online, March 6.

Mazower, Mark. 2013. "Italy Exposes Wider Crisis of Democracy." *Financial Times*, February 28.

Mazzolini, Giulio, and Ashoka Mody. 2014. "Austerity Tales: The Netherlands and Italy." Bruegel Blog, October 26. http://bruegel.org/2014/10/austerity-tales-the-netherlands-and-italy.

Mazzucelli, Colette. 1997. *France and Germany at Maastricht: Politics and Negotiations to Create the European Union*. New York: Garland.

McDonald, Robert. 1991. "Greece Struggles to Rescue Economy." *Toronto Star*, August 21.

McDougall, Owen, and Ashoka Mody. 2014. "Will Voters Turn Out in the 2014 European Parliamentary Elections?" VoxEU, May 17. http://voxeu.org/article/ turnout-european-parliament-elections.

McEnaney, Tom. 2006. "Fast Growth Is the Property of the Niche Player Banking on Collateral." *Irish Independent*, December 7.

McManus, John. 1996. "EMU Plan Faces Irish Backlash." *Sunday Times*, October 20.

Megginson, William L. 2005. "The Economics of Bank Privatization." *Journal of Banking and Finance* 29: 1931–1980.

Meichtry, Stacy. 2017. "French President Assumes Royal Bearing in Office." *Wall Street Journal*, July 14.

Meier, Simone. 2009. "ECB Cuts Key Rate As Recession Forces Trichet's Hand— Update 1." Bloomberg, January 15.

Melander, Ingrid. 2009. "Papandreou Woos Undecided Greeks ahead of Vote." Reuters News, October 1.

Melander, Ingrid. 2011. "Greek Recession Helps Put Lid on Corruption—Survey." Reuters News, March 17.

Merkel, Angela. 1999. "Die von Helmut Kohl eingeräumtenVorgängehaben der ParteiSchadenzugefügt" [The Party Has Suffered Harm from the Deeds That Helmut Kohl Has Admitted To]. *Frankfurter Allgemeine Zeitung*, December 22 (the article has a Berlin, December 21 dateline).

Merkel, Angela. 2009. "Government Statement" [Regierungserklärung]. December 17, 904–908. http://dipbt.bundestag.de/doc/btp/17/17012.pdf.

Merkel, Angela. 2010a. "Government Statement" [Regierungserklärung]. May 5, 3721–3727. http://dip21.bundestag.de/dip21/btp/17/17039.pdf.

Merkel, Angela. 2010b. "HerculeanBudgetaryConsolidationand Higher Growth: Speech in the General Debate on the Federal Budget" [Herkulesaufgabe Haushalt konsolidieren und Wachstum schaffen: Rede in der Generaldebatte zum Bundeshaushalt]. March 17, 2711–2720, http://dip21.bundestag.de/dip21/btp/17/17030.pdf.

Merkel, Angela. 2010c. "Speech by the Federal Chancellor on Being Awarded the Royal Society's King Charles II Medal," April 1. https://royalsociety.org/news/2010/german-chancellor.

Merkel, Angela. 2014. "Rede vor dem Bundestag" [Parliament Speech]. June 25, 3691–3697. http://dip21.bundestag.de/dip21/btp/18/18042.pdf.

Merler, Silvia. 2017. "A Tangled Tale of Bank Liquidation in Venice." Bruegel Blog, June 26. http://bruegel.org/2017/06/a-tangled-tale-of-bank-liquidation-in-venice.

Mettler, Ann. 2004. "Brussels Needs a New Vocabulary of Reform." *Wall Street Journal Europe*, June 24.

Milasin, Ljubomir. 2013. "Europe Takes Key Role in Italy's Elections." Agence France-Presse, February 8.

Millar, Kate. 2015. "Greek Finance Minister Met with 'Scepticism' in Bruising Berlin Debt Talks." Agence France-Presse, February 5.

Milward, Alan. 1992. *The European Rescue of the Nation-State*. London: Routledge. Kindle edition.

Minihan, Mary. 2015. "Burton Says Debt Conference Idea 'Has Merit'; Tánaiste Says Ireland Will Look for Any Further Relief That May Be Obtainable." *Irish Times*, January 15.

Modigliani, Franco, and Giorgio La Malfa. 1998 "Perils of Unemployment." *Financial Times*, January 16.

Modigliani, Franco, Jean-Paul Fitoussi, Beniamino Moro, Dennis Snower, Robert Solow, Alfred Steinherr, and Stefano SylosLabini. 1998. "An Economists' Manifesto on Unemployment in the European Union." *BNL Quarterly Review* 51, no. 206: 327–361.

Mody, Ashoka. 2009. "From Bear Stearns to Anglo Irish: How Eurozone Sovereign Spreads Related to Financial Sector Vulnerability." IMF Working Paper WP/09/ 108, Washington, D.C., May.

Mody, Ashoka. 2012. "Greece's Bogus Debt Deal." Project Syndicate, December 12.

Mody, Ashoka. 2013. "Sovereign Debt and Its Restructuring Framework in the Eurozone." *Oxford Review of Economic Policy* 29, no. 4: 715–744.

Mody, Ashoka, 2014a. "Are the Eurozone's Fiscal Rules Dying—If So, Good Riddance." Bruegel Blog, October 29. http://bruegel.org/2014/10/are-the-eurozones-fiscal-rules-dying.

Mody, Ashoka. 2014b. "Did the German Court Do Europe a Favour?" *Capital Markets Law Journal* (December): 1–17.

Mody, Ashoka. 2014c. "Europhoria Once Again." February 10. http://www.bruegel.org/nc/blog/detail/article/1242-europhoria-once-again.

Mody, Ashoka. 2014d. "The Ghost of Deauville." VoxEU, January 7. http://www.voxeu.org/article/ghost-deauville.

Mody, Ashoka. 2014e. "Making Argentina's Debt Debacle a Rarity." Bloomberg View, October 2.

Mody, Ashoka. 2015a. "Germany, Not Greece, Should Exit the Euro." Bloomberg View, July 17.

Mody, Ashoka. 2015b. "Living (Dangerously) without a Fiscal Union." Bruegel Working Paper 2015/03, March.

Mody, Ashoka. 2015c, "Obama Joins the Greek Chorus." Project Syndicate, February 5.

Mody, Ashoka. 2015d. "Professor Blanchard Writes a Greek Tragedy." Bruegel Blog, July 13. http://bruegel.org/2015/07/professor-blanchard-writes-a-greek- tragedy/.

Mody, Ashoka. 2016. "Saving the IMF." Project Syndicate, April 9.

Mody, Ashoka, and Emily Riley. 2014. "Why Does Italy Not Grow?" Bruegel Blog, October 10. http://bruegel.org/2014/10/why-does-italy-not-grow. Mody, Ashoka, and Damiano Sandri. 2012. "The Eurozone Crisis: How Banks and Sovereigns Came to Be Joined at the Hip." *Economic Policy* 27: 199–230.

Mody, Ashoka, and Diego Saravia. 2006. "Catalysing Private Capital Flows: Do IMF Programmes Work As Commitment Devices?" *Economic Journal* 116 (July): 843–867.

Moeller, Almut. 2012. "Angela Merkel's Real Nightmare." CNN, June 30. http://www.cnn.com/2012/06/30/opinion/opinion-moeller-merkel-nightmare/index.html.

Moen, Arild. 2011. "Finland PM: Expects Collateral Deal with Greece in Few Days or Weeks." *Dow Jones Institutional News*, August 31.

Moghadam, Reza, Ranjit Teja, and PelinBerkmen. 2014. "Euro Area—'Deflation' versus 'Lowflation.'" IMF Blog, March 4. https://blogs.imf.org/2014/03/04/euro-area-deflation-versus-lowflation.

Moïsi, Dominique. 1995. "Chirac of France: A New Leader of the West?" *Foreign Affairs*, November–December: 8–13.

Moïsi, Dominique. 2005. "Handing the 21st Century to Asia: The EU Constitution III."

International Herald Tribune, May 26.

Mokyr, Joel. 2016. *A Culture of Growth: The Origins of the Modern Economy*. Princeton: Princeton University Press.

Mollenkamp, Carrick, and Cassell Bryan-Low. 2010. "Greece Leaps Crucial Hurdle with Debt Sale" *Wall Street Journal*, March 5.

Mollenkamp, Carrick, and Edward Taylor. 2007. "Subprime Troubles Hit Commerzbank and IKB." *Wall Street Journal Europe*, July 31.

Monnet, Jean. 1978 [1976]. *Memoirs*. London: William Collins Sons.

Moody's Investors Service. 2010. "Moody's Places Ireland's Aa2 Rating on Review for Possible Downgrade." Press release, October 5.

Moody's Investors Service. 2012a. "Moody's Changes Outlook on the EFSF's (P)Aaa Rating to Negative." Press release, July 24.

Moody's Investors Service. 2012b. "Moody's Changes the Outlook to Negative on Germany, Netherlands, Luxembourg and Affirms Finland's Aaa Stable Rating." Press release, July 23.

Moody's Investors Service. 2013. "Moody's Affirms Intesa Sanpaolo's Baa2/P-2 Ratings; Lowers BCA to Baa3." Press release, July 24.

Moravcsik, Andrew. 1991. "Negotiating the Single European Act: National Interests and Conventional Statecraft in the European Community." *International Organization* 45, no. 1: 19–56.

Moravcsik, Andrew. 1998. *The Choice for Europe: Social Purpose and State Power from Messina to Maastricht*. Ithaca: Cornell University Press.

Moravcsik, Andrew. 2006. "What Can We Learn from the Collapse of the European Constitutional Project?" *PolitischeVierteljahresschrift*47, no. 2: 219–241.

Moravcsik, Andrew. 2008. "The European Constitutional Settlement." *World Economy* 31, no. 1: 158–183.

Morgan, Simon. 2012. "ECB Trims Rates, but Markets Pound 'Timid' Response." Agence France-Presse, July 5.

Mortimer, Edward. 1996. "Journey to EMU's Heartland." *Financial Times*, December 23.

Mortished, Carl. 2004. "VW Cannot Be Special." *Times* January 28.

Mudde, Cas. 2017. "'Good' Populism Beat 'Bad' in Dutch Election." *Guardian*, March 19.

Müller, Peter, Christian Reiermann, and Christoph Schult. 2010. "Merkel Caves In to Sarkozy—Germany's Allies Shocked by Euro Zone Backdown." Spiegel Online, October 25.

Münchau, Wolfgang. 2013. "A Perilous Time to Switch Italy's Voting System." *Financial Times*, December 8.

Münchau, Wolfgang. 2014. "Once Again National Interests Undermine Europe." *Financial Times*, March 10.

Münchrath, Jens, Yasmin Osman, and Christopher Cermak. 2014. "At Loggerheads: Man with an Iron Will." *Handelsblatt Global*, December 17. Mundell, Robert. 1961. "A Theory of Optimum Currency Areas." *American Economic Review* 51: 657–665.

Murphy, Kevin, Andrei Shleifer, and Robert Vishny. 1993. "Why Is Rent-Seeking So Costly to Growth?" *American Economic Review* 83, no. 2: 409–414.

Murphy, Richard. 1994. "Kohl Distances Himself from Party's EU Reform Idea." Reuters News, September 5.

Murray, Michael. 2003. "Fund Managers Missed the Anglo Irish Boat." *Sunday Business Post*, November 30.

Murray Brown, John. 2009. "Lenihan Sees Bail-Out As Key for Republic's Revival." *Financial Times*, May 29.

Murray Brown, John. 2010. "Fitch Downgrades Ireland's Debt Rating." *Financial Times*, October 6.

Musolff, Andreas. 2003. "Metaphor Corpora and *Corporeal* Metaphors." Paper Presented at Interdisciplinary Workshop on Corpus-Based Approaches to Figurative Language, Lancaster University, March 27. Revised version published in *Proceedings of the Interdisciplinary Workshop on Corpus-Based Approaches to Figurative Language*, edited by John Barnden, Sheila Glasbey, Mark Lee, Katja Markert, and Alan Wallington. University Centre for Computer Corpus Research on Language, Technical Papers 18. Lancaster: Lancaster University, 48–57, http://ucrel.lancs.ac.uk/papers/techpaper/vol18.pdf.

Mussler, Werner. 2017. "SchäubleerteiltEurohaushalteineAbfuhrBrüsselerIdeenzurVertiefung der Währungsunion 'nichtrealistisch'/EU-Finanzministergegen Bad Bank" [Schäuble Rejects EU Budget: Ideas regarding the Further Integration of the Monetary Union "Not Realistic"/EU Finance Minister Opposes Bad Bank]. *Frankfurter Allgemeine Zeitung*, April 9.

Nagle, Peter. 2017. "Global Macro Views: Euro Area Inflation Still a Headache for the ECB." Institute for International Finance, Washington, D.C., September 7.

Nash, Elizabeth. 1998. "Countdown to the Euro: View from Portugal." *Independent*, December 29.

Neumann, Jeannette, Patricia Kowsmann, and Giovanni Legorano. 2016. "European Banks Buffeted by Bond Investors' Fears; Central Banks Are Wary of Suffering a Political and Financial Backlash if They Force Losses on a Bank's Individual Investors." *Wall Street Journal*, February 15.

New Europe. 2015. "Jean Claude Juncker Questions Troika's 'Democratic Legitimacy,'" February 19. https://www.neweurope.eu/article/jean-claude-juncker-questions-troikas-democratic-legitimacy.

New York Times. 1971. "2 Constellations Pull Together," January 15, 55.

New York Times. 1989. "Upheaval in the East," December 7, A21.

Nixon, Simon. 2011. "Will the Stress Be Stressful Enough?" Wall Street Journal Online, January 27.

Noble, Christopher. 1998. "France Qualifies for EMU As Economy Rebounds." Reuters News, February 27.

Nocera, Joe. 2009. "Lehman Had to Die, It Seems, So Global Finance Could Live." *New York*

Times, September 12.

Norman, Peter. 1993. "EC Interest Rates Puzzle—Why Germany Pushed at an Open Door on Monetary Policy." *Financial Times*, August 17.

Norman, Peter. 1997. "Defender of a Decimal Point." *Financial Times*, July 7. Norman, Peter. 2000. "Brussels Proposes Greece Should Join Euro-Zone." *Financial Times*, May 4.

Norris, Floyd. 2000. "Rise in Rates Is Not Stemming the Euro's Slide." *New York Times*, September 7.

Norris, Floyd. 2005. "A New Fall Guy Emerges in Europe: The Euro." *International Herald Tribune*, June 8.

NPR. 2008. "Fed Cuts Interest Rate by Half Point to 1 Percent." October 29. Nyberg, Peter. 2011. "Misjudging Risk: Causes of the Systemic Banking Crisis in Ireland." Report to the Commission of Investigation into the Banking Sector in Ireland, March. http://www.bankinginquiry.gov.ie/Documents/Misjuding%20 Risk%20-%20Causes%20of%20the%20 Systemic%20Banking%20Crisis%20 in%20Ireland.pdf.

Obstfeld, Maurice. 2013. "Finance at Centre-Stage: Some Lessons of the Euro Crisis." Economic Papers 493, European Commission, Brussels, April.

Obstfeld, Maurice, and Giovanni Peri. 1998. "Asymmetric Shocks: Regional Non- Adjustment and Fiscal Policy." *Economic Policy*, April: 206–259.

Occorsio, Eugenio. 2016. "La Uedicasì al piano italiano" [Let the EU Say Yes to the Italian Plan"]. *La Repubblica*, April 20.

Odendahl, Christian. 2014. "Quantitative Easing Alone Will Not Do the Trick." Centre for European Reform, April 28. http://www.cer.org.uk/insights/quantitative-easing-alone-will-not-do-trick#sthash.YWU9YtaD.dpuf.

O'Donnell, John, and AngelikiKoutantou. 2015. "Draghi Ties ECB's Greek Funding to Bailout Compliance." Reuters News, March 5.

OECD. 2008. "Ageing OECD Societies" Paris. https://www.oecd.org/berlin/41250023.pdf.

OECD. 2016a. "OECD Economic Surveys: Greece 2016." Paris, March. OECD. 2016b. "PISA 2015 Results: Excellence and Equity in Education," December. http://dx.doi.org/10.1787/9789264266490-en.

OECD. 2017a. "OECD Economic Surveys: Italy," February.

OECD. 2017b. "OECD Economic Surveys: Portugal," February.

OECD. 2017c. "OECD Economic Surveys: Spain," March.

Ognibene, Silvia. 2013. "Police Investigate Death of Monte Paschi Spokesman—Update 3." Reuters News, March 7.

O'Mahony, John. 2000. "A Tiger by the Tail." *Guardian*, August 18. http://www.theguardian.com/books/2000/aug/19/books.guardianreview.

Open Europe. 2013a. "German Voters Reject All Forms of Further Financial Support to the Eurozone," September 17. http://openeurope.org.uk/wp-content/uploads/2014/10/German_voters_reject_all_forms_of_further_financial_support_to_the_eurozone.pdf.

Open Europe. 2013b. "German Voters Say Next Chancellor Should Back Efforts to Devolve

EU Powers Back to Member States," September 17. http://openeurope.org.uk/wp-content/uploads/2013/09/German_voters_say_next_chancellor_should_back_efforts_to_devolve_EU_powers_back_to_member_states.pdf.

Orwell, George. 1961. "Looking Back on the Spanish War." Reprinted in *Collected Essays*. London: Mercury.

O'Toole, Fintan. 2012. "Giving the People of Ireland a Chance Not Chancers." *Irish Times*, March 27.

Owen, Ed, Lucia Adams, and Joanna Bale. 2006. "Thousands of Second Homes Face Bulldozer in Costa Scam." *Times*, April 3.

Packer, George. 2014. "The Quiet German: The Astonishing Rise of Angela Merkel, the Most Powerful Woman in the World." *New Yorker*, December 1. http://www.newyorker.com/magazine/2014/12/01/quiet-german.

Padoan, Pier Carlo. 2015. http://www.ilsole24ore.com/art/notizie/2016-12-28/padoan-basta-l-opacita-vigilanza-bce-232343.shtml?uuid=AD66RoLC&refresh_ce=1.

Padoa-Schioppa, Tommaso. 2004. "Building on the Euro's Success." Speech at conference "The Euro at Five: Ready for a Global Role?" Institute of International Economics, Washington, D.C., February 26. https://www.ecb.europa.eu/press/key/date/2004/html/sp040226.en.html.

Pagano, Marco, Sam Langfield, Viral Acharya, Arnoud Boot, Markus Brunnermeier, Claudia Buch, Martin Hellwig, André Sapir, and Ieke van den Burg. 2014. "Is Europe Overbanked?" European Systemic Risk Board Advisory Scientific Committee, Report 4, June. https://www.esrb.europa.eu/pub/pdf/asc/Reports_ASC_4_1406.pdf.

Palmer, John, Anna Tomforde, and Ruth Kelly. 1992. "'Fast Track' EC Monetary Union Closer." *Guardian*, September 25.

Panizza, Ugo. 2013. "Do We Need a Mechanism for Solving Sovereign Debt Crises? A Rule-Based Discussion." Graduate Institute of International and Development Studies Working Paper 03/2013, Geneva. http://repec.graduateinstitute.ch/pdfs/Working_papers/HEIDWP03-2013.pdf.

Panizza, Ugo, Federico Sturzenegger, and JerominZettelmeyer. 2009. "The Economics and Law of Sovereign Debt and Default." *Journal of Economic Literature* 47, no. 3: 651–698.

Paolucci, Gianluca. 2017. "Il film dell'orrore di Popolare Vicenza. 'Da Zonin& C. danni per 2 miliardi'" [The Horror Film of Popolare Vicenza. 'Zonin and Company Face Damages of 2 Billion Euros]. La Stampa Economia, April 7. http://www.lastampa.it/2017/04/07/economia/il-film-dellorrore-di-popolare-vicenza-da-zonin-c-danni-per-miliardi-eMXEcYjSVBSHsQxmkSFk5O/pagina.html.

Papachristou, Harry, and Peter Graff. 2012. "Poll Shows Greece Electing Pro- Bailout Government." Reuters News, May 17.

Papaconstantinou, George. 2016. *Game Over: The Inside Story of the Greek Crisis*. CreateSpace. Kindle edition.

Paris, Costas. 1991. "Greek Economy in Crisis until 1997—Bank Governor." Reuters News,

November 11.

Paris, Gilles. 1992. "The Results of the Referendum on the European Union: A Rich and Urban Yes." *Le Monde*, September 22.

Parker, George. 2003. "Brussels Says Good-bye to Annus Horribilis." *Financial Times*, December 18.

Parker, George, and Ed Crooks. 2003. "Breaking the Pact." *Financial Times*, November 26.

Parsons, Craig. 2000. "Domestic Interests, Ideas, and European Integration." *Journal of Common Market Studies* 38, no. 1: 45–70.

Parsons, Craig. 2003 *A Certain Idea of Europe*. Ithaca: Cornell University Press.

Paterson, Tony. 2010. "Merkel Woos the State She Cannot Afford to Lose." *Independent*, May 7.

Patnaik, Ila, and Ajay Shah. 2010. "Does the Currency Regime Shape Unhedged Currency Exposure?" *Journal of International Money and Finance* 29: 760–769.

Pattanaik, Swaha. 2004. "EU Tests Budget Disciplining Power with Greek Step— Update 2." Reuters News, December 22.

Pattanaik, Swaha. 2014. "'Hike Huff' Could Disrupt Markets." Reuters News, September 15.

Paul, Jens Peter. 2010. "Bilanz einer gescheiterten Kommunikation. Fallstudien zur deutschen Entstehungsgeschichte des Euro und ihrer demokratietheoretischen Qualität" [Records ofFailed Communication: Case Studies fromthe German Genesis ofthe Euro andIts Relation to Democratic Theory]. Dissertation, Goethe-Universität Frankfurt, Frankfurt am Main.

Peek, Joe, and Eric Rosengren. 2005. "Unnatural Selection: Perverse Incentives and the Misallocation of Credit in Japan." *American Economic Review* 95: 1144–1166.

Peel, Quentin. 1991. "Bundesbank Urges Tough Emu Line," Financial Times, September 19.

Peel, Quentin. 1992a. "German Poll Shows Support for Referendum." *Financial Times*, June 9, 3.

Peel, Quentin. 1992b. "Kohl Struggles to Land His Catch: The Debate in Germany on European Economic and Monetary Union Could Last until December." *Financial Times*, March 17.

Peel, Quentin. 2010a. "Germans Poised for €10bn Yearly Budget Cuts." *Financial Times*, May 23.

Peel, Quentin. 2010b. "Germany: Merkel's Moment." *Financial Times*, May 7. Peel, Quentin. 2010c. "Hefty Stimuli Dent Germany's 'Swabian' Habit." *Financial Times*, June 21.

Peel, Quentin, 2010d. "Merkel Seeks Calm after Juncker E-Bond Attack." *Financial Times*, December 8.

Peel, Quentin. 2012. "Germany's Eurosceptics Build Case against Merkel." *Financial Times*, October 8.

Pellegrino, Bruno, and Luigi Zingales. 2017. "Diagnosing the Italian Disease." Stigler Center for the Study of the Economy and the State, University of Chicago Booth School of Business New Working Paper Series 14, Chicago, October. Peyrefitte, Alain. 1994. *C'etait de Gaulle* [It Was about de Gaulle]. Paris: Fayard. Philippon, Thomas. 2015. "Has the US Finance Industry Become Less Efficient? On the Theory and Measurement of Financial Intermediation." *American*

Economic Review 105, no. 4: 1408–1438.

Philippon, Thomas, and AriellReshef. 2013. "An International Look at the Growth of Modern Finance." *Journal of Economic Perspectives* 27, no. 2: 73–96. Phillips, Matt. 2010. "Can Words Still Soothe the Market's Greece Worries?" Wall Street Journal Blogs, April 9.

Pictet Wealth Management. 2016. "Bond Scarcity under New ECB QE Rules—It Ain't Over Till It's Over," December 14. http://perspectives.pictet.com/wp-content/uploads/2016/12/Flash-Note-FD-ECB-QE-bond-scarcity-14-December-2016-1.pdf.

Piketty, Thomas, and Gabriel Zucman. 2014. "Capital Is Back: Wealth-Income Ratios in Rich Countries 1700–2010." *Quarterly Journal of Economics* 129, no. 3: 1255–1310.

Pinto, Brian, and Sergei Ulatov. 2010. "Financial Globalization and the Russian Crisis of 1998." World Bank Policy Research Working Paper 5312, Washington, D.C. https://openknowledge.worldbank.org/bitstream/handle/10986/3797/WPS5312.pdf?sequence=1.

Pisani-Ferry, Jean, and Andre Sapir. 2010. "Banking Crisis Management in the EU: An Early Assessment." *Economic Policy*. (April): 341–373.

Piscioneri, Francesca. 2017. "Italy to Curb Labour Flexibility, Bowing to Trade Union Pressure." Reuters News, March 16.

Plender, John. 1989. "Thatcher Backed by Pöhl on EMS." *Financial Times*, November 20, 26.

Pogatchnik, Shawn. 2005. "Ireland's Former Justice Minister Sent to Prison for Tax Evasion." Associated Press, January 24.

Poirson, Helene. 2013. "German Productivity Growth: An Industry Perspective." In *Germany in an Interconnected World Economy*," edited by Ashoka Mody. Washington, D.C.: International Monetary Fund.

Polidori, Elena. 2010. "Jean-Claude Trichet Interview with *La Repubblica*." European Central Bank, Frankfurt, June 24. https://www.ecb.europa.eu/press/inter/date/2010/html/sp100624.en.html.

Politi, James. 2014. "Italian Shoe Shop Struggles to Find Best Fit for Boosting Growth." *Financial Times*, September 14.

Politi, James. 2015. "Workers Test the Long-Term Effect of Italy's Middle Way; Doubts Raised over Renzi Reform That Offers More Job Security but Fewer Rights." *Financial Times*, August 13.

Politi, James, and Rachel Sanderson. 2015. "Renzi Faces Political Backlash over Italian Banks' Rescue." *Financial Times*, December 10.

Polleschi, Ilaria. 2014. "Italy's Renzi, ECB's Draghi Hold 'Secret' Meeting As Economy Slides—Update 2." Reuters News, August 13.

Pop, Valentina, and Marcus Walker. 2017. "Dutch Voters Rebuff Anti- Immigration Candidate." *Wall Street Journal*, March 15.

Portes, Jonathan. 2013. "No Debate Please, We're Europeans." National Institute of Economic and Social Research, February 15. http://www.niesr.ac.uk/blog/no-debate-please-were-europeans#.WAkjhvkrLIW.

Posen, Adam. 2005. "Why the Pact Has No Impact." *International Economy* (Winter): 8–11.

Prabhavananda, Swami, and Christopher Isherwood. 1981 [1953]. *How to Know God: The Yoga Aphorisms of Patanjali*. Hollywood, CA: Vedanta Press.

Pritchett, Lant. 1997. "Divergence, Big Time." *Journal of Economic Perspectives* 11, no. 3: 3–17.

Pritchett, Lant. 2000. "Understanding Patterns of Economic Growth: Searching for Hills among Plateaus, Mountains, and Plains." *World Bank Economic Review* 14, no. 2: 221–250.

Proaño, Christian, and Thomas Theobald. 2017. "Macron and the EU Financial Transaction Tax." Social Europe, August 11.

Protzman, Ferdinand. 1990. "Bonn Offers East a Generous Rate in Unifying Money." *New York Times*, April 24, 1.

Pulzer, Peter. 1999. "Luck and Good Management: Helmut Kohl As Parliamentary and Electoral Strategist." *German Politics* 8, no. 2: 126–150.

Pylas, Pan. 2008. "European Governments Go Own Way on Deposit Guarantees and Crisis Strategy As Stocks Plunge." Associated Press, October 6.

Pylas, Pan. 2010. "Cure or Curse? Europeans Mull Option of Bailing Out of Euro—But Experts See Dangers." Associated Press, March 18.

Quinn, Patrick. 2004. "Greek Finance Minister Says EU May Give Greece till End of 2006." Associated Press, November 17.

Raifberger, François. 1992. "France Calls Maastricht Referendum, Rules Out Renegotiation." Reuters News, June 3.

Rajan, Raghuram, and Luigi Zingales. 2003. *Saving Capitalism from the Capitalists: How Open Financial Markets Challenge the Establishment and Spread Prosperity to Rich and Poor Alike*. New York: Crown. Kindle edition.

Rankin, Jennifer. 2015. "Eurozone Crisis: Which Countries Are for or against Grexit." *Guardian*, July 12.

Rankin, Jennifer. 2017. "Jean-Claude Juncker Criticises 'Ridiculous' European Redburn, Tom. 1992. "EC Leaders Vow Unity, Charting Separate Paths." *International Herald Tribune*, September 22.

Rees-Mogg, William. 2008. "Listen to Prudence, the Swabian housewife; . . . Hers Is the True Voice of German Opinion, Whatever the Declarations of European Unity May Suggest to the Contrary." *Times*, December 15.

Regan, Aidan. 2015. "Debunking Myths: What Really Explains the Irish Economic Recovery." Dublin European Institute, May 22. http://europedebate.ie/what-explains-the-irish-economic-recovery.

Reguly, Eric. 2010. "EU Set to Pull Greece from the Brink; Move Led by Germany to Bail Out Debt-Laden Member an Attempt to Prop Up Euro, Calm Markets." *Globe and Mail*, February 10.

Rehn, Olli. 2013. "Letter to Michael Noonan and Other European Finance Ministers." Brussels, February 10. http://ec.europa.eu/archives/commission_2010-2014/rehn/documents/cab20130213_en.pdf.

Reinhart, Carmen, Kenneth Rogoff, and Miguel Savastano. 2003. "Debt Intolerance." *Brookings Papers on Economic Activity* 1: 1–74.

Reinhart, Carmen, and Christoph Trebesch. 2016. "Sovereign Debt Relief and Its Aftermath." *Journal of the European Economic Association* 14, no. 1: 215–251. Reinhart, Vincent. 2011. "A Year of Living Dangerously: The Management of the Financial Crisis in 2008." *Journal of Economic Perspectives* 25, no. 1: 71–90.

Reis, Ricardo. 2013. "The Portuguese Slump and Crash and the Euro Crisis." *Brookings Papers on Economic Activity* 46 (Spring): 143–193.

Rentoul, John. 2017. "Ed Balls: Tony Blair Never Really Wanted to Join the Euro." *Independent*, March 3.

Reuters EU Highlights. 2010. "Euro Zone Finance Ministers' Meeting on Greece," May 2.

Reuters News. 1979. "Greece Signs Treaty to Join as 10th Member of EEC." *Globe and Mail*, May 29.

Reuters News. 1989. "Efficient Single Market Needs One Currency, French Say," April 18.

Reuters News. 1999a. "Dutch Tell Greeks EMU CPI Rule Can Be Discussed," February 19.

Reuters News. 1999b. "ECB—No Need Yet for Europe-Wide Bank Supervisor," February 9.

Reuters News. 2001. "US Academic Says EMU Good for Swedish Trade, Growth," November 12.

Reuters News. 2003. "Policymakers' Comments about Euro," July 11. Reuters News. 2009a. "After Hardball, Greece Gets EU Solidarity Pledges," December 11.

Reuters News. 2009b. "EU Blasts Greece over Statistical Discrepancies," October 20.

Reuters News. 2009c. "Euro Members Responsible for Own Finances—Merkel," December 17.

Reuters News. 2009d. "Fitch Rating Cut Latest Blow to Troubled Greece," December 8.

Reuters News. 2009e. "Greece Must Slash Budget Gap in 2 Yrs—Cbank [Central Bank]," October 20.

Reuters News. 2009f. "Greece's Fate Is Joint Euro Zone Responsibility—Merkel," December 10.

Reuters News. 2009g. "Greek GDP, Deficit Seen Worsening—Officials," October 8.

Reuters News. 2009h. "New Greek PM Papandreou Says Economy 'Explosive,'" October 16.

Reuters News. 2009i. "Scandals Rock Greece's Conservative Government," April 29.

Reuters News. 2010a. "France Seen Warming to E-Bonds over Time," December 10.

Reuters News. 2010b. "German CDU to Push Greek Debt Haircuts with IMF, ECB—Update 1," April 27.

Reuters News. 2010c. "IMF Would Not Be Right Body for Greek Aid," January 14.

Reuters News. 2010d. "Merkel Says Talks with Greece Must Be Speeded Up," April 28. Reuters News. 2010e. "Policymakers' Comments on Greek Rescue Package," May 6.

Reuters News. 2010f. "Trichet, Strauss-Kahn to Speak on Greece at 1230 GMT—Update 1" April 28.

Reuters News. 2011a. "Greece's Debt Crisis," December 1.

Reuters News, 2011b. "Private Sector Deposits in Euro Zone Banks," July 6.

Reuters News. 2014a. "French Economy Minister Urges Talks over Euro Strength—Update 1," April 16.

Reuters News. 2014b. "French PM Says Euro Overvalued, Urges ECB Asset Purchases," July 2.

Reuters News. 2014c. "French PM Valls Says Euro Too Strong—Update 1," May 3.

Reuters News. 2014d. "Germany's Schäuble Congratulates Portugal on Bailout Exit," May 17.

Reuters News. 2014e. "Recent Remarks by US Federal Reserve Officials," October 20.

Reuters News. 2015a. "Bail-In Rules May Undermine Confidence in Banking— Bank of Italy Official." December 9.

Reuters News. 2015b. "Bundesbank Chief Warns Greece against Emergency Funding for Banks," February 5.

Reuters News. 2015c. "ECB Divided over Extra Emergency Funds for Greek Banks— Sources," February 18.

Reuters News. 2015d. "ECB's Liikanen: No Lending to Greek Banks If No Deal by End of February," January 31.

Reuters News. 2015. "ECB Won't Agree to Greece Issuing More Short-Term Debt—Coeure," DonnellanMarch 7.

Reuters News. 2015f. "Merkel—Reform Drive Everywhere Must Continue after ECB Move," January 23.

Reuters News. 2015g. "Weidmann Fears ECB Bond-Buying Will Take Pressure off Italy, France." January 23.

Reuters News. 2017a. "EU Refuses to Lower Size of Private Cash Injection for Veneto Banks' Rescue—Sources," May 24.

Reuters News. 2017b. "Timeline: Volkswagen's Long Road to a U.S. Dieselgate Settlement," January 11.

Reuters News. 2017c. "World Leaders Bid Farewell to Germany's Kohl As Force for European Unity," July 1.

Rey, Hélène. 2013. "Dilemma, Not Trilemma: The Global Financial Cycle and Monetary Policy Independence." Proceedings of the Economic Policy Symposium, Federal Reserve Bank of Kansas City, Jackson Hole, 285–333. https://www.kansascityfed.org/publicat/sympos/2013/2013rey.pdf.

Rhoads, Christopher, and Paul Hofheinz. 2001. "Euro Zone Is Caught in Tug-of-War on Policy: Fiscal-Monetary Standoff Could Weaken Economy." Wall Street Journal Europe, October 17.

Rhoads, Christopher, and Geoff Winestock. 2001. "The Euro: Cash in Hand— The Euro Facade: A Single Currency but Many Markets—Reason for Its Sorry State: A Lack of Common Rules—Real Financial Integration Remains Elusive." Wall Street Journal Europe, September 10.

Riding, Alan. 1989. "Mitterrand Backs Europe Integration." New York Times, December 8.

Riera-Crichton, Daniel, Carlos A. Vegh, and Guillermo Vuletin. 2014. "Fiscal Multipliers in

Recessions and Expansions: Does It Matter Whether Government Spending Is Increasing or Decreasing?" World Bank Policy Research Paper 6993, Washington, D.C.

Righter, Rosemary. 2002. "Romano Was Right, but It Is the Currency, Stupid." *Times*, October 24, 24.

Robinson, Duncan. 2016. "Pushing for 'More Europe' Risks Fanning Populism, Warns Rutte." *Financial Times*, December 11.

Robinson, Frances. 2011. "ECB's Draghi: Currency Controls Conflict with Price Stability." Dow Jones International News, July 8.

Robinson, Joan. 1952. *Rate of Interest.* London: Macmillan.

Roche, William, Philip O'Connell, and Andrea Prothero, eds. 2017. *Austerity and Recovery in Ireland: Europe's Poster Child and the Great Recession.* Oxford: Oxford University Press.

Rodrigues, Vivianne, and Telis Demos. 2011. "Stocks and Euro Hit by Dented ECB Hopes." *Financial Times*, December 9.

Rodrik, Dani. 2017. "Economics of the Populist Backlash." VoxEU, http://voxeu.org/article/economics-populist-backlash.

Rogers, Iain. 2008. "German Government to Guarantee Deposit Accounts— Ministry." Reuters News, October 5.

Rogoff, Kenneth. 1985. "The Optimal Degree of Commitment to an Intermediate Monetary Target." *Quarterly Journal of Economics* 110: 1169–1189.

Rogoff, Kenneth. 2004. "Globalization and Global Disinflation." In *Monetary Policy and Uncertainty: Adapting to a Changing Economy*, Federal Reserve Bank of Kansas City, 77–112.

Rogoff, Kenneth. 2008. "No More Creampuffs." *Washington Post*, September 16. Rogoff, Kenneth. 2017. "The Eurozone Must Reform or Die." Project Syndicate, June 14.

Roland, Denise. 2012. "Debt Crisis: As It Happened." Telegraph Online, December 17.

Rooney, Ben. 2009. "Dollar Mixed in Narrow Range." CNN Money, January 15.

Rosa, Carlo, and Andrea Tambalotti. 2014. "How Unconventional Are Large- Scale Asset Purchases?" Liberty Street Economics Blog, Federal Reserve Board of New York, March 3. http://libertystreeteconomics.newyorkfed.org/2014/03/how-unconventional-are-large-scale-asset-purchases.html#.U1_YTPldVDC.

Rose, Andrew. 2000. "One Money, One Market: The Effect of Common Currencies on Trade." *Economic Policy* 15, no. 30: 7–45.

Rose, Charlie. 2005a. "Conversation with Valéry Giscard d'Estaing, Former President of France; Interview with Actress Joan Allen." *Charlie Rose*, PBS, March 7.

Rose, Charlie. 2005b. "European Constitution; Richard Reeves; 'Who's Afraid of Virginia Woolf?'" *Charlie Rose*, PBS, June 6.

Ross, George. 1995. *Jacques Delors and European Integration.* Oxford: Polity.

Rousek, Leos. 2010. "Slovak Premier Slams Euro Bailouts." Wall Street Journal Online, September 2.

Roussel, Eric. 2004. *Georges Pompidou*, 1911–1974. Rev. ed. Paris: Perrin. Rutherford,

Malcolm. 1971. "French and Germans Argue on about Floating Rates." *Financial Times*, July 6, 7.

Ryan, Eamon. 2014. "Unprecedented Circumstances." In *Brian Lenihan: In Calm and Crisis*, edited by Brian Murphy, Mary O'Rourke, and Noel Whelan, chapter 17. Kildare: Merrion. Kindle edition.

Sachs, Jeffrey. 2015. "Let Greece Profit from German History." *Guardian*, January 21.

Sachs, Jeffrey, and Charles Wyplosz. 1986. "The Economic Consequences of President Mitterrand." *Economic Policy* 1, no. 2: 261–322.

Saeed, Saim. 2017. "Juncker: 'The French Spend Too Much Money.'" *Politico*, May 18.

Sage, Adam. 2005. "Discontented Dutch Seize on Chance to Deliver Protest Vote; EU Constitution." *Times*, June 2.

Sage, Adam. 2017. "Macron's Ratings Slump As Left Urges Protest." *Times*, August 27.

Sala-i-Martin, Xavier, and Jeffrey Sachs. 1991. "Fiscal Federalism and Optimum Currency Areas: Evidence for Europe from the United States." National Bureau of Economic Research Working Paper 3855, Cambridge.

Samuel, Henry. 2011. "Sarkozy's 30-Minute Visit to His Wife in Labour: Media." Postmedia News, October 19.

Sanderson, Rachel. 2014a. "Italian Business Grows Restless with Matteo Renzi." *Financial Times*, September 24.

Sanderson, Rachel. 2014b. "Renzi Protest: Italy's Services Suffer during General Strike." *Financial Times*, December 13.

Sanderson, Rachel, and Martin Arnold. 2016. "Italy Agrees €5bn Fund to Rescue Weaker Lenders." *Financial Times*, April 12.

Sanderson, Rachel, Alex Barker, and Claire Jones. 2016. "Italian Banks: Essential Repairs." *Financial Times*, July 10.

Sanderson, Rachel, and Thomas Hale 2017. "UniCredit Finalises Sale of Bad Loans to Pimco and Fortress." *Financial Times*, July 17.

Santa, Martin. 2010. "Slovak Vote Poses Test for EU Unity, Support for Greece." Reuters News, June 11.

Santa, Martin, and Jan Strupczewski. 2010. "ECB Outraged by Slovak Refusal to Aid Greece—Sources." Reuters News, September 2010.

Santos, Tanos. 2014. "Antes del Diluvio: The Spanish Banking System in the First Decade of the Euro." March. https://www0.gsb.columbia.edu/mygsb/faculty/research/pubfiles/6162/Santos-March-2014.pdf.

Santos Silva, J. M. C., and Silvana Tenreyro. 2010. "Currency Unions in Prospect and Retrospect." *Annual Review of Economics* 2: 51–74.

Sapir, André, et al. 2003. "An Agenda for a Growing Europe: Making the EU Economic System Deliver." Report of an Independent High-Level Study Group Established on the Initiative of the President of the European Commission, Brussels. http://citeseerx.ist.psu.edu/viewdoc/download?doi=10.1.1.620.4948&rep=rep1&type=pdf.

Sarotte, Mary Elise. 2009. "Enlarging NATO, Expanding Confusion." *New York Times*, November 29, http://www.nytimes.com/2009/11/30/opinion/30sarotte.html.

Sarotte, Mary Elise. 2014a. "How the Fall of the Berlin Wall Really Happened." *New York Times*, November 6.

Sarotte, Mary Elise. 2014b. *1989: The Struggle to Create Post-Cold War Europe*. Princeton: Princeton University Press.

Sauga, Michael, Stefan Simons, and Klaus Wiegrefe. 2010. "The Price of Unity: Was the Deutsche Mark Sacrificed for Reunification?" *Der Spiegel*, September 30. http://www.spiegel.de/international/germany/0,1518,719940,00.html.

Saunders, Doug. 2010. "Europe's New Divide: Greek Bailout Drives Rift in 'Brotherhood.'" *Globe and Mail*, March 5.

Savranskaya, Svetlana, Thomas Blanton, and Vladislav Zubok, eds. 2010. *Masterpieces of History: The Peaceful End of the Cold War in Eastern Europe, 1989*. Budapest and New York: Central European University Press.

Scally, Derek. 2013. "Merkel Offers 'Gratitude' to Irish and Says Reforms Are Paying Off." *Irish Times*, September 24.

Scally, Derek. 2017. "Berlin Gets the Better of Brussels in Dieselgate Row." *Irish Times*, May 2.

Schabert, Tilo. 2009. *How World Politics Is Made: France and the Reunification of Germany*. London and Columbia: University of Missouri Press.

Schadler, Susan. 2013. "Unsustainable Debt and the Political Economy of Lending: Constraining the IMF's Role in Sovereign Debt Crises." CIGI Papers 19, Waterloo, Canada: Center for International Governance and Innovation, October.

Schaefer Muñoz, Sara, David Enrich, and Christopher Bjork. 2012. "Spain's Handling of Bankia Repeats a Pattern of Denial." Wall Street Journal Online, June 11.

Schäuble, Wolfgang. 2010. "Why Europe's Monetary Union Faces Its Biggest Crisis." *Financial Times*, March 12.

Schäuble, Wolfgang, and Karl Lamers. 1994. "Reflections on European Foreign Policy." Document by the CDU/CSU Group in the German Bundestag. Reprinted in *The European Union: Readings on the Theory and Practice of European Integration*, edited by Brent Nelsen and Alexander Stubb, Basingstoke: Macmillan.

Schelling, Thomas. 1988. "The Mind as a Consuming Organ." In *Decision Making: Descriptive, Normative, and Prescriptive Interactions*, edited by David E. Bell, Howard Raiffa, and Amos Tversky. Cambridge: Cambridge University Press.

Schiller, Karl. 1971. "Statement by the Governor of the Bank for Germany." *Summary Proceedings of the Twenty-Sixth Annual Meetings, September 27–October 1, 1971*. Washington, D.C.: International Monetary Fund.

Schivardi, Fabiano, Enrico Sette, and Guido Tabellini. 2017. "Credit Misallocation during the European Financial Crisis." VoxEU, July 18. http://voxeu.org/article/credit-misallocation-during-the-european-financial-crisis.

Schlesinger, Helmut. 1988. "ZurweiterenEntwicklung der währungspolitischenKooperation auf internationaler und europäischerEbene" [Concerning the Further International and European Development of Monetary Policy Cooperation]. Anläßlich der Mitgliederversammlung des Verbandes öffentlicher Banken, München, Deutsche Bundesbank: Auszüge aus Presseartikeln 84. Frankfurt am Main, November 11.

Schlesinger, Helmut. 1992. "Wege zu einer EuropäischenWirtschafts und Währungsunion und die Stellung Deutschlands darin" [Pathsto a European MonetaryandEconomic Union and-Germany'sRole in This Development]. An der Freien Universität von Amsterdam, Deutsche Bundesbank. Auszüge aus Presseartikeln 83, Frankfurt am Main, November 5.

Schmemann, Serge. 1989. "Upheaval in the East: Germany; Cheers As Brandenburg Gate Reopens." *New York Times*, December 23.

Schmid, John. 1998. "They Soften Schröder's Position: Social Democrats Talk Up the Euro." *New York Times*, March 4.

Schmid, John. 2001a. "Economist Stresses Importance of Containing Inflation: ECB Defies Pressure on Rates." *New York Times*, October 18.

Schmid, John. 2001b. "Expectations Lowered for German Growth: Berlin Resists Resorting to Stimulus Package." *International Herald Tribune*, October 19. Schneeweiss, Zoe. 2011. "Soros Says Exit Mechanism from Euro Is 'Probably Inevitable.'" Bloomberg, June 27.

Schneider, Friedrich. 2016. "Estimating the Size of the Shadow Economies of Highly-Developed Countries: Selected New Results." CESifo DICE Report 4/ 2016.

Schneider, Howard, and Anthony Faiola. 2010. "Hesitation by Leaders Drove Cost of Europe's Crisis Higher." *Washington Post*, June 16. http://www.washingtonpost.com/wp-dyn/content/article/2010/06/15/AR2010061505598.html.

Schrage, Michael. 2003. "Daniel Kahneman: The Thought Leader Interview." *Strategy+Business*33, November. http://www.strategy-business.com/article/03409?gko=7a903.

Schubert, Christian. 2013. "3-Prozent-Defizitgrenze: Wie das Maastricht- Kriterium im Louvre entstand" [3 PercentDeficit Limit: Howthe Maastricht CriterionArose in the Louvre]. *Frankfurter Allgemeine Zeitung*, September 26. http://www.faz.net/aktuell/wirtschaft/wirtschaftswissen/3-prozent-defizitgrenze-wie-das-maastricht-kriterium-im-louvre-entstand-12591473.html.

Schuman, Robert. 1950. "The Schuman Declaration." https://europa.eu/european-union/about-eu/symbols/europe-day/schuman-declaration_en.

Schwammenthal, Daniel, and William Echikson. 2003. "France Admits Worsening Deficit, Adding to Budget Crisis." Dow Jones Newswires, August 27.

Schwan, Heribert, and Tilman Jens. 2014. *Vermächtnis: Die Kohl Protokolle* [Legacy: The Kohl Transcripts]. Munich: Heyne. Kindle edition.

Schwartz, Nelson, and Katrin Bennhold. 2008. "European Leaders Vow to Fight Financial Crisis." *New York Times*, October 5.

Schwarz, Hans-Peter. 2012. *Helmut Kohl. Eine politische Biographie* [Helmut Kohl: A Political Biography]. Munich: Deutsche Verlags-Anstalt.

Sciolino, Elaine. 2003. "France and Germany Flex Muscles on Charter." *New York Times*, December 10. http://www.nytimes.com/2003/12/10/world/france-and-germany-flex-muscles-on-charter.html.

Sciolino, Elaine. 2005. "The Continental Dream: Will the French Shatter It?" *New York Times*, April 13.

Segreti, Giulia. 2014. "After Polarising Florence, Matteo Renzi Plans Renaissance in Rome." *Financial Times*, February 21.

Segreti, Giulia, and Guy Dinmore. 2012. "Eager Upstart Shakes Italy's 'Dinosaurs.'" *Financial Times*, November 21.

Séguin, Philippe, Daniel Vernet, and Pierre Servent. 1993. "Un entretien avec M. Philippe Séguin" [An Interview with M. Philippe Séguin]. *Le Monde*, February 6.

Seith, Anne. 2014. "Deep Divisions Emerge over ECB Quantitative Easing Plans." Spiegel Online, November 3.

Sengupta, Rajdeep, and Yu Man Tam. 2008. "The LIBOR-OIS Spread As a Summary Indicator." Federal Reserve Bank of St. Louis, *Economic Synopses* 25: 1. https://research.stlouisfed.org/publications/es/08/ES0825.pdf.

Sesit, Michael. 2000a. "Euro Slips to Another Low against Yen, Dollar on Lack of Firm Political Support." *Wall Street Journal Europe*, September 12.

Sesit, Michael. 2000b. "Many Old Factors Dragging Down New Currency." *Wall Street Journal Europe*, September 26.

Shah, Neil, and David Enrich. 2010. "Bank Aid Rankles Irish Voters; Ireland's Prime Minister Feels the Heat As Voters Stung by Years of Austerity Savage Dublin's Plan to Rescue Ailing Banks." *Wall Street Journal*, October 2.

Shah, Neil, Sara Schaefer Muñoz, Peter Stein, and Evan Ramstad. 2008. "Ireland, France Aid Banks, As Jitters Go Global." *Wall Street Journal*, October 1.

Shiller, Robert. 2015. *Irrational Exuberance*, 3rd ed. Princeton: Princeton University Press.

Shiller, Robert. 2017. "Understanding Today's Stagnation." Project Syndicate, May 23.

Shin, Hyun Song. 2012. "Global Banking Glut and Loan Risk Premium." *IMF Economic Review* 60, no. 2: 155–192.

Shleifer, Andrei, and Robert W. Vishny. 1998. *The Grabbing Hand Government Pathologies and Their Cures*. Cambridge: Harvard University Press.

Shrivastava, Anusha. 2012. "Funds Cut Euro-Zone Bank Debt." Wall Street Journal Online, July 25.

Silk, Leonard. 1972. "Klasen Hails the Strengthening Dollar." *New York Times*, September 20, 61.

Simensen, Ivar. 2007a. "D Bank Chief Told Regulator IKB Was in Trouble." *Financial Times*, August 3.

Simensen, Ivar. 2007b. "Subprime Woes Take Their Toll in Germany." *Financial Times*, July 31.

Sims, Christopher. 1999. "The Precarious Fiscal Foundations of the EMU." *Economist* 147, no.

4: 415–436.

Sims, Christopher. 2012. "Gaps in the Institutional Structure of the Euro Area." *Banque de France Financial Stability Review* 16: 216–223.

Sims, G. Thomas. 2001. "Euro-Zone Politicians Step Up Pressure on ECB to Cut Rates but Bank May Delay Action to Preserve Image of Independence: Calls from Italian and German Officials Grow Louder." *Wall Street Journal Europe*, June 27.

Sinn, Hans-Werner. 2003. "The Laggard of Europe." *CESifo Forum* 4: 1–32. Sinn, Hans-Werner. 2013. "Why Draghi Was Wrong to Cut Interest Rates." *Financial Times*, November 13.

Skrekas, Nick. 2010. "IMF Pushes Blue Sky View of Greek Achievements." *Wall Street Journal*, August 9.

Sloan, Allan, and Roddy Boyd. 2008. "How Lehman Brothers Veered Off Course; Investment Bank Prided Itself on Real Estate Expertise." *Washington Post*, July 3.

Słomczyński, Wojciech, and Dariusz Stolicki. 2014. "National Interests in the European Parliament: Roll Call Vote Analysis." Center for Quantitative Research in Political Science/Institute of Mathematics/Institute of Political Science and International Relations, Jagiellonian University, Krakow. http://paperroom.ipsa.org/app/webroot/papers/paper_64393.pdf.

Smith, David 1993. "The Unravelling of Europe—Focus: ERM." *Sunday Times*, August 1.

Smith, Fiona. 2014. "Germany's Merkel Hails 'Tremendous Success' of Irish Bailout." DPA International, March 7.

Smith, Helena. 2015. "Greece Stands Defiant As No Vote Rails against Wrenching Austerity." *Guardian*, July 6.

Smyth, Jamie. 2008. "Germany Takes a Swipe at British Economic Package." *Irish Times*, December 12.

Solletty, Marion. 2017. "Finland's Open Door Roils Its Politics." *Politico*, June 16. Solomon, Robert. 1982. *The International Monetary System: 1945–1981*. New York: Harper & Row.

Spaak Committee. 1956. "Summary of the the Spaak Report." April. http://www.cvce.eu/content/publication/2007/2/27/4b911a0a-6bd0-4e88-bff9-4c87690aa4e8/publishable_en.pdf.

Spiegel, Peter. 2014. "Watch Your Words or Feed Populism, French Minister Warns Germany." *Financial Times*, December 8.

Spiegel, Peter. 2015. "Leaked Legal Opinion: EU Too Loose with Budget Rules?" *Financial Times*, May 4.

Spiegel, Peter, and David Oakley. 2010. "Irish Contagion Hits Wider Eurozone." *Financial Times*, November 11.

Spiegel, Peter, and Stefan Wagstyl. 2013. "ECB Split Stokes Fears of German Backlash; Frankfurt Rate Revolt Deepens Divisions." *Financial Times*, November 10.

Spiegel, Peter, Stefan Wagstyl, and Hugh Carnegy. 2014. "Renzi Leads Centre-Left Drive to Loosen Eurozone Fiscal Rules." *Financial Times*, June 19.

Spiegel Online. 2010a. "Dublin's Merkel Problem—Irish Debt Causing New Jitters across

Europe," November 11.

Spiegel Online. 2010b. "Former Central Bank Head Karl Otto Pöhl: Bailout Plan Is All About 'Rescuing Banks and Rich Greeks,'" May 18.

Spiegel Online. 2010c. "German Finance Minister Wolfgang Schäuble: 'We Cannot Allow Greece to Turn into a Second Lehman Brothers,'" April 19.

Spiegel Online. 2010d. "Interview with German Finance Minister Schäuble: 'The US Has Lived on Borrowed Money for Too Long,'" November 8.

Spiegel Online. 2010e. "The World from Berlin—Merkel's Coalition Remains in Stand-By Mode," March 18.

Spiegel Online. 2011. "Outcome of Brussels Summit—Europe Takes Step Closer to Economic Government," July 25.

Spiegel Online. 2012a. "Behind the Scenes in Brussels—EU Summit Reveals a Paralyzed Continent," December 27.

Spiegel Online. 2012b. "The World from Berlin—The Real Problem Facing EU? It Is Not Trusted," August 20.

Standard and Poor's Global Ratings. 2011. "Research Update: Republic of Italy Outlook Revised to Negative on Risk of Persistent High Debt Ratio; 'A+/ A-1+' Ratings Affirmed." May 20. http://www.standardandpoors.com/en_EU/web/guest/article/-/view/sourceId/6663704.

Stark, Jürgen. 2008. "Monetary Policy and the Euro." Speech at the conference on "Advantages and Benefits of the Euro—Time for Assessment," European Economic and Social Committee, Brussels, April 15.

Steelman, Aaron. 2011. "The Federal Reserve's 'Dual Mandate': The Evolution of an Idea." *Federal Reserve Bank of Richmond Economic Brief*, December.

Steen, Michael. 2012. "Weidmann Isolated As ECB Plan Approved." *Financial Times*, September 6.

Steinkamp, Sven, and Frank Westermann. 2014. "The Role of Creditor Seniority in Europe's Sovereign Debt Crisis." *Economic Policy* 29 (July): 495–552.

Stephens, Philip. 1997. "The Ragbag Treaty: EU Leaders Ignored the Real Issues at Amsterdam Summit." *Financial Times*, June 20.

Stevis, Matina. 2012. "EU Officials Set Cautious Vision of Integration." *Wall Street Journal*, December 6.

Stevis, Matina. 2013. "IMF and Europe Part Ways over Bailouts." *Wall Street Journal Europe*, October 11.

Stewart, Heather. 2015. "Euros 1tn 'Shock and Awe' Move to Save Eurozone: Central Bank to Pump Euros 60bn a Month into Economy Despite German Anger." *Guardian*, January 23.

Stothard, Michael. 2012. "Election Pledge Sees Finland Take Tough Line on Euro Crisis." *Financial Times*, July 13.

Strupczewski, Jan. 2008. "ECB Makes Record Rate Cut." Reuters News, December 4.

Sturdee, Simon. 2010. "German MPs Debate Unpopular Greek Aid," Agence France-Presse,

May 7.

Summers, Peter. 2005. "What Caused the Great Moderation? Some Cross- Country Evidence." *Federal Reserve Bank of Kansas City Economic Review Third Quarter*: 5–32.

Sunday Business Post. 2009. "Our Banks Keep Going Back for More," December 6. *Sunday Business Post*. 2015. "Greek Crisis: The Battle of the Bailout Boys," June 28.

Sunstein, Cass, and Reid Hastie. 2017. *Wiser: Getting beyond Groupthink to Make Groups Smarter.* Cambridge: Harvard Business Review Press. Kindle edition. Suoninen, Sakari. 2009. "ECB Cuts Rates by Half-Point." Reuters News, January 15.

Sutherland, Peter. 1997. "The Case for EMU: More Than Money." *Foreign Affairs* 76, no. 1: 9–14.

Svensson, Lars. 1994. "Fixed Exchange Rates As a Means to Price Stability: What Have We Learned?" *European Economic Review* 38: 447–468.

Svensson, Lars. 1999. "Monetary Policy Issues for the Eurosystem." *Carnegie- Rochester Conference Series on Public Policy* 51, no. 1: 79–136.

Svensson, Palle. 1994. "The Danish Yes to Maastricht and Edinburgh: The EC Referendum of May 1993." *Scandinavian Political Studies* 17, no. 1: 69–82.

Swardson, Anne. 1997. "Events in France, Germany Threaten to Derail Europe's Single-Currency Plan." *Washington Post*, June 3.

Syal, Rajeev, et al. 2005. "Great and the Good Give Their Verdicts on European Project." *Times*, June 3.

Sylla, Richard, and John Joseph Wallis. 1998. "The Anatomy of Sovereign Debt Crises: Lessons from the American State Defaults of the 1840s." *Japan and the World Economy* 10: 267–293.

Syverson, Chad. 2017. "Challenges to Mismeasurement Explanations for the US Productivity Slowdown." *Journal of Economic Perspectives* 31, no. 2: 65–186.

Szász, André. 1999. *The Road to European Monetary Union*. New York: St. Martin's Press. Tabellini, Guido, and Charles Wyplosz. 2004. "Réformesstructurelles et coordination en Europe" [Supply-Side Policy Coordination in Europe]. Report for the French Council of Economic Analysis No. 51, La Documentation Française. http://www.cae-eco.fr/IMG/pdf/051.pdf.

Tanner, Henry 1968a. "De Gaulle Refuses to Devalue." *New York Times*, November 24, A1.

Tanner, Henry. 1968b. "For de Gaulle, Deep Trouble." *New York Times*, November 24, E1.

Tanner, Henry. 1968c. "Many Frenchmen Bitter at de Gaulle over Money Crisis." *New York Times*, November 23, A1.

Tanzi, Vito. 1998. "Corruption around the World: Causes, Consequences, Scope, and Cures." *IMF Staff Papers* 45, no. 4: 559–594.

Tarullo, Daniel K. 2008. *Banking on Basel: The Future of International Financial Regulation.* Washington, D.C.: Peterson Institute of International Economics. Kindle edition.

Taylor, John. 2001. "An Interview with Milton Friedman." *Macroeconomic Dynamics* 5: 101–131.

Taylor, Paul. 1997. "Politics Clashes with Fiscal Rectitude in Europe." Reuters News, May 29.

Taylor, Paul. 2000. "The Balance of Power in the European Union Is at Stake in a Tense Summit." Reuters News, December 4.

Taylor, Paul. 2008. "Europe Shows Limits in Credit Crisis Response." Reuters News, October 6.

Taylor, Paul. 2011. "Euro Debt Crisis Fells Governments, Legitimacy in Question." Reuters News, November 9.

Taylor, Paul. 2015. "Exclusive: Europeans Tried to Block IMF Debt Report on Greece: Sources." Reuters News, July 3.

Teasdale, Anthony. 2016. "The Fouchet Plan: De Gaulle's Intergovernmental Design for Europe." LSE Europe in Question Discussion Paper Series 117/ 2016.

Thacker, Strom. 1999. "The High Politics of IMF Lending." *World Politics* 52: 38–75.

Thal Larsen, Peter. 2017. "Stuck in a Rutte." Reuters, March 16. Thatcher, Margaret. 2013. *Margaret Thatcher: The Autobiography*. London: HarperCollins. Kindle edition.

Thomas, Andrea. 2014. "Schäuble Calls on Italy to Pursue Structural Reform; German Finance Minister Says EU Rules Matter." Wall Street Journal Online, July 16.

Thomas, Andrea, and Costas Paris. 2010a. "Germany Struggles for Greek Consensus." Wall Street Journal Online, April 27.

Thomas, Andrea, and Costas Paris. 2010b. "World News: Merkel Puts Strings on Help for Greece—German Chancellor Says Athens Needs to Implement Deficit- Reduction Plan; ECB Chief Sees Swift Work on Aid Package." Wall Street Journal Online, April 27.

Thomas, Landon Jr. 2015 "Hopeful Start to Greek Debt Negotiations Quickly Soured." *New York Times*, July 2.

Thomas, Landon. 2016. "Italian Banks Continue to Lend to Stagnant Companies As Debt Pile Mounts." *New York Times*, August 18.

Thomas, Landon, and Jack Ewing. 2011. "Can Super Mario Save the Day for Europe?" *New York Times*, October 29.

Thomas, Landon Jr., and David Jolly. 2010. "Big Bond Sale Eases Pressure on Greece." *New York Times*, March 5.

Thomas, Pierre-Henri. 2012. *Dexia: Vie et mort d'un monstrebancaire*[Dexia: Life and Death of a Monster Bank]. Paris: Les Petits Matins.

Thomsen, Poul. 2013. "Transcript of a Conference Call on Greece Article IV Consultation." International Monetary Fund, Washington, D.C., June 5.

Thomson, Roddy. 2010. "Europe Turns Debt Screw As Greece Faces New Strikes." Agence France-Presse, February 16.

Thornhill, John. 2005b. "French Follies Undermine EU Constitution." *Financial Times*, April 5.

Thorpe, Jacqueline. 2005. "Europe in Crisis: French Heading for Polls to Vote on EU Constitution." *National Post*, May 27.

Thuburn, Dario. 2013. "Monti: Sober Academic Who Saved Italy from Default." Agence France-Presse, February 16.

Thurston, Michael, and Jitendra Joshi. 2003. "Euro Zone in Crisis As France, Germany Stitch

Up Deficit Deal." Agence France-Presse, November 25.

Tietmeyer, Hans. 1994. "The Relationship between Economic, Monetary and Political Integration." In *Monetary Stability through International Cooperation: Essays in Honor of André Szász*, edited by Age Bakker, Henrik Boot, OlefSteijpen, and Win Vanthoor. Boston: Kluwer.

Tietmeyer, Hans. 2003. "From the Werner Report to the Euro." Pierre Werner Lecture, Luxembourg, October 21. http://www.bcl.lu/en/Research/conferences/Conferences/pierre_werner_lecture/discours_tietmeyer.pdf.

Tigges, Claus. 2007. "Zaubergriffstattruhiger hand" [Magical Grasp Instead of a Steady Hand]. *Frankfurter Allgemeine Zeitung*, September 19.

Times. 1977. "Greek-EEC Talks Today." July 7, 8.

Times. 1980. "Rumours of Italian Devaluation Refuted." January 17.

Times. 1989. "The Strasbourg Summit." December 8.

Times. 1994. "Balladur Softens Kohl's Version of Hard-Core Europe." September 8. *Times*. 2002. "Prodi's Conversion," October 22.

Timmermans, Frans. 2017. "Fog in Channel, Britain Cut Off." *Financial Times*, March 29.

Tirole, Jean. 2012. "The Euro Crisis: Some Reflexions on Institutional Reform, Banque de France." *Financial Stability Review* 16 (April): 225–242.

Tobin, James. 1978. "Harry Gordon Johnson, 1923–77." *Proceedings of the British Academy* 63: 443–458.

Tombs, Richard. 2014. *The English and Their History*. London: Allen and Lane. Toomey, Christine. 1993. "German Plot to Derail Treaty." *Times*, May 23, 15. Torry, Harriet. 2014. "German Finance Minister: Will Support Greece's Reform Efforts." Dow Jones Institutional News, December 29.

Traynor, Ian, and Larry Elliott. 2011. "Greek Crisis: EU Leaders Must Act Decisively or Face Disaster, Says IMF." *Guardian*, June 21.

Trean, Claire. 1992. "Genèse d'un traité" [Genesis of a Treaty]. *Le Monde*, April 30. Trichet, Jean-Claude. 2005. "Monetary Policy and 'Credible Alertness'." Panel Discussion at Symposium Sponsored by Federal Reserve Bank of Kansas City, Jackson Hole, Wyoming, August 27. https://www.ecb.europa.eu/press/key/date/2005/html/sp050827.en.html.

Trichet, Jean-Claude. 2006. "Activism and Alertness in Monetary Policy." Lecture at Conference on Central Banks in the 21st Century, Banco de Espana, Madrid, June 8. https://www.ecb.europa.eu/press/key/date/2006/html/sp060608_1.en.html.

Trichet, Jean-Claude. 2007. "The Euro Area and Its Monetary Policy." Presented at Conference "The ECB and Its Watchers IX," Frankfurt am Main, September 7. https://www.ecb.europa.eu/press/key/date/2007/html/sp070907.en.html.

Trichet, Jean-Claude. 2008. "Address at the Ceremony to Mark the 10th Anniversary of the European Central Bank and the European System of Central Banks." Frankfurt am Main, June 2. https://www.ecb.europa.eu/press/key/date/ 2008/html/sp080602.en.html.

Trichet, Jean-Claude. 2011. "Remarks at the Farewell Event." Frankfurt am Main, October 19.

https://www.ecb.europa.eu/press/key/date/2011/html/sp111019.en.html.

Trichet, Jean-Claude, and Vítor Constâncio. 2011a. "Introductory Statement to the Press Conference (with Q&A)." European Central Bank, April 7.

Trichet, Jean-Claude, and Vítor Constâncio. 2011b. "Introductory Statement to the Press Conference (with Q&A)." European Central Bank, June 9.

Trichet, Jean-Claude, and Vítor Constâncio. 2011c. "Introductory Statement to the Press Conference (with Q&A)." European Central Bank, July 7.

Trichet, Jean-Claude, and Vítor Constâncio. 2011d. "Introductory Statement to the Press Conference (with Q&A)." European Central Bank, October 6.

Trichet, Jean-Claude, and Mario Draghi. 2011. "Letter from the European Central Bank to Silvio Berlusconi," August 5. http://www.corriere.it/economia/11_settembre_29/trichet_draghi_inglese_304a5f1e-ea59-11e0-ae06-4da866778017.shtml?refresh_ce-cp.

Trichet, Jean-Claude, and Miguel ÁngelFernándezOrdoñez. 2011. "Letter from Trichet and FernándezOrdoñez to Zapatero," August 5. http://www.ecb.europa.eu/pub/pdf/other/2011-08-05-letter-from-trichet-and-fernandez-ordonez-to-zapateroen.pdf.

Trichet, Jean-Claude, and Lucas Papademos. 2007. "Introductory Statement with Q&A." European Central Bank, November 8.

Trichet, Jean-Claude, and Lucas Papademos. 2008a. "Introductory Statement with Q&A." European Central Bank, January 10.

Trichet, Jean-Claude, and Lucas Papademos. 2008b. "Introductory Statement with Q&A." European Central Bank, February 7.

Trichet, Jean-Claude, and Lucas Papademos. 2008c. "Introductory Statement with Q&A." European Central Bank, April 10.

Trichet, Jean-Claude, and Lucas Papademos. 2008d. "Introductory Statement with Q&A." European Central Bank, June 5.

Trichet, Jean-Claude, and Lucas Papademos. 2008e. "Introductory Statement with Q&A." European Central Bank, November 6.

Trichet, Jean-Claude, and Lucas Papademos. 2008f. "Introductory Statement with Q&A." European Central Bank, December 4.

Trichet, Jean-Claude, and Lucas Papademos. 2009. "Introductory Statement with Q&A." European Central Bank, March 5.

Trotta, Daniel. 2008. "Europe Cuts Rates As Obama to Address Global Crisis." Reuters News, November 6.

Tversky, Amos, and Daniel Kahneman. 1973. "Availability: A Heuristic for Judging Frequency and Probability." *Cognitive Psychology* 5: 207–232. Uhlig, Harald. 2008. "The Slow Decline of East Germany." National Bureau of Economic Research Working Paper 14553. http://www.nber.org/papers/w14553.

Unmack, Neil. 2015. "Italy's Zero-Cost Bailout Is Too Good to Be True." Reuters News, November 23.

Unmack, Neil. 2017. "More Than Words." Reuters, June 29.

Usborne, David. 1991. "German Monetary Union a Disaster, Says Pohl." Independent, March 20.

Van Ark, Bart, Mary O'Mahony, and Marcel P. Timmer. 2008. "The Productivity Gap between Europe and the United States: Trends and Causes." *Journal of Economic Perspectives* 22, no. 1: 25–44.

Vanke, Jeffrey. 2001. "An Impossible Union: Dutch Objections to the Fouchet Plan, 1959–62." *Cold War History* 2, no. 1: 95–112.

Van Middelaar, Luuk. 2013. *The Passage to Europe: How a Continent Became a Union*. New Haven: Yale University Press.

Vannucci, Alberto. 2009. "The Controversial Legacy of '*Mani Pulite*': A Critical Analysis of Italian Corruption and Anti-Corruption Policies." *Bulletin of Italian Politics* 1, no. 2: 233–264.

Van Rompuy, Herman 2012. "Towards a Genuine Economic and Monetary Union." Brussels, December. http://www.consilium.europa.eu/uedocs/cms_Data/docs/pressdata/en/ec/134069.pdf.

Védrine, Hubert. 1996. *Les mondes de François Mitterrand: A l'Élysée 1981–1995* [The Worlds of François Mitterrand: At the Élysée 1981–1995]. Paris: Fayard.

Volcker, Paul. 1997. "An American Perspective on EMU." In *EMU and the International Monetary System*, edited by Paul Masson, Thomas Krueger, and Bart Turtleboom. Washington, D.C.: International Monetary Fund.

Volcker, Paul. 2008. "Keynote Speech at the Economic Club of New York," April 8. http://bazaarmodel.net/ftp/Project-C/Bazaarmodel/Materiaal/Xtradetail/pdf/2008-04--Transcript_Volcker_April_2008.pdf.

Von Hammerstein, Konstantin, and René Pfister. 2012. "A Cold Heart for Europe: Merkel's Dispassionate Approach to the Euro Crisis." Spiegel Online, December 12.

Wagstyl, Stephan. 2014. "Chemnitz Back from the Brink in Its Journey from East to West." *Financial Times*, November 6.

Walker, Marcus. 2005. "About-Face on Europe Inc.: Faced with Weak Economies, Politicians Blame Business." *Wall Street Journal Europe*, April 20.

Walker, Marcus. 2010. "Germany's Merkel Says Greece Doesn't Need Financial Support." Wall Street Journal Online, March 22.

Walker, Marcus. 2017. "Dutch Leader Takes Populist Turn to Fend Off Far-Right Party." Wall Street Journal Online, March 12.

Walker, Marcus, and Deborah Ball. 2014. "Q&A: Former Prime Minister Mario Monti on Italy's Prospects for Economic Growth; Architect of Austerity Policies during Financial Crisis Discusses Attempts to Lift Italian Economy." Wall Street Journal Online, April 29.

Walker, Marcus, and Charles Forelle. 2010. "In Shift, Germany Says It Is Open to IMF Aid for Greece." Wall Street Journal Online, March 19.

Walker, Marcus, and Charles Forelle. 2011. "Europe on the Brink: In Euro's Hour of Need, Aide Gets 'Madame Non' to Say Yes." *Wall Street Journal Asia*, April 15.

Walker, Marcus, Charles Forelle, and Stacy Meichtry. 2011. "WSJ: Deepening Crisis over Euro Pits Leader against Leader." Dow Jones News Service, December 29.

Walker, Marcus, and Matthew Karnitschnig. 2010. "Zeal and Angst: Germany Torn over Role in Europe." Wall Street Journal Online, May 8.

Walker, Marcus, and Neil Shah. 2010. "Contagion Fear Hits Spain; Cut to Credit Rating Opens New Phase in Crisis As Cost of Greece Bailout Debated." Wall Street Journal Online, April 28.

Wall, Denise. 2012. "Finnish Parliament Approves Spanish Bailout." Wall Street Journal Online, July 20.

Wallis, John J., and Wallace Oates. 1998. "The Impact of the New Deal on American Federalism." In *The Defining Moment: The Great Depression and the American Economy in the Twentieth Century*, edited by Michael D. Bordo, Claudia Goldin, and Eugene N. White. Chicago: University of Chicago Press.

Wallis, John Joseph, and Barry R. Weingast. 2008. "Dysfunctional or Optimal Institutions: State Debt Restrictions, the Structure of State and Local Governments, and the Finance of American Infrastructure." In *Fiscal Challenges: An Interdisciplinary Approach to Budget Policy*, edited by Elizabeth Garrett, Elizabeth A. Graddy, and Howell E. Jackson. New York: Cambridge University Press.

Wall Street Journal. 2010a. "Brussels vs. Bratislava; Slovakia Doesn't Want to Pay for Greece's Bailout," August 17.

Wall Street Journal. 2010b. "Europe's Bear Stearns; the Real Systemic Risk for the Euro-Zone Is Greek Bailout," April 24.

Wall Street Journal. 2010c. "The Price of Greece," April 30.

Wall Street Journal Europe. 2002. "Germany's Defense of VW May Hinder Takeover Law— Schröder Warns European Commission to Keep Its Hands Off Auto Maker—EU Officials Hope to Avoid Repetition of Last Year's Failure to Craft New Rules," February 27.

Walters, Alan. 1986. *Britain's Economic Renaissance: Margaret Thatcher's Reforms, 1979– 1984*. Oxford: Oxford University Press.

Wardell, Jane. 2010. "UK Treasury Chief to Begin Major Spending Cuts." Associated Press, May 17.

Watanabe, Kota, and Tsutomu Watanabe. 2017. "Why Has Japan Failed to Escape from Deflation?" Understanding Persistent Deflation in Japan Working Paper Series 096, University of Tokyo, June.

Weiland, Severin. 2013. "Free Democrats Reel from Election Fiasco." Spiegel Online, September 22.

Weisman, Jonathan. 2010. "The New Political Landscape: Obama Faces Chillier Reception Abroad—Leaders at Asian Summits Back Austerity Moves Opposed by President; Ceding the Bully Pulpit to Republicans at Home." *Wall Street Journal*, November 5.

Werner, Pierre. 1970. "Report to the Council and the Commission on the Realization by Stages of Economic and Monetary Union in the Community." In "*Monetary Committee of the*

European Communities, 1986, Compendium of Community Monetary Texts." Office of Official Publications of the European Communities, Luxembourg.

Wessel, David. 2009. *In FED We Trust: Ben Bernanke's War on the Great Panic.* New York: Crown. Kindle edition.

Wettach, Silke. 2015. "Juncker Speaks; The Greek Black Hole." *Handelsblatt Global*, February 27.

Wheatley, Alan. 1999. "Politicians Hail Euro Debut As Shares Soar." Reuters News, January 4.

White, Sarah. 2011. "Central Bank Steps Show Depth of Europe Bank Crisis— Update 1." Reuters News, November 30.

Whitney, Craig. 1994a. "Kohl Dismisses Vote Setback but Faces Harder Time." *New York Times*, October 18.

Whitney, Craig. 1994b. "The Victor (Again): Bonn's Long-Distance Runner— Helmut Kohl." *New York Times*, November 17, 10.

Whitney, Craig. 1996. "One European Currency: Is the 1999 Target Credible?" *New York Times*, January 29.

Wiegrefe, Klaus. 2010. "Germany's Unlikely Diplomatic Triumph: An Inside Look at the Reunification Negotiations." Spiegel Online, September 29.

Wiesmann, Gerrit. 2008. "Eurozone Inflation Soars to New High." *Financial Times*, June 30.

Williams-Grut, Oscar. 2017. "Deutsche Bank Is Paying $628 Million in Fines over Its $10 Billion Russian 'Mirror Trade' Scandal." Business Insider, January 31.

Willsher, Kim. 2017. "French Defence Minister Resigns over Inquiry into Misuse of Funds." *Guardian*, June 20.

Winestock, Geoff. 2000. "EU Commission Backs Greece's Euro-Zone Bid." *Wall Street Journal Europe*, May 4.

Winestock, Geoff, and Marc Champion. 2000. "Danish Vote on Euro Affirms EU Split— Britain, Sweden Unlikely to Join Any Time Soon." *Wall Street Journal Europe*, October 2.

Winning, Nicholas, and William Horobin. 2010. "Slovakia Resists EU in Aid Talks." Wall Street Journal Online, July 13.

Wittich, Günter, and Masaki Shiratori. 1973. "The Snake in the Tunnel." *Finance and Development*, June 1.

Yardley, Jim, Elisabetta Povoledo, and Gaia Pianigiani. 2014. "Political Star Rises on Vow to Upend Italy's Old Order." *New York Times*, February 15.

Ydstie, John. 2008. "Will the Fed's Latest Rate Cut Help the Economy?" NPR, October 29.

Yellen, Janet. 2011. "Pursuing Financial Stability at the Federal Reserve." Fourteenth Annual International Banking Conference, Federal Reserve Bank of Chicago, Chicago. https://www. federalreserve.gov/newsevents/speech/yellen20111111a.htm.

Za, Valentina. 2017. "Italy's 'Bitter' Bank Rescue Tsar Bemoans Strategy Vacuum." Reuters News, February 7.

Zampano, Giada. 2014. "Powerful Lobbies Stall Matteo Renzi's Reform Efforts in Italy; Resistance from Lawmakers, Unions Takes Teeth out of Moves to Overhaul Italy's

Economy." Wall Street Journal Online, December 29.

Zampano, Giada. 2015. "Germany, Italy Leaders See More Work Still to Do." *Wall Street Journal*, January 24.

Zettelmeyer, Jeromin, Christoph Trebesch, and Mitu Gulati. 2013. "The Greek Debt Restructuring: An Autopsy." Peterson Institute of International Economics Working Paper 13-8, Washington, D.C.

Zingales, Luigi. 2016. "Are Newspapers Captured by Banks? Evidence from Italy." ProMarket Blog. May 12. https://promarket.org/ are-newspapers-captured-by-banks.

Zysman, John. 1983. *Governments, Markets, and Growth: Financial Systems and the Politics of Industrial Change*. Ithaca: Cornell University Press.